가브릴리아 성인

Μοναχή Γαβριηλία – Δ. Γεωργίου
Η Ασκητική της Αγάπης

Korean Translation Copyright ©2025 Korean Orthodox Editions
All rights reserved

가브릴리아 성인

가브릴리아 게오르기우 지음 | 요한 박용범 옮김

십자가 위에 머무는 사랑

정교회출판사

머리말

이 귀중한 책《가브릴리아 성인》은 성 가브릴리아(1897년 10월 2일 콘스탄티노플에서 출생-1992년 3월 28일 레로스에서 안식)의 삶과 가르침을 다룹니다. 이 책은 가브릴리아 성인의 영적 제자였던, 동명이인의 수녀 가브릴리아 게오르기우가 썼습니다. 하느님의 은총으로 많은 이들을 영적으로 인도했던 가브릴리아 성인은 이웃에 대한 무한한 사랑과 인간의 고통에 대한 남다른 감수성을 지닌 분이었습니다. 저는 그분을 생전에 만나뵐 수 있는 은총을 누렸습니다.

제가 아테네 대학교에서 신학을 공부하던 시절, 유명한 학자이자 덕망 높은 사제였던 일리아스 마스트로야노풀로스 신부님의 부탁을 받고 어느 일요일 아침, 아테네 시내에 있는 청각 장애인 협회 '즈가리야 예언자'의 소성당에 교회예식 성가를 부르러 갔습니다. 이어서 거행된 성찬예배에서는 유명한 작곡가 스타마티스 스파누다키스 씨가 성가대원들과 성가를 불렀습니다. 잊을 수 없는 이날의 성찬예배에 가브릴리아 수녀님이 계셨고, 저는 거기서 그분을 처음 뵈었습니다. 수녀님은 정말이지 특별한 분이었는데, 예배에 참석한 청각 장애인 신자들이 존경의 마음으로 그분을 대하던 공손한 태도에서, 또 그분의 말씀을 경청하던 모습에서 이를 느낄 수 있었습니다.

그후에도 저는 가브릴리아 성인을 뵐 기회가 여러 번 있었습니다. 먼저 수녀님이 에기나 섬의 성모 보호 수녀원에 계셨을 때 만나뵌 적이 있습니다. 또, 시나이 산의 파란 지역에 있는 모세 수녀원에서도 만나뵈었습니다. 특히 기억에 남는 만남은 아테네의 '파마카리스토스' 병원에 계시던 수녀님을 방문했을 때입니다. 그때 저는 시나이의 다미아노스 대주교님을 모시고 갔는데, 병실 안팎에는 많은 젊은이들이 수녀님을 만나 궁금한 것들을 여쭙고 그분으로부터 귀한 조언을 듣기 위해 오랜 시간 기다리고 있었습니다.

짧은 만남 속에서도 사람들은 수녀님이 은혜롭고 다정한 분임을 쉽게 느낄 수 있었고, 그분의 말씀과 행동 속에 하느님의 은총이 풍성하게 깃들어 있음을 깨달았습니다.

이 책은 수녀님이 안식하시고 4년 뒤인 1996년 그리스어로 출간되었으며, 이후 영어, 러시아어, 아랍어, 프랑스어, 세르비아어 등으로 번역되어 많은 사람들이 가브릴리아 수녀님의 특별한 삶에 대해 알게 되었습니다. 그분의 거룩한 품성에 대한 인식은 시간이 지나면서 점차 널리 퍼졌습니다. 이렇게 해서, 우리는 2023년 10월 3일이라는 축복된 날에 이르렀습니다. 이날, 세계 총대주교청의 거룩한 공의회는 정해진 절차를 거친 후 만장일치로 수녀님을 정교회 성인의 반열에 올리기로 결정했습니다. 이 절차는 항상 하느님의 백성들, 즉 신자들의 목소리에서 시작되며, 교회가 한 인물의 거룩함을 인정하고 증언하는 데서 비롯됩니다. 성인의 시성이 이루어진 이날, 공의회 일원으로 참석했던 저 역시 깊은 감동과 영적인 기쁨을 느꼈습니다.

이 책의 서문을 쓰는 지금, 한국 독자들에게 이 책을 전달하게 되어 또 다른 큰 기쁨을 느낍니다. 이 책을 통해 하느님에 대한 절대적인 신뢰가 무엇인지, 또 모든 사람을 차별 없이 진정으로 사랑하는 것이 무엇인지 독자 여러분도 알게 될 것이라고 확신합니다.

2025년 1월 25일 신학자 그레고리오스 성인의 축일에
정교회 한국 대교구
✝암브로시오스 조성암 대주교

✝ 조성암 대주교

차례

머리말 4

제1부 생애

콘스탄티노플	15
테살로니키	23
아테네	25
영국	27
그리스	35
순례자	43
인도	
1. 델리에서 히말라야까지	52
2. 바바 암테의 한센병 환자촌에서	66
3. 인도의 여타 지역	73
4. 우타르카시	81
5. 인도에서의 마지막 몇 개월	96
베다니아	103
콤보스히니	113
다시 인도로(1963-1966)	118
새 예루살렘 수도원	123
아프리카	128
나그네	134
천사들의 집	
어느 영적 자녀의 회고 1	144
어느 영적 자녀의 회고 2	153
에기나(1989-1990)	165
시련	171
레로스	174

제2부 가르침

영적 어머니 가브릴리아 수녀님의 말씀 | 181
1. 사랑 | 184
2. 사랑, 연애, 결혼 | 192
3. 사랑과 겸손 | 199
4. 필로테이 성녀 | 200
5. 기둥 위의 수행자 성 다니엘 | 200
6. 하느님의 형제 야고보 사도의 서신 | 201
7. 성령 | 201
8. 오늘날의 성인다움과 지혜 | 201
9. 사도 토마 | 203
10. 거룩한 천사들 | 203
11. 하느님의 영원한 현존 | 207
12. 부동(不動) | 208
13. 경청 | 209
14. 상대를 변화시키기 | 211
15. 인도에서 만난 호주 청년 앨런 | 212
16. 행로 변경 | 222
17. 수녀복을 입고 달라진 점 | 222
18. 죄 | 223
19. 바바 암테 | 223
20. 재탄생 | 227
21. 역경 | 228
22. 불의(不義) | 231
23. 망설임 | 231
24. 이제까지의 삶을 뒤로하고,
    하느님께 헌신하는 길로 나아감 | 233

25. 사랑에 대한 보답	233
26. 반 교회적인 사람들	234
27. 거부	236
28. 하느님의 손에 맡김 1	237
29. 하느님의 손에 맡김 2	239
30. 물 위에 떠가는 배	240
31. 베다니아	240
32. 가브릴리아 성인이 권장한 책	242
33. 결혼	243
34. 1970년 독일	245
35. 구루와 정신질환	246
36. 네덜란드인 선교사 주디스 그런디	249
37. 하느님의 응석받이	251
38. 타인을 판단하지 않기	253
39. 스스로의 부재를 믿는 자	254
40. 그리스도의 재림	256
41. 타인의 정당함	256
42. 시련	258
43. 인도에서 받은 100달러	260
44. 십자가의 두 축	261
45. 자존심	262
46. 우상화	263
47. 사람들 사이의 평화	264
48. 교회	265
49. 자선	266
50. 자유	270
51. 박학다식	272
52. 노동과 사랑의 성화	272
53. 사자의 발톱	273
54. 군림	273
55. 유명 인사들	274
56. 은수도사	276
57. 적십자	278
58. 공치사	278
59. "주님 감사합니다"	279

60. 사춘기	279
61. 질투	281
62. 생명	282
63. 성체성혈 성사	282
64. 하느님의 뜻	283
65. 이 땅 위에 하느님과 나	283
66. 간절한 기도	284
67. 선교	285
68. 인도	288
69. 악인은 존재하지 않는다.	295
70. 자기 비움	296
71. 머리만 가지고 여행한다면	297
72. 콤보스히니	298
73. 세속의 삶	298
74. 불필요한 대화	299
75. 피로	300
76. 렙 질레 사제	301
77. 한센병	302
78. 문제 해결	303
79. 미디아스 가의 집(천사들의 집)	303
80. 성 대 주간	306
81. 성 대 화요일	306
82. 생각의 전환	306
83. 윤회	308
84. 앙갚음하지 마라	308
85. 수도원으로의 부르심	311
86. 수도 생활	315
87. 금식	318
88. 수도원에서 영적으로 깨어있기에 대하여	320
89. 갑작스러운 깨달음	321
90. 구별 짓기 그리고 믿음	322
91. 타인의 이야기를 듣는 태도	322
92. 신앙 고백	327
93. 환영과 은총	336
94. 참된 삶의 방식	337

95. 녹음에 대하여	338
96. 아이들을 대하는 태도	339
97. 파나기아 성모님에 대하여	342
98. 본보기	344
99. "발 말고 머리로 깨우치게 해달라고"	345
100. 하느님의 허용	347
101. 카투나키아의 키릴로스 탐박시스 사제	347
102. 다섯 가지 언어	348
103. 돌로 만들어진 아브라함의 딸과 베일	349
104. 기도와 주변 환경	350
105. 자격 없는 우리에게 아낌없이 베푸시는 주님	350
106. 믿음과 자유	354
107. 믿음, 믿음, 믿음, 그리고 "네"	355
108. 수도자의 삶	357
109. 정치와 정부	366
110. 주님께서 언제나 곁에 계신 것처럼	368
111. 사랑 없는 기도	368
112. 인격	369
113. 처음 부르심을 받았을 때	369
114. 터무니없는 말에 대한 침묵	370
115. 십자가	371
116. 십자가 위에 머무는 사랑	371
117. 오직 빛만을 생각하고 바라보기	372
118. 만남	375
119. 실천	375
120. 인간관계	378
121. 사람들이 원하는 것	380
122. 교만	381
123. 근심과 인내	382
124. 바리새인	383
125. 우정	384
126. 두려움	384
127. 죽음에 대한 두려움	385
128. 물리치료	386
129. 빛과 어둠	390

130. 거룩함의 후광	393
131. 그리스도 안에서의 기쁨	393
132. 하느님의 은총과 사랑의 관계	397
133. 영혼	398
134. 하느님의 시간	399

경구   401

서신들

1. 바바 암테에게 보낸 편지	441
2. 예후다 하네그비에게 보낸 편지	456
3. 인도인 의사 싱하 박사에게 보낸 편지	468
4. 불자가 되려는 여성의 어머니에게 보낸 편지	471
5. 주님의 길을 따르면서 동시에 발전해 나가기	473
6. 고요에 대한 편지	475
7. 선교사에게 보낸 편지	478
8. 동방의 지혜를 찾는 구도자에게 보낸 편지	479
9. 한 수녀님에게 보낸 편지	484
10. 근심에 대한 편지	488
11. 사랑과 악의에 대한 편지	488
12. 세례식을 준비하는 어머니에게 보낸 편지	491
13. 환자의 가족에게 보낸 편지	492
14. 질병의 시련에 대한 편지	493
15. 사랑과 결혼에 대한 편지	494
16. 두려움에 대한 편지	496

안식	503
맺음말	517
지인들의 회고	519

"당신의 이름을 내 형제들에게 이야기하리이다."

제1부

생애

콘스탄티노플

가브릴리아 정교회 수녀님은 영적 인도자로서 특별한 능력을 발휘하며 전 세계에 널리 이름을 알렸다. 언제나 열정적으로 사람들을 돕는 데 앞장서던 수녀님은 세월의 흐름에도 무뎌지지 않는 명석한 두뇌를 지니고 있었으며, 특히 영적인 도움을 구하러 찾아오는 이들을 깊이 이해하는 능력은 놀랍기 그지없었다.

수녀님은 또한 왜소한 체구와는 달리 왕성한 기력을 자랑했다. 생을 마치는 날까지도 젊음의 생기와 사람들을 밝게 비추는 광채가 그분과 함께했다. 이는 그리스도인으로서 가브릴리아 수녀님이 어떠한 내면을 지니고 있었는지를 드러낸다.

캐넌 E. 에버리, 1992

영국의 지식인이자 성공회 신학자이며 그리스를 사랑한 캐넌 E. 에버리는 오랜 지인이었던 가브릴리아 수녀님에 대해 위와 같이 기술했다. 그가 할키의 신학교에 다니던 무렵, 두 사람은 콘스탄티노플에서 안면을 튼 후 70년이 넘도록 우정을 이어가며 영국, 팔레스타인, 그리스에서 자주 만남을 가졌다. 아마도 그는 가브릴리아 수녀님의 생애를 가장 깊이 이해하는 극소수 가운데 한 명이었던 듯하다.

아브릴리아 파파야니[*]는 1897년 10월 2일 콘스탄티노플에서 태어나 그곳에서 유년기를 보냈다. 아버지 일리아스 파파야니스는 프랑스 운

---

[*] 아브릴리아 파파야니는 세속명이고, 수녀가 된 후의 이름은 가브릴리아이다. (편집자 주)

송회사의 에이전트이자 부유한 목재상이었고, 어머니 빅토리아 크리스타키 파파야니는 술탄의 주치의였던 크리스타키스의 딸이었다.

아브릴리아는 게르마노스 스트리노풀로스 대주교에 의해 세례를 받았다. 대부는 가족 간에 잘 알고 지내던 바실리오스 안도니아디스로, 할키 신학교의 책임자이자 작가였다. 아브릴리아라는 이름도 대부인 그가 선택한 것이다.

사랑이 넘치는 작고 귀여운 아이 아브릴리아는 애정을 듬뿍 받으며 자랐다. 나이 차이가 꽤 나는 세 남매와 아버지도 그녀를 많이 아꼈지만, 어머니와의 유대는 유달리 강했다. 학교에 다녀온 첫날 아브릴리아는 "저를 그곳에 다시 보내지 말아 주세요! 무섭단 말이에요!" 하고 울며 어머니에게 안겼다. 잠시라도 가족의 품에서 벗어나는 것을 감당할 수 없었던 것이다. 그렇게 아브릴리아는 어머니 곁에서 사랑하는 두 마리의 고양이와 장난을 치며 1년을 더 보내게 된다. 아이는 창문 너머로 지나가는 행인들을 구경하고, 눈 덮인 겨울의 도시와 신록이 우거진 봄의 도시를 바라보았다.

세월이 흘러갔다. 이듬해 할키 섬의 여름 별장에서 가내에 머물던 아브릴리아의 가족은 아이를 잠시 학교 기숙사에 보내보라는 제안을 받는다. 그걸 모면하려고 아브릴리아는 아버지를 따라 아침에 배를 타고 도시로 나갔다가 저녁에 되돌아오는 방법을 택했다. 바다는 자주 풍랑을 일으켰고, 작은 배는 위아래로 심하게 흔들렸다. "애야, 우리 어떡하지?" 아버지의 말에 아브릴리아는 침착해 보이려 애쓰며 이렇게 말하곤 했다. "와, 정말 멋져요. 아주 멋진 여행이에요! 바다도 너무 아름다워요!" 절대 불평하지 않았다. 가족과 떨어져 기숙사에 묵는 것은 상상도 할 수 없었기 때문이다.

파파야니의 저택에 손님들이 찾아오는 날이면 꼬마 아브릴리아는 아주 행복해했다. 아이는 자신이 방문객을 맞이할 수 있게 어머니께 천천히 내려와 달라고 부탁드리고서 손님들과 먼저 대화를 주고받으며 한 주간의 근황을 확인했다. 그러다 어머니가 계단을 내려오는 소리가 들리면 곧장 달려가서 이야기를 전했다. 이처럼 아브릴리아는 어릴 적부터 사교성이 남달랐고, 누구도 그 기쁨을 방해하지 않았다.

아브릴리아에게 처음 하느님에 대한 이야기를 해준 사람은 첫째 언니 바실리키였다. 바실리키는 동생에게 옛날이야기를 읽어주고 구약과 복음경의 이야기도 들려주었다. 하루는 바실리키가 하느님은 "언제 어디에나 계시고" 우리가 무엇을 하든지 다 보고 계신다고 말했다. 그러자 너덧 살 무렵의 아브릴리아는 깜짝 놀라 떨리는 목소리로 물었다. "내가 저 벽장 속에 들어가 문을 닫아도 나를 찾으실 수 있다는 거야?" "그럼" 하고 언니가 대답하자 아브릴리아가 되물었다. "그럼 내가 아주 아주 작아져서 성냥갑에 들어가도 거기 있는 나를 보실 수 있는 거야?" "그럼, 그곳도 보시지."

그 순간 삶은 아브릴리아에게 심각한 화두가 되었다. 하고 싶은 대로 할 수 없었고, 더는 장난도 함부로 치지 못했다. 아니, 착한 아이가 되어야만 했다. '어디에나 계시는 그분이' 지켜보시니까 말이다! 아브릴리아는 울음을 터트리며 언니 품으로 파고들었다. "그럼 이제 난 어떡하지?"

어느 날은 아브릴리아가 파리를 잡자 바실리키가 심각한 표정을 지으며 "얘, 너 파리 한 마리 만들 수 있니?" 하고 물었다. 아무런 대꾸도 못 하는 동생에게 언니가 말을 이었다. "네가 다시 만들 수 없는 것은 그 어떤 것이라도 훼손해선 안 되는 거야!" 이 말은 꼬마 아브릴리아에게 상당한 충격으로 다가왔다. 그리고 그것은 그녀의 온 생을 지배했다. 개미 한 마리조차 밟아 죽일 수 없었다.

(왼쪽부터 반시계 방향으로)

1904년에 찍힌 것으로 보이는 가족사진 속에는 부모님과 함께, 왼쪽부터 알렉산드로스와 아브릴리아, 자매인 바실리키와 폴리나가 있다.

위 사진에서 아브릴리아

언니 폴리나와 함께 찍은 사진

아브릴리아의 할아버지 소티리스 파파야니스. 아킬라스 밀라스의 저서 《프린스 제도의 할키 섬》을 보면 그는 할키 섬에 전신국을 세웠으며, 조세 위원회 의장으로도 활동한 것으로 보인다. 후에는 아토스 성산에 전신국을 만들고, 오스트리아 빈에서 대사를 역임하기도 했다.

파파야니 가족의 집은 페라 외곽의 탁심에 있었지만 여름은 할키의 별장에서 보냈다. 가브릴리아 수녀님이 들려준 한 가지 에피소드가 떠오른다. 어릴 적 무척 좋아하던 할키에서의 어느 여름날, 여덟 살 소녀는 인생의 교훈을 얻는다. 가르침을 준 이는 학교 친구 마리아였다. 당시 섬에서 즐기던 놀이는 나귀를 데리고 산책하는 것이었기에 하루는 어머니께 허락을 받고 마리아에게 함께 산책을 갈 건지 물어보았다. "글쎄, 네가 원한다면…. 그런데 오후에 가면 안 될까? 지금은 좀… 힘들 것 같아서…." 산책은 취소되었다. 기분이 조금 상했지만 어쩔 수 없었다. 며칠 뒤 다시 물었다. "마리아, 배 타러 가도 된다고 어머니가 허락하셨는데 같이 갈래?" "잠깐만, 지금은 안 될 것 같은데…." 배 타러 가는 것도 그렇게 무산되었다. 마음이 좋지 않았다.

그러던 어느 날 비밀을 찾아냈다. 아브릴리아는 즉시 전략을 바꿨다. "마리아! 나귀 데리고 산책 가는데 올래? 나 곧 출발할 거야." "잠깐, 가지 말고 기다려! 금방 나갈게!" 며칠 뒤에 다시 같은 방법으로 마리아를 시험했다. 결과는 다르지 않았다. "마리아! 나귀들이 도착해서 나 지금 출발할 건데 너도 같이 산책 갈 거니?" "잠깐만, 지금 가니까 기다려!"

우리에게 이 이야기를 들려주며 웃던 수녀님의 모습이 지금도 눈에 선하다. "얘들아, 인생이 바로 이런 거란다. 남이 올지 안 올지를 기다리지 말고 출발해야만 해. 하느님께서는 결코 둘씩, 셋씩 짝지어서 부르시지 않거든. 언제나 개별적으로, 또 구체적인 순간에 우리를 부르시지. 우리가 일행을 기다리느라 그분을 따라가야 할 때 함께 가지 못한다면 그것처럼 불행한 일이 어디 있겠니! 그 유일한 기회, 그때를 놓쳐선 안 돼."

학창 시절 아브릴리아는 자피온 여학교를 다녔다. 방과 후에는 집에서 외국어 선생에게 불어와 영어를 배웠고, 음악과 피아노 교습도 받았다. 그러다 겨울이면 이따금 기관지염, 늑막염, 무기력증 등 여러 가지 질환을, 수녀님의 표현에 따르면 "발병하게 해서" 사랑하는 어머니 곁에서 시간을 보낼 수 있었다. 친구 엘레니 비르부에게도 공부보다는 공상하기와 놀기를 더 좋아했노라고 이야기하기도 했다.

하지만 중학교에 진학하면서부터 아브릴리아는 무척 진지해졌고 학업에 매진했다. 학교 교재 외에 책도 상당히 많이 읽었는데, 그때부터 특히 고전을 사랑했다. 수녀님은 청소년 시절 거의 하루도 빠지지 않고 읽다시피 했던 에픽테토스를 가장 기억에 남는 인물로 꼽았다. 훗날 에픽테토스가 "아버지의 뜻대로 이루어질 수 있도록" 당신을 예비시켰다고 말할 정도였다.* 아브릴리아는 또한 지리 과목을 무척 좋아했다. 지도를 보며 미지의 세계를 꿈꿨다. 그리고 그 꿈은 그리스도와 함께한 수많은 여행으로 마침내 현실이 된다.

즐겁고 행복한 성장기가 그렇게 지나가고 있었다. 아브릴리아는 온 세상을 사랑했고, 온 세상 역시 그 아이를 사랑했다. 그런데 열다섯 살 무렵의 어느 날, 한 선생이 분별력이 없다며 아브릴리아를 지적했다. 선한 사람이든 악한 사람이든 구별 없이 모두를 사랑하는 태도를 그 선생의 기준에선 문제라고 본 것이다. 그녀는 고민에 잠긴 채 집으로 돌아왔다. 책장으로 가서 소포클레스의 《안티고네》를 펼쳐들었다. 우연히 523절에 시선이 머물렀다. 안티고네가 크레온에게

---

* 수녀님이 가장 사랑한 과목은 낭송이었다. 세월이 흘러감에도 우리는 여전히 고령의 수녀님이 들려주는 이야기들을 즐겼다. 그리스 고전부터 현대 작품, 프랑스와 영국의 문학작품까지 가리지 않고 낭송하던 수녀님의 목소리는 듣는 이들의 마음 깊은 곳을 울렸다.

다음과 같이 말하고 있었다. "나는 미워하기 위해 태어난 게 아니라 사랑하기 위해 태어난 것이다." 답을 얻은 듯했다. 그것은 아브릴리아에게 아주 잘 어울리는 구절이었다. 그녀는 계속해서 모든 이들을 사랑했다. 선생의 말은 그냥 지나쳤다. 하느님께 영광!

이로부터 50년이 지난 어느 날, 친구인 엘레니 비르부가 어디서 그런 사랑이 흘러나와 온 세상을 품을 수 있느냐고 물었다. "지금껏 많은 시련을 겪으며 살아왔지만 아직도 나는 하느님과 가족의 사랑을 느껴. 특히 막내였기에 부모님과 언니 오빠의 각별한 사랑을 받으며 자랐거든. 가족이 내게 보여준 그 사랑의 모습이, 나에게도 그렇게 사랑을 하며 살도록 가르쳐 주었어. 원치 않는데도 불구하고 그들의 마음을 상하게 하지 않으려고 억지로 순종한다고 한번 생각해 보렴."

1955년, 수녀님은 오랜 친구인 예후다 하네그비에게 보내는 편지에 다음과 같이 썼다. "주님께서 어째서 그런 훌륭한 어머니를 제게 주셨는지, 세월이 흐르면 흐를수록 더 잘 이해하게 돼요. 어머니는 바로 사랑 그 자체셨답니다. 덕분에 저는 모든 이들과 모든 것을 사랑할 수 있었고, 또 지금도 사랑하고 있어요. 한 번도 사랑하려 노력한 적이 없고, 지금도 노력으로 하는 게 아닙니다."

고등학교를 졸업한 후 아브릴리아는 학업을 이어가기 위해 스위스의 농업학교로 유학을 떠났다. 그녀는 꽃과 나무 같은 식물을 사랑했으며 평생토록 그 사랑을 간직했다. 가까운 사람들에게는 자연에 대한 애정을 전파하기도 했다. 수녀님은 실제로 식물들에게 말을 붙였고, 어떤 땐 그것들이 대꾸라도 하는 듯이 오랜 시간 대화를 나눴다. 뒤에서 이야기할 '천사들의 집' 창문 밖에 있던 수녀님의 작은 나무처럼 말이다.

언젠가 수녀님은 베다니아의 수도원 정원에 있던 사이프러스 나무가 당신을 위로해 주곤 했다고 회고했다. 얼마 안 되는 수녀님의 기념품 속에서 나는 그 조그만 사이프러스 잔가지를 보았다. 또 한 영적 자녀가 콘스탄티노플로 순례를 떠나게 되었을 때 수녀님은 성 소피아 성당 밖 왼쪽 첫 번째 사이프러스 나무에게 인사를 전해달라고 부탁하기도 했다.

테살로니키

당신의 이름을 겨레에게 알리고
예배 모임 한가운데에서 당신을 찬양하리니 (시편 22:22)

1923년, 주민교환 사건이 벌어지며 파파야니 가족은 테살로니키로 이주한다. 그곳에서 아브릴리아는 아리스토텔레스 대학교 철학대학 청강생으로 등록하여 글리노스, 아포스톨라키스, 트리안다필리디스, 델무조스 교수의 수업을 들었다. 여성으로서 그리스 대학교에 적을 둔 두 번째 학생이었다.

여름이면 아브릴리아는 식구들과 플로리나 외곽에 있는 로피의 치플리키로 향했다.* 엘레니 비르부에 따르면 그곳에서 "젊은이 아브릴리아는 아이들에게 글쓰기와 읽기를 가르쳐 주었다."

언젠가 한 번은 아브릴리아가 아주 심하게 아팠다. 수일째 고열에 시달리자 가족들은 걱정이 이만저만이 아니었다. 그러던 어느 날 밤, 모두가 잠들었을 때 아브릴리아는 방에서 금속성의 무거운 발자국 소리를 듣는다. 이어서 손 하나가 불쑥 모기장을 걷어 올리더니 생소한 옷차림의 한 청년이 거기 서있었다. 그는 불안을 달래주는 듯한 목소리로 "걱정하지 마라. 내일 다 나을 것이다"라고 말하고는 이내 사라졌다. 아브릴리아가 소리를 지르자 어머니가 깜짝 놀라 다급히 달려왔다. 자초지종을 듣고서 어머니는 십자성호를 그으며 "주여, 당신게 영광!" 하고 감사를 드렸다. 다음 날, 성 디미트리오스 성인 축

---

* 술탄은 그리스 북쪽 플로리나 근처 로피 마을의 드넓은 땅을 주치의였던 아브릴리아의 외할아버지에게 수고의 대가로 하사했다.

일인 10월 26일이 밝았다. 그리고 아브릴리아의 열은 다시 정상으로 떨어졌다.

세월이 흘러 1932년이 찾아왔다. 주님의 이콘 앞에서 그녀는 또 한 번의 영적 체험을 한다. 밤새 지속된 그 체험에서 아브릴리아는 일종의 권고를 받은 듯했다. 가장 사랑하는 가족의 품을 떠나 아테네로 가야만 한다는 것을, 그녀는 이미 알고 있었다. 엘레니 비르부는 "아브릴리아는 굳은 기개로 가족을 떠나 홀로 삶의 투쟁의 길, 봉사를 위한 길로 떠났다"라고 적었다.

한편 이런 일도 있었다. 미아울리 해안가의 한 발코니에 앉아 바다와 그 위를 가로지르는 선박을 바라보던 아브릴리아는 문득 혼잣말을 하듯 조용히 속삭였다. "언젠가 나도 저렇게 배에 태워져서 멀리 떨어진 어떤 곳으로 향하게 되겠지…."

그것은 1937년 영국으로 떠나는 자신의 미래를 말하는 것이었다.

아테네

아테네에 도착한 아브릴리아의 급선무는 일자리를 찾는 것이었다. 그녀는 키피시아의 한 요양소에서 사람을 구한다는 에스티아 신문의 광고를 보고 그곳에 취직을 했다. 하지만 매일 밤 매질하는 소리와 비명소리를 들어야만 했다. 정신 병원이었던 것이다. 15일 만에 500드라크마*를 받고 일을 그만두었다.

이후 아브릴리아는 한 요양원의 수간호사로 취직했다. 그런데 병원의 소유주 겸 원장은 불행히도 매우 불합리하고 성격이 고약한 사람이었다. 어느 날 볼썽사납게 성질을 부려대는 그를 아브릴리아가 나무랐고, 그때부터 원장은 그녀를 끊임없이 괴롭히고 무례한 행동을 일삼았다. 아브릴리아는 인내하며 버텼다.

그렇게 시간이 흘러갔다. 하루는 생명이 꺼져가던 한 환자가 성체성혈 성사를 받게 해달라고 부탁을 해왔다. 당직 의사는 어찌 해야 할지 몰라 아브릴리아에게 조언을 구했고, 그녀는 기쁜 마음으로 즉시 사제에게 연락을 취했다. "정말요? 그 병원에서는 단 한 번도 사제의 방문을 요청한 적이 없는데요." 의아해하던 사제는 병원을 찾아와 환자에게 성체성혈을 영(領)해 주었다.

잠시 후 전화가 울렸다. 소식을 전해 들은 원장이었다. 그는 화를 내며 말했다. "당신이 사제를 불러 죽어가는 환자에게 성체성혈을 영하게 해준 게 사실이오?" 아브릴리아가 그렇다고 대답하자 "누구 맘

* 그리스의 예전 화폐단위 (편집자 주)

대로 그렇게 했소? 누가 당신에게 그렇게 하라고 지시했소?" 하고 소리쳤다. 그리고는 분에 못 이겨 당직 의사를 불러다가 입에 담을 수 없는 욕설로 둘을 비난해댔다.

3일 후 병원에 불행이 닥쳤다. 환자들이 연달아 죽어나가는 일이 일주일째 지속되었다. 동료들은 모두 놀라서 할 말을 잃었다. 원장은 아브릴리아와 이야기를 나눌 때면 고개를 들지 못했다. 이 상황을 더 이상 지켜볼 수만은 없었던 그가 아브릴리아를 사무실로 불렀다. "자매님, 당신은 그들과 좋은 관계를 가지고 있는 것 같으니까…." "누구를 말씀하시는지요?" "사제들 말이요. 성수식을 하게 사제를 좀 불러주시오. 지금 이곳에서 무슨 일이 벌어지고 있는지 도통 알 수가 없단 말입니다!"

아브릴리아는 신부님께 달려갔다. 그는 "뭐라고요? 그 병원 원장이요? 자매님, 지금 저를 놀리는 거지요?"라고 말하며 도무지 믿질 못했다. "그럴 리기요. 지기 밖에 있는 사람이 바로 그 원장님이에요." 아브릴리아는 신부님을 설득하는 데 애를 먹다가 거의 강제로 모셔가다시피 했다. 모든 준비를 마치고 성수식이 시작되었다. 원장은 팔짱을 끼고서 떨떠름하게 이를 지켜보았다. 그런데 의식을 마치고 다음 날부터 놀라운 기적이 벌어졌다! 더 이상 죽어나가는 환자가 없던 것이다!

아브릴리아는 그 병원에서 1년을 일했다. 하지만 다시 시작된 원장의 횡포를 피해 어느 날 아침 그곳을 떠나야만 했다. 에스티아 신문에서 구인 광고를 뒤졌다. 이번에는 한 소녀에게 영어와 불어를 가르치는 과외 선생 자리가 눈에 띄었다.

1937년이 찾아왔다. 군사 정권 시절이었다.

영국

누구든지 나를 섬기려면 나를 따라오너라. 내가 있는 곳에는
나를 섬기는 사람도 같이 있게 될 것이다. (요한 12:26)

아브릴리아는 더 멀리, 영국으로 가야만 한다고 생각하고 있었다. 하지만 영국행 비자를 얻기란 하늘의 별 따기였다. 그때 국제 전시회가 파리에서 열린다는 사실을 알게 된 그녀는 파리행 배표를 끊었다. 파리를 통해 런던으로 넘어갈 심산이었다. 가족들은 슬픔을 머금고서 홀로 먼 길을 떠나는 그녀를 배웅했다. 비르부는 이렇게 적었다. "어떻게 혼자서 먼 이국땅으로 떠날 생각을 했을까? 굳건하게 정신적 무장을 한 아브릴리아는 아무것도 두려워하지 않았다."

승선하여 뱃전에 있는데 뒤에서 누군가의 목소리가 들려왔다. 고개를 돌려 보니 한 젊은 여인이 서있었다. "콘스탄티노플에서 오셨나요?" "네, 그런데요. 어떻게 아셨어요?" "말씀하실 때 말투를 듣고 알았지요." 그들은 여행 내내 말동무가 되었다.

마르세유에 도착해서는 젊은 여인이 추천받았다는 한 작은 호텔로 동행했다. 모든 일이 축복 속에 순조로이 진행되었다. 아브릴리아는 호텔에서 국회의원이던 지인을 우연히 마주쳤다. 그 역시 파리 국제 전시회를 보러 온 길이었다. "저는 런던으로 갈 생각이에요" 하고 아브릴리아가 말하자 그가 대답했다. "비자가 나오지 않아 불가능할 텐데요." "아니요, 저는 비자를 받을 겁니다. 두고 보세요." 확신에 찬 어조였다.

그녀는 영국 영사관을 찾아갔다. 그리고는 늘 그렇듯 겸손하고 예

의 바른 모습으로 영사에게 물었다. "전시회를 보러 이곳 파리에 온 김에 아름다운 당신의 나라를 방문해 보고 싶습니다. 저에게 15일간 머물 수 있는 비자를 발급해 주실 수 있는지요?" 그러자 영사는 "물론입니다. 그런데 2주 만에 돌아보기에는 부족할 테니 3개월 비자를 발급해 드리도록 하겠습니다" 하고 대답했다. 아브릴리아를 기다리고 있던 국회의원 지인과 젊은 여인은 미소 띤 얼굴로 비자를 손에 들고 내려오는 그녀를 보고 눈을 의심했다!*

이제 새로운 길이 열렸다. 아브릴리아의 나이 마흔, 그녀의 손에는 영국 파운드 지폐 한 장이 들려있었다. 그리스도 안에서의 모험이 막 시작되려던 참이었다.

런던에서의 첫날은 YWCA의 호스텔에서 보냈다. 그리고 다음 날, 아브릴리아는 가정교사와 가사도우미를 알선해 주는 직업 소개소를 찾았다. 거기서 여덟 살과 열 살 아이를 둔 헨리 마라라는 사람의 가정을 소개했는데, 아이들의 봄이 교육을 원했다. "저희는 유내인입니다. 그래도 괜찮으신지요?" 마라 부인이 전화상으로 물었다. 하지만 그게 무슨 문제가 되겠는가? 그들은 다음 날 정오에 차로 데리러 오겠노라고 약속했다.

이튿날 아침, 아브릴리아는 가지고 있던 단 한 장의 파운드화를 숙박비로 지불했다. 이제 말 그대로 땡전 한 푼 없는 처지가 되었다. 정오가 되자 그녀는 짐 가방을 들고 새로운 고용주를 기다리러 길모퉁이로 나갔다. 그리고 그곳에서 꼬박 두 시간을 기다렸다! 그럼에도 초조해하거나 두려워하지 않았다. 다른 경우들처럼 그저 왔다가 사라지는 하나의 시험이라고 생각했고, 하느님께서 자신을 지켜주실 거라

---

* 나중에 보면 알겠지만, 가브릴리아 수녀님은 여행 도중 영사들로부터 아주 짧은 시간 안에 비자를 받아내곤 했는데, 매번 참으로 놀라운 일이었다.

굳게 믿었다. 그리고 마침내 약속한 차가 도착해서 그녀를 태우고 그곳을 떠났다. 아브릴리아는 그렇게 새로운 일을 찾아갔다.

마라 부인과 가까운 사이가 된 후 어느 날이었다. 부인이 아브릴리아에게 이렇게 말했다. "사실 우리는 계약을 취소하려고 했답니다. 그런데 당신이 그곳에서 묵묵히 기다리는 모습을 보고는 부끄러워서 아무 말도 하지 못했지요…." 부인의 이야기를 듣는 그 순간 그녀는 천사가 자신을 지켜주었다고 생각하지 않았을까? 수녀님은 생의 거의 마지막 순간까지도 마라 부인의 두 자녀와 편지를 주고받았다.

아브릴리아는 다음으로 고령의 영국인 플로렌스 브라이트 여사를 돌보는 일을 맡게 되었다. 그분은 연극배우이자 극작가였으며, 여성의 투표권을 위해 열심히 활동했던 여성 참정권론자였다. 그리고 자신도 한 번 만나본 적이 있는 조지 버나드 쇼의 친구이기도 했다. 하지만 지금은 다리를 제대로 쓸 수 없는 병든 몸으로 침대에 누워 누군가의 도움을 필요로 하고 있었다. 아브릴리아의 돌봄이 시작되고 두 달 후, 브라이트 여사는 지팡이도 없이 걸어서 여성 참정권 운동 20주년 행사에 참석했다! 이는 놀라운 회복을 보인 첫 번째 사례였다. 당시는 물리치료를 정식으로 공부하기 전이었지만 그건 중요한 게 아니었다. 진정한 치료자는 따로 계셨기 때문이다.*

아브릴리아는 브라이트 여사의 가정에서 요리를 제외한 온갖 일을 담당했다. 여사는 조지 버나드 쇼가 창립 멤버로 있는 동물보호단체

---

* 가브릴리아 수녀님의 오랜 치유의 사역이 끝나는 순간까지, 이를 옆에서 지켜보던 사람들은 종종 수녀님이 '과거의 영국식 치료법'에 대해 이야기하는 것을 듣곤 했다. 그 표현 속에는 언제나 하느님의 값진 선물이 감추어져 있었다. 그것은 정교회가 수 세기 동안 세상에 떠벌리지 않고 신중하게 보존해 온 하느님의 '은사'였다.

에 속한 채식주의자였는데, 아브릴리아도 그때부터 자의 반 타의 반 채식주의자가 되었다. 그런데 참으로 놀라웠다. 젊어서 아주 심한 늑막염을 앓는 등 연약했던 그녀의 체질이 돌덩이마냥 단단해진 것이다. 런던의 다습한 기후에서 8년 동안이나 고된 노동을 하고 시련을 겪었지만 단 한 번의 병치레도 하지 않았다. 수녀님은 언젠가 우리에게 이렇게 말했다. "내 방엔 습기가 너무 많았지. 한쪽 벽이 푸른 곰팡이로 뒤덮여 수시로 칼로 제거해야만 했어."

얼마 지나지 않아 아브릴리아는 오후 시간을 활용해 부업을 찾아볼 여유가 생겼고, 두 아이들에게 외국어를 가르치는 선생 자리를 구했다. 하루는 수업을 하러 가던 길에 어떤 병원 앞을 지나게 되었다. 발 치료사(Chiropodist)라는 간판이 눈에 들어왔다. 그녀는 안으로 들어가 그것이 무엇인지 물었다. 병원에서는 발 질환을 치료하는 의학의 한 분야라고 대답해 주었다. 아브릴리아는 그걸 공부해 보기로 마음먹었다. 그녀를 잘 알던 러시아 신학자 니골라스 세르노프는, 사람들의 마음속에 이야기를 전할 수 있는 신학을 하지 않고 어째서 발을 치료하는 전공을 선택하느냐고 물었다. 그러자 아브릴리아는 이렇게 대답했다. "아, 내 모토는 발을 통해 가슴으로 가는 것이지."[*]

수업은 초반엔 그리 어려워 보이지 않았다. 1년 차에 의학 일반에 관한 수업을 듣고 시험을 치러야 한다는 것은 미처 알지 못했다. 하지만 그녀는 물러서지 않았다! 아침부터 정오까지 일을 했고, 학업도 지속했다. 동시에 전선(戰線)으로 떠난 한 의사의 병원도 책임져야 했다. 사람들은 이렇게 공습이 지속되는 혼란한 상황에서 런던의 심장

---

[*] 20년이 흐른 후 그를 다시 만났을 때 수녀님은 이렇게 말했다. "니콜라스, 예전에 내가 하던 일은 이제 끝났다네. 지금 나는 바로 가슴으로 직진한다네!" 그가 화답했다. "하느님께 영광!"

부에 가는 것은 무모한 짓이라고 그녀를 말렸다. 하지만 아브릴리아는 지체하지 않았다. 또 런던 시외의 병원에 와서 일해달라는 병원들의 요청에도 응했다.

그녀의 믿음은 언제나 확고했다. 엘레니 비르부는 "아브릴리아는 잠자리에 들 때 포탄이 떨어지는 상황을 단 한 번도 고려하지 않았고, 마치 아무런 위험이 없는 것처럼 곤히 자곤 했다"고 기록했다. 계속해서 "뿐만 아니라 그녀는 베이커리나 공장 등에서 오랜 시간 힘들게 서서 일하며 발 통증으로 고생하는 키프로스 형제들을 위해 무료 봉사를 했다"고 적었다.*

하느님의 도움으로 아브릴리아는 학업을 무사히 마쳤다. 그리고 1946년 발 치료사 협회의 정회원이 되어 71/1946이라는 공인 번호도 얻었다. 진정 하느님께서는 악조건 속에서도 그녀에게 힘과 의지력을 주심으로써 도우셨다. 협회의 인증은 삶에서 중요한 이정표가 되어주었다. 이제 그녀는 자립했다. 돈이 없어도 아무런 걱정도 구애도 없이 국경을 넘어, 지구 끝까지 할 일을 찾아 떠날 수 있었다. 이렇게 새로운 영적 지평이 열리고 있었다.

아브릴리아는 매일 환자들을 진료했다. 동시에 인간의 영혼을 돌보는 봉사도 시작했다. 사람들의 아픈 발은 그녀에게 하나의 구실, 기회였다. 이 축복된 협회 인증으로써 얼마나 많은 이들이 영혼의 눈을 뜨게 되었는지! 브라이트 여사를 위해 일한 경험 덕분에 아브릴리아에겐 말하기에 앞서 경청하는 능력이 생겼고, 이는 사람들의 마음을 여는 데 도움이 되었다. (2부 13. 경청 참조) 치료가 훨씬 효과적으로 이루어졌다. 주님께서는 아브릴리아를 몸과 마음의 안식과 치유를 위

---

* 아브릴리아의 이와 같은 헌신은 1954년 키프로스에서 그녀를 초대하는 계기가 된다. (1부 순례자 참조)

한 경청자로 삼으셨고, 그녀는 물리치료사이자 그리스도 안에서 영혼을 보살피는 심리치료사가 되었다.

1939년 초, 좋은 기회가 찾아왔다. 정신질환을 앓는 소녀와 동행해서 그리스로 가달라는 부탁을 받은 것이다. 아테네에 도착한 아브릴리아는 부모님이 계시는 마루시로 향했다. 그동안 그토록 그리워했던 가족들과 함께 2주간 축복의 시간을 보낼 수 있었다.

런던으로 돌아온 후, 채 몇 달이 지나지 않아 제2차 세계대전이 발발했다. 비 오듯 포탄이 떨어지는 힘든 시련의 나날이었다. 어둠이 깔리는 밤이면 모두들 두려움에 지하로 내려갔으나, 아브릴리아는 일과 후의 피로도 잊은 채 어른 아이 할 것 없이 사람들에게 달려가 위로가 되어주었다. 차 한 잔, 약간의 희망 어린 대화, 그리고 그들을 보살피며 힘이 되어주는 것이 그녀가 할 수 있는 전부였다.

그때 테살로니키에서 온 유대인 친구 실비아 스카파는 히틀러의 상세수용소에서 온 가족이 몰살당해 심각한 정신적 충격을 받은 상태로, 그녀의 도움이 절실히 필요했다. 당시 스카파는 폐소공포에 사로잡혀 대피소로도 내려가지 못했다. 아브릴리아는 그런 친구를 데리고 사이렌이 울릴 때까지 런던의 황폐한 거리를 함께 걸으며 끊임없이 위로를 해주곤 했다. 스카파는 그 은혜를 결코 잊을 수가 없었다. 두 사람은 1992년까지 서신교류를 지속했다.

그 시절, 아브릴리아는 운 좋게도 존경받는 야고보스 비르보스 사제(후에 티아티라 주교로 서품)를 알게 되었으며, 영적 아버지로 모시게 된다. 야고보스 사제와 남매지간이던 엘레니 비르부는 오랜 지병으로 눈을 감는 1987년까지 그녀와 아주 특별한 우정을 나누었다.

비르부에 따르면, 아브릴리아는 사람들을 돌보러 다니지 않을 때는 침대에서 잠을 청했던 것으로 보인다. 대피소로 안 내려갈 거냐는 물음에, 하느님의 뜻이라면 내가 어디에 있든 포탄이 떨어지지 않겠느냐고 대답하며 최악의 환경 속에서도 편안히 잠을 잤다.

전쟁의 포화 속에서도 삶은 그렇게 흘러갔고 아브릴리아의 뛰어난 유머 감각도 여전했다. 비르부는 아주 어려운 삶의 순간에도 유쾌함을 잃지 않던 아브릴리아의 일화를 우리에게 전해주었다.

그녀가 영국의 한 정형외과 병원에서 일하던 때였다. 어느 영국인 부인의 다리를 치료하고 있을 때 재밌는 상황이 벌어졌다. 치료를 받던 부인이 순간 침묵을 깨며 물었다. "선생님은 프랑스 사람인가요?" "아니요, 저는 그리스 사람입니다." "그리스는 이 끔찍한 전쟁에서 어느 편인가요? 저희와 같은 편인가요?" 부인의 이런 물음에 그녀는 아주 진지한 얼굴로 답했다. "아니요, 우린… 히틀러 편입니다." 그러자 부인은 깊은 한숨을 내쉬며 푸념했다. "보세요. 우리는 완전히 혼자랍니다. 우리 편이 없답니다…."

부인이 병원을 나서자 옆방에서 이 모든 대화를 듣고 있던 의사가 건너와 한편으론 의아해하면서, 또 한편으론 애써 웃음을 참으며 왜 그런 거짓말을 했느냐고 물었다. "모든 신문과 라디오에서 그리스의 항전을 외치고 있는데 우리더러 누구 편이냐고 물어보니 제가 무슨 말을 할 수 있겠어요!" 둘은 크게 웃었다.

또 하루는 같은 병원에서 한 환자가 아브릴리아에게 물었다. "선생님은 프랑스 사람입니까?" "아니요. 저는 그리스 사람입니다." "그리스 사람들은 신발을 신고 다니나요? 아니면 맨발로 다니나요?" 그녀는 이 물음에 아주 진지하게 답했다. "우리가 지구상에서 가장 화려한 문화를 자랑하던 2000년 전에는 샌들을 신거나 맨발로 다녔지요.

그런데 그 이후로는 다른 나라 사람들을 따라 하면서 우리의 고유한 문화를 잃고 말았답니다. 그래서 지금은 불행하게도… 우리도 신발을 신는답니다!" 옆방에 있던 의사는 이번에는 평정심을 잃고 박장대소하고 말았다.

  아브릴리아가 영국을 떠나기 몇 주 전, 시민권을 주겠다는 제안이 들어왔다. 하지만 그녀는 그 제안을 받아들이지 않았다.

그리스

기쁜 소식을 전하는 이들의 발이 얼마나 아름다운가! (로마 10:15)

1945년 전쟁이 끝난 후, 사람들은 그리스에 도움의 손길을 보내기 시작했다. 유엔구제부흥사업국(UNRRA, 유니세프의 전신)과 많은 외국 선교사들이 동참했다. 티아티라와 영국의 대주교의 축복으로 아브릴리아는 그리스로 떠날 관계자들을 교육하는 일을 맡아 그리스어와 불어를 가르쳤다. 그리고 얼마 후 자신도 퀘이커교도들과 함께 그리스로 돌아온다. 퀘이커교도들은 그리스 북부 마케도니아 지역의 아이들을 위해 테살로니키 외곽에 미국 농업학교를 세웠다. (2부에서 등장할 찰리 하우스 씨도 이때 함께 왔다. 2부 1. 사랑 참조. 근래에는 가브릴리아 수녀님을 기리는 나무를 그곳에 심었다고도 한다.)

아브릴리아는 농업학교에서 언어 교육을 담당했으며 곧 책임자가 되었다. 매주 토요일에는 아이들에게 성경을 가르쳤고, 주일이면 그 애들을 데리고 마을에 있는 정교회 성당으로 갔다. 모두가 그녀를 존경했다. 개중에는 청력에 이상이 있는 한 소녀도 있었는데, 아브릴리아는 그 아이를 "나의 올랴"라고 부르며 특별히 헌신했다. 1958년 그녀는 인도의 우타르카시에서 유대인 친구 예후다 하네그비에게 이렇게 편지를 써 보냈다. "테살로니키의 미국 농업학교에서 내가 올랴를 알게 된 첫날부터 13년이 지난 지금까지도 그 아이는 사랑과 인내, 그리고 부드러움으로 언제나 나에게 감동을 안겨주고 있어요…."

"나의 올랴." 아브릴리아의 사랑하는 제자이자, 친구요, 동료였던 올랴는 훗날 우리에게 다음과 같은 이야기를 들려주었다.

선생님은 1945년 구호 활동을 펼치러 온 영국의 퀘이커교도들과 함께 그리스로 돌아오셨어요. 그리고 저는 테살로니키 외곽 공항 방면의 퀘이커 학교에서 책임자로 계시던 그분을 알게 되었죠. 그 학교는 마케도니아의 여러 마을 소녀들이 다니던 곳이었는데, 전문 직업학교가 아닌 가정학교였어요. 언젠가 소녀들이 엄마가 되었을 때 아이들을 돌보는 방법, 밭을 일구고 가축을 다루는 방법을 전수해 주었죠.

선생님은 언어를 가르치셨어요. 그리고 매주 토요일에는 성경도 가르쳐 주셨고요. 늘 미소를 띠고 사랑이 많았던, 다정한 분이셨답니다. 우리는 그분을 엄마처럼 생각했어요. 그래서 선생님이 오시면 엄마 품으로 달려드는 새끼들처럼 이름을 외치며 달려갔죠. "미쓰(miss)! 미쓰! 미쓰 아브릴리아!" 사람들은 당시 그분을 그렇게 불렀습니다.

바른길로 갈 수 있도록 저를 이끌어준 단 한 사람이 있다면 그분은 바로 아브릴리아 선생님이십니다. 선생님은 제게 용기와 신념을 심어주려 무척 노력하셨어요. 청력이 안 좋아 제대로 듣지 못했던 저는 학교 친구들로부터 무시를 당하기 일쑤였거든요. 선생님은 그런 저를 의사들에게 데려가시기도 했고, 메림나라고 하는 병원에서 아데노이드 시술을 받을 수 있도록 도와주시기도 했어요. 아테네로 내려왔을 때도 저를 똑같이 돌봐주시고 온갖 노력을 쏟으셨지요.

1947년, 아브릴리아는 아테네로 돌아와 마살리아스 거리에 병원을 연다. 올랴는 이렇게 전했다. "유명 인사들을 포함하여 찾아오는 이가 많았어요. 프레데리카 여왕 같은 분까지 발을 치료하러 왔습니다." 아브릴리아의 이름과 치료 능력에 대한 소문이 급속히 퍼져나갔고, 어느덧 그녀는 유명인이 되어 있었다. 비르부의 메모를 보자.

아브릴리아는 기력이 하나도 없을 정도였다. 발 치료만이 아니라 찾아오는 환자들의 아픔과 고통에 귀를 기울이고 조언도 해주었기 때문이다. 그녀는 비밀을 털어놓을 만한 절친한 친구(confidante)였다. 언젠가 병원으로 초대해 찾아갔더니 녹초가 된 아브릴리아가 나를 반겼다.

"끊임없이 말을 하던데 그게 얼마나 고단한 일인 줄 아니?"

"그럼 어떡해? 너는 대다수의 사람들이 여기에 왜 온다고 생각하니? 그들은 아픈 발보다 자신이 겪는 불행을 털어놓고 싶어 오는 거야."

그때부터 아브릴리아는 사람들에게 신의를 지켰고, 육체와 함께 영혼도 치료해 주었다.

내가 기억하기로 그녀는 하루에 500, 600드라크마를 벌었지만 저녁이 되면 수중에 단 한 푼도 남아있지 않았다!

"너 제정신이니? 돈을 왜 그렇게 쓰는 거야?"

"글쎄, 나도 잘 모르겠네…."

아브릴리아는 시각 장애인의 집세를 대신 내주고, 무직자에게 옷을 사주었다. 당시 이 모든 것을 내 눈으로 직접 보았다. 내가 알지 못하는 일들도 분명 많았을 것이다. 실제 무상으로 돌봐주던 가난한 환자가 한둘이 아니었으며, 고아들도 도와주었다.

"사람들이 네 소식을 듣고서 너를 이용하는 거야!"

내가 이렇게 다그쳤더니 그녀가 뭐라고 대답한 줄 아는가? 도움을 청하는데 어떻게 거절할 수 있느냐고 했다. 돈 한 푼 벌지도 못하면서 그렇게까지 고생을 할 필요가 있는지 나는 따져 물었다. 아브릴리아는 아침 9시부터 저녁 6시까지 쉬지 않고 일했다. 환자가 떠나면 부엌에 들어가 우유 한 잔만 마시고 다시 일을 하러 나왔다. 콘서트나 여름에 간혹 고대 비극을 보러 가는 것 말고는 그녀에게는 취미 생활이란 없었고, 가족 외에는 대여섯 명의 좋은 친구들이 전부였다.

가브릴리아 성인

달라는 사람에게 주고 꾸려는 사람의 청을 물리치지 마라.
(마태오 5:42)

올랴도 이렇게 덧붙였다.

선생님은 굉장히 많은 사람들을 도와주셨어요. 제가 그분과 함께 병원에 있을 때 영국에 유학을 간 두 청년의 학비를 선생님께서 대주시는 것을 알았지요. 그래서 그런지 "우리 수입이 좀 부족하구나" 하고 제게 종종 말씀하시곤 했어요. 어떤 공부를 했는지는 몰라요. 단지 그들이 학업을 마친 후 어느 날 아침 선생님을 찾아와 감사 인사를 드렸다는 것만 알지요. 그분은 정말 선행을 많이 베푸셨답니다. 거의 매일 아침 식료품이 가득 든 가방을 문고리에 걸어두시곤 했어요. 보통 거기에 두셨죠. 가난한 이들이 지나가며 가져갈 수 있게요.

아브릴리아의 진료실 벽에는 제자들의 발을 씻기시는 주님의 이콘이 걸려있어 환자들을 돌보는 중에도 그것을 바라볼 수 있었다. 근무 시간이 곧 기도 시간이기도 했다. 치료 중에는 전혀 말을 하지 않은 이유이기도 하다. 사람들의 고민을 들을 땐 조용히 예수 기도*와 "하늘의 임금이시여 위로자시여"로 시작하는 성령 기도**를 암송했고, 치료가 끝난 후에야 비로소 말을 이었다. 병원 대기실에는 뒤러의 〈기도하는 손〉 모사품이 걸려있었다.

언젠가 수녀님은 물리치료를 받기 위해 병원을 찾아왔던 한 소년

---
* 주 예수 그리스도 하느님의 아들이시여, 죄인인 나를 불쌍히 여기소서. (편집자 주)

**하늘의 임금이시여, 위로자시여, 진리의 성령이시며, 어디에나 현존하시며 온갖 것을 채워주시는 이여, 행복과 생명을 주시는 이여, 오시어 우리 안에 머무시어 우리의 불결하게 된 모든 것을 깨끗하게 하시고, 선하신 이여, 우리 영혼을 구원해 주시옵소서. 아멘. (편집자 주)

에 대한 이야기를 해준 적이 있다. 지금은 아테네에서 아주 저명한 변호사로 활동하는 이로, 당시엔 평발로 고생하던 열 살 무렵의 아이였다. 일정 기간 치료 후 상태가 호전된 것을 본 아브릴리아가 물었다. "어때, 다리가 많이 좋아진 거 같니?" 그럴 때마다 아이는 "아직도 다 낫지 않았어요" 하고 답했다. 하루는 그녀가 말했다. "이제 내가 너를 위해 할 수 있는 것은 아무것도 없단다!" 그러자 아이가 꾹 참았던 웃음을 터트렸다. "선생님, 제가 언제 좋아졌는지 아세요? 이미 두 번째 치료를 받았을 때 좋아졌어요. 하지만 여기서 지내는 것이 좋아 말씀을 안 드렸죠. 집에서는 언제나 싸우는 소리만 나거든요…." 수녀님은 이렇게 덧붙이셨다. "내가 아이들로부터 늘 듣던 불평이지."

1949년, 영국의 대사 부인 노턴 여사는 남북전쟁의 피해자인 열한 명의 아이들을 런던의 국제 어린이 구호단체에까지 인솔해 달라고 아브릴리아에게 부탁한다. 당시 런던의 신문들이 제1면에 그녀의 사진을 게재했던 것을 엘레니 비르부가 우리에게 보여준 적이 있다. 주영국 그리스 대사관은 그들을 뜨겁게 맞아주었다. 그녀는 아이들과 함께 영국 서레이에서 한 달간 머물렀다. 후에는 영국의 몇몇 가정들이 나서서 두 달간 그들을 보살펴주었다.

이런 와중에도 아브릴리아의 활동은 대단했다. 여러 가지 일을 하며 셀 수 없이 여행을 다녔다. 올랴는 이렇게 기억했다.

병원을 운영하시던 내내 선생님은 여러 가지 임무를 맡아 이곳저곳으로 여행을 다니셨습니다. 1949년에는 그리스의 고아들을 데리고 영국으로 가는 임무를 맡으시기도 했지요. 당시 아이들의 사진을 찍으러 선생님과 함께 영국 대사관에 갔던 일이 기억납니다. 선생님은 또 농맹(聾들) 소녀 앙겔리키도 함께 돌보셨어요. 언제나 바쁘게 오가시곤 했죠. 사람들은 늘 선생님을 환대했고, 선생님 또한 사람들을 그렇게 환대하셨습니다. 많은 일을 맡으셨지만 일일이 말씀해 주시지 않아 제가 다 알지는 못해요. 하지만 일을 마치고 돌아오시면 선생님은 제게 전화를 걸어 당신을 보러 오라고 말씀하시곤 했죠.

영국에서 그리스 고아들을 데리고 아테네로 돌아온 아브릴리아는 자신의 병원에서 환자들을 돌보는 일을 지속했다. 그리고 수시로 환자들을 데리고 런던을 방문했다.

1949년 가을, 아브릴리아는 미국을 방문한다. 이때 로즈 케네디, 마틴 루터 킹 목사와 그의 어머니를 만난 것으로 보인다. 수녀님은 우리에게 당신이 맹인들을 돌보았으며, 그중에는 하이티에서 온 이도 있었다고 말씀하셨다. (2부 55. 유명 인사들 참조)

1950년, 아브릴리아는 농맹 수녀 앙겔리키를 데리고 다시 미국으로 떠난다. 그녀의 오랜 지기였던 유대인 실비아 스카파는 이렇게 기록했다. "아브릴리아는 어린 앙겔리키를 특수 기관에서 교육시키기로 마음먹고 엄청난 노력을 기울였다. 하지만 아이가 무척 영특함에도 불구하고 그 어떤 기관에서도 받아주지 않았다." 그들은 보스턴 워터타운에 있는 퍼킨스 시각장애인 학교와 헬렌 켈러 학교 등을 찾아갔다. 아브릴리아는 헬렌 켈러를 직접 만나기도 했다.

아브릴리아는 앙겔리키와 1년을 함께 지냈다. 한 해가 지날 무렵, 그녀의 사랑에 힘입은 어린 앙겔리키는 촉감을 통해 의사소통을 할 수 있게 되었다. 주변 환경에도 친숙해졌고, 봉제인형을 만들 수 있을 만큼 상태가 나아졌다. 하지만 끈질긴 노력에도 불구하고 결실을 맺지 못하자 그들은 결국 아테네로 다시 돌아와야만 했다. 1958년, 아브릴리아는 친구 하네그비에게 보낸 편지에 다음과 같이 적었다. "가여운 앙겔리키, 거기서조차 아이를 제대로 보살피지 않고 심지어 이용하려고 들었어요. 오늘날 이 시대에 순교를 당하는 것과 다름없어요."

1953년 어느 날, 그녀는 갑자기 엘레니 비르부에게 편지를 썼다. "어머니가 돌아가시면 나는 다시 영국으로 갈 거야. 그곳의 기후가 나에게 맞아. 거기서 10년간 무리라고 할 정도로 아주 열심히 일했지만 단 한 번도 아픈 적이 없었지. 아마 네가 더 잘 알 거야." 하지만 1년 후, 주님께서는 그 생각과는 전혀 다른 방향으로 그녀를 이끄셨다. 처음에는 모든 것이 낯설고 생소했으나 종국에는 너무도 사랑했고 또 사랑을 받았던 인도로 '아주' 떠나기로 한 것이다.

아브릴리아의 영적인 삶에서 큰 전환점이 되는 1954년이 찾아왔다. 3월 24일, 그녀는 그토록 사랑했던 어머니를 다른 세상으로 떠나보냈다. "헤아릴 수 없는 사랑의 존재, 어머니는 내가 태어난 그 순간부터 나를 바르게 이끌어준 인도자요, 오늘의 나를 있게 해준 힘이셨어. 어머니의 무한한 사랑과 훌륭한 삶의 모습은 내가 하느님을 더욱 사랑할 수 있도록, 그리고 모든 이들과 모든 것을 사랑할 수 있도록 만들어주었지."

그런데 놀라운 기적이 그곳에 숨어있었다. 어머니의 그 무한한 사랑이 주님의 사랑 앞에서 비워지고, 지워지고 있었던 것이다. 어머니는 그토록 사랑하는 딸이 자신의 길을 달릴 수 있도록 언제나 온 마음을 다해 축복해 주셨다. "애야, 너무 걱정하지 말고 어서 떠나거라. 널 기다리고 있을 테니 신경쓰지 말고 잘 다녀오렴!" 마지막 순간까지도 어머니는 매번 그렇게 여행을 떠나는 딸을 배웅하셨다.

그리스도를 향한 믿음의 위대한 모험이 시작되고 있었다. 오랜 세월이 지난 후, 프랑스인 친구 여든다섯의 마리 수녀님은 1978년 3월 10일 다음과 같은 편지를 보냈다. 그 글 속에서 우리는 그리스도의 불꽃이 아브릴리아의 등과 가슴에 황금빛 독수리의 날개를 활짝 펼치게 했음을 엿보게 된다.

"그날부터 지금까지 일어난 모든 일은 무엇보다도 하느님의 영광을 위한 것이지만, 또한 수녀님의 믿음의 승리이기도 합니다. 세상의 현자, 신중한 합리론자라는 '소방수'들의 존재에도 불구하고, 주님께서는 이렇게 그리스도 안에서 모험의 길을 걷는 사람들에게 흔들리지 않는 진리의 등대를 밝혀주셨습니다."

순례자

새벽의 날개 붙잡고 동녘에 가도, 바다 끝 서쪽으로 가서
자리를 잡아보아도 거기에서도 당신 손은 나를 인도하시고
그 오른손이 나를 꼭 붙드십니다. (시편 139:9-10)

주님께서 아브릴리아의 어머니를 편히 쉬게 하신 1954년 3월 24일, 그날은 아브릴리아에게 가장 고통스러우면서, 동시에 가장 중요하고 결정적인 하루였다. 그녀는 엘레니 비르부에게 이렇게 말했다. "우리가 이별한 그날, 내적으로 중대한 기로에 섰던 바로 그날, 난 세속적인 삶과의 모든 연을 끊었단다. 나는 그날 세상에 대해서 죽었어. 이제 내가 걸어가야 할 길은 오직 하나, '네가 가진 재산을 다 팔아 가난한 사람들에게 나누어주고 너는 나를 따르라'는 그 말씀을 실천에 옮기는 일이었지. 하지만 그곳이 어디일까…? 어느 날 갑자기 메시지가 도착했어. 인도! 나의 목적지였지! 하지만 그때까지 나는 그리 가깝지 않은 이 나라와 별다른 인연이 없었거든. 다만 우리 그리스인들이 그렇듯, 모든 고대 문명과 신성한 문화에 대해 경외심이 있었을 뿐이야. 인도 역시 그리스처럼 찬란한 문화가 선사하는 정신적 섬세함을 지니고 있다는 단편적 지식과 함께, 오늘날까지도 신에게 온 삶을 바치는 현자들이 있다는 걸 알고 있을 뿐이었어."

하룻밤 새 아브릴리아의 내면에서 엄청난 변화가 일어났다. 어머니의 영면, 그리고 얼마 후 스스로를 벗어던진 것이다. 안식하신 어머니 곁에서 마치 당신 자신의 죽음을 본 듯한 느낌을 받았다고, 훗날 수녀님은 회상했다.

그날 밤, 아브릴리아는 온 생애를 통틀어 가장 강력하고 의미 있는

영적 체험을 한다. 밤새 잠을 이루지 못했다. 주님의 이콘이 눈이 부실 만큼 광채를 발하고 있었기 때문이다. 머리에 뒤집어쓰고 있던 천 밖으로 고개를 들 엄두를 내지 못했다. 그때 그녀에게 내면의 소리가 들려왔다. 인도…. 동시에 그녀는 주님께서 제자들에게 말씀하신 "사실은 내가 떠나가는 것이 너희에게는 더 유익하다. 내가 떠나가지 않으면 그 협조자가 너희에게 오시지 않을 것이다. 그러나 내가 가면 그분을 보내겠다"(요한 16:7)라는 말씀과 "나를 따르라"는 음성이 들리는 듯했다.

24년이 지난 1978년 3월 25일, 수녀님은 하네그비에게 편지를 쓴다. "1954년 3월 24일, 그리고 이틀 뒤 저는 주님의 빛을 보았어요. (26일은 가브리엘 대천사의 축일이다.) 그 빛은 모든 것을 버리고 그분을 따르도록 저를 인도했지요. 그때부터 전 매년 같은 날 아주 의미 있는 메시지를 받고 있답니다. 하느님은 참으로 놀라운 분이시죠. 그분은 각자의 성향에 맞게 우리에게 가르침을 주세요. 어떤 이에게는 온화하게, 때론 강렬하게, 또 다른 이에게는 그에게 맞게…."

수녀님 말씀처럼, 당신의 어머니는 그분의 길을 열어주신 장본인이셨다. 하느님의 사랑을 연결해 준 고리였고, 어렵고 힘든 순간에는 조언자이자 인도자셨다. 이제 아브릴리아는 진정 하느님의 뜻이라면 주님을 인도자로 삼아 먼 타국으로 떠날 각오가 되어있었다.

인도가 참으로 자신이 가야 할 곳인지, 혹시 혼자서 망상을 하는 건 아닌지, 아브릴리아는 확증을 통해 알려달라고 주님께 기도로 간청했다. 왜냐하면 그때까지 그녀에겐 인도와 연결될 그 어떤 동기도 없었고, 또 훨씬 뒤에 하나의 유행처럼 나타난 '구도(求道)'와도 전혀 연관이 없었기 때문이다.

사흘 뒤, 기도에 대한 응답이 왔다. 인도인처럼 보이는 서른세 살의 한 젊은이가 병원 문을 두드린 것이다. 그는 서인도에서 넘어온 영국 국적의 퀘이커교도 캐머런이었다. 지인의 소개로 오스트리아 빈에서 찾아왔다고 했다. 캐머런은 잠시 아테네에 들러 자신의 뿌리와 선조를 찾아보고 며칠 후 인도로 떠날 계획이었다. 최종 목적지는 히말라야였다. 아브릴리아는 이것이 주님의 응답이라는 사실을 곧 알아차렸다. 아브릴리아는 자신의 재산, 즉 병원의 기구들과 책을 처분할 때까지 기다려줄 수 있겠느냐고 그에게 물었다. 함께 떠날 생각이었던 것이다. 캐머런은 그녀의 제안에 곧장 "네"라고 대답하고 여행 일정을 연기했다.

캐머런의 대답은 수녀님의 온 생을 지배하는 중요한 모토가 되었다. "캐머런의 '네'라는 대답은 내 삶의 중요한 분수령이 되었어. 왜냐하면 나 역시도 주님과 모든 이들에게 기꺼이 '네'라고 대답해야 함을 깨달았기 때문이지. 언제라도 말이야."

결심을 굳힌 후 아브릴리아가 처음으로 편지를 써 보낸 친구는 그때까지 영국에 머물고 있던 엘레니 비르부였다. "난 완전히 떠나려고 해. 그리고 다른 그 누구에게도 편지를 쓰지 않을 거야." 그녀의 이 편지는 친구의 마음을 무척 아프게 만들었다. "죽음이 우리를 갈라놓은 것과 같았다. 강렬한 태양을 좋아하지 않았던 아브릴리아가 의술 하나만을 익혀 오직 하느님을 인도자로 삼고 아무도 모르는 그 뜨거운 뙤약볕의 동방의 나라로 돈 한 푼 없이 떠난다니…."

한 달이 지나고, 이 소식이 친구들에게 전해졌다. 그들은 아브릴리아의 결정에 반발하기 시작했다. 엘레니 비르부가 말하길, 어느 날 아브릴리아는 퀘이커교도였던 옛 동료로부터 편지 한 통을 받았다. 모든 것을 정리하고 아테네를 떠나 새로운 인생을 살 거라는 그녀의 소식에, 세속을 떠나기로 한 아브릴리아의 결정이 결코 옳지 못하며 그것은 일종의 도피이자 도망일 뿐이라고 그는 주장했다. 고행의 길을 떠나는 사람에게 보이는 전형적인 반응 중의 하나였다. 어떻게 답장을 해야 좋을지, 아브릴리아는 고민했다.

그날 밤, 그녀는 이상한 꿈을 꾼다. 푸른 초원의 사방에 퍼져있는 작은 쥐새끼들, 그리고 쥐덫이 여기저기 놓여있었다. 그 초원의 끝에는 여러 건물과 집, 상점, 은행, 극장 등이 보였다. 그런데 난데없이 강력한 광선이 내려와 은행을 비췄다. 그러자 조그만 쥐새끼 한 마리가 구멍을 통해 멀리 달아났다.

다음 날, 아브릴리아는 앉아서 친구에게 답장을 쓴다. 전날 꾼 꿈에 대해 이야기한 뒤 이렇게 덧붙였다. "도망치는 쥐새끼가 바로 나입니다. 그것이 잘못된 건가요?" 편지를 받은 친구는 아브릴리아의 꿈으로부터 강렬한 인상을 받았으며, 언젠가 자신도 그렇게 될 수 있도록 기도해 달라고 답장을 써 보냈다!

아브릴리아는 인도로 떠날 준비를 하며 병원의 가구 및 장비를 팔기 시작했다. "모든 것을 정리하고 환자들을 다른 병원에 소개하자 사람들은 제가 제정신이 아니거나 혹은 어머니의 죽음으로 인해 충격을 받은 것으로 생각했답니다. 하지만 언제나 저를 축복해 주시던 어머니의 손길이 나약한 제 손을 주님께 영원히 맡기셨다는 걸 저는 느꼈지요. 하느님의 길을 찾아 나서는 데 제가 할 수 있는 최소한의 일을 한 것뿐이었어요."

정리가 마무리될 무렵, 그녀에게 초대장 하나가 날아들었다. 오스트리아 빈에서 열리는 청년들 세미나에 와달라는 내용이었다. '네'라고 대답해야 할 순간이었다. 그리고 그렇게 했다. 이렇게 캐머런과의 길이 갈라졌다. 수녀님이 늘 강조하셨던 것처럼 주님께서는 언제나 우리를 한 명, 한 명 부르시기 때문이다.

길을 떠나며 단 두 권의 책만 챙겼다. 하나는 성서였고, 다른 하나는 당시 이름난 인도의 구루 시바난다가 쓴 책이었다. 인도로 떠난다는 소식을 들은 한 친구로부터 선물을 받았다. 빈의 세미나에서 아브릴리아는 그리스도를 믿는 인도인 대학생 두 명을 만나 그들에게 "이 책의 저자가 아직도 살아 계시나요?" 하고 물었다. 그러자 살아있다는 대답이 돌아왔다. 그 책은 어째서 아브릴리아의 손에 들어오게 된 것일까?

다음 날 인도인 학생들과 함께 인도 영사관을 찾아갔다. 혹시 비자를 받을 수 있지 않을까 해서였다. 결국 비자를 받지는 못했지만 크게 개의치 않았다. 언젠간 받으리란 것을 내심 확신하고 있었기 때문이다. 그녀는 분명 그렇게 자신의 길을 알고 있었다.

2주 후, 아브릴리아는 빈을 출발해 스위스와 이탈리아를 거쳐 이스라엘의 하이파로 떠났다. 초대장을 받은 것이다. 10월 중순까지 그녀는 키부츠에서 자원봉사를 했다. 그리고 거기서 유대인 작가 예후다 하네그비를 알게 되었다. 이후 그들의 우정과 서신 왕래는 가브릴리아 수녀님이 생을 마치는 1992년까지 38년간 계속되었다.

그다음 아브릴리아는 팔레스타인으로 가서 캐머런을 다시 만난다. 그런데 그때 저명한 대학교수 베르크만 박사도 함께 자리를 하게 되었다. 대화를 나누던 중 우연히 책에 대한 이야기가 오갔는데, 교수가 언급한 것은 놀랍게도 시바난다의 책이었다. 아브릴리아는 베르크만 교수가 그 서적에 상당한 관심을 가지고 있다는 사실에 놀라워하며 친구로부터 받은 것을 그에게 주려고 했다. 하지만 교수는 이미 책을 읽은 터라 정중히 사양했다. 비르부의 전언에 따르면 교수는 어느 순간 아브릴리아에게 이렇게 말했다고 한다. "당신은 '알지 못하는 분'에 대한 지식을 가지고 있는 듯하군요. 낯선 땅으로 이끄는 힘을 느끼는 이유도 아마 그 때문이겠지요."

어찌 된 영문인지 키부츠의 숙소에 머물 때도 아브릴리아는 비슷한 경험을 했다. 묵던 방에서 시바난다의 책 여러 권을 발견한 것이다! 이 모든 것이 자신이 가야만 할 길을 가리킨다고 여긴 그녀는 언젠가는 꼭 그를 만나 친분을 쌓아야겠다고 생각했다.

키부츠에 머무는 동안 키프로스에서 초대장이 날아왔다. 전쟁 중에 도움을 주었던 이들이 보낸 듯했다. 일기장의 기록을 보면 아브릴리아는 키프로스의 니코시아와 파마구스타에서 한 달간 머물며 환자들을 돌보고 새로운 친구들을 여럿 사귀었다. 그리고 11월 말경에는 레바논에 가있었다. 한편, 인도 영사관에서는 그녀에게 편지를 보내 비자 신청이 받아들여지지 않았다고 통보했다. 하지만 어떤 힘에 이끌리기라도 하듯, 아브릴리아는 전혀 아랑곳하지 않고 자신의 행로를 계속 이어갔다. 때는 12월, 다음 행선지는 요르단의 암만이었다.

암만의 역전에서 아브릴리아는 잠시 생각에 잠긴 채 앉아있었다. 그러다가 갑자기 뭔가에 홀린 듯 인디언 엠포리엄이라는 상점에 들어가 그곳 점원에게 바그다드를 거쳐 인도로 가려 하는데 어떻게 하면 비자를 받을 수 있는지 물었다. 이야기 중에 시바난다의 책을 언급하자 점원은 기꺼이 자신의 형제를 소개했다. 아, 그런데 이런 기적이 있다니! 점원의 형제가 바로 인도 영사관의 직원이었던 것이다!

아브릴리아의 손에 비자가 주어졌다. 주변 사람들은 도저히 믿기 힘들어하며 이렇게 말했다. "분명 넌 이전부터 알고 있었어. 그래서 전혀 걱정을 하지 않았던 거야." "그렇지 않아. 하지만 내가 확실히 말할 수 있는 건 주님께서 나의 걸음, 걸음마다 기적을 행하고 계심을 느낀다는 거지."

그녀의 길이 다시 활짝 열렸다. 버스를 타고 레바논을 거쳐 바그다드로 떠났다. 가는 길목마다 잠시 들른 여관에서 환자들에게 도움의 손길을 내밀었다. 아브릴리아는 많은 여행객 사이에서 유일한 유럽인이자 여성이었다. 엘레니 비르부에게 보내는 편지에서 언급한 것처럼, 정말 놀라운 점은 기착지의 여관마다 그곳에 마련된 조그만 이슬람 사원에서 원한다면 그녀가 기도를 드릴 수 있게 호의를 베풀었다는 것이다. 이슬람 원리주의 시대를 사는 우리로서는 쉽게 믿기 어려운 일이다. 아브릴리아가 그들과 그 가족에게 베푼 것들에 대한 감사의 표현이었다 하더라도 놀랍긴 마찬가지다.

1955년이 밝았다. 아브릴리아는 인도에 점점 더 가까워짐을 느꼈다. 비르부에게 편지를 썼다. "버스를 타고 밤낮없이 사막을 가로질러 달렸어…. 엄청난 흙먼지에 물은 부족하고 환자들도 많았지. 하지만 그 무엇도 나를 힘들게 하지 않았어. 믿음 안에서 행복을 느끼고 있었거든. 중간에 잠시 머물던 여러 여관에서 환자들을 돌볼 기회가 많았어. 그리고 사람과의 소통 방법에 단지 언어만 있는 게 아니라는 것을 깨달았지. '연민'이 언어보다 더 큰 의미가 있으며, 어쩌면 가장 훌륭한 언어일지도 모른다는 걸 말야. 길 위에서 만난 여러 유럽 선교사와 의사, 여행자들이 내게 물었지. 소개를 받은 것도 아니고 지인도 없으면서, 앞으로 뭘 할 것인지도 모른 채 어떻게 그렇게 혼자 인도로 갈 수 있느냐고…. 하지만 내가 알고 있던 것은 오직 하나, 그곳에 가야만 하고 또 혼자 가야만 한다는 사실이었지."

**주를 믿고 바라는 사람은 새 힘이 솟아나리라.
날개쳐 솟아오르는 독수리처럼 아무리 뛰어도 고단하지
아니하고 아무리 걸어도 지치지 아니하리라.**
(이사야 40:31)

이라크에 당도했다. 첫 번째 기착지는 바그다드였다. 그곳에서 버스는 다시 이라크 바스라, 이란 호람샤르 지역을 향해 달렸다. 아브릴리아는 살면서 가장 큰 태양, 너무도 웅장하고 화사한 석양의 빛을 거기서 보았다고 했다.

계속해서 이란을 가로질러 2월, 테헤란에 도착했다. 다음 날, 테헤란 거리를 걷던 아브릴리아가 어느 책방의 진열대 앞에 멈춰섰다. 한 책이 시선을 끌었다. 피터 패트릭이라는 저자가 쓴 《나와 함께 나아가자》라는 책이었다. 자세히 보려고 안으로 들어가 책을 펼쳐들었다. 시선이 머리말로 향했다. 그것은 시바난다의 글이었다. 인도로 가는 길은 이제 더 이상 의심의 대상이 되지 않았다. 우연히 그곳에 있던 한 러시아 장교가 흔쾌히 소개장을 써주겠다고 나섰다. 하지만 아브릴리아는 "믿음이 저에게는 소개장인걸요" 하고 말하며 사양했다. 테헤란에 머무는 동안 그녀는 루즈벨트 거리에 있는 정교회 성당에서 에베를 드렸다.

테헤란에서 다시 페르시아 만을 향해 발걸음을 옮겼다. 하지만 인도로 가는 길을 찾는 데 실패했다. 아프가니스탄을 거쳐서 가는 것은 위험하다고 사람들이 조언했기에 테헤란으로 돌아와야만 했다. 며칠 후, 마슈하드와 비르잔드를 거쳐 자헤단에 이르렀다. 그곳의 한 호텔에 들어간 아브릴리아는 깜짝 놀라고 말았다. 요르고스 칼피디스 가족이 운영하는 그리스 호텔이었던 것이다! 그들도 콘스탄티노플 출신이었기에 그녀의 기쁨은 더없이 컸다.

당시의 행적을 자세히 알지는 못하지만 아브릴리아가 수년 동안 작성한 수첩을 보면 그녀는 약 500명 이상의 명단을 가지고 있었다! 이란인, 요르단인, 이라크인, 유대인, 레바논인, 이집트인, 파키스탄인, 인도인, 스리랑카인, 유럽인, 그리고 미국인까지. 조국을 떠나 외국에서 생활해 본 경험이 없다면 아브릴리아의 상황이 쉽게 이해되지 않을 것이다. 문화적 정체성이 무너지진 않을지, 정신적인 완전성에 해가 되진 않을지 우려할 수 있다. 일부는 가브릴리아 수녀님의 삶을 두고 어떻게 그렇게 수많은 외국인들, 그리고 이교도들까지도 가리지 않고 우정을 나눌 수 있었는지 의문을 제기할 것이다. 하지만 레바논의 조르주 코드르 대주교는 이에 대해 이런 발언을 했다. "우리 그리스도인들이 위험에 처해있다면, 그것은 오직 우리 자신의 나약함에서 기인한 것일 뿐이다." 앞으로 살펴보겠지만, 수녀님의 경우 '위험에 처한 사람들'은 결국 하느님의 도움으로 그녀의 활동을 통해 참된 빛을 보게 된 수많은 외국인들이었다.

아브릴리아는 자혜단을 거쳐 파키스탄의 카라치에 도착한 뒤, 다음 기착지인 하이데라바드로 향했다. 그리고 마침내 목적지인 인도에 당도한다!

1955년 5월 14일이었다.

> 당신의 빛이 어둠 속에 있는 자들을 비추지 않는다면
> 어디를 비추겠나이까? (신현축일 대만과 성가 중)
>
> 너희도 이와 같이 너희의 빛을 사람들 앞에 비추어라.
> (마태오 5:16)

인도

1. 델리에서 히말라야까지

인도에 도착한 첫날, 아브릴리아는 아테네의 미국인 친구들로부터 소개를 받아 델리의 라즈푸르 23번가에 위치한 퀘이커교도 숙소로 향했다. 그리고 다음 날 아침, 누군가 창문 밖에서 휘파람을 부는 소리가 들렸다. 당시의 그리스 유행가 〈너의 머리카락을 그냥 놔둬〉였다. 순간, 그녀는 수개월의 여정에 너무 지친 나머지 헛것이 들리나 싶었다. 하지만 창문을 열어 밖을 내다보곤 깜짝 놀라고 말았다. 세쿤데라바드에서 온 한 인도인 대학생이 거기에 서있었던 것이다. 지진 피해를 입은 그리스 섬들을 재건하기 위해 세계 각국에서 도움의 손길을 내밀었을 때 그리스에 다녀갔던 청년이었다. 당시 발목을 다쳐 아브릴리아의 병원에도 찾아왔었다! 그는 어떤 그리스 여성—최초의 여성 선교사—이 인도에 도착했다는 말을 듣고서 만나보려고 급히 달려온 길이었다. 하지만 그녀가 자신의 발을 치료해 주었던 사람이라는 것을 어찌 상상이나 할 수 있었을까!

기쁨은 놀라움보다 훨씬 컸다. 그것은 살아가면서 결코 잊지 못할 만남 중의 하나였다. 마치 인도라는 나라가 두 팔 벌려 자신을 환영하는 것 같았다. 좋은 일들이 다가오고 있다는 징조였다. 델리에서 지내는 동안 아브릴리아는 여러 중요한 인맥을 형성했는데, 이는 이후 인도의 여러 기관에서 선교 활동을 펼칠 때 큰 도움이 되었다.

이틀 뒤 5월 16일, 스위스 친구 피에르 오플링거의 초대로 아브릴리아는 대학생 캠프에 2주간 참여하게 되었다. 거기서 만난 폴 브랜드 박사는 뛰어난 능력을 갖춘 영국인 외과의사로, 보기 드문 인품의 소유자였다. 그는 런던에서의 부와 화려한 경력을 뒤로한 채 마드라스 한센병원에서 일하기 위해 인도로 넘어와 있었다. (훗날 아브릴리아가 인도를 떠날 무렵인 1959년, 브랜드 박사와 재회한 그녀는 자신의 경험과 영감의 '치료법'을 그에게 전수한다. 이는 뒤에서 다시 소개할 것이다.) 이 모든 것이 다 하느님의 손길이었다. 앞서 말한 대로, 초반에 형성된 중요한 인맥들이 인도에서 펼친 활동에 아주 중요한 역할을 했기 때문이다.

인도에서 보낸 5년의 세월 동안 아브릴리아가 보여준 삶—홀로, 무소유로 그리고 이웃 사랑의 솔선수범으로—은 많은 이들에게 깊은 인상을 남겼다. 그녀는 우타르프라데시의 시바난다 아쉬람, 폰디체리의 오로빈도 아쉬람, 간디 아쉬람, 우타르카시의 고빈드 아쉬람 (수녀가 되라는 부름과 란도르로 가라는 지시를 받은 곳) 등 서구에서 온 제자들을 둔 당대의 저명한 구루들을 비롯해 여러 명망가들과 친분을 쌓았다. 또한 빌리 그레이엄이나 감리교의 스탠리 존스 같은 유명한 외국 선교사들, 사회활동가 라마찬드라, 한센병 전문의 싱하 박사와 폴 브랜드 등의 의사들, 나아가 변호사들과도 폭넓게 교류했다. 뿐만 아니라 자와할랄 네루와 그의 딸 인디라 간디 등의 정치인들, 국제적인 찬사를 받던 바바 암테와 같이 뛰어난 업적을 이룬 사람들, 타고르를 포함한 문인들, 평생을 기도에 헌신하며 인도에서는 아비식타난다(Abhishiktananda)로 알려진 프랑스인 수도사 돔 르 소와 같은 위대한 인물들과도 함께했다.

아브릴리아의 작은 수첩은 전 세계 각지에서 온 다양한 인종의 다양한 신앙을 가진 사람들의 이름으로 빼곡했다! 유명하든 그렇지 않든 모두가 타인을 사랑하는 마음 하나로 삶의 행로를 정해 앞으로 나아가던 사람들이었다.

1956년 7월에 바바 암테에게 쓴 편지에서 그녀는 이렇게 말했다.

인도에 와서 이곳의 성인과 철학자들을 만났어요. 저는 여길 찾아오는 서양 친구들과의 연결 고리가 되어가는 듯해요. 한 젊은 미국인도 그대의 사업에 큰 관심을 보이더군요. 아마 그가 편지를 보낼 거예요. 어쩌면 좋은 결과가 있을지도 모르겠네요. 하지만 우리가 따르는 것은 오직 하느님의 뜻이고, 바로 거기서 그대와 내가 만나지요.

하느님께서 아브릴리아를 인도로 보내셨다. 당시 그녀 자신은 그 이유를 알지 못했다. 그렇지만 정말 중요한 것은, 아브릴리아를 알게 된 인도인들과 서구인들이 그녀를 통해 완전히 새로운 삶의 방식이 있음을 깨달았다는 점이다. 그녀의 절제력과 겸손, 그리고 내면에 스민 깊은 영성 속에서 정교 신앙을 본 것이다. 동방인들은 하나의 새로운 서방을 보았고, 서방인들은 그들 속에 존재하는지도 몰랐던 동방의 모습을 보았다. 과연 어떤 '선교사'가 자신이 섬기려 한 사람들과 그토록 동화된 적이 있었던가? 어느 누가 현지인들처럼 먹고 마시고 여행하고 잠을 잔 적이 있었던가? 그녀는 설교로 정교 신앙을 가르치지 않았다. 말없이 가슴으로, 실천적 삶으로 정교 신앙을 전했다.

1973년 아르헨티나에서 온 마리아 수녀가 아난드완에 있는 한센병원에서 환자들을 돌보며 봉사하기를 원했을 때 바바 암테에게 보내는 소개장에서 아브릴리아는 이렇게 썼다. "이 수녀님은 '선교사'가 아닙니다. 그대나 저와 같은 부류의 사람이지요. 마리아 수녀님은 단지 사람들을 사랑하는 것이랍니다. 여느 선교사들의 방법과는 완전히 달라요."

우리 주님께서는 말씀하셨다. "그러나 스스로 계명을 지키고, 남에게도 지키도록 가르쳐라."(마태오 5:19) 아브릴리아는 몸소 실천했고 그것은 곧 그녀의 가르침이었다. 하느님의 은총 속에서 세상 곳곳을 누비는 동안, 아브릴리아는 우리가 쌓아올린 두려움의 벽에 틈을 만들고 우리와 다른 나머지 세계를 정교 신앙으로 연결하는 하나의 창이 되어주었다.

며칠 뒤, 그녀는 피에르 오플링거가 소개한 인도인 변호사 두 명과 함께 히말라야로 향했다. 정글 속 갠지스 강 수원지 근처에 자리 잡은 그곳은 아브릴리아에게 아주 중요한 이정표가 되는 인도의 여러 장소 중 하나로, 그녀가 무보수로 그리스도 안에서의 첫 봉사를 했던 병원이 자리 잡고 있었다. 아브릴리아는 언제나 무일푼이었다. 그리고 그것은 하느님의 뜻에 절대적으로 순종함을 의미했다. 어떤 대안이나 대책, 자신의 의지나 선호에 따라 마음대로 이동할 수 있는 여력도 없었다. "주님께서 나를 무일푼으로 인도에 보내신 것은 당신의 위대함과 영광을 보게 하시기 위함이었다. 우리가 스스로를 당신의 손에 완전히 맡길 때 주님께서 우리를 어떻게 보살피시는지 내 눈으로 보게 하시기 위함이었다. 인도에서 내딛는 발걸음마다 나는 이 모든 것을 보았다. 그리고 그때부터 지금까지 단 하루도 주님의 놀라운 업적에 경탄하지 않은 날이 없었다."

**너희의 착한 행실을 보고
하늘에 계신 아버지를 찬양하게 하여라.** (마태오 5:16)

첫 번째 목적지인 시바난다의 아쉬람, 디바인 라이프 소사이어티(Divine Life Society)에 도착했다. 그날은 아브릴리아가 제2의 인생을 살기로 결심한 날로부터 정확히 14개월 지난 1955년 5월 24일이었다. 시바난다가 "피타고라스의 후예여, 어서 오십시오!" 하며 미소 가득한 얼굴로 직접 맞아주었다. 아브릴리아가 11개월 동안의 여정에 대한 이야기를 들려주자 그는 깊은 인상을 받은 듯했다. 무엇보다도 힘든 여행길 내내 그녀를 지탱해 주고 이끌어준 믿음에 큰 감명을 받았다. 다음 날 아침, 시바난다는 운영하던 작은 병원을 아브릴리아가 맡아주었으면 하는 바람을 밝혔다. 그리고 일부 수행자들에게 물리치료 기술을 가르쳐 달라고 부탁했다. 그곳의 수행자들은 80여 명 정도였으며, 모두 머리를 깎고 구루를 신처럼 숭배하고 있었다.

이제 거처가 마련되었고 쌀, 채소, 요거트 같은 음식을 매일 먹을 수 있었다. 이곳에서 그녀는 두 개의 축을 새로운 삶의 원칙으로 삼았다. 하나는 절대적인 무소유이고, 다른 하나는 이웃들의 모든 요청을 기꺼이 받아들여 봉사하는 것이었다. 이런 삶의 원칙, 믿음, 겸손은 뚜렷한 자취를 남겼다. 아브릴리아를 알던 인도 사람들은 그녀를 그리스에서 온 릴라(Lila of Greece)로 기억하며, 실비아 스카파의 표현대로라면 "국모의 전형(A National Mother Figure)"처럼 여겼다.

다음은 엘레니 비르부의 기록이다.

1955년 인도에 도착한 아브릴리아는 그곳에 머무는 동안 인도의 광활한 땅을 거의 다 돌며 사람들을 만나 사랑을 전하고 봉사했다. 모든 이를 따뜻한 시선으로 바라보았고, 거기서 살다 생을 마칠 거라고 생각했다. 돈을 쫓지 않아 소유한 것도 없었지만, 결코 굶주리지 않았으며 인도인들의 환대를 받았다. 아브릴리아의 따뜻한 마음씨와 영혼을 느낀 순간, 사람들도 그녀를 자신의 가족이나 친지처럼 맞아주었다.

타인의 마음을 움직이려면, 특히 언어, 민족, 종교가 다른 사람들에게 다가서려면 당신은 진정 그리스도 정신에 걸맞은 큰마음을 품고 있어야 한다.

다음 날 아침, 아브릴리아는 두 인도인 변호사들과 함께 숲속을 돌아보려고 나섰다가 어느 나무 밑에 미동도 없이 앉아있는 이를 발견하고 놀란다. 비르부에게 보낸 편지엔 다음과 같이 쓰여있었다.

그 사람은 나무, 흙과 너무도 흡사했어. 아마 너도 그를 쉽게 발견하지 못했을 거야. 너무 인상적이라 나는 일행들에게 저 사람을 봐보라고 말했지. 하지만 그들은 그런 나를 이상하게 쳐다봤어. 아무도 보지 못한 거야. 나는 조금 더 가까이 가보자고 했어. 그제야 그들도 눈치를 채고서 어리석게도 내게 무슨 신통이라도 있는 듯이 여겼지. 나무 밑에 있는 그런 요가 수행자들은 다른 이들의 눈에 띄지 않는 재주를 가지고 있다는 거야! 하긴, 수행이 생활화되어 있는 정교회를 그들은 알지 못했겠지만!

아브릴리아는 그곳의 작은 병원을 담당하여 인근을 지나는 현지인 순례자들을 보살피고 치료해 주었다. 거기서 처음 맡은 일은 한 아기의 시신을 수습하는 것이었는데, 오랜 기간의 도보 여행에 지쳐 아기가 엄마 품속에서 숨을 거둔 상황이었다. 인도인들은 전통에 따라 아기를 화장한 후 갠지스 강에 뿌릴 거라고 했다. 슬피 우는 아브릴리아의 모습을 본 사람들은 깊은 인상을 받았다. 그때 시바난다가 나서서 말했다. "먼 이국땅에서 한 외국인이 찾아와 아기의 죽음을 슬퍼하고 있음을, 그대들이여 생각해 보라!"

아브릴리아는 시바난다의 아쉬람에서 7개월 동안 일했다. 그동안 수도원에서는 물리치료를 하는 그녀의 다양한 손동작과 설명을 담은 의술서 한 권을 발행했다. 그런데 참으로 희한한 일 아닌가! 사진에

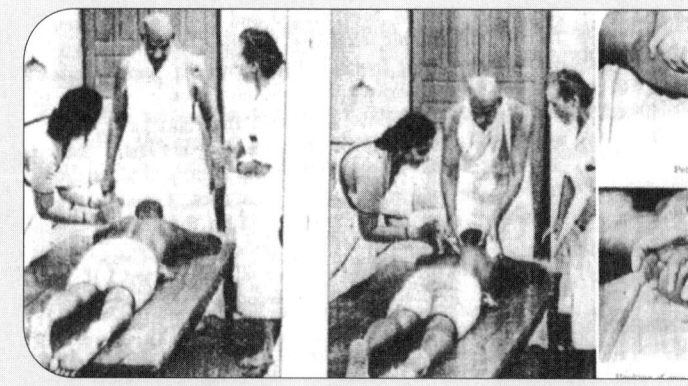

(왼쪽 위에서부터)

힌두교 수행자들과 구루 시바난다 사이에 서있는 아브릴리아

어린 소년의 다리를 치료해 주는 모습

수도원에서 발간한 의술서 속 사진. 왼쪽에 서있는 여성이 쿠문디니 여사이다.

중년의 아브릴리아

찍힌 이 여성은 아브릴리아가 인도를 떠나기 얼마 전인 1958년 9월 24일 바바 암테에게 보낸 편지에 등장한다.

세쿤데라바드 출신의 쿠문디니 여사는 시바난다의 추종자이자 인도에서 가장 부유한 여성 중 한 명이에요. 그분이 1958년, 약 50헥타르의 방대한 땅을 매입한 뒤 그곳에 한센병 센터를 짓는 중인데, 거기서 함께 일하자고 제게 제안을 했어요. 이 센터는 떠돌이 한센병 환자들에게 쉼터와 음식을 제공하고 의료 지원을 할 거라더군요. 그녀는 이 모든 일을 시바난다를 위해 하는 거라 했어요.*

대부분 개신교를 믿는 유럽과 미국 사람 다수가 인도를 찾아와 힌두교를 접하는 것을 아브릴리아는 수년간 지켜보았다. 역으로 그들 역시 힌두교도가 되려는 생각 없이 인도를 찾아온 그리스도인, 유럽풍의 흰옷을 입은 한 그리스 여성을 지켜보았다. 앞으로 살펴보겠지만, 그것은 '이미 알고 있는 한 분'을 찾겠노라고 이곳 인도까지 건너온 그리스도인 '구도자'들에게 결정적인 영향을 미쳤다.

외국인들은 아브릴리아가 인도 어디를 가든 접근해 왔다. 이 구도자들은 그녀에게 이런저런 질문을 던지며 관심을 보였고, 그녀는 언제나 있어야 할 시간에 정확히 그곳에 있었다. 아브릴리아가 메시지를 받고 길을 떠난 것도 바로 '이스라엘의 잃어버린 양떼들'을 위한 것이었다. 1964년 4월 15일, 그녀는 사탈 지역에서 바바 암테에게 이렇게 편지를 써 보냈다. "인도로 온 이 외국인들은 복음 속의 잃어버린 양떼들이랍니다. 그들이 흔히 느끼는 매력은 대개 자신의 전통, 고향에 머물러 있는 한 결코 성취할 수 없는 것을 인도에서 알게 되

* 2부 85. 수도원으로의 부르심 참조

었다는 교만과 혼재된 것이었죠."

아브릴리아는 어딜 가든 잃어버린 양떼들을 만났다. 오랜 지기였던 프랑스인 마들렌은 이렇게 기억했다.

그녀가 인도의 한 병원에서 일하고 있을 때였다. 사이 바바가 그의 마술적 '장난'에 매혹되어 있던 몇몇 미국인들을 데리고 우연히 그곳을 지나가게 되었다. 그는 몇 가지 동작으로 여러 가지 장신구들을 금과 은으로 변화시키는 이적을 보였는데, 막상 아브릴리아에겐 강에서 가져온 몇 개의 조약돌만 줄 뿐이었다. 아마도 그녀의 영성을 알고는 아무것도 하지 못했던 게 아닌가 싶다···.

오랜 세월이 흐른 후, 나는 아테네에서 그녀가 꽃병 속의 시든 꽃들을 생기 있게 '부활'시키는 것을 보았다. 꽃들 위로 고개를 숙인 후 뭔가를 속삭이곤 거기에 입을 맞췄다. 그런데 얼마 지나지 않아 꽃들이 다시 싱싱하게 살아나는 게 아닌가! 내 눈을 의심하지 않을 수가 없었다.

마들렌은 계속해서 신, 메시아로 불리던 사이 바바와 아브릴리아 사이에 있었던 에피소드를 말해주었다.

그는 강기슭의 모래로 만든 도넛처럼 생긴 것을 마법에 현혹된 추종자들에게 먹으라고 주었다. 그들은 경탄하며 아주 경건한 마음으로 그것을 축복처럼 받아먹었다. 이어서 사이 바바는 한 외국인 여성과 담소를 나누고 있던 아브릴리아에게도 다가갔다. 그리고는 그것을 먹어보라고 권한 것이다! 그러자 아브릴리아가 아주 해맑게 웃으며 그의 권유를 이렇게 물리쳤다. "그것이 제 위장 속에서 다시 모래가 되면 어떡하죠?"

시바난다 아쉬람의 일과표에는 오랜 시간 침묵 지키기, 베단타 경전 읽기, 신의 이름을 계속 외고 노래를 부르는 신성한 예식과 엎드려 절하고 향을 피우는 일이 포함되어 있었다. 그리고 의례가 끝나면 '축복된' 음식을 신자들에게 나누어주었다.

아브릴리아는 그들의 예식이 고대 그리스의 그것과 꽤 유사하다는 점을 발견했다. 분향과 성상을 보고, 찬가와 타종 소리를 들으며 이렇게 생각했다. '인도는 아직 그리스도 이전의 상태에 머물러 있지만 정교회를 받아들일 만반의 준비가 되어있어!' 어쩌면 러시아 정교회를 통해 언젠가 그곳에 정교회가 전해질 날이 오지 않을지 기대했다.

그러던 어느 날, 한 개신교 선교사와 대화를 나누게 되었다. 그는 빈곤과 기아 문제에도 불구하고 밀과 과일들을 제단에서 불에 태워 바치는 인도인들을 비난했다. 자식들이 먹을 것도 없는데 그러는 것은 수치라고 목소리를 높였다. 이에 아브릴리아가 답했다. "그리스도 독일의 점령하에 있었을 때 사람들이 먹을 것이 없어 길에 쓰러져 있었지요. 하지만 이콘 앞에 등잔불은 밤낮 없이 밝히고 있었답니다. 저는 그들을 이해합니다. 그것이 그들의 믿음이기 때문이에요."

인도에 온 초창기, 그녀 역시 깜짝 놀랐다. 제자와 신도들이 구루를 마치 육화한 신처럼 숭배했기 때문이다. 그들은 구루를 인간 신처럼 여겨 그 앞에 엎드려 경배하고, 여느 신들에게 올리는 것처럼 성스런 예식으로써 그를 기렸다.

한 번은 그녀가 아주 어려운 상황에 처한 적도 있었다. 그날은 시바난다의 생일이라서 성대한 축제가 열리고 수백 명의 열성 신도들이 모이는 자리였다. 그런데 갑자기 사람들이 구루의 발을 갓 씻긴 우유가 든 대야를 가져와서는 그녀에게 "축복처럼" 마시라고 권하는 게 아닌가! 순간적으로 아브릴리아는 주님께 답을 달라고 기도를 드렸다. 그리고 바로 응답이 왔다. 그녀는 태연하게 손을 우유 속에 담갔다. 왜 다른 이들처럼 마시지 않느냐고 사람들이 묻자 아브릴리아는 그들에게 상처를 주지 않기 위해 아주 진지한 얼굴로 이렇게 대답했다. "우리나라에서는 이렇게 한답니다." 수녀님은 일평생 놀라운 임기응변을 선보이는 참으로 재치 넘치는 분이었다.

하지만 이러한 개인 숭배는 아브릴리아가 품고 있던 그리스도에 대한 진리와 충돌했다. 그녀는 엘레니 비르부에게 다음과 같이 썼다.

나는 그들이 엄격한 수련, 금식, 무소유를 실천하고, 수련에 집중하려 친지들로부터도 거리를 두는 걸 보았지. 하지만 지나친 과장도 있었어. 그들은 구루를 신처럼 경배했고, 구루는 그걸 받아들였지. 그는 자신을 신으로 생각했어! 하루는 내가 한 구루에게 어떻게 그럴 수 있느냐고 묻자 그가 이러더구나. "우리가 민중의 전승을 깰 수는 없지요!"

이제 떠날 시간이 되었다고 생각했다. 하지만 수중에 돈이 없었다. 1954년 3월 24일 이래로 주님의 뜻에 따라 무일푼의 삶을 지향했기 때문이다. 부름을 기다릴 뿐, 다른 방도가 없었다. 하지만 그녀는 기도 속에서 '이곳 역시 잠시 머물다 가는 곳'이라는 분명한 메시지를 받고 있었다. 비르부에게 보낸 편지에는 이렇게 쓰여있었다.

인도의 아쉬람에서 내가 알게 된 사람들은 그리스도교에 적대적이지 않았어. 제법 많은 이들이 복음의 일부 내용을 인지하고 있었고, 그리스도의 가르침을 존중했지. 하지만 신앙을 바꾼다는 것은 결코 쉽지 않은 일이었어. 아무튼 그리스도교 선교사들의 영향은 확실했지. 특히 라마크리슈나에겐 더욱 그랬어.

당시엔 일반 수행자 중 한 사람이었지만 지금은 같은 아쉬람의 원장으로 있는 시바난다의 제자 치다난다와 관련된 특징적인 사건이 하나 있었다. 그는 언젠가 아브릴리아가 선물한 《필로칼리아》를 읽고서 깊은 울림을 느끼게 되었다. 그리스도교에 이런 내적 영성과 수련이 있는지 전혀 몰랐다고 그는 말했다. 지금껏 어떤 그리스도교를 보아왔던 것일까? 몇 년 후, 치다난다는 아토스 성산을 방문할 수 있는지 연락을 해왔다. 그리고 마침내 그는 아토스를 찾아갔고, 그동안 자신이 '서양'이라고 간주했던 곳에서 발견한 것들에 감명을 받는다. (1부 새 예루살렘 수도원 참조)

아브릴리아가 새 예루살렘 수도원에 있을 때인 1968년 10월 2일, 치다난다로부터 답장이 도착했다.

보내주신 편지는 큰 기쁨이었습니다. 존경하는 스승님께서 살아계실 때 당신과 함께 보냈던 은혜로운 날들을 회고할 수 있었거든요. 20년 전 당신은 한창 젊었던 우리에게 영감을 주는 샘과 같았어요. 당신의 봉사 정신과 이웃을 향한 열정은 친애하는 우리의 구루 시바난다의 가슴에 강한 반향을 일으켰습니다. 멀리서 온, 전혀 다른 배경을 지닌 두 분의 영혼 사이에 생겨난 영적 공감대를 목격하는 것은 제게도 하나의 지고한 경험이었죠. 그리스와 고대 인도 문화 사이에는 의심의 여지가 없는 내적 연결 고리가 존재한다는 사실을 떠올리게 했거든요. 당신은 전혀 외지인 같지 않았어요. 처음부터 그랬습니다. 적어도 제게는요. (…) 인도에 막 도착하셨던 때를 기억합니다. 달왈라에서 한센병 환자를 돌보시던 것, 우타르카시 방문 등 아쉬람에서 활동하시던 모습이 생생하네요.

뒤에 다시 등장하겠지만, 시바난다의 아쉬람에 머물던 당시 여러 가지 사건이 있었다. 여권 갱신과 관련한 일, 원숭이들과 바나나와 관련된 해프닝(이는 놀라운 '사건이자 배움'이었다. 2부 43. 인도에서 받은 100달러

참조), 또 앨런과의 매우 뜻깊은 만남이 이루어졌다. (2부 15. 인도에서 만난 호주 청년 앨런 참조) 둘의 우정은 마침내 앨런의 세례로 귀결된다. 그런데 이 일로 인해 일부 사람들은 그녀를 달리 대하기 시작했고 불길한 일들이 뒤따랐다.

어느 날 밤, 방에서 기도를 하다가 잠시 눈을 떴는데 이상하게도 침대가 다른 곳에 놓여있는 거야! 나는 눈을 감고 기도를 계속했지. 얼마 후 다시 눈을 뜨고는 창문 밖을 봤는데 이번에는 달이 보이지 않았어. 너무 긴장해서 그런가 하고 더 열심히 기도에 매진했지. 그러다 어느 순간 잠이 들었는데… 아침에 눈을 뜬 후 곰곰이 생각해 봤어. 그리곤 나에게 무슨 일이 벌어졌다는 것을 깨달았지!

거실에서 시바난다를 만났을 때 그가 나더러 잘 잤느냐고 묻길래 "네, 아주 잘 잤습니다" 하고 대답했어. 그러자 나를 빤히 보더니 한쪽에서 타자를 치던 여성 수행자에게 가서 뭐라고 말을 하는 거야. 그러더니 다시 와서 내 뒤에 서 있던 수행자를 이상하게 쳐다보면서 나에게 같은 질문을 또 했어. 나는 "그럼요, 아주 푹 잤습니다" 하고 대답했지. 그는 아무 말도 하지 않은 채 어떤 생각에 잠긴 사람처럼 나를 물끄러미 바라보았어.

수개월이 지난 후, 그들이 원치 않는 외국인들을 겁주거나 또는 '현혹'해서 그곳에 영구히 머물게 할 때 그런 악령을 부르는 주술을 쓴다는 것을 알게 되었지. 그로 인해 정신을 놓아버린 한 독일 여자를 나도 알고 있어. 며칠 뒤 시바난다가 직접 나를 찾아와 윗방으로 올라가 지냈으면 좋겠다고 제안했지. 나에게 방을 잘못 주었다는 거야! 하지만 나는 그 방을 내주지 않았어. 그때부터 사람들은 모두 나를 이상하게 바라보았단다. 그들은 더 강력한 누군가가 나를 지켜주고 계신다는 걸 느꼈던 거야. 그곳을 떠나야 할 시간이 다가오고 있음을 알았지.

12월, 아브릴리아는 데라둔의 성인 시각 장애인 학교(Adult Blind Center)를 찾아가 물리치료 교습을 성황리에 마쳤다. 그리고 성탄절에는 다시 시바난다의 아쉬람으로 돌아와 언제 어디서나 그랬듯이 잠시 그곳에 머물렀다.

곧이어 새로운 협력과 봉사의 길이 열렸다. 다음 행선지는 아난드완 와로라에 있는 한센병 환자촌으로, 사회활동가 바바 암테가 근래에 설립한 곳이었다. 암테 가족과 아브릴리아 사이에는 시나브로 깊은 우정이 싹트고 있었다. 그들은 그녀의 가족이 되었다. 1986년에 받은 한 편지에는 이렇게 쓰여있었다. "다시 인도로 오세요. 당신 가족의 품으로…."

암테 가족은 고통받는 사람들에 대한 이상과 사랑으로 스스로의 삶을 헌신한 하느님의 사람들이었다. 그래서인지 유대가 깊었고 서로를 존중했다. 비록 그리스도를 몰랐고 그리스도인은 아니었지만, 암테 가족은 한센병 환자들 가운데서 그리스도를 섬겼다. 그들은 봉사를 통해 "네가 가진 재산을 다 팔아 가난한 사람들에게 나누어주고 너는 나를 따르라"는 주님의 말씀에 순종했다. 그래서 그분을 알지 못하면서도 즉시 정글 속으로 그분을 따라나섰다. (2부 19. 바바 암테 참조) 아이가 둘이나 있고, 또 많은 재산을 가지고 있었음에도 말이다.

> 그러나 그 젊은이는 재산이 많았기 때문에
> 이 말씀을 듣고 풀이 죽어 떠나갔다.
> (마태오 19:22)

2. 바바 암테의 한센병 환자촌에서

'사람들은 흔히 폐허나 오래된 성전에서 거룩한 영감을 얻으려 하면서도 왜 황폐화된 인간 속에서는 그것을 발견하지 못하는지 참으로 의아하고 안타깝다….'

살을 에이는 추위 속에서 우마차를 타고 인도 중부지방의 정글 와로라로 향하던 어느 깊은 밤, 아브릴리아는 이런 생각에 잠겨있었다. 그녀는 5년 내내 자신의 유니폼과도 같았던 하얀 의사 가운 스타일의 단벌 여름옷을 입고 있었다. 옆에서 아무 말 없이 조용히 마차를 끌던 인도인이 두꺼운 담요로 그녀의 다리를 덮어주었다. 한센병 환자들을 태우고 아난드완으로 오가는 그에게는 아마도 익숙한 행동이었으리라. 길은 무척 험했고 밤은 칠흑처럼 어두웠다.

1956년 새해 첫날이었다. 그녀는 다음 날부터 한센병 환자들을 위해 봉사를 시작할 채비를 갖추고 있었다. 첫 방문 때는 이곳에서 두 달가 머물렀다. 아브릴리아는 엘레니 비르부에게 편지를 썼다.

세상에서 가장 웅장한 돌무덤보다도, 황폐화된 인간의 내면에 경탄하고 보존하고 사랑할 것들이 훨씬 더 많다는 것을 나는 이 두 달 동안 깨달았지…. 만약 어떤 계기나 사랑이 주어진다면 완전히 망가진 인간의 마음속에도 용기, 믿음, 인내, 끈기, 그리고 무엇보다 희망과 기쁨의 뿌리가 내릴 수 있고, 꽃도 피울 수 있을 거야.

장시간의 기차 여행으로 나는 무척 피곤했어. 한밤중의 추위 때문에 우마차를 타는 것도 힘들었고. 하지만 바바 암테의 임시 '거처'에 들어서자 피곤이 한 순간에 싹 사라졌어. 소박하고 온화한 가정의 분위기 속에서 나의 영혼은 기쁨으로 가득찼지. 형식적인 인사나 전형적인 서양식 악수는 없었어. 진심으로 따뜻하게 맞아주는 미소만이 바바 암테의 얼굴에 서려있었거든. 나를 반기러 다가오는 그를 보면서 내 가슴은 가장 따뜻한 '인사말'보다 더 많은 것을 느꼈단다. 그때 암테 부인은 한 아기를 품에 안고 조용히 남편 뒤에 서있었어. 나중에야 알게 되었지만 그 아기는 친자가 아니라 한센병 환자촌의 어떤 부인의 자식을 데려온 거였지. 엄마의 병이 전염되지 않도록 아이를 데려다가 친자식들과 함께 그 집에서 키운 거야. 그들의 어린 두 아들은 그 시각 잠들어 있었고.

다음 날 아침, 바바 암테는 마을이 조성되게 된 이야기를 들려주며 이곳저곳을 내게 소개했지. 그건 사실 그 자신의 삶의 역사였어. 암테는 와로라에서 변호사의 길을 걷고 있었거든. 그러다 구의회 의장으로 있을 때 처음으로 사회활동에 관심을 갖기 시작했대. 그는 근로자들의 업무와 노동 환경을 좀 더 잘 알고 싶어 몇 개월간 직접 공중화장실 청소를 했어. 여느 때와 다름없이 청소를 하러 내려가던 길에 그는 한센병이 많이 진행되어 온몸이 상처로 뒤덮인 한 남자가 바닥에 쓰러져 있는 것을 본 거야. 무척 마음이 아팠지만 어찌할 도리가 없어 다른 이들과 다름없이 그도 그냥 지나쳐버렸지. 하지만 머릿속에서 그 모습이 떠나가지 않았고, 당시의 그 감정이 계속해서 일었다고 했어.

황폐한 인간의 모습이 밤낮 가리지 않고 뇌리를 맴돌았고, 마침내 이 무서운 병에 희생된 수많은 환자들의 아픔을 위해 뭔가를 하지 않는 한 마음의 평화를 되찾을 수 없으리란 걸 그는 깨달은 거지. 인도인들이 '마호라가(mahoraga)'라고 이름 붙인 한센병 말이야. 정부가 정글 속에 토지를 일부 제공했고, 친구와 지인들도 암테에게 도움을 줬어. 아난드완은 이렇게 해서 탄생하게 된 거란다.

처음 시작은 큰 천막 하나에 몇몇 환자들, 그리고 절름발이 젖소 한 마리가 전부였대. 아주 열악한 환경이었지. 그들은 한센병과 싸우기 전에 먼저 자연과 싸워야 했어. 땅은 온통 뱀, 전갈, 각종 파충류로 가득했으니까. 밤에는 수시로 배고픈 호랑이들이 내려와 그곳을 지키고 있던 개들을 물어갔대. 나무를 자르고 덤불과 돌을 제거해야만 했어. 정말이지 용기와 믿음과 인내가 없이는 할 수 없는 일들이잖니. 하지만 바바 암테와 그의 동료들은 이 세 가지 덕을 모두

갖춘 사람들이었던 거야!

오늘날 이곳의 모습은 완전히 달라졌단다. 우거진 정글 대신 푸른 초원이 펼쳐져 있고 거기서 환자촌에 양식을 공급해. 천막과 오두막 대신 건물들도 들어섰고, 우사에서는 60마리의 소와 40마리의 젖소를 사육한단다. 우유를 팔아 쏠쏠한 수입도 창출한대. 처음에는 바바 암테와 그의 부인이 가축들을 돌봤지만 지금은 완치된 두 환자가 돌보고 있어.*

아난드완에는 지금 112명의 환자들이 기거하며 보살핌을 받고 있고, 찾아오는 외부 환자는 연간 수천 명에 달해. 교통수단만 제대로 준비되어 있으면 훨씬 더 많은 환자들이 찾아올 텐데, 아직까지 관계 기관이 제대로 협조를 하지 않나 봐. 지금은 환자들의 일부 기여와 친구들의 기금만으로 사업이 유지되고 있지.

아난드완은 단순히 한센병 환자들만을 위한 곳이 아니야. 여기선 육체의 병만이 아니라, 사회적 고립으로 인해 언제나 그들을 따라다니던 절대적 고독과 절망이라는 무서운 영혼의 병도 치료해. 하지만 가족들이 병이 다 나은 환자들마저 거부하는 일이 지금도 종종 일어나! 바바 암테를 돕는 간호사 한 명도 바로 이 경우에 속해.

이렇게 아난드완은 버림받은 모든 이들에게 언제나 집이 되어주었어. 환자들은 병만 고치는 것이 아니라, 그 영혼까지도 회복해. 웃음 짓는 그들의 표정을 보면, 그리고 하루 종일 흥얼거리는 노랫소리를 들으면 알 수 있지. 이 밖에도 수많은 정황들이 아난드완이 그 말뜻처럼 진정한 '기쁨의 집'임을 보여줘. 단지 하나의 명칭이 아닌 하나의 사실로서….

아브릴리아는 숭고한 헌신 앞에서 깊은 경외를 느끼고 있음이 확

---

* 현재는 마하로지 봉사 협회(Maharoji Sewa Samiti)의 보호 아래 사업이 지속되고 있으며, 와로라와 그 주변에 지부를 두고 있다.

실했다. 사랑과 봉사는 즉시 그들을 하나로 결속시켰다. 그녀는 아난드완의 모든 한센병 환자에게서 그리스도를 보았고, 매일 그들을 섬겼다. "아시다시피 저는 특별한 목적 없이 인도에 왔습니다. 온 세상이 제 집이지요. 한센병 환자뿐만 아니라 하느님의 모든 자녀는 예외 없이 제 관심의 대상이랍니다." 1956년 1월, 델리에서 바바 암테에게 보낸 편지에는 이처럼 적혀있었다.

아브릴리아는 매일 환자들을 돌보고, 그들을 위해 기도하는 것으로 하느님을 향한 사랑을 드러내었다. 괴사된 살을 씻어낼 때마다 하느님은 끔찍한 악취를 달콤한 향기로 만드셨고, 그녀가 기쁨을 잃지 않도록 도와주셨다. 누구라도 그 마음을 모를 수 없을 정도였다. 사람들은 아브릴리아의 깊은 믿음으로부터 점점 더 큰 희망과 용기를 얻었다. 그녀의 믿음은 전염성이 있어 두려움과 근심, 불안, 신의 섭리에 대한 의심을 모두 몰아내 버렸기 때문이다.

우정을 나누던 친구 하네그비에게 보낸 아브릴리아의 서신에서 우리는 아난드완의 일상을 살짝 엿볼 수 있다.

제 육체가 하루 종일 제 영혼을 운반해요. 그리고 밤이 되면 그 영혼은 하느님을 만납니다…. 이곳의 언어를 하지 못하지만 환자들에겐 그것이 전혀 문제가 되는 것 같지 않아요. 왜냐하면 제 손으로 그들을 만지기 때문이지요. 저는 한센병과 카스트로 인해 '만질 수 없는(불가촉천민)' 이들을 손으로 만져요. 괴사한 손가락과 발가락을 가위로 잘라낼 때면 통증을 느끼지 못하는 그들의 지체에 대해 하느님께 감사를 드리게 됩니다….

밤에 성경을 읽고 있으면 종종 뱀, 전갈, 쥐들이 출몰해요. 그러면 성경 봉독을 중단하고 자리에서 일어나 그것들을 밖으로 내쫓지요. 저는 새벽 5시면 일어나고 일출을 맞으러 6시에 방에서 나와요. 레몬수 한 잔과 바나나 하나를 먹고 나서 환자들을 돌보기 시작하죠. 상처에 드레싱을 하고 마사지를 합니다. 바셀린 연고의 치료 효과가 얼마나 놀라운지 감탄할 수밖에 없어요. 그런 다음엔 우물에 가서 물을 길어오거나 옷을 빨지요. 정오가 되면 점심을 먹고, 오후 세 시까지 조용히 묵상과 사색을 하며 시간을 보내요. 이후 한 시간 동안은 바바 암테의 두 아들에게 영어를 가르치는데, 하루 24시간 중 제가 말을 하는 유일한 시간입니다. 아이들 공부가 끝나면 다음 두 시간 동안은 평화로이 유제품 만드는 일을 해요. 해 질 녘, 일몰 속에서 저는 다시 하느님의 현존 앞에 서지요. 그리곤 달이 뜰 때까지 그 자리에 그대로 서있다가 방으로 들어가요. 저녁을 먹은 후 성경을 읽고 8시 반부터 한 시간 동안은 묵상 기도를 합니다. 그러다 9시 반에 잠자리에 들어요.* 더 이상 쓸 공간이 없네요. 답장 기다릴게요.

아브릴리아의 말대로, 하느님의 섭리와 천사들의 보호와 인도가 언제나 그녀와 함께했다. 어느 날 밤, 멀리 떨어진 한 마을에서 사람을 보내 환자를 보러 와달라는 부탁을 해왔다. 그녀를 태울 우마차와 마부도 한 명 와 있었다. 아브릴리아가 우마차를 타고 정글의 칠흑같은 어둠을 헤치며 조용히 나아가고 있을 때였다. 갑자기 두 불빛이 번뜩였다. 거대한 몸집의 호랑이가 그들을 노려보고 있었던 것이다. "천사가 우리를 지켜주었어. 호랑이는 그냥 가버렸단다."

---

* 아브릴리아가 인도에 머물며 읽던 단 한 권의 책은 바로 성경이었다. 그녀는 매일 저녁 일과를 마친 후 모기장을 친 침낭 위에서 성경을 읽었다. 이 모기장은 그녀의 표현대로라면 "유일한 사치"였는데, 그건 물론 사치가 아닐 뿐만 아니라 전갈, 뱀, 특히 쥐로부터 스스로를 보호할 수 있는 유일한 도구였다. 아브릴리아가 초를 켜고 그 불빛에 의지해 성경을 읽을 때면 매번 쥐가 나타나 모기장 꼭대기로 올라가서 엉망을 만들어놓았다. 결국 그녀는 모기장 위에 천으로 '두 번째 막'을 설치했고, 어둠 속의 말썽꾸러기들로부터 평화를 되찾았다. 하지만 일렁이는 촛불에 의지한 독서로 인해 시력이 상하고 있었다. 몇 년 후 아브릴리아는 백내장을 앓게 되지만 이마저도 하느님의 기적을 경험하는 하나의 계기가 된다.

아브릴리아가 가진 절대적인 믿음과 그 믿음이 주는 자유는 그녀의 내면에 가만 머물지 않았다. 어디를 가든, 무엇을 하든, 아브릴리아의 넘치는 열정은 사람들을 감동시키고 용기를 불어넣었다. 사랑하던 친구에게 그녀가 띄운 다음의 편지를 보라.

네가 갇힌 감옥의 벽에 구멍을 내어 도망쳐 나오렴! 온 세상이 자유라는 것을, 오직 사랑만이 기준이 된다는 것을 알게 될걸. 쥐가 갉아 먹거나 괴저가 생겨서 한센병 환자의 손가락이나 발가락을 잘라내야 할 경우라도, 사랑이 있다면 그건 축복의 순간이 될 것이기 때문이지. 태양은 네 가슴속에서 떠오르고, 네 안에서는 다윗 예언자의 울림이 용솟음칠 거야. '내 영혼이 주님을 찬양한다.'

그러던 어느 날, 포탄이 빗발치던 런던에서 만난 미국계 유대인 화학자 실비아 스카파가 테살로니키에서 아난드완으로 찾아와 합류했다. 당시 델리의 퀸즈웨이 가에 위치한 물리치료 센터에서 근무하던 아브릴리아는 1956년 10월 1일 암테에게 보낸 편지에 이렇게 적었다.

실비아는 인도와 한센병 환자들에 대해 항상 관심을 기울이고 있답니다. 그에 반해 저는 온 세상이 다 제 고향이라 생각했고 인도나 한센병 환자들에 대해서 특별한 관심은 없이 이곳에 왔지요. 제 관심사는 한센병 환자만이 아니라 모든 인간이에요.
우리는 며칠 후 그대를 방문하려 해요. 삼등석 기차와 역전의 대기실에서도 '휴식'을 취할 수 있도록 저는 벌써 실비아를 교육해 놓았답니다. 이제 그녀는 그 무엇을 직면해도 괜찮을 만큼 준비가 되었어요.

실비아 스카파는 1992년 우리에게 보낸 편지에서 이렇게 말했다.

물을 끓여 마시고도 배탈이 나서 선교사들이 전부 고생을 했어요. 하지만 릴라와 저는 여러 군데의 우물은 물론 갠지스 강에서 떠온 물을 마셨음에도 아무런 탈이 나지 않았지요. 릴라는 물을 마실 때마다 언제나 "성부와 성자와 성령의 이름으로"라고 하며 그 물에 십자성호를 그었어요. 그리고는 저에게 마시라고 건네준 후 자신도 마셨답니다.

아브릴리아는 암테 가족 모두와 진실하고 영적인 우정을 나누었다. 1956년부터 1990년 12월까지 지속된 서신 교류와, 1971년 바바 암테가 병환으로 런던으로 이송될 때까지 그의 건강에 문제가 생기면 늘 그녀가 나서서 도운 것만 봐도 그들의 우정이 얼마나 깊었는지 알 수 있다. 아브릴리아는 또한 전 세계의 수많은 지인과 친구들에게 암테가 하는 사업을 열성적으로 알렸다. 정치인, 학자, 예술가 등 상대를 가리지 않는 놀라운 동원력이 편지글 속에서도 여실히 드러난다.

아브릴리아는 소크라테스와 플라톤으로 부르기로 서로 약속한 암테의 사랑하는 자녀 비카스와 프라카쉬 또한 자주 언급했다. 아이들도 분명 이 그리스 여인으로부터 받는 큰 사랑을 느꼈을 것이다. 처음 만났을 때 그들은 겨우 다섯 살, 여섯 살이었다. 쉴 새 없는 노동으로 몹시 피곤했지만 그녀는 시간을 내어 아이들에게 영어를 가르쳤고, 나아가 중고등학교 생활과 대학, 대학원 공부에도 관심을 기울였다. 오늘날 두 아이는 장성해서 가정을 꾸렸으며, 한 명은 의학자로, 또 다른 한 명은 수의사이자 생태 운동가가 되어 아버지의 사업을 훌륭히 이어가고 있다.

> 그때에 나병환자 하나가 예수께 와서 절하며 "주님, 주님은 하고자 하시면 저를 깨끗하게 하실 수 있습니다." 하고 간청하였다.
> (마태오 8:2)

3. 인도의 여타 지역

1956년 2월, 아브릴리아는 러크나우로 길을 떠난다. 감리교 선교사들이 세우고 스위스인 보스 교수가 책임자로 있던 정신 병원의 요청으로 직원 교육과 환자들 물리치료를 맡게 되었다. 거기서 그녀는 절망에 빠져있던 소녀 랄리타를 만난다. (랄리타는 아브릴리아의 영향으로 훗날 정교회 수녀가 된다. 2부 21. 역경 참조) 그리고 노렐 박사, 찰스 박사, 싱하 박사와도 알게 되는데, 특히 싱하 박사 내외와의 친분은 박사가 세상을 뜨는 1991년까지 지속되었다. (싱하 여사는 소장하고 있던 편지들을 우리에게 기꺼이 보내주어 이 책을 쓰는 데 큰 도움을 주었다.)

아브릴리아는 러크나우에서 저명한 미국인 감리교 선교사 스탠리 존스와 마주친다. 당시 존스는 인생의 목적이 무엇이냐는 질문을 던졌고, 그녀는 "사랑하기"라고 답했다. 그러자 "당신은 좋은 분인 듯하지만, 훌륭한 그리스도인은 아닌 것 같군요. 인도의 방언을 모르지 않습니까?"라고 존스가 되물었다. 이에 대해 아브릴리아는 다섯 가지 언어라는 멋진 대답을 해주었다. (2부 102. 다섯 가지 언어 참조)

다음 날, 두 사람은 우연히 다시 만났다. "자매님, 하느님께서 더 많은 은총을 우리에게 내려주시도록 기도해 주세요." 아브릴리아는 컵을 든 손을 하늘로 뻗어 빗물을 모으는 듯한 자세를 취하며 이렇게 대답했다. "형제님, 하느님께서는 당신의 은총을 비 오듯 넘치게 뿌리신답니다. 넘치게요!" 이 헌신적인 그리스도인으로부터 그는 강렬한 인상을 받았다.

몇 년 후, 비록 각자 가진 믿음은 달랐지만 존스는 당시 가브릴리아 수녀님을 미국과 캐나다로 초청해 개신교 청중을 위한 순회 설교를 부탁하며 주제 선택도 일임했다! 청중들 모두가 지대한 관심을 보였는데, 특히 예수 기도에 대해서 알고 싶어들 했다고 수녀님은 훗날 우리에게 말해주었다. (2부에서 수녀님의 설교 일부분을 발췌해 살펴볼 것이다.)

이후 존스는 다시 한번 수녀님을 초청한다. 이번에는 사탈 호수 근처의 외국인들을 위한 그리스도교 센터에서 일해달라는 부탁이었다. (아브릴리아의 지인인 영국인 선교사 머레이 로저스와 비드 그리피스 또한 비슷한 센터를 설립한 적이 있었다. 이는 힌두교도가 되려고 인도를 찾아온 외국인들을 위한 곳이었다.)

러크나우에 머무는 동안 한 대학병원의 정형외과에서도 아브릴리아를 초청했다. 그곳 간호사들에게 물리치료 강습을 해달라는 요청이었다. 하지만 어디를 가도 아브릴리아의 마음은 언제나 아난드완에 있었고, 늘 아난드완에 대해서 이야기했다! 1957년 1월 6일, 그녀는 바바 암테에게 편지를 쓴다.

다시 아난드완으로 돌아가면 저는 48시간 동안 휴가를 낼 거예요. 그대의 가족들과 밥을 먹고, 그다음엔 제 방으로 돌아와 휴식을 취할 겁니다. 인도에 온 이래로 한센병에 대해 이렇게까지 말을 많이 한 적은 처음이에요. 사진도 수없이 보여주었고, 정말 많은 사람들에게 그대들의 인생사를 들려주었답니다!

아브릴리아는 오랜 인맥은 물론 새롭게 안면을 튼 사람들까지 동원하여 인력, 장비, 물자 등 모든 종류의 원조를 아난드완으로 보내려고 노력했다. (하느님의 도우심으로 이런 일들이 어떻게 성공적으로 이루어졌는지를 보면 누구라도 놀라움을 감추지 못할 것이다.) 그녀의 편지는 냉장고, 의약품, 지프차, 트랙터, 모기장, 음식, 한센병 환자의 자녀들과 보육시설을 위한 장난감, 침대, 건축자재, 솜, 소독약, 분유 등등에 대한 이야기로 가득했다. 뿐만 아니라, 이 위대한 사랑의 활동을 인도의 여러 다른 지역과 전 세계에 알리기 위해 아난드완을 소개하고 그곳 방문을 권했던 미국과 유럽의 여러 지인들의 이름도 적혀있었다. 또 세계보건기구(WHO), 유엔아동기금(UNICEF), 국제적십자사와 같은 국제기구에 연락을 취해 도움을 약속받기도 했다.

1961년 10월 25일, 바바 암테가 마음을 가득 담아 쓴 편지 한 통을 읽으면 우리는 주님께서 이 위대한 사역을 위해 아브릴리아의 가슴 속에 심어두신 깊은 사랑을 더 잘 이해하게 된다.

사랑하는, 너무도 사랑하는 나의 자매 릴라, 보내주신 편지를 진심으로 기쁘게 받았습니다. 정말 고마워요. (…) 당신의 사랑은 근심 속에 살아가는 모든 이들을 살립니다. 올해는 우리나라에 홍수와 기근이 많은 해였어요. 아난드완은 지금 심각한 기아 상태입니다. (…) 사랑하는 자매여, 꿈은 달려오는 말이 아닙니다. 역동적이고 헌신적인 당신이 이곳 인도에 계셨더라면 저는 꿈을 현실로 구체화할 수 있었을 거예요. 진심으로 청합니다. 당신의 가족, 아난드완으로 다시 돌아오세요. 당신의 형제가 당신의 격려와 메시지를 필요로 합니다. 이곳에 와서 당신의 자매인 제 아내를 위로하고, 당신의 자녀인 소크라테스와 플라톤을 달래주세요. 아난드완으로 와서 당신의 축복으로 우리를 채워주시기를….

> 스스로 계명을 지키고, 남에게도 지키도록 가르치는 사람은
> 누구나 하늘 나라에서 큰 사람 대접을 받을 것이다. (마태오 5:19)

그 무렵, 아브릴리아의 이름이 점차 널리 알려지기 시작했다. 그녀의 주된 업무는 한센병 환자들의 상처를 돌보는 것과 여러 병원의 의료 인력에게 물리치료를 교육하는 것이었다. 이 도시에서 저 도시로, 이 기관에서 저 기관으로 쉴 틈 없이 불려다녔다. 그 광활한 나라의 끝에서 끝을 가로질렀다. 기차(언제나 삼등석), 버스, 우마차 등 필요한

모든 운송수단을 이용해 여행했다. 휴식을 떠올릴 겨를조차 없었다. 자신이 늘 말하던 것처럼, 사랑하는 사람은 지치지 않기 때문이다. 그녀의 활력과 생기, 하느님께서 선물하신 믿음을 보는 사람은 경탄해 마지않았다. 게다가 예순하나의 나이에, 언제나 '출정'해야만 하는 힘든 여건에서 훨씬 더 젊은이들에게나 적합한 속도로 살아왔다는 사실을 감안한다면 더욱 그렇다. 하지만 이것은 단지 출발에 불과했다. 그녀는 미국과 아프리카에서도 똑같은 페이스로 활동했고, 수녀가 되어 두 번째로 인도를 찾았을 때도 마찬가지였다.

1957년 1월 6일, 아브릴리아는 바바 암테에게 편지를 띄운다.

이곳은 무척 춥답니다. 사람들은 짧은 소매의 하얀 옷을 입고 돌아다니는 저를 이상한 눈빛으로 쳐다보지요. 매서운 바람이 불지만… 제 몸도 마음도, 또 생각조차도 더위나 추위에 대해 의식하지 않아요. 하느님, 당신께 영광!

여름이고 겨울이고 할 것 없이 아브릴리아는 짧은 소매의 하얀 면 치마에 샌들을 신고서 생활했다. 음식에 관해서도 매우 검소한 습관을 지니고 있었는데, 그녀가 먹는 음식은 극히 적은 양의 쌀, 차파티, 요거트, 견과류, 렌틸콩이 전부였다. 그리고 사람이 빵으로만 사는 것이 아니라고 자주 되뇌었다.

1957년 3월, 아브릴리아는 펀자브의 찬디가르에 있는 맹아 교육기관 사켓에서 일하고 있었다. 시바난다와 저명한 사회복지가 라마찬드라의 소개로 그곳으로 가게 된 것이었다. 그녀는 작업치료의 일환으로 아이들에게 물리치료 실습을 해주었다. 1957년 3월 8일, 바바 암테에게 보내는 편지에는 다음과 같이 쓰여있었다.

이곳도 아이들에 대한 사랑은 똑같답니다. 그런데 여긴 마하라자, 왕자, 사회 지도층 인사들의 후원으로 자금이 풍부해요. 남아 여덟과 여아 둘, 총 열 명의 아이들이 있는데, 열 살에서 열두 살 정도예요. 몇몇 아이들은 손을 사용하지 못하고, 또 몇몇은 걷질 못합니다. 하지만 모두 잘 지내요. 우리는 공이나 여러 장난감을 가지고 함께 놀죠. 아침마다 연세 지긋한 선생님 한 분이 아이들에게 학교 수업을 하러 오시고요. 주지사는 매일 오후 자신의 차를 보내 저를 적십자사에 데려다주는데, 그곳에서 초년 중년의 여성으로 구성된 여러 명의 간호사들에게 물리치료를 가르친답니다. 저는 아난드완보다는 이곳에서 더 쓸모가 있는 것 같아요.

하느님께서 제가 태어나고 평생 벗어나려 애썼던 이 사회로 저를 다시 이끄신다면, 저는 이제 그분께 목적이 있다는 것을 이해하고 받아들입니다. 루가복음 5장 27-33절과 6장 20-24절을 읽어보세요. 그러면 그대가 올바른 길을 걸어왔음을, 그대의 환자들도 더 이상 저를 필요로 하지 않음을 알게 될 거예요.

암테 자매! 입양하신 한센병 환우의 자녀들로 인해 자매님은 이미 이곳에서 유명인이 되었답니다. 그대에게 하느님의 축복이 있기를! 전에 말씀드린 것처럼, 세상 어디를 가든 저는 그곳의 아름다움을 느껴요. 제가 떠나온 곳보다 훨씬 더요. 이로써 제 삶은 정말 행복합니다. 이곳 사켓도 아주 아름다워요….

사켓을 떠나기 전, 아브릴리아는 "천사들로부터" 잊지 못할 "교훈을 얻었다"고 말했다. 맹아들이 고양이 한 마리를 잡아다가 물리치료 실습을 했던 것이다. 다음 날 아침, 그 고양이는 죽어있었다. 그녀의 내면에서 이 폭력에 대한 항거와 분노가 일었다. 그리곤 몇 시간 뒤, 갑자기 병이 난 듯 40도의 고열에 시달렸다. 그러다 불현듯 이해가 되었다! 아이들의 잘못이 아니라, 그 일을 미연에 방지하지 못한 자신에게 책임이 있다는 것을. 그리고 아이들을 비난하는 잘못된 생각에 빠졌었다는 것을 알아차린 것이다. 끓던 열이 순식간에 내려갔다.

얼마 지나지 않은 3월 27일, 아브릴리아는 최장기간의 여행을 시작한다. 무려 40일간 계속되어 5월 6일에 막을 내리게 되는 대장정이었다. 라마찬드라, 미 대사관의 고문, 그리고 인도의 여러 공식 인사들과 함께 자이푸르, 아마다바드, 간디 아쉬람, 뭄바이, 마두라스, 콜카타, 카슈미르 등의 주요 거점과 여러 소도시들을 돌아볼 예정이었다. 모두가 일등석으로 향하는데도 아브릴리아는 언제나처럼 삼등칸에 올라탔다. "우리는 매일 적어도 열 군데의 기관을 방문했어요. 그리고 밤이면 저는 기차에서 잠을 잤지요. 그런데도 아직 제가 살아있다니 놀랍지 않나요? 아, 언젠가 한 번 철도 대합실에서 사치스럽게 잠을 잔 적이 있었네요." 그녀는 예후다 하네그비에게 편지를 썼다. 그리고 이렇게 부언했다. "하느님의 일을 하면서 전 한 번도 지친 적이 없었지요. 그런데 사람들은 제가 병이 나거나 요절할 것이라 믿었고, 여러 가지 어리석은 생각들을 했더랬죠…. 히지민 아무 일노 일어나지 않았어요. 저는 항상 행복하고 평온했습니다."

4월 21일은 정교회 부활절이었다. 그녀는 한 노(老)사제가 맡고 있는 콜카타의 성스러운 분위기의 그리스 정교회에서 축일을 지낼 수 있었다.

1957년 9월 27일, 아브릴리아는 바바 암테와 만나 함께 델리로 향했다. 앞으로 그녀가 일하게 될 작업치료 연구소(Occupational Therapy Institute)로 가는 길이었다. 바바 암테는 이어서 뭄바이로 떠났다. 하지만 이틀 뒤 병이 났고 아브릴리아에게 전보를 쳤다. 그녀는 곧장 나그푸르로 가서 그를 입원시키고, 매일 아침 병원을 방문했다가 밤에는 철도 대

합실에서 잠을 청했다. 그렇게 15일이 지나갔다. (2부 19. 바바 암테 참조)

여정은 다시금 아브릴리아를 델리로 이끌었다. 센 박사가 주최하는 물리치료와 영양학 관련 학회에 초대받은 것이다. 이는 오래전 간디로부터 영감을 얻은 행사였다. 1957년 10월 23일, 아브릴리아는 델리에서 바바 암테에게 아름다운 편지를 한 통 써 보낸다.

저는 모든 일 뒤에는 언제나 그분의 뜻이 있음을 알아요. 부디 그 뜻이 이루어지기를 바랍니다. 그분의 뜻은 언제나 우리의 상상이나 기대를 초월하는 더 나은 것이기 때문입니다. 그대가 가장 잘 알겠지요. 그대는 하느님의 손길 안에서 안전합니다. 하느님께서 당신의 자녀들, 빈자들을 위해 그대가 더 많은 일을 할 수 있도록 힘을 주실 거예요. 다음 행보를 잘 이어갈 수 있도록, 또한 많은 이들이 그대의 사역에 참여하며 영적으로 성장할 수 있도록 도와주시리라 믿어요.

우타르카시에 대해 전해드릴 새 소식이 있습니다. (새로 지어질 한센병원을 의미했다.) 센 박사는 기부금 외에도 온 마음을 다해 자신의 전문성을 하느님을 위해 바치기로 결심했어요. 그는 벌써 1000루피를 내놓았고, 싱 부인은 제 방을 마련하라고 400루피를 기부했어요. 센 여사의 기금으로는 상처에 드레싱을 하는 야외 공간을 마련할 수 있을 거예요.

11월 17일경에 델리에 오시면 좋겠어요. 그때 이곳에서 채식에 관한 국제 학회가 열릴 예정이거든요. 거기서 알베르트 슈바이처 선생님을 만날 수 있을 거예요. 지금 여든의 고령에 처음으로 인도를 방문하시는 거랍니다. 단 나흘간요. 한번 생각해 보세요! 슈바이처 선생님 내외분들이라니! (하지만 슈바이처 박사의 방문은 무산된다.)

예후다가 12월 말에 찾아올 예정이고, 첫 번째 목적지는 아난드완이 될 거예요. 3월 1일, 미국에서 우타르카시 한센병원을 위한 첫 번째 기금이 들어올 예정입니다! 제게는 푸나에서 2주간 일해달라는 요청이 들어왔고요. (…) 얼마 후면 냉장고와 라디오를 받으실 거예요.

아브릴리아의 실행력은 굉장했다. 센 박사를 인디라 간디에게 소개하고 델리에 예방 클리닉을 설립하려는 바바 암테의 프로젝트를 홍보했다. 암테의 도움과 이런 아브릴리아의 노력에 힘입어 라마찬드라 역시 우타르카시 병원에 관심을 갖게 되었다.

1957년 8월 22일, 아브릴리아는 호샹가바드 반케리에서 친구이자 동료인 에스터 클로즈의 환대를 받으며 머물고 있었다. 거기서 띄운 한 편지를 통해 우리는 아브릴리아가 곧 우타르카시로 떠나려 한다는 사실을 알 수 있다. 아브릴리아는 그곳에서 평생 일할 생각이었고, 당시에는 그렇게 믿었다.

희소식을 전하는 발길이 산을 넘고 넘어 달려온다. (나훔 2:1)

4. 우타르카시

1958년, 혹독한 노동과 피나는 노력으로 점철된 4년의 시간이 흐르자, 마치 인도라는 나라가 그녀에게 보상을 하는 듯했다. 아브릴리아는 유럽인의 발길이 한 번도 닿지 않은 히말라야의 갠지스 강 수원지 근처에서 11개월 동안 혼자 머물게 된다. 그곳은 규모가 큰 힌두교 수행처인 고빈드 아쉬람이 자리한 마을에서 그다지 멀리 떨어지지 않은 곳이었다.

풍광은 말로 표현할 수 없을 정도였다. 하느님의 위대함이 그곳을 지배하고 있었으며 기도가 저절로 흘러나왔다. 아브릴리아는 거기서 주님의 뜻을 기다리며 그 어떤 근심도 걱정도 없이 고요함을 즐겼다. 물론 새로운 한센병원 건립에 대한 계획은 있었지만, 그때까지도 확실하게 정해진 것은 아무것도 없었다.

이러한 내적 평온의 상태에서, 주님께서는 아브릴리아가 다음 메시지, 즉 수녀로서의 소명을 받을 수 있도록 내면을 준비시키고 계셨다. 외부적인 활동으로 분주했음에도 언제나 그녀의 마음속 깊은 곳에서는 헤지카즘*에 대한 그리움이 자리 잡고 있었다. 아브릴리아는 기도와 침묵 속에서 지냈다. 아주 가끔 지나가는 걸인이나 환자들이 고요를 깨곤 했지만 이내 다시 빠져들었다….

"그리스도를 믿는 누군가가 와서 이곳에 평생 머물면서 하느님을 경배한다면 얼마나 좋을까요!" 그녀는 이렇게 생각하곤 했노라고 일

---

* 헤지카즘(hesychasm, ησυχασμός): 고독 속에서 경험하는 침묵, 내적인 평화를 의미하는 그리스어 '헤지키아(ησυχία)'에서 나왔다. '영적인 기도' 혹은 '지성적 기도' 혹은 '마음의 기도'라고도 불리는 '헤지카스트 기도'는 금욕 수행의 방식과 결부되곤 하는데, 그것의 목표는 지성의 관심을 마음 안에 집중시키는 것이다. 그럴 때 사람은 순수한 영으로 기도하게 된다. 이러한 방식으로 기도하며 하느님과의 중단 없는 연합을 추구하는 수도 전통을 헤지카즘이라고 하고, 이를 수행하는 사람을 헤지카스트라고 한다. (편집자 주)

리아스 마스트로야노풀로스 사제에게 말했다. 그리고 실제로 주님께서는 그 바람을 이루어주셨다. 4년 후 프랑스인 수행자 돔 르 소가 찾아온 것이다. 아비식타난다라는 이름으로 알려진 그는 인도인들을 위해 기도하는 데 온 생을 바쳤다.

이곳에서도 하느님의 은총이 아브릴리아의 발걸음과 늘 함께했다. 언제나처럼 그녀는 결코 걱정하는 법이 없었다. "걱정하지 말라"고 말씀하신 그분을 믿기 때문이었다. 하루는 멀리 떨어진 마을에서 환자를 봐달라는 부탁이 들어왔다. 1958년, 우타르카시에서 바바 암테에게 보낸 그녀의 편지에는 이렇게 적혀있었다.

도보로 새벽 4시 30분에 출발해서 하느님의 도우심으로 아침 9시쯤 무사히 던나에 도착했어요. 눈부신 달빛 아래를 걷고 있었는데 어느덧 해가 떠올랐지요. 아름다운 강이 흐르는 길을 따라서 약 14킬로미터 거리를 걸었습니다.

목적지까지 긴 시간을 걸었던 그날, 하느님의 놀라운 기적을 목도했다. 그 기적은 또한 무언가를 상기시키는 알림이기도 했다. 아브릴리아는 걷는 도중에 더위와 갈증을 느꼈으나 휴대한 물이 없었다. 갠지스 강물은 협곡 낮은 곳에서 흐르고 있었고, 낭떠러지인 그곳으로 내려갈 방도가 없었기에 계속해서 발걸음을 옮겼다. 그러다 어느 순간 시원한 물이 솟는 샘이 보이는 게 아닌가! 그녀는 물을 들이킨 다음 돌아오는 길에 혹시 또 목이 마를까 싶어 몇 개의 돌로 그곳에 표시를 해두고 걸음을 옮겼다.

마을에 도착한 아브릴리아는 진료를 마친 후 다시 귀갓길에 나섰다. 정글 속에서 오랜 시간을 걷다 보니 또 목이 탔다. 하지만 표시해두었던 장소가 보이지 않았다. 그러다 어느 순간 그곳이 눈에 들어왔다! 하느님께 영광! 샘으로 달려가 물을 마시려고 고개를 숙였는데, 이게 대체 어찌 된 일인가? 물은 온데간데없고 보이는 건 마른 땅뿐이었다!

가브릴리아 수녀님은 우리에게 이 이야기를 들려주며 다음과 같이 덧붙였다. 그것은 "앞서 염려하던 나에게 깨달음을 주는 것이었어. 근심, 걱정을 내려놔라! 걱정하는 그대는 누구인가? 주님께서 내가 보살피겠노라고 말씀하시지 않았는가?"

너희 목마른 자들아, 오너라. 여기에 물이 있다. (이사야 55:1)

홀로 생활하는 동안 아브릴리아는 남편을 앞세운 한 젊은 인도 여성이 운영하는 여관에 머물렀다. 순례객들을 위한 그 여관은 인도어로 다람살라라고 불렸으며 갠지스 강 옆 숲속, 풍광이 뛰어난 곳에 자리 잡고 있었다. (2부 105. 자격 없는 우리에게 아낌없이 베푸시는 주님 참조)

이곳에서 그녀는 오랜 시간 기도를 드렸다. 갠지스 강 아래로 내려가서 그 지역에서는 한 번도 들어본 적이 없을 성가를 종종 부르기도 했다. "지극히 높은 곳에서는 하느님께 영광이요…." 이 당시 아브릴리아의 일과는 바바 암테에게 보낸 편지 속에 잘 나타나 있다.

제 삶은 은둔자의 그것과 같답니다. 아직 아무것도 하고 있지 않기 때문이지요. 저는 새벽 4시면 일어나 새소리를 들으며 침묵 속에 앉아있어요. 그 시간엔 어둠이 채 가시지 않은 상태예요. 해는 5시 45분에 떠오르거든요. 6시가 되면 아침으로 차 두 잔과 귀리를 먹습니다. 그런 뒤 갠지스 강으로 내려가요. 8시와 9시 사이에는 성경을 읽고, 9시부터 1시간 동안은 여관을 운영하는 부인의 자녀들에게 영어를 가르칩니다. 공부가 끝나면 우체국으로 갔다가 하루 동안 먹을 음식인 우유 한 잔, 렌틸콩, 두 조각의 차파티, 그리고 토마토 하나를 사요. 낮 12시, 점심을 먹은 후 바로 성경을 다시 읽습니다. 오후 5시에서 6시까지는 산책을 하고, 8시까지 고요 속에 묵상을 합니다. 그리고 밤 9시부터 새벽 4시까지 방에서 지내지요.

 하지만 고요한 나날은 얼마 가지 못했다. 이 지역에 진료소가 없었기에 점점 더 많은 사람들이 도움을 구하러 아브릴리아를 찾아오기 시작했다. 상처가 난 다리, 눈이나 귀의 통증, 두통, 각종 부상 등…. 솜, 붕대, 소독약 같은 건 전혀 없었다. 하지만 다행스럽게도 여관을 소개해 준 그녀의 친구이자 장관 부인인 벨로디 여사가 델리에서 정기적으로 필요한 약품들을 보내주었다.
 가브릴리아 수녀님이 우리에게 자주 말했던 것처럼, 그분은 언제나 자신의 삶을 조용히 지켜보는 관조자였다. 1958년 3월 10일, 하네그비에게 쓴 다음의 편지를 보라.

 하느님께서 함께하시는 가운데 영국으로 홀로 떠났던 1937년부터, 저는 마치 관객처럼 제 삶을 지켜보고 있습니다. 그런데 제 몸도 그런 것 같아요. 폭염 속에서 물이나 다른 음료 없이 수일 동안 여행을 하고, 1월 한겨울의 델리에서 여름옷을 입고 돌아다녔지만 아무것도 느끼지 못했어요. 사람들이 악하게 또는 선하게 하는 행동에도 개의치 않습니다. 저는 마치 영화를 보듯 제 삶을 바라보아요…. 하루 종일 삶의 비극과 고통에 대해 들으며 아픈 환자들을 돌보지요. 그들은 모두 환자입니다. 마음이 아픈 사람들이니까요. 그들의 병든 몸을 손으로 어루만지면 사람들은 제가 무엇을 하는지 귀로 듣고서 관심을 보입니다.
 세상에 대해 죽은 채로 살아있는 것, 그게 정말 이런 것이라면 저는 모두에 대해 죽어있어서 행복합니다. 제게 일어나는 그 어떤 일에도 관여하지 않아요. 이때 말하는 '저'는 아브릴리아 파파야니, 릴라, 닥터 릴라, 릴라 자매, '마타지(mataji)* 또는 사람들이 다양한 이름으로 부르는 사람이자, 하느님과 저를 제외하고는 누구에게도 '알려지지 않은' 진짜 제 자신을 말합니다….

새로운 곳에 가면 저는 그분의 사랑을 전해야 할 사람들, 그분이 이미 선택한 사람들이 있음을 발견하고는 기뻐해요. 사람들은 제가 나타나면 깜짝 놀라 어찌할 바를 몰라 하거든요. 생전 처음 흰 피부의 피조물을 보았기 때문이지요….

한 번은 한 아기가 수녀님을 보자마자 울어버렸다는 일화를 들은 기억이 난다. 피부가 그토록 하얀 사람을 본 적이 없었던 것이다!

1958년 3월 21일, 아브릴리아는 바바 암테에게 편지를 썼다.

(…) 이곳에서, 저는 기다리고 있어요. '기다림'이 진정 무엇을 의미하는지 평생 깊게 새겨본 적이 없었지요. 농담처럼 말했지만, 우리는 버스를, 편지를, 친구를, 식사를, 기차를, 그리고 마침내 육신을 벗어버리기를… 평생 기다린다고 말했었죠. 그대가 사랑하는 시인 칼릴 지브란이 노래한 것처럼, "하얗고 다정한 죽음의 날개가 나를 아름다운 조국으로 데려다줄 때까지 나는 낯선 이방인입니다. 빛과 평화, 그리고 이해가 깃든 그곳에서, 나는 다른 이방인들을 기다릴 것입니다. 그들은 다정한 시간의 여행에서, 이 좁고 어두운 세상에서 구원받을 것입니다."

그러므로 저는 기다리고 있어요. 그리고 매일 열 명 남짓한 환자들을 돌본답

---

* 힌디어에서 유래된 말로, 나이 많거나 존경받는 여성, 또는 영적 지도자인 여성을 부를 때 쓰는 호칭이다. 힌디어로 '어머니'를 뜻하는 'mata'라는 단어에서 유래한다. (편집자 주)

니다. 눈병이 있는 대다수의 환자들… 한센병 환자들이 30, 40킬로미터나 떨어진 곳에서 찾아오거든요. '삶을 놓아버린' 여성들을 위한 집을 짓자는 제안도 있습니다. 하지만 지켜봐야 할 것 같아요….

한센병원에 대한 모든 것이 마하로지 봉사 협회의 관장 하에 이루어졌으면 해요. 아시겠지만 저는 이 세상에서 그 어떤 것도 소유하지 않길 바라거든요.

이어서 1958년 4월 20일에 작성된 편지를 보자.

요즘엔 환자들을 돌보는 시간 외에는 완전히 홀로 고요한 생활을 합니다. 그동안 전 단 하나의 이상적인 삶을 그려왔어요. 그리고 오랜 세월이 지난 후 토마스 아 켐피스와 로렌스 형제 안에서 그것을 발견했습니다. 꿈꾸던 삶을 저는 이곳 인도에서 살고 싶었지요. 하지만 제 영혼 깊은 곳에는 아마도 수녀의 길에 대한 생각이 자리 잡고 있었던 것 같습니다. 그런데 아직 저는 준비가 되지 않았어요. 그래서 여기서 지내며 기다리고 있습니다….*

사도행전 4장 34절을 읽으며, 참된 그리스도인을 마음속에서 찾으려다가 그대와 예후다가 떠올랐어요. 두 사람은 이름부터가 그리스도교와는 상관이 없는데 참 이상하지요…. 캐머런은 제 '교만'에 대해 이야기하면서, "릴라는 가난한 이의 돈이나 도움은 거절하지 않지만 부자들로부터는 그런 것을 받지 않을 것"이라고 썼어요. 저는 여전히 그렇게 생각해요. 우리가 그들의 금전을 받으면 부

---

* 1956년 1월 20일, 하네그비에게 보낸 편지에서 아브릴리아는 슈리 오로빈도의 아쉬람에서 일하던 시기에 있었던 한 미국 여성과의 일화를 언급했다. 그녀는 아브릴리아에게 17세기의 프랑스 카르멜회 수도사의 편지와 대화를 담은 인상적인 책을 한 권 건넸다. 《하느님의 임재 연습》이라는 제목의 책 속에는 항상 주님을 생각하며 지내는 수도사가 등장한다. 이후 어느 날, 아브릴리아는 우타르카시의 강 인근 숲에서 교부들이 말하는 '하느님을 기억함'에 대해 묵상하며 산책을 하고 있었다. 그러던 중 불현듯 두 남자가 양쪽에서 침묵 속에 함께 걷고 있는 것을 느꼈다. 아브릴리아는 그들이 토마스 아 켐피스와 카르멜회 수도사 로렌스 형제임을 알아차렸다.

자들은 양심의 가책을 느낄 기회, 진실을 대면하여 생각과 삶의 방식을 바꿀 기회를 결코 얻지 못할 것이라고요.

1958년 5월 19일, 우타르카시에서 바바 암테에게 급히 전달된 편지에는 준비 중이던 한센병원에 대한 자세한 사항이 드러나 있다.

사랑하는 암테 형제… C.A.R.E(미국 후원단체)가 우리를 이 마을의 보급소로 지정했다는 편지를 받았습니다. 또한 제가 이 지역에서 국제 적십자사를 대표하게 되었어요. 얼마 전 이곳을 방문했던 러크나우 장관은 건축을 시작해도 좋다는 말을 해주었습니다. 센 박사가 1200루피를 기부했고 어제는 첫 건물이 들어설 곳에 주춧돌을 세웠답니다. 그런데 우기가 시작되어 안타깝게도 공사가 지연될 듯해요. 1200루피에 대한 영수증은 며칠 뒤에 보내드리도록 할게요. 그리고 버지니아에 편지를 띄워 지금까지 후원금이 어디에 쓰였는지를 알려드릴 계획입니다. 더 많은 후원자들을 찾을 수 있을 거라고 전 확신해요. 6월에 슈리키쇼르가 오면 우리는 그와 함께 사회복지 관련 일을 시작할 거예요.

아브릴리아의 관심은 바바 암테가 감독하게 될 새로운 한센병원의 미래에만 국한되지 않았다. 어디에 있건 그녀는 너무도 사랑하는 암테의 자녀들도 잊지 않았다. 1958년 5월 27일, 아브릴리아는 당시 열 살 무렵의 '소크라테스', 비카스 암테에게 편지를 보냈다.

네가 장성하면 이곳에 와서 나와 함께 일하겠다고 말해주다니 참으로 기쁘구나. 그때까지 내가 살아있다면 얼마나 좋을까! 여기는 낮에는 무지 덥고, 밤에는 또 굉장히 춥단다. 그리고 수천 마리나 될 정도로 새들이 많아! 나는 새벽 4시에 일어나서 저녁 8시에 방으로 돌아와. 지금 같은 계절엔 갠지스 강이 무척 차단다. 네가 갖고 있지 않을 것 같은 우표 세 장을 보내니 잘 수집하렴. 너와 네 가족 모두를 많이 사랑한다.

암테의 아이들을 향한 사랑의 마음은 결코 사그라들지 않았다. 한시도 관심을 놓은 적이 없었다. 아브릴리아의 편지를 보면 그녀가 아이들의 교육과 책 등 학업에 늘 주의를 기울였음을 알 수 있다. 아이들 역시 아브릴리아를 사랑하지 않은 적이 없었다. 자신들 곁으로 돌아오라고, 수녀님의 여생이 얼마 남지 않은 순간까지도 편지를 띄우며 귀환을 간절히 소망했다.

다음은 16년이 지난 1974년 12월, 아테네에서 의사로 활동하던 비카스 암테 박사에게 부친 가브릴리아 수녀님의 편지이다.

인도를 떠올리면 네 아버지는 인도의 에너지와 힘을, 네 어머니는 인도의 사랑과 인내를, 그리고 너는 인도의 빛나는 미래를 대표하는 듯해. 세상에 처음 태어나자마자 만났던 환자들에 대한 네 사랑은 너를 그들과 한마음이 되도록 만들었단다. 너는 조그만 아이였을 때 그들처럼 되기를 원했지. 하느님께서 금하셨지만. 제약 없이 그들을 사랑하며 함께 장난도 치고 어울리고 싶었던 게지….

사랑하는 비카스, 영어를 처음 가르쳐준 사람이라고 넌 내게 감사해했지만, 오히려 내가 너에게 감사 인사를 전해야겠어. 나는 너를 도우려고 수업을 한 게 아니었단다. 지금도 그렇지만 그때의 어린 소년이던 너를 너무도 사랑했기에, 언젠가 너와 함께 꼭 대화를 하고 싶어서 영어를 가르친 거야. 그게 유일한 방법이었지.

마침내 소규모의 한센병원 건축이 시작되었다. 센 박사 내외와 다른 많은 주요 인사들에 의해 기금이 조성되었다. 진료소와 그 옆에 아브릴리아를 위한 작은 방이 하나 지어질 예정이었다. 옆 마을에서 차 상점을 운영하던 한 주민은 얼마 안 되긴 해도 그녀의 먹거리를 책임져 주었다. 이제 아브릴리아는 한센병 환자들의 상처를 돌보며 자신이 아주 잘 아는 사랑의 침묵으로써 그들과 '대화'를 나누게 될 예정이었다.

당장은 급한 대로 부족한 물자를 이용해 환자들을 돌보기로 했다. 그런데 하느님의 은총에 힘입은 성과는 참으로 놀라웠다. 하루는 온몸에 심한 종기가 돋은 여섯 살 남자아이가 치료실로 찾아왔다. 약간의 바셀린과 아스피린밖에 없었지만 아브릴리아는 아이를 위해 뭐라도 해주고픈 마음이 간절했다. 그녀는 기도를 드렸다. 그런 다음 아스피린을 빻아 바셀린과 섞어 아이의 몸에 발랐다. 며칠 뒤 부모는 아이를 데리고 다시 그곳을 찾았다. 얼굴에는 기쁨이 가득했다. 병이 씻은 듯이 나은 것이다! "부모의 아픔과 아이의 눈물이 하느님의 은총을 이끌어낸 거야." 주님의 은총이 당신의 손을 통해 기적을 이룰 때마다 수녀님은 늘 이처럼 말하곤 했다.

1958년 6월 10일, 아브릴리아는 이런 편지를 쓴다.

대부분의 한센병 환자들이 손에 화상을 입고 찾아옵니다. 병으로 인해 감각을 잃었기 때문이지요. 거의가 얼굴은 발갛게 붓고, 손가락은 변형되었으며, 신경통을 가지고 있어요. 현재 저는 길가의 한 나무 아래서 그들을 진료합니다. 버려진 샤크티 아쉬람에 한센병을 가진 부모와 네 살 이하의 아이들을 위한 거처를 마련해야 한다고 제가 제안했는데 어떤 결과가 나올지는 지켜봐야 해요.

오래지 않아 하느님의 뜻이 어렴풋이 드러났다. 그분의 섭리 속에서 한센병원 건립 계획이 수포로 돌아간 것이다. 1958년 7월 12일, 그녀는 바바 암테에게 짧은 편지를 보낸다.

어제 건축 책임자가 제게 전보를 보내 즉시 공사를 중단하고 다른 곳을 알아보라고 했어요. 이건 저명한 사회활동가인 슈리 고스와니가 '권력가' 친구들의 힘을 빌려 영향력을 행사한 것이랍니다. 그는 이미 이 지역에 상당한 토지를 사두었기에 근처에 이런 병원이 세워지는 것을 원치 않아요. 또한 샤크티 아쉬람의 토지도 조만간 사들일 계획이라고 하네요. 언젠가 하느님을 뵙는 날이 오면, 그는 왜 '병든 자를 치유하고' '굶주린 자를 먹이는 일'에 반대했는지 대답해야 할 겁니다. 우리는 알지요. 이 일이 분명 하느님의 계획 안에는 들어있지 않았다는 것을요.

언젠가 그대가 했던 말이 기억나네요. "제 환자들만큼이나 저도 미움을 받습니다." 하지만 그리스도께서는 이렇게 말씀하셨지요. "세상이 너희를 미워하거든 너희보다도 나를 먼저 미워했다는 것을 알아두어라." 지금 전 이런 의문이 듭니다. 지금 내가 해야 할 일이 과연 무엇일까? 그저 '보잘것없는 종'이 되고 싶지는 않거든요.

'우연'히도 그즈음 여관의 관리인이 와서 그녀에게 묵던 방을 비워달라고 했다. 대신 그는 갠지스 강변의 한 동굴을 제안했다. 2부에서 이와 관련해 가브릴리아 수녀님이 직접 언급한 내용을 자세히 다룰 것이다. (2부 105. 자격 없는 우리에게 아낌없이 베푸시는 주님 참조)

다음은 1958년 7월 29일, 예후다 하네그비에게 띄운 편지이다.

놀라시겠지만 (1년 전이면 저라도 그랬겠지요.) 제가 인도를 떠난다는 소식을 듣게 되실 거예요. 인도에 도착한 날부터 사람들은 제가 무슨 일이라도 시작할 수 있게 도와주려고 애를 썼습니다. 하지만 아무것도 실현되지 못할 것임을 저는 직감하고 있었어요. 장관들, 고위 인사들, 환자들, 친구들, 적십자사, 병원들…. 마침내 자그마한 땅을 제공받아 방을 짓기 위해 주춧돌을 놓았습니다. (인가되지 않은 상태이긴 했지만요.) 사람들은 그것을 "릴라의 무덤"이라고 불렀는데 저는 그냥 웃어넘겼어요. 그리고 얼마 후 진행이 멈췄습니다. 그들은 외국인을 원치 않았고, 한센병 환자들은 더 말할 것도 없었어요. 근처 아쉬람의 스와미가 찾아와 '깜짝 놀란' 표정으로 말을 건네더군요. "릴라의 무덤에 전혀 진전이 없어 보이네요." 그래서 제가 대답했지요. "비워두는 것이 하느님의 뜻이랍니다!" 그러자 그가 그러더군요. "당신은 아주 영리한 사람이네요."

인도에 도착한 날로부터 벌써 3년이라는 세월이 흘렀다. 리시케시에서 아난드완으로, 거기서 다시 우타르카시로 옮겨 다녔다. 첫 번째 장(章)이 끝나고 새로운 장이 시작되려던 참이었다. 1958년 8월 10일, 아브릴리아는 하네그비에게 다시 편지를 보낸다.

저는 아직 히말라야에 있습니다. 갠지스 강이 저를 아무데도 가지 못하게 붙들고 있어요. 다라수 다리는 비가 많이 와서 유실되었고요.
이곳은 참으로 아름다운 곳이에요. 귀뚜라미와 일찍 일어나는 새들이 어떤 때는 한밤중인 새벽 2시에도 깨웁니다. 그러면 저는 그 시간에 잠자리에서 일어나요. 모든 것이 푸르고 그분의 평화가 깃들지요….

수녀의 길에 대한 소식은 며칠 뒤에 찾아왔다. 그분의 이끄심은 매우 명확했다. 란도르로 가서 한 외국인 여성의 안내를 받아 다음 단계를 밟아야 했다. (2부 85. 수도원으로의 부르심 참조) 아브릴리아는 크게 놀랐다. 우선은 수도 생활에 대해 한 번도 진지하게 생각해 본 적이 없었고, 또 아는 수도원도 없기 때문이었다. 두 번째는 자신이 말해 왔던 대로, 지금까지의 삶에 대해 주님께서 '기뻐하고 계시다'라고 생각해 왔기 때문이었다. 메시지는 두 번 더 찾아왔다. 새로운 한센병원 계획이 무산된 것은 더 이상 설명할 수 없는 일이 아니었다. 아브릴리아는 하느님의 계획을 깨닫고 있었다.

그녀는 인도를 무척 사랑했고 거기서 삶을 마칠 것이라 믿었다. 그곳의 사람들을 사랑했고 또 사랑을 받았다. 게다가 아브릴리아는 무일푼이었다. 원한다 해도 이동을 할 수가 없는 처지였다. 돈이 있다 해도 떠날 이유가 없었다. 자신의 삶이 그렇게 지속되리라 믿었고, 다른 길이 열리는 것은 상상하지 못했다. 그녀는 하느님께서 방법을 일러주실 때까지 기다렸다. 그러던 어느 날, 힌두교 수행자였던 프랑스인 친구 다야가 갑작스럽게 방문하여 이동의 계기가 마련된다. 하느님의 방법이 드러나는 순간이었다.

1958년 8월 16일, 아브릴리아는 암테 형제에게 편지를 쓴다.

이게 하느님의 뜻이라면 다음 주 월요일 18일에 저는 다야와 함께 여길 떠날 겁니다. 아마 같은 날 밤 다라수에 도착하고, 다음 날엔 리시케시에 있을 거예요. 그리고 20일에는 란도르에 도착할 수 있으면 좋겠어요….

그런데 친구 다야가 도착하기 며칠 전, 어둠의 세력이 그녀를 '공격'했다. 그 공격은 믿기 힘들 정도로 강력하고 잔인했다. 하지만 언제나 그랬던 것처럼, 주님의 은총이 앞서서 그녀를 보호했다….

어느 날 정오 무렵 아브릴리아는 기도 중에 환영을 보았다. 누군가의 방문이었다. 이 환영에 대하여 수녀님이 직접 이야기한 내용을 한 번 들어보자. 수녀님은 마치 혼잣말을 하듯 이에 대해 설명했고, 우리는 숨을 죽인 채 가만히 듣고 있었다. 때는 1986년 1월 28일, 늦은 저녁 아테네의 한 아파트에서였다. 이 신비로운 저녁 모임은 한 영적 자녀를 위한 것이었다. 우리는 몰래 녹음기를 켜고 그 내용을 담았다. 우리의 행동을 용서하시길….

"머리카락은 진한 갈색이고, 안색은 마치 잘 익은 밀처럼 느껴졌어. 하지만 그 느낌이 전부였단다. 내 눈으로 직접 본 것은 오직 그분의 눈과 이마 언저리뿐이었지. 결코 잊을 수가 없구나. 이 세상 어디에도 없는 것이었어. 갈색에, 생명과 빛으로 넘쳐났지. 그리고 내 눈 바로 앞에 있었어. 너무나 가까워서 순간 내가 거울 앞에 서있는 것이 아닌가 착각할 정도였거든. 하지만 내 것은 아니었지. 그것은 그분의 눈이었어. 오로지 눈만이…. 잊을 수 없는 그 눈이 무언가가 절실히 필요했던 내 삶의 순간에 나타났어.

히말라야의 우타르카시에서 홀로 1년을 머무르던 때였는데, 요란한 발소리가 들리더니 나를 몰아내려는 사람들이 나타났지. 그 이유는 아마 너희들도 잘 알 거야. 그런데 이 끔찍한 일이 벌어지기 전 나는 그분의 눈을 봤어…. 그것도 밤이 아니라 대낮이었지. 내가 누워서 잠시 눈을 감고 있던 순간에 일어났어. 의아해하지도 두려워하지도 않았단다. 왜냐하면 그것이 어떤 분의 눈인지 나는 직감했거든. 그분께서 나를 지켜주고 계신다는 느낌을 받았어. 그래서 그 어떤 것도 겁내지 않았지. 내 말 알겠니? 그게 전부란다…."

온화한 눈이었나요?

"그래, 너무도 온화했어. 이 세상에서 그런 눈빛을 본 적이 없단다. 하지만 웃는 모습은 아니었어. 부드러웠지. 아주 따뜻한 눈길이었어.

너희의 영혼, 너희의 존재를 감싸주는 눈빛이었다고나 할까…. 하지만 오직 그분의 눈만 보았어. 그분의 얼굴은 보지 못했지. 그럼에도 그 순간 그분이라는 느낌을 받았어…."

수녀님은 이웃의 힌두교 아쉬람에서 자행한 무서운 '공격'에 대해서도 말을 이어갔다. 다음 날, 역시 정오였다. 그 지역의 적막을 뒤흔드는 엄청나고 무시무시한 소리가 들려왔다. 마치 무수한 말들의 말발굽 소리 같았다. 다른 때 같으면 겁을 먹을 수도 있었겠지만, 하느님의 은총을 체험한 지 겨우 하루밖에 지나지 않았기에 두려워하지 않았다. 이곳에서 자신을 더는 원치 않는다는 것을 깨달았다. 아마도 하느님에 대한 언급과 다른 영성의 존재, 그리고 이곳에 머무르는 그녀가 전인미답의 땅에 소란을 일으키는 듯했다.

예기치 않았던 친구 다야의 방문은 하느님의 역사였다. 하지만 도착하자마자 이질에 걸리고 말았다. 다야는 몸을 회복하기 위해 란도르로 가려고 하는데 자신과 동행해 달라고 아브릴리아에게 청했다. 하느님으로부터 메시지를 받은 지 며칠이 지났고, 그사이 일어난 여러 가지 사건들로 인해 란도르는 미처 생각하지 못하고 있었다. 하지만 돌연 깨달았다! 주여, 당신은 위대하시고 당신의 업적은 참으로 놀랍습니다! 그녀가 생동감 있게 기술한 이 모든 감동적인 이야기를 우리는 뒤에서 다시 보게 될 것이다. (2부 85. 수도원으로의 부르심 참조)

당시 우타르카시의 해당 지역은 우범지대였고 유럽인들의 발길이 닿기 전이었다. 이로 인해 수행원 여섯 명이 함께했고, 환자인 다야를 위해서는 노새가 끄는 작은 수레—현지어로 '던디(dundee)'라고 불리는—를 제공받았다. 긴 시간의 도보 여행이었다.

마침내 란도르에 도착한 아브릴리아는 다음 날 아침 다야와 함께 치과로 향했다. 의사는 그녀가 그리스에서 왔다는 이야기를 듣는 순간 그리스를 동경하는 한 여자가 있는데 꼭 소개해 주고 싶다고 했다. 그리고 바로 당일 오후에 만남이 이루어졌다.

그 여인은 넬라 그레이엄 쿡이라는 이름의 미국인이었다. 이전에 베다니아의 라자로 부활 수도원의 테오도시오스 수도원장님으로부터 환대를 받은 적이 있다고 했다! 아브릴리아의 발걸음이 준비된 길을 따라 이어졌다. '지켜보시는 분'께서 그녀를 오류 없이 다음 단계로 인도하고 계셨다.

넬라 그레이엄 쿡은 테오도시오스 수도원장님에게 편지를 띄우고 생각했다. '이것이 만일 하느님의 뜻이라면 답변을 주시겠지.' 하지만 그때까지 기다려야만 했다. 앞으로 보겠지만, 그 답장이 도착하는 데는 오랜 시일이 소요되었다.

언제나 그랬듯이 아브릴리아는 돈도, 묵을 곳도, 직업도 없었다. 그것은 곧 하느님의 영광을 위해서라면 어떤 일이든 당장 뛰어들 수 있다는 것을 의미하기도 했다. 마침내 기다림의 시간이 지나고, 쿠문디니라는 인도 대부호의 미망인이 그녀에게 일을 제안했다. 여사는 그 무렵 아들을 잃고 난 뒤 신을 위하여 뭔가를 하고자 했다. 두 사람은 1955년 시바난다의 아쉬람에서 알게 된 사이로, 쿠문디니 여사는 시바난다의 제자였고 그가 여사에게 한센병원 건립을 조언했었다.

5. 인도에서의 마지막 몇 개월

베다니아로부터 답신을 기다리는 동안 아브릴리아는 새로운 한센병원을 위해 일해보자는 제안을 수락하고, 1958년 10월 첫째 주에는 세쿤데라바드의 베굼펫에 가 있었다. 10월 8일 바바 암테에게 쓴 편지에서 그녀는 다음과 같이 말했다.

우타르카시는 제게 특별한 곳이랍니다. 난생처음 절대적인 고요 속에서 보낸 6개월은 참으로 복된 시간이었고, 이에 대해 하느님께 진심으로 감사드려요. 제 삶이 어떠해야 하는지를 보여주었죠. 지금부턴 제가 어디에 있든, 무엇을 하든 별 의미가 없습니다. 찬디가르에서처럼 저는 여기서도 있는 힘껏 일하고 있어요. 환자들에게 물리치료를 해주고 또 가르치기도 하면서요.

멀리 떨어져 있었음에도 아브릴리아는 암테의 한센병원에 대한 관심을 놓지 않았다. 러크나우로 가서 보건복지부 장관을 만나기도 하고, 아난드완에서 봉사하려고 지원한 여러 외국인 봉사자들의 출입을 조율하기도 했다. 1959년 2월 9일 암테에게 보낸 편지에서 그녀는 다음과 같이 말했다. "그대처럼 한센병 환자들에게 관심이 있는 열정적인 활동가들이 이 나라에 더 많다면 얼마나 좋을까요!"

2주 뒤인 2월 24일, 아브릴리아는 아난드완으로 가서 며칠을 머문 뒤 곧이어 또 다른 부름을 받는다. 이는 전혀 예상하지 못했던 호주 청년 앨런의 요청이었다. 당시 인도에서 그녀를 알았던 다른 많은 젊은이들처럼 그 역시도 나중에 정교인이 된다. (2부 15. 인도에서 만난 호주 청년 앨런 참조) 그는 호주행 비행기푯값을 그녀에게 보내주었다.

아브릴리아는 하느님께서 나아갈 길을 보여주시기를 기다렸다. 베다니아의 테오도시오스 수도원장님으로부터 답장이 도착하면서 호주

행은 성사되지 못했다. 하지만 앨런이 보낸 돈으로 이미 비행기푯값을 일부 치른 후였다.

그 사이 아브릴리아는 세쿤데라바드에서 언제나처럼 행복한 시간을 보내고 있었다. 인도를 떠나는 순간까지도 그녀는 활동을 멈추지 않았다. 비카라바드, 마드라스 벨로르, 그리고 델리에 있는 여러 병원들을 돌아보았으며, 델리에서는 인디라 간디를 만나기도 했다. 다음은 1959년 3월 11일, 암테에게 보낸 서신의 일부이다.

> 저는 목요일 밤 델리에 도착했어요. 토요일 점심에는 인디라 간디 여사의 초대를 받아 갔는데, 그 자리엔 그녀의 아버지 네루 선생님과 마운트배튼 백작부인이 딸과 함께 와있었지요. 간디 여사께서 약속한 트랙터와 다른 몇 가지를 조만간 그대에게 보내실 듯합니다.

출국의 시간이 다가오자 아브릴리아의 친구와 지인들이 그녀의 비행기표를 마련하기 위해 작은 정성을 모으기 시작했다. 거기엔 인도인, 영국인, 프랑스인, 그리고 미국인 중에는 감리교 선교사 스탠리 존스도 포함되어 있었다. 그녀는 먼저 요르단으로 갈 생각이었다. 하지만 비자가 나오지 않았다. 이란과 이라크도 마찬가지였고, 환승조차도 되지 않았다. 하네그비에게 보낸 편지에서 아브릴리아는 "세상이 참 각박해졌군요"라고 썼다.

인도를 떠날 채비가 마무리되어 가고 있었다. 미처 "해결하지 못한" 작은 일이 하나 남아있었으나 하느님의 손에 맡기기로 했다. 아난드완을 비롯한 여러 곳에서 환자들을 치료할 때 아브릴리아는 그녀만의 치료법을 하나 가지고 있었다. 그것은 주님께서 영감을 불어넣어 주신 새로운 방법으로, 지극히 간단하지만 실제로 괴저된 다리치료에 매우 효과적이라서 환자들이 다시 서고 걷는 데 도움이 되었다. 그녀는 당시 한센병 치료에 가장 권위가 있던 영국인 외과의사 폴 브랜드에게 그 치료법을 미처 알려주지 못한 것을 안타까워하고 있었다. 하지만 아브릴리아는 자주 이렇게 말하곤 했다. "하느님의 사랑 안에 있는 무언가를 진심으로 염원하면 얼마 안 가서 주님께서 반드시 응답을 해주실 거야." 그리고 정확히 그 말이 씨가 되었다.

친구들이 그녀를 환송하기 위해 마련한 뉴델리의 식사 자리에서였다. 주님께서 그녀가 가슴 깊이 열망하는 것을 주신 것이다. 한 인도인 의사가 아브릴리아 옆자리에 앉았다. 그는 마음을 열고서 자신이 한센병에 걸려 이미 양손에 마비 증상이 나타나고 있다고 밝혔다. 그리고 그의 단 하나의 소망은 마드라스에 있는 폴 브랜드 박사를 만나는 것이라고 했다. 하지만 가족 중에는 자신의 상태를 아는 이가 없었기에 동행자가 필요했다. 그리고 혹시 그녀가 함께 해줄 수 있을지 궁금해했다. 답은 "네"였다. 언제나 하느님의 손에 인생의 키를 맡긴 아브릴리아의 '네'라는 답변은 이렇게 스스로의 간절한 염원을 채워주었다.

1959년 4월 17일부터 29일까지, 아브릴리아는 12일 동안 마드라스 벨로르의 크리스찬 의대 병원에서 23일 수술받은 인도인 의사를 간호했다. 24시간 그의 곁을 지키며 잠은 병실 발코니에 있는 멍석 위에서 잤다. 당시 보호자는 일종의 몸종으로 여겨져서 병원의 침대에서 잘 권한이 없었다. 하지만 개의치 않았다. 모든 것을 다 알아서 '정리'해주신 주님 덕분에 마침내 폴 브랜드 박사와 만날 수 있었으니 말이다. 그것이 가장 중요했다. 종종 하던 말처럼, 당신 자신은 "존재하지 않는" 사람이었기 때문이다.

아브릴리아가 자신의 '비방'을 브랜드 박사에게 알려주자 그는 관심 있게 경청하는 것에서 그치지 않았다. 그 비방을 적용하여 놀라운 결과를 만들어냈다. 그건 정말 너무도 간단한 것이었다. 아브릴리아가 고안한 패드에 항균성 색소인 겐티아나 바이올렛 용액을 사용하여 한센병 환자들이 자신의 병을 드러내는 전형적인 석고 붕대 없이 걸을 수 있게 한 것이다. 겐티아나 바이올렛 용액의 검푸른 색깔 때문에 이 치료법은 인도에서 '닥터 릴라의 푸른색 치료'로 널리 알려지게 되었다.*

인도인 의사가 퇴원한 후에도 아브릴리아는 그를 돌봐야 했다. 처음엔 3주 정도면 될 줄 알았으나 상황이 여의치가 않았다. 다음은 1959년 5월 5일, 바바 암테에게 부친 편지이다.

수술의 최종 성공이 좌우되는 가장 취약한 순간이 석고 붕대를 막 제거한 후라는 것을 이제야 깨달았습니다. 붕대를 제거한 후 '새' 손은 특별한 재활 훈련 외에는 움직여서는 안 되기에 누군가가 4주 동안 환자를 먹이고, 씻기고, 입히는 수발을 들어야만 합니다. 이건 제 선의와 관계없는 하느님의 뜻이었어요. 그렇다고 다른 사람이 그를 도와줄 수 있는 형편도 아닙니다. 그는 자신의 병을 알리지 않았거든요.

이곳은 제법 덥습니다. 저는 지금 YMCA의 기숙사에서 환자와 함께 머물고 있어요. 동시에 병원에서 다른 환자들의 상처도 돌보지요. 겐티아나 바이올렛 패드의 효험이 벌써 뚜렷해서 브랜드 박사의 조수들이 계속 기록을 하는 중이

---

* 1971년 12월, 수녀님은 폴 브랜드 박사로부터 편지를 한 통 받는다. 일독의 가치가 있기에 소개한다. "너무도 오랜만에 선생님의 소식을 다시 듣게 되어 정말 기쁩니다. 인도에서 저희에게 알려주신 선생님의 비방을 계속해서 사용하고 있습니다. 물론 다른 여러 치료법도 사용하지만, 상처 나고 무감각한 발에 처치하시던 그 방법은 제게 늘 하나의 지침이 되고 있습니다. 언젠가 다시 만나 그간의 새로운 경험들을 서로 나눌 수 있기를 진심으로 바랍니다."

랍니다. 그대도 조만간 이곳에 와서 박사와 인사도 나누고, 그가 집도하는 수술도 지켜보면 좋겠어요. 제가 참관했는데, 손가락마다 새로운 조직을 이식하는 데 오랜 시간이 걸려요. 마치 자수를 놓듯이요. 정말 경이로워요!

지금은 브랜드 박사가 잠시 휴가를 가서 젊은 인도 여성 외과의사가 휠체어에 앉아 수술을 집도합니다. 의대생 시절 척수성 소아마비에 걸렸지만 그 몸으로라도 좋으니 사람들을 위해 무슨 일이라도 할 수 있게 해달라고 하느님께 간절히 기도드렸다고 해요. 정말 뛰어난 외과의사랍니다.

몇 주의 시간이 흐르고, 아브릴리아는 하느님의 기적을 직접 목도했다. 어제까지만 해도 병에 걸려 목석처럼 죽은 듯했던 의사의 손이 다시 살아난 것이다!

아브릴리아가 인도를 떠나는 마지막 순간까지도 사람들은 그녀의 도움을 필요로 했다. 의사를 돌보는 중에도 데라둔에 있는 체셔 한센병원에 와서 일해달라는 요청을 받았다. 하지만 베다니아가 기다리고 있었다. 1959년 8월 3일, 아브릴리아는 뉴델리에서 암테에게 마지막으로 편지를 띄운다.

주님께서 허락하신다면 그대가 이 편지를 받을 무렵 저는 예루살렘에 가있을 거예요. 내일 비행기로 카라치로 가서, 다시 베이루트로 향할 예정이거든요. 그리고 다음 날 정오경에는 예루살렘에 도착해 있을 듯합니다. 우리의 이별이 참으로 애석하지만, 하느님께서 언젠가는 꼭 다시 만나게 해주실 거라고 굳게 믿어요. 아난드완의 환자들과 나눈 마지막 인사도 결코 잊지 않겠습니다. 소크라테스, 플라톤, 아리스토텔레스, 레누카, 비릴리, 바바, 그리고 그 누구보다도 사다나! 여러분 모두의 가슴 속에 언제나 하느님의 사랑이 빛나길 소망합니다! 당신의 자매 릴라 드림.

이렇게 해서 아브릴리아는 인도를 뒤로하고 떠났다. 비록 헤어짐의 아픔은 컸지만 하느님은 어디서나 함께하심을, 또 새로운 것에서 옛 모습을 발견하게 되리란 것을 그녀는 잘 알고 있었다. 1959년 8월 4일, 아브릴리아는 다시 미지의 길—수도의 길을 향해 베다니아로 떠났다.

가진 것을 모두 정리하고 길을 떠난 지 어언 5년이 지났다. 흔히 무엇인가를 시작하려 할 때 심약한 사람들은 '안전'을 먼저 도모하지만, 5년이란 세월 내내 아브릴리아는 그런 보장을 받으려 한 적이 없었다. 그럼에도 그녀는 단 하루도 노숙을 하거나 굶주리지 않았다. 그리스도를 위해서라면 한시도 쉬지 않았고, 그분의 인도와 보호와 섭리 역시 한순간도 아브릴리아를 떠난 적이 없었다. 스스로를 위하지 않았지만 "하늘과 땅을 만드신 분"(시편 124:8)께서 늘 그녀를 도왔다.

아브릴리아는 모든 것을 그분께 맡기고 순종했다. 하느님 들판의 꽃이 되어 그리스도의 아름다운 향기를 줄곧 내뿜었으며, 하늘을 나는 새가 되어 주님의 빛나는 거처로부터 흘러나오는 승리하는 사랑의 메시지를 매일 아침 전해주었다. 낯선 사람으로 인도에 왔지만 떠날 때는 모두를 알았고, 또한 모두가 아브릴리아를 알았다. 그녀는 그렇게 모두의 가슴 속에 '그리스의 릴라 선생님'으로 자리매김했다.

많은 이들이 섣불리 접근하지 못했던 곳을 마음과 영혼의 개척자로서 과감히 걸었던 아브릴리아, 그 삶의 커다란 한 단원이 이렇게 막을 내렸다. 가진 것은 없었으나 자발적으로 사랑의 봉사를 하였고, 인간의 사사로움으로부터 멀리 떨어져 진심을 다해 그 사랑을 지켜 냈다. 언제나 길잡이가 되어주신 그분의 도움으로, 아브릴리아는 우리 인간의 고결한 마음씨를 하찮은 세상 속에 침몰시켜 버리는 암초를 피해 갈 수 있었다.

헤어지기 전 마지못해 인사를 하는 어린아이처럼, 인도는 마타지 릴라에게 마지막 작별을 고하고 있었다. 릴라는 먼저 베푼 사랑 외에는 어떤 것도 받으려 하지 않는, 진정 훌륭한 어머니였다. "수녀님이 인도를 떠나시던 날, 인디라 간디의 아버지인 네루는 수녀님이 수락하실 만한 유일한 선물을 직접 목에 걸어주었습니다. 그것은 꽃으로 엮은 화환이었지요."

가브릴리아 수녀님은 다른 여러 나라에서와 마찬가지로 인도에서도 주님에 대한 당신의 믿음을 영예롭게 빛냈다. 그분이 보여준 헌신은 오직 하느님의 도우심으로만 도달할 수 있는 그리스도교의 가장 높은 이상이었다. 우리 모두는, 특히 우리 정교회 신자들은 수녀님의 투혼에 깊이 감사드린다. 만일 그분이 어떤 상을 받았다면, 그것은 오직 우리의 주님만이 아실 것이다….

베다니아

아브릴리아는 베다니아에 와있는 스스로가 생경하게 느껴졌다. 히말라야 고산지대에서 주님의 인도에 따라 란도르로 향했고, 앞서 언급한 것처럼 거기서 누군가의 안내를 기다리라는 메시지를 받았다. 그 안내자는 미국인 여성 넬라 그레이엄 쿡이었다.

우리 자신을 하느님의 뜻에 맡길 때 나타나는 그분의 개입은 참으로 놀랍다. 생각지 못한 일들이 벌어졌다. 믿음이 없다면 그 일들은 단순한 '우연' 또는 '우발적 사건'으로 치부되거나, 우리의 무지몽매로 멋대로 해석하게 될 뿐이다.

무엇보다도 감동적인 것은 인도인 친구들이 십시일반 돈을 모아 아브릴리아의 비행기푯값을 마련해 주었다는 점이었다. 그녀가 그토록 사랑했던 인도는 이제 다음 행보를 위해 떠나가는 자신을 배웅해 주고 있었다. 그들이 말했다. "우리 사원에 이 돈을 기부하는 대신, 선생님이 하느님을 위해 떠나시는 길에 여비로 쓰세요." 누가 이방인을 위해 이렇게 할 수 있을까? 사랑 없이 과연 그것이 가능할까?

모금된 돈은 아브릴리아뿐만 아니라 캐머런의 비행기푯값까지 치를 만큼 충분했다. 캐머런은 1954년 3월 아테네 마살리아스 거리에 있던 아브릴리아의 병원을 찾아와 인도로 떠나려 한다고 말했던 바로 그 청년이었다. 그는 아브릴리아에 앞서 먼저 인도를 떠났다.

여러 지인들이 베다니아를 방문했다. 그들 가운데는 프랑스 남부의 클뤼니에서 온 여성 사회복지가 마리-앙겔리 레비야르, 선교사 스탠리 존스, 그리고 오랜 지인 엘레니 비르부가 있었다. 특히 비르부는 그곳에서 한동안 머물렀다. 책 출판을 염두에 두었던 그녀는 아브릴리아의 반대에도 불구하고 자료를 모으기 시작했다. (하지만 끝내 책을 펴내지는 못했다.) 비르부는 다음과 같이 썼다.

아브릴리아는 인도에 머무는 5년 동안 그곳의 거의 모든 지역을 돌아다녔다. 사람들과 만나 그들을 알아갔으며, 봉사하고, 사랑을 전했다. 언젠가는 갠지스 강의 수원에 가까운 산골 어딘가에서 생을 마치리라 생각했다. "그리스에서 온 릴라"로 알려진 아브릴리아는 돈을 벌 목적으로 일하지 않았기에 수중에 가진 것이 없었다. 그럼에도 한 번도 배를 곯지 않았다. 그녀는 진정한 환대를 받았다. 사람들은 아브릴리아의 훌륭한 영혼과 마음을 알아보고는 그녀를 자기 가족처럼 생각했다.

그런 아브릴리아는 어느 날 내면으로부터 수도원으로 가라는 음성을 듣고 깜짝 놀란다. 한 번도 수도 생활을 생각해 본 적이 없었고, 종교 안에 있는 여러 제도적인 형태에 관심을 기울이지 않았기 때문이다. 그때까지 그녀에게 종교란 그리스도, 사랑이 전부였다. 언제나 그녀를 인도해 주던 내면의 소리는 애써 외면할수록 점점 더 커져갔다.

"저 떠나요."

사람들은 믿지 못했다. 아브릴리아를 자신의 일원처럼 여겼던 것이다.

"어떻게 떠나려고요? 돈도 없잖아요?"

"전 돈을 가져본 적이 없어요. 그래도 인도를 두루 돌아다녔지요. 하느님께서 제게 떠나라 하셨으니 그분께서 방법을 마련해 주실 거예요."

그렇게 친구들이 모아서 전달한 돈으로 아브릴리아는 비행기를 타고 인도를 떠난다. 수중에 남은 400파운드는 테오도시오스 수도원장님께 드렸다. 돈이 필요 없었기 때문이다.

자신이 모이를 주는 하늘의 새들처럼, 그녀는 매일 아침 밖으로 나와 그분의 뜻에 따라 살아가기로 하느님께 서원했다. 아브릴리아가 부르면 참새들은 어느새 그녀 곁에 와있었다….

아브릴리아는 베다니아에서 3년 동안 예비 수녀로서 수련 생활을 했다. 처음에는 모두에게 하나의 수수께끼였다. 아마도 이렇게들 생각하지 않았을까? '인도에서 건너왔다. 오랜 세월을 타종교인들과 더불어 생활했다. 혹시 뭔가 '이상한' 습성에 길든 것은 아닐까?' 테오도시오스 수도원장님은 만일의 경우를 대비해 주님의 부활 성당에서 봉직 중인 한 사제에게 의견을 구했다.

며칠 뒤, 사제는 성수식을 거행하러 가는 길에 아브릴리아와 동행하여 혹시 그녀가 우상에게 바친 제물을 먹진 않았는지, 세정식에 쓰인 물을 마시진 않았는지 등 이런저런 질문을 던졌다. 이후 수도원으로 되돌아온 사제는 차창 너머로 문에 기대어 서있던 수도원장님을 향해 소리쳤다. "테오도시오스 원장님, 아무 문제 없습니다. 전부 다 괜찮습니다!" 사제의 말을 듣고 안심한 원장님은 의아해하던 그녀에게 이 모든 사실을 말해주었다.

1959년 8월 5일, 수도원에 도착했다. 이는 아브릴리아의 인생에서 커다란 발걸음이자 중대한 변화였다. 이웃을 위해 봉사하던 삶에서 기도하는 수도자의 삶으로, 하느님께서 이끄시는 대로 떠돌던 삶에서 한 곳에 정착하는 삶으로, 내일을 알 수 없는 미지의 여정에서 어제를 반복하는 안정된 일상으로, 다양한 사람들과 교류하며 바삐 옮겨 다니던 삶에서 수도원의 벽에 둘러싸인 제한된 삶으로의 변화였.

하지만 이것은 표면적인 것에 불과했다. 아브릴리아가 체험한 변화의 느낌은 전혀 달랐다. 몇 달 후인 1960년 12월 22일 하네그비에게 보낸 편지에는 다음과 같이 적혀있었다.

이곳 수도원에 도착했을 때 저는 갠지스 강 옆, 우타르카시의 산에서 몇 달을 보내고 다시 세상에 내려온 듯한 기분이었지요. 아담과 이브가 자격을 잃고 낙원 밖으로 내쫓겼을 때 느꼈던 바로 그 감정을 제가 경험해야 했는지도 모르겠어요. 저는 이곳의 삶에 어울리는 사람이 아니었어요. 그런 삶은 오직 거룩한 영혼들에만 주어지는 것이죠. 어찌 제가 감히 그런 삶을 청원했을까요?

처음엔 마당을 쓸고 화분에 물을 주는 등 육체노동만 했다. 정원에 있는 우물에서 계속 물을 길어 올리다 보니 오른쪽 어깨가 뭉쳐 치료를 받아야 할 정도였다. 그러다 얼마 지나지 않아 테오도시오스 원장님은 아브릴리아에게 수도원의 총무직을 맡겼다. 우체국에 가야 할 일이 많기에 예루살렘에 나갈 기회가 잦아졌다. 마침 물리치료도 다시 시작하게 되었다. 이미 수도원에서는 연세가 지극하신 수녀님의 간호를 그녀에게 맡긴 터였다.*

엘레니 비르부는 친구 아브릴리아의 삶에 대한 자료를 모으는 데 계속 힘을 쏟고 있었다. 하지만 돌아오는 답은 "다음 월요일에…"라는 한결같은 말이었다. 그렇게 월요일부터 또 다음 월요일까지, 시작도 하지 못한 채 계속 미뤄지기만 했다. 하나가 끝나면 바로 다음 일거리가 그녀를 기다리고 있었기에 아브릴리아는 언제나 시간이 모자랐다. 비르부는 이렇게 기록했다.

월요일이 몇 번 지나고, 시간이 흘러가고 있었다. 하지만 아브릴리아에게는 자유시간이 전혀 없었다. 한 번도 주어진 일을 마다하지 않았기에, 이미 맡은

---

* 아브릴리아는 베다니아의 수도원에서 머무는 내내 이 책임을 다했다. 2부 84. 앙갚음하지 마라 참조. 이는 사랑이 모든 어려움을 어떻게 축복으로 바꾸어 되돌려주는지, 그에 대한 수녀님의 이야기를 다시 한번 들을 수 있는 계기였다.

일이 과중함에도 불구하고 사람들은 하나같이 그녀에게 달려갔다. 아브릴리아는 때로 하느님께서 왜 자신을 이곳에 데려왔는지 모르겠다고 의문스러워했다. 하지만 곧이어 좀 더 수련을 쌓고 순수해져야만 한다고 덧붙였다. 그녀의 훌륭한 영성을 알고 수도원에 찾아왔던 이들도 막상 그가 다다른 경지를 보고는 놀라움을 금치 못했다. 스스로 말했듯이, 아브릴리아를 방해할 수 있는 것은 아무것도 없었다. 자신에게 주어진 일이 어떤 것이든, 어떤 수모를 겪든, 미소와 사랑으로 그것을 기꺼이 받아들이고 또 해냈다. 그 밖의 다른 것들은 자신과 전혀 상관이 없는 것처럼, 마치 연극을 보듯 바라보았다. 나는 그녀가 옳다는 생각이 든다.

세속에서 친구의 연을 맺은 사람들이 당신의 수도 생활을 이해하지 못하는 것은 자연스러운 일이다. 수도자의 길을 걷는 것을 의아해하거나, 심지어 불편하게 여길지도 모른다. 그들이 이 고된 '수련'이 주는 영적 유익을 깨닫기란 쉽지 않은 일이다. 하지만 수도 생활에 입문한 자라면 '교관들'이 지시하는 모든 것이 그를 이롭게 한다는 것을 안다. 스스로 인지하지 못하는 순간에라도 말이다. 사도 바울로는 로마인에게 보낸 편지에서 말씀하셨다. "하느님을 사랑하는 사람들 곧 하느님의 계획에 따라 부르심을 받은 사람들에게는 모든 일이 서로 작용해서 좋은 결과를 이룬다는 것을 우리는 압니다." (로마 8:28)

비르부의 이야기는 이어진다.

아브릴리아는 수도원에 들어갔다. 그리고 그녀는 모든 이들을 섬겼다. 물을 길어 채소밭과 꽃밭에 물을 주었고, 정원을 청소했으며, 대성당을 닦고, 연세가 지긋한 수녀님들을 돌보았다. 자신에게 주어진 일에 언제나 "네" 하고 순종했다.

그러자 일이 점점 더 많아져 갔다. 접시와 냄비를 문질러 닦았고, 수도원장님의 서신을 부치기 위해 우체국으로 달려갔으며, 예루살렘에 나가서 장을 보았다. 그럼에도 아브릴리아는 힘들어하기보다는 이를 기쁨으로 삼았다. 영적으로 성장하고 있다고 믿었기 때문이다. 하느님께서는 아직도 그녀가 투쟁해야 하며, 겸손과 인내를 갖춰야 함을 이 모든 일들을 통해 보여주고 계셨다.

이곳에서도 아브릴리아는 제대로 된 음식을 먹지 못했다. 인도에서는 과일과 우유를 먹곤 했지만 여긴 금식이 다반사였다. 수도원에서 과일을 먹기란 하늘의 별 따기이다. 게다가 그녀는 생선알과 염장 후 말린 대구도 먹지 못하는 체질이었다. 그럼에도 "하느님께서 나를 이곳에 데려오신 이유가 있으시겠지" 하고 말할 뿐이었다. 물을 긷다 어깨가 뭉쳤을 때는 이렇게 말했다. "금방 풀릴 거야." 그때부터 키프로스에서 온 한 젊은 수녀가 그녀를 돕기 시작했고, 더 이상 혼자서 성당을 닦지 않아도 되었다.

수도원에 들어간 후에도 아브릴리아는 계속해서 선교사로서의 삶을 살았다. 다정한 성품에 외국어 실력도 출중했기에 외부 세계와의 가교 역할을 했다. 비르부는 이렇게 부언했다. "수도원에서는 외국어를 잘하는 그녀에게 여러 자선 단체들에 음식들을 나눠주는 일을 맡겼다. 아브릴리아는 치즈, 밀가루, 버터, 우유 및 그 밖의 여러 가지로 그들의 창고를 채워주었다."

이것이 전부가 아니었다. 아브릴리아는 수도원을 찾아온 영국인 E. 톰슨과 흐리소발란두의 성 이리니 전기를 영어로 번역하기도 했다.

그러던 어느 날, 감리교 선교사 스탠리 존스가 수도원을 찾아왔다. 환대를 받은 그는 아브릴리아에게 혹시 필요한 것이 있는지 물어보았다. 1959년 12월, 그녀가 바바 암테에게 보낸 편지 속에서 존스와의 대화를 슬쩍 엿볼 수 있다.

이제는 저 혼자가 아니라 모두 열여덟 명이고, 지금 새 옷이 필요하다고 말했어요. 나중에 그는 제게 20파운드와 함께 메모를 보냈지요. 거기에는 이렇게 적혀있었어요. "수녀님들처럼 헌신하는 삶을 사시는 분들께 제가 뭔가를 할 수 있다는 것이 어떤 특권처럼 느껴지는군요. 또 제게 그런 요청을 해주셔서 정말로 기뻤습니다."

스탠리 존스는 또한 아브릴리아에게 인도행 비행기표를 제공하려 했으나 그녀는 호의를 거절하고 감사의 마음만 전했다. 아직은 떠날 때가 아니었기 때문이었다.

⌒

인도에서는 "그리스의 릴라"로 불리던 그녀였지만, 이곳 베다니아에서는 "인도의 아브릴리아"로 불렸다. 하지만 사랑은 장소를 구별하지 않는 법. 아브릴리아는 이곳에서도 수도원 안팎을 가리지 않고 자신의 마음을 온전히 내주었다. 또 응급 상황이 발생하면 수시로 달려갔다. 그리고 올리브 산의 러시아 수도원에 작은 치료실을 만들어 그 지역 거주민들과 그곳에 진지를 구축한 군인들을 돌보기도 했다.

1960년 8월 19일, 바바 암테에게 보낸 아브릴리아의 편지엔 이렇게 적혀있었다. "매일 아침 저는 장애 아동을 돌보는 미국 병원에서 일해요. 그 아이들이 너무 사랑스럽습니다…." 다음은 엘레니 비르부의 메모이다.

아브릴리아는 마을과 군부대의 환자들까지 돌보았다. 손이 아픈 사람, 다리가 아픈 사람, 또 머리가 아픈 사람까지 모두들 그녀에게 달려갔다. 오르락내리락, 여기저기 바삐 움직였다. "아브릴리아 이것 좀, 아브릴리아 저것 좀, 아브릴리아 여기, 아브릴리아 저기." 동에 번쩍 서에 번쩍. 그런데도 여전히 사람들은 계속해서 그녀를 찾아댔다. 하루는 보다 못한 내가 화를 냈다.

"도대체 이게 다 뭐 하는 거야?"

"화내지 마. 이제 곧 병아리마저도 아브릴리아를 찾아대는 소리를 들을 수 있을걸! (이 병아리는 대수녀님의 애완동물인 작은 암탉으로, 테이블 위를 뛰어다니고 심지어 성당 안에도 들어갈 수 있었다.) 항상 하는 말이지만, 나는 이 모든 것을 연극을 보는 듯이 생각해. 네가 알듯이 하느님께서는 나를 사랑하시고, 인도를 통해 이곳으로 데려오셨지. 인도에서 나는 거리 두는 법을 배웠어. 그래서 최악의 상황이 닥친다 해도 이제는 전혀 문제가 되지 않아. 뿐만 아니라 그곳에서 나는 하느님과 사람들의 종이 되는 법을 배웠단다. 만일 내가 인도를 거치지 않고 이곳에 왔더라면 아마 너와 똑같이 반응했을 거야. 나 역시도 인내심을 시험하는 것들에 반발했겠지. 네가 그것을 이겨낸다면 무척 행복할 텐데…."

유감스럽게도 나는 그녀의 말을 이렇게 되받았다.

"너처럼 되기엔 나는 아직 먼 것 같아. 마치 지상과 천국이 멀리 떨어져 있는 만큼 말이야."

하지만 아브릴리아는 끝내 나를 설득하고야 말았다. 그녀는 위대한 영혼의 소유자였고, 잠들어 있는 다른 영혼들을 일깨우는 법을 알기 때문이다. 노여움과 옹졸함을 버리지 못한 채 수도원에 갇혀 지내는 이들에게 수도 생활은 참으로 버거운 것이리라. 하지만 아브릴리아는 모든 것에서 다 하느님의 뜻에 따랐다. 그 뜻이란 아브릴리아가 자신의 내면에서 보는 것이자, 또한 엄격히 따르는 것이었다. 하느님의 뜻과 사랑.

"그런데 너는 온 세상을 아우를 만한 그 큰 사랑을 도대체 어디서 찾는 거니? 혹시 날 때부터 그런 은총을 가지고 태어난 거야?"

"그래, 맞아. 살면서 힘든 시절도 많았지만 그럼에도 나는 언제나 사랑받는 아이였거든. 가장 먼저 하느님께서 날 사랑하시고, 또 부모님께서 사랑을 주셨지. 그토록 사랑하던 콘스탄티노플과 할키 섬을 떠나야만 했을 때 우리 가족은 여러 가지 우여곡절을 겪어야 했어. 그럼에도 달관하는 법, 인내하는 법, 그리고 하느님과 조국을 믿는 그리스인들이 500년의 시간 동안 지켜온 꿈들이 우리 시대에 막을 내리고 있다는 사실에 분개하지 않는 법을 배웠단다."

필요한 수련을 위해 인도에서 베다니아로 아브릴리아를 안내하셨던 하느님께서는 오래지 않아 다음 임무로 그녀를 이끄셨다. 수녀님은 우리에게 이렇게 말하곤 했다. "하느님께서는 한 과정을 성공적으로 마친 것을 확인하시고 나면 이런 방식으로 역사하신단다."

1960년 말, 아브릴리아의 오라버니인 알렉산드로스가 아테네행 비행기표를 보내왔다. 11월 14일, 그녀는 하네그비에게 편지를 띄운다.

오라버니와 올케, 그리고 언니 폴리나가 저를 보러 이곳에 오려고 했으나 여의찮게 되자 대신 비행기표를 제게 보내주었어요. 그런데 제가 마루시에 있는 집에 도착한 지 사흘 뒤에 오라버니가 몸져누웠답니다. 12월 15일까지 병원에 입원해 있을 예정이에요.
저는 새해까지 가족들과 함께 있다가 베다니아로 가서 율리우스력에 따른 성탄절을 지내려고 해요. 사랑은 참으로 위대하지요. 형제자매들과 만나는 순간, 우리는 언제 떨어져 지냈냐는 듯했지요. 가족의 따뜻함은 한결같네요.

아브릴리아는 수도원에서 1년을 더 지내기 위해 베다니아로 돌아갔다. 그리고 1962년 4월 그곳을 떠났다가 1966년 6월 11일에 다시 돌아와 마지막 4개월을 보낸다. 베다니아 수도원과 아브릴리아의 끈끈한 관계는 한 번도 끊어지지 않았다. 또한 1991년 8월 27일 테오도시오스 수도원장님이 안식하는 그 날까지 두 사람은 꾸준히 편지를 주고 받았다.

  가까웠던 친구들의 전언에 따르면 아브릴리아의 오라버니는 수시로 수도원에 기부금을 보냈으며, 언니 역시 매달 돈을 부쳐와서 공동체를 위해 사용할 수 있었다. 한 번은 수도원장님이 직접 감사 인사를 전하기 위해 마루시의 집을 방문하기도 했다. 아브릴리아 또한 수도원에 대한 관심의 끈을 놓지 않았다. 그리고 자신의 표현 대로, "성 라자로처럼 부활하여" 가브릴리아 수녀로서 수도회에 입회한다.

  우리는 성지순례를 갔던 길에 베다니아 수도원을 방문했다. 그리고 가브릴리아 수녀님이 지내던 켈리[*], 수녀님에게 "위로"가 되어주던 정원의 사이프러스 나무, 물을 깃던 우물, 항상 서서 예배를 드리던 본당 내 좌석과 그 자리에 그려진 가브리엘 대천사의 이콘을 직접 보고 사진으로 찍을 기회가 있었다. (바로 그 장소에서 수녀님은 어려운 "교훈"을 얻었다고 했다. 2부 31. 베다니아 참조) 우리는 잠시 수녀원장님과 대화할 기회도 가졌는데, 순례객이 너무 많아 아쉽게도 자세한 이야기를 들을 수는 없었다.

---

* 켈리(κελί)는 수도원에 속한 작은 단위로서, 수도사가 거처하는 작은 방을 의미하기도 하고 수도사가 자신의 방과 함께 아주 작은 성당을 가지고 있는 곳을 의미하기도 한다. 때로는 스승과 그 제자 수도사들이 함께 사는 곳을 의미할 때도 있다. (편집자 주)

콤보스히니

1962년 4월, 가브릴리아 수녀님은 베다니아를 떠나 콘스탄티노플로 향한다. 일전에 수도원을 찾아와 만남을 가졌던 사회복지가 마리-앙겔리 레비야르로부터 아테나고라스 세계 총대주교님이 프랑스로 갈 정교회 수녀를 찾고 있다는 내용의 편지를 받은 것이다. 수녀님은 바로 "네"라고 답하고는 수도원장님의 축복을 받고 길을 떠났다. 당시 예순다섯의 나이로, 버스 좌석 중간에 있는 접이식 의자에 앉아 여행을 했다.

그렇게 한참을 달려 콘스탄티노플 총대주교청에 도착해서 총대주교님의 축복을 받은 다음엔 클뤼니에서 약간 떨어진 테제로 발걸음을 옮겼다. (총대주교님은 수녀님의 가족과 개인적인 친분이 있었다.) 그곳에는 이미 정교회 소성당과 몇 명의 사제들이 있었다.

무상으로 관광버스를 타고 길을 떠난 지 7일, 수녀님은 마침내 파리에 도착했다. 레비야르가 마중나와 있었다. 그리고 이어서 테제에 도착한 다음 날엔 프랑스인 개신교도인 로제 슈츠 형제와 안면을 트는데, 그를 통해 나중에 그랑샹 수녀회를 소개받게 된다. 수녀님은 테제에 그리 오래 머물지 않았다. 얼마 지나지 않아 정교회 선교단이 철수했기 때문이다.

가브릴리아 수녀님은 다양한 종파의 사람들과 친분과 우정을 나눴음에도 함께 기도하는 것은 꺼렸다. 수녀님이 아테네에 살던 무렵 우리가 직접 목격한 사실이다. 다른 교파의 수녀님들이 전화를 걸어 "함께 기도하러 갈까요?" 하고 물어올 때면 수녀님은 이렇게 답했다.

"저는 소리를 내어 기도하거나 누군가와 함께 기도하지 않는답니다. 저 혼자 또는 성당에서 기도하지요."

수많은 타종교인들과 한데 어울려 활동했으면서도 가브릴리아 수녀님의 영적인 삶이나 예배 생활은 융합주의적인 경향을 띤 적이 없었다. 수녀님의 길동무들은 이런 점을 높이 평가했다. 언젠가 한 번은 우리에게 이런 이야기를 들려준 적이 있다. 수녀님이 미국과 캐나다로 대장정을 떠났을 때다. 피로가 누적된 해 질 무렵, 일행들이 말했다. "자매님, 우리는 밖에 좀 나가 즐기고 와야겠어요. 그러니 자매님은 당신의 고요 속에 계시지요." 또 하루는 누군가가 성모님에 대해 무례한 발언을 했다. 몇 분 후, 수녀님은 그 말을 한 사람을 한쪽 구석으로 데리고 가 이렇게 말했다. "형제님, 마음은 아프지만 꼭 말씀드려야겠어요. 저는 내일부터 당신과 함께하지 않을 겁니다." 한 번도 수녀님이 그런 표정을 짓는 걸 보지 못한 그는 당황하며 곤란해했다. 그때 수녀님이 이유를 말했다. "제가 주님 다음으로 사랑하는 그분을 욕되게 하는 말을 저는 들을 수가 없답니다." 물론 그는 용서를 구했다. 그리고 두 번 다시 비슷한 일이 반복되지 않았다.

대장정 이전에 수녀님은 스위스의 베른에 먼저 들렀다. 미국인 선교사 스탠리 존스가 강연에 초대한 것이다. 그 계기는 콤보스히니였다.[*] 존스는 1956년 2월 인도에서 릴라 자매로 불리던 수녀님을 만나고, 1961년 베다니아에서 예비 수녀로 수련하던 수녀님을 다시 찾았다. 그리고 이번에 가브릴리아 수녀가 되어 재회한 것이다. 그는 콤보스히니에 대해 이런저런 질문을 했다. 그리고 자신과 함께 미국과

---

[*] 콤보스히니(Κομποσχοίνι)는 굵은실 매듭을 엮어서 만든 것으로, 예수 기도를 드릴 때 집중하는 데 도움을 받고자 사용한다. 정교회에서 수도사들이 많이 사용하고, 일반 신자들도 널리 사용한다. (편집자 주)

캐나다를 돌며 개신교인들에게 정교회의 수도 생활과 예수 기도에 대해 강연해 달라고 부탁했다.

믿기 어려운 일이지만 정말이었다! 보스턴의 정교인 공동체에서 엄청난 인원이 몰려들었고, 당시 미국의 야고보 대주교님은 큰 기쁨으로 그들을 맞았다. 대주교님의 축복 속에 1962년 6월 22일, 가브릴리아 수녀님은 미국 열두 개 주와 캐나다로 두 달 반에 걸친 대장정을 떠났다. 정교회 수녀를 처음 보는 수많은 청중 앞에서 정교회의 믿음과, 자신의 삶의 궤적을 따라 하느님께서 행하신 기적에 대해 강연했다. "왜?" 그리고 "네, 하지만" 같은 질문과 태도는 하느님과의 관계뿐만 아니라 주변 사람들과의 관계에서도 없어야 한다는 것 등 많은 내용을 다뤘다. 잊지 못할 이 대장정에서 성모님과 금식, 그리고 여러 주제들에 대한 훌륭한 강연의 일부가 지금도 남아있다. (2부 참조)

1966년 2월 15일, 수녀님은 예후다 하네그비에게 편지를 썼다.

스탠리 존스와 함께 미국과 캐나다를 돌던 기억이 생생합니다. 하루는 미시시피에서 연단 위에 올라가 청중 400여 명을 앞에 두고 하느님의 사랑에 대해 발언을 했지요. 사람들은 수 세기 동안을 이어온 관습인 검은 수녀복을 걸친 비참한 한 죄인의 모습을 지켜보며 귀를 기울였어요.

내가 말을 마치자 한 젊은 목사가 다가와서 그러더군요. "수녀님은 법정에 가보신 적이 있나요? 증인은 인격도, 의지도, 판단력도 없습니다. 증인은 자신이 보고 들은 것을 진술할 뿐이지요. 수녀님도 마찬가지시군요. 어떤 판단도, 비판도, 설명도 하지 않으시고, 그저 진술만을 하시는 조용한 수녀님. 제 생애 처음으로 저는 뭔가를 해야 한다는 느낌을 받았습니다. 외적인 것이 아니라 내적으로요. 이제 저는 그리스도의 말씀을 이해한다고 할 수 있을 듯합니다. '너희는 세상의 빛이다.' 그리고 '에고'가 살아있는 한 우리는 아무것도 할 수 없다는 것을요."

그 순간 진리를 찾겠다며 인도로 향하는 그리스도인들을 위해 무언가를 해야겠다는 생각이 처음 떠올랐고, 그 구상은 마침내 사탈에서 실현된다. (뒤에서 자세한 내용을 다룰 것이다.)

10월 31일, 수녀님은 배를 타고 프랑스로, 거기서 다시 스위스로 건너갔다. 그곳 베른에서 봉사자 마르타와 스웨덴 여성 일제 프리드베르크를 만나게 되는데, 프리드베르크는 수녀님께 콤보스히니를 하나 선물한다. 그리스의 파트모스 섬으로 순례를 가서 그곳의 훌륭한 원로 암필로히오스 수도사제*로부터 받은 의미 있는 것이었다.

여행은 벨기에, 네덜란드, 스웨덴, 독일 그리고 오스트리아까지 이어졌다. 이후 1963년 4월, 수녀님은 다시 아테네로 돌아온다. 손에는 암필로히오스 신부님의 콤보스히니가 들려있었다.

수녀님은 또 다른 초대에 응할 것인지 대답을 해주어야 했다. 미국 투어 중 수많은 청중을 매료시키는 수녀님을 보고 스탠리 존스가 사탈로 가서 새로운 캠페인을 함께하자고 제안을 했던 것이다. 다시는 갈 수 없을 줄 알았던 인도에서 사랑하는 암테 가족과 재회하게 될지도 모를 일이었다. 영적 아버지의 의견을 들어야 했으나 그분은 너무 멀리 계셨다. 그렇다면 누가 조언을 해줄 수 있을까? 콤보스히니를 가지고 기도하던 중에 응답이 왔다. '암필로히오스 원로 신부님의 기도매듭, 그분을 찾아가 여쭤보자!'

수녀님은 베다니아에서 함께 생활했으며 당시엔 키테로나의 멜레

---

* 2018년 8월 29일, 세계 총대주교청에 의해 성인으로 시성되었고, 매년 4월 16일을 축일로 지낸다. (편집자 주)

티오스 성인 수도원에 머물던 토마이다 수녀와 함께 파트모스로 향한다. 그리하여 수녀님은 비로소 당신이 그토록 갈구하던, 선교 사업을 지지하는 다정하고 현명한 원로를 만나게 된다. 이후 암필로히오스 신부님은 1970년 4월 16일, 당신이 안식할 때까지 수녀님의 고백사제가 되어주었다. (2부 76. 렙 질레 사제 참조)

암필로히오스 신부님은 "저는 선교 활동을 기꺼이 감당하려는 수녀님들을 위해 오랫동안 기도해 왔습니다"라는 말로 환영해 주었다. 두 사람은 그곳 성모희보 수도원의 안토니오스 성인 소성당에서 성모님 축일에 암필로히오스 사제에게 고백성사를 하고 수녀로 서원하였다. 그리고 인도 사탈에서 정교회를 대표해 활동할 선교 사업을 위해 축복을 받았다.

이 모든 일은 스웨덴 친구가 선물해 준 콤보스히니가 계기가 되어 벌어진 것이었다! "하나가 또 다른 하나로 이어진다"는 수녀님의 말씀처럼, 1954년부터 생을 마칠 때까지 수녀님은 언제나 "네"라는 대답으로 자신의 삶에 대한 하느님의 계획을 단 한 번도 거스르지 않았다. 너무나 중요하고도 어려운 이 "네"라는 대답은 또한 우리가 들은 대로, 일단 한번 내뱉기 시작하면 굉장히 쉬운 것이기도 하다.

다시 인도로(1963-1966)

가브릴리아 수녀님은 네덜란드, 스웨덴, 독일, 스위스, 호주를 다녀온 후 1963년 5월 8일 아테네에서 인도로 출발한다. 사랑했던 인도, 그곳에서 알고 지냈던 친구들과, 한식구나 다름없는 암테 가족, 그리고 아난드완의 한센병 환자들을 볼 생각에 가슴이 벅찼다. 하지만 한편으로는 걱정도 되었다. 인도인들이 꺼리는 검은색의 수녀복을 입은 자신을 어떻게 받아들일까? 과연 예전처럼 친근하게 대하려나? 불편하게 느끼진 않을까? 여러 생각이 오갔다.

델리에서 수녀님은 우연히 시바난다 아쉬람 소속의 인도인 수행자 두 명을 마주친다. 그들은 이렇게 말했다. "이제야말로 당신은 진정한 우리의 자매가 되었군요. 전보다 더 우리의 일원처럼 느껴져요. 당신도 수녀복을 입었고, 우리도 수행자복을 입고 있으니까요."

이번 인도 여행길에는, 요르단 강 성수를 병에 담아 가지고 갔다며 감격에 겨워하던 수녀님을 기억한다. 기회가 있을 때마다 수녀님은 갠지스 강 다리 위에서 기도를 읊조리며 약간의 성수를 뿌리곤 했다.

첫 번째 기착지인 델리와 파트나, 암테 가족을 다시 만난 와로라의 아난드완을 거쳐 수녀님은 마침내 목적지인 내니탈 사탈 호수에 다다랗다. (사탈은 일곱 개의 호수라는 의미로, 이곳은 인도에서 가장 아름다운 장소 중의 하나로 손꼽힌다.) 그리고 얼마 지나지 않아 러시아 정교회 소속의 라자로스 무어 사제가 도착했다. 그곳에 조그만 정교회 성당이 지어졌고, 이 지역에서는 처음으로 정교회 성찬예배가 거행되었다. 성당을 방문하는 이들은 주로 유럽 개신교인들과 소수의 인도인 정교도들이었다.

라자로스 사제는 주임사제이자 고백사제로 활동했다. (우리는 1989년 가브릴리아 수녀님을 만나기 위해 에기나의 성모 보호 수녀원에 찾아오셨던 그분의 청아함을 목격한 바 있다.) 하얀 사제복을 입은 그는 뛰어난 영성과 가르침으로 사람들에게 영감을 불어넣으며 사탈에서 7년간 봉직했다. (영국인 데이비드 사제가 그를 보조하고 있었다.) 수녀님은 예후다 하네그비에게 말했다. "라자로스 신부님은 이곳 우리 교회의 영혼이십니다. 하루도 빠짐없이 성찬예배를 드리시지요. 인도 사람들은 우리의 성찬예배를 각별히 사랑한답니다."

라자로스 신부님이 계획한 일과는 매우 단순했다. 새벽 5시에 일어나 아침 묵상 기도를 드린 다음 복음경을 읽고, 침묵 속에 아침을 먹은 후 각자 맡은 일을 했다. 점심에는 한 시간 동안 성경 공부와 토론을 한 뒤, 이어서 두 시간 동안 묵상을 했다. 저녁 시간에는 만과 후에 식사를 하고 방문객들과 대화를 나눴다. 다음은 바바 암테에게 보낸 편지의 일부이다.

인도에서 그대에게 사랑의 인사를 보냅니다. 어떻게? 왜? 저는 이렇게 묻고 싶지 않아요. 제가 이곳에 오게 된 것은 모두 하느님의 뜻이었기 때문이지요. 제가 맡은 '임무'는 방문자들을 맞이하고 오랜 시간 기도하는 것입니다. 우타르카시에 있을 때 제가 소망하던 일이지요.

이후 1963년 12월 9일에 작성된 편지에는 이렇게 쓰여있다.

사다나 자매, 제 일과가 얼마나 많은지 아실까요? 음식을 만들고, 빨래를 하고, 사람들을 맞는 등 아주 분주하답니다....

바쁜 와중에도 수녀님은 유럽으로 몇 차례 여행을 다녀왔다. 1964년 9월 24일엔 아테네로 돌아가 언니 폴리나가 건강을 되찾을 때까지 간병했고, 후에는 다시 스위스와 프랑스로 넘어갔다. 그리고 1965년 5월 초에는 영국으로 건너가 아주 축복된 만남을 가졌다. 에섹스의 소프로니오스 수도사제*를 만난 것이다. 당시 소프로니오스 신부님은 그곳 수녀원의 원장 자리를 수녀님께 제안했던 듯하다. 하지만 그런 중책은 부담스러웠고, 수녀님은 천사들이 자신을 "계속해서 어딘가로 떠나게 한다"고 대답했다. 후에 시나이의 수도원에서도 수녀님은 이와 비슷한 제안을 받지만 다시 사양한다.

스웨덴과 독일을 거쳐 수녀님은 다시 아테네로 돌아갔으며, 이후 예루살렘과 테헤란을 방문했다. 그다음 인도의 델리, 하이데라바드, 뭄바이를 거쳐 사탈로 돌아왔다. 언제나 부탁을 받아 떠나는 여행이었다. 환자들과 동행해 달라거나, 강연 또는 신앙 고백 요청이 올 때마다 수녀님은 항상 "네" 하고 대답했다. 부탁을 건네는 이들도 잘 알고 있었다. 다른 요청에도 수녀님은 똑같이 "네" 하고 답할 것을 말이다. 물론 필요한 전제는 하느님을 섬기는 목적의 일이어야 한다는 것과, 여비를 제공하는 것이었다. 그분은 가진 것 없는 수도자이자 주님의 땅에서 방랑하는 순례객일 뿐이었다. 1965년도에 쓰인 작은 수첩의 한 쪽만 봐도 우리는 천사들이 마치 '공놀이'를 하듯 수녀님을 이곳에서 저곳으로 자주 이동시켰다는 것을 알 수 있다.

사탈을 떠나기 반년 정도 전인 1966년 4월 1일, 수녀님은 암테에게 편지를 쓴다.

---

* 소프로니오스 수도사제(1896-1993)는 1959년 영국 에섹스 지역에 성 요한 세례자 수도원을 세웠다. 이 수도원은 콘스탄티노플 세계 총대주교청 관할에 속한다. 소프로니오스 수도사제는 2019년 11월 27일 세계 총대주교청에 의해 성인으로 시성되었고, 그의 축일은 매년 7월 11일이다. (편집자 주)

인도 정부가 비자를 8월 20일까지만 연장해 줬습니다. 여길 떠날 때가 되었다는 하느님의 메시지로 생각해요. 8월에 그대를 만나서 마지막으로 "나마스테" 하고 인사를 한 후 그리스의 제 기도처로 떠날 생각입니다.

그곳은 아토스 성산의 키릴로스 탐박시스 원로 수도사제가 언급한 새 예루살렘 수도원을 의미했다. 두 분은 긴 세월 서신을 주고받아 왔다. 수녀님이 우타르카시에 있을 때 시작된 일로, 사탈에서도 변함없이 편지가 오갔다. 다음은 키릴로스 신부님의 답장이다.

그리스로 돌아가면 거룩한 다섯 영혼이 머물고 있는 한 작은 수도원으로 가세요. 그곳에는 한날한시에 수녀 서원을 한 어머니와 세 딸, 그리고 1922년 대학살을 피해 흑해에서 건너온 사람이 한 분 있을 겁니다. 수도원 이름은 새 예루살렘이고, 아티카의 쿠바라에 위치하고 있답니다. 들은 바로는 아테네에서 그리 멀지 않다고 해요.

1966년 5월 22일, 수녀님은 예후다에게 편지를 쓴다. "천사들이 다시 '축구공'을 찰 것 같군요. 곧 사탈을 뜨게 될 것 같습니다." 그해 중엽에는 수녀님의 왼쪽 눈에 백내장이 생겨 시력이 심각하게 나빠졌는데, 이는 인도를 영원히 떠나야 하는 '축복'이기도 했다. 새 예루살렘 수도원과 아프리카 등 더 많은 곳이 수녀님을 기다리고 있었다.

1966년 10월 4일, 수녀님은 아테네로 향했다. 그 이후로는 그토록 사랑했던 인도 땅을 두 번 다시 밟지 못했다.

> **그리고 나와 함께 말하던 그 천사가 나를 향해 말했다.**
> (즈가리야 1:9, 70인역)

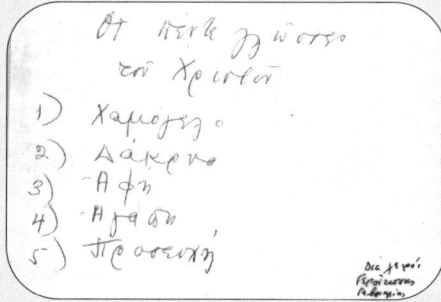

(왼쪽부터 반시계 방향으로)

마르타 봉사자, 인도인들과 함께 걷고 있는 가브릴리아 수녀님

가브릴리아 수녀님과 라자로스 무어 사제, 마르타 봉사자와 인도인 정교회 신자들의 모습

사랑의 다섯 가지 언어를 설명하는 수녀님의 자필 메모

새 예루살렘 수도원

아테네로 돌아온 수녀님은 앞이 전혀 보이지 않던 왼쪽 눈 백내장 수술을 받았다. 1967년 1월 12일, 예후다 하네그비에게 쓴 편지에는 다음과 같이 쓰여있었다.

"빛이 있으라!" 수술을 통해 새로운 빛을 받아들이는 눈, 수술대 위 밝은 등 아래서 수술 도구를 사용하는 의사들의 모습을 그 눈으로 보는 것, 또 수술과는 하등 상관없는 개인적인 대화 내용을 듣는 것, 그 경험은 너무도 놀라운 것이었어요! 이런 선물을 주신 하느님의 사랑과 자비에 저는 탄복하며 너무 행복했고, "가라, 그리고 다시는 죄를 짓지 말라"는 말씀을 마음 깊이 새겼지요. 그것이 너무도 강렬하고 진실되게 느껴졌기에 마치 새로 태어난 듯한 느낌을 받았습니다.

의사는 일반적인 백내장 수술 방법에 따라 혼탁해진 수정체를 제거했다. 3년 뒤, 오른쪽 눈에 감염이 있어 안대를 썼는데도 수녀님은 앞을 볼 수 있었다. 의사는 놀라워하며 "이건 불가능한 일인데요" 하고 말했다. 하지만 실제로 왼쪽 눈으로 앞을 볼 수 있었다! 하느님의 보살핌으로 수정체가 다시 재생된 것이다! 의사도 이를 직접 확인했다. (1990년에도 하느님의 사랑과 수녀님의 위대한 믿음이 이룬 유사한 기적이 일어났는데, 이는 뒤에서 다시 다룰 것이다.)

수술 후 회복을 위해 수녀님은 새 예루살렘 수도원(성모희보 수도원)을 찾아간다. 다음은 하네그비에게 쓴 편지이다.

다섯 분의 수녀님들께서 다른 수녀들이 찾아오기를 바라며 기도하고 계셨답니다. 그런데 하루는 한 분의 꿈에 엘리야 예언자가 나타나 이렇게 말씀하셨다고 해요. "내가 하느님의 종 하나를 너희에게 보낼 것이니, 모두 함께 여섯 명이 될 것이다." 그리고 제가 그곳을 찾아간 거지요. 이 숨겨진 고요한 장소로요. 기묘하게도 인도에서 아토스 원로 신부님의 편지를 받고서지요. 그분들은 저를 사랑으로 맞아주셨어요. 이곳에서는 모든 예식이 콤보스히니와 함께 침묵 속에 이루어진답니다….

그곳의 수녀님들은 참으로 강한 믿음을 지니고 계셨다. 수도원의 헤지카즘 수도 전통에 맞추어 아주 검박하고 겸허한 태도로 삶을 이어갔다. 긴 시간 침묵하고, 금식을 지키고, 철야예배를 올리고, 예수기도를 드렸다. 우타르카시와 사탈, 그리고 주님께서 인도하셨던 다른 모든 곳들과 마찬가지로 수녀님은 여기서도 고요함을 찾았다. 이런 낙원을 찾을 수 있으리라고는 미처 상상하지 못했었다. 수녀님의 또 다른 편지에는 이렇게 쓰여있었다.

정교회 수도 생활엔 고대 그리스를 연상시키는 뭔가가 있어요. 정교회 수도원들은 서방의 중세 수도원들과는 달리 회랑이나 어두운 복도가 없지요. 정교회 수도원들은 깨끗하고 밝고 쾌적한 켈리들이 꽃들이 만발한 정원을 둘러싸고 있어요.

그럼에도 이곳에서의 시간은 천사들이 가브릴리아 수녀님께 제공하는 일시적인 안식이었으며, 다른 수녀님들도 그것을 모르지 않았다. 잠시 동안만 함께하리란 것을 마음속 깊은 곳에서 이미 헤아리고 있었던 것이다. 다른 부르심의 조짐이 있지도 않았는데 벌써 몇 달

전부터 불안해하기 시작했다.

가브릴리아 수녀님은 이곳에서도 방대한 양의 서신을 주고받았다. 하지만 우체부가 수도원까지 찾아오지 않았기에 마루시의 오라버니의 주소로 편지를 받았다. 우리는 그중에서 키프로스의 스타브로부니온 수도원의 라자로스 수도사제가 보낸 카드를 발견했다.

그리스도 안에서 사랑하는 가브릴리아 수녀님께. 우리 주 예수 그리스도의 은총에 힘입어 더욱 굳세어지시기를 바랍니다. 수녀님의 편지를 한참 전에 받았는데 답장이 늦었습니다. 미안합니다. 그곳 수도원에서 지내고 계시다는 소식을 접하니 매우 기쁩니다. 평화로운 시간이 되시길 기도합니다. 존경하는 수녀원장님과 다른 수녀님들, 특히 토마이다 수녀님께 저의 안부 인사를 전해주십시오. 그리스도의 사랑이 함께하기를.

오랜 친구들을 포함하여 많은 이들이 수도원을 방문했다. 그들은 하루 이틀 고요와 평화 속에 지내기 위해 왔다가 다시 세상을 향해 떠나갔다. 그중에는 미국에서 온 주교들도 있었다. 렙 질레 사제와 라자로스 무어 사제도 다녀갔다. 키리아코풀루 여사를 통해 이야기를 듣고 가브릴리아 수녀님을 만나고 싶어 하던 유명한 이콘 화가 포티스 콘도글루스도 수도원을 찾았다.

한 번은 힌두교 수행자 치다난다가 찾아온 적도 있었다. 지금은 시바난다 아쉬람의 원장이 된 그는 수녀님의 추천으로 《필로칼리아》를 읽고서 아토스 성산의 수도사들을 만나고 싶어 찾아왔던 것이다. (2부 108. 수도자의 삶 참조) 치다난다가 그곳을 방문하는 데 수녀님이 큰 도움을 주었다. 1968년 10월 2일, 그가 인도에서 보내온 편지에는 이렇게 쓰여있었다.

아테네와 나이로비에서 마지막으로 뵌 기억이 아직도 생생합니다. 제가 아토스 성산의 수도원들을 방문할 수 있도록, 또 참회와 기도 속에 살아가시는 훌륭하고 경건한 수도사님들을 만나 뵐 수 있도록 도와주신 점, 언제나 감사하는 마음으로 기억할 것입니다. 수녀님의 축복과 기도를 부탁드립니다. 또 함께 계시는 다른 수녀님들의 기도도 부탁드립니다. 그분들께 저의 우애의 인사와, 또 최고의 영적 축복이 늘 삶 속에 함께하기를 바라는 제 마음을 전해주십시오. 수녀님들께 하느님의 빛이 비추기를 소망합니다. 그리고 영광된 그분의 현존 속에서 매 순간 살아가시길, 하느님의 영원한 기억의 강물이 여러분 안에 쉬지 않고 흐르길 기원합니다….

어디를 가든 비슷한 일이 일어났다. 친구들을 소개했고, 도움을 주었고, 다음 일을 위해 길을 떠났다! 이런 방식으로 삶의 마지막 순간까지 수녀님은 자신의 행로에 봄바람처럼 덧없고 일시적인 작은 흔적들을 남겼다.

3월 초, 인도에서 알고 지내던 지인의 소개로 한 미국인 여성이 찾아왔다. 그녀는 수녀님으로부터 물리치료를 배워 인도의 한센병 환자들을 돕고 싶다고 했다. 수업을 마친 후 실습을 해야 할 차례였다. 수녀님의 오라버니인 알렉산드로스의 소개로 두 사람은 당시 러시아 양로원을 맡고 있던 아티카 주 오로포스 파라클리토스 수도원의 헤루빔 원로 수도사를 찾아가서 그곳의 노인들을 대상으로 실습을 할 수 있도록 허락을 구했다. (알렉산드로스 파파야니스는 사로브의 세라핌 성인이 그려진 커다란 이콘을 아토스 성산에서 이곳으로 옮겨오는 데 일조했다. 이콘은 양로원 성당에 걸려있다.) 1967년 3월 18일, 하네그비에게 보낸 편지를 살펴보자.

이곳의 어르신들께 물리치료를 하는 게 저에게 얼마나 큰 기쁨인지 짐작하실 수 있겠지요. 저는 그분들을 어루만지고—이게 물리치료의 방법이기 때문이죠.— 농담을 던지고 함께 웃으며 슬픔에 젖어있던 그분들의 표정이 달라지는 것을 봅니다. 하지만 순간적인 변화라서 안타깝지요. 진정한 기쁨은 우리 자신 안에서만 흘러나올 수 있는 것이니까요. 어르신들과 헤어지는 순간엔 제가 하느님의 기쁨을 함께 나누긴 한 걸까 하는 생각에 잠깁니다. "내가 너희에게 기쁨을 주는 것이지 세상이 주는 것이 아니다"라는 주님의 말씀이 비로소 이해돼요.

오래 지나지 않아 첫 번째 요청을 받았다. 이사벨라 파파게오르기우라는 이름의 환자를 데리고 3개월 간의 런던행 여정에 동행해 달라는 것이었다. 그 무렵 이스라엘과 이집트 간에 6일 전쟁이 터진다. 1967년 6월 12일, 유대인 친구 하네그비에게 편지를 띄웠다. "이사야서 41장 10절을 읽어보세요. 하느님께서 이 땅의 권력자들에게 불의를 저지르지 않도록 빛을 내려주시길 기원합니다."

아프리카

1968년, 가브릴리아 수녀님은 아름다운 새 예루살렘 수도원에 머물고 있었다. 그곳에서 안토니오스 로메오스 사제를 도와 정교회 해외 선교 관련 월간지 〈포레브텐데스(Πορευθέντες)〉*의 기사를 번역하던 어느 날이었다. 안토니오스 사제는 아프리카 케냐에 가보지 않겠느냐고 수녀님께 제안하며, 도움이 필요하니 가능하면 친구도 한 명 데려오라고 했다.

가브릴리아 수녀님이 들려준 이야기에 따르면, 당시 수녀님과 동행하게 된 사람은 페넬로페 카체아라는 이름의 여성이었다. 그녀는 그즈음 남편을 여읜 뒤, 초를 켜고 슬픔을 달래려고 수도원을 찾았다가 우연히 수녀님과 대화를 나누게 되었다. 두 사람은 주소를 교환했고, 몇 주 후인 2월에는 함께 나이로비까지 가게 된 것이다. "천사들의 춤이 아주 한창이로군." 가브릴리아 수녀님의 오라버니는 하느님을 위한 활동에 사람들을 끌어들이는 동생을 보며 농담조로 이렇게 말하곤 했다.

케냐로 떠나기 전, 수녀님은 하네그비에게 편지를 보냈다. "제가 아프리카에 갈 거라고는 상상도 하지 못했어요. 저처럼 부족한 사람은 하느님께서 인도하시는 대로 그저 따를 뿐이지요."

아주 거룩한 일꾼이었던 크리소스토모스 파파사란도풀로스 사제

---

* 'Πορευθέντες'는 고대 그리스어로, "가다" "여행하다" "이동하다"라는 의미를 지닌 동사 'Πορεύομαι'에서 파생된 분사 형태이다. 직역하면 "가서" 정도의 의미이다. 신약성서(마태오 28:19)에서 "너희는 가서 이 세상 모든 사람들을 내 제자로 삼으라"라는 구절에 등장하며 중요한 의미를 지닌다. (편집자 주)

가 이미 케냐에서 열심히 사역 활동을 하고 있었다. 수녀님은 도착하자마자 그곳의 총무 일을 맡았으며, 여성들을 위한 건강 상담 프로그램도 운영했다. 그리고 얼마 지나지 않아 도시의 빈민가와 인근 마을에서 속성 성인 문맹 교육 프로그램 지원자 서른다섯 명을 모았다. "각자가 한 명을 가르친다"는 취지의 이 프로그램은 미국인 프랭크 러우배치가 고안한 것으로, 탄자니아에서 온 영국인 새들러 박사를 통해 알려졌다. 박사는 또한 당시 나이로비에서 열린 국제 회의 AFROLIT에 수녀님을 초대하기도 했다.

1968년 6월 28일, 수녀님은 동역자이자 친구인 선교사 하리클리아 지시무에게 편지를 띄운다.

6월 9일부터 19일까지 나는 문맹 퇴치 관련 국제 회의에 참석하려고 해. 그런데 문맹 퇴치를 위해 사재를 털어 넣은 미국인 프랭크 러우배치가 고안한 방법이 있거든. 이 방법으로 3, 4주만 교육을 하면 읽고 쓸 수가 있게 돼. (…) 며칠 전엔 이곳 보건복지부를 방문했어. 한센병 환자촌에 가서 거기 근무하는 의료진들에게 내가 쓰는 상처 치료법을 지도해 달라고 하더구나. 일단은 국제 회의가 끝나야 할 것 같아.

안토니오스 로메오스 사제, 바울로 사제, 파트모스에서 온 암필로히오스 사제, 그리고 또 다른 두 명의 사제와 함께 가브릴리아 수녀님은 여러 마을을 돌며 교육을 하고 강에서 행해지는 세례성사에 함께했다. 크리소스토모스 원로 사제는 지칠 줄 모르고 바쁘게 움직이며 출발 전에는 이렇게 말하곤 했다. "수녀님, 어서 오세요! 하느님께서 우리를 뭇사람의 구경거리가 되게 하신 것 같습니다." (1고린토 4:9)

그리스도는 인도에 계셨다. 그리스도는 또한 아프리카에도 계셨다.

그리스도는 언제 어디에나 계셨다. 가브릴리아 수녀님의 오랜 친구인 릴리 사리야니가 남긴 기록을 한번 들여다보자.

가브릴리아 수녀님이 아프리카로 떠나신 뒤, 우리는 그 어느 때보다도 풍성한 내용의 서신을 주고받았다. 나는 그리스도께 아프리카적인 차원이 있는 듯하다고 계속 이야기했고, 이에 수녀님은 맞다고, 그리스도께서는 이곳에서 아프리카인이시라고 대답하셨다.

수녀님은 선교에 대해, 정교를 받아들인 케냐인들에 대해 말씀해 주셨고 나 역시 함께 기뻐 어쩔 줄 몰랐다. 왜냐하면 수녀님은 모든 것을 또 다른 시각에서 바라보게 해주셨기 때문이다. 많은 백인들이 흑인들에게 느끼는 증오는 사실은 두려움이라는 것, 즉 자신의 것이 아닌 것을 갈취한 데서 오는 두려움에 불과하다고 설명하셨다. 하느님께서는 온갖 풍요로운 것으로 아프리카를 축복하셨고, 아프리카인들은 이로써 적게 바라고 자족할 줄 안다고도 하셨다.

수녀님은 그곳에서 무척 행복해하셨다. 하지만 수녀님이 행복하지 못할 곳이 이 세상에 있기는 할까! 내게도 아프리카에 와봐야 한다고 하셨다. 물론 수녀님은 지속되는 문제점들에 대해서도 인지하고 계셨지만 언급은 하지 않으셨다. 모든 일을 받아들이며, 주님께서 허락하셨으니 그렇게 될 수밖에 없다고 믿으셨다. 일부 백인들의 태도가 고통스러웠고, 그들을 위해 슬퍼하시기도 했다. 수녀님은 그들이 이제는 제국주의적 사고방식에서 벗어나 그로 인한 상처를 치유해야 한다고 생각하셨다.

내 딸 크리스타가 열 살쯤 되었을 때, 아이는 이 같은 아프리카의 상처에 대해 처음 알게 되었다. 귀국한 수녀님을 뵈러 갔을 때 크리스타가 물었다.

"가브릴리아 할머니, 할머니는 우리 백인들 때문에 아프리카 사람들이 충분히 고통받았다고 생각하지 않으세요? 왜 그들의 믿음을 바꾸려고 하시는 거예요?"

그러자 수녀님이 이렇게 대답하셨다.

"크리스타, 너는 미래를 도외시할 수 있니? 그들은 미래를 잊고, 잊고, 또 잊으려고만 해. 그러면서 상처가 치유되길 바라지. 더구나 우리가 그들을 찾는 게 아니라 그들이 우리를 찾아오는 거란다."

"가브릴리아 할머니, 그럼 정교회와 함께하면 그들의 아픔이 줄어들 거라고 생각하세요?"

"그래. 더 많은 빛이 비출수록 사람은 그리스도의 빛으로 더욱 충만해지기 때문이지."

"알겠어요, 할머니. 할머니께서 기도하셔서 그곳으로 천사를 보내주세요. 그래서 아프리카 사람들이 더 이상 아프지 않도록 해주세요...."

당시 가브릴리아 수녀님이 무척 감격스러워하시던 모습이 아직도 눈에 선하다. 수녀님은 다른 이의 아픔에 공감하고 모든 이의 자유를 존중할 줄 아는 것이 얼마나 중요한 일인지 모른다고 말씀하셨다. 그리고 고통은 자유를 가능케 하는 것이라는 점을 일깨워 주셨다.

케냐와 탄자니아 강가에서의 세례, 아프리카인들을 새로운 시작으로 이끌었던 그들의 갈망과 희망에 대한 수녀님의 편지를 나는 지금도 기억한다. 그들에게 정교회는 부활이자 과거와의 단절이었다. 어디를 가든 가브릴리아 수녀님은 언제나 옛 사슬을 끊고 사람들을 일깨우는 하느님의 은사를 보이셨다. 그것을 알기에 나는 정말 행복했다.

어느 날 아침, 전화가 울렸다. 막 귀국하신 가브릴리아 수녀님으로부터 온 연락이었다. 수녀님은 아프리카에서 찾을 수 있는 가장 귀한 것, 탄자니아에서 가져온 십자가에 못 박히신 흑인 예수상을 내게 선물로 주셨다. 손으로 직접 조각한 그 십자고상은 한편으론 온 세상의 고통을, 또 다른 한편으로는 생명의 승리를 말하는 듯했다.

탄자니아의 그리스도, 아프리카의 그리스도.... 수녀님이 아프리카의 형제자매들에게 희망과 사랑을 '노래'하고, 주님께서 아프리카의 어린이들을 얼마나 사랑하시는지 전하려고 찾아간 곳에서 온 그리스도.

많은 지인과 친구들이 선교 사역을 돕기 위해 수녀님을 찾았다. 그들 가운데는 인도에서 오랜 시간을 보낸 러시아 정교회 소속 영국인 라자로스 무어 수도사제도 있었다. 다음은 1968년 6월 29일에 쓰인 수녀님의 편지 내용이다.

라자로스 신부님이 오셨어요. 어제는 잊을 수 없이 감명 깊은 설교를 하셨지요. 이곳에 사는 그리스인들은 그 내용을 주의 깊게 경청하고, 그분을 집으로 초대하기도 했답니다. 혹시 신부님이 그리스에 가시게 되면 당신도 그분을 만나 뵈었으면 하는 바람입니다. 제 귀국도 그리 오래 걸리지 않을 듯해요. 하느님께서는 언제나 일정 기간 저를 어딘가로 보내셨다가, 이후 또 다른 곳으로 이끄시곤 하셨으니까요....

수녀님이 편지에 쓴 것처럼, 그곳의 사람들은 여러 가지 문제에도 불구하고 늘 밝은 표정이었다. 심지어 배가 산처럼 부풀어 오르고 비타민 결핍으로 머리카락이 변색된 아이들마저 웃음을 잃지 않았고, 쇠약해진 노인들의 황폐한 얼굴에도 미소가 머물렀다.

하지만 여전히 많은 것이 부족했다. 이곳에는 손길이, 저곳에는 미소가 모자랐다. 또 한쪽에선 눈물을, 다른 쪽에서는 위로를 원했다. 이때 하얀 머리싸개를 두른 가브릴리아 수녀님의 '다섯 가지 언어'는 인도를 비롯한 다른 여러 곳에서처럼 아프리카 사람들의 마음도 보듬어주었다.

선교 사역을 해본 사람들이라면 더 많은 것을 주고 싶은데 방법이 없을 때의 심정을 잘 알 것이다. 하지만 그에 앞서, 돕겠다고 갔다가 아무것도 가진 것 없는 그들로부터 오히려 더 많은 것을 받고서 자신이 참으로 가난한 자였음을 깨닫는 것, 그리하여 남몰래 가슴속으로 피눈물을 흘리는 것을 더 잘 알 것이다.

아프리카, 약탈당한 다른 모든 나라들과 마찬가지로 그곳에는 가장 위대한 보물이 있다. 바로 맨발의 굶주린 그리스도이다. 눈이 어두운 약탈자들은 그분을 볼 수 없다. 뿐만 아니라 타락한 그들의 마음으로는 그분을 사랑할 수 없기 때문에, 미처 알아보지도 못하고 그냥 떠나버린다.

가브릴리아 성인

나그네

당신 계명으로 내 마음 흡족하오니
그 길을 따라 내달리리이다. (시편 119:32)

1969년이 저물 무렵, 가브릴리아 수녀님은 아프리카를 떠나 다시 새 예루살렘 수도원으로 돌아갔다. 테오도시오스 수도원장님은 그곳으로 편지를 보내 베다니아로 돌아와서 원하는 만큼 지내라는 소식을 전했다. 언제나처럼 수녀님은 "네" 하고 답했다. 하지만 여비가 필요했다. 원장님이 따로 보낸 것이 없었기에 수녀님은 하느님께서 당신의 뜻을 보여주실 때까지 기다리기로 했다. 그리고 며칠 뒤, 스코틀랜드 출신의 친구 세실리아가 찾아와 정교인이 되고 싶다는 뜻을 전했다. "저도 수녀님처럼 정교인이 되어 베다니이에서 수녀로 살고 싶어요. 그러니 저와 함께 그곳에 가주셨으면 해요."

세실리아가 수녀님의 여비를 제공하여 1970년 1월 두 사람은 이스라엘로 떠난다. 그리고 그녀가 크세니라는 이름으로 수녀 서원을 할 때까지 1년간 함께 지낸 뒤, 1971년 수녀님은 다시 런던으로 향했다. 형제와도 같은 바바 암테가 거기서 입원을 한 것이다.

이듬해인 1972년에는 크레타 키사모스와 셀리노 교구의 이리네오스 대주교를 만나 그분의 업적에 대해 듣고 깊이 감화된다. 며칠 후 수녀님은 미국으로 향했다. 들르는 교구마다 대주교님의 사역 활동에 대해 열정적으로 이야기했고, 크레타에 힘을 보태줄 것을 요청했다. 감명을 받은 사람들은 즉시 모금을 진행했고 기부금이 비 오듯 쏟아졌다.

얼마 후 그리스로 돌아온 수녀님은 초대를 받고 대주교님을 방문한다. 그리스 정교회 이민자들을 위한 사목 임무를 맡게 될 독일로의 동행을 부탁하는 대주교님께 수녀님은 "네" 하고 대답한 뒤, 2월 2일 비행기를 타고 본으로 향했다. 그리고 그곳의 레너거리 15번지에서 몇 달 동안 묵게 되었다. 1972년 5월 28일, 바바 암테에게 띄운 편지에는 이렇게 적혀있었다.

그리스도의 평화와 기쁨이 함께하길…. 지난가을에 예루살렘으로 부친 프라카쉬의 편지가 2주 전에야 제 손에 닿았답니다. 상상이 되나요? 예루살렘에서 그리스, 미국, 다시 그리스, 이후 거의 두 달간 머물렀던 독일까지, 편지가 저를 뒤쫓아왔어요. 저는 지금 병원에 있는 오라버니를 위해 다시 아테네에 머물고 있어요.

얼마 전까지 저는 아주 훌륭하신 하느님의 사람과 함께 독일에 있었습니다. 그분은 지금 독일의 본에서 정교회 양떼들을 돌보는 대주교로 계시지만, 전에는 크레타에서 대주교로 봉직하셨던 분이에요. 친애하는 바바, 그대처럼 그분도 우리가 태어난 곳을 자랑스러워하는 것만으로는 부족하다고, 오히려 그곳이 우리로 인해 자부심을 느낄 수 있도록 만들어야 한다고 믿고 계십니다. 대주교님은 참으로 놀라운 일들을 많이 이루셨지요. 기술학교, 양로원, 청각장애 아이들을 위한 학교…. 이 모든 것이 전부 자선모금으로 이뤄졌습니다. 매일 1200명에게 음식도 제공한답니다!

수녀님은 늘 당신의 일을 대수롭지 않게 여겼고 독일에서의 활동에 대해서도 많은 말을 하지 않았다. 세상에 공적을 드러내고 싶어 하지 않았기 때문이다. 그럼에도 수녀님은 어려운 문제로 인해 대주교님을 만나려고 찾아오는 이들을 정성껏 맞아주었으며, 병원에 입원 중인 그리스인 환자들도 자주 방문했던 것으로 보인다.

당시 독일에는 정교회 성당이 많지 않았기에 성찬예배는 다른 그리스도교 교파에서 제공해 준 예배당에서 드려야 했다. 수녀님은 대주교님을 모시고 그리스인들이 일하며 사는 여러 도시들을 기차로 여행했다. 그때 대주교님은 성기물과 제의가 담긴 작은 트렁크 가방을 들고서 수녀님께 이렇게 외치곤 했다. "수녀님, 가시죠! 그리스도의 위대한 교회가 출발합니다!"

5월 21일, 수녀님은 오라버니와 언니가 함께 병원에 입원해 있다는 전보를 받고, 오라버니가 보내준 여비로 즉시 아테네로 향했다. 다음은 1972년 6월 17일, 하네그비에게 보낸 편지다.

주님의 길은 헤아릴 수가 없군요…. 더 이상 독일에 머물지 못하게 되었답니다. 하지만 저 역시도 근래에 '때'가 되었음을 느끼고 있었지요. 아무런 이유도 없이 가방을 싸고 있었으니까요. 수녀복도 세탁소에 맡기고요. 떠나는 제 마음이 무척 아팠답니다. 대주교님도 마찬가지셨지요. 하지만 다행스럽게도 제가 오라버니로부터 전보를 받기 3일 전에 대주교님을 도우러 새로운 사람들이 왔어요.

얼마 후, 인도에서 다시 초대장이 왔다. 스탠리 존스였다. 수녀님은 대답했다. "네." 그러나 며칠 후 뜻밖의 안타까운 소식이 전해진다. 존스가 갑자기 바레일리 선교 센터 병원에 입원한 것이다. 그는 1973년 1월 30일 세상을 떠났다.

1973년, 수녀님은 대부분의 시간을 아테네에서 보내며 아픈 이들을 방문하거나 돌보고, 때로 동행하기도 했다. 당시 수녀님은 이런 메모를 남겼다. "많은 친구들과, 또 잘 모르는 사람들까지도 아파서 병원에 입원했다. 와달라는 부탁을 받으면 나는 그들 곁에 있어주었다.

주님께 성찬예배를 드리는 시간 외에는 주로 이런 일을 한다. 라자로스 신부님은 심각한 코 출혈로 적십자병원에 입원해 계신다."

사람들은 이제 알게 되었다. 모두가 도움을 얻거나 위로를 받기 위해 가브릴리아 수녀님에게 몰려왔다. 몸이 아프건 마음이 아프건, 어른이건 아이건, 부자건 빈자건 할 것 없었다. 환자들의 쇄도와 관련해 수녀님의 프랑스인 친구 마들렌 바숑은 이렇게 썼다.

건강에 문제가 있는 사람들은 모두 수녀님을 찾아왔다. 그리고 영국, 스위스, 미국 등 외국까지 동행해 달라고 부탁했다. 심지어 같은 날, 서로 다른 나라에 가달라고 요청하는 경우도 많았다! 그럴 때면 수녀님은 방책을 달라고 천사에게 기도했는데, 그러면 묘수가 나타나기도 했다. 그렇지 않으면 더 심각한 부탁이 들어올 때도 있었다.

1974년이 찾아왔다. 환자를 방문하고 병원을 나서는 길에 수녀님은 진흙에서 미끄러지며 오른쪽 발목을 다쳤다. 다음은 하네그비에게 띄운 편지 내용이다.

자동차 한 대가 지나가고 있었어요. 그 차를 멈춰 세웠으나 반대 방향인 터라 저를 태워주지 않았답니다. 천사들에게 도움을 요청했어요. 진작 그랬어야 했는데 말이죠. 아주 모범적인 운전사(천사였지요!)와 그의 약혼자(또 다른 천사)가 타고 있던 한 짐차가 그곳을 지나갔어요! 그들은 저를 집으로 데려가 침대 위에 뉘고는 전화번호를 남긴 채 떠났습니다. 한 시간 뒤, 오빠와 언니가 집에 와서 누워있는 저를 발견했지만 (둘은 84세, 85세랍니다.) 걱정을 끼치고 싶지 않아 아무 말도 하지 않았어요. 저는 지금 요양병원에서 당신께 편지를 쓰고 있습니다. 결국 발목이 부러졌다고 하네요. 아무 생각도 나지 않고 그저 하느님의 따뜻한 사랑이 너무도 강렬하게 느껴집니다. 바라는 것 없이 감사한 마음뿐이에요. 제 주변에는 여러 문제들과 또 위로가 필요한 많은 사람들이 있습니다. 이곳의 제 방은 예전의 제 치료실처럼 되었답니다. 사람들이 자신들의 아픔과 가슴속에 담아둔 이야기를 털어놓기 위해 저를 찾아오지요. 하느님께서 그들을 축복해 주시기를….

그리스도에 대한 믿음을 증언하는 것에 대한 수녀님의 강연은 이 시기의 경험에 기반한 것이다. (2부 92. 신앙 고백 참조)

1974년 7월 말, 수녀님은 칼라마타 벨라니디 유적지 근처에 있는 작은 13세기의 수도원으로 갔다. 이곳은 친구 사이였던 평신도 여성 두 명이 복원한 곳으로, 수녀님은 "우리 시대의 오아시스"라고 묘사한 이곳에서 10월 초까지 머물렀다.

1974년은 또한 키프로스에 비극이 발생한 해이기도 했다. 9월 8일, 수녀님은 동역자이자 친구인 하리클리아 지시무에게 편지를 썼다.

오늘은 성모님 축일이네. 어둠의 일을 하는 세상의 권력자들에게 주님께서 빛을 비춰주시기를…. 비극적인 사건 이후 우리는 라자로스 신부님과 함께 감동적인 모임을 가졌어. 매주 월요일 저녁 7시에 모든 성인들 소성당에서 일리아스 마스트로야노풀로스 신부님과 함께 키프로스를 위한 '성모 소기원의식'을 드리고 있어. 참석하지 못하는 모든 분들이 같은 시간에 우리와 함께 기도할 수 있게 해주길! 토요일에는 M. 파테라 부인, 라자로스 신부님, 크세니 수녀님과 함께 아티카 근처의 성 요한 키니고스 수도원, 카레아스의 성 요한 수도원, 루트라키의 성 빠타피오스 수도원에 다녀왔어. 다음 날에는 할키다에서 축복된 하루를 보냈고. 거기서 게오르기오스 캅사니스 신부님은 열두 명의 수도사들과 함께 아토스 성산의 성 그레고리오스 수도원으로 향했단다.

1975년 가브릴리아 수녀님은 다시 예루살렘 베다니아로 떠난다. 그곳에 있는 동안, 기도 중에 종종 시나이 산의 성 카테리나 수도원이 떠올랐다. 어느 날은 깊은 묵상에 빠져있는데 가본 적도 없는 수도원이 마치 영상처럼 선명하게 눈앞에 펼쳐졌다.

다음해인 1976년 부활절, 수녀님에게 성 카테리나 수도원 순례의 기회가 찾아왔다. 그런데 아주 놀라운 일이 기다리고 있었다. 소프로니오스 수도사제가 마치 수녀님을 전에 알던 사람처럼 환영한 것이다. 하지만 두 분은 만난 적이 없었길! 신부님은 전에 있었던 둘의 만남과 대화 등을 자세히 언급했다. 많은 대화가 오간 후 마침내 신부님이 이렇게 물었다. "수녀님, 그럼 전에는 이곳에 어떻게 오셨던 거지요? 버스로 오셨나요?"

수녀님은 버스가 아닌 '영적으로' 그곳에 방문했던 것이다….

이번이 첫 방문이라는 수녀님의 이야기에 소프로니오스 신부님은 비로소 깨달았다. 이후 신부님이 1986년 아테네의 에방겔리스모스 병원에서 눈을 감을 때까지, 두 사람은 깊은 영적 교류를 나눴다.

1976년 11월 28일, 수녀님은 두 명의 환자, 마르켈라 수녀와 파블리나 수녀를 데리고 스위스로 떠난다. 발목 골절상 이후 입원했던 크레타 네오 이라클리오의 요양병원에서 알게 된 이들이었다. 이처럼 수녀님은 가는 곳마다 다음 단계로 나아가기 위한 출발점이 되어주는 사람들을 마주치곤 했다. 수녀님은 "그분의 천사들"의 도움으로 비행기표를 무상으로 확보할 수 있었다. 알프스 산을 넘던 중 무서운 폭풍우를 만났지만 목적지에 무사히 도착했다. 수녀님은 종종 이렇게 말했다. "믿음이 있고 외국어를 할 줄 알면 못 할 게 없다."

두 수녀님은 각각 다보스와 바젤의 병원에 입원했다. 가브릴리아 수녀님은 성탄절에 이와 관련한 편지를 하네그비에게 써 보냈다.

저는 병원 8층의 방문객 숙소에 묵었습니다. 신축 건물의 경관이 훌륭했어요. 창문 너머 하늘과 산, 평원이 얼마나 아름답던지요! 면회는 오전 10-12시, 오후 5-7시에만 허락돼요. 나머지 시간에는 조용히 기도를 드리고, 성찬예배에 참여하고, 저만의 행복한 시간을 가졌습니다. 이곳 바젤은 그리스어로 하면 바실리아 즉, 왕국이죠. 그래서인지 정말 하느님 왕국의 도래를 제 가슴속 깊이 느꼈습니다. 이번 성탄절은 제 영혼에 많은 선물을 가져다주었어요….

1977년 내내 수녀님은 환자들과 동행하여 영국, 스위스 등지를 오갔으며, 와중에 간간이 당신의 형제자매와 새 예루살렘 수도원에도 들렀다. 쉬지 않고 새로운 사람들과 친분을 쌓고 또 서로의 지인을 소개하기도 했다. 하느님께서는 계속해서 당신의 기적을 만들어나가셨다. 가브릴리아 수녀님이 일리아스 신부님에게 말했다.

저는 '아니요'라고 대답한 적이 없어요. 도움을 청하면 어디든지 찾아갔지요. 하느님의 손길이 늘 저를 이끌었어요. 제가 간 것이 아니라 천사들이 저를 데려간 거예요. 저는 언제나 하느님에 대한 확신을 가지고 있었고, '인간에게 의지하지 말라'는 성경의 정신을 간직하고 있었습니다.

1978년, 수녀님은 아테네 파티시온가 259번지에서 마리아와 함께 지냈다. 마리아는 다발성 경화증이라는 몸이 굳어지는 병에 걸려 침대에 누워만 있는 상태였다. 그리고 7월, 수녀님은 에기나 섬의 성모 보호 수녀원으로 향한다. (10여 년이 지난 1989년에 수녀님은 이곳을 다시 방문해 1년간 머물게 된다.) 이어서 9월에는 오스트리아 빈에 머물렀다. 그곳에서 몇 주를 보내는 중에 재미있는 에피소드가 하나 있었다. 하루는 빵을 사러 길을 나서던 참에 동행한 친척이 말했다. "돈 없이 어떻게 생활하시는지 저는 이해가 안 가요." 그러자 수녀님이 대답했다. "그렇게 살 수 있단다. 하늘의 새처럼 말이야. 하느님께서 책임지고 나를 먹여주시지…." 친척은 동의할 수 없다는 표정이었다. "아무튼 알겠습니다. 제가 가게에 들어가 빵을 사 올 때까지 여기에 잠시 계세요. 그리고 다시 말씀하시죠."

그가 돌아왔을 때 수녀님의 손에는 지폐 한 장이 들려있었다. 그것을 보고 "어디서 나셨어요? 누가 준 건가요?" 하고 묻자 수녀님은 크게 웃으며 답하셨다. "이곳에서 너를 기다리고 있는데 어떤 한 남자가 내 앞에 서더니 아주 공손하게 인사를 하고는 이 지폐를 주고 가버리더구나. 그래, 언제나 이랬단다. 이제 이해가 되었니? 다 네게 보여주기 위해 일어난 일 같구나!"

그해 12월 5일, 수녀님은 함께 지내던 아테네의 마리아의 집을 떠나 시나이 반도, 파란의 오아시스로 간다. 시나이의 다미아노스 대주교님이 새로 만들어지는 수녀회의 책임자로 가브릴리아 수녀님을 초대한 것이다. 수녀님은 "네"라고 답했지만, 이미 팔순을 넘긴 나이여서 이 역할은 일시적일 수밖에 없었다. (카테리나 수녀님과 거룩한 천사에 대하여 주고받은 아름다운 대화 녹음에서 가브릴리아 수녀님의 파란 생활이 언급된다. 2부 10. 거룩한 천사들 참조)

1979년 3월, 수녀님은 다시 아테네로 돌아왔다. 그곳에서 아가탕겔로스 사제와 축복된 만남을 가졌고, 이후 우리가 "천사들의 집"이라 부르던 미디아스 거리의 아파트를 사용할 수 있게 되었다. 이 아파트는 수녀님을 아는 많은 사람들의 삶에서 하나의 랜드마크로 자리 잡았다.

(왼쪽부터)

아가탕겔로스 미하일리디스 수도사제

렙 질레 수도사제

천사들의 집

1979년, 긴 여행 끝에 가브릴리아 수녀님은 임시로 지인의 집에 묵고 있었다. 하지만 수녀님의 말처럼 환대가 지속될 수 있는 것은 아니었다. 그리고 얼마 후, 수녀님의 '천사'들이 거처를 찾아주었다. 소설 같은 이야기지만, 아가탕겔로스 마하일리디스 원로 수도사제 소유의 아파트를 제공받은 것이다. 한때 젊은 신학자 형제회가 묵던 곳이었다.

E. 에버리는 다음과 같이 적었다.

가브릴리아 수녀님의 활동과 영적 파급력이 아테네를 비롯한 여러 도시에까지 미쳤다. 미국, 영국, 인도와 그 밖의 전 세계 여러 나라에 수녀님을 믿고 따르는 수많은 친구들이 있었다. 젊은 세대들은 남녀 가릴 것 없이 그분을 추종하며 만남을 고대했다.

개인적이며 무엇에도 구애됨이 없던 수녀님의 '사목' 활동은 당시 정교회 수도 전통에서는 생소한 것이었다. 수도사라면 보통은 수도원에서 기도 생활을 했기 때문이다. 하지만 가브릴리아 수녀님은 언제나 자신의 소명에 충실했다. 정교회 수도원의 수련 체제와 선교 활동을 결합시켜야만 했다. 파트모스 섬의 성모희보 수도원을 설립한 암필로히오스 수도원장님의 축복을 받은 것도 바로 이런 이유에서였다.

어느 영적 자녀의 회고 1

> 지혜로운 사람을 발견하거든 아침 일찍부터 그를 찾아
> 그 집 문지방이 닳도록 다녀라. (집회서 6:36)

"라디오 시티 영화관을 지나서 파루 가 쪽으로 우회전한 다음 드로스풀루 거리를 건너서 미디아스 가로 다시 우회전하세요. 그러면 7번지에 신학자 형제회 '은총'이라고 적힌 곳이 있을 거예요. 거기 초인종을 누르시면 됩니다."

수녀를 만날 것이라고는 단 한 번도 상상해 본 적이 없었다! 그때까지만 해도 나는 수도사나 수녀는 나와는 맞지 않는 부류라고 여겼고, 텔레비전이나 신문을 통해서 얻은 그들에 대한 이미지도 대체로 부정적인 쪽에 가까웠다. 어쩌면 내가 지나치게 비판적이었는지도 모른다.

그런데 나흘 전, 가브릴리아 수녀님과 통화를 했을 때 그분의 목소리는 굉장히 따뜻했고 마음이 안정되는 듯했다. 목요일 오후, 일을 마친 후 곧장 발걸음을 옮겼다. 현관의 초인종을 누른 다음 나는 설명할 수 없는 어떤 설렘 속에서 기적을 기다렸다. 그 순간, 당시엔 미처 인식하지 못했지만 무언가 '새로운 것'이 내 삶 속으로 들어오고 있었다.

바로 그때, 약간 구부정하고 쇠약해 보이는 한 사람이 비어있는 수위실에 멈춰 현관문을 여는 버튼을 누르더니 종종걸음으로 마중을 나왔다. 여태껏 살면서 본 중 가장 빛나는 피조물이었다! "어떻게 오셨나요?" 수녀님이 머뭇거리며 물으셨다. "안녕하세요. 저는 지난 주일에 전화를 드렸던 사람인데요." 이상한 옷을 입고서 햇빛을 등지고 서있는 내 모습을 시력도 안 좋은 수녀님이 어떻게 알아보실 수 있었

겠는가!

당신이 누구든, 수녀님은 어쨌든 문을 열어주셨을 것이다. 그리고 당신은 자신도 모르게 천사들의 집 안으로, 그리고 수녀님의 마음속으로 '아무런 대가도 없이' 곧장 들어섰을 것이다. 그 어떤 형식이나 조건, 절차, 전제 조건도 없이 말이다. 수녀님은 그저 두 팔을 벌리고 "어서 와요, 어서 와!" 하며 마치 며칠 전에 헤어진 사람을 대하듯 당신을 맞이하실 것이다.

이것이 수녀님이 보여주신 사랑을 보고 놀라움을 느꼈던 첫 번째 사례이다. 수녀님은 마치 오랜 시간 당신을 잘 알던 것처럼, 혹은 남몰래 당신을 기다려온 사람처럼 만남의 첫 순간부터 편안함을 느끼게 하는 분이셨다. 더욱이 그분 말씀처럼, 낯선 이랄 게 없었다. 모두가 지인이자 친구였다.

그 공간에 들어서자마자 아테네의 그것과는 너무도 다른 가벼운 공기를 들이마셨다. 순식간에 둥둥 떠올라 마치 무언가 꿈 같은 세계로 들어 올려진 것 같은 느낌을 받았다. 평화, 고요, 평온. 지금까지 알지 못했던 것들이었다. 향긋한 내음이 사방을 가득 채우고 있어 여기가 도대체 어디인지 아득해질 정도였다. 천사들의 집, 평화의 집에 들어섰던 것이다.

누군가 평화를 발견하고 두 팔 벌려 그것을 널리 전파하고 있었다. 사로브의 세라핌 성인은 말씀하셨다. "네가 평화를 찾으면 네 주변의 수천 명이 구원받는다." 당신의 마음과 주변 모든 곳에 이 말이 새겨진다. "보라, 모든 것이 새로워졌도다." 망가진 의자, 빌려온 탁자, 칠이 다 벗겨진 벽, 녹슨 라디에이터, 심지어는 1층의 실내로 곧장 이어지는 듯한 길까지도 전부 축복되고 또 성스럽다는 인상을 받는다.

당신의 가슴은 모든 것을 기꺼이 받아들이고 즉시 그것과 사랑에 빠진다. 어찌 모든 것이 이다지도 완벽하고 이상적으로 보일 수 있을까? 눈에 보이지 않는 구름 한 조각이 이들을 감싸 서로 조화롭게 한 것일까? 하지만 그런 것을 어찌 알 수 있겠는가? 게다가 내가 뭐라도 아는 게 있기는 한가? 조그마한 '나만의 세계'에서 빛이 찬란한 '당신의 세계'로 들어간 순간, 잠시 넋이 나간 것 같았다. 그 누구보다도 더 반갑게 사람들을 맞이하는 가브릴리아 수녀님이 아니었더라면 난 정말 정신을 놓았을지도 모른다.

우리가 천사들의 집이라고 이름 붙인 그곳은 거룩한 품성의 아가탕겔로스 미하일리디스 수도사제께서 수녀님께 제공하신 오래된 아파트였다. (수녀님은 그분을 '아가토스 앙겔로스' 즉, 선한 천사라고 불렀다.) 지방에서 올라온 신학대학 학생들을 위한 숙소로 오랫동안 사용되다가 한동안 비어있었는데, 그리스도를 찾아다니는 이들을 위한 작은 오아시스로 만들었으면 하는 바람으로 수녀님께 내어드린 것이었다.

바람은 현실이 되었다. 1978년부터 1989년까지, 수백 명의 사람들이 잃어버린 희망, 생각지 못했던 해결책, 갈구하던 사랑과 평화, 원하던 삶을 좇아 천사들의 집을 방문했다. 그들은 조언과 위로, 영육의 치유, 영적 탐구에 대한 안내와 해답을 구했으며, 그리스도 안에서 새로운 친구들을 만나기 위해 찾아온 이들 역시 서로를 반갑게 맞아들였다.

하지만 우리는 그 무엇보다도 "하느님의 사람"을 자세히 들여다본다. 온 생을 다 바쳐 주님을 사랑하고 따르는 누군가를 본다. 누구라도 가브릴리아 수녀님을 만나면 하느님의 부르심을 깨닫곤 하였다. 마치 수녀님의 온 존재가 우리 마음 깊은 곳에 그분의 빛을 비추는 복된 거울이 된 것처럼 수녀님은 우리에게 온화함과 평화를 주셨고, 우리 각자가 더 나은 사람, 더 맑고 밝은 사람인 것처럼 느끼게 해주셨다.

 그분이 곁에 있을 때 우리에겐 그 어떤 의심도, 문제도, 걱정도 없다. 신비롭게도 이런 것들은 천사들의 집의 문지방을 넘지 못했다. 시간이 멈춘 듯했고, 그런 것들은 더 이상 중요치 않았다. 그 어떤 방해나 간섭도 없었다. 오직 "이 땅 위에 하느님과 나" "이곳에 사랑과 나"만 있을 뿐이다. 수녀님은 유리창처럼 투명해져서 당신이 그것을 통해 바라본다는 사실조차 잊게 만드는 신성한 재능을 지니셨다. 옅은 미소를 지으며 "나는 존재하지 않기 때문에…"라고 하시던 수녀님의 말씀이 어쩌면 이런 의미가 아니었을까 한다. 가장 오르기 힘든 수행의 최정점에 진정 도달하셨던 분이었기 때문이다.

 그곳은 언제나 천상의 평화로 가득했다. 사람들은 안정을 찾으며 자신의 어둠을 일부 털어냈다. 시간이 제 속도를 되찾지 않기를 바랐다. "(…) 환하게 타오르는 등불이었다. 너희는 한때 그 빛을 보고 대단히 좋아했다." (요한 5:35) 그곳에는 등불이 있고, 또 그 빛 속에서 기쁨과 환희를 누릴 수 있기 때문이다. 그러니 천사들의 집을 다녀온 후엔 기도하고 하느님께 영광과 감사를 드리는 것 외에는 달리 할 수 있는 것이 없었다.

 "주님은 무슨 일이든지 하실 수 있기 때문에 만인에게 자비로우시며 그들이 회개할 수 있도록, 사람들의 죄를 살피시지 않는다." (지혜서 11:23) 천사들의 집을 떠나며 당신은 소망한다. 주님께서 당신이 갖추지 못한 덕을 베푸실 것과, 영혼의 옷에 물든 죄를 씻어주실 것을 바란다. 하느님의 사람을 보고 나서, 어디에선가 잃어버리고 만 그런 사람이 되길 다시 갈망한다. 갑자기 약탈당한 것들을 되찾고 기뻐하는 사람이 된 것만 같은 기분을 느낀다!

 다음엔 가브릴리아 수녀님과 이곳 천사들의 집의 존재를 모르는 친구들을 머릿속에 떠올린다. 그리곤 그들의 존재를 널리 알리기 시작한다. "임을 사랑하는 이들은 해처럼 힘차게 떠오르게 하소서."(판관기 5:31) 어떻게 침묵을 지키고만 있겠는가? 빈곤의 시대에, 더군다나 이런 도시에서는 그런 권리를 가질 수가 없다! 언젠가 수녀님이 나에게 "사랑은 친구를 다른 이들과 나누는 것, 사람들에게 친구를 소개하는 것이며, 그렇게 하지 않는다면 하느님의 방식을 알지 못하는 것이니 화가 있을 것"이라고 말씀하셨던 기억이 난다. 수녀님의 영국인 친구 폴라 이먼은 수녀님을 "소개인(introducer)"이라고 불렀다.

그리하여 당신은 이렇게 외친다.

"우리는 우리를 영적으로 이끌어줄 수녀님을 찾았습니다!"

"우리는 스타레츠(영적스승)* **를 찾았습니다!"

그럼에도 가브릴리아 수녀님은 여성이셨기에 사람들은 더욱 놀라워했다. 좀처럼 보고 듣지 못해 익숙하지 않았기 때문이다. 하지만 이제 "(…) 남자나 여자나 아무런 차별이 없"는 것을 보고(갈라디아 3:28) 모든 피조물이 "매우 좋"음에 두 배로 기뻐한다. 오늘날 우리 시대에 영적 어머니가 존재한다고 말하는 사람을 본 적이 있는가? 1984년도의 아테네에서?

아직 어린 아이에서부터 아흔의 노인까지, 아테네 곳곳과 교외는 물론 그리스 전역에서 찾아오는 이들, 미국과 유럽 각국의 방문객 등

---

* 진정한 스타레츠(Starets)는 이런 의미에서 제도적인 관료가 아닌 예언자적 인물이다. 디오클리아의 주교 칼리스토스 웨어는, 스타레츠는 일반적으로 수도사제인 경우가 많지만, 결혼한 기혼사제나 수도사, 나아가 수녀 혹은 사회 속에 살아가는 평신도일 수도 있다고 강조한다.

** 스타레츠라는 용어는, 주로 러시아 교회에서, 수많은 시련을 건너 영적 싸움의 경험을 많이 쌓고, 끊임없는 영적 금욕적 실천을 통해 분별의 은사를 얻고, 마침내 기도를 통해 어떤 사람에 대한 하느님의 뜻을 알 수 있게 된 사람, 다시 말해 통찰의 은사를 받은 사람, 그래서 그에게 오는 사람들을 영적으로 지도할 수 있게 된 노련한 금욕 수도사를 지칭하는 데 사용된다. (편집자 주)

수많은 사람들이 천사들의 집에 와서 평온을 찾았다. 그들 중에는 과학자와 예술가도 있고, 주교와 사제, 수도사와 수녀도 있었다. 신자와 비신자들이 모두 모였다. 사이 바바의 추종자, 요가 신봉자, 조직을 떠난 프리메이슨, 점성술사, 지관(地官)과 가라테 강사까지 참으로 다양한 사람들이 있었다. 그 누구도 배제되지 않았다. 드물게는 이런 만남에 참석하는 것의 가치를 이해하지 못한 사람들이 마치 탕자의 형처럼 불편해하고 다소 불안해하기도 했다. 길을 잃고 헤매는 양인 우리에게 수녀님은 참으로 압도적인 영향을 주셨다. 그분을 만날 때마다 우리는 우리의 반쪽짜리 진실이 얼마나 온당하지 못한 것인지 깨달았다.

크레타 키사모스와 셀리노 교구의 이리네오스 대주교님께서 가브릴리아 수녀님께 보내신 편지에 쓰인 것처럼, 천사들의 집에 들어가는 것은 "그들의 집에서 모이는 교회"(로마 16:5)에 들어가는 것과 같다. 마치 오래전 축복된 카타콤으로 호송된 듯한 기분을 느낀다.

모임의 규모를 떠나 우리는 늘 활기가 넘쳤다. 그것은 전례가 없는 독특한 경험이었다. 하느님께 감사하게도, 천사들의 집은 어디론가부터 '도입된' 완고한 '게토'(어떤 종류든 차별이 있는)나 모종의 정체성을 지닌 배타적인 서클과는 전혀 유사하지 않았다. 그것은 가브릴리아 수녀님과 함께할 수 없는 것들이었다.

우리는 그리스도를 중심으로 "둘러 모여" 생동했다. 가브릴리아 수녀님이 부르시던 대로 모두가 형제자매였으며, 우리 시대의 공해 속에 이렇게 맑은 안식처를 주신 주님을 찬양했다.

또한 온갖 종류의 괴로움도 그곳에 있었다. 이혼, 영육의 질병, 에이즈, 마약, 여러 유사 종교에 의해 엉망이 된 삶, 학대를 당하고 잊힌 사람들, 슬픔에 잠겨 위안을 찾지 못하는 자들, 교활한 '지도자'를 따르다 실망한 추종자들, 여러 단체, 사회, 조직, 선생과 거짓 진리를 추구하는 사람들로부터 벗어나 각성한 '제자'들이 믿기 어려울 만큼 다시 되돌아왔다.

마지막 방문객이 그곳을 떠날 때면 수녀님은 문을 닫으며 하느님께 영광을 돌리셨다. "빛을 주시는 당신께 영광." 감정에 젖어 떨리던 그 목소리는 결코 잊기 어려운 것이다.

전에는 그토록 다양한 부류의 사람들을 만나본 적이 없었다. 우리는 궁금했다. 수녀님은 어떻게 그 많은 사람들을 당신의 가슴속에, 또 기도 속에 담으실 수 있었을까? 정말 신기하고 놀라웠던 점은 수녀님의 지극한 사랑과 관심이 우리 개개인을 그렇게까지 전부 아우를 수 있다는 것이었다. 우리 모두는 예외 없이 수녀님의 마음속에 각자가 특별한 자리를 차지하고 있다고 절대적으로 확신했다. 수녀님이 이곳에서 보내신 시간이 당신 생애의 10분의 1밖에 되지 않는다는 사실을 감안하면, 그분이 이 땅에서 보내신 94년 동안 얼마나 깊고 큰 사랑을, 또 얼마나 많은 이들과 나누셨을지 충분히 가늠해 볼 수 있을 것이다.

성당에서 예배를 드리는 날을 제외하고는 낮 12시 이전에는 아무도 천사들의 집을 방문할 수 없었다. 늦은 밤, 보통은 예상치 못한 마지막 방문객이 떠난 후부터 다음 날 정오까지 수녀님은 당신이 사랑하는 헤지키아, 고요와 내적 평화를 누리셨기 때문이다.

가브릴리아 수녀님은 헤지카스트셨다. 하느님께서는 악조건 속에서도 내면의 고요함을 누릴 수 있는 특별한 은사를 수녀님께 주셨다. 천사들의 집은 1층에 있어 창문을 통해 매연이 흘러들었고, 귀청이 떨어질 것 같은 갑작스런 배기관 굉음 등 불안한 도시의 소음이 끊이지 않았다. 때론 우리가 서로의 말소리를 듣지 못하는 경우도 있을 정도였다.

하지만 밤은 "지상에 하느님과 수녀님"만이 함께하시는 시간이었다. 종일 가슴속에 담아두셨던 것들을, 수녀님의 표현대로, "주님의 발치에 내려놓는" 것이다. 그들을 사랑하지만 이제 당신의 마음을 돌보시는 시간이자 침묵의 시간이다. 우리가 누군가를 위해 할 수 있는 가장 훌륭한 기도는 수녀님께서 말씀하시던 대로 "이 사람을 사랑합니다. 당신의 뜻이 이 사람의 삶에서 이루어지게 하소서"라고 마음을 다해 주님께 아뢰는 것이다.

우리는 지금껏 가브릴리아 수녀님처럼 수도자이자 헤지카스트이며 선교사인 이를 보지 못했다. 잊지 못할 모습이 몇몇 떠오른다. 수녀님은 한겨울 매서운 추위에도 다 닳고 색도 바랜 조스티콘(수도자들이 안에 입는 수도복)을 입고 양털로 된 옷감은 걸치지 않으셨다. 샌들엔 온 세상을 두루 돌며 수없이 때워 신은 흔적이 있었다. 당신 연세의 절반도 되지 않던 나는 늘 따뜻하게 몸을 감싸고 다녔는데 말이다. 게다가 수녀님은 음식도 무척 절제하며 금식도 철저히 지키셨다. 철야 기도 또한 빠지지 않아 침대 근처에도 가지 않으신 날이 수없이 많았다. 몸이 힘들 때도 통증을 견디며 놀라울 정도로 고통을 참아내셨다. 수녀님의 켈리는 겨울이면 난방이 완전히 고장나 꽁꽁 얼어붙었고, 여름이면 숨 막히는 더위와 매연으로 모두가 괴로워했지만 정작 그분은 전혀 개의치 않으셨다. 아니, 외려 가뿐해 보이실 정도였다! 도대체 어떻게 견디시느냐고 사람들이 물어오면 수녀님은 웃으며 답하셨다. "천사들의 날갯짓이 최고로 좋은 에어컨이지!" 언젠가 더위나 추위, 몸 상태에 대해서 언급하는 것은 하느님의 사람에게 결코 어울리지 않는 행동이라고 수녀님이 언급하신 이후로, 우리 중 그 누구도 감히 그 문제에 관해 말을 늘어놓지 않았다.

수녀님은 미소를 지으시며 당신이 "존재하지 않음을" 말씀하시곤 했다. 그분의 삶의 방식은 시나이 사람 닐로스 성인의 가르침과 다르지 않았다. (2부 39. 스스로의 부재를 믿는 자 참조) 수녀님은 그 놀라운 비움의 수덕을 단순하고도 경쾌하게 우리 안에서 매일 실천하셨다. 그 덕분에 우리가 한참 미성숙함에도 불구하고 그분 곁에서 '짓눌리는' 느낌을 받지 않은 듯하다.

오후가 되면 수녀님은 선교 활동에 필요한 방대한 양의 서신을 처리하고 환자들을 방문하는 데 전념하셨다. 5시에는 수녀님의 자문을 구하고자 수일 전부터 예약한 이들을 대면하셨고, 이어서 7시에는 전화 상담을 하셨는데 9시를 넘기는 일이 다반사였다. 수녀님의 일정을 따르는 사람은 거의 없었고, 실상 수녀님 당신이 그걸 허용하셨다.

사람들의 말을 경청하는 것은 가브릴리아 수녀님의 특별한 사역 활동 가운데 하나였다. 우리 시대에 남의 말을 들을 줄 아는 사람은 극히 적다고, 심지어 질문을 던져놓고도 우리는 상대의 말을 듣기보단 자신의 말을 하는 걸 선호하지 않느냐고 하셨다. 칼리스토스 웨어 주교는 성삼위가 서로 안에서, 그리고 서로를 위해 사는 것처럼, 성삼위 하느님의 형상으로 창조된 인간 또한 타인의 눈으로 세상을 바라보고 타인의 기쁨과 슬픔을 자신의 것으로 만들 때 진정한 인격을 이룬다고 이야기하셨다.

영적 자녀들로 인해 가브릴리아 수녀님은 식사조차 제대로 하실 수 없는 때가 많았다. 저녁은 언제나 차갑게 식어버린 죽으로 때우시곤 했다. 전부터 "오고 가는 사람들이 너무 많아 요기할 시간조차 없었던" 것이다. 언젠가 종일 많은 방문객들을 상대했던 나는 피로에 지쳐 의자에 앉아있었다. 부지불식간에 "휴, 피곤하다"라는 말이 새어 나왔는데, 그 순간 수녀님의 얼굴에 뭔가 문제가 있을 때나 볼 수 있는 표정이 스쳤다. 심각해 보이는 수녀님께 왜 그러시느냐고 여쭈었더니 한숨을 내쉬며 이렇게 말씀하셨다. "얘야, 네가 아직 사랑하는 법을 모르는 것 같아 안타깝구나. 진정으로 사랑하는 사람은 피로를 모른단다." 덧붙일 말도, 할 수 있는 일도 없었다. 고개를 숙이고 수녀님께 기도를 부탁드리는 것 외에는 말이다. 말과 행동이 일치하는 이에게는 그런 권위가 있다.

어느 영적 자녀의 회고 2

1984년 3월 1일, 천사들의 집에 처음 방문했던 그 복된 날의 오후를 기억한다. 당시 수녀님의 연세는 여든여섯이었다. 하지만 조용하고 사뿐한 발걸음 때문인지 그보다 훨씬 젊어 보이셨다. 수녀님은 가장 먼저 오렌지에이드와 달달한 과자 같은 먹거리를 손님들 앞에 내셨다. 여유가 없을 때는 지인들이 만들어다 준 케이크를 놓기도 했다. 내가 부엌 싱크대에 진출하기까지는 무려 3년이 걸렸다. 그릇을 씻을 줄 모른다는 핑계로 수녀님이 만류하셨기 때문이다. 이처럼 온갖 일을 수녀님은 당신 손으로 직접 하셨다.

언젠가 하루는 한 소녀의 방문을 기다리고 있었다. 이윽고 초인종이 울리자 수녀님이 직접 마중을 나가셨다. 그 소녀가 떠날 때도 문 앞까지 직접 배웅을 하셨다. 의아해하는 나에게 수녀님은 이렇게 대답하셨다. "얘야, 하느님의 모습과 형상에 따라 지어진 사람이 오가는데 당연히 내가 일어나야 하지 않겠니?" 나는 할 말을 잃었다. 수녀님은 불과 열 살밖에 안 된 소녀도 그렇게 섬기셨다. 나는 지금까지 그런 겸손한 사람을, 또 모든 이들 안에 계시는 하느님을 인지하는 분을 본 적이 없다.

"어디를 바라보든 그는 언제나 그리스도를 발견한다. 그리고 그분과 함께 기뻐한다. 그 기쁨은 인간의 모든 계획과 생각, 결심, 행위를 변화시킨다. 그리하여 자신의 모든 사명을 세상의 생명이신 그분께로 돌아가는 신비로 변화시킨다." (알렉산더 슈메만 사제) 천사들의 집은 모든 이에게 바로 그런 곳이었다. 주님께로 돌아가게 하기 위한 하나의 초대였다. 그곳은 우리의 학교가 되었다. 그때 가브릴리아 수녀님을 알게 된 이들은 모두 거기서 첫 번째 수업을 받은 것이다.

수녀님의 가르침은 언제나 성서에서 비롯한 것이었다. 직접적이고 구체적이며 구원을 주는 것이었다. 결코 이론적이거나 설교적이지 않았으며 언제나 실천적이었다. 어디서, 왜 우리가 쓰러지고 다쳤는지 설명해 달라고 요청하면 수녀님은 그 이유를 알려주셨다. 하지만 설명을 듣기 위해서는 우리가 먼저 청해야만 했다. 겸손한 마음으로 누가 시키지 않는 한 먼저 가르치려 하시지 않았기 때문이다.

때론 강하고 때론 부드러운 수녀님의 영감 넘치는 인도 속에서 우리는 하루하루를 살았다. 아주 쓰디쓴 진실이라도 수녀님을 통해 들으면 견딜 만했다. 우리 자신의 실패와 옹졸함을 마주하기가 그 어느 때보다도 수월했다. 넘어져 쓰러진 곳마다 우리를 다시 일으켜 세우시려는 수녀님이 계셨다. 그리고 나중에 왜 우리가 잘못된 길을 걸었는지 그 이유를 설명해 주셨다. 섬세한 그분의 지혜는 비록 이번엔 패배했을지라도 '다음번'엔 다 잘될 것이라는 믿음을 심어주었다. 우리의 상처를 치유하고 싸매 주시는 분은 주님이시기 때문이다. 산산이 부서진 자존심과 멍든 마음에도 불구하고 우리는 다시 한번 용기를 내어 하느님께 영광을 돌렸다.

스승이자 인도자로서 가브릴리아 수녀님은 유일무이한 인물이셨다. 포용력이 있고, 통솔력이 뛰어나고, 친교의 능력을 지닌 축복받은 분이셨다. '그리스도 안에서 춤추도록' 사람들을 이끄시는 분이었고,

그것은 선지자 다윗을 춤추게 한 그 기쁨만큼이나 신명 나는 것이었다. 그리하여 당신은 일시적이든 또는 영구적이든 이제 다른 세상에서 다른 속도와 다른 우선순위를 가지고 살아가게 된다. 당신의 뜻을 너무나도 간단히 무력화시켰음에도, 신기하리만큼 당신은 그것을 원망하기는커녕 오히려 행복을 느낀다.

가브릴리아 수녀님은 순종 그 자체를 목적으로 설교하지 않으셨다. 한 번도 순종을 강요하신 적이 없었다. 그분의 말씀을 나는 기억한다. "사랑하지 않는다면 순종이 무슨 소용이 있겠니? 생명이 없는 로봇처럼 행동한다면 무슨 의미가 있겠어? 중요한 것은 사랑하는 것이란다. 사랑, 겸손, 인내, 순종은 모두 다 같은 뜻이지. '나는 순종합니다'가 아니라 '사랑합니다'가 돼야 하는 거란다."

아무리 괴팍한 사람이라도 (우리 대다수가 그렇긴 하지만) 가브릴리아 수녀님 앞에서는 어느새 순한 양이 된다. 언젠가 수녀님이 그런 이와 대화하시는 것을 보았다. 어떻게 참아내시는지 의아할 정도였다. 그런데 며칠 후 다시 본 그 사람은 어찌 된 영문인지 선한 천사 같은 얼굴로 탈바꿈하여 수녀님 곁에 다소곳이 앉아있었다. 눈을 의심했다. 사랑하는 엄마 옆에 앉은 착한 아이가 된 것만 같았다.

수녀님과 단둘만 남게되자 내가 여쭈었다. "뭘 어떻게 하신 거예요?" "얘야, 내가 뭘 했다고 그러니. 나는 아무것도 한 것이 없어. 우리가 상대방을 사랑하기만 하면 주님께서 모든 걸 행하시지." "하지만 저렇게 성격이 괴팍한데도요?" 내 물음에 수녀님이 답하셨다. "네가 생각하는 고집불통의 사람들도 실상 내면은 그렇지가 않아! 네가 그들을 진심으로 사랑해 주는 순간 뭔가 달라지지. 전에도 말했지만, 사랑은 폭탄과 같아 모든 악한 것을 파괴해 없애거든." 그것은 정말 하느님의 놀라운 기적이 아닐 수 없다. 사랑은 모든 것을 변화시킨다. 옛날이야기에 나오는, 개구리를 멋진 왕자로 변화시킨 공주의 사랑처럼 말이다.

'가브릴리아 수녀님은 마치 우리의 비밀스런 생각을 모두 읽는 것처럼 어떻게 그렇게 깊이, 또 멀리 내다보시는 걸까? 먼저 말을 꺼내기도 전에 우리의 고민을 해결해 주시는 것을 어떻게 설명할 수 있을까?' 당신은 꽤 자주 이렇게 자문한다. 내가 아무것도 알지 못한 채로 무수한 의문을 품고서 처음 천사들의 집을 방문했을 때의 일이다. 몇 마디 말을 짧게 주고받은 뒤 수녀님은 방에 들어가 《무지의 암흑》이라는 오래된 책의 복사본을 들고나오셨다. 그것은 수녀님이 내게 주신 첫 선물이었고, 어르신이 주시는 거니 분명 중요한 내용일 거라는 확신이 들어 내 마음은 호기심과 기대감으로 가득찼다.

잠시 후 수녀님이 자리를 뜨신 사이, 책을 펼쳐 둘러볼 짬이 나서 몇 줄 읽어 내려갔지만 나는 아무것도 이해를 할 수가 없었다. 발소리가 들려오자 책을 덮었다. 돌아오신 수녀님은 "자, 얘야, 그 책이 말하는 바는 말이야…" 하고 말씀을 이어가셨다. 그런데 그 당시 내가 가졌던 아주 구체적인 의문에 대해서 수녀님이 답을 주시는 게 아닌가! 놀라워하는 나를 보고 수녀님은 잔잔한 미소를 머금고서 다소 수수께끼 같은 표정을 지으셨다. 그 얼굴을 나는 결코 잊지 못할 것이다.

물론 이런 일은 수녀님껜 일상이었다. 전화가 울리기 전 혹은 편지가 도착도 하기 전에 수녀님은 이미 누가, 또 어떤 내용으로 연락을 할 것인지 알고 계셨다. 뭔가 중요한 일이 생길 것 같으면 미리 우리에게 언질을 주시기도 했다. 당신의 예지력을 감추기 위해 "내 생각엔" "상상해 보건대" 같은 표현을 덧붙이시면서 말이다.

수녀님이 누군가와 통화를 하시려 했지만 연결이 되지 않았을 때는 그 당사자가 몇 분 뒤에 전화를 걸어오는 일도 잦았다. 또 꼭 해야 할 말이 있어 전화를 하시면 그 사람이 집에 막 들어서는 찰나였던 경우도 많았다. 뿐만 아니라 우리가 힘든 순간을 마주하거나 부정적인 생각에 휩싸여 있을 때 때마침 수녀님이 전화를 걸어오시지 않은 적이 있었던가? 심장이 무너져 내리기 전에 마음속 폭풍우를 잠재워 주셨다. 한 영적 자녀는 화가 치밀어 오르는 순간 수녀님이 '실수로' 거신 전화를 받고서 분노를 삭힐 수 있었다고 고백했다. 그때 수녀님은 《사막의 교부들》에 나오는 한 금언에 대해 물으셨는데, 알고 보니 그것은 '정말 우연하게도' 분노와 관련된 가르침이었다! "말씀은 네 바로 곁에 있고 네 입에 있고 네 마음에 있다." (로마 10:8) 생명이 없는 물건도 마찬가지였다. 수녀님께서 뭔가가 필요로 하실 때면 영적 자녀들을 통하거나 아니면 우편을 통해서 그것이 적시에 전달되었다.

이곳에 '받아들여진' 후 몇 개월의 시간이 흐르고 그런 상황에 익숙해지기 시작할 무렵, 천사들의 집에서 가브릴리아 수녀님과 함께 지내면서 삶이 '흐르면서 나아가는' 은혜로움에 나는 얼마나 행복해했는지! "우리가 '현실'이라고 부르는 나머지 모든 것은 현실이 아니고, 동화처럼 보이는 것이 현실"이라는 수녀님의 말씀이 무슨 뜻인지 나는 이해했다.

천사들의 집은 언제나 꽃으로 가득했다. 당신의 꽃 사랑을 아는 친구들은 늘 수녀님을 기쁘게 해드리려고 꽃을 가져왔다. 우리는 지극 정성으로 식물을 돌보시는 수녀님의 모습을 지켜보았다. 하지만 이해하지 못했던 것은, 사실은 우리가 수녀님의 마음을 아프게 해드리고 있었다는 점이다. "너희는 꽃이 아직 살아있을 때 가져오지만 말라 죽으면 내가 묻어야 한다"고 수녀님은 말씀하시곤 했다.

천사들의 집 밖 길목에는 몇 그루의 어린나무들이 있었다. 그런데 희한하게도 수녀님의 방 밖에 있던 나무 하나만 유독 더 크고 생기가 있었다. 그에 대해 "매일 아침 내 어린나무와 대화한단다"라고 수녀님이 대수롭지 않게 말씀하신 적도 있다. 언젠가 한 번은, 길을 가다 피곤하면 나무 옆으로 가서 그 나무 몸통에 손을 대보라고 하셨다. "하느님께서 나무에게 주시는 기운을 너희들에게 기꺼이 나눠줄 거야."

수녀님의 영적 자녀 중에는 음악을 하는 이가 하나 있는데, 그가 수녀님의 나무 사랑과 관련한 재미있는 일화를 들려준 적이 있다. 집 마당에 작은 사이프러스 나무 몇 그루를 심고 며칠 뒤, 키프로스에 일감이 생겨 그는 여름 내내 집을 비워야만 했다. 그 사이 나무들이 말라 죽을까 싶어 갈지 말지 고민하던 차에, 그는 천사들의 집을 방문해 수녀님께 이 사실을 알렸다. 그러자 수녀님이 말씀하셨다. "키프로스에 가서 일을 하렴. 그리고 그곳에 있는 나무 한 그루에 매일 물을 주거라. 그러면 하느님께서도 네 나무에 물을 주실 거야." 그는 수녀님 발씀대로 했다. 농료늘이 의아한 눈으로 쳐다보는데도 불구하고 단 하루도 빠짐없이 3개월 동안 물을 길어 그곳 언덕에 있는 한 나무에 물을 주었다. 여름이 지나고 그리스로 돌아왔을 때, 마당에 심었던 그의 나무들은 키도 더 크고 건강하게 잘 자라고 있었다.

수녀님은 곤충에 대해서도 똑같은 사랑을 보이셨다. 여름날 밤, 모기 한 마리가 내 주위를 맴돌며 기회를 엿보고 있었다. 계속 내쫓으려다 마침내는 짜증이 나서 나는 모기를 잡아 죽이고 말았다. "얘야, 왜 그랬니? 먹이를 찾은 것뿐인데. 피 한 방울만 주면 널 귀찮게 안 할 텐데!" 밤마다 배고픈 모기의 앵앵거리는 소리를 들을 때면 수녀님은 분명 당신의 팔을 기꺼이 내주셨을 것이라고 나는 확신한다.

천사들의 집은 환대의 성인 삼손의 집이기도 했다. 치유와 환대의 사역이 함께 이루어지던 곳으로, 정교회로의 큰 창문이 활짝 열려있었다. 외부인은 그곳에서 자신에게 부족했던 것과 진정으로 원하던 것을 찾고, 정교인은 자신이 누리던 전통의 가치를 비로소 깨달았다.

여러 '이해가 되지 않는' 일들도 많았다. 어느 늦은 밤이었다. 누군가가 아파트 초인종을 눌렀다. 자정이 넘은 뒤에는 문을 열어준 적이 없었는데 이번에는 무슨 연유에서인지 수녀님이 마중을 나가셨다. 문을 열자 키가 무척 큰 아프리카 사람 한 명이 눈에 들어왔다. 좀 더 자세히 그를 보기 위해 수녀님은 고개를 들고는 "잘 오셨습니다" 하고 맞아주셨다. 안으로 들어온 그는 내부를 한 바퀴 둘러본 뒤 수녀님이 대접하신 초콜릿을 먹고 영어로 "안녕히 주무세요" 하고 인사를 하고서 자리를 떴다. 수녀님은 다시 문을 잠그고 방으로 들어가셨다.

다음 날 아침, 아파트 건물 전체가 소란스러웠다. 화가이자 인심 좋은 건물 관리인 아주머니에 따르면 어젯밤 누군가가 아파트의 초인종을 죄다 누르는 바람에 사람들이 화가 났다고 했다. "다른 집들은 문을 열어주지 않았다네요. 경찰서에서 그 사람이 마약 중독자라고 알려주더군요. 수녀님도 문을 열어주지 않으셨어야 할 텐데요." "실은 저는 문을 열어주었답니다. 하지만 나쁜 사람이 아니었어요. 집안에 들어왔다가 그냥 나갔습니다. 제게 잘 자라고 인사하고는 떠났지요." 천사들이 다시금 수녀님을 지켜준 것이다!

천사들은 우리에게 잊지 못할 위대한 '가르침'을 주기도 했다. 수녀님이 크레타의 카스텔리에 나를 보내셨을 때다. 버스를 타고 가고 있는데 근래에 천사들의 집을 방문했던 그리스계 미국인 소녀가 내 옆으로 와서 앉았다. 이름이 요안나였던 듯하다. 어딘가 정상적이지 않아 보였던 소녀는 처음엔 자기의 인생사를 늘어놓더니, 곧이어 가브릴리아 수녀님에 대해 나쁜 말을 하기 시작했다. 어안이 벙벙했다.

　시간이 흐르고, 나는 이 일을 완전히 잊고 있었다. 아테네로 돌아오자마자 수녀님이 너무 보고 싶어 천사들의 집으로 갔다. 그런데 그곳에 들어선 순간 깜짝 놀라고 말았다. 요안나가 거기에 있었던 것이다! 수녀님은 영적 자녀 두 명을 불러서 오갈 데 없는 그녀가 묵을 만한 곳을 알아보라고 하셨다. 하느님의 도우심으로 우리는 숙소를 찾았다. 이제 천사들의 집에 맡겼던 짐가방 네 개와 요안나를 태우고 갈 택시만 있으면 되었다. 내가 차를 부르겠다고 나섰다. 사실 좋은 감정은 아니었다. 수녀님을 비난하던 아이가 내 앞에서 빨리 떠나기만을 바라는 마음이었다! 택시가 도착하여 요안나를 싣고 떠나자 나는 부끄러운 줄도 모르고 속으로 '어서 가렴. 속이 다 시원하네' 하고 뇌까렸다.

　요안나를 보내고 나는 아파트로 다시 돌아왔다. 문이 아직 열려있었고, 수녀님은 거실의 작은 의자에 앉아계셨다. 그런 채로 오랜 시간 앞에 있는 벽면을 바라보셨다. 그곳에는 판셀리노스(13, 14세기의 뛰어난 이콘 작가)의 〈옥좌에 앉아 계시는 주님〉의 이콘이 걸려있었다. 무슨 일인지 감을 잡을 수가 없었다. 그때까지도 나는 분노가 채 가시지 않아 속으로 이렇게 생각하고 있었다. '이렇게 널 보살펴 주시는데 그런 수녀님을 비난하다니…!'

　수녀님은 오랜 시간 침묵 속에 그렇게 앉아 계시다가 글썽거리는 눈으로 나를 돌아다보시고는 떨리는 목소리로 말씀하셨다. "아! 가엾은 요안나. 내가 그 아이를 얼마나 사랑했는데!" 수녀님이 다 알고 계신다는 걸 눈치챘다. 벽에 걸려있는 이콘 속 주님이 나를 바라보시는 것 같아 부끄러웠다. 수녀님을 쳐다보기도 죄송스러워 고개를 숙였다. 그리고 손을 잡고 입을 맞추었다. 나는 그렇게 훌륭한 어르신을 모실 자격이 없는 사람이었다.

자리에서 일어났다. "얘야, 복음 말씀 좀 읽어주렴." 매일 저녁 우리는 복음을 읽었다. 그날 밤에는 당신이 성경을 펼쳐 나에게 건네주셨는데 우연하게도 루가복음 5장이었다. 8절에 이르렀을 때 더 이상 목소리가 나오지 않았다. "이것을 본 시몬 베드로는 예수의 발 앞에 엎드려 '주님, 저는 죄인입니다. 저에게서 떠나 주십시오' 하고 말하였다."

그날 밤, 나는 주님을 뵐 면목이 없었다. 이 밖에도 나는 천사들의 집에서 여러 번, 셀 수도 없이 주님 앞에 부끄러운 짓을 많이 하였다.

지혜의 말, 위로와 환대와 치유의 말…. 이 모든 것은 하느님의 영광을 위한 것이었다. 우리 눈으로 직접 이러한 사역이 일으키는 기적들을 보았다. 아주 상냥하고 겸손하게! 아주 확고하게! 매일, 매 손님이 바로 실천의 때였기 때문이다.

러시아의 신학자 파벨 에브도키모프는 이렇게 역설했다. "지금 당신이 보내는 시간, 여기 이곳에서 당신이 만나는 사람, 이 순간 여기서 당신이 하는 일, 이것이 당신의 인생을 통틀어 언제나 가장 중요한 것들이다." 우리의 가브릴리아 수녀님은 그것을 알고, 그런 삶을 산 극소수의 분들 가운데 하나셨다. 깨어있었기에 지금 이 순간을 가치 있게 여기셨다. 현재의 시간과 공간의 성스러움을 아셨고, 그것이 영원으로 가는 창을 열어준다는 사실을 알고 계셨다.

그런 수녀님의 손에는 특별한 치유의 은사가 머물렀다. 우리를 포함하여 아픈 이들이 낫는 것을 두 눈으로 직접 자주 목격했다. 그분의 손길 한 번으로, 또 간단한 기도로 환자들의 아픔과 병이 사라졌다. 고통이 사라진 곳엔 내면의 포근함이 자리했다. 붕대를 감아서, 환부에 부목을 대서 좋아진 것이라고 수녀님은 곧잘 주장하셨지만 말이다. 하지만 그건 그저 겸양의 미덕임을 우리는 알았다.

어느 날엔가 수녀님의 양손이 빨갛게 달아오른 적이 있었다. "얘야, 아무 일도 아니란다." 하지만 잠시 후 수녀님이 혼잣말로 "아, 지금 아픈 환자가 찾아왔으면 참으로 좋으련만…" 하시는 게 아닌가! 하느님의 은총으로 선물 받은 손이었다. 말이 떨어지고 5분이 채 지나기도 전에 초인종이 울렸다. 장을 봐서 가져오곤 하던 수녀님의 한 영적 자녀였다. 문간에 서서 몇 마디를 주고받던 중, 이른 아침부터 목 부위가 결려 그녀가 통증을 느끼고 있었다는 걸 알게 되었다. 서서 대화를 나누던 중이었기에 가브릴리아 수녀님이 가볍게 그녀의 목 부위를 만지셨다. 그런데 잠시 후, 통증과 결림이 금방 사라져 버린 게 아닌가! 믿을 수가 없었다! 영적 자녀가 떠나고 우리는 부엌으로 향했다. 그리고 수녀님은 싱크대에서 물을 틀어 손을 식히셨다. 인도에 있을 적에 간간이 손이 불덩이처럼 뜨거워지는 순간들이 있었노라고 하셨다. 그럴 때마다 수녀님은 냉수에 손을 담가 열을 식히셨다고 한다.

어디를 가든 아니면 잠시 떨어져 있든 간에 우리는 언제나 수녀님께 십자성호를 해달라고, 우리 머리에 당신의 두 손이 닿게 해달라고, 축복해 달라고 부탁을 드렸다. 더 이상 무엇이 필요하겠는가? 진정 우리는 하늘 높이 나는 것만 같았다. 그럼에도 여전히 천사들의 집을 뒤로하고 떠나는 건 다소간 고통스러운 일이었다. 하지만 일단 길에 나서면 축복된 시선이 우리를 기다리고 있었다. 여름이건 겨울이건 당신 방의 창문 너머로 언제나 미소를 띤 수녀님을 볼 수 있었다. 사랑이 가득 담긴 그 미소를 마주할 때면 마음이 쓰라릴 지경이었다. 수녀님은 우리가 미디아스 거리의 모퉁이를 돌 때까지 뒤에서 지켜보시다가 손을 들어 십자성호를 긋고 축복해 주셨다. "하느님의 사랑하는 자녀"이자 우리가 너무도 사랑한 우리의 수녀님….

천사들의 집의 안주인으로서 가브릴리아 수녀님은 더할 나위가 없는 분이셨다. 소박한 부엌살림에도 최고의 것들을 가장 은혜로운 방식으로 손님들에게 제공하셨다. 가장 먼저 무엇을 이야기하면 좋을까? 소문난 금요일의 "검은 수프"는 실은 접시에 뜨거운 물을 붓고 마마이트 한 수저를 푼 다음, 빵 조각을 올린 것에 불과했다. 그런데도 기가 막히게 맛깔났다! 야채 수프에 요거트를 올린 것은 또 어떻고? 복된 손으로 만든 음식이라서인지 하나같이 맛이 좋았다. 애정이 듬뿍 담긴 그 준비 과정을 지켜보면 눈물이 차올랐다. "서로 미워하며 살진 쇠고기를 먹는 것보다 서로 사랑하며 채소를 먹는 것이 낫다." (잠언 15:17)

토요일 성 루가 성당에서 성찬예배를 드린 후 먹던 아침 식사 또한 우리는 잊지 못한다. 수녀님은 작은 찬장에서 있는 것 없는 것을 모조리 꺼내 상을 차리셨다. 비스킷, 케이크, 잼, 향긋한 차, 특히 친구 올랴가 가져다준 것들을 죄다 내놓으셨다. 당신을 위해, 나중을 위해 뭐라도 남겨두시는 법이 없었다. 사랑의 식탁 위에 올려진 이 많은 것들을 두고도 수녀님은 "약소하다"고 표현하셨다. "하느님의 빈자"가 모두를 넉넉하게 대접했다. 배고픈 채로 떠나는 이가 없었다. 상상해 보라.

수녀님과 단독으로 대면하는 기쁜 날이면 우리는 뭔가 특별한 경험을 하리란 걸 알았다. 때는 주로 이른 저녁이었다. 간혹 전화가 걸려 와서 대화가 중단되기도 했는데, 그럴 때면 방금 들은 소중한 말씀을 꼼꼼히 메모하느라 바빴다. 매번 더 많은 이야기를 해주셨고, 우리는 침묵을 지킨 채 그 깊은 말뜻을 헤아리려 애썼다. 행여 흐름에 방해가 될까 싶어 숨도 크게 내쉬지 않았다.

창문 너머 스미는 가로등의 푸르스름한 불빛 아래서, 혹은 겨울 저녁을 따뜻하게 데우는 작은 전기난로의 붉은 빛 아래서 행해지는 신비로운 의식. 축복의 밤, 우리의 저녁 모임 시간! 그것은 말로는 다 할 수 없는 그리스도의 소중한 선물이자, 오래도록 잊히지 않을 신비롭고 독특한 경험이었다.

수녀님은 말씀을 하다 말고 중간중간 잠시 숨을 고르셨다. 그 순간은 마치 수호천사와 단둘이 어떤 은밀한 대화를 나누시는 것처럼 성스러웠다. 잠시 후 수녀님이 다시 말씀을 이어가시면 목소리와 함께 빛이 비추는 듯했다. 그리고 다시 말이 끊어졌다. 이 침묵을, 우리는 사랑할 수밖에 없었다. 너무도 특별한 그 정적은 뭔가를 드러내고, 해소시키고, 소생케 하는 것이었기 때문이다.

이리네오스 대주교님은 한 편지에서 수녀님을 두고 "천사들의 수녀원장"이라고 칭하시기도 했다. 수녀님은 1989년 4월 17일 월요일, 에기나 섬의 성모 보호 수녀원으로 떠나셨다. 아테네가 텅 비고 말았다.

하느님의 뜻을 갈망하는 이라면 누구나 천사들의 인도를 받는다.
(시리아의 이사악 성인)

에기나(1989-1990)

이드라, 스페체스, 에기나 섬의 교구장 이에로테오스 대주교님은 성 넥타리오스 수도원에 속한 성모 보호 수녀원을 가브릴리아 수녀님께 맡긴다. 이곳 수녀원은 마치 작은 천국 같았다. 성모님의 거룩한 보호에 봉헌된 아름다운 성당과 작은 켈리 셋, 작업실 하나와 멋진 정원이 딸린 곳이었다. 전망 또한 훌륭했다. 창문 너머로는 셀 수 없이 많은 작은 성당과 함께, 섬의 옛 중심지인 팔레오호라가 내다보였다. 옛날 대주교청과 디오니시오스 성인이 머물던 켈리도 눈에 들어왔다.

우리는 성 넥타리오스 수도원 대성당에서 성찬예배를 드렸다. 이리니 원장수녀님을 비롯한 모든 수녀님들이 가브릴리아 수녀님을 따뜻하게 사랑으로 맞아주었다. 15년 전인 1974년에도 발목을 다쳐 회복이 필요했던 수녀님은 이곳을 찾았었다. 당시 여기서 함께 생활하던 세 명의 수녀님들로부터 극진한 돌봄을 받은 수녀님은 그분들이 당신을 어떻게 보살폈는지 우리에게 아주 세세하게 전해주었다.

가브릴리아 수녀님을 알던 거의 모든 사람이 성모 보호 수녀원을 찾아왔다. 매일같이 많은 사람들이 모여들었다. "주님의 이름으로 오시는 이여 찬미 받으소서…." 수녀님은 애정을 담아 이곳을 "천상으로 가는 대기실"이라고 표현하기도 했다. 늘 그랬듯이 기쁨이 넘쳤다.

크레타의 이리네오스 대주교님 또한 가브릴리아 수녀님을 만나기 위해 먼 곳에서부터 발걸음을 했다. 우리는 침묵 속에 두 분의 만남을 지켜보았다. 독일과 크레타에서 했던 과거의 사역 활동과 오늘날의 청년들에 대해서, 또 아테네의 생활에 대해서 이야기를 이어갔다. 분위기는 너무도 화기애애하고, 가볍고, 자유로웠다. 함께 전쟁에 나가 승리를 꿰찬 두 전우가 나누는 대화처럼 허물이 없었다.

얼마 후에는 디오니시오스 미크라야나니티스 신부님이 순례차 성넥타리오스 수도원에 들렀다가 아토스 성산의 축복을 가지고 뜻밖의 방문을 하였다. 그리고 몇 달 후 그는 스승인 게라시모스 미크라야나니티스 원로 수도사님*과 함께 그곳을 다시 찾았다. 게라시모스 수도사님은 오래전 가브릴리아 수녀님의 오라버니가 아토스 성산에서 목재 무역을 하며 사무실을 운영하던 때부터 개인적인 친분이 있었다.

축복은 두 배였다. 거의 한 세기 전에 태어난 두 노 수도사님들이 당신들의 시대와 이 시대에 대한 견해를 나누는 것을 들으며 우리는 아주 귀한 영적 기쁨을 누렸다.**

> **풍부한 경험은 노인의 명예며
> 주님을 두려워하는 것은 그의 참된 자랑이다.** (집회서 25:6)

성직자들만 이곳 수녀원을 찾은 건 아니었다. 방문객 중에는 옛 친구들, 그리고 처음 보는 이들도 있었다. 외국인 관광객과 근처를 지나는 히피족들의 발걸음도 이어졌다. 소성당에서 만과를 드리고 있던

---

* 1903-1991. 1924년 아토스 성산에서 수도사가 되었고, 교회의 성가들을 많이 작사하였다. 2023년 1월 10일, 세계 총대주교청에 의해 성인으로 시성되었으며, 매년 12월 7일을 축일로 지낸다. (편집자 주)
** 하지만 이것이 마지막 만남이었다. 만남이 곧 작별 인사가 된 것이다. 오랜 시간이 지나지 않은 1991년 12월과 1992년 3월, 두 분은 지상에서의 삶을 마치고 안식하셨다.

어느 날 저녁이었다. 이십 대 초중반의 청년 무리가 찾아왔는데 교회와는 전혀 어울리지 않는 행색이었다. 너저분한 옷차림에 헝클어진 긴 머리, 수염은 덥수룩하고 어깨에는 침낭까지 매고 있었다. 그 아이들은 예배당 밖 의자에 다리를 꼬고 앉아 담배를 피우며 성당에서 흘러나오는 예식 소리를 듣고 있었다. 예배를 마치고 밖으로 나온 우리는 그제서야 그 모습을 본 것이다.

"잘 왔구나, 얘들아. 여기 밖에 오랫동안 있었니? 왜 안으로 들어오지 않고?" 가브릴리아 수녀님이 인사를 건네자 청년들은 즉시 다리를 풀고 담배를 급히 땅에다 내버렸다. 그러더니 자리에서 일어나 꾸벅 인사를 했다. 마실 것을 내어오고 청년들과의 대화가 시작되었다. 어떤 말이 오갔는지 듣지는 못했다. 수녀님은 내게 당신의 방에 있는 십자가 네 개를 가져오라고 했다. 성지에서 가져온 십자가로, 올리브 나무로 만들어진 것이었다. 수녀님은 축복 기도를 한 후 청년들에게 그것을 나누어주었다. 잠시 후 그들은 자리를 떴다.

다음 날 만과 시간이었다. 헝클어진 긴 머리의 청년이 다시 찾아와서는 성당 안으로 들어가 제일 뒷자리에 앉았다. 만과 후, 쟁반 위에 손님용 다과를 준비하여 가지고 돌아왔을 때 가브릴리아 수녀님과 청년은 여전히 성당 안에 나란히 앉아 성화벽(iconostasis)을 바라보고 있었다. 열린 문 사이로 새어 들어온 붉은 석양빛이 성화를 황금빛으로 물들였다. 나는 멈춰서서 두 사람을 마음껏 바라보았다. 주님의 사랑과 은총 속에서 신비로운 침묵의 대화가 오래도록 지속되는 것 같았다.

그러다 갑자기 청년이 입을 떼었다. 내용을 알아들을 수는 없었지만 나중에 수녀님께 전해 들은 바에 따르면, 그 청년의 이름은 야니스이고 돈이 부족해 상점의 간판을 그리는 일을 하며, 밤이면 팔레오

호라의 옛 주교청 건물 잔해 속에서 잠을 청한다는 이야기를 했다고 한다. 수녀님 특유의 표정에서, 나는 당신이 주님의 자녀를 위해 천사들과 무엇인가를 '공모'하고 있음을 알아챘다. 야니스의 인생에서 중요한 일이 일어날 참이었다.

두 달 후, 늦여름의 어느 날 내가 정원에서 물을 주고 있을 때였다. 한 젊은이가 문을 두드렸다. 나가보라는 수녀님의 말씀에 나는 대문을 열었다. 거기엔 몰라보게 달라진 야니스가 서있었다. 머리카락과 수염을 정리하고 단정하게 옷을 입은 야니스는 말 그대로 빛이 나는 듯했다. 무슨 일이 있었던 걸까? 수녀님은 야니스를 아토스 성산의 파이시오스 수도사님께 보냈었다. 수도사님은 야니스가 고백성사를 할 수 있도록 했고, 그 이후로 그는 마약과 모든 악행을 떨쳐버리고 자유를 얻게 되었다. 그날 오후 성당에 찾아왔던 청년 무리 중에서 오직 야니스만이 매 시간 울리는 수도원의 종소리를 인지할 수 있게 된 것이다.

이에로테오스 대주교님과 성 넥타리오스 수도원의 이리니 원장수녀님, 그리고 수도원의 다른 수녀님들도 자주 성모 보호 수녀원을 찾곤 했다. 하루는 대주교님의 자매가 활력이 넘치는 성 미나스 수도원으로 우릴 데려갔다. 그곳의 원장인 테클라 수녀님과 거기 계신 모든 수녀님들은 첫 만남의 순간부터 가브릴리아 수녀님을 무척 사랑했다. 손님방에서 아침을 나누며 이야기꽃을 피웠던 어느 날에는 대화를 녹음하기도 했다.

그렇게 축복 속에 몇 달의 시간이 지나가고, 갑작스런 사건으로 우리의 삶은 큰 변화를 맞는다. 모두의 사랑을 받던 가브릴리아 수녀님이 심각한 병에 걸리고 만 것이다. 악성 림프종인 호지킨병이었다. 끈질긴 설득 끝에 수녀님은 겨우 의사의 방문을 허락했다. 하지만 방에 들어간 지 3분 만에 의사는 그곳을 빠져나왔다. 그 어떤 치료도 바라지 않는다는 당신의 의지를 피력한 게 틀림없었다.

　다시 한 달이 지났다. 수녀님은 통증으로 인해 괴로워하기 시작했다. 그럼에도 단 한마디의 불평도 하지 않았다. 온종일 나무 십자가를 왼쪽 귀 옆에 꼭 대고 있었다. 말도 거의 하지 않았고, 먹지도 못했으며, 잠도 거의 자지 못했다. 병원에 입원해야만 하는 상태였다. 수녀님은 아테네의 파마카리스토스 병원에 전화를 했다. 당신의 두 형제가 먼저 세상을 떠난 곳이었다. 2월 21일 비가 내리는 오후, 우리는 아테네로 향했다.

　바다를 반쯤 건넜을 무렵, 갈매기들이 사는 작은 바위섬 근처에 배가 다다랐을 때 느닷없이 "우지끈" 하고 나뭇가지가 꺾이는 소리가 들렸다.

　이후 우리는 에기나 땅을 다시 밟지 못했다.

에기나의 성모 보호 수녀원에서 촬영된 사진들

시련

하느님, 은을 풀무불에 시금하듯이
당신은 우리를 단련하셨습니다. (시편 66:10)

카테리나 자매 덕에 가브릴리아 수녀님은 파마카리스토스 병원 일인실에 입원할 수 있었다. 133호실이었다. 여러 가지 검사 끝에 호지킨병이 맞다는 진단을 받았다. 병은 상당히 진행된 상태였다. 하지만 수녀님이 치료를 모두 거부했기에 의학의 도움을 받을 수가 없었다.

벌써 한 달이 지나고 있었고, 안타까운 소식이 퍼져나가기 시작해 가까운 친구들과 영적 자녀들이 병문안을 왔다. 각자 작별 인사를 전했다. "낙원에서 만나자." 수녀님은 모두에게 축복을 빌어주며 외려 그들을 위로했다. 하지만 사람들은 슬픔을 감추지 못했다. 절친이었던 예후다 하네그비에게 쓴 편지에서 수녀님은 이렇게 말했다. "저는 마치 죽기 전에 자신의 장례식을 지켜본 유일한 사람 같아요."

가브릴리아 수녀님이 큰 고통 속에서도 끊임없이 감사 기도를 드리고 있었다고, 디오니시오스 신부님은 우리에게 전해주었다. 수녀님의 얼굴에선 마치 푸르스름한 광채가 나는 듯했다. 눈빛은 모든 것의 이면과 그 너머를 바라보는 것 같았다. 차분하고, 엄숙하며, 고귀했다. 수녀님은 우리에게서 떠나가고 있었고, 우리는 말문이 막혀 멍한 채로 멀어지는 당신을 그저 바라만 보았다.

"어디가 아프신 거예요?" 하고 방문객들이 물으면 수녀님은 "아무것도 아녜요. 그냥 사소한 암인걸요. 하느님께 영광" 하고 미소로 답했다. "어떻게 지내세요?"라는 물음에는 "특별한 것 없어요. 그냥 밤낮으로 천사들이 벽에 엄청나게 큰 글자로 써놓은 걸 읽지요. 당신의 뜻이 하늘에서와 같이 땅에서도 이루어지게 하소서!" 하며 응했다.

말 없는 고통과 함께 흘러가던 시간 내내, 우리는 마른 이파리를 손에 쥐고 비벼서 향기가 나게 하던 것을 떠올렸다. 수녀님도 마찬가지였다. 주님의 손길 안에서 이 시련을 겪는 동안 수녀님은 달콤한 영성의 향기를 내뿜으며 병실 안을, 나아가 얼어붙은 병원 복도를 가득 채웠다. 병실 문에는 '절대안정'이라는 안내판이 붙어있었음에도 의사, 간호사, 청소부 할 것 없이 많은 이들이 찾아와 수녀님의 축복을 받았다. 이 병실은 이미 천사들의 방이 되어있었다.

4월 9일, 수녀님은 병원에서 나와 카토 일리우폴리스에 위치한 아우구스티나 자매의 집에 한동안 머물렀다. 걱정으로 가득한 나날이 지나고 있었다. 고통스러워하는 수녀님의 모습을 보기가 쉽지 않았다. 귀 근처의 림프선이 호두알만큼 커져서 통증이 심했음에도 수녀님은 아무런 말이 없었다. 마지막이 다가오고 있었다. 부활절이 가까워 오던 때이기도 했다. 수녀님은 늘 "그리스도께서 부활하셨네" 하는 찬송을 들으며 세상을 떠나고 싶다고 했었다. 우리는 주님께서 조만간 수녀님을 데려가실 것 같다고 생각했다.

1990년 4월 14일 성 대 토요일, 이웃에 있는 성 파라스케비 성당으로 갔다. "하느님이여, 부활하시어 온 세상을 재판하소서"라는 찬송이 끝난 후 수녀님은 성체성혈을 받았다.

집으로 돌아와 방에 앉은 수녀님이 머리싸개를 들어올렸다. "네 손을 좀 줘보겠니?" 우리에게서 잔인하게 수녀님을 빼앗으려는 암 덩어리를 만지고 싶지 않았다. 또 혹시라도 수녀님이 통증을 느끼진 않을까 염려되기도 했다. 나는 주저하며 손을 내밀었다. 수녀님은 내 손을 환부로 가져가더니 당신의 목 위아래를 눌러보게 했다.

"어, 여기 어떻게 된 거죠?" 나는 소리쳤다. "커졌던 림프종이 사라진 건가요?" 의심하는 토마 사도처럼 나는 그곳을 만져보고 또 만져봤다. 하지만 아무것도 없었다! 성찬예배 시간에 암이 사라져버린 것이다! 눈 깜짝할 새에! 주님께서 그리 원하셨던 것이다!

기뻐서 소리치며 주님께 감사기도를 올렸다. 지인들에게 전화를 돌려댔고, 마치 작은 축제가 벌어진 듯했다. "하느님, 당신 백성이 살 곳을 마련하셨으니 그들은 피곤하여 지쳐서도 그곳에 정착할 수 있었습니다." (시편 68:10)

"그리스도께서 부활하셨습니다!"

"참으로 부활하셨습니다!"

시련은 정확히 40일간이었다.

··· 가서 네 몸을 보이고 ··· (마태오 8:4)

며칠 뒤, 우리는 비밀을 잘 간직한 채 다시 병원의 카테리나 자매 사무실로 가서 이 기적을 보여주었다. "오 하느님! 당신께 영광!" 주치의 조르지스가 수녀님을 찾아왔다. 수녀님이 각별히 아끼던 이였다. "의사 선생님, 제 병이 어떻게 진행되고 있는지 알고 싶어 왔습니다." 약간 당황한 듯한 조르지스가 수녀님의 목을 살펴보더니 갑자기 힘이 쭉 빠지기라도 한 듯 손을 아래로 떨구었다. 그는 이어서 조용한 목소리로 말했다. "수녀님이 성녀이시거나 아니면 하느님께서 수녀님을 무척 사랑하시는가 봅니다. 둘 중 어느 것이래도 우리를 위해, 또 이 병원을 위해 기도해 주십시오…." 그는 감격에 겨워 몸을 떨며 의자에 주저앉았다. 병원의 외과 과장 아누시스와 조직검사를 담당했던 의사 파파도풀로스도 똑같이 기적을 목도하고 몹시 놀랐다.

레로스

"수녀님, 이제 어디로 갈까요?" "오늘부터 오순절까지 '하늘의 임금이시여…'로 시작하는 성령의 기도를 끊임없이 반복하면서 우리의 귀를 열어 두어야지." 내 물음에 수녀님이 대답했다.

말씀대로 오순절에 우리는 한 단어로 된 메시지를 받았다. 레로스. 1990년 11월 25일, 가브릴리아 수녀님은 카테리나 성인의 섬인 레로스 땅을 밟았다. 그곳의 교구장 넥타리오스 대주교님은 존경과 사랑으로 수녀님을 맞아주었다. 대주교님의 레로스 방문 일정에는 늘 가브릴리아 수녀님과의 만남이 포함되었고, 그것은 우리에겐 축복과 같았다. 대주교님은 혹시나 수녀님께 부족한 것이 없는지를 살핀 후 하느님에 대해, 성모님에 대해, 천사들에 대해 담소를 나누었다. 또 축일이면 수녀님께 항상 먼저 연락을 해왔는데, 1991년 주님의 입당 축일에는 이런 카드를 적어 보내기도 했다. "지극히 존경하는 가브릴리아 수녀님, 우리 주변에는 참으로 읽을 것이 많은데 하느님의 말씀은 빠져있답니다. 건물들도 많지만 하느님의 집은 그곳에 없지요. 다행히도 레로스에서는 수녀님께서 당신의 존재, 말씀, 사랑으로 그것을 상기시켜 주신답니다. 이에 대해 수녀님께 진심으로 감사드립니다."

주님께서 가브릴리아 수녀님의 '자녀들'에게 심어주신 사랑은 수녀님의 발길 닿는 곳마다 평생 그분을 감싸안아 주었다. 그들 가운데 몇몇은 레로스를 찾아왔고, 편지도 끊이지 않았다. 비록 아테네를 떠나있었지만 수녀님의 사랑은 영적 자녀들을 계속해서 품고 있었다. 1990년 12월 17일, 아테네에서 릴리 사리야니가 부쳐온 편지를 보면 그 사실이 명확해진다.

사랑하는 가브릴리아 수녀님! 수녀님을 떠올릴 때, 그리고 늘 천상과 천사와 내면으로 향하는 수녀님의 시선을 제 안에 되살리려고 할 때 느끼는 위안과 사랑 외에는 당신께 드릴 것이 없습니다. 수녀님이 떠나신 자리가 비어있다고 말씀드린다면 그것은 거짓이지요! 이곳에 머무시던 수년 동안 제게 베푸신 사랑이 아직도 제 마음속에 살아 숨 쉬는데 어찌 빈 공간을 말할 수 있을까요? (…) 저는 그저 수녀님을 떠올리는 것만으로 충분합니다. 크리스마스에 보내려고 크리스타에게 카드를 사 오라고 부탁했더니 이렇게 말하더군요. "잘못 생각하신 것 같아요. 가브릴리아 할머니는 세상에 파는 그런 류의 쓸모없는 것들을 전혀 원하지 않으실 거예요. 사랑한다는 말씀 한마디면 충분할걸요!"

수녀님이 세상을 떠나기 7개월 전인 1991년 8월, 아토스 성산의 성 안나 스키티(skete)의 디오니시오스 미크라야나니티스 신부님과 스피리돈 신부님이 함께 찾아왔다. 이 중요한 행사에 대해 수녀님은 친구 하리클리아 지시무에게 다음과 같이 설명했다. "하리클리아 자매, 기쁜 소식이 있어 말해주려고. 우리의 디오니시오스 원로 신부님이 스피리돈 신부님, 멜리톤 보제와 함께 아토스 성산에서 오셨어. 그리곤 걷지 못하는 나를 의자에 앉히더니 성곽에 있는 파나기아 성당으로 데려갔지. 거기서 나를 대수녀로 축복해 주셨어."

의자에 앉은 채로 성곽의 가파른 계단을 내려오던 때, 너무도 평온하던 수녀님의 표정을 나는 잊지 못할 것이다. 손에는 의자의 손잡이 대신 켈리에서처럼 콤보스히니가 쥐어져 있었다. 그 연세의 다른 이들 같으면 걱정이 많이 앞섰을 텐데도 수녀님은 하느님과 그분의 천사들을 절대적으로 신뢰하고 있었다. "하느님이 천사들을 시켜 너를 시중들게 하시리니 그들이 손으로 너를 받들어 너의 발이 돌에 부딪히지 않게 하시리라." (마태오 4:6)

이 당시 수녀님은 디오니시오스 신부님과 많은 대화를 나누었다. 수녀님이 마지막으로 외출하던 날, 우리는 신부님과 함께 아기오스 페트로스라고 불리는 장소에 가서 그곳에 수도원이 건립되길 기원했다. 그리고 2년 후, 대주교님의 축복을 받아 마침내 천사들의 수도원이 착공되었다.

이곳 레로스에서 가브릴리아 수녀님은 헤지카스트의 삶을 살았다. 오랜 시간을 침묵 속에 보냈으며, 오후 1시에서 3시 사이 간간이 전화가 걸려 올 뿐이었다. 사람들은 토요일과 일요일에만 만났다.

이 지역 주민들은 남녀노소 할 것 없이, 심지어 어린아이들까지도 축복을 받기 위해 수녀님을 찾아왔다. 사람들이 질문을 던지면 수녀님은 피로도 잊은 채 답변을 해주었다. 인도를 비롯한 여러 나라에서 경험했던 수많은 이야기를 곁들이기도 했는데, 그럴 때면 우리는 사랑하는 그 이야기들을 마치 처음 듣는 것처럼 경청했다. 시들지 않고 끝없이 새로운 꽃잎을 펼치는 신비로운 장미처럼, 생명이 깃든 수녀님의 이야기에는 늘 새로움이 있었다.

돌이킬 수 없는 시간이 속절없이 흘러갔다. 우리는 은연중에 그것을 느끼고 있었으나 그럴 때마다 작별에 대한 생각을 멀리 쫓아내 버렸다. 수녀님은 심각한 표정에, 말씀도 거의 없었다. 단어를 꺼내기조차 힘들어진 것이다. 시간이 얼마 남지 않았기에 매 순간이 소중했다. 그렇게 수녀님이 우리 곁을 떠나가고 있었다….

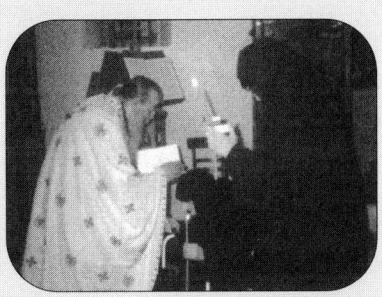

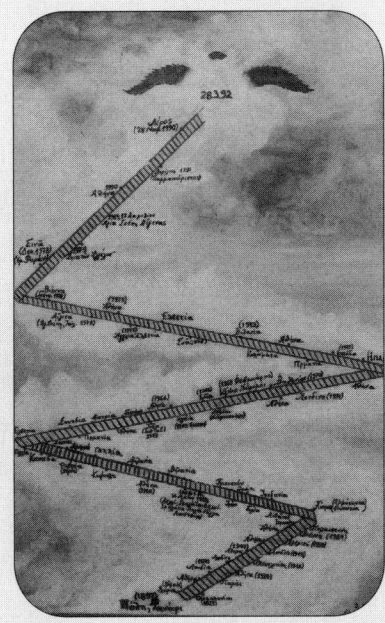

레로스에서 촬영된 사진들

한 시인이 말했어.
물 위에 떠가는 배는 수면 위에 흔적을 남기지 않는다고.
이 세상을 떠날 때, 나 또한 그럴 거야.
그럼에도 나는 양심의 가책을 느끼지 않아.
바로 그거야! 무심함!
주님께서 원하셨다면
그분은 나를 다른 존재로 만드실 수 있었겠지.
그분께서는 언제나 앞서서 나를 인도하시고
나는 그분의 기적을 응시하며 따를 뿐이야!
나는 그저 한 명의 관객에 불과해….

제2부

가르침

일러두기

독자들의 편의를 위하여 자료를 주제별로 정리했다. 서로 다른 때에 말씀하셨던 내용일지라도 동일한 주제의 가르침이라면 발췌하여 한데 모았다.

영적 어머니 가브릴리아 수녀님의 말씀

지혜롭고 착한 아내를 버리지 말아라.
그 십덕은 황금을 주고도 사지 못한다. (집회서 7:19)

목소리를 녹음하는 기술적 수단이 있는 시대에 살게 해주신 하느님께 영광! 우리는 가브릴리아 수녀님의 육성이 담긴 카세트테이프 몇 개를 찾아냈다. 미국의 강연에서 수년에 걸쳐 녹음된 것들도 있을 것이다. 우리가 모은 자료는 수녀님의 생애 가운데 선교, 사목, 수도에 전념한 22년 동안의 내용만을 담고 있다.

이 테이프를 듣는 사람들은 달변가인 수녀님의 청산유수 같은 말솜씨에 깜짝 놀라곤 한다. 쉴 틈 없이 쏟아지는 밀도 있고 직설적인 언변은 생동감 넘치고 유쾌하다. 그건 마치 당신의 영혼으로부터 "샘물처럼 솟아올라 영원히 살게"(요한 4:14)하는 물줄기와도 같다. 우리 모두는 수녀님 곁으로 달려가 갈증을 풀고 휴식을 취하며 내면이 감당할 수 있는 만큼의 빛을 흡수했다.

기회가 있을 때마다 우리는 수녀님의 음성을 녹음했다. 누군가는 슬며시 메모지를 꺼내 금언들을 기록했고, 누군가는 현명한 말씀과 특유의 삶의 태도를 기억 속에 고이 눌러 담았다. 불명확한 언어의 홍수 속에 사는 오늘날의 우리에게 수정처럼 맑은 개울을 연상케 하는 이런 말씀이 있다는 것은 엄청난 축복이 아닐 수 없다. 극도로 투명하기에 그 원천을 쉽게 찾을 수 있기 때문이다.

가브릴리아 수녀님의 온 생애처럼, 그분의 가르침은 그리스도께로 가는 길을 가리키는 빛나는 이정표였다. 이러한 가르침만이 경계와 한계를 뛰어넘어 동방과 서방, 그리스도인과 비그리스도인 등을 가리지 않고 다양한 사람들의 마음을 채울 수 있다.

질문을 받으면 수녀님은 에둘러 말하거나 틀에 박힌 답을 주는 대신 즉시 질문의 핵심을 꿰뚫는 답변을 내놓았다. 종종 그것을 듣고 당황하는 이들도 있었지만, 결국엔 항상 의문을 해소하고 원하는 답을 얻어갔다. 그리고 그것이 얼마나 간단하고 이미 친숙한 것인지를 새삼 깨닫곤 했다.

수녀님의 가르침은 시리아의 에프렘 성인의 말씀처럼, 언제나 "창조주 주님을 향한 끊임없는 찬양"이었고 "그리스도께 영광을 돌리는 것"이었다.

가브릴리아 수녀님은 구약성서에서 찾을 수 있는 진정한 의미의 지혜를 가진 분이었다. 단순한 이론적 사상가나 철학자, 교양인이 아니었다. 실천과 행동에서 분리될 수 없는 지혜를 지녔기에 조언을 구하는 사람들에게 영적인 지도를 해줄 수 있었다.

가브릴리아 수녀님은 단지 하느님에 대해 말할 줄 알았기 때문에 신학을 한 것이 아니었다. 교회의 교부들이 말했던 "지성을 마음에 안착시키는" 경지에 오른 사람이었기에, 단순히 기계적으로 기도하는 것이 아닌, 온 마음을 다해 진정으로 기도하는 사람이었기에 신학을 한 것이었다.

가브릴리아 수녀님은 마음의 통로를 이용해 주님의 '영역'을 범하려 하지 않았다. 주님께서 처음 가르치시고 걸으셨던 방식, 즉 사랑의 실천을 통하여 겸손하게 그분께 다가갔다.

영적 어머니 가브릴리아 수녀님은 위대한 스승이었다. 가르치려 하지 않았기 때문만이 아니라, 당신 스스로가 평생 주님의 제자로 살았기에 그러했다. 수녀님의 말씀이 우리 모두의 심금을 울렸던 것도 이런 이유에서였다. "스스로 계명을 지키고, 남에게도 지키도록 가르치는 사람"(마태오 5:19)이었기에.

수녀님은 언제나 주님과 함께하는 당신만의 삶의 방식을 통해서 우리가 하느님을 알아보고 찬양할 수 있도록 했다. 주님께로 되돌아갈 수 있도록 우리를 준비시킨 것이다.

뒤에서 이어질 수녀님의 음성은 주님을 찬양하는 믿음의 노래다. 수녀님 역시 "그의 말씀을 믿고 찬양을 불러 올리"(시편 106:12)는 이들과 하나이기 때문이다.

1. 사랑

수녀님, 사랑에 대해 말씀해 주시겠어요?

사랑은 하느님의 은총으로부터 온단다. 우리는 하느님의 창조물이고 하느님은 사랑이시기에 우리는 그것과 함께 세상에 태어나지. 하느님이 어떤 분인지 정확하게 안다는 것은 우리 머리로는 도저히 불가능해. 한계가 있기 때문이야. 하지만 정신과 영혼엔 제약이 없지. 우리 영혼은 하느님을 인식할 수 있거든. 세상적인 눈으로는 그분을 볼 수가 없어. 부자와 가난한 라자로의 비유를 잘 알 거다. 라자로는 죽어서 아브라함의 품에 안기고 부자는 지옥으로 가서 고통받는 내용 말이야. 부자가 아브라함에게 말했지. "할아버지, 라자로를 내 형제들에게 보내 내가 이곳에서 고통받고 있으니 그들도 나쁜 짓을 하지 말라고 전해주십시오." 여기 우리가 주목해야 할 점이 있단다. 그것은 아주 못되고, 자선이라고는 전혀 모르던 그도 자신의 형제들을 사랑한다는 점이란다. 다시 말해, 만약 네가 너의 친구들만 사랑한다면 네가 받을 상이 무엇이겠니? 죄인들도 그렇게는 하지 않니? 그리스도인은 달라야 하지. 그리스도인이라면 자신의 사람이 아닌 이들도 사랑해야 한단다. 모든 사람이 자신의 가족이 되어야 하는 거야. 그곳에 그리스도교의 아주 위대한 신비, 비밀이 숨어있지. 부자의 간청에 아브라함이 대답했어. "모세와 예언자가 있지 않느냐. 만약 모세의 말을 믿지 않으면 다른 세상에 있던 자가 가서 말해준다 해도 그의 말을 믿지 않을 것이다." 주님께서 토마 사도에게 "보지 않고도 믿는 사람은 행복하다"라고 말씀하셨는데, 왜 그러셨을까? 그것은 정신, 영혼을 통해 신비로운 방식으로 그분을 볼 수 있음을 말씀하신 거란다….

네 영혼을 다해, 아주 깊이 그분을 믿으면 하느님의 현존을 현실처럼 아주 강렬하게 느낄 수 있어. 그럴 때 다른 것들은 안중에도 없지. 그저 너의 손을 그분께 맡기고, 그분이 이끄시는 대로 따라가면 되는 거야! 사람들 눈에는 그런 네 모습이 제정신이 아니거나 괴짜인 것처럼 비칠 수도 있어. 그리고 "도대체 쟨 뭘 하겠다는 거야? 오늘은 이랬다가, 내일은 저랬다가" 하면서 너를 재단하겠지. 하지만 하느님으로부터 단죄를 받는 것보다야 사람들에게 재단을 당하는 게 더 낫지. 주님의 음성을 듣고도 사람들이 불쾌해할까 봐 "아니요" 하고 거절한다면 그건 정말 끔찍한 일일 거야.

네, 정말로요. 하지만 어떻게 하면 그런 사랑을 품을 수 있을까요?

앞서 말했듯이 사랑은 하느님으로부터 주어진단다. 하느님께서는 사랑이시기 때문이지. 우리가 다른 이들에게 베푸는 사랑은 그 원천에서 흘러나오는 것이고, 그들을 거쳐 다시 원천으로 돌아가.

아주 아름답네요.

하지만 사랑은 측량할 수 없는 것이란다. 한계가 없지. 사도 바울로께서 말씀하셨듯이 사랑은 항상 인내하고, 희망하고, 선한 것을 기뻐하고, 불의에 슬퍼하며, 한량없는 것이란다. 이전에도 말했지만 네가 누군가에게 너의 모든 사랑을 주었을 때 그가 그 사랑을 받아들이지 않으면 그것은 다시 너에게로 돌아와. 주님께서는 이 점을 말씀하셨어. "어느 집에 들어가든 평화를 주어라. 만약 그 평화를 받아들이지 않는다면 그것은 너에게로 다시 돌아올 것이다."

모든 것이 다 이러해. 여기서 잊어서는 안 되는 것이 있어. 우리가 축복하고 기원하는 모든 선한 것들이 우리에게 돌아오듯이, 나쁜 것도 마찬가지야. 그러므로 우리는 아주 조심해야 해! 생각조차도 나쁘게 먹어서는 안 되는 거야! 우리 자신에게 해를 입히는 결과를 가져오기 때문이지. 내 말이 무슨 뜻인지 알겠니? 보답을 받고 싶다는 생각이 들면 빨리 잊어버리렴. 상대방이 감사를 표하거나 말거나 그건 네 일이 아니란다. 하지만 너는 감사하는 마음을 가져야지. 먼저 하느님께 감사드리고, 그다음 온 세상에 감사하는 마음을 품거라. 감사를 기대하는 것은 참으로 인색하고도 어리석은 일이란다. 배은망덕한 일을 겪더라도 기꺼이 받아들이렴!

하지만 서운한 마음이 든다면요?

그런 마음도 품어서는 안 된단다. 왜냐하면 하느님께서도 우리에게 그런 서운함을 느끼실 것이기 때문이지. 지난번에 네게 말했듯이, 하느님께서는 밤이고 낮이고 우리에게 무엇을 주신다고 했지?

모든 것을 주신다고 했습니다!

우리는 하느님께 감사할 줄 알아야 해. 그분의 창조물에도 말이야. 엊저녁 친구와 버스를 타고 가고 있었지. 그 친구는 나보다 먼저 내리고 나는 계속해서 타고 가는데 어느덧 날이 어두워진 거야. 그때 정류장에서 내리면 맞은편 인도로 어떻게 건널까 하는 생각이 들었어. 그런데 그 순간 바로 응답이 왔지. '미리 걱정하지 마라. 먼저 목적지 정류장까지 가거라. 그러면 하느님께서 천사를 보내주실 것이다.' 5분이 채 지나지 않아 한 아주머니가 내 옆자리에 앉더구나. 그분은 내 앞자리에 앉을 수도 있었지만 한 남자에게 "부인과 함께 제 자리에 앉으세요. 저는 뒤에 앉으면 됩니다" 하고 자리를 양보한 거야. 그리곤 내 옆으로 온 거지. 그때 좋은 사람임을 알아보고 내가 물었어. "죄송하지만 성 루가 정류장이 아직 멀었나요?" "제가 한 정류장 못 미쳐서 내리니까 알려드릴게요. 그런데 왜 물어보시는지요?" "제가 길을 건너가는 데 좀 어려움이 있어서요." "아, 그럼 제가 수녀님과 함께 내려서 길 건너편까지 모셔다드릴게요." 나는 그 순간 하느님의 천사가 바로 이 사람이구나 하고 깨달았단다. 버스에서 함께 내려 걷던 중에 그분이 내게 말했어. "저는 하느님을 위한 삶을 살기로 했답니다. 지금은 어머니와 함께 사는데, 저는 아프리카에 무척 관심이 많아요." 그래서 내가 아프리카에 있었던 사실을 이야기해 주고 오늘날의 선교에 대해서도 대화를 나눴지. 우리는 이름과 전화번호를 교환하고 친구가 되어 헤어졌어. 그것은 선물 같은 만남이었단다. 얘야, 내가 언제나 말했지. 단순히 아침 인사만 나누는 짧은 마주침에도 뭔가 뜻이 있을 수 있다고 말이야.

네, 맞는 말씀이세요.

모두가 그런 인식을 갖게 된다면 세상은 분명 한 가족 같을 거야!

그러면 정말 좋겠어요!

온 세상이 하나의 조국이지! 얼마나 좋을까!

네, 정말요!

나는 지상이 아니라 정말이지 천상에 사는 것처럼 느낀단다! 라자로스 신부님도 말씀하신 것처럼, 여기가 바로 천국이야! 우리는 여기서 천국을 찾아 그 천국과 함께 가든지, 아니면 영영 천국을 얻지 못하겠지!

하지만 아무리 생각을 해봐도 의문이 풀리지 않아요. 어떻게 수녀님 혼자서 뱀과 전갈 등이 있는 동굴 속에서 지내실 수 있었는지, 또 좋은 사람과 그렇지 않은 사람 구분 없이 다 함께 어울려 사실 수 있었는지 말이에요.

아니란다! 모두가 좋은 이들이었어! 늘 그렇지. 그리고 하느님께서는 언제나 균형을 맞춰주셔. 주변 환경이 혹독할 때는 선한 사람들을 네게 주시지. 그리고 그들은 네가 다른 것을 느낄 수 없을 만큼 아주 큰 사랑을 베푼단다.

그런 것이 우리의 삶을 진정으로 변화시키죠!

사는 방법, 느끼는 방법에 달려있지. 죽는 문제는 하느님 손에 달려있어. 하지만 사는 문제는 네 손에 달려있단다! 하느님께서는 우리를 자유롭게 살도록 하셨기 때문이야. 하지만 애야, 무엇보다도 인간의 양심이 잠들게 해서는 안 돼! 그곳에 첫 번째 타락이 있지. 그다음부터 양심은 서서히 굳어지고, 결국 너는 무슨 일이 벌어지고 있는지 인식할 수 없게 돼. 엄숙한 사람들, 하느님을 두려워하고 교회에 나가는 사람들이 불의한 행동과 생각을 서슴지 않고 타인을 비난하는 것은 모두 그들의 양심이 잠들었기 때문이란다. 참으로 무섭지!

혹시 도둑을 무서워해 본 적이 있으신가요?

(웃으며) 뭐, 도둑? 전혀! 도둑은 한 번도 무서워해 본 적이 없단다! 우선 나는 그들을 사랑해. 그래서 나를 찾아오면 "어서 오세요" 하고 반길 거야. 그리고 친구처럼 먹거리를 대접하고서 이렇게 말하고 싶어. "여기에 있는 것은 무엇이든지 가져가도 됩니다. 하지만 제가 당신의 다른 동료들에게도 똑같이 베풀 수 있도록 제 목숨만은 살려주었으면 합니다!" 애야, 영혼을 가진 한 인간으로 맞아준다면 그런 이도 정신을 차린단다. 비록 일순간일지라도 말이야. 그리고 네가 보이는 그 사랑을 존중하게 되지. 언젠가 네게 찰리 하우스 씨 이야기를 해준 적이 있을 거다. 처음 뵈었을 때 그분은 농업학교 교장이었어. 당시는 발칸의 게릴라군들이 활동하며 문제를 일으키던 때였는데, 어느 추운 겨울날 밤에 누군가가 하우스 씨가 사는 곳의 문을 두드린 거야. 문을 연 순간 그는 깜짝 놀랐지. 한 남자가 총기를 들고 서있었거든. 나쁜 의도를 바로 알아챈 하우스 씨는 그자를 보고 이렇게 말했어. "형제님, 어서 오세요. 안으로 들어와 몸 좀 녹이시죠." 꽁꽁 얼어붙은 날씨라 하우스 씨는 식탁에 그 사람을 앉히고 따뜻한 차를 대접했어. 그리고 대화를 나누기 시작했단다….

그 사람이 아연실색했겠는데요!

하우스 씨는 자신이 미국에서 왔고, 학교를 세워 아이들이 여러 유용한 것들을 배울 수 있게 되었다는 이야기 등을 해주었지. 이야기가 끝날 무렵 그 사람이 두 손을 모으더니 이렇게 말하는 거야. "저는 돈을 받고 당신을 죽이러 왔습니다. 그런데 도저히 그럴 수가 없군요. 어떡하죠? 만약 제가 당신을 죽이지 않으면 그들이 저를 죽일 텐데요." 그러자 하우스 씨가 말했어. "수염을 깎고, 제가 옷을 드릴 테니 그걸 입고 맞은편 산으로 가세요. 사람을 붙여 에스코트해 드릴 테니 거기서 원하시는 데로 떠나십시오." 그 게릴라군은 그렇게 도망칠 수 있었어. 만약 하우스 씨가 문을 열고서 '나를 죽이러 왔군. 내가 먼저 저자를 죽여야겠어' 하고 생각했다면 지금쯤 어떻게 되었을까?

그렇다면 사랑이 모든 것을 다 할 수 있다는 말씀인지요?

모든 것을 할 수 있지! 그런 능력을 지닌 것이 사랑이야! 사랑과 기도는 온 세상을 뒤흔들어 놓을 수 있단다! 지진이나 홍수보다도 더!

하지만 진정 중요한 것은 아는 사람이든 모르는 사람이든 영혼을 다해 사랑해야 한다는 것이군요.

그렇단다, 애야. 왜 그런지 아니? 그 이유는 언제나 말해왔듯이 하느님께서 우리를 창조하셨을 때 당신의 숨을 불어넣어 주셨기 때문이야. 하느님의 그 숨결이 사랑이란다. 그래서 사랑하기를 멈춘다는 것은 살기를 멈춘다는 것을 의미하지. 숨을 쉬지 않고는 살지 못하는 것처럼 말이야. 따라서 네가 한 사람만 사랑하고 다른 이들은 사랑하지 않는다면 그것은 아무도 사랑하지 않는다는 것을 뜻해. 이해하겠니? 하느님께서 사랑, 마음, 눈, 그리고 당신의 모든 선물을 우리에게 주신 이유는 첫 번째 계명처럼 우리의 온 존재, 온 영혼을 다해 하느님을 사랑하게 하기 위함이란다. 그리고 두 번째로는 우리와 남을 결코 구분해서는 안 된다는 것을 알려주시기 위함이지. 하느님께서는 이웃을 네 몸과 같이 사랑하라고 말씀하시잖니. 그런데 내가 감히 뭐라고 "그 사람요? 그 사람은 좋지 않은 사람이에요. 저는 그를 사랑할 수가 없어요. 저 사람이요? 그는 거짓말쟁이인데 저와 무슨 상관이 있나요?"라고 말할 수 있겠니? 얘야, 그래선 안 된단다! 사랑은 그런 게 아니란다. 사랑은 모든 이를 사랑하는 거야. 하느님께서 가련한 우리 모두를 끝없이 사랑하시는 것처럼. 하느님께서 우리를 사랑하시지 않을 이유는 차고 넘치지 않겠니? 그 모든 것에도 불구하고 주님께서는 의인과 악인 모두에게 비를 내려주시고 선인과 악인 모두에게 빛을 내려주시지 않니?

사람을 어떻게 파악하시나요? 눈빛으로? 아니면 말하는 태도로?

모든 것을 다 본단다. 하느님의 크신 사랑과 삶의 경륜으로 어느 정도 사람을 파악할 수 있는 눈이 생겨. 생김새, 눈빛, 목소리, 자세 등을 두루 살피면 어떤 사람인지 알 수 있어. 하지만 이런 판단을 가지고 상대를 대하는 태도를 달리하거나, 좋지 않은 말을 하거나, 혹은 그 사람을 피해서는 안 돼. 어떤 식으로든 너나 그 사람이 달라지는 계기가 되는 만남일 수도 있거든. 이 점을 결코 간과하지 말거라.

택시를 타면 기사가 무척 화가 나있는 경우를 자주 보지. 그는 오랜 시간 차 안에 가만히 앉아 일하며 지친 상태란다. 어떤 승객은 기사에게 담배를 피우지 말라고 하고, 또 어떤 승객은 창문을 닫아달라고 요구해. 그 외에도 아주 유난스런 승객들이 많지 않니? 그러다 보면 기사는 언제든 싸울 준비가 되어있지. 네가 택시에 타 가방을 이쪽에 놓으면 기사는 거기에 놓지 말라며 퉁명스럽게 얘기해. 또 네가 창문 가까이 붙어 앉으면 안으로 더 들어가라고 소리를 지르기도 하고. 하지만 그럴 때 네가 잠시 조용히 침묵을 지켜보렴. 어느 순간 차분히 생각하는 그의 모습을 보게 될 거야. 화가 누그러진 기사는 너에게 어디에서 왔냐며 이런저런 질문을 던져. 그러다 마지막에는 자신의 주소를 주며 성지에서 가져온 십자가를 보내달라고 부탁을 할지도 몰라. 나는 이런 사람들을 무척 자주 봐왔어.

수녀님, 정말 대단해요. 우리도 그렇게 모든 사람을 담백하게 사랑할 수 있는 경지에 이르렀으면 좋겠어요.

애야, 그래서 우리가 이 세상에 태어난 거란다! 사랑하기 위해서 말이야! 하지만 무슨 일이 벌어지는지 잘 보거라. 우리 교육 방식엔 문제가 많아. "그 아이와 함께 어울리지 마라. 좋지 않은 아이야. 저 아이는 거짓말쟁이니까 말을 섞지 마라." 이런 소리 들으며 자라지. 이렇게 시작되는 거란다. 어린아이들은 태어날 때부터 누구라도 사랑할 준비가 되어있거든. 또한 '내 것' '네 것' 구분이 없어. 그래서 네 가방을 가져가서 그 안을 헤집어 놓거나, 자기가 좋아하는 것을 발견하면 가져가 버리기도 하지. 그렇다고 아이가 도둑은 아니잖니! 단지 소유의 개념이 없을 뿐이지.

아이들은 모든 걸 포용하는 사랑을 가지고 있거든. 소녀 시절엔 나 역시도 사람들을 무척 사랑했었지. 손님들이 방문하면 나는 어머니에게 가서 "제가 나가서 맞을게요. 엄마는 나중에 오세요" 하고 부탁하곤 대신 마중을 나갔어. 어른들과 함께 앉아 이야기꽃을 피웠더랬지. 나는 사람들을 무척 사랑했어. 모든 아이들은 사랑받기를 원하니까 그런 게 아닐까? 네가 먼저 사랑을 해야 사랑을 받을 수 있으니. 그렇지만 나중엔 더 이상 사랑받는 일에 신경을 쓰지 않게 돼. 하느님의 사랑을 받기 때문이지. 사랑을 베풀면서 그것을 돌려받는 것에 대해선 전혀 연연하지 않게 되거든. 너의 유일한 관심사는 오직 네가 모든 이를 사랑하는지, 그리고 네가 그분과 함께하는지 아니겠니.

2. 사랑, 연애, 결혼

수녀님, 사랑과 연애에 대해서 말씀해 주세요.

사랑은 한 인간의 삶에 있어 최고의 아름다움이지. 처음 사랑이 찾아오면 그건 마치 이유를 모르고 활짝 피어나는 꽃과 같아! 마음은 혼란스럽고, 하느님께 드려야 할 사랑은 이성으로 향하지. 그게 첫사랑이야. 하지만 사실 그건 타인에 대한 사랑이 아니란다. 그는 많은 결점을 가지고 있을지도 모르지만 우린 그걸 간과해. "내 영혼이 사랑에 빠질 준비가 되어있기에 그가 보이는 거야." 즉, 우리는 사랑하는 것을 사랑하기에 그 사람을 사랑하는 것일 뿐이란다. 그리고 그 사랑은 하느님이시지. 사랑의 원천인 보이지 않는 그분보다, 눈에 보이는 한 사람에게 우리의 마음이 기우는 거야. 그리고 대개는 실패로 귀결되고 말아. 그제야 우리는 눈을 뜨고 제대로 보게 되지.

인간이 깨달음을 얻으려면 실패가 필수불가결하다는 말씀인지요?

하느님은 인간에 대한 크신 사랑으로 서서히 가르침을 주신단다. 누군가는 사랑의 실패를 통해, 또 누군가는 오감 중 하나를 잃음으로써, 그리고 또 누구는 오랜 투병 중에 자신의 삶을 되돌아보며 교훈을 얻지. 삶을 통해 깨우침을 얻을 수 있는 이들에게 주님께서는 이 모든 수단을 이용하셔. 하지만 깊은 사랑으로 점잖게 행하시기에 우리가 쉽게 눈치채지 못하지.

개인적인 시련에 대한 질문은 많은 사람들을 당혹스럽게 합니다. 인간의 완성에는 예외 없이 고통과 슬픔이 필요한 걸까요?

진정 그렇다고 나는 말하고 싶구나. 왜냐하면 인간은 죄인이고, 모든 일이 잘 되어간다고 믿는 와중에도 아주 쉽게 유혹에 빠져들기 때문이지. 이것도 좋고, 저것도 훌륭하고. 그러다 자신의 목적을 잊어버리고 말아.

인간의 목적이 무엇인가요?

"나는 너희에게 새 계명을 주겠다. 서로 사랑하여라"라고 주님께서 말씀하셨듯이, 인간의 궁극적인 목적은 사랑이란다. 다른 건 없어. 그렇다면 사랑의 의미는 무엇일까? 누구를 만나든지, 잘못을 저지른 사람이거나 또는 이해하기 힘든 사람일지라도 독립체로서의 너의 존재를 고집하지 않고 그 사람의 영혼 속으로 들어가는 것이란다. 반드시 그렇게 해야 해. 왜냐하면 하느님의 숨결, 그리스도의 불꽃, 네 것과 같이 박동하는 심장이 그 사람 안에도 있기 때문이지. 달리 말해, 그 사람 안에서 네 모습을 발견하는 거란다. 그리하지 않으면 다른 이를 도울 수 없어. 수평으로 손을 뻗어 온 인류를 품으려 하는 대신, 오직 주님만을 사랑하고 그분만을 향해 수직으로 손을 치켜든다면 무슨 유익이 있을까? 가능하다면 우리의 몸도 십자가의 형상을 따라야 해.

십자가의 형상이라면, 수직과 수평의 네 방위 안에 온 세상을 담는다는 말씀이군요.

맞아. 하지만 온 세상과 함께 또 무엇을 담는지 아니? 지고의 행복, 평화, 고요, 자비, 그리고 하느님의 사랑을 우리 가슴속에 담는 거야.

그렇다면 수녀님의 기본 원칙은 무엇인가요?

(웃으며) 그건 내 것이 아니야. 성 아우구스티노스가 "사랑하라, 그리고 그대가 원하는 대로 하라"고 말씀하셨던 바로 그것이지. 왜냐하면 사랑하면 해를 끼칠 수가 없거든.

수녀님, 사랑이 아이들에게 미치는 영향에 대해 말씀 좀 해주세요.

사랑이 아이들에게 어떤 영향을 미치는지는 특히 학교에서 잘 드러나지. 같은 아이라도 좋고 싫음에 따라 한 선생에게는 이런 방식으로, 다른 선생에게는 저런 방식으로 달리 행동할 수가 있어. 미국 농업학교에서 우리는 내전으로 인해 부모를 잃은 아이들에게 가정학을 가르쳤어. 그런데 학생 중에 아버지가 적군에 의해 살해 당한 어린 소녀가 있었단다. 방학 때 고향인 랑가다스에 갈 때마다 이 작은 꼬마가 자신의 아버지를 죽인 범인을 찾아 린치를 가하려고 했어. 하지만 우리가 성경 말씀을 읽어주고 대화를 이어가면서 그 아이는 사랑이 제일 우선이며, 모든 일은 주님의 섭리 안에서 이루어진다는 것을 이해하게 되었지. 또한 체벌과 용서의 문제는 하느님께 달렸으며, 우리가 할 일은 그분의 손에 모든 것을 맡기고 잊는 일이라는 것을 깨달았어. 성탄절이 되어 소녀는 여느 때처럼 랑가다스로 향했단다. 그런데 길을 가던 도중에 아버지를 죽인 사람을 마주치게 된 거야. 친지들이 모두 소녀를 붙잡았어. 혹시 그 사람에게 덤빌까 싶었기 때문이지. 그러자 소녀가 말했어. "걱정하지 마세요. 아무 짓도 안 할 거예요. 그는 하느님의 정의 앞에서 심판받을 거예요. 제가 아니라요." 보았니? 오직 사랑을 통해서만이 마음은 변화할 수 있는 거란다.

사랑에 대해 좀 더 말씀해 주세요. 어떤 방식으로 사랑을 주어야 할까요? 또 어느 선까지요?

잘 들어보거라. 지난번에도 말했듯이 사랑하기를 그만둔다는 건 숨쉬기를 멈춘다는 것과 같단다. 사랑은 호흡과 같은 것이지. 말하자면 우리는 사랑으로 '빚어진' 존재들이야. 그렇지? 하지만 모호해. 그것은 이론처럼 보여. 사랑, 사랑, 사랑. 그럼에도 무엇보다 옆에 있는 이를 대하는 태도, 먼저 양보하는 태도를 통해서 사랑은 눈에 보일 수 있어. 사랑과 겸손은 동의어니까. 이걸 꼭 기억해 두렴.

알겠습니다, 수녀님.

일상에서 그걸 확인할 수 있지. 누군가를 사랑하게 되면 그는 언제나 자기가 사랑하는 사람을 먼저 생각한단다. 그리고 자신을 겸손하게 낮추지. 그렇지 않니?

하지만 여기에는 문제점도 있는 듯해요. 일례로 남편이나 아내를 무척 사랑해서 자신을 돌보지 않고 희생만 한다고 해보죠. 이런저런 변덕에도 불평 없이 물심양면으로 상대를 돕지요. 흔히 사람들이 말하는 것처럼 '등불처럼 서있는' 거죠. 하지만 결국엔 버림을 받기도 하잖아요.

그래, 네 말도 맞아. 하지만 잘 보거라. 남편이나 아내를 사랑하는 것은 우리 스스로를 사랑하는 것과 다르지 않아. 무슨 뜻인지 알겠니? 그건 받는 것 없이 주기만 하는 사랑이 아니기 때문이지. 참된 사랑이란 베풀면서 되돌려 받을 것을 기대하지 않는 거야. 따라서 네가 사랑을 베풀며 그것을 되돌려 받길 원한다면 그것은 궁극적으로 너 자신에 대한 사랑이 되는 거란다. 그런 면에서 어머니의 자식 사랑은 고차원적이라 할 수 있어. 되돌려 받을 것에 대한 확신이 없지만 사랑을 베풀기 때문이지.

그렇네요. 또한 어머니는 늘 용서해 주는 분이시죠.

사랑은 늘 인내, 용서와 함께하지. 모든 것이 사랑 안에 들어있어. 또한 사랑은 타인의 입장에 서는 거란다. 그리스도께서는 "네 이웃을 네 몸과 같이 사랑하라"고, 또 율법학자에게는 "너도 가서 그렇게 하여라"고 (선한 사마리아인의 비유에서) 가르치셨지. 사랑은 상대방이 누군지와는 무관해. 선인, 악인, 이방인 혹은 우리와 가까운 사람 등을 구분 짓지 않지. 사랑은 그 사람을 있는 그대로 받아들이고, 그 사람을 위하는 거야. 그 사람을 위해 준비된 것이지. 너와 연관 짓는 것이 아니라. 너와 관련된 것은 아무것도 없어. 하느님께서도 우리를 이와 같이 사랑하신단다.

그런데 그것은 보통의 사랑이잖아요. 친구를 사랑할 때는 자연스럽게 수녀님께서 말씀하신 것처럼 사랑의 표현이 이루어진다고 봐요. 하지만

적을 사랑하라는 말씀은 자기 보호와는 정반대 입장이 아닌지요?

내 경험을 통해 한 가지 특이한 점을 말해주마. 사랑을 하는 사람은 적의를 느끼지 못한단다. 그것은 절대 불가능해. 다른 이들이 나서서 정보를 준다고 해도 그는 믿지 않지. 아니, 믿을 수가 없어. 행여 나중에 수긍하더라도 그는 마음 아파하고 연민을 느낄 뿐이야. "나를 뭐로 보고? 감히 뭐라고?" 이런 말은 하지 않아. 이렇게 말하지. "참으로 안타까운 이로군. 어째서 그런 생각을 했을까?"《그리스도를 본받아》에는 다음과 같은 구절이 있어. "당신이 큰 희생을 했을 때, 대의를 위해 전적으로 자신을 바쳤으나 아무런 대가를 받지 못했을 때, 당신이 무엇을 했건 주님 앞에서는 우리 모두 쓸모없는 종에 불과하다는 사실을 기억하라." 하느님으로부터 받은 것을 기억하고, 무한한 사랑과 자비를 생각하면 우리가 그분께 보답할 수 있는 것이 없음을 깨닫기 때문이란다. 만약 있다면 그것은 관용과 약간의 기쁨, 친절 같은 것들이지.

여기서 우리가 하나 주목해야 할 것이 있어. 그것은 우리가 우리 자신을 앞세우지 않고 이 모든 것을 실천하는 만큼 거기에 비례해서 우리에게 악영향이 덜 미친다는 사실이지. 해를 입지 않아. 내가 조금 전 너희에게 피곤하냐고 물었을 때, 그렇게 오랜 시간 서서 기다렸음에도 너희는 전혀 아무렇지 않다고 답했지. 왜 그런 줄 아니? 사랑하면 피곤을 느끼지 못하기 때문이야. 정말 그렇단다. 우리가 하느님께 무엇으로 보답을 드리겠니? 그저 하느님의 형상으로 지음 받은 인간들에게 대신하는 것이지.

네, 알겠습니다. 그런데 수녀님, 저는 결혼이라는 주제로 돌아가서, 한 사람이 다른 사람을 통해 완성되는 이야기를 해보고 싶습니다. 이것은 인간이 고독 속에서, 물론 하느님과의 친교 속에서 완성을 이룬다는 주장과는 다소 모순되는데요.

그러자꾸나. 그런데 "하느님과의 친교 속에서"라는 말로 마치 그것이 부차적인 것처럼 표현했는데, 사실은 바로 그것이 목표이지. 네가 너 자신과 더불어 사는 것과, 네가 하느님과 더불어 사는 것은 전혀 다른 것이란다. 홀로 고독하게 지내다 보면 자신의 참모습을 마주하게 돼. 나 역시 쓰라린 경험이 있지만, 이 자아가 드러내는 모습이란 정말이지 단 30분도 참아내기 힘들어. 고독 속에서 우리는 생생한 자신의 참모습을 마주하는 거야. 세상 속에 살아갈 적에는 아무렇지 않던 우리의 행동들이 전혀 무가치하고, 교만하고, 거북스럽게 다가올 거야. 하지만 네가 하느님과 더불어 살고자 혼자가 되면 그분의 사랑, 그분의 현존, 별과 달 같은 우리에게 주신 그분의 모든 창조물을 떠올리며 감사를 드리게 되지. 이 모든 것을 보고서 하느님을 생각하지 않을 수는 없을 거야. 네 평생 기억에 남을 일몰을 보면서 그것을 창조하신 분을 어떻게 떠올리지 않을 수 있겠니? 우리는 하느님이 하시는 일 속에서 그분을 본단다. 하지만 먼저 우리의 영혼 속에 계시는 그분을 보게 되지. 있는 그대로의 우리 존재를 위해 희생하신 주님을 묵상할 때면 말이다.

하지만 일하고, 가정을 꾸리고, 집을 마련하면서 어떻게 동시에 그걸 할 수가 있을까요?

(…) 물질적인 것! 주님께서는 왜 물질적인 것들을 등한시하셨을까? 그런 것들에 대해 왜 한 번도 말씀하신 적이 없을까? 그분과 더불어 살면서 이런 기도를 할 수 있을까? "제가 건물 2층을 올리고자 하는데 주님, 어떡하면 좋을까요? 복권에 당첨되게 해주세요!"

아뇨. 하지만 사람의 마음속에는 뭔가를 창조하고 싶어 하는 마음이 있잖아요. 글을 쓰고, 음악을 연주하고, 그림을 그리고, 건물을 짓고, 조각하는 그런 창작 활동이요.

(…) 마리아 수녀님의 경우처럼 말이구나. 그분은 작은 목공품을 만들어 한 달에 한 번 도시로 나가 그것들을 팔아. 그리곤 필요한 빵과 차, 설탕 등을 사서 자기만의 동굴로 돌아가지. 그렇게 다시 혼자서 한 달을 지내고 물건을 가지고 도시로 내려간단다. 예전에 사막의 교부들이 그랬던 것처럼. 하지만 이걸 규칙으로 만들 수는 없어. 인간은 죄인이라서 그리스도께서 일러주시는 방법을 쉽게 믿지 못하기 때문이야. 그럼 질문을 던지겠지. '그렇다면 왜 하느님께서는 자식을 많이 낳고 번성하라고 하신 거지?' 그런데 그게 결혼의 이유일까? 미국에서 강연을 할 때 한 청중이 이렇게 묻길래 내가 말했지. "여기 기혼자들 중에 창조가 계속되어야 한다는 이유로 결혼하신 분 계시면 손 좀 들어보세요!" 당연히 모두가 웃음을 터트렸어. 그런 이유로 결혼하는 사람은 없단다. 하느님의 창조에 일조하고자 결혼을 한다고? 아니, 네가 누군가를 사랑했기 때문에, 그 사람을 너만의 것으로 만들고 싶었기 때문에 결혼한 거지.

그럼 인간은 이런 사랑 속에서 완성되는 게 맞나요? 사랑은 슬픔과 아픔을 주기도 하잖아요.

개인적으로는 그렇단다. 하지만 둘 중에 한 명이 떠나더라도 남은 사람이 가정을 잘 지켜낸다면 그는 거룩함에 이를 수 있지.

수녀님께서는 인간이 홀로 고독 속에서, 하느님과의 친교 속에서 완성에 다다른다고 믿으시나요?

그렇지만 모두가 그렇게 할 수는 없지. 인간은 나약하기에 친구를 필요로 하거든. 그리스도께서는 네 가족과 재산을 다 버리고 당신을 따르라고 말씀하셨지. 그리고 그 말씀을 좇는 사람을 어디로든 이끄셨어. 한센병 환자와 장애인을 비롯한 모두에게로 말이야. 주님께서는 그를 통하여 평범한 기쁨과 은총을 누리지 못하는 자들에게 사랑을 베푸시고, 그는 기쁨 속에 살아가지. 만일 누군가가 자아를 고집하지 않고 다른 이들과 함께 이런 방식의 삶을 산다면 그는 더 이상 우정이나 결혼 등 뭔가를 쫓아다닐 필요가 없을 거야. 온 세상에 대한 열정으로 타오르겠지. "선교 관련 일을 하고 싶어요. 졸업하면 아프리카에 가서 일할래요." 나에게 와서 이런 말을 하던 소녀들 덕에 얼마나 기뻤는지 몰라. 그들은 하느님의 사랑을 전하고 싶어 하지. 이렇게 그 아이들의 영혼이 커가는 거야.

3. 사랑과 겸손

사랑과 겸손은 함께한단다. 누군가를 사랑하게 되면 너는 이기주의자가 될 수가 없어. 어머니와 자녀, 오누이, 아버지와 어머니의 경우를 생각해 보면 이해가 쉬울 거야. 나는 어렸을 때 어머니를 무척 사랑했단다. 아버지도 무척 어질고 다정한 분이셨어. 그래서 부모님이 힘들어하실까 봐 이기적인 마음이 들 때도 길게 떼를 쓸 수가 없었지. 원하는 게 없었던 것이 아니야.

지금도 마찬가지란다. 내가 악행을 하지 않는 이유가 있다면 그것은 하느님을 '슬프게' 하고 싶지 않아서야. 그분이 두려워서가 아니라 그분을 사랑하기 때문이지. 나는 하느님의 '포로'도 아니고, 전쟁에서처럼 '항복'한 것도 결코 아니야. 난 매일 나 자신을 그분께 바치고 싶은 거야. 내 온 마음과 사랑과 뜻을 다해서, 살아있는 지금 그렇게 하고 싶은 거지. 죽은 사람처럼 수동적으로 복종하는 게 아니라. 다른 방식으로도 그렇게 할 수 있었겠지만 그럼 난 생명력을 잃어버렸을 거야. 나는 "하느님, 나는 당신께서 원하시는 것을 원합니다"라고 말해. 달리 생각할 수 없어. 사람들과의 관계도 마찬가지란다. 온 마음을 다해 그들을 사랑하길 원하고, 또 그렇게 그들을 사랑해. 상대방이 어떤 사람인지는 전혀 관심이 없어. 나와 마찬가지로 마음과 영혼과 정신을 가진 사람인걸. 그걸로 족해!

4. 필로테이 성녀

나는 지금껏 있었던 모든 여성 선교사들 중의 선구자가 바로 필로테이 성녀*라는 생각이 들어. 그분께서는 놀라운 능력과 믿음으로 어둠 속에 사로잡혀 있던 수많은 영혼들을 구해내셨지. 또한 참으로 많은 젊은 영혼들이 그분 덕에 구원을 얻었단다.

5. 기둥 위의 수행자 성 다니엘

시나이 반도에서 돌아온 후 나는 환자 한 명과 동행하여 스위스로 갔지. 그리고 그곳에서 두 달간 머물렀어. 환자의 신경이 예민해져 있었기에 그의 곁을 잠시도 떠날 수가 없었단다. 그렇게 아침 7시부터 저녁 7시까지 소파에 앉아있어야만 했지. 점심 때 식사하러 잠시 자리를 떴다가도 이내 돌아와야 했어.

그런데 그때 내가 들고 갔던 책이 어떤 건 줄 아니? 《기둥 위의 수행자 성 다니엘》이었단다! 책을 읽으며 생각했지. '그분은 기둥 위에 사시는데, 소파에서 지내는 나는 참으로 안락하구나!' 다니엘 성인 덕에 두 달을 그곳에서 버텼지! 그리고 환자의 병도 잘 치료되어 함께 떠날 수 있었어.

---

* 필로테이 성녀(1522-1589)는 오스만 투르크 지배 시대 때 그리스 아테네에서 살았는데, 자선 활동과 사회 활동으로 수많은 여성들을 도왔다. 투르크인들에게 잔인한 고문을 당하고 순교했다. (편집자 주)

6. 하느님의 형제 야고보 사도의 서신

수녀님이 이곳에 오신 첫해에 하느님의 형제 야고보 사도의 서신을 주석하는 일을 하셨죠.

정말 훌륭한 대작이었지!

그때 제가 뭐라고 말씀드렸는지 기억하세요? 그 서신을 알게 하기 위해 하느님께서 저를 이곳으로 데려오셨다고요. 그 서신은 제게 정말 특별해요. 사람들이 수녀님께 무엇을 읽어야 하냐고 물어보면 모두에게 똑같이 말씀하셨지요. 매일 복음경과 그 서신을 읽으라고요!

내 친구가 전화로 뭐라고 했는지 아니? "그 서신을 읽으라고 해서 읽었는데 정말 깜짝 놀랐어. 도저히 정신을 차릴 수가 없었단다! 정말로! 왜냐하면 해서는 안 된다고 거기서 가르치는 것들을 내가 전부 다 하고 있었거든! 나는 이미 심판을 받은 듯한 느낌이 들었어!" 얘들아, 내가 왜 의사를 멀리하는지 알겠지? 아프면 신부님께 연락드리렴. 하느님의 기적은 참으로 놀랍단다! 꼭 필요할 때 우리의 눈을 뜨게 해주시니 이 얼마나 대단하니!

7. 성령

성령은 무엇인가요?

성령 없이는 그 무엇도 생명력을 갖지 못해. 아무것도 이루어질 수가 없어. 그 어떤 것도 존재할 수 없고, 깨달을 수 없지. 성령은 하느님께서 인간에게 불어넣어 주신 숨이야. 나는 그렇게 느낀단다. 그리고 우리는 세례를 받으며 처음 성령을 모시고 하느님의 날인을 받지.

8. 오늘날의 성인다움과 지혜

수녀님, 성인전을 통해 여러 성인들의 삶에 대해 읽고 있습니다. 하지만 오늘날은 어떤지요? 우리 시대에도 여전히 성인들이 계실까요?

물론 계시지. 하느님께 영광. 내가 요르단이라는 이름을 가진 남자 아이에 대한 이야기를 해준 적이 있니? 파트라에 한 달변가 목자가 계셨어. 게르바시오스 신부님이셨지. 따르는 영적 자녀들이 많았단다. 난민 출신 요르단도 그들 중 한 명이었어. 그런데 그 아이는 앞을 보지 못했단다. 요르단에게는 여동생이 한 명 있었는데, 걔가 매일 아침 바구니에 캔디를 비롯한 몇 가지 물건을 담아 장사를 할 수 있게 오빠에게 가져다줬어. 요르단은 물건값을 잘 알고 있었음에도, 장사를 마치고 정오쯤 집에 돌아왔을 때 수중엔 늘 있어야 할 돈의 3분의 1밖에는 남아있지 않았지. 애들을 비롯해 몇몇 사람들이 장난질을 친 거야. 그는 게르바시오스 신부님을 찾아갔어. "신부님, 저는 깊은 절망에 빠져있습니다." "무슨 일이니, 요르단? 말해보렴." "신부님, 저의 장애로 인해서 많은 이들이 유혹에 빠져 잘못을 저지릅니다. 제가 어떻게 하면 좋을까요?" "나의 자녀 요르단아, 언젠가 네가 세상을 떠나게 되거든 우리 죄인들을 위해 기도해 주렴."

여기, 오늘날의 성인 요르단이 있지 않니! 그렇단다. 사람들은 어디서 성인다움을 발견할 수 있는지, 어디에 지혜가 숨어있는지 알지 못해. 지혜 역시 전혀 예상치 못한 곳에서 드러나는 경우가 많아. 우린 가끔 할머니, 할아버지가 놀라운 말씀을 하시는 걸 듣잖아? 하지만 그분들은 말이 아닌 모범이 되는 삶으로써 보여주시지. 말이 아닌 온 생애로 스스로를 대변하는 이의 삶이란 참으로 큰 신비가 아닐 수 없어. 하느님에 대해서 굳이 언급할 필요도 없지. 그분들의 삶의 모습을 보고 모두가 하느님을 느끼니까. 반대로 밤낮 하느님에 대해 말하면서도 그분을 몸소 살지 않는 사람은 울리는 징과 요란한 꽹과리일 뿐이겠지.

9. 사도 토마

내가 존경하는 토마 사도를 '불신'의 상징처럼 말하는 것은 무척 '부당'하구나. 주님께서 나타나셨을 때 그곳에 있던 제자들은 모두 보고도 믿지 못했어! 그래서 주님께서는 뭔가 먹을 것을 가져오라고 말씀하셨지. 당신이 환영이 아님을 증명하시려고 말이야. 안타깝게도 토마 사도는 그 자리에 없었는데 어떻게 쉽게 믿을 수 있었겠니?

10. 거룩한 천사들

천사들은 언제나 우리를 도울 준비가 되어있단다. 내 눈으로 직접 보았지. 마음의 눈으로 말이야. 내가 큰 위험에 처했던 순간이었어. 인도의 정글에서 승냥이 떼가 눈에 불을 켜고 내 쪽으로 달려드는데, 하느님께서 나를 눈에 띄지 않게 감춰주셨지. 마치 존재하지 않는 것처럼 말야. 이런 것이 천사들의 보호가 아니면 무엇일까? 어떻게 생각하니? 이런 경험을 몇 번 하고 나니 그 어떤 것도 겁내지 않게 되었단다.

또 이런 점도 있어. 마음속에 사랑을 품으면 천사들은 우리와 더욱 친밀한 협력자가 된다는 사실이지. "이제 어디로 가야 하지? 그곳에 가면 무엇을 찾을 수 있을까?" 하며 자문할 때 천사들이 찾아와. 나는 끊임없이 이동하는 삶을 살았단다. 어떤 금전적, 물질적 준비도 없이 말이야. 하지만 언제나 천사들의 보호를 받았어. 지금도 그렇지만 나는 늘 이렇게 말하곤 했지. "좋은 데서 더 좋은 데로 간다." 열악한 상황에 놓이거나 육체적으로 더 힘들지는 모르지만 언제나 기쁨 속에 지내. 왜냐하면 모든 것이 하느님의 계획 안에 있음을 알기 때문이야. 얘야, 너도 언제나 이렇게 해야 해. 네가 어디에 있건, 주변에 어떤 사람이 있건 말이야. 너를 슬프게 하건, 모욕하건 아니면 너를 좋아하건 간에 모든 것이 다 하느님의 계획 속에 있어. 때문에 그 모든 것을 사랑할 수 있지.

저는 수녀님께서 사람들이 필요로 하는 것을 베푸시는 걸 지켜봐 왔습니다. 사랑, 도움, 위로 등 여러 가지로요. 하지만 동시에 수녀님께 해를 끼치지 못하도록 막아주는 보호막이나 거리를 지켜주는 방어막 같은 누군가, 혹은 어떤 것이 있다는 느낌을 받곤 했어요.

그래, 하지만 나를 보호하는 게 나 자신은 아니라고 생각한단다.

수녀님께서 말씀하셨던 천사들요!

천사들이 "우리를 보호하고 이끌어" 주지. 그런데 네가 말한 "거리감"도 맞아. 왜 그런 줄 아니? 우리가 주님과 함께할 때, 우리는 "정신적"이거나 "개인적"인 어떤 "문제"를 겪지 않아. 성경, 영적 아버지의 지도, 교부들의 가르침으로 문제들을 해결하거든. 그리스도께서도 "고생하며 무거운 짐을 지고 허덕이는 사람은 다 나에게로 오너라. 내가 편히 쉬게 하리라"라고 말씀하셨잖니. 누구든지 이런 상태에 이르러 그렇게 믿고, 그렇게 일하고, 그렇게 살면 언제나 사람들 사이에는 네가 말한 거리감이 있게 마련이지. 우리에게 모든 사랑이 있다 할지라도 말이야. 다른 이에게 말할 내 '문제'랄 게 없으니 뭔가 거리감이 생기지 않을까? 당연한 거겠지. 그저 다른 사람들의 문제를 들어주고 그들에게 사랑을 주는 것밖에 없잖아. 결국 너는 언제나 하느님 안에서 사람들의 고민을 들어주는 입장에 서게 돼. 문제를 털어놓기 위해 네 주변으로 모여들기 때문이지.

즉, 천사들은 모든 것에 있어 우리를 보호해 준다는 말씀인가요?

그렇단다. 네가 지금 말했듯이 천사들은 우리를 지켜주지. 나는 그것을 언제나 지켜봐 왔단다. 천사들이 우리 주변에 보호막을 친 것 같다고나 할까? 우리는 매일 저녁 석후소과에서 "주의 거룩한 천사들로 하여금 우리를 둘러싸 방패로 보호하고 이끌게 하시어 우리로 하여금 신앙의 일치를 이루게 하소서"라고 기도하지. 이것이 얼마나 중요한지 아니? 너에게서 믿음이 떠나가지 않게 하는 것, 변함없이 믿음을 지킨다는 것이?

한 가지 예시가 떠오르는구나. 물론 너희에게는 유치해 보일지도 모르겠지만 말이다. 하지만 실제로 있었던 일이야. 시나이 사막의 파란에 갔을 때였어. 모든 것이 너무 아름다웠단다. 켈리들도 모두 새로 만들어져서 문이 있고 창에도 발이 쳐져있었지. 이곳은 사막이라 인도에서 본 뱀, 전갈, 모기 같은 것들은 당연히 없겠거니 생각했어. 아주 고요한 가운데 첫날 밤 편하게 잠이 들었지. 그리고 새벽에 눈을 떴는데 소스라치게 놀랐어. 엄청난 개미 떼가 들어와 바닥에 깔린 양탄자를 완전히 뒤덮어 버린 거야. 양탄자 전체를 말이야! 하지만 더 놀라운 건 내 침대 주변 0.5미터 거리에는 아무것도 없었다는 거지! 안전지대처럼 비어있었어. 나는 카테리나 수녀에게 도움을 청했어. 내가 아무리 믿음이 깊고 용기가 있다고 한들 개미들 앞에서는 아무것도 할 수가 없더라고! 밟을 수도, 내쫓을 수도 없었어. 카테리나 수녀가 들어와서 개미들을 쓸어 담아 밖으로 몰아냈지. 다시 한번 수호천사가 그곳에 있음을 보았어. 언제나 누구나 이렇게 보호를 받는단다.

수녀님, 우리가 '듣는' 은밀한 음성이 대체로 우리의 천사들인가요?

맞아, 우리는 그것을 인지해야만 해. 그것을 명확하게 알아차릴 수 있어야 하지. 그러면 하느님께서는 서서히 우리에게 신성한 힘을 허락하실 거야. 우리가 그 음성을 실천으로 옮길 수 있도록 하는 분별력 말이지.

그 '음성'을 '들을' 때면 마음이 안정되고 모든 것이 자명해지는 경험을 한답니다. 정말 그래요. 여러 번 경험했어요. 하지만 전에는 알아차리지 못했었거든요.

확신을 가지렴. 그리고 세상에서 들려오는 온갖 유혹의 말에 귀 기울이지 말거라. 그리스도 대신 사탄에 물들어 버린 사람들이란다! 너희는 네, 네, 네 하고 답하고 하느님의 손에 자신을 맡겨야 해. 만약 영적으로 유익하지 않을 것 같으면 하느님께서 아니라고 알려주실 거야.

수호천사가 정말 있다는 말씀이군요?

그렇단다. 우리 안에 있지.

모든 사람에게 있나요?

그럼, 모든 사람 안에 살지.

그게 혹시 우리 양심의 소리인가요?

그건 아니란다. 양심의 소리는 하느님의 목소리이기 때문이야. 하느님에 대해 잘 알지 못하는 사람도 그분의 법에 어긋나는 행동을 하게 되면 '마음이 편치' 못한 법이야. 인간이라면, 그가 사회적으로 진화한 이건, 소위 원시인이건 간에 모두 그런 감을 가지고 있지. 죄를 저지르고서 그것을 모를 수는 없단다. 죄를 짓고 나서 마치 독한 약을 삼킨 것처럼 입맛이 쓰다거나, 오랫동안 우울감에 사로잡혀 있었다고 많은 사람들이 내게 와서 말했지. 그 소리는 그들의 것이 아니야. 그들 안에 머무시는 하느님의 소리이지.

수호천사는 그것과는 전혀 달라. 수호천사는 그의 '친구들'과 함께 해. 그들은 우리를 보호해 주는 다른 많은 천사들이지. 언젠가 티노스의 수도원에서 일리아스 마스트로야노풀로스 신부님이 천사에 대해 아주 아름다운 설교를 하신 적이 있어. 천사들은 언제나 우리를 기꺼이 도울 준비가 되어있다는 내용이었거든. 그게 그들의 목표야.

그러니까 우리는 그들에게 간청만 하면 되는 거란다. 그럼 모든 일이 훨씬 수월해질 거야.

우리가 천사들을 멀리 내쫓을 수도 있나요?

우리가 그들을 무시한다면 그렇지.

수녀님은 천사들과 좋은 관계를 유지하고 계시다는 말씀인가요?

우리 모두가 그래야만 해.

어떻게 하면 천사들과 친구가 될 수 있을까요?

그것은 개개인에 달려있어. 너희 스스로가 그것을 깨닫게 될 거야.

천사들에 대해서 더 말씀해 주실 것은 없으신지요?

아주 훌륭한 《성찬예배 해설》이라는 책이 출판되었단다. 그 책에서 천사들에 대해 많은 이야기를 하고 있어. 잘 알고 있겠지만, 성찬예배에서 천사들이 아주 중요한 역할을 하거든. 제단에서 거행되는 이 거룩한 희생제사에는 여섯 날개의 헤루빔, 수많은 눈을 가진 세라핌 그리고 모든 천사들이 다 같이 참여하지….

11. 하느님의 영원한 현존

나는 과거를 곱씹을 수 없어. 현재를 살기 때문이야. 어제는 과거가 되어 없어졌고 내일은 하느님께 속해. 그렇게 나는 조용히 하느님의 영원한 현존을 느끼며 오늘을 살아가! 생각도, 그 무엇도 과거를 향하지 않는단다. 주님께서는 말씀하셨지. "너희는 걱정하지 마라." 당신께서 우릴 위해 모든 것을 대신 걱정하시겠다는 말씀이야. 그 말씀에 따라 행동하는 나에게 사람들은 이렇게 말해. "지금 살고 계신 집에서 쫓겨나시면 어쩌시려고요? 그런 일이 벌어지면 어떻게 하시려고요?" 하지만 애초에 누가 나를 이곳으로 데려왔니? 그분께서 다시 나를 다른 곳으로 데려가시겠지.

우리는 어제를 살면서 내일의 행진을 미뤄. 우리는 과거, 어떤 유령 속에 살 수 없어. 실체가 없기 때문이지. 그런데도 우리는 과거를 실체적 존재로 만들거든. 그건 어떤 아픔을 겪은 후에 계속 그 아픔을 되사는 것과 같아. 내일의 경우도 마찬가지란다. 오늘 하느님의 말씀과 존재로 충만하다면 우리는 내일에 대해 걱정하지 않아. 왜냐하면 내일은 하느님의 것이니까. 그분께서 내일을 걱정하지 말라고 하셨어. 우리는 그 계명에 따라, 그분의 사랑에 맞춰, 우리의 사랑으로 오늘을 살며 앞으로 나아가면 되는 거야. 그러면 그분께서는 당신의 것인 내일을 만드시겠지.

그렇다고 전혀 무계획적으로 살라는 의미는 아니란다. 나름 계획도 세워야 하겠지. 하지만 그것이 실패로 돌아간다고 해서 절망해선 안 돼. 단지 우리의 계획이 하느님의 뜻과 부합하지 않았을 뿐이니까. 또한 우리의 계획이 성공하도록 오늘은 이것을 해야 하고 내일은 저것, 모레는 또 다른 것을 해야만 한다는 생각을 버려야 해. 원하는 것이 있으면 먼저 겸손하게 하느님 앞에 그것을 맡겨야 한단다. 그러면 그분께서는 당신의 뜻에 맞게 축복을 주시지. "당신의 뜻이 나의 삶 속에 드러나게 하소서." 우린 밤낮으로 이렇게 기도해야 해. 영원은 하느님의 영원한 현존이야. 성인들이 그 속에서 살고 계시지. 그래서 교회가 다음과 같은 가르침을 주는 거란다. "오늘 주님께서 태어나신다." "오늘 주님께서 부활하신다." "오늘 우리의 구원이 이루어진다."

12. 부동(不動)

몸이 불편해서 '움직이지 않는 것'에 너무 익숙해지고, 그것이 일상이 되어버린 한 사람이 있었어. 그래서 천사들은 그의 영혼에 날개를 달아주었지. 그가 지상과 천상, 심지어 보이지 않는 우주를 마음 껏 돌아다닐 수 있도록 했어. 하지만 그걸 보지 못하는 다른 사람들은 나를 사랑하는 마음에서 그를 움직이게 하려고 노력했지.

13. 경청

수녀님께 경청의 능력을 주신 하느님께 저는 진심으로 감사드려요. 그렇게 오랜 시간 사람들의 말을 귀 기울여 듣는 수녀님 같은 분을 지금껏 만나본 적이 없었답니다!

하느님께서 능력을 주셨다는 네 말이 맞구나. 전에는 내게 그런 능력이 있는 줄 몰랐어. 어렸을 적 나는 집에 찾아온 손님들과 이야기 나누는 것을 즐겼지. "제가 먼저 손님을 맞을 테니 어머니는 아직 내려오지 마세요" 하고 부탁을 드릴 정도였단다. 세월이 흘렀지만 나를 표현하기 좋아하는 성격은 변하지 않았어. 주변 사람들은 여전히 내 이야기를 들어야만 했지. 학교에서도 마찬가지였고. 자수 시간에 아이들이 열심히 바느질을 하는 동안 나는 주일에 무슨 일이 있었고, 어디에 갔고, 나룻배가 어떻고 하며 계속 수다를 떨던 기억이 나. 자수 하나를 놓는 데 5년이나 걸렸지. 한번은 삼촌이 이렇게 말씀하셨어. "이제 그만 말할 수 없겠니?" 그러자 내가 바로 답했지. "아니요. 새들이 지저귀는 것을 멈춘 적이 있나요? 혹시 그런 걸 보셨어요? 하루 종일 듣고 있잖아요?"

세월이 흘러 처음으로 외국에 나가게 되었을 때야. 혼자 영국으로 향했지. 혈혈단신이었어! 1937년, 수중엔 단돈 1파운드밖에 없었지. 나는 거기서 거동이 불편한 플로렌스 브라이트 여사의 다리 마사지를 하게 되었어. 물리치료 공부를 하기 훨씬 전이었지. 그땐 내가 처음 외국 생활을 할 때라 편지를 자주 받았거든. 하루는 사랑하는 어머니로부터 편지를 받았는데 여러 가지 새로운 소식이 많았어. 나는 브라이트 여사에게 "제게 편지가 왔는데요, 내용이 이렇고 저렇고…" 하며 이야기를 전했지. 그런데 담배를 피우던 그분이 고개를 창문 쪽으로 돌리는 거야. 내가 한참을 말하고 있는데도 내 말에 관심을 주긴커녕 책만 읽는 거였어. 마치 내가 없는 것처럼 말이야! 그 일이 아주 큰 교훈이 되었지! 자신을 돌아보았고, 오늘날까지도 특별히 누가 질문을 던지거나 하느님의 영광을 드러내는 일이 아니라면 개인적인 이야기를 잘 하지 않게 되었어.

전쟁을 포함하여 영국에서 보낸 8년 동안 나는 이런 태도를 유지했지. 1년에 한 번 정도 적십자를 통해 가족들로부터 편지를 받았는데, 그걸 읽으면 여러 가지 감정으로 머릿속이 복잡했지만 누구에게도 털어놓지 않았어. 그리고 영국에 막 도착했을 때 브라이트 여사를 통해 교훈을 얻게 해주신 하느님께 감사를 드렸지. 나 자신을 '닫고' 하느님을 믿고 의지하며 그분과 대화를 나누게 된 거야. 그리고 모든 사람의 말을 경청하는 입장이 되었지. 내가 물리치료사로 일하기 시작하자 이곳저곳에서 사람들이 찾아오기 시작했는데, 왜 그랬는지 아니? 치료 때문만은 아니었어. 자신의 아픔을 털어놓기 위해 찾아온 거야. 그때는 전쟁 중이었기 때문에 자식들이 전쟁터에 나가 죽거나 부상당하고, 연락이 끊겨 생사를 모르는 경우가 많았거든. 하지만 아무도 그들의 아픔을 들어주려 하지 않았지. 그리고 나는… '존재'하지 않았으니까!

가끔 그들은 나를 찾아와 말하곤 했어. "가족이 있나요?" "네." "어디에 사시나요?" "아테네요." "듣기로는 상황이 이렇고 저렇고 해서 포위가 되었다고 하던데…." "…." "걱정되지 않으세요?" "…." 사람들은 이렇게 말하기 시작했지. "그 그리스 여자는 아주 무심한 사람이야. 그냥 여기 혼자 와서 살면서 그 어떤 것에도 관심이 없어!" 그때 이후로 나는 깨달았어. 진심으로 관심을 가지고 사람들의 말에 귀를 기울이는 것은 주님이 주신 소명이라는 것을 말이야. 브라이트 여사가 그때 내 이야기를 귀담아듣지 않았던 일도 내가 가야 할 길을 알려주시려는 하느님의 큰 뜻 안에 있었어. 내가 그분에게 불쾌한 감정을 가지지 않은 이유를 이제 알겠지? 나는 그녀를 사랑한단다. 나의 스승처럼!

14. 상대를 변화시키기

어떻게 하면 잘못된 행동을 하는 상대방을 변화시킬 수 있을까요?

네 노력으로 누군가를 변화시킬 수 있다고 생각한다면 그것은 아주 잘못된 생각이란다. 너의 삶을 통해서 보여줄 수는 있지. 하지만 노력으로, 말로, 반박으로 또 다른 온갖 수단으로도 타인을 변화시키기란 거의 불가능해. 변화는 하느님의 때가 와야만 가능하단다. 만약 너 스스로 달라져서 네가 바꾸고자 하는 사람의 살아있는 표본이 된다면, 그리고 진정한 행복을 보여준다면 그때는 달라질 수 있지. 누군가를 위해 기도하는 것은 좋아. 하지만 그를 변화시키려고 해서는 안 돼. 그것은 하느님의 손에 달린 일이야.

하느님께서는 우리 각자의 삶에 대해 계획을 품고 계신단다. 우리는 자유인이야. 하지만 우리가 무엇을 할지 그분께서는 이미 다 아신다는 걸 우린 깨닫지 못하고 있어. 그분께선 우리 삶의 마지막 순간까지도 다 알고 계시지. 하지만 우리는 우리의 인생을 몰라. 얘야, 우리는 하느님과 하나가 되려고 많은 노력을 기울이잖니? 그러면 사실 우리가 해야 할 다른 일은 아무것도 없어. 당연하게도 우리는 하느님의 길에서 만나고 싶은 본보기가 될 테니까. 하지만 너는 아직 젊어.

하느님께서 네 가슴속에 사랑을 심어주셨지만 처음에는 그것을 이해하기 힘들 거야. 그래서 쉽게 실망하고 이렇게 말하겠지. "내가 그토록 노력했는데도 아직까지 이 지경이라니?" 그런데 알고 있니? 하느님께서도 우리에게 똑같이 말씀하신다는 것을. "내가 수없이 너를 용서했건만, 또 수없이 참고 인내했건만 아직도 그 지경이라니?"

시작이 기도였듯이, 우리가 다음 해야 할 일은 상대를 판단하지 않고 기도하는 거야. 기도가 전부라는 사실을 깨달은 후의 어느 날이었어. 나는 길에서 두 명의 아이가 화가 나 서로 주먹질하는 걸 보았지. 예전 같았으면 가서 말렸겠지만 그렇게 하지 않고 내 믿음의 방법을 즉시 실천했어. 나는 아이들로부터 고개를 돌리고 하느님께 기도했단다. "주여, 아이들에게 당신의 평화를 내려주소서." 기도를 마친 후 고개를 돌리자 아이들은 어느덧 웃으며 다시 함께 놀고 있었어. 그것은 하느님의 응답이었지.

애야, 너도 이 점을 알았으면 좋겠구나. 우리의 평화와 평온, 그리고 삶의 방식은 우리 믿음의 크기를 반영해. 그렇기에 누군가가 아무리 훌륭한 가르침을 줘도 그 자신의 삶이 불안하고 혼란스럽다면 우린 그의 말을 신뢰하지 않게 되지. 그러니 우리가 누군가를 돕고자 한다면 본보기, 즉 주님께 최대한 가까이 다가가는 것을 삶의 목표로 삼아야 한단다.

15. 인도에서 만난 호주 청년 앨런

> 하느님께서는 당신들과 함께 계신 줄 압니다.
> 그러니 우리도 함께 데려가 주십시오. (즈가리야 8:23)

며칠 전 이야기한 것처럼, 환상을 가지고 누군가를 우상으로 만든 후 경탄하다가 나중엔 버려버리는 행위는 모두 우리의 책임이야. 인도에서 구루라고 불리는 이들 중에 굉장히 위대한 스승이 있었지. 당시 나는 그의 아쉬람에 속한 작은 병원에서 일하고 있었어. 하루는 호주에서 스물여섯 먹은 발랄한 청년 하나가 큰 트렁크를 끌고 그곳을 찾아온 거야. 그리고는 위대한 스승이 사람들과 모여 이야기하던 곳으로 갔지. 건물 안으로 들어간 청년은 너무도 감동한 나머지 얼굴이 빨갛게 달아올라 있었어. 그는 스승을 바라보았지. 흡사 우리가 성인의 이콘을 바라보듯이 말이야. 스승은 그를 유심히 보더니 말했지. "자네가 호주에서 온 친구란 말이지? 그래, 우리에게 무엇을 가져왔나?" 청년은 너무 감격에 겨워 말문이 막힌 듯했어. 그러자 옆에 있던 사람이 말을 이어갔지. "바나나를 가져왔나? 아니면 다른 과일? 어쩌면 캔디를 가져왔을지도? 우리에게 무엇을 가져왔는가?" 젊은이는 트렁크를 열더니 종이 뭉치를 연달아 꺼냈어. "흠, 우리를 위해 가져온 선물을 보여주지 않을 셈인가?" 그는 그 말을 듣더니 마침내 녹음기와 테이프를 꺼냈지. 그건 위대한 스승의 가르침을 녹음하려고 가져온 거였어! "아니, 그게 전부란 말인가? 다른 것은 가져온 게 없단 말인가? 저 친구를 숙소로 데려가게!"

불쌍한 그 청년은 방에 틀어박혀서 전혀 밖으로 나오려 하지 않았어. 한마디로 큰 충격을 받은 거야! 거의 신처럼 여기던 스승을 학수고대하며 찾아왔건만, 그가 여느 보통내기들처럼 과일이나 찾고 있었으니 말이지. 게다가 기대했던 선물이 없다며 그냥 방으로 가라는 스승의 말에 절망감을 느꼈어. 구루의 목소리를 영원히 남기기 위해 테이프도 들고 오고, 그걸 호주로 보낼 생각까지 했지 않았겠니. (그 청년은 호주에 있는 사람들로부터 인정을 받고 싶어 했어. 아직 마음속에 남은 '에고'

도 한몫했지.) 다음 날 사람들이 청년의 방을 찾아가 스승의 가르침을 들으러 가자고 했지만 그는 원하지 않았어. 그러다 하루는 내가 숲속을 거니는 그의 모습을 보았지. "좋은 아침이에요. 함께 걸으며 얘기 좀 나눌까요?" "다음번에 하시죠. 지금은 아닙니다!" 청년은 자리를 피했어. 그러던 차에 한 운동 강사가 나에게 이렇게 말하더구나. "선생님은 사람들과 쉽게 잘 어울리시니 청년과 대화를 한번 해보세요." 다음 날, 나는 그를 다시 마주쳤어. "어떻게 지내요? 이곳에 조금 익숙해졌나요?" "아니요!" "우리 잠시 얘기 좀 나눌까요? 저 역시 외국에서 왔는데." "글쎄요, 다음번에 하시죠." 어떻게 해야 좋을지 모르겠더구나. 방에 조용히 앉아 이렇게 말했지. "하느님! 당신의 그 아이가 매일 아침 갠지스 강에 갑니다. 그때 다리를 아주 조금 삐끗하게 되면 제가 마사지를 해주며 대화를 나눌 수 있을 텐데요." 그런데 놀랍게도 정말 그런 일이 벌어졌어! 다음 날 아침 사람들이 나를 찾아왔지. "앨런이 수영하러 갠지스 강에 내려가다가 다리를 접질렸으니 지금 좀 와주세요!" "청년을 방으로 데려와 주세요. 곧 갈게요."

사람의 몸과 관련된 모든 것은 그 이의 영혼과 관련이 있단다. 그때는 청년이 겪던 상황을 내가 직접 눈으로 보던 터라 왜 이런 일이 벌어졌는지 더 잘 이해했지. 나는 치료를 시작하고는 아무런 말도 하지 않았어. 그러자 청년이 먼저 말을 걸어왔지. "왜 아무 말도 하지 않으세요?" "저는 단지 다리를 치료하려고 온 걸요." "네, 하지만 매일 만날 때마다 이곳에 대한 인상을 저에게 묻지 않으셨습니까? 이제 별 관심이 없으세요?" "지금은 그렇네요. 당신의 다리 치료에 집중해야죠." 일부러 그렇게 말한 거지. 내가 말해달라고 하면 그가 아무 말도 하지 않을 거라는 걸 알고 있었거든. 무관심한 척하면 상대방이 먼저 말을 꺼내게 되어있어. 답답한 마음을 풀어놓고 싶어지니까.

그렇게 해서 청년은 천천히 입을 떼었어. 호주에는 위대한 스승을 따르는 신봉자들이 많다는 것과, 스승의 설교를 녹음해 그 가르침을 더욱 널리 알리겠다고 친구들을 대표해 자신이 인도로 왔다는 것 등 여러 가지 이야기를 해주었어. 그러더니 "저는 더 이상 스승님을 보고 싶지 않습니다! 원치 않아요! 그분의 설교를 녹음하는 것도 싫고, 모든 것이 다 싫습니다! 이제 어떻게 해야 할지 모르겠어요." 다리 치료가 끝나고 내가 말했어. "제가 잘 아는 어르신이 한 분 있는데 그분께로 같이 가죠. 당신이 배우고자 하는 인도 철학에 대해 말씀해 주실 겁니다. 동시에 당신에게 말씀해 주실 다른 것도…." "분명히 말씀드리지만, 저는 그리스도교나 그런 것에 대해서 들을 생각은 전혀 없습니다!" "아무튼 가시죠. 가시면 알아요."

그 어르신은 매우 지혜로운 분이었어. 인도 철학을 가르치지만 크리스찬 학교에서도 공부를 하셨지. 찾아오는 그리스도인들을 개종시키려고도 하지 않았어. 청년을 데려가자 어르신은 근처에 묵고 싶냐고 물었고, 그는 "네" 하고 대답했어. 그분은 매우 겸손하신 데다 생김새도 마치 구약에 나오는 예언자 같으셨기에 청년이 깊은 인상을 받은 거야. "그럼 자네가 가진 성경도 함께 공부할 수 있도록 가져오게나. 자네는 성경을 읽는가?" "아니요." "안타깝군. 그러면 '요를 걷어들고 걸어가거라' 같은 말은 해줄 수가 없겠네…. 여하튼 그래도 괜찮네. 자네의 침낭이라도 가져오게나. 그리고 이곳에서 지내시게." 막다른 골목에 몰린 것 같던 청년은 얼마간 그곳에서 어르신과 함께 생활했어. 나도 자주 찾아가 대화를 나눴고.

하루는 그가 내게 이렇게 말했지. "자매님은 하느님께서 뭔가를 원하시면 반드시 그렇게 된다고, 또 우리 자신을 자발적으로 하느님의 손에 맡기면 그분께서 다 알아서 해주신다고, 그렇게 우리의 손을 잡고 가야 할 곳으로 이끄시는 그리스도를 통해서 하느님께 다가갈 수 있다고 하셨지요." "네, 그렇습니다. 하지만 진실로 자신을 내어놓아야만 하지요!" 그 후 어느 날이었어. 앨런이 다시 내게 말했지. "하느님 손에 완전히 맡겨야 한다고 말씀하셨는데, 그렇다면 좋습니다! 우리 둘이서 돈 한 푼 없이 산속의 미지의 장소로 갑시다. 그리고 어떤 일이 벌어지는지 보시죠. 자매님이 말씀하신 것처럼 먹을 것과 묵을 곳을 찾을 수 있을지 말입니다." "물론 찾을 수 있죠!" "확신하신다는 거군요." "저는 확신합니다." "만약 자매님 말씀대로 된다면 저는 그리스도를 믿을 것입니다. 그리고 제가 지금껏 따랐던 모든 구루들과 의절할 것입니다."

그런데 얘들아, 성서에서 하느님이신 주님을 시험하지 말라고, 또 그 징표를 요구하지 말라고 했지. 하지만 그 당시 나는 그리스도교 국가에서 태어난 그 청년이 그리스도를 잃어서는 안 된다는 확신과 열망이 있었단다. 이 시점에서 무엇을 해야 했을까? 앨런의 제안에 나는 "그러죠. 함께 떠나요" 하고 대답했어. 우리는 기차표와 하룻밤 묵는 데 필요한 돈, 앨런이 가져온 약간의 과일을 챙기고는 어떤 일이 있을지 모르는 상황에서 마치 익숙한 곳에 가는 것처럼 다음 날을 기다렸어. 그만큼 나는 확신에 차있었거든!

이른 아침에 되자 우리는 산을 향해 출발했어. 오르고, 오르고, 계속 올라갔지. 어느덧 점심시간이 되어 잠시 휴식을 취하려고 언덕에 앉았는데 앨런이 이렇게 말했어. "아직 아무런 기적이 일어나지 않았네요." "성격이 급하시네요. 오늘밤, 하느님께서 원하시면 머물 곳을 찾게 될 겁니다." "좋아요." 얼마 후 해가 기울기 시작했어. 산은 해가 빨리 지거든. 우리는 아래 골짜기를 내려다보고 있었지. 그리고 솔직히 말하자면, 나는 기다리던 기적이 기대보다 조금 늦어진다고 생각하던 차였어. 그래도 하느님이 계시니 걱정은 하지 않았지. 앨런이 다시 말했어. "아직도 제게 하실 말씀이 없으신가요?" "오늘밤 하느님께서 원하시는 그곳에서 우리는 묵게 될 거예요."

얼마 지나지 않아 땅거미가 질 무렵, 언덕 아래에서 열대지방에서 쓰는 모자가 천천히 모습을 드러내더니 곧 얼굴이 보였고, 뒤이어 인도인 두 명이 나타났어. 좀 더 가까워지자 모자를 쓴 사람은 안경을 쓰고 나이가 지긋한 유럽 여자이고, 뒤에 따라온 두 명은 젊은 인도 여자란 걸 알겠더구나. 마침내 그들이 우리가 있던 곳에 당도하여 인사를 나누게 되었어. "안녕하세요." "안녕하세요." "어디서 오셨나요?" "저 아래 계곡에서 왔습니다." "그런데 지금 어디 가세요?" "친구들에게요." 앨런이 나를 의아하게 쳐다봤어. 왜 거짓말을 하냔 듯이. "어디 출신이세요?" "저는 그리스에서 왔고, 이 청년은 호주에서 왔습니다." "저는 네덜란드에서 왔어요. 미국에서 성장했고요. 여기 두 명의 인도 아이들은 제 딸들입니다. 제가 여기서 딸 여섯을 입양했거든요. 이곳에서 교육도 했지요. 그래서 지금은 간호사로 일한답니다. 선생님들은 무슨 일을 하시나요?" "물리치료를 가르치고 있어요. 최근 병원에서 일하다 그만두었지요." "아, 하느님께서 당신을 보내주셨군요. 오늘밤 저의 집에서 묵으실 수 있으신지요? 제 두 딸이 한 달간 휴가를 나왔어요. 가능하시다면 그 아이들에게 물리치료를 좀 가르쳐 주셨으면 하는데…." "물론이죠. 그런데 여기 이 청년이 저와 일행인데 같이 갈 수 있을까요?" "제게는 입양한 아들도 한 명 있답니다. 그 아이 방을 함께 쓰면 될 것 같네요. 오늘밤 우리 모두는 한 가족이 되겠어요." "우리를 이곳으로 인도해 주신 하느님과 여러분께 감사드립니다."

앨런은 멍하니 서서 어리둥절해하고 있었어. 하느님께서 기적을 보이셨고, 나는 날아갈 듯 기쁨에 젖었지! 말로 다할 수 없이 들떴어. 인도행은 내게 하느님을 향한 믿음 속에 떠난 위대한 모험과 같았지. 언어뿐 아니라 아는 것이 하나도 없이 도착한 곳이었거든. 너무도 생소한 나라였어. 어쨌거나 산속 언덕 위에 자리 잡은 그들의 집은 아주 아름다웠단다. 여주인은 젊어서 고향을 떠나 오랜 세월 그곳에서 살았고, 어떤 선교 단체에도 속하지 않았기에 친구들이 자신의 생계를 돌봐주었다고 내게 말했어. 그리고 하느님의 축복을 받은 듯하다는 말도 잊지 않았지.

그날 밤, 앨런은 감격에 겨워 눈물을 글썽이며 나에게 말했어. "릴라 자매님, 피아노에 앞에 앉아 모든 크리스마스 캐럴을 연주해요! 그리스도께서 방금 제 안에 태어나셨습니다!" 나는 피아노 연주를 시작했지. 그리고 함께 크리스마스 캐럴을 불렀어. 그것도 한여름에 말이야! 다른 아이들도 여주인과 함께 노래를 부르기 시작했지. 앨런은 말 그대로 하느님의 축복 속에 젖어있었고!

얘들아, 보았지? 하느님께선 낭신께서 원하시는 때와 장소에서 기적을 행하신단다. 하느님께선 길을 잃고 헤매는 그 청년을 구하길 원하셨던 거지. 아무튼 우리는 그곳에서 보름을 함께 지냈어. 그동안 나는 그 집 딸들에게 물리치료를 가르쳐 주었고 앨런은 이후 다시 호주로 돌아갔지. 그때부터 그 집 안주인은 매년 나를 초대해 함께 여름을 보내곤 했어. 나중에 내가 앨런에 대한 이야기를 해주었는데, 그들은 결코 그 이야기를 잊지 못했단다.

앨런의 이야기는 여기서 끝난 게 아니야. 2년이 지난 어느 날, 그는 옛 친구들과 함께 다시 그곳 요가 수련원에 찾아왔어. 그때 나는 거기서 멀리 떨어진 산속에 기거하고 있었기에 사람들이 쉽게 찾아올 수 없었거든. 앨런이 나중에 내게 말하길, 그는 내가 했던 말들을 기억하고는 이렇게 생각했다고 했어. '사람들이 찾으면 언제나 '네'라고 말하던 릴라 자매처럼 이번에는 나도 그렇게 해봐야지. 그리고 어떻게 되는지 한번 보자.' 스스로에게 만족하지 못했기에 이런 결정을 내린 거야.

앨런은 나를 만날 수 있을 거라 생각하고 찾아왔지만 그 해엔 내가 산에 있어 내려오지 않을 거라는 말만 들을 수 있었어. 그런데 이런 '우연'이 있나! 내가 있던 곳에 어떤 사람이 찾아와서는 앨런 이야기를 해준 거지. 호주에서 온 그 친구가 지금 어디에 있다고 말이야. 나는 그에게 편지를 보내 이곳으로 오게 해야겠다고 마음먹었어. 그간 그가 어떤 일을 겪었는지 알지 못한 채로. 앨런은 거기서 자신의 인생에서 큰 전환점이 될 어떤 초대를 기다리고 있었지. 나도 구체적인 내용은 모른단다. 아무튼 내 편지가 그에게 당도했고, 그게 그가 받은 유일한 초대장이었어.

그는 즉시 발걸음을 재촉해서 나 말고 다른 유럽 사람은 단 한 명도 없는 그곳으로 올라왔어. "그때는 모든 것이 참 좋았죠. 하지만 이후 많은 일들이 자매님 말씀과 달리 흘러가는 것을 목격했고, 그래서 다시 진리를 찾아 이렇게 인도로 오게 되었습니다." "제가 말했지요. 진리는 이론이 아니라고요. 진리는 '내가 진리요'라고 말씀하신 그리스도입니다. 그런데 더 무엇을 바라지요? 혹시 또 다른 기적을 원하는 건가요?" "자매님은 언제나 기적 속에 살고 계신다면서요?" "네, 저는 기적 속에 살고 있어요. 당신이 살아 다시 나를 찾아오고, 당신과 내가 두 눈과 두 다리를 가지고 있는 이 모든 것이 기적이 아닌가요? 주위를 둘러보세요. 이곳 한센병 환자촌에서, 저기 맹인들이 보이나요? 이곳에 있는 모든 환자들은요? 왜 저들은 고통받을까요? 우리는요? 한 번이라도 자문해 봤나요? 우리는 은총 속에 이 모든 것을 누리고 있는 겁니다! 주님의 은총으로요! 우리의 그 모든 죄에도 불구하고 말이죠. 은총 덕에 지금 우리의 모습을 가지고 있는 겁니다. 그리스도께서 피로 희생하신 대가로요! 모르겠어요?"

내가 한창 말을 하던 중에 한 노인이 울면서 그곳을 찾아왔어. "얼른 오셔서 우리 아이 좀 봐주세요. 큰 부상을 입었어요." 작은 마을에 변변한 진료소도 없는 곳이었지. 의사를 마주쳤는데 이렇게 말하더구나. "아이를 보러 오셨나요? 계단에서 넘어졌는데 척추가 부러진 것 같습니다. 오늘밤을 넘길 수 있을지 모르겠어요." 열여덟 살의 그 소년을 보자 나는 너무 마음이 아파 그의 이마를 가볍게 어루만졌지. 그리고는 아이의 아버지에게 말했어. "죽지 않을 겁니다. 하느님의 기적은 놀라우니까요! 너무 염려하지 마세요."

> 네가 부르짖으면, 야훼가 대답해 주리라.
> 살려달라고 외치면, '내가 살려주마.' 하리라. (이사야 58:9)

그 순간 아이가 슬며시 눈을 떴어. (이는 가브릴리아 수녀님의 기도를 듣고 측은해하는 그분의 마음을 보신 하느님께서 기적을 행하신 것이며, 또한 앨런이 그것을 보길 원하신 것이다.) 희망이 없다고 생각하던 아버지는 자식이 살아날 것이라는 말을 듣자 고개를 돌려 내게 이렇게 말했지. "아이가 살아난다고 하시니, 뭘 좀 사 먹게 돈을 주시겠습니까? 제가 지금 너무 배가 고파서요." 자기 보호 본능이란! "저는 돈이 하나도 없답니다. 이 청년이 당신께 드릴 겁니다"라고 말하자 앨런이 그에게 돈을 주었지. 다음 날 아침 앨런이 아이의 상태를 살피러 가자고 말하더구나. 우리가 도착하자 문 앞에 있던 의사가 이렇게 말했어. "굉장한 일을 하나 말씀드리죠. 자연은 가끔 이런 장난을 친답니다! 아이가 괜찮아졌어요. 오늘 아침 아버지와 함께 여기서 16킬로미터 떨어진 고향으로 두 발로 걸어서 돌아갔습니다!" 앨런은 이번에는 벼락에 맞은 듯했어! 정말 엄청난 충격을 받은 거지. 그는 나를 보더니 "이제 저는 하느님의 전능을 믿습니다! 그리스도를 믿습니다! 그리고 저는 그리스도인입니다! 호주로 돌아갈 거예요. 찾던 것을 찾았으니까요!"

앨런이 돌아가고 세월이 한참 흘렀어. 나 역시 인도를 떠나 베다니아에서 예비 수녀로 지내던 어느 날, 그로부터 편지가 도착했지. "과도한 교만이 저를 절망에 빠뜨렸습니다. 세 명의 소녀가 물놀이 도중 익사할 뻔했는데, 수영을 잘하는 제가 들어가 그들을 구했지요. 하지만 이후 저는 무척 거만해졌고 그 무용담을 온 세상에 퍼트리고 다녔어요. 마침내 정신에 문제가 생겨서 입원까지 해야 했습니다. 병원에서 나온 제게 사람들은 다 좋아졌다고 말하지만, 제 마음은 아직 편치가 않습니다. 어떻게 하면 좋을지 조언을 부탁드려요." 당시 나는 인도에 계신 라자로스 무어 신부님을 알고 있었지. 그래서 이렇게 말해주었어. "다시 인도로 가세요. 그리고 이번에는 바로 라자로스 사제를 찾아가 만났으면 합니다." 그런 뒤 라자로스 신부님께 편지를 썼어. 앨런은 내 말대로 다시 인도로 향했지.

하루는 라자로스 신부님이 내게 편지를 보내, 앨런이 매일 거행되는 성찬예배에 잘 참여하고 있으며 1년 동안 그에게 전혀 말을 걸지 않고 그저 지켜보고만 있다는 소식을 전해주셨어. 그것은 하나의 수수께끼였지. 어느 날 아침, 앨런이 라자로스 신부님께 이렇게 말했다고 해. "신부님, 저와 릴라 자매가 알고 지낸 지 오랜 시간이 지났습니다. 그런데 그분은 한 번도 저에게 세례를 받았는지, 그리스도인인지 묻지 않았지요. 혹시 호주에서 태어났기에 제가 당연히 그리스도인이라고 생각하셨는지 모르겠지만 저는 세례를 받은 사람이 아닙니다. 그리스도인도 아니고요! 신부님, 저에게 세례를 베풀어 주십시오!" 라자로스 신부님은 무척 기뻐하셨다. 앨런은 세례를 받고 아드리아노스라는 이름을 갖게 되었어. 아드리아노스는 라자로스 신부님의 축복을 받고서 그곳을 떠나 선교사가 되었단다. 이 모든 것이 참으로 놀랍고 위대한 하느님의 기적이 아니면 무엇일까?

16. 행로 변경

살아가면서 때때로 생각지도 못한 일이 벌어져서 하던 일을 멈추는 경우가 있지. 그럴 때는 하느님께서 허락하셨다면 그렇게 될 수밖에 없는 일이었다고 생각하렴. 이것은 설명하기 어려운 미스터리야. 무슨 일이 벌어졌든 그것이 하느님의 손길이었음을 깨달아야 해. 우리는 언제나 먼저 하느님을 따르고, 그다음으로 사람을 따라야 하지. 그런 결심 후에는 뭔가를 갈망하거나 욕심 내선 안 된단다. 스스로 그런 것들로부터 자유를 얻으면 네가 어디에 있든지 더 이상 얽매이지 않을 수 있어.

17. 수녀복을 입고 달라진 점

수녀님은 언제나 사람들 곁을 지키며 그들을 사랑해 오셨지요. 그런데 수녀가 되신 다음 사람들과의 관계에서 뭔가 달라진 점이 있나요?

처음엔 걱정이 많았지. 수녀가 되면 사람들이 다 나를 멀리할 거라고 생각했어. "이제 거리를 좀 지켜주세요"라고 말할 줄 알았거든. 그런데 정반대였어. 내가 수녀복을 입으니 사람들이 찾아와서 조언을 구하고, 또 그대로 실천도 하더구나. 정말 하느님의 은총이 아닐 수가 없었지! 그런데 비그리스도인들, 더 나아가 인도의 수행자들이 내게 뭐라고 했는지 아니? "수녀가 되어 인도에 돌아온 지금 비로소 당신은 진정한 우리의 자매입니다!" 처음 인도에 갔을 적에 난 평신도였거든. 그들도 수행을 하는 사람들이고 나도 수도자이니 동질감을 느낀 거지.

18. 죄

하느님께서 보여주시는 매일의 기적과 교훈에 대해서 우리는 눈이 멀고 귀가 먹은 상태란다. 또 순종하지도 않지. 우리가 죄인이기 때문에 이 모든 일이 일어나는 거야. 우리는 죄인이야. 그건 분명해. 그런데도 어떤 사람들은 이렇게 말하지. '글쎄요. 제가 그렇게 심각한 죄를 지은 적이 없는데 왜 가책을 느껴야 하나요?' 그건 틀린 말이야! 죄인이기 때문에 그것을 깨닫지 못하고 있는 거거든. 그런 사람들은 죄를 두 배로 짓고 있는 거지!

19. 바바 암테

인도에 계실 때 경험하신 신앙 고백의 사례가 있다면 말씀해 주세요.

지금 내가 겪은 일 중엔 특별히 떠오르는 것이 없으니 한 인도 친구의 아름다운 경험을 이야기해 줄게. 이 친구에 대해선 전에도 말한 적이 있을 텐데, 바로 한센병 환자들을 위해 삶을 바친 바바 암테란다. 그는 변호사였고 엄청난 부호였지. 가족으로는 아내와 아들 둘이 있었어. 간디의 친구였고, 영국으로부터 인도를 독립시키기 위해 부단히 노력했지. 많은 재산을 간디의 운동에 보태고 자신도 헌신했어. 그는 간디 곁에서 오랜 세월을 함께했지만 어느 날, 너무 큰 나무의 그늘 밑에서는 다른 나무가 제대로 자랄 수 없다는 생각을 하게 된 거야. "떠나야겠다. 그리고 내가 무엇을 할 수 있는지 봐야겠어." 그는 생각을 굳히고 고향으로 내려갔어. 그리고 얼마 후 시장직을 맡게 되었던 듯해.

 간디의 사상을 가지고 있던 그는 모든 일에 적극적으로 참여했지. 사람들이 자신이 진정한 관심을 기울이고 있다는 걸 체감할 수 있도록 말이야. 예를 들어, 거리의 청소부가 어떤 일을 하는지 정확하게 알지 못한 채 가만히 앉아 지시만 내릴 순 없어. 금전적 보상을 어느 정도 받아야 하는 일인지도 알아야 하지. 이렇게 암테는 자발적으로 나서서 일을 시작했어. 그러던 어느 날, 공용 화장실 청소를 하려고 길을 나섰다가 바닥에 쓰러져 있는 한 노인을 본 거야. 피부 상태가 무척 안 좋아 아주 심각한 한센병 환자임을 바로 알 수 있었어. 곁으로 다가갔지만 만질 수도, 도움을 줄 수도 없었지.

두려웠군요.

 처음엔 그랬지. 암테는 그렇게 노인을 두고 그곳을 떠났어. 이후 집에 돌아와서 아내와 대화를 시작하려는 순간 노인의 얼굴이 눈앞에 또 아른거렸지. 아이들과 함께 놀아줄 때도 마찬가지였어. 일을 하러 사무실에 가도 여전히 노인의 얼굴이 떠올랐지. 그렇게 두 달 동안 그 모습이 암테를 짓눌렀어. 마침내 그는 한센병 환자들을 위해 뭔가를 하지 않으면 신께서 기뻐하시지 않을 거라는 생각에 이르렀지. 암테는 브라만 대가족 출신에, 영국계 미션 스쿨에서 교육을 받았거든. 어느 날 집에 돌아온 그가 아내에게 이렇게 말했어. "부인, 여기 있는 모든 것을 다 포기하고, 사무실도 문을 닫읍시다. 그리고 두 아이를 데리고 정부에서 제공한 땅으로 가서 한센병 환자촌을 만듭시다." 인도에서는 남편이 이런 결정을 내릴 때는 아주 진지하게 그리고 올바르게 판단했다고 아내들은 믿는단다. 암테 부인도 그랬고. 그녀는 남편의 제안에 "알겠어요" 하고 대답했어. 그리고 두 아이를 데리고 정부가 제공한 정글로 들어갔지.

암테 가족이 내게 해준 이야기에 따르면, 그 환자촌은 일곱 명의 환자들과 절름발이 젖소 한 마리, 개 한 마리로 시작했어. 온갖 상상도 못 할 어려움을 겪었지. 밤만 되면 맹수들이 내려오곤 했어. 바바 암테가 도움을 구하러 외지에 갔던 어느 날 밤엔가, 아내와 아이들이 자고 있었는데 표범이 침대 밑에 있던 개를 공격한 거야. 그런 위험한 상황에서도 그들은 이 일이 성공할 것이라는 의지와 확신을 굽히지 않았어. 6, 7년 후쯤 내가 합류했을 때도 우리가 잠을 자는 판잣집에는 문이 없었지. 그래서 밤만 되면 야생동물들이 쳐들어오곤 했어. 정말 끔찍했단다! 큰 쥐들은 거의 집에서 키우는 가축만큼 컸으니 상상이 가겠지?

얼마 후, 우린 전 세계로 편지를 띄우기 시작했고 관심을 보이는 외국인들이 많아졌어. 인도 내에서는 일부 사람들이 반발하며 그를 비난하기도 했단다. 왜 하던 일을 그만두고서 정글에 가서 그런 일을 하느냐고 말이야. 아무튼 시간이 흘러 나도 그곳을 떠났는데, 한 로마 가톨릭 사제가 지나는 길에 거길 들렀다고 해. "어느 종교를 가지고 계신지요?" 하고 묻자 "저는 그리스도를 믿습니다" 하고 사제가 대답했어. 그러자 바바 암테가 말했지. "아, 그러십니까? 그렇다면 하느님께서 우리에게 보내주셨던 릴라 자매의 방을 보여드리겠습니다. 따라오십시오."

또 한참 세월이 흘렀어. 그리고 어딘가에서 회의가 열렸지. 유명해진 암테는 수많은 사람 앞에서 이렇게 말했어. "저는 그리스도인이 아닙니다. 하지만 솔직히 고백하자면 십자가의 그늘 아래 머리 숙여 걷고 있습니다." 나는 하느님께서 사람들의 영혼 속에 큰 선물을 주셔서 이토록 위대한 일을 하게 하셨다고 생각해. 오늘날 바바 암테의 두 아이들은 의사가 되었단다. 암테 가족은 3000명 이상의 환자들을 돌보고 있으며 여러 곳에 수십 개의 한센병 센터를 운영하고 있지. 가족 모두가 이곳저곳을 누비며 이 놀라운 일을 지속하고 있어. 오늘날 그는 전 세계적으로 "인도의 알베르트 슈바이처"라고 추앙받는단다. 그의 이름은 바바 암테야.

기차역과 관련된 이야기도 해주세요.

아, 그래. 한 번은 바바 암테가 멀리 떨어진 병원에 입원했었지. 그는 "자매님을 보내주세요" 하고 전보를 쳤고, 나는 즉시 그곳으로 향했어. 그런데 당시 인도 병원에서는 보호자가 병실에서 함께 잠을 잘 수 없었단다. 그를 간호하며 지내려면 기차역에서 자는 수밖에 없었어. 많은 사람들이 그곳의 벤치에서 자는 모습을 봐왔거든. 나는 종일 병원에 있다가 밤이 되면 역으로 와서 잠을 청했지. 아침이 되면 역의 화장실에서 가지고 있는 두 벌의 흰옷 중 하나를 빨아 걸어두고는 청소부 아주머니께 그걸 좀 봐달라고 뭔가를 주며 부탁했지.

그렇게 하느님의 도우심으로 힘든 줄도 모른 채 시간이 훌쩍 지났어. 그리고 암테 형제가 퇴원하기 하루 전날 나는 역장을 찾아가 말했지. "한 가지 청이 있습니다. 오늘밤까지 하루만 더 이곳에서 묵게 해주세요." "언제 이곳에 오셨나요? 이틀은 묵을 수 있는데요?" "여태 저를 못 보셨나요? 천사들이 저를 눈에 띄지 않게 해주나 보군요! 벌써 14일째 여기서 머물고 있답니다!" 역장은 크게 웃고 말았지. "14일간 이곳에 묵었는데 15일은 안 되겠습니까? 그런데 누구와 함께 계세요?" "제 형제와 함께 있습니다." "아, 그러세요. 혹시 누구신지?" "바바 암테입니다." 나는 역장에게 전보를 보여줬어. "바바 암테 씨를 위한 거라면 당연히 허락을 해드려야지요. 얼마든지 묵으십시오." 그리고 얼마 후 우리는 한센병 환자촌으로 돌아갔단다.

당시 내가 하던 일은 매일 아침 열두 명의 노인들 옷을 세탁하는 거였어. (환자들 옷은 아니었다.) 나는 그걸 들고 우물로 갔지. 거기서 각종 화려한 색상에 크기도 다양한 아름다운 나비들이 비누 거품 주위로 날아드는 걸 보곤 했어. 무척 행복했단다. 하지만 빨래가 끝난 후에는 그 무게가 너무 무거워 힘들었어. 그럴 때면 두 명의 한센병 환자가 와서 거들어 주었지. 세월이 많이 흐른 뒤에 암테의 아들이 편지를 보냈더구나. "이곳에 다시 오셔야 합니다." 내가 이렇게나 늙어 버린 줄 모르겠지. 그때처럼 다시 정글로 가기에는 말이야. 환자촌의 외래 환자들은 그때 당시 1년에 7000명에 달했어. 그런데 들리는 바에 따르면 지금은 환자가 2000명에 가깝고 거주하는 환자는 700여 명 정도라는구나.

한센병 환자가 왜 그토록 많은 걸까요?

왜 그토록 가난하냐고 묻는 게 나을 거야. 해결할 방도가 없었기 때문이란다.

20. 재탄생

1954년 성모희보 축일 전날이었어. 그날 어머니께서 갑자기 세상을 떠나셨지. 직전에 잠시 어머니의 손을 꽉 붙들고 내가 당신 곁에 있음을 느끼실 수 있도록 했는데, 그 순간 내 지난 삶이 주마등처럼 눈앞을 빠르게 스쳐 지나갔어. 어머니 곁에서 나도 함께 "죽은" 듯했지.

다음 날 아침, 난 더 이상 이전의 내가 아니었단다. 그저 한 영혼에 불과했어. 가진 걸 다 처분했는데, 직업도 버리고 모든 것이라고 해도 과언이 아닌 치료실도 문을 닫았어. 그 이후로 나는 그리스도와 함께 세상 이곳저곳을 돌아다니고 있단다. 주님께 영광! 하느님의 보호 아래 나는 히말라야와 갠지스 강 수원지 인근에까지 가보았지. 동아프리카의 몸바사, 캘리포니아, 그리고 캐나다에도 가볼 수 있었어.

주변 국가들인 영국, 이탈리아, 프랑스, 스위스 등은 말할 것도 없지. 그리고 마침내 주님께서는 당신의 크신 사랑, 인도와 보호로 나를 베다니아에 있는 라자로의 부활 수도원으로 이끄셨어. 나는 그곳에서 나의 "부활"을 맞았고 수녀복을 입었지. 모든 삶은 그렇게 하나의 이야기가 돼.

21. 역경

고대 그리스인들은 이렇게 말했지. "운명이 너를 어딘가로 이끈다면 그것을 받아들이고 따라라. 원망해 봤자 후회할 뿐, 운명은 여전히 너를 끌고 갈 것이다." 즉, 삶이 네가 뜻하는 방향과 반대로 흐른다면 조용하게 따르라는 말이지. 만약 그것에 대항한다면 너 자신에게 슬픔을 안겨줄 것이고 또다시 역경이 닥칠 수 있다는 거야.

그러니까 결국은 겪어야만 하는 일이라는 거군요. 분노한다면 유혹 위에 또 다른 유혹을 더하는 것일 뿐이고요.

제대로 보았구나.

유명한 말이 있죠. "자신의 모퉁이에 질린 사람은 이상한 구석으로 가서 울게 된다." 우리들은 대개 '이 유혹으로부터 벗어나면, 혹은 저 장소에서 벗어나면 괜찮아질 거야'라고 말하곤 하죠

그것은 아주 어리석은 짓이란다! 대단한 어리석음이지. 그것은 어느 곳에서도 안식을 찾지 못하는 수도사가 켈리를 바꾸기로 결심하는 그 순간, 옆에서 신발 끈을 매는 자기 자신을 보는 것과 같단다. "당신은 누구시죠? 그리고 어디를 가려고 준비하시는 겁니까?" "저는 새 켈리에서 당신을 맞기 위해 가는 사람입니다." 무슨 말인지 알겠니?

또 다른 경우를 말해주마. 한 영국인 여성을 알고 있었어. 그녀에

게는 아주 끔찍한 엄마가 있었는데, 그 엄마는 네 살 때부터 아이를 어두컴컴한 지하방에서 가두곤 했지. 이런 비참한 생활을 하던 그녀는 열일곱이 되자 그곳을 벗어나 어디에서든 일을 해서 먹고 살기로 결심하고 사회복지사 자격증을 취득했어. 하지만 학교 학장은 엄마보다 훨씬 더 못된 사람이었던 거야. 그녀를 들들 볶아댔지. 그래서 다시 영국을 뒤로하고 떠나 인도로 가기로 마음먹었어. 그리고 말했지. "가난한 이들을 위해 일을 하러 가자. 그러면 마침내 나의 고통은 끝날 거야." 그런데 그 단체의 책임자는 학장보다 수십 배는 못돼먹은 사람이었어.

주여, 불쌍히 여기소서. 고통에서 벗어나려 했군요. 유혹은 피할 수가 없는 걸까요? 다시 마주치게 될 수밖에 없나 봐요.

그리스도께서는 악에 맞서지 말라고 말씀하시지. 그 못된 인도 책임자는 그녀를 미칠 정도로 몰아갔어. 그리곤 어느 날 밤 말했지. "우리 단체에서 떠나주세요. 당신의 도움은 아무것도 원치 않아요." 그렇게 그녀는 한밤중에 인도의 정글 숲속에 버려졌지. 슬픔을 주체할 수가 없었어. 눈물을 흘리며 스위스인 부부가 사는 어떤 집에 도착했는데, 그들은 그녀가 정신에 문제가 있는 사람인 줄 알았던 거야. 그래서 정신 병원으로 그녀를 데려갔는데, 우연치 않게도 내가 거기서 직원들에게 물리치료를 가르치고 있었어.

그곳에서 나를 본 그녀가 다가와 묻더구나. "당신은 누구신가요? 어느 교회에 나가시나요?" 내가 대답했지. "저는 정교인이랍니다." "한 번도 들어보지 못한 교회네요." "아마 기회가 없으셨나 보네요." "죄송합니다만, 저를 좀 도와주세요. 사람들이 저를 정신 병원에 집어넣으려고 해요. 혹시 지금 어디 사세요?" "일부 환자들을 돌보는 한 인도 단체에 있습니다." "저는 그리스도인입니다. 저는 인도인들과 함께 살 수가 없어요." 그녀의 말에 내가 대답했지. "이웃을 사랑하지 않으면서 그리스도인이라고 말할 수 있는 사람은 없답니다. 이웃이 누구든, 무엇을 원하든지 간에요!"

24시간이 흘렀을까, 상태가 심각해 보였어. 결국 사람들은 그녀를 정신 병원에 입원시키기로 결정했지. 그러자 그녀는 눈물을 흘리며 내게 다가와 말했어. "당신이 원하는 곳이면 어디든 괜찮으니 저를 그곳으로 보내주세요!" 나는 쪽지를 주고 그녀를 내가 아는 한 인도인 가족에게 보냈지. 거기서 보름을 함께 생활했어. 인도인 가족들은 사랑과 호의를 베풀며 그녀를 극진히 돌봐주었지. 보름 후 나는 정신과 의사와 함께 그녀를 만나러 갔어. 그녀를 본 의사는 "지금은 멀쩡해 보이네요. 문제가 없어 보여요"라고 하더구나. 내가 말했어. "어머니에 의해 학대받던 때부터 지금까지, 이 모든 괴롭힘은 큰 해를 끼쳤고 그녀는 그것을 극복할 수 없었던 거죠."

세월이 흐른 뒤, 그녀의 상태가 다시 나빠져서 인도에 있는 나를 수소문하고 있다는 걸 알았어. 하지만 당시 나는 베다니아에서 예비 수녀로서 수련 생활을 하고 있었기에 그녀에게 편지를 써 보냈지. "진정 당신 자신과 영혼이 구원받기를 원하시는지요? 그러면 인도의 어디로 가십시오. 거기서 라자로스 무어 수도사제를 만날 수 있을 것입니다." 그녀는 라자로스 신부님을 찾아갔고 자신의 모든 죄를 고백했어. 그리고 어느 날 아침, 그녀가 베다니아에 있는 나를 찾아와 "정교인이 되고 싶어요. 그리고 수녀가 되고 싶습니다"라고 말했지. 정말로! 그렇게 그녀는 세례를 받고 정교회 수녀가 되었단다.

이후 우리는 파트모스의 암필로히오스 수도사제를 찾아갔어. 어떻게 그분을 알고 간지 아니? 내 스웨덴 친구가 선물 받은 콤보스히니 때문이었지. 암필로히오스 신부님께 콤보스히니를 선물 받은 친구가 내게 그분에 대해 말해주었거든. 파트모스 섬의 성모희보 수도원의 성 안토니오스 소성당에서 우리는 수녀 서원을 했고, 선교 사역에 대한 축복도 받았어. 그리고 평신도가 아닌 수녀로서 다시 인도로 향했지. 수녀가 된 그녀는 다른 나라에 머물며 20여 년째 사회복지사로서 양로원에서 일하고 있단다. 아침마다 노인들에게 성경을 읽어주고 그들을 돌보는 삶을 살고 있지. 정교회에 대해서는 전혀 들어본 적도 없었던 그녀가 말이야! 바로 이것이란다. 이게 인생이지. 네가 인생을 잘 지켜본다면 어떤 일이 벌어지는지 보게 될 거야!

22. 불의(不義)

불의에 대해 불평하는 이가 있었어. 왜 가난한 사람은 계속 가난해야 하는지, 왜 기준이 모두에게 공평하게 적용되지 않는지, 왜 일부가 거의 모든 것을 차지하고 나머지는 그렇지 못한지 그는 궁금해했지. 그러던 어느 날, 그가 환영을 보았단다. 하늘 높은 곳에 계시는 지극히 선하신 하느님이셨어. 우리 모두의 삶을 수놓는 자수틀을 들고 계셨지. 그는 또한 지상의 우리들도 보았어. 인간들은 자수틀 뒷면에 달린 느슨한 실오라기만 바라보며 하느님의 자수는커녕 그분께서 우리 인생을 수놓고 계시다는 사실조차 깨닫지 못하고 있었지.

참으로 멋지지 않니? 바로 그런 거란다. 우리는 나중에 천상에 가서야 우리 삶을 디자인하신 하느님의 솜씨를 보며 감탄하게 될 테지! 지금은 자수의 뒷면만을 보기에 마음이 상하는 거야.

23. 망설임

사람들의 요청에 "네"라고 대답하신 후 혹시 다시 생각하시거나 막판에 결정을 번복하신 적은 없나요? 어떤 유혹이나 '대체 어딜 가려는 건지 모르겠다' 같은 생각 때문에 곤란하셨던 적은요?

그런 적은 없어. 내가 어디를 가든지 언제나 주님께서 앞장서시고 천사들이 내 옆을 지켜준다고 생각했기 때문에 늘 마음이 평온했거든. 그래서 전혀 그런 걱정은 없었단다. 하지만 가서는 안 되는 곳인데 "네"라고 대답한 경우에는 뭔가 다른 일이 일어나지. 내가 인도의 한 병원에 있을 때였어. 하루는 한 독일 선교사 단체로부터 함께 일하자는 연락을 받았지. 그런데 같이 일하던 이들이 "가지 마세요! 그들이 얼마나 현지인을 무시하는지 아세요? 얼마나 완고한 사람들인지 선생님이 모르셔서 그래요. 우리를 이토록 사랑으로 대해주시는 선생님은 아마 그곳을 견디지 못하실 거예요!" 하고 말하는 게 아니니! 나는 이렇게 대답했지. "저는 그들의 요청에 '네'라고 대답할 거예요. 어떻게 되는지 지켜보죠. 만약 제가 갈 길이 아니면 하느님께서 그런 환경 속에서 저를 건져내시겠지요."

나는 요청을 수락한다고 메시지를 보냈어. 그런데 얼마 후 그들에게서 이런 답장이 왔지. "자매님, 아주 죄송하게 되었습니다. 자매님을 초대하기로 한 결정은 일부 위원이 불참한 상태에서 내려진 것이었습니다. 당분간 일정이 빠듯한 만큼 추후에 다시 논의하도록 하겠습니다." 그리고 그들은 나를 완전히 잊어버렸지! 보았니? 많은 경우 주님께서는 이렇게 하신단다. 나는 이럴 때 언제나 "네"라고 대답했었지. 상대가 무신론자일 때도, 또 전화상으로 들리는 목소리가 별로여도 나는 그저 "네"라고 답한단다. "제가 그쪽으로 가도 될까요?" 하고 물어오면 "그럼요. 오세요" 하지. 그리고 혼자 속으로 말해. '이제 어떻게 해야 되지?' 그러면 마지막 순간에 다시 연락이 와서는 "죄송해요. 오늘은 갈 수가 없겠어요" 하고 말하지. 이해하겠니? 우리가 첫 번째도 믿음, 두 번째도 믿음, 세 번째도 믿음을 가지고 행한다면 언제나 이런 일들이 벌어져.

24. 이제까지의 삶을 뒤로하고, 하느님께 헌신하는 길로 나아감

애야, 네가 헛된 이 세상에 대해서 죽고 성령의 은총으로 다시 태어나 그리스도의 새로운 생명의 활력 속에 살아갈 때 조심해야 할 것이 있단다! 그것은 과거의 삶을 회상하지 않는 거란다. 어둠의 세력은 극악무도한 수단을 사용할 거야. 먼저, 네 가족을 이용하겠지. 가족을 사랑하기에, 이것은 극복하기 가장 힘든 유혹이 될 거야. 그런 다음엔 친구들을 보내서 네가 세상 속에서 이룬 성공에 대해 칭찬하고 또 우정을 상기시키겠지. 심지어 네가 멀리 떠나있어도 그곳에 과거의 인연들을 보내 향수를 불러일으키고 지인들에 대해 이런저런 대화를 나누게 할 거야. 그들은 그 지인들에게 자신의 말을 덧붙여 전하며 너의 모습을 왜곡시키려 하겠지. 많은 사람들은 소인배거든. 그런 소인배들은 자기가 알던 그 사람이 이 세상을 벗어던졌다는 사실을 결코 이해하지 못해!

그러니 조심하거라. 기도하고, 고요와 침묵을 지키며, 할 수 있는 한 수작업에서 손을 떼지 말렴. 분명, 너희는 그 손으로 다른 사람을 돕고 또 생활을 바쁘게 유지할 수 있을 거야. 하느님께서는 언제나 너를 축복하시고 도우시며 인도하실 거란다. 모든 것에 있어 항상 하느님께 영광을 바치거라. 마음속에 끝없이 감사하는 마음을 품고 그분의 지혜를 바라보며 살아가렴.

25. 사랑에 대한 보답

수녀님, 상대방에 대한 우리의 감정이 보답받기를 기대해도 될까요?

우정과 애정에는 상대방이 반드시 감정적 부응을 해주어야 한단다. 그렇지 않으면 유지가 될 수가 없지. 하지만 그리스도께서 처음으로 가르치신 사랑은 대가를 바라지 않고 베푸는 것이었어. 다른 것들과의 커다란 차이점이야. 사랑에는 '나'가 없기 때문이지. 나 자신이 존재하지 않아. 하느님으로부터 우리가 사랑을 받는 것처럼, 우리도 그렇게 다른 사람에게 사랑을 전해야 해. 그 사람이 우리의 사랑에 어떻게 부응할까는 생각 말고. 이것이 핵심이야.

즉, 그리스도처럼 사랑하란 말씀이군요.

정확해. 오늘날 많은 사람들이 좋아하는 방식이기도 하지. 사랑에 대한 어떤 대가를 바라고서 사랑을 하지 않아. 사랑을 하는 이유는 사랑을 안 하면 자신의 생명, 존재가 사라지기 때문이거든. 사랑을 멈추면 생명이 멈추는 거야. 이것을 느끼지 못하는 사람들은 결코 하느님의 기쁨을 느낄 수가 없단다. 절대로. 그런 사람들은 오직 자기 자신만 바라봐. 그들은 "내가 그토록 그를 사랑했건만 그는 나에게 아무것도 해주지 않았어. 내가 그토록 희생했는데도 말이야"라며 어리석은 말만 되뇌지! 그들이 행하는 사랑이라는 것은 하느님의 사랑과는 관련이 없어! 하느님의 사랑은 사랑의 샘에서 흘러나와 상대방에게 향했다가, 다시 본래의 샘으로 돌아가. 사랑을 베푼 후 상대도 나를 사랑하는지 아닌지 기대하고 궁금해할 필요가 있을까? 우리 삶의 목표인 하느님과 '하나'가 되었으면 그것으로 충분하지 않겠니?

26. 반 교회적인 사람들

요즘 이런 생각이 들어요. 수녀님께서는 "그리스도는 이런 분이시다. 그분을 따르거라. 그분을 사랑하거라. 그분을 너의 삶 속에 받아들여라" 하고 말씀하시지만, 어떤 이들은 그리스도로부터 가능한 한 얻을 수 있는 것은 다 얻으면서도 실상 본질적인 것은 원치 않아 합니다. 또 누군가는 교회가 의례주의적이라고 말하거나 성직자들을 비난하기도 하고요.

안타깝게도 그런 사람들의 사고는 옳지 못하단다! 그것은 하나의 회피지. 그들은 다른 사람에게서 잘못을 찾지만, 사실은 그들 자신에게 책임이 있어.

그렇게 생각하세요?

물론! 우리에겐 성경이 있잖니. 복음 말씀을 읽으면 읽을수록 그분의 신비를 깨닫고 점점 더 하느님의 사람으로 변하기 때문이란다. 교회와 성직자에게서 문제점을 찾는 사람들은 성인들의 모습은 보려고 하지 않고 그렇지 않은 성직자들의 모습에만 집중하지.

하느님의 교회 안에는 성찬예배 시간에 오셔서 우리를 비춰주시는 성령이 계셔. 예배가 끝나고 회중이 떠난 후에도 남아서 눈을 감고 구석에 앉아있으면, 우리는 영혼의 눈으로 하느님을 '보게' 될 거야. 천사들이 어떤 의미인지도 알고, "주의 거룩한 천사들로 하여금 우리를 둘러싸 방패로 보호하고 이끌게 하시어 우리로 하여금 신앙의 일치를 이루고 — 우리는 서로를 비난하거나 의심하지 말아야 한다. — 주님의 범접할 수 없는 영광의 지식에 온전히 통달케 하소서"라는 기도의 의미도 깨닫게 되지.

세상의 눈으로는 우리가 범접할 수 없는 하느님의 영광을 볼 수 없단다. 성령이 우리의 마음과 정신, 우리의 존재를 가득 채워주실 때 그 영광을 볼 수 있지. 그때 우리는 성경이 무엇을 말하려는지 알게 돼. "네 마음을 다하고 목숨을 다하고 생각을 다하고 힘을 다하여 주님이신 너의 하느님을 사랑하라." 그것은 우주, 우리의 온 존재가 그분을 사랑하는 것이란다.

그러면 어떻게 될까? 아주 자연스럽게, 네 이웃을 네 몸과 같이 사랑하게 되겠지. 더 이상 자신과 다른 사람을 나누지 못할 테고. 내게 던지는 "왜 당신은 수많은 종교들, 인도인들, 유대인들, 이슬람교도들과 친교를 맺습니까?" 하는 질문이 우문이라는 사실도 알게 되겠지?

사랑하기 때문이군요.

하느님께서 사랑이시기 때문이지. 비그리스도인을 사랑하지 않으면서 어떻게 그리스도인이 될 수 있을까? 같은 그리스도인만 사랑한다면, 그건 죄인들도 마찬가지 아니겠니?

신문에 보면 종종 교회에 대한 안 좋은 기사가 실리던데요.

왜 그게 놀라운 일 같니? 불행하게도 그런 사람들은 나쁜 것만 본단다. 좋은 것은 잘 보지 않지. 교회 안에서 일하고 죄를 씻어주며 사랑을 실천하는 이들에 대해서는 기사를 거의 쓰지 않아. 대신 세상에 드러낼 조그마한 잘못이라도 찾아내려 애쓰지. 그리고 교회 사람들은 다 그렇다는 식으로 매도를 해. 그런 일은 늘 있어왔고, 또 지난주 바리새인 주일 때도 그것을 보았단다. 바리새인은 아침부터 저녁까지 우리가 입에 달고 살아야 할 "하느님 감사합니다"라는 아주 훌륭한 기도로 시작했지. 그러다가 갑자기 돌아서서는 남과 자기를 비교하며 자랑을 늘어놓았어. 남을 비난하는 사람들은 먼저 자기 자신을 돌아봐야 한단다. 만약 스스로를 돌아보고 자기 안에 무엇이 있는지를 제대로 알게 되면 그들은 자기가 비난한 사람들보다도 수백 배 더 잘못된 존재임을 깨닫지. 남을 비난하는 것은 참으로 나쁜 거란다. 그런데도 사람들은 언제나 비난할 준비가 되어있어.

27. 거부

사람들이 나에게 뭐라고 하는지 아니? "당신은 참으로 운이 좋은 사람입니다! 그 누구도 당신을 거부하지 않았으니까요!" 그때 나는 "우리가 간청하면 하느님께서 우리를 거부하지 않으시는데, 사람들이 어떻게 우리를 거부할 수 있겠습니까?"라고 대답하지.

사람들이 수녀님을 거부하더라도 수녀님께선 그렇게 여기지 않으신다는 말씀이군요!

바로 그렇지! 왜냐하면 하느님의 계획 속에는 그런 것이 없기 때문이란다.

28. 하느님의 손에 맡김 1

처음 방법을 알지 못했을 때에는 꽤 자주 내 믿음을 의심하곤 했어. 이걸 하면 하느님께서 나를 구원해 주실까? 저걸 하면 구원해 주실까? 이런 질문을 던지곤 했지. 어디까지 나를 버려야 하는지 몰랐거든. 하느님의 손에 나를 맡기는 이런 훈련 과정은 확실한 신념을 내게 가져다주었고, 마침내 그런 확신과 믿음 속에 나는 하느님의 길을 갈 수가 있었어. 오늘날까지 말이야.

그런데 그렇게 나를 예비시킨 것은 바로 그리스도와 부자 청년의 비유 말씀이었어. 한 청년이 "제가 어떻게 해야 합니까?" 하고 물었을 때 예수님께서 뭐라고 말씀하셨니? "네가 가진 재산을 다 팔아 가난한 사람들에게 나누어주고 너는 나를 따르라." 어디를 가든 이 말씀은 언제나 나를 '따라다녔어.' 결국에 나는 이렇게 말했지. "그래, 좋아. 내가 수익을 거둬도 그것을 축적하지 않으리라. 절대." 그때부터 나는 한 번도 은행에 돈을 넣어둔 적이 없어.

지금도 기억나지만, 취직을 하려는데 고용주가 어느 은행을 사용하느냐고 내게 물었거든. "저에게는 은행 계좌번호가 없습니다. 제 은행은… 하늘에 있기 때문이에요" 하고 대답하자 그는 "아, 그런 은행이라면 당신을 고용해도 큰 문제가 없겠군요!"라고 웃으며 대답했지. 난 취직을 했고 그렇게 실천했어. 나는 내가 살아가는 데 꼭 필요한 돈 외에는 조금도 가지고 있지 않았지. 마음이 행복했어. 왜냐하면 '내가 할 수 있는 일 그 이상은 하지 않겠다'고 약속했기 때문이야.*

그때 꿈인지 생시인지 뭔가 이상한 것을 보았단다. 꿀단지. 내가 꿀단지 안에 손을 넣어 퍼주고, 퍼주고, 또 퍼주었어. 마지막에는 어떤 음성이 들리더구나. "네 손을 보거라! 꿀이 가득 묻었구나. 그 손으로 외국으로 여행을 떠나거라. 무엇을 해야 할지 모르는 그 손으로, 가서 일하거라. 너는 그분의 것이 아니더냐!" 나는 겁을 집어먹고 이렇게 말했지. "저는 아직 준비가 안 되어있습니다." 그건 나를 준비시킨 거였어. 나와 어머니, 가족, 그리고 그리스와의 고리가 끊기는 때, 어머니가 잠드신 그 순간까지 말이야. 그때 이후로 나는 어머니에 대한 향수로 그리스로 돌아가야겠다거나 돌아가면 얼마나 기쁠까 하는 생각을 더 이상 마음에 품지 않았어. 무슨 말인지 알겠니? 그것이 마지막이었단다.

그러니까 어머니가 돌아가신 후 최종적인 결정을 하신 거군요. 저 역시도 사실 어머니가 돌아가신 후 그렇게 느꼈었어요.

어떻게 이루어지는지 보았지?

완전히 상황이 바뀌었네요. 평화, 기쁨....

하느님께서는 우리를 우리의 목적지로 보내시는 거란다.

---

* 다음은 엘레니 비르부의 기록이다. "홀로 영국으로 떠난 아브릴리아가 전쟁으로 인해 8년간 영국에 묶여있었을 때, 그리스도께서 그녀의 진정한 인도자가 되어주셨다. 복음의 가르침은 서서히 삶의 방식이자 인생 그 자체가 되었다. 그런 그녀는 은행에 돈을 넣어두는 것을 스스로 용납하지 않았다. 생명보험에 가입하라고 친구들이 끊임없이 설득하자, 어느 날 마침내 보험에 가입하고 첫 번째 보험금을 냈다. 하지만 후에 자신이 한 일을 깨닫고는 더 이상 돈을 보내지 않았다."

29. 하느님의 손에 맡김 2

손 통증으로 치료실을 자주 찾던 이가 있었어. 내가 마사지를 해주려는데 손에 힘을 주고 펴질 않는 거야. "제가 치료할 수 있도록 손에 힘을 빼고 편하게 해주시면 좋겠어요" 하고 말했지만 여전히 손을 굳게 쥐고 있었지. "제가 아무리 선한 뜻을 가지고 있어도, 또 일에 대한 경험과 사람에 대한 애정을 가지고 있어도 일단 환자분이 손을 펴야 도와드릴 수가 있답니다."

나는 이 환자의 경우를 보면서 우리도 하느님 앞에서 그럴 수가 있겠구나 싶었어. 우리는 자진해서 우리 자신을 하느님의 손에 맡겨야 한단다. 그러면 하느님께서도 당신께서 원하시는 모습으로 우리를 만드시지. 우리에게 많은 기회를 주실 거야. 당신의 사람들을 만나게 하실 것이고, 우리는 인생에서 발전을 거듭하겠지. 그리고 마침내 그리스도 안에서, 하느님 안에서 번영하게 될 거야. 그런데 우리는 여전히 의지를 굽히지 않고 "싫어요. 원하지 않아요" 하고 그분께 대답해. 그러면 하느님께서는 "너를 나에게 맡기거라" 하고 다시 말씀하시지. "아니요. 저는 제 뜻대로 할래요." "너를 맡기거라." "싫어요. 저는 다른 것을 원한단 말이에요." 하느님께서는 자유 의지를 가진 인간을 창조하셨기에 마지막으로 이렇게 말씀하시지. "그래, 원하지 않는다고? 그럼 어쩌지? 너 혼자 길을 잃고 헤매다가 온몸이 멍투성이가 될 때까지 넘어지고, 부딪치고, 고생하지 않을까? 그러면 그때 가서 만신창이의 몸으로 나를 찾아와 '주여, 저를 용서하소서. 주여, 저를 불쌍히 여기소서' 하고 말하게 되겠지."

그렇게 혼이 나더라도 우리는 주님께 돌아가 "주여, 저를 불쌍히 여기소서" 하고 말하는 편이 나아. 그럼 눈이 뜨일 테니까.

30. 물 위에 떠가는 배

아프리카에 병원을 세우고 행복해하며 미국으로 돌아가려던 한 선교사 친구가 있었지. 나는 그녀에게 말했어. "한 시인이 말했어. 물 위에 떠가는 배는 수면 위에 흔적을 남기지 않는다고. 이 세상을 떠날 때, 나 또한 그럴 거야." 그럼에도 나는 양심의 가책을 느끼지 않아. 바로 그거야! 무심함! 주님께서 원하셨다면 그분은 나를 다른 존재로 만드실 수 있었겠지. 그분께서는 언제나 앞서서 나를 인도하시고, 나는 그분의 기적을 응시하며 따를 뿐이야! 나는 그저 한 명의 관객에 불과해….

31. 베다니아

하느님의 도우심으로 나는 베다니아까지 갈 수 있었지. 그런데 예의상 수도원에 도움이 될 만한 무언가를 선물로 가져가야 한다는 건 몰랐던 거야! 그곳에 가는 도중 나는 계속 속으로 중얼거렸어. '내가 어디로 가는지 누가 알겠어?' 테오도시오스 수도원장님은 나를 맞아주시더니 이렇게 말씀하셨지. "혹시 가져오신 선물이 있을까요? 제의용 비단이라던가…." 하지만 내 조그만 가방 안에 그런 게 있을 리가. "테오도시오스 원장님, 넬라가 편지에 썼는지 모르겠지만 사실 저는 무일푼이랍니다!" 원장은 아무 말씀도 하지 않으셨어. 떠나던 날 한 가톨릭 친구가 선물해 준 십자가를 꺼냈지. 나무 조각 위에 예수님 청동상이 있는 큰 십자고상이었어. "원장님, 이 십자가를 가져왔어요." 원장님은 그것을 받아 탁자 위에 올려놓으셨어.

아직도 기억이 생생한데 원장님을 뵌 지 며칠 안 되었을 때야. 오늘날처럼 영적 지도자들이 부재할 때는 책이 그 역할을 한다고 말씀하시면서 원장님은 내게 성 요한 클리막스의 《거룩한 등정의 사다리》를 건네주셨어. 잠시 후, 내게 할 수 있는 일이 무엇이냐고 물으시길래 나는 "시키시는 대로 다 하겠습니다" 하고 대답했단다. 그렇게 해서 내가 맡은 첫 번째 일은 마당을 쓰는 거였어. 내가 청소를 막마쳤는데 한 수녀님이 빗자루를 가지고 와서는 "아무것도 안 했군요" 하더니 처음부터 다시 비질을 시작하는 거야. 수도자가 되려는 이들에게 하는 일종의 시험이었어. 하지만 나는 그저 악의 없는 장난인 줄로만 알았지.

그런데 내가 왜 웃은 줄 아니? 나는 비질을 전혀 좋아하지 않았기 때문이야. 한센병 환자촌에 있을 적에도 암테 부인이 비질을 할 때마다 나는 손수건으로 입을 막고서 도망가곤 했거든. 부인은 그런 나를 보고 웃으면서 "조심하세요! 우리 종교에서는 이번 생에 극복 못 하면 내생에는 청소부가 되어 평생 비질을 해야 한다고 하니까요!" 하고 말했지. 베다니아에 와서 암테 부인에게 보낸 첫 편지에 나는 이렇게 적었어. "당신이 말씀하신 일은 이미 극복하기 시작했답니다."

그건 시작일 뿐이었어. 외국어나 음악 교습을 받으며 좋은 환경 속에 성장했던 나에게는 쉽지 않은 일이었지. 음악 교습을 받으면서 피아노 앞에 앉아 5시간 동안 연습하는 것이 성취라고 생각했고, 그 모든 게 그저 몇몇 사람들에게 칭찬을 받기 위함이었거든! 이제는 조과를 드리러 새벽 4시에 성당에 가야 했는데 정말 너무, 너무 얼음장처럼 추웠단다. 그런데 성당 한쪽 바닥에는 수녀원장님이 300개의 매듭으로 이루어진 긴 콤보스히니를 들고 바닥에 엎드려 계셨지. 또 저쪽에는 손에 호호 입김을 부는 수녀님, 추위에 덜덜 떨며 좌우를 살피는 수녀님, 원장님의 축복을 받고 일어나 암탉에게 먹이를 주러 나갔다가 오는 수녀님이 눈에 들어왔지. 나는 속으로 '지금 내가 여기서 뭘 하고 있는 거지?' 하며 어리둥절하던 찰나에 갑자기 머리를 쿵 하고 한 대 맞은 듯한 기분이 들었어. 내가 앉아있던 성당 입구 쪽엔 가브리엘 대천사의 큰 이콘이 있었는데 거기서 소리가 들려오는 것 같았지. "얘야, 나는 천사이고 좋은 말만 한단다. 네가 열일곱, 열여덟 무렵 피아노와 외국어를 배우고 연극, 음악, 발레 공연 등을 보러 다닐 때 너와 같은 또래의 수녀들은 '주여, 불쌍히 여기소서. 우리는 당신을 찬양하고 경배하나이다' 하며 하느님께 기도와 찬양을 드렸지. 그런데 너는 부끄럽지도 않니! 그것을 깨닫지 못한다면 참으로 수치스러운 일이 아닐 수가 없구나!"

얘들아, 그 순간 나는 모든 수녀님들이 천사처럼 보였어! 그리고 나 자신을 돌아보며 질책했지. '내가 누구라고? 참으로 부끄럽고 부끄럽다!' 그날부터 나는 모든 수녀님들께 순종했어. 한 분도 예외 없이! 오랜 세월이 흐른 후 그곳을 다시 찾았을 때 수녀님들이 그 기억을 떠올리시곤 내게 말해주더구나. 나는 그곳에서 3년을 머물렀는데 2년째 되던 해 내면의 음성이 다시 들려왔지. "이곳도 너에게는 일시적인 거처일 뿐이란다!" 솔직히 말하면 그때 나는 조금 언짢았어. 이미 충분히 떠돌았다고 생각했거든. 나는 전혀 몰랐어. 그런데 아프리카, 미국, 파트모스 섬 등 여러 곳에서 또 나를 기다리고 있었지.

32. 가브릴리아 성인이 권장한 책

복음경. 매일 아침과 저녁에 한 장(章)씩

예언서, 시편

하느님의 형제 성 야고보의 서신. 매일

《이름 없는 순례자》

《무지의 암흑》

시나이의 성 요한의 《거룩한 등정의 사다리》

시리아의 성 이사악

고백자 성 막시모스

성 닐로스

신 신학자 성 시메온

토마스 아 켐피스의 《그리스도를 본받아》

33. 결혼

수녀님, 결혼에 대해서 말씀해 주세요.

결혼하는 것은 수도원에 들어가는 것과 같단다. 결혼은 성스러운 것이지. 그것은 하느님의 축복을 받은 교회의 성사잖니. 서로 다른 세상에 살던 두 사람이 만나 부부가 되는 거니까. 그럼 이것이 어떻게 이루어지는 걸까? 내 생각에 세상에 태어나고, 결혼하고, 죽는 일은 우리의 손에 달려있지 않아. 하느님이 정하시는 거지. 그렇게 둘이서 만나 부부로 살아가게 된단다. 서로 배우자를 존중하고 또 순종해야 해. 왜냐? 이 세상에서의 행복의 토대는 에고이즘에서 벗어나 아집을 버릴 때 마련되기 때문이란다. 따라서 각자의 아집을 버리고 부부 둘 다 하느님의 뜻을 따르면 그들은 축복을 받을 거야.

그렇군요. 하지만 오늘날 결혼은 전혀 그렇지가 않은 것 같아요. 결혼이 제대로 유지되지 못하고 있어요. 과거엔 지금과 달랐나요?

같아. 다른 이들의 눈을 의식해서 드러내놓고 말하지 않았을 뿐이지. 하지만 오늘날엔 사람들이 더 이상 그런 것을 개의치 않더구나.

예전에는 부부가 서로 신경을 더 많이 썼나요? 혹은 부인이 좀 더 감내하고 인내하는 편이었나요?

그렇지만은 않았어. 물론 부인이 더 많이 인내하는 편이었지. 당시 여자들은 교육을 덜 받았고 특별한 직업을 갖기도 쉽지 않았어. 그런 상황에서 가정을 떠난다고 해보렴. 뭘 할 수 있겠니? 종살이? 그 당시 남편들은 부인과 반목하지 않았어. 평등 문제에 대한 논쟁도 없었단다. 요즘엔 아내들이 목소리를 높이고 화를 내기도 하지. 독립적인 성격을 가지고 있으니까. 어쨌거나 과거 남편들은 자신의 아이들을 낳아준 엄마로서 부인을 많이 사랑했지. 나머지는 자기들 하고 싶은 대로 했고. 과거엔 이런 상황이 정상으로 받아들여졌어.

나는 두 시대를 다 경험하지 않았겠니! 그때는 각자가 자신의 위치를 잘 알고 있었어. 많은 말 없이도 품위를 지켰지. 그런데 오늘날은 끊임없는 수다로 인해 해로운 결과만 낳고 있잖아! 찾아오는 모든 부인들에게 나는 이렇게 권고하지. "말하지 마세요! 뭘 했는지, 무슨 생각을 하는지, 무슨 말을 했는지, 어디를 갔었는지, 어떻게 일했는지 말하지 마십시오. 왜 그렇게 많은 말을 합니까? 대다수의 남편들은 아내가 자신의 말을 들어주길 바란다는 걸 모르세요? 아니라고요? 그렇다면 무슨 말을 더 하겠습니까!"

그런데 오늘날에는 또 다른 큰 어려움이 있지. 부모가 서로를 아끼면 아이들도 결혼에 대해 같은 인식을 갖게 돼. 하지만 부모가 매번 다투기만 하면 아이들도 결혼은 그런 것이라고 인식하고 싸울 준비를 하는 거야. 무슨 말인지 이해하겠니? 불행하게도 오늘날 결혼을 유지하기란 쉽지 않은 일이야. 부부 둘 다 하느님의 뜻에 따라 사는 경우는 극히 드무니까. 결혼은 하느님의 신비인데 말이야.

네가 새로 태어나기 위해서는 먼저 죽어야만 해. 그것은 세례와 같은 신비이지. 만약 네가 상대방의 가슴속에 새로 태어나지 않고, 상대방도 네 가슴 속에 태어나지 않는다면 하느님께서는 너희와 함께 하시지 않게 될 거야.

34. 1970년 독일

수녀님, 이리네오스 대주교님과 어떻게 알게 되셨어요? 당시 독일에서 대주교로 계셨다고 하던데요.

1970년이었지. 이리네오스 대주교님은 그때 크레타에 계셨어. 당시 그분이 운영하시던 기숙사를 비롯한 여러 교회 사업과 밀접한 관계를 맺고 있던 한 부인께서 어느 날 나에게 대주교님을 소개해 주겠다며 함께 만나러 가자고 제안하셨지. 지금은 하늘나라에 계시지만. 그렇게 해서 대주교님을 알게 된 거야. 아주 훌륭한 인품을 지닌 분이셨지. 나에게 이런저런 질문을 하시더니 그곳에 며칠 묵으면서 기숙사 여학생들에게 좋은 가르침을 주라고 하셨어. 얼마 후 나는 미국에 가게 되었는데 들르는 곳마다 사람들에게 크레타 연합회가 있는지 물었지. 교구마다 연합회가 하나씩 있었어. 그래서 나는 대주교님이 이끄시는 여러 가지 사업을 전달했고, 거기 모인 교인들은 좋은 일에 보태라며 수표를 보내주었어.

이후 그리스로 다시 돌아왔는데 대주교님이 나를 크레타로 부르셨지. 그리곤 "수녀님, 말씀드릴 게 있는데 제가 독일로 떠나게 되었습니다"라고 하시는 거야. 그분은 전혀 가고 싶은 마음이 없으셨지만 당시는 독재 정권 치하였거든.

대주교님이 특히 하니아 지역에서 큰 영향력을 가지고 계셨기에 독재 정부가 그분을 멀리 몰아내려고 했군요. 그분을 독일로 보내고 자신들 뜻대로 하려고요.

그래. 왜냐하면 그분은 크레타 사람들을 위해 정말 많은 일을 하셨거든. 크레타에 선박회사를 세우는 데도 일조하셨지.

당시 끔찍한 선박 침몰 사건 이후에 '위험한' 상황에 놓여 어쩔 수 없이 떠나셔야만 했나 봐요.

대주교님은 "저와 함께 가지 않으시겠습니까?" 하고 내게 물으셨어. 나는 그러겠다고 했지. "아마 다음주에 떠나게 될 텐데요." "잘 알겠습니다." 그렇게 일주일 뒤, 우리는 함께 비행기에 올랐고 여러 기자들과 함께 본에 도착했어. 그리고 착좌식이 거행되었지. 나는 대주교님 곁에서 6개월을 함께 있었어.

그곳에 기관들도 설립하셨나요?

아니. 그곳에서 어떻게 지냈는지 아니? 나는 레너 가 15번지에 있는 교구청에서 살았어. 그리스인들이 다양한 문제를 들고 대주교님을 만나러 찾아오면 그들을 맞이하는 일을 맡았지. 나중에 대주교님은 내가 환자들이 있는 병원을 방문할 수 있게 해주셨어.*

35. 구루와 정신질환

수녀님, 어떤 구루가 이곳 아테네에 와서 강연을 했는데 그것을 들은 많은 젊은이들이 힌두교에 입교했습니다. 그들 중 한 명은 제가 잘 아는 열아홉 살 청년이었는데 지금은 정신 병원에 입원한 상태입니다. 무엇이 문제였을까요?

지금껏 지켜본 바에 따르면 인도인들은 그런 정신 이상을 보이지 않았어. 그런데 인도를 찾아 그들의 종교에 입교하면서 그리스도를 등진 사람들이 있었지. 그들은 그리스도가 "부처나 공자 같은 분, 또는 후대에 나타난 새로운 예언자들 중의 한 명"이라는 데 동의했어. 그렇게 힌두교 수행법을 따른 후 눈이 사시가 되어 제대로 앞을 보지

---

* 당시 가브릴리아 수녀님을 알고 지내던 그리스인 여성이 알려준 바에 따르면 수녀님은 어린이집을 운영했던 것으로 보인다. 그곳의 그리스인 자녀들은 학교가 끝나면 집 열쇠가 달린 줄을 목에 걸고 부모가 일터에서 돌아올 때까지 길가에서 배회했다. 사람들은 그런 아이들을 비야냥조로 "열쇠 아이들"이라고 불렀다고 한다. 수녀님은 겸양의 미덕으로 부인하며 질문을 피하셨다.

못하거나 환청이 들리는 정신질환에 걸려 고향으로 되돌아간 경우를 우연히 본 적이 있지. 또 일부는 그곳 인도에 그대로 남아 힌두교 수행자가 되기도 했는데 지금은 어떻게 되었는지 나도 알지 못해. 그들의 교수법도 지켜보았는데 그리스도인들에게는 맞지 않는 것이었어.

 네 친구인 그리스도인 청년은 철학, 문학, 종교를 하나로 결합해 그것들을 다 함께 그리스도의 가르침에 적용시키려 했지. 만약 인도 철학을 철학으로서만 받아들였다면 별일 없었을 거야. 하지만 그 청년이 신이 되고자 하는 선에 다다랐다면 문제는 달라지지. 구루가 육화한 신이라고 말하는 그들의 가르침에 따라 그 청년의 목표도 바로 그것이었을 테니까. 그는 구루처럼 되기 위해 노력했겠지. 그런데 신이 되고자 했던 하느님의 첫 창조물, 아담과 이브가 어떻게 되었니? 결과적으로 그들의 정신에 이상이 생긴 것은 어찌 보면 당연스럽지 않아? 무슨 일이 벌어진 건지 이해하겠니?

 내가 한 젊은이와 나눴던 대화를 너도 아마 기억하겠지. 그때 나는 그에게 이렇게 물었어. "네가 집중하여 묵상할 때 하느님의 뜻을 알려주고 또 네 안에 있는 악을 극복하게 해주는 분이 누구라고 생각하니? 누가 너를 인도해 준다고 보니?" 그랬더니 그 아이는 "구루입니다. 저는 그분을 생각하고, 그분을 바라보고, 그분의 뜻을 따릅니다" 하고 대답했어. 얘야, 만약 그 아이가 구루는 제쳐두고 똑같은 사랑, 똑같은 노력으로 그리스도를 바라보았다면 오늘날 그 아이는 그리스도의 아주 훌륭한 일꾼이 되었을지도 몰라. 하지만 이미 그의 정신에 문제가 생겼기에 상황이 매우 어려워졌지. 동료 그리스도인들의 많은 기도가 필요하고, 또 그 누구보다도 아이의 성장 과정을 지켜보았던 어머니의 엄청난 노력이 필요해.

 어머니는 아이가 어떤 생각을 가지고 있었는지, 어떤 공부를 좋아했고 또 어떤 놀이를 즐겨했었는지 등 아이의 성장 환경을 누구보다 잘 알고 있어. 아이의 영혼을 가장 잘 아는 사람은 어머니이거든. 따라서 어머니가 아이에게 "가르치려" 하기보다는 무한한 사랑을 주려 노력하고, 또 아이가 환자라는 인식을 갖지 않도록 하면서 그를 데리고 교회를 찾아가 사제에게 퇴마 기도를 부탁하고, 성찬예배 때마다 아이의 이름을 기념하며 그를 위해 기도하도록 요청할 필요가 있단다.

그 시간에 어머니는 또한 믿음과 경외하는 마음으로 아이를 용서해 달라고 그리스도께 간절히 기도해야 해. 아이가 그렇게 된 데에는 분명 어머니의 잘못도 있을 테니까. 아이의 영혼에 어머니의 조언이나 도움이 꼭 필요한 순간에 저녁 모임 같은 일로 바쁘다고 때를 놓치고 마는 경우도 있지 않니? 그게 아이의 마음엔 상처가 되었을 수 있지. 영혼은 이토록 연약하단다. 그리고 아이의 회복을 위해서는 무엇보다도 그리스도인 의사를 찾아 치료를 맡겨야 해.

아, 수녀님! 오늘날 그리스도인 정신과 의사가 있을까요?

의사의 이름을 밝히진 않겠지만 내가 아는 그리스도인 정신과 의사가 있지. 그녀는 나나 너, 아니 내가 아는 그 어떤 사람보다 훨씬 훌륭한 그리스도인이란다. 정말 그래. 그녀는 수입의 상당 부분을 이런 치료를 위해 무명으로 기부하고 있어. 그리스에 살진 않지만 아이를 위해서 갈 수만 있다면 가보라고 나는 부모들에게 권하고 싶구나. 그녀를 찾아간 사람들은 모두 치료가 되었거든. 왜 그런지 아니? 어머니가 기도하고, 또 의사도 기도할 때 하느님께서는 믿음을 가진 그들을 불쌍히 여겨 수많은 죄를 용서해 주시기 때문이야. 죄가 있기 때문이지.

36. 네덜란드인 선교사 주디스 그런디

주디스의 부모는 네덜란드 사람이었어.* 자식이 늘어나면서 경제적인 어려움이 커졌지. 그들은 하느님의 축복 속에 열한 명의 자녀를 낳았거든. 그래서 좀 더 나은 삶을 위해 미국으로 이민을 갔어. 그곳에서 자녀들을 보다 수월하게 키울 수 있었지. 주디스는 그중 첫째였는데, 열두 살 무렵 한 목사가 인도와 아프리카에서의 선교 활동에 대해 설교하는 것을 듣게 되었대. 얼마 후 그녀는 학교를 그만두고 가정학 수업을 들었어. 또 예비 선교사 수업도 들었지. 부모는 주디스가 취업을 해서 가족들을 돕길 바랐지만 선교사가 되고자 하는 아이의 굳은 의지를 꺾을 수가 없었어. 가족들은 루터교를 믿었지만 주디스는 감리교 선교 학교에 등록했지. 성경 공부에 매진했고, 주님의 말씀이 영혼 속에 생생히 살아 숨 쉬는 듯했어. 예언자가 친구처럼 느껴진다던 그녀의 말을 나는 지금도 기억하고 있단다.

학교를 졸업한 주디스는 하느님께서 자신을 어느 나라로 보내실 것인지, 그 소명을 기다리고 있었지. 절실하고 아주 경건한 마음으로 길을 열어달라고 하느님께 기도드렸어. 어느 날 설교가 끝난 후, 인도에는 그리스도를 전파할 기회가 많은데 일꾼이 부족하다는 목사의 말을 듣게 돼. "여러분 중 그리스도와 복음의 진리에 대한 사랑을 느끼는 이가 있나요? 한번 손을 들어보십시오!" 제일 먼저 손을 든 사람은 주디스였어. "저는 그때 제가 무슨 짓을 했는지 인식하지 못했어요. 단지 하느님의 어떤 힘이 제 손을 들어올렸다는 것만 알았죠."

며칠 후 준비를 하기 시작했지만 다른 교파에 속한 단체와 함께 떠난다는 건 옳지 못하다는 둥 말도 많고 탈도 많았어. 사람들은 주디

---

* 주디스 그런디는 가브릴리아 수녀님이 호주인 앨런과 함께 산에 올랐을 때 만난 여성이다. 그날 이후로 두 사람은 오랜 우정을 이어갔다.

스를 막다른 골목으로 밀어넣었지. 특히 부모의 반대가 완강했어. 절망에 빠져 모든 걸 포기하고 싶어졌을 때 그녀는 아주 간절하게 기도를 드렸어. "고생하며 무거운 짐을 지고 허덕이는 사람은 다 나에게로 오너라. 내가 편히 쉬게 하리라."(마태오 11:28) 주님의 말씀이 가슴을 울렸지. 주디스는 그 말씀에 따라 자신의 모든 짐을 하느님께 맡겼어.

그것은 그리스도의 메시지였던 것이 분명했단다. 며칠 뒤 친구들이 찾아와서는 주디스의 인도행을 도와줄 사람들을 알고 있다고 했어. 그들은 여비와 함께 생활 보조금을 매달 조금씩 보내주기로 약속했고, 그렇게 주디스는 스물다섯의 나이에 미지의 나라로 떠나갔지.

그녀의 발길은 네덜란드 사람들이 제법 많이 살고 있다는 히말라야 산기슭의 한 마을로 향했어. 그리고 2주 뒤, 한 인도인의 해산을 도와주러 갔는데 아이를 낳고 5일 뒤, 남편도 없던 산모가 세상을 떠나고 만 거야. 주디스는 오갈 데 없는 그 아기를 데려다가 입양하고 자신의 이름을 붙여주었단다. 이것이 대가족의 첫 시작이었어. 그녀는 계속해서 아기들을 입양했고 하느님께서는 가정을 돌봐주셨지. 생활은 아주 단순했어. 친엄마처럼 아이들을 키웠지. 미국에서 친구들이 보내준 옷 말고는 자녀들이나 본인이나 새 옷을 사 입어본 적이 없었단다.

주디스는 자녀들을 잘 양육했고 미션 스쿨에서 공부시켰어. 참된 그리스도인이 될 수 있도록 인도했지. 아이들은 성장해서 초등학교 선생, 화가, 간호사, 교리 교사가 되었어. 어머니의 사랑 속에 자라난 그들은 각자 원하는 공부를 했지. 35년이 지난 지금, 자녀들은 다 결혼했고 손주들도 보았어. 모두 훌륭한 그리스도 가정을 꾸리고 어머니의 선교 활동을 이어가고 있지.

그 오랜 세월 동안 주디스는 차나무가 넘실대는 작은 마을에 살고 있어. 그러다 여름이면 가족들과 함께 히말라야 고지대의 더 큰 마을로 이동해. 주디스는 그 누구의 부탁을 거절한 적도 없고, 자기 뜻을 강요한 적도 없어. 자녀들은 정말이지 그녀를 추앙할 정도란다.

하루는 내가 그녀와 함께 마당에 앉아 석양을 바라보고 있었어. 손자 한 명을 품에 안고 계속 쓰다듬어 주던 그녀와 나는 생명과 죽음에 대해, 죽음 이후의 삶에 대해 대화했지. 그러다 향수 어린 얼굴로 돌아보더니 이렇게 말하더구나. "젊었을 때는 열정이 넘쳤어요. 하느님을 위해 대단한 일을 할 수 있을 거라 생각했죠. 그런데 지금 보니 제가 한 것이 아무것도 없네요."

나는 앉아서 성녀처럼 하느님의 은혜로 가득 찬 그 여인을 바라보았어. 자신을 기쁘게 하려는 생각 없이, 오직 하느님께 순종하고 사랑으로 그분의 빛에 도달하고자 했던 이 여인은 성인(聖人)이 자신이 성인임을 알지 못하는 것처럼, 자신의 성인됨을 알지 못했지.

37. 하느님의 응석받이

수녀님, 사람들이 평범하게 "어떻게 지내세요?"라며 안부를 묻지 않을 때가 많은데 왜 그럴까요?

맞아, 우리에게 별문제가 없다는 것을 잘 알기 때문이지. 실제로 하느님의 사람에겐 문제가 없단다. 문제가 있을 수 없지. 지금 누가 내게 "당신의 이야기를 해주세요"라고 하면 나는 해줄 말이 없어. 내 이야기가 없기 때문이야. "내가 무슨 말을 해야 그분께서 좋아하실까? 내가 무엇을 하길 원하실까?" 하는 생각뿐이지. 나는 그분께 말씀드려. "제 눈을 가져가셔서 당신의 것으로 만드소서. 제 손도 발도 모두 가져가소서."

어제 오래 걸을 일이 있었어. 알렉산드라 가의 한 병원에서 칼리드로미우 가를 향해 언덕길을 올랐다가, 스쿠파 가를 지나 콜로나키까지 갔지. 하지만 피곤한 줄 몰랐어. 걷는 내내 방문할 환자 생각만 가득했거든. "당신의 말씀은 내 발에 등불이요, 나의 길에 빛이옵니다."(시편 119:105)라는 시편 구절처럼, 네가 하느님과 그분의 말씀을 염두에 두고 있으면 거리감을 잊게 된단다. 그래서 "피곤하지 않으세요?" 하고 물으면 "아니요" 하고 대답하게 돼. 내 일과가 끝나도 쉬지 않고 다시 처음부터 시작할 수 있어. 피로를 느끼지 않으니까. 하지만 이런 일은 아주 서서히 이루어져. 그분께서 네 모든 발걸음마다 함께하시며 보살피시고, 지극히 사소한 데서도 너를 보호하신다는 것을 깨달아야 하지. 그리고 하느님의 영이 너를 인도해 주시거든. 누군가에게 길만 물어도 대답을 해주는데, '응석받이'인 우리를 두고 그분께서야 오죽하시겠니!

인도에 있을 때 사람들은 나를 "하느님의 응석받이(the spoiled child of God)"라고 불렀단다. 내가 먼저 "제가 누군지 아세요? 저는 하느님의 응석받이예요!" 하고 말하곤 했거든. 그들은 그런 교만이 어딨느냐고 하면서 부끄러운 줄 알라고 대답했지. 그러면 내가 "응석받이가 무엇인지 알고 말씀하시는 건가요? 버릇없는 아이죠! 하지만 부모는 그 아이를 사랑한답니다. 귀엽고 예쁘니까요. 저 역시 마찬가지랍니다. 하느님께서 그렇게 저를 사랑하시죠!"

얘야, 이것이 삶에 대한 나의 태도란다. 그리고 하느님께서 나를 얼마나 사랑하시는지 잘 알고 있기에 나 역시 그분의 모든 피조물을 사랑하지 않을 수가 없구나. 천사들이 하느님의 모든 것을 사랑하듯이 말이야. 하루는 렙 질레 신부님이 아주 멋진 설교를 하셨어. 천사가 내려와 다니엘 예언자에게 이렇게 말했다는 거야. "다니엘! 주님께서 너를 너무도 사랑하신다고 나더러 전해달라셨어." 신부님은 이렇게 덧붙이셨지. "한 번이라도 이렇게 생각해 본 적이 있으십니까? 다니엘 예언자에게 보냈던 그 메시지를 하느님께서는 매일 천사들을 통해 여러분에게도 보내고 계십니다. 그러니 길을 걸을 때 의기소침하지 마십시오. 우리는 그 어떤 것에 대해서도 걱정할 필요가 없어요. 길을 걸으며 춤을 춰야 합니다! 사람들이 왜 춤을 추냐고 물으면 '왜냐하면 우리는 하느님의 응석받이이기 때문입니다' 하고 대답해야 하지요!"

내가 런던에서 불어를 가르치던 때였어. 아이들의 아버지는 무척 비관적인 사람이었지. 어느 날 내가 그 집에 들어서자 그분이 묻더구나. "무슨 일 있으신가요? 뭐가 그렇게 행복하세요?" 내가 대답했어. "아, 오늘이 5월 20일이고, 또 제가 살아있는 날이잖아요. 뭐 다른 이유가 있겠어요?" 그래, 그걸로 충분하단다. 쓰는 방법을 알기만 한다면 삶이라는 이 선물은 아주 위대한 거야.

38. 타인을 판단하지 않기

우리는 남을 판단해서는 안 된단다. 하지만 우리가 다른 사람을 판단하지 않으면, 다른 모든 이들이 우리의 그런 행동에 대해서 판단할 거야. 이 점을 잘 알고 있어야 해. 언젠가 나에게 있었던 여러 사건에 대해 강연할 기회가 있었지. 강연을 마치자 사람들이 이렇게 말하더구나. "아, 저 수녀님은 그 사람들을 단죄하지 않았어. 저 사람들도 단죄하지 않았지. 또 다른 사람들도 단죄하지 않았고…." 무슨 뜻인지 알겠니? 네가 판단하지 않으면 사람들이 그런 너를 판단할 거야.

그럼 저희가 어떻게 해야 할까요?

사람들이 너를 판단해도 전혀 관심을 기울이지 말거라.

다른 사람에 대해 판단하는 것을 우리가 듣게 되는 경우에는요?

그런 대화에는 참여하지 말아야지.

39. 스스로의 부재를 믿는 자

수녀님께서는 늘 '나는 존재하지 않는 사람'이라고 말씀하시는데, 그것은 어떻게 실천할 수 있는 건가요?

지난 20년 동안 나는 이 점을 잘 이해해 왔다고 말할 수 있을 것 같아. 어떤 사람이 네게 아픔을 털어놓는다고 해보자. 그런데 그 시간에 너는 너 자신과 관련된 뭔가를 계속 생각하고 있어. 그러면 어떻게 될까? 너는 헛된 수고를 하고, 그 사람도 너에게서 전혀 도움을 받지 못하겠지. 그런데 만약 그 시간에 네가 너의 존재를 잊고, 비록 그 사람이 도둑이나 거짓말쟁이, 심지어 살인자라 할지라도 그의 입장을 깊이 이해하고 '하느님, 가여운 사람입니다! 어떻게 해야 그가 이 힘든 시간에서 벗어날 수 있을까요? 그가 무엇을 할 수 있을까요?' 하고 생각한다면? 너는 그를 비난하거나 난쇠하거나 미워하시 않으면서 '주님께서 인간의 고통을 짊어지고 악을 없애기 위해 사람이 되셨다고 말씀하시지 않았던가요?' 하고 말하게 될 거야. 그때 그 사람은 너와 하나가 되지. 절망 속에서 너를 찾았던 그는 기쁨에 넘쳐 돌아가지 않겠니? 그리스도께서 자신과 함께하심을 깨닫고, 자신의 문제들이 달리 와닿을 것이기 때문이지.

네가 너를 버리고 다른 이와 하나가 되면 계속해서 그렇게 사람들이 찾아오게 돼. 그리고 하루가 끝나갈 무렵 너는 이런 생각이 들겠지. '그런데 이 사람들 모두의 나는 누구지? 물론 그들 중 그 누구도 아니지! 그렇다면 내가 누구지? 아무도 아니지!' 재밌지 않니? 그리고 나는 말한단다. "나는 없는 존재지만 그리스도를 바라봐야지! 내 존재에 대해서는 신경쓰지 않아!" 두 번, 세 번 나는 이 이야기를 했어. 사람들이 "추우세요?" 하고 물을 때면 "어떻게 춥겠니? 내가 없는데!" "배고프세요?" 하면 "어떻게 배가 고프겠니? 내가 존재하지 않는데!" "매연 때문에 힘드시지 않아요?" "매연이 누구를 괴롭힐까? 내가 없는데!"

사람들은 내 정신이 조금 이상해진 줄로 알았지. 그러던 어느 날 교회 달력을 넘겨보는데 거기서 "스스로의 부재를 믿는 자는 자신을 가장 잘 아는 자이다"라는 성 닐로스의 금언을 보게 되었어. 오, 하느님께 영광! 나는 그 금언을 오려서 벽에 붙였단다. 그리고 내 입으로 '나는 존재하지 않는다'라고 하는 대신 '성 닐로스께서 이처럼 말씀하셨다'라고 말하기로 했지.

어떻게 하면 '자신의 부재'를 실천할 수 있을까요?

전에 말했듯이 언제나 너희 자신이 아닌 남을 생각하면 돼. '너무 더운데! 후, 오늘 엄청 덥다' '아, 나 피곤해서 죽겠어' 혹은 '너무 배가 고파서 힘들어' 등등 자기 위주의 모든 것을 버려야 한단다.

하지만 수녀님, 진짜 너무 더워서 견디기가 힘들면요?

그걸 굳이 말할 필요는 없지. 말한다고 더위가 물러가는 것도 아니고, 두 배로 더위를 느끼게 될 뿐인걸. 무슨 말인지 알겠니? 너는 그것을 과장하고 실체적 존재로 만들지. 뭐하러 그러니? 내 경우엔, 나랑 같이 사는 사람도 내가 어떻게 지내는지 잘 몰라. 밤새 앓아도 아침이면 내가 아팠다는 사실을 아는 이가 없지. 그걸 말할 필요가 있을까? 이미 지나간 일인데. 그렇지 않니? 혹은 내가 보살펴야 하는 사람이 많은데 지금 몹시 피로해. 그때 '아, 제가 너무 피곤하네요!' 하고 말한다고 해서 어떤 유익이 있을까? 고대 그리스인은 이렇게 말했어. "내가 원하는 대로 어떤 일이 일어나기를 바라지 말고, 그 일이 일어나는 대로 받아들이고 그 안에서 행복을 찾아라."

40. 그리스도의 재림

수녀님, 그리스도의 재림에 대해서 말씀해 주세요.

그리스도의 재림이 있다는 것은 확실하단다. 지금 내가 너희를 보고, 너희가 나를 보는 것처럼 확실하지. 주님께서 다시 오시겠다고 분명히 말씀하셨기 때문이야. (요한 14:28) 주님께서 "나는 진리요"라고 하셨으니 당신께서 말씀하시는 모든 것은 진리이지. 그분이 다시 오시면 사람들은 그들의 영혼의 상태에 따라 심판을 받게 될 것이라고 말씀하셨어. 그 이상은 알 수가 없단다.

너희는 주님께서 많은 부분을 신비로 남겨두셨음을 잊지 말거라. 성인들께서는 그 신비를 성령의 빛으로 자주 보셨지. 그럼에도 주님보다 더 많은 것을 우리에게 알려주실 수는 없어. 그래서 주님께서는 이렇게 가르치셨지. "보지 않고도 믿는 사람은 행복하다." 나도 속으로 그 말씀에 한 줄을 덧붙인단다. '그들은 보게 될 것이기 때문이지요.'

41. 타인의 정당함

사랑, 인내, 순종, 겸손을 지닌 자는 이 세상과 낙원을 모두 얻은 사람이지. 그런데 가장 어려운 것은 늘 우리에게 정당하다고 말해주는 어둠의 힘을 극복하는 것이란다. 동의하니?

그렇다면 저희는 결코 정당할 수 없는 건가요?

절대로! 언제나 다른 사람이 '옳아!' 이게 가장 중요한 거야.

좀 더 설명해 주시겠어요?

그 사람의 에고에 따르면 그가 정당하지. 그러니 나의 에고로 그를 설득하려 노력할 필요가 있을까?

그러니까 우리가 다른 사람의 에고와 정당성에 복종하는 거군요.

그런 의미의 복종이 아니란다. 우리는 우리가 옳다고 여기는 일을 하는 거지. 그 사람과 무의미한 논쟁을 벌이지 않고, 비난하지 않고, 우리의 평온을 잃지 않으면서 말이야. 그는 자신의 길을 계속 갈 것이고, 우리는 그를 하느님의 뜻에 맡기는 거지. 그는 우리에게 해를 끼치지 못해. 왜냐하면 우리는 우리의 정의에 부응하는 나름의 원칙을 가지고 있기 때문이야. 우리에게는 영적 아버지가 계시고 수녀원장님, 대주교님, 그리고 하나로 일치하는 교회가 있어. 무엇보다도 어떤 것이 옳은지, 계명은 어떤 것인지 가르쳐 주는 성경이 있지. 그렇다면 결론은 나온 거겠지?

하지만 이렇게 한번 얘기해 볼게. 나에게 바구니가 하나 있어. 그리고 나는 그걸 '무용(無用)한 것들의 바구니'라고 이름 붙였지. 쓸모없는 종잇조각을 버리듯이, 나는 거기에다 이런 생각들도 다 갖다 버렸어. 그러자 마음이 더 이상 괴롭지가 않았단다. 사람은 그런 것으로 마음이 상해서는 안 되는 거거든. 무신론자, 적대자, 혹은 그저 너를 괴롭힐 목적으로 쓸데없는 토론을 하러 찾아오는 이들이 심란하게 하거든 절대로 본심을 드러내지 말거라. 마음에 상처가 나고 슬퍼진다 해도 말이야. 그걸 보여줘서는 안 돼. 그렇지 않으면 게임에서 지게 돼. 그럼 다음번에는 더 큰 목표를 가지고 찾아오겠지. 하지만 너희가 무심하게 군다면 그는 '괜히 여기 와서 헛고생했네. 차라리 다른 사람을 건드리는 게 낫겠다' 하고 가버리지.

주님께서 사악한 영에 맞서지 말라고 말씀하셨듯이 무슨 일이 있어도 화를 내서는 안 돼! 대립각을 세우면 우리는 격렬한 다툼에 휘말리지. 누군가가 이렇게 싸우는 우리를 보면, 과연 그는 둘 중 누가 옳고 누가 그른지 말할 수 있을까? 당연히 아니지! 아마 우리 둘 다

유혹에 굴복한 악의 모습으로 비치겠지. 그러니 두 사람 사이의 토론이 논쟁으로 번질 때, 둘 중 하나라도 하느님의 사람이라면 침묵을 지키며 마음속으로 기도를 반복해야 해. "주 예수 그리스도 하느님의 아들이시여, 우리를 불쌍히 여기소서." 그러면 얼마 안 가서 다 괜찮아질 거야.

42. 시련

제가 아는 한 부인이 오랜 세월 큰 시련을 겪고 있어요. 하느님께서는 당신의 자녀들을 사랑하신다면서 왜 고통 속에 그분을 방치하시는지 도무지 이해가 안 가요.

당연하지. 우리는 그분을 이해할 수 없단다! 유한한 우리가 어떻게 무한하신 그분을 판단할 수 있겠니? 시작도 끝도 없으신 분을 헤아릴 수 있겠어?

여전히 이해하기 어렵네요.

그래, 그럼 네 생각은 어떠니? 하느님께서 개입하실 능력이 안 되시는 분이라고 생각하니?

아니요. 개입하실 수 있다고 생각해요. 우리에게 간청하라고 말씀하셨으니까요. "구하여라, 받을 것이다. 찾아라, 얻을 것이다. 문을 두드려라, 열릴 것이다."

그렇단다! 하느님께서는 지혜, 인내, 자비를 구하라고 말씀하셨지.

그럼 그 부인의 문제에 대해서도 간청하면 안 될까요?

아니, 그건 다른 문제야! 사람들은 그 점을 잘못 이해하고 있어! 그래서 집, 돈, 출세 등을 간절히 바라며 기도하지.

하지만 "불쌍히 여기소서"라고 기도할 때 그 부인의 절실함을 하느님께서 아시니까....

우리는 다른 누군가를 위해서 하느님께 무엇을 해달라고 간청할 수 없단다. 그 사람도 하느님의 자녀이기 때문이야! 그를 위해 우리는 "당신의 뜻이 이루어지게 하소서" 하고 하느님께 기도드릴 뿐이지. 하느님께서 그 부인에 대해 어떤 계획을 가지고 계시는지 너는 아니? 진정 그에게 필요한 것이 무엇인지 우리가 알 수 있을까? 그건 우리의 엄청난 에고이즘이란다. 그런데 사람들은 이 점을 잘 인식하지 못해. 제대로 배운 적이 없거든. 우리는 완전히 순종하는 자세를 갖춰야 해. 사람들은 너를 주님의 종이라고 말하지. 그걸 영원히 이해하지 못하려나? 그런 걸 보면 나는 정말 가슴이 아프단다.

수녀님, 행복과 불행에 대해서 말씀해 주세요. 시련에 대해서도요.

그래. 겸손, 사랑, 헤지키아로 영혼을 평온하게 하려고 노력하는 사람은 흔히 외부의 변화에 큰 영향을 받지 않아. 가령 내가 아프다고 하자. 그 아픔은 나의 삶에 필요한 하느님의 계획 속에 들어있는 거야. 하나의 시련으로서 지나가겠지. 또 내가 사랑하는 사람을 잃었다고 해보자. 그건 그가 다른 생을 만나러 갈 시간이 되었던 거란다. 그렇게 되어야만 했던 거야. 이렇게 나는 어떤 일이 생기든 "그렇게 되어야만 했어"라고 말하지. 그러면 다 정리가 돼. 젊은 시절부터 오래도록 내 삶의 지표로 삼아왔던 에픽테토스로부터 배운 태도야. 그는 이렇게 말했지. "내가 원하는 대로 어떤 일이 일어나기를 바라지 말고, 그 일이 일어나는 대로 받아들이고 그 안에서 행복을 찾아라." 또 이런 고대 그리스 속담도 있어. "운명이 너를 어딘가로 이끈다면 그것을 받아들이고 따라라. 원망해 봤자 후회할 뿐, 운명은 여전히 너를 끌고 갈 것이다." 나중에 성서에서도 이런 가르침을 발견하기도 했어.

43. 인도에서 받은 100달러

나는 벌써 수개월째 히말라야에서 지내고 있었어. 무척 행복했고 감사에 겨웠었지! 돈은 없었지만 모든 것이 하느님의 계획 안에서 잘 이루어져 가고 있었어. 하지만 그리스의 우리 가족은 내가 거기서 어떻게 지내는지 몰랐고, 어떤 방법을 썼는지 100달러를 보내왔더구나. 돈이 도착했을 때 나는 아주 큰 교만에 사로잡혀 있었어. 웃으면서 속으로 '이 돈을 모두 다시 돌려줘야겠다'고 생각했거든. 그때 '정말?' 하고 사악한 영이 내게 물었지. 그리고 '뭐, 큰일도 아닌데 90달러만 돌려주고 10달러는 네가 가져' 하며 부추기는 거야. 그렇게 나는 10달러를 남기고 90달러를 다시 돌려주었어.

당시 시바난다의 아쉬람에는 벌레가 무척 많았는데, 밤새 벌레들이 내가 자는 나무 침대 위로 올라와서 물고 괴롭혔지. 날씨도 엄청 덥고 습해서 내 등은 작은 땀띠로 벌겋게 뒤덮였고 밤낮 없이 통증에 시달렸어. 그래서 이런 생각이 들더라고. '가지고 있는 10달러로 가까운 마을에 가서 살충제를 사야겠다. 능에 뿌릴 파우더도 사고. 일 년 내내 먹지 못했던 조그만 잼도 한 병 사볼까?' (나는 내가 좋아하는 것을 사지 않기로 원칙을 정했었고. 그리고 하느님의 도움으로 지금까지 지켜왔지. 진열된 캔디 같은 것을 보긴 했지만 내게 필요한 것이라는 생각은 전혀 하지 않았어. 그저 가구나 장식품처럼 바라볼 뿐이었지.) 그렇게 나는 10달러를 들고 마을로 내려갔어. 가면서 이런 생각을 또 했지. '바나나도 한 송이 사서 동굴에서 지내시는 요기 할아버지께 가져다드리면 좋아하실 텐데.'

마을에 도착해서 나는 필요한 것들을 다 샀어. 그리고 물건을 들고 아쉬람의 높은 대리석 계단을 오르고 있을 때였지. 갑자기 원숭이 떼가 달려들더니 파우더와 잼, 살충제까지 낚아채 가버렸단다! 내 손에 남은 것은 정작 그들이 먹는 바나나뿐이었어! 재미있는 게 뭔지 아니? 나에게 필요한 것은 다 가져가고, 요기 할아버지께 드릴 이 바나나만 남기고 갔다는 거지! 이게 무슨 일일까? 원숭이에게 필요 없는 파우더 상자와 열지도 못할 잼을 가져가다니!

방으로 돌아온 나는 조용히 앉아 생각했어. 이 우화 같은 이야기가 무엇을 의미하는지. 그리고 깨달았지. 스스로를 먼저 생각하지 않을 때는 모든 일이 잘 풀렸다는 것을. 또 10달러가 없었다면 어떻게 했을까 하는 생각도 했지. 아마 파우더가 없었다면 소금물을 욕조에 받아 씻지 않았을까? 살충제가 없었다면? 글쎄, 시골에서 하는 식으로 작은 깡통에 물을 받아 침대 다리 밑에 놓았겠지. 그렇다면 잼은? 그건 지금껏 없이도 잘 살았는데! 이런 생각을 하자 마음이 평온해졌어.

잠시 후, 사람들이 부인 한 명을 데려와서는 나를 불렀어. "안타깝게도 이 부인이 목을 삔 것 같은데 어떻게 손 좀 써주셨으면 해요." 나는 그 부인의 목 상태를 살펴보고 마사지를 해주었어. 그랬더니 금방 좋아지더구나. 부인은 "아, 자매님, 정말 뭐라고 감사를 드려야 할지 모르겠네요! 제가 집에서 만든 잼밖에 드릴 것이 없는데 이거라도 꼭 받아주셨으면요" 하고 말하면서 내가 잃어버린 잼과는 비교도 되지 않을 만큼 커다란 잼 단지를 주었어. 나는 숟가락을 여러 개 들고 모든 방을 돌아다니며 한 명도 예외없이 잼을 나눠주었지! 이 모든 것이 내가 10달러로 인해 겪은 에피소드란다.

44. 십자가의 두 축

수녀님, 저는 두 가지 사랑에 대해 생각합니다. 수녀님께서 말씀하시는 십자가의 세로축과 가로축 말인데요. 저는 그 두 축이 제 영혼 안에서 하나로 결합되지 못한 것처럼 내면의 분열을 느낍니다. 때론 하나의 축이 다른 하나를 능가하고, 그 반대의 경우도 있고요. 이 두 축을 하나로 결합시키려 노력하지만 아직 성공하지 못했습니다.

무슨 말을 하고 싶은지 잘 알겠다. 세로축은 하느님을 향한 사랑, 기도, 은둔이지. 가로축은 인간에 대한 사랑이고. 그런데 네가 나무로 십자가를 만들 때처럼 여기에도 나름의 준비 같은 것이 필요해. 먼저 세로축이 완성되어야 내면의 분열을 느끼지 않고 모든 이들을 쉽게 사랑할 수 있지. 그러면 사람들은 너의 미소와 간단한 인사만으로도 사랑을 느끼거든. 네 기도를 통해서 하느님이 그들에게 건네는 것을 받아들이는 거야.

세로축이 제대로 정립되지 않은 상태에서 누군가를 위한답시고 우리가 문을 닫아걸고 그를 위해 기도만 드린다면 어떨까? 기도의 대상이던 사람이 그사이에 우리보다 10년쯤 영적으로 앞설지도 몰라. 우리가 정체되어 있는 동안에 말이야. 왜냐하면 그 능력은 우리 것이 아니거든. 오직 하느님 것이지.

하느님께서는 은둔 속에서 계시되고 드러나셔. 그래서 수도사들 사이에서는 흔히 이런 말을 하시. "네 켈리의 문을 굳게 잠그리." 그런데 또 누군가는 "그건 에고이즘 아닙니까? 사람들이 찾아와 당신의 문을 두드리는데 켈리 안에만 계시다니요?" 하고 묻지. 하지만 그래야 한단다. 왜냐하면 이제 갓 수도 생활을 시작한 네가 문을 열어주게 되면 사람들은 자신과 별다를 바 없는 너를 보고 아무런 영적 유익 없이 되돌아갈 것이기 때문이야.

45. 자존심

수녀님, 어떤 사람들은 옳은 말을 들었을 때 부정적인 반응을 보이며 거부하던데요.

그래서 나는 내 경험으로 아는 어떤 사실을 말할 때조차 제삼자의 이야기를 전하는 것처럼 하곤 해. 듣는 이의 자존심을 건드려서 부정적인 반응을 일으키지 않으려고 말이지. 예를 들어 어떤 약이 좋다는 것을 내가 안다고 치자. 만일 그게 내 생각이라고 주장한다면 아마 의사는 '자기 생각만 있나? 내 생각도 있지' 하면서 자존심이 상해 그 약을 쓰지 않을 가능성이 커. 그래서 나는 이런 경우에는 "미국의 누군가가 말했는데" 혹은 "어딘가에서 제가 읽었는데" 하는 식으로 말한단다. 그러면 상대방은 그 말을 쉽게 받아들이고 환자에게도 도움을 주게 되지. "그거 내가 잘 아는데"라는 표현은 사용하지 않는 게 좋아. 이것은 상대의 자존심과 관련하여 매우 중요한 부분이란다.

자존심이 반항과도 연관이 있는 건가요?

자존심은 반항을 내포해. 추락한 일단의 천사들이 그랬지. 오늘날도 마찬가지야. 자존심이 강한 누군가를 보렴. 그는 조언이나 의견 등 다른 사람의 말을 전혀 받아들이려 하지 않아. 때론 자기에게 도움이 되는 것을 알면서도 자존심 때문에 다른 사람의 조언을 안 듣는 경우도 많아.

46. 우상화

사랑을 너무 넘치게 받아서 '버릇이 나빠진' 사람을 기쁘게 해주기란 불가능하단다. 모든 문제의 원인이지. 다른 사람에 대한 사랑이 우상화의 지경에 이르러서는 안 돼. 사람들은 어디까지가 사랑이고 어디까지가 우상화인지 잘 인식하지 못하지. 자식을 키우는 부모의 경우를 한번 생각해 보자. 우리는 자식을 사랑하고, 사랑하고, 또 사랑해. 그리고 나중에는 그 아이를 거의 신격화하기에 이르러. 나는 그런 경우를 많이 봤단다. 부모는 아이를 작은 우상으로 만들어 하느님을 잊어버린 채 그 아이만을 바라봐. 이런 일도 있었지. 자신의 아이가 곧 그의 우상이였어. 그런데 어느 날 갑자기 하느님께서 그 아이를 데려가신 거야. 끔찍한 상실이잖니. 집착 또한 아주 무서울 정도였고. 굉장히 주의해야 한단다.

　수녀님, 우리가 친구나 동료, 또는 어떤 이를 사랑하는데 어느 날 가면이 벗겨지듯이 그가 우리가 생각했던 모습이 아니고 다른 실체였음이 드러나면 어떻게 해야 하나요?

　그 사람들은 우리에게 잘못한 것이 없단다. 왜냐하면 우리가 어떤 이상을 만들어 그것을 특정인에게 구체화시키려 했기 때문이야. 전혀 경탄의 대상이 아님에도 우리는 그 사람을 경탄하지. 그렇게 경탄하고 경탄하다가 불화가 일어나고, 그에 대해 더 잘 알게 되면 어느 날 그 사람은 우리가 만들어준 높은 단상에서 떨어지고 말아. 그러면 우리는 실망한 나머지 그에게 화를 내고! 하지만 그에겐 처음부터 잘못이 없었어. 상상으로 그를 높은 단상에 올린 우리의 잘못이지. 우리가 그를 하나의 우상으로 만들어 경탄했다가, 다시 바닥으로 팽개친 거니까. 그 사람은 원래 그랬고, 지금도 그렇고, 앞으로도 그 모습 그대로일 텐데 말이구나!

47. 사람들 사이의 평화

　수녀님, 사람들 사이의 평화에 대해서 한 말씀 해주시겠어요?

　그리스도께서는 이렇게 말씀하셨어. "제단에 예물을 드리려 할 때에 너에게 원한을 품고 있는 형제가 생각나거든 그 예물을 제단 앞에 두고 먼저 그를 찾아가 화해하고 나서 돌아와 예물을 드려라." (마태오 5:23-24) 다시 말해, 네가 먼저 사람들 사이에서 마음의 평화를 얻지 못하면 하느님과의 사이에서도 마찬가지일 거라는 말씀이지. 그런데 여기에는 매우 중요한 의미가 있어. 상대방에게 잘못이 있더라도 네가 용서를 구해야 한다는 거야. 솔직히 고백하자면 내가 살면서 실천에 옮기기 가장 힘들었던 부분이란다.

나를 낮추고 용서를 구하는 일은 어렵지 않았어. 늘 마음을 다해서 그렇게 했지. 그런데 내 사과를 받아들이는 태도가 문제였어. 사실이 그렇지 않음에도 '당연히 네가 잘못한 거지. 네가 나한테 와서 용서를 구했잖아?' 하는 식으로 사과를 당연히 여겼기 때문이지. 잘못에 대해 용서를 구하는 게 아니고, 복음 말씀을 실천하려는 것일 뿐인데 말이야. 저녁에 기도하러 가면서 마음의 평화를 누려야 하니까.

사실 상대방의 반응은 그다지 큰 의미가 없어. 우리는 어떤 일이 있어도 복음 말씀에 따라 살아가야 한단다. 주님께서 "그러면 너희의 영혼이 안식을 얻을 것"(마태오 11:29)이라고 말씀하셨거든. 핵심은 네 영혼 안에서 주님과 평화롭게 지내는 거야.

48. 교회

며칠 전 제가 수녀님께 이렇게 말씀드렸었지요. "죄송스러워서 말씀을 꺼내기가 어렵네요. 찾아오는 사람들이 많아 얼마나 고단하실지 잘 아는데요. 시간이 되시면 하루, 저녁 시간에 저희 소성당으로 와주셨으면 해요. 혹시 거절하셔도 괜찮습니다." 그러자 수녀님께서 답하셨지요. "아니란다! 말만 하렴! 그럼 내가 갈게!"

정말이지 그건 나에게 커다란 기쁨이야. 나처럼 하느님을 뜨겁게 사랑하는 사람들 사이에 있으면 정말 행복하단다! 그러면 엄청난 일이 벌어져! 성인들과 천사들과 신실한 사람들에게서는 어떤 에너지가 흘러나오거든. 그런 모임은 정말 훌륭한 이벤트 중 하나야. 그것이 바로 교회지! 교회!

49. 자선

한번은 청춘남녀들이 나를 찾아왔었어. 대화를 나누던 중, 사업으로 많은 돈을 벌어들이던 한 청년이 이런 말을 하더구나. "만약 예수 그리스도께서 지금 제 앞에 실제로 나타나신다면 저는 아마 두려움에 죽을지도 모르겠습니다!" "왜 그렇게 두려워하니? 오히려 그분 발 앞에 엎드려 기뻐해야 하지 않을까?" 하고 내가 말했더니 "해야만 하는 것을 하지 않았거든요" 하고 답하는 거야. 그래서 구체적으로 뭘 말하는 거냐고 묻자 "자선, 동정을 베풀지 않았어요. 그것뿐만 아니라 직업상 치열한 경쟁을 할 수밖에 없었습니다"라고 했어.

"그럼 한번 시작해 보렴. 구약성서에서 말하는 것을 먼저 해보면 어떨까? 네 수입의 10분의 1을 베푸는 거야. 그러면 양심의 한구석이 편해지지 않겠니?" "하하하…." 며칠 뒤 그 청년이 "수입의 10퍼센트를 준비했는데 어디로 보내야 하나요?" 하고 내게 묻기에 어느 가족에게 보내라고 알려주었단다. 두 번째 달도 그렇게 했어. 하지만 그 이후로는 연락이 없었지. 10퍼센트를 베푸는 것도 참으로 힘든 일이라는 것을 알겠니? 네가 1000원을 가지고 있을 때 100원을 주기는 쉬울 거야. 100만 원을 가지고 있을 때 10만 원을 베푼다? 그것은 좀 생각해 봐야겠지. 하지만 200, 300만 원을 베풀어야 하는 상황이 오면 문제는 달라져. 아마 그 청년처럼 너도 자취를 감출지도 몰라. 안타까운 일이야!

예전 평신도였을 때 나는 아테네에서 물리치료실을 운영했어. 백만장자였던 한 부호도 그곳을 찾아 치료를 받곤 했는데, 그의 부인이 나와 잘 아는 사이였기 때문에 치료비를 전혀 받지 않았지. 하루는 내가 그의 목을 마사지하던 중에 그가 "그리스도께서 부자를 비난하지 않았다는 것을 혹시 알고 계세요? 그거 다 신부들이 지어낸 말입니다!" 하고 말하는 거야. 그래서 내가 대답했지. "물론입니다! 그런 말씀은 일체 안 하셨어요. 단지 부자들이 천국에 들어가기 힘들다고만 하셨지요!" 그 말을 듣고서 그는 부인에게 다시는 나를 찾지 않을 거라고 했다더구나. 하지만 내가 그동안 대가 없이 치료해 주었다는 사실은 모르는 체했어.

또 이런 경우도 있었지. 공장을 운영하던 한 남자가 몇 년 전에 나를 찾아와서는 "인제 그만 일을 접으려 합니다. 그런데 500여 명의 직원들이 제가 생계를 해결해 주기만을 바라니 어째야 좋을지 모르겠어요"라고 하는 거야. 그 말을 듣고 내가 "당신도 마찬가지랍니다. 당신도 그 500여 명의 직원 덕에 생계를 유지하는 거지요. 아니, 그 이상을요!" 하고 말했지. 나는 사람들이 왜 이 점을 간과하는지, 이해 못 하는지 모르겠어! 줄 생각이 전혀 없는 사람을 설득하기란 몹시 어려운 일이란다. 언젠가 내 가까운 지인이 한 고소득자에게 기부를 부탁했어. 그랬더니 그 남자가 이렇게 대답했지. "제 자유의지로 기부를 하기에 굳이 그런 제안을 하실 필요는 없습니다." 아마 이렇게 말하고 싶었던 거 아닐까? '왜 남의 일에 간섭하세요? 제 문제는 제가 잘 알아서 해요.' 대단한 자만심이야! 반면에 남을 도우려는 마음이 있는 사람들은 누가 묻기도 전에 이미 자기 것을 내어놓지.

다른 이야기를 해줄게. 수년 전에 열흘간 성지 순례를 갈 계획을 세웠었어. 빈손으로 가기는 그렇고, 그곳 베다니아 수도원의 테오도시오스 원장님께 돈을 조금 드릴 수 있는 방법이 없을까 고민했지. 그러다 점심시간이 되어 식당에 들어갔어. 물을 마시려고 자리에서 일어났는데 한 남자가 다가오더니 "실례합니다만 자매님, 저는 매달 첫날에 제 월급의 일부를 떼어 선행에 쓰고 있습니다. 하시는 일에 약간의 도움이라도 되었으면 합니다. 이 돈을 받아주시겠어요?"라고 하는 거야. 그날은 7월 1일 자선 치료자 성인들(성 코즈마스와 성 다미아노스) 축일이었지. "제 자리로 가시죠. 설명 드릴게요! 저는 돈을 받지 않는다는 원칙이 있습니다만, 만약 원하신다면 제가 며칠 뒤 방문하려는 성지의 수도원으로 보내주세요. 주소도 함께요. 수도원에서 선생님께 영수증을 보내드려야 하니까요." "주소 없이 보낼 순 없습니까?" "죄송합니다만, 그렇게는 안 됩니다." 그는 자리에 앉아 주소를 적은 다음 봉투 안에 돈을 넣었어. 그리고는 이렇게 말했지. "2년 후에는 퇴직을 하고 연금을 받게 됩니다. 그러면 저도 하느님의 길을 걷게 되겠지요. 그럼, 안녕히 계십시오." "안녕히 가세요." 후에 봉투를 열어보았더니 그 안에 500드라크마가 있었지. '좋은 출발'이라고 난 생각했어. 그리고 그 이후로 6000드라크마가 더 들어왔단다!

　얘들아, 우리가 생각하는 것만으로도 충분하다는 것을 잘 알았겠지? 하느님의 기적이 물질로 나타나는 경우, 사람들은 그 기적을 쉽게 깨닫는단다. 과거에 굉장히 부유했던 한 러시아 부인이 있었어. 그런데 이제는 기력이 쇠해서 눈도 멀고 귀는 거의 들리지 않는 여든의 노인이 되었지. 그분은 음악을 사랑하는 음악가여서 작은 트랜지스터라디오 하나를 간절히 원하셨어. 나는 속으로 생각했지. '조그만 라디오 하나만 있으면 무척 행복해하실 텐데! 어떻게 내가 구해드릴 방법이 없을까? 그럴 수만 있다면 정말 좋겠는데!' 그날은 5월 26일이었어. 열흘 뒤, 나는 어느 미국 친구로부터 5월 26일 날짜로 된 편지를 받았는데 거기엔 "10달러를 동봉해. 누군가 도움이 필요한 데 썼으면 정말 좋겠다"라고 쓰여있었어. 당시 10달러는 300드라크마에 해당하는 돈이었지. 나는 가게로 들어갔어. "여기서 가장 싼 트랜지스터라디오 하나 주시겠어요?" "우리 가게에는 150드라크마 정도 하는 아주 싼 트랜지스터는 없습니다. 저쪽 가게로 가시면 살 수 있겠지만 아마 쉽게 고장이 날 겁니다. 대신 여기 350드라크마 하는 일본산 트랜지스터를 220드라크마에 드릴게요." 그것은 적색과 금색이 어우러진 고급 라디오였어. 모든 방송국 전파가 다 잡혔고 스피커 소리도 아주 컸지. 소리가 잘 안 들리는 사람에겐 과분할 정도로 말이야. 이틀 뒤 나는 구입한 라디오를 그분께 가져다드렸단다. 일은 이렇게 이루어지지!

또 다른 이야기를 해줄게. 언젠가 북마케도니아에서 한 부인이 경제적 상황이 너무 안 좋아 도움이 절실하다는 편지를 내게 보냈어. 그리고 이틀 뒤, 또 다른 한 부인에게서 전화를 받았는데, 나와 함께 성지를 방문했다가 다리를 크게 삐어 내가 병원으로 데려가 필요한 조치를 받게 해준 사람이었지. "제 다리가 완쾌되었답니다. 자매님께 사례를 표하고자 하오니 필요한 일에 요긴하게 써주시면 감사하겠습니다." 나는 이렇게 답했지. "주소를 알려드릴게요. 그곳에 사는 부인에게 보내주시면 좋겠어요." 며칠 뒤, 도움을 받은 부인에게서 편지가 왔어. "저와는 아무런 일면식도 없는 분이 제게 1000드라크마를 보내주셨답니다. 제가 1등 복권에 당첨된 것과 같은 일이었어요!" 단돈 몇 푼이 필요한 이들에게는 1000드라크마도 그렇게 큰 도움이 돼.

또 다른 놀라운 사건 하나가 머릿속에 떠오르는구나. 인도에서 어떤 아이의 아버지가 나에게 편지를 띄웠어. "제 딸이 고등학교를 졸업했는데 가능하다면 미국으로 건너가 철학을 전공하고 싶어 합니다." 나는 가만히 앉아 누가 그 아이를 받아줄 수 있을까 생각했지. 그러다 텍사스에서 나를 환대해 줬던 사람이 기도 중에 떠올랐어. 매년 외국인 학생 한 명을 집으로 데려다가 보살펴 주는 가족이었지. 나는 그들에게 편지를 썼고 모든 것이 다 잘 해결되었단다. 일은 이렇게 이루어지지!

50. 자유

"인간이 완전한 자유를 누릴 때, 그는 은총 속에 존재한다. 이는 인간 안에 신성한 요소가 존재한다는 것을 보여준다. 자유가 없다면 신성한 은총을 받을 수 없다. 그리고 은총 없이는 필연, 예속, 운명으로부터 결정적인 해방이 있을 수 없다." (니콜라이 베르댜예프)

수녀님, 자유는 어떻게 얻을 수 있나요?

대부분의 사람은 자유를 말할 때 그것이 뭔가 외적인 요인과 관련이 있다고 생각하지. 하지만 진정한 자유는 내적인 태도야. 그래서 주변의 환경, 국가, 법, 그리고 사람들에게 좌우되지 않아. 그것은 전적으로 우리 자신과의 관계에 달려있어.

하지만 어떻게 자유를 얻을 수 있죠?

만약 예속된 듯한 느낌을 받는다면 그것은 네가 어떤 욕구의 종이라는 것을 의미해. 뭇사람들은 이렇게 말하지. "나는 자유인이라서 그 누구도 의식하지 않습니다. 제가 벌어서 제가 알아서 다 쓰는걸요." 하지만 그렇게 말하는 이들은 본질적으로 큰 속박을 받고 있는 거야. 자기 자신으로부터 자유롭지 못하거든.

이제 하느님의 도움을 받아 그러한 것들에서 벗어나고 싶다면 복음을 받아들이고 삶의 교훈으로 삼아야 해. 그러면 천천히 너의 욕구를 다스릴 수 있게 될 거야. 한 예로, 네가 돈에 집착하는 경향이 있고 또 네 힘으로 번 돈이라고 해도 너는 구약의 말씀처럼 수입의 10퍼센트를 떼어 사심 없이 베풀어야 한단다. 만약 '감사'를 기대할 것 같으면 차라리 베풀지 않는 편이 더 나아. 진리가 하나뿐이듯, 자유도 오직 하나뿐이지. 이 사람을 위한 자유와 저 사람을 위한 자유가 다를 수 없어. 그러면 우리는 타협하고 거짓말을 하게 될 거야. 온갖 노력 끝에 네가 돈에 대한 사랑을 버렸다고 가정해 보자. 길게는 20년이 걸릴 수도 있고, 그 후에도 언젠가는 여전히 돈에서 자유롭지 않다는 것을 깨달을 수도 있어. 너는 또 너 자신과 다른 사람 사이의 차별을 없애려고 노력할 수도 있지만 이 역시 이기주의의 일부란다. 나와 상대가 하나라고 느낄 수 있는 경지에 이르지 못한다면 말이야. 아프리카인이든, 인도인이든, 중국인이든, 이슬람교도든, 유대인이든, 그리스도인이든 상관없이 우리 모두가 하느님의 자녀라는 것을 진리로서 인식하지 못한다면 너는 여전히 종일 뿐이지!

그럼 '나는 자유인이다'라고 하면 이는 곧 자신의 욕망으로부터 자유롭다는 의미인가요?

너의 욕망만이 아니란다. 그것은 또 다른 이야기야.

욕망 속에 에고이즘, 금전, 허영이 다 포함되는 거 아닌가요?

허영심은 다른 사람들에게 과시하려는 욕망이지. 다른 사람의 의견을 신경쓰지 않는 것은 나중에 자신을 제압한 이후 찾아와. 먼저 자신으로부터 자유롭지 않으면 다른 사람들이 나와 관련하여 말하거나 행동하는 것에서 자유로울 수 없지. 또한 자신으로부터 자유를 얻으려면 교만, 즉 인류의 가장 큰 죄로 인해 행한 모든 것을 억누르고 거부해야 해.

제 생각에는 오직 하느님의 은총이 있어야만 자유로움을 느낄 수 있을 듯해요. 저자도 그렇게 얘기하고 있고요.

하지만 이 모든 것으로부터 먼저 자신을 정비하지 않고서는 하느님의 은총을 받을 수가 없단다.

하지만 그걸 다 해내도 여전히 자유롭지 못할 수 있잖아요?

그렇지 않아! 만약 너희가 자유를 못 느낀다면 그것은 당연히 해야 할 것을 제대로 하지 못했기 때문일 거야. 제대로 했다면 자유를 느끼지 못할 수가 없어! 하지만 또 다른 것이 하나 있어. 믿음이야. 믿음 없이는 그 누구도 자유인이 될 수 없지.

수녀님, 여기 책에 보면 "우리에게 자유가 없다면 하느님의 은총을 받을 대상이 존재하지 않기에 그것을 받는 것이 불가능하다"라고 쓰여있는데 이게 무슨 뜻인가요?

그 점에 있어서 나는 저자와 생각이 달라. 하느님의 은총을 받는 것은 우리의 마음, 우리의 영혼이지. 그러므로 대상이 존재하지 않는다는 말은 이해할 수가 없구나. 번역이 혹시 틀렸다면 모르겠지만. 그래서 토론을 해보려고 원문을 가져온 거야. 나는 자유란 오직 우리가 교만을 버리고 서로 사랑할 때, 비로소 하느님의 은총을 통해서 얻을 수 있는 거라고 말하고 싶어. 그래서 그리스도께서도 그것을 우리에게 새로운 계명으로 주신 것은 아닐까? 그래야만 완전한 자유를 발견할 수 있을 테니까. 또 하느님은 사랑이시고, 참된 자유이시니까.

51. 박학다식

최신 현안에 대해 수녀님께서 너무 잘 알고 계시는 걸 보고 깊은 인상을 받았습니다. 수녀님과 대화를 할 때면 수녀님이 어떤 분이신지, 또 사람들에게 얼마나 많은 사랑을 베푸시는지 알 수 있죠. 그런데 거기에 더해 오늘날 우리를 사로잡고 있는 모든 주제에 대해서도 방대한 지식을 갖고 계시잖아요. 어떻게 그것이 가능한지 궁금합니다.

내가 말하지 않았니? 나는 하루 동안에도 열두 명의 다른 사람이 된단다! 이 열두 사람이 나에게 최신 정보를 전해주지.

52. 노동과 사랑의 성화

우리는 언제나 노동을 신성하게 여기고, 사랑을 순수하게 정화하려고 노력해야 해. 세상 속의 사랑, 나아가 연애도 마찬가지야. 사랑

을 정화하여 순수하고 맑게 유지하고, 숨길 것이 전혀 없는 상태가
돼야 해. 결국 모든 것은 언젠가 드러나게 되어있거든. 그리고 기꺼
이 누군가의 종이 되겠다고 진심으로 말할 수 있을 때, 스스로를 대
단한 사람으로 여기지 않고 모든 직업을 성스럽게 받아들일 때 우리
의 삶은 참된 의미를 지닐 수 있어.

어느 해 첫날, 세 명의 환경미화원이 나를 찾아왔었지. 내가 얼마
나 기뻤는지 기억이 나는구나. 나는 그들을 세 동방박사들처럼 맞이
했어. 안으로 들어오라고 한 뒤 새해에 먹는 쿠라비에 쿠키를 나눴
지. 그분들이 자리를 뜨자 나는 주님께 "방금 당신의 자녀들이 이곳
을 떠났습니다" 하고 말씀드렸어. 이해하겠니? 사람은 자신이 받은
선물이 얼마나 크고 귀한 것인지 깨달을 때 참된 기쁨을 느낀단다.

53. 사자의 발톱

믿음 가득한 마음으로 이곳저곳을 옮겨 다니던 때였지. 어느 날 몇
몇 권력가들과 우연히 만나게 되었어. 그 사람들을 만난 지 30분쯤 지
났을 무렵이었나, 정확히 기억은 나지 않지만 그들은 자신의 실체를
드러내는 말과 행동을 했어. 고대 그리스인들은 이런 걸 두고 "발톱
을 보고 사자인 줄 안다"고 표현했지. 지금 내가 어디에 와있는 건지
새삼 알겠더구나. 그리고 그에 따라 우호적인 관계를 계속 유지할지
아니면 경계심을 늦추지 말아야 할지를 판단해야 했단다. 하느님께서
는 때론 우리를 보호하시기 위해 이런 일을 하셔. 그렇다고 해서 그
들에 대한 사랑을 멈춰서는 안 돼! 무슨 일이 있어도 사랑해야 하지.

54. 군림

어떤 사람들은 마치 열등감에 사로잡힌 것처럼 언제나 다른 사람들 위

에 군림하려고 해요.

먼저, 군림하려는 이들은 콤플렉스가 있는 사람들이란다.

그런 사람들에게도 사랑을 주고, 우리도 그들과 다름없다는 것을 보여주면 그 콤플렉스가 사라지지 않을까요?

아니, 콤플렉스는 그런다고 사라지지 않아. 그런 이들을 마주할 때는 먼저 우리가 그들의 행동에 관심이 없는 것처럼 보여야 한단다. 그리고 다른 한편에서는 그들을 위해 기도하는 거지. 하지만 기도 이전에 우리는 먼저 그들을 진실한 마음으로 사랑해야 해.

55. 유명 인사들

수녀님, 그동안 만나보신 유명 인사들에 대해서 말씀해 주세요.

마틴 루터 킹 목사님과 만난 적이 있지. 나는 그분을 정말 존경했고, 목회 활동을 하시던 감리교 교회에도 가보았어. 참으로 보기 드문 인물이셨지. 나는 목사님의 모친과 아내, 자녀들과도 알게 되었어. 사람들은 목사님을 암살하는 것에서 그치지 않았단다. 어느 날 오르간을 연주하며 알릴루이야 찬양을 부르시던 그분의 어머니도 총으로 살해당하셨지. 정말 참혹한 일이야! 목사님은 미국에서 흑인 해방운동을 위해 자신의 삶을 바치셨어.

내가 처음으로 미국을 방문했던 1949년 가을, 그때 나는 하이티 출신의 흑인 시각장애인 한 분을 안내해 드리고 있었는데, 버스를 탈 때면 우린 순서와 상관없이 백인들이 먼저 탄 다음 제일 마지막에 올라야 했어. 그리고 식당에 들어서면 "여기는 안 됩니다. 여기는 흑인들에게 음식을 팔지 않아요!" 하며 우리를 내쫓았지. 언제나 그런 식이었어. 마틴 루터 킹 목사님은 이걸 바로잡고자 당신의 삶을 바치셨단다. 비폭력의 길을 걸었던 간디처럼, 사랑으로 해방운동을 펼치셨던 분이지.

테레사 수녀님과는 어디서 만나신 거죠?

뉴델리에서 수녀님을 알게 되었어. 당시 나는 인도의 사회복지 총책임자와 가까워졌는데, 그가 나를 데리고 다니며 어떤 활동을 하는지 보여주었지. 그는 또한 테레사 수녀님과도 알고 지내는 사이였어. 어느 날 그와 함께 테레사 수녀님이 활동하시던 도시를 방문했는데, 당시 그분은 큰 나무 아래 자리한 일터에서 한센병 환자를 비롯한 여러 환자들에게 긴급 구호 활동을 펼치고 계셨어. 그리고 그가 수녀님을 우리가 있는 사무실로 모셔 왔지. 수녀님과 나는 서로 인사를 나눴고 고향 사람들처럼 반가워했어. 우리 선조들이 가까운 지역 출신이었거든. 두세 마디 대화가 오간 뒤 수녀님이 내게 물으셨지. "어떻게 이렇게 훌륭한 사회복지가를 알게 되셨는지요?" 나는 "이분과 함께 인도 이곳저곳을 모두 둘러보았답니다" 하고 대답했어. 그러자 수녀님은 이곳 현지인들과 함께 일을 하느냐고 다시 물어오셨지. 내가 그렇다고 대답하자 수녀님은 그럼 어디 소속이냐고 물으셨어. "저는 소속이 없답니다. 보시는 바와 같이 저는 혼자랍니다."

독자적인 가브릴리아 수녀님!

그리고 나는 그분께 "저는 평신도지만 이곳으로 왔어요" 하고 말했어. 그때만 해도 나는 수녀가 아니었거든. 테레사 수녀님은 나와 함께 온 이를 가리키며 "그런데 여기 있는 이분이 어떤 사람인지 아세요? 그리스도께 헌신만 안 할 뿐이지, 그분께서 말씀하시는 것은 뭐든지 다 하는 사람이랍니다"라고 하셨어. 그 말씀은 사실이었지.

나중에 언젠가 그가 그리스를 방문한 적이 있는데, 도서관을 방문해서 인도의 철학과 그리스도교의 가르침 사이에 어떤 유사성이 있는지 알아보더구나. 안타깝게도 얼마 지나지 않아 세상을 떠났지만 말이야. 그가 바로 라마찬드라야. 아주 훌륭한 인물이었지.

56. 은수도사

세상을 벗어나 외딴곳에서 오랜 세월 수행하는 은수도사에 대해서 말씀해 주세요.

너희는 그분들이 벽지에서 무엇을 한다고 생각하니? 그분들은 가장 어려운 길을 걷는 거야. 기도와 금식, 하느님을 향한 사랑의 사다리에서 가장 높은 두 층계 위에 서있는 거지. 궁극의 테스트라고 할 수 있어. 이런 삶으로 부름을 받는 자들은 참으로 복되구나. 그런 삶을 나는 히말라야에서 홀로 지내며 1년 정도밖에 경험하지 못했는데 말이야.

그곳에서 어떻게 지내셨어요?

나는 그곳에서 은수도사처럼 홀로 끊임없는 기도와 고요의 시간을 보냈단다. 하지만 그런 외진 곳에서도 봉사를 그만두진 못했어. 아파서 도움이 필요한 사람이 수시로 있었거든. 또 지나는 행인과 함께 음식을 나눠야 할 때도 있었지. 그럼에도 사실상 너는 혼자란다. 지인도 친구도 대화도 없이 홀로 지내지. 말하지 않고 가만히 앉아서. 때론 닷새, 열흘 동안 인사말조차 나눌 상대가 없어. 후에 헤지카즘에 관한 책을 읽고 나서야 나는 비로소 내가 그런 생활을 했었다는 것을 알았지. 아무튼 그곳에서는 하느님의 위대함 말고 다른 것을 생각하는 것이 불가능해. 해, 별, 새와 그밖의 모든 것과 함께 아침부터 밤까지 종일 그분을 찬양하지. 과연 다른 것을 생각할 수가 있을까?

식사는 어떻게 해결하셨나요?

작은 가게에서 1센트 정도면 살 수 있는 동글납작한 차파티라는 빵이 있어. 그걸 먹으며 살았지. 5센트 정도면 차파티와 함께 삶은 렌틸콩 한 그릇을 살 수 있었는데, 그게 내 점심 식사였단다. 아침과 저녁에는 적십자에서 보내준 분유 한 컵을 먹었어. 11개월 동안 몸무게가 14킬로그램이나 빠졌지만 무척 건강했지.

책도 읽으실 수 있었나요?

그럼. 그때는 시력이 나쁘지 않았거든. 다른 책은 없었고 오직 성경책 한 권만 가지고 있었어.

그러니까 약간의 음식과 기도 속에서 1년 동안 성경을 탐독하셨군요.

그리고 그곳에서 수녀가 되라는 메시지를 받았지.

메시지를 받으셨어요? 당시 연세가 어떻게 되셨죠?

그게 참 이상한 일이야. 나는 나의 삶에 대해 하느님께서 만족하시고, 그래서 다시 나를 환자들에게 보내 그들을 보살피게 하실 거로 생각했거든. 하지만 이제 수녀가 될 수 있다는 메시지를 받았지. 인도에서의 5년 간의 삶과는 상당히 다른 수도 생활을 의미했어. 수도 생활은 너를 익명으로 만드는 놀라운 은사를 가지고 있단다. '한 수녀가 이곳을 거쳐갔다' '한 수도사가 이곳을 찾았다' '한 신부가 말했다'처럼. 하느님을 위해 사회적 정체성을 버리면 그때 너는 진정으로 그분께 속하게 된단다. 몇 살이었냐고 물었지? 아마 예순이었을 거야.

완전히 성숙하신 때였겠네요.

56세에 인도로 떠났는데, 5년이 더 흘러 있었지.

5년 동안을 찾아다니셨군요.

난 한 번도 찾아다닌 적이 없단다. 주님의 음성을 따라간 것뿐이었어. 그 이상도, 그 이하도 아니란다.

그 음성을 내면의 충동처럼 느끼신 건지?

마치 나를 인도하는 천사가 있는 것 같았지. '너는 저기로 가게 될 거야, 여기서 떠나게 될 거야.' 또 다양한 사람들로부터 연속적으로 초대를 받았고, 그게 내 인생의 행로를 정해주었단다.

57. 적십자

나는 열여덟 살 때 적십자에서 자원봉사 교육을 받았어. 지금 네가 염원하듯이 나도 그때 그랬거든. 영혼은 베풀기를 원하잖니. 나는 환자들을 돌보고 싶었어. 그런데 감사하게도 가족 중에 아픈 사람이 없었지. 적십자에서 교육을 받고 지금 가진 이 자격증을 취득했어. 이후 환자들을 찾아가 잠자리를 돌보고 대화를 나눴는데, 그 모든 걸 기쁨으로 했지. 네 시간 동안의 봉사를 마치고서 기쁨 속에 그곳을 빠져나오곤 했더랬어. 하느님께서도 나의 그런 모습을 보면서 기뻐하고 계실 거라 느꼈고. 너도 이런 감정을 경험한 적이 있으니 아마 잘 알 거 같구나.

58. 공치사

이건 굉장히 주의 깊게 살펴야 할 주제야. 너희는 감사를 기대하지 않도록 각별히 주의해야 해. 아니, 한없이 감사해야 할 사람은 도리어 너희들이지. 그걸 이해한다면 하느님의 축복을 받게 될 거다. 왜인 줄 아니? 예를 들어 하느님께서 너를 돕고자 하시면 누군가를 네 곁으로 보내시겠지. 그 누군가는 아무라도 될 수 있어. 꼭 어느 특정인이 아니라도 어떤 사람을 택해서 보내실 거야. 어떻게 해서든 도움을 받겠지. "주님에게서 나의 구원은 오는구나." (시편 121:2) 그러니 '아무나'일 뿐인 내가 뭐라고 누구를 돕는다며 자부심을 가질 일이겠니? 우리는 가끔 이런 허튼소리들을 듣지. "내가 없었으면 이루어질 수 없는 일이었어!" 다 이루어질 일이었던 건데도. 이유를 알겠니? 우리가 알고 있듯이 하느님은 돌로도 아브라함의 자녀를 만드시고, 그들을 보내 세상을 도우실 수 있는 분이거든!

59. "주님 감사합니다"

우리가 하느님께서 베풀어주시는 은총을 깊이 깨닫는다면 그 이상 청할 것이 아무것도 없단다. 그저 감사합니다, 감사합니다, 감사합니다, 그렇게만 외칠 뿐이지. 사람을 만나도 감사합니다, 꽃을 보아도 감사합니다, 우유 한 잔에도 감사합니다. 모든 것에 그렇게 감사를 느껴. 그런데 가까운 사람들조차도 우리가 느끼는 이 큰 기쁨이 대체 무엇인지 제대로 이해하지 못한단다! 영국에 있을 적에 사람들은 내게 이렇게 묻곤 했지. "무슨 일 있으세요? 굉장히 행복해 보이시네요?" "지금 제가 살아서 이렇게 당신을 볼 수 있기 때문이랍니다! 좋은 아침!"

60. 사춘기

사춘기 아이들 사이의 이성 문제에 대해 어떻게 생각하시는지요?

격의 없이 진솔한 대화를 나누면 비밀리에 벌어질 수 있는 최악의 일들을 막을 수 있다고 믿는단다.

통제받기 싫어하고 반항하는 요즘 아이들을 위해 우리가 무엇을 할 수 있을까요?

어린 소녀의 엄마들에게 내가 가장 먼저 하는 말은 일단 딸의 남자친구를 만나서 집으로 초대하라는 거야. 그가 삐뚤어졌건 독특한 성향을 가졌건 상관없이 딸이 누구와 교제하고 있는지를 아는 것이 내 생각엔 급선무일 것 같아. 그리고 무엇보다 어머니들은 자신들도 어린 시절 똑같이 이성에 대한 호기심이 있었음을 기억해야 하지. 아마 본인들은 그 당시 이성 교제를 숨겼을 거야. 하지만 오늘날에는 굳이 감추지 않지. 그렇지 않니?

그 말씀에 저도 무척 공감한답니다. 하지만 요즘 젊은이들은 이성 교제를 너무 쉽게 생각하고 만남과 헤어짐을 반복해요. 그리고 요샌 이상형이란 것이 없다고들 하지요.

그래. 로맨스는 사라졌고 남은 것은 소위 '사랑'이라고 불리는 것의 육체적인 측면뿐이니까. 그건 전혀 사랑이 아니란다. 아무튼 이 모든 것은 여러 나라의 사회 풍속과 관련이 있어. 우리나라의 사회적 도덕 관념은 달라지고 있지. 북유럽 국가를 닮아가려는 경향이 있어. 이런 추세를 막을 수는 없을걸. 고대 그리스인들이 뭐라고 했니? "운명이 너를 어딘가로 이끈다면 그것을 받아들이고 따라라. 원망해 봤자 후회할 뿐, 운명은 여전히 너를 끌고 갈 것이다." "물살을 따라 헤엄친다"는 속담도 있지 않니? 좋든 싫든 그렇게 해야만 해. 하지만 이 '대세' 속에서도 우리는 선택받은 사람들을 찾을 수 있어. 나는 요즘 젊은이들 중 하느님의 선택을 받은 사람들을 많이 알고 있단다.

우리가 시대의 흐름에 역행할 수 없다고 보시는군요.

그럼.

그렇다면 아이들이 자신의 길을 찾아가도록 가만 놔둬야 할까요? 아이들은 실수를 통해 스스로 깨달을 수밖에 없는 건가요?

아이들의 잘못을 막기 위해 우리가 할 수 있는 일이 있을까? "원망해 봤자 후회할 뿐, 운명은 여전히 너를 끌고 갈 것이다." 부정적인 태도를 취하면 우리는 괴롭고, 젊은이들과는 멀어지고, 결국엔 아무것도 할 수 없게 될 거야. 그렇다고 그냥 손 놓고 구경만 할 수는 없겠지. 우리는 밤낮으로 아이들의 삶 속에 하느님의 뜻이 있기를 기도해야 해. 우리의 뜻이 아닌 하느님의 뜻 말이야. 하느님께서는 그 아이들을 우리보다 훨씬 깊이 사랑하시기 때문이지. 너희는 왜 하느님께서 그런 상황을 허락하시는지, 왜 아이들이 안 좋은 경험을 해야 하는지 내게 묻고 싶을 거야. 죄는 그런 과정을 거쳐야만 한단다. 다른 방도가 없어. 시인이 다음과 같이 말했던 것처럼. "더 이상 굴러떨어질 데가 없는 바닥, 최악의 상황까지 내려가 더 깊이 내려갈 곳이 없는 바닥을 치고 올라올 때, 너는, 오 기쁨이여! 날개, 예전의 너의 훌륭했던 날개가 다시 네게서 돋아나는 것을 느끼게 될 것이다." (코스티스 팔라마스, 집시의 열두 계명, 예언 8)

어떤 조언을 해주시겠습니까? 마약과 같은 이런 모든 문제에 저희가 어떻게 대처해야 할까요?

아우구스티노스 성인의 말씀으로 내 답을 대신하고 싶구나. "사랑하라. 그리고 그대가 원하는 대로 하라." 아이들을 향한 사랑이 네게 일러주는 것은 모두 하느님의 뜻이기 때문이란다.

사랑하는 마음으로 체벌을 해도 된다는 말씀인가요?

말도 안 되는 소리! 그런 일이 있어서는 절대 안 돼!

왜요?

왜라니? 무슨 의미니?

아이가 하지 말아야 일을 했을 때 제가 혼을 좀 내주면 정신을 차릴 수도 있잖아요.

그러면 두 가지 안 좋은 일이 생긴단다. 첫째로, 너의 내적 평화가 사라질 것이고, 그러면 수호천사가 너와 함께할 수 없어서 사악한 영에 노출되지. 그리고 한 번 매질을 시작하면 두 번, 세 번 계속돼. 둘째로, 너와 아이의 관계가 불편해져. 아이가 너를 보길 꺼리게 되지.

61. 질투

수녀님, 질투에 내재된 아주 위험한 독에 대해 말씀해 주세요.

그것은 해충이란다. 몹시 나쁜 해충이지. 자기 일에는 신경쓰지 않고 모든 면에서 늘 다른 사람을 주시하기 때문에 존재해. 왜 상대방이 그래야 하는지? 왜 나보다 더 특출난지? 왜 내가 아닌 다른 사람이 존경받는지? 하지만 우리가 낮은 자세로 스스로를 돌아보면 사람들이 존경을 표할 때 오히려 깜짝 놀라게 되지. 이는 매우 중요한 화두로서, 삶이 다하는 날까지 지속적으로 투쟁해야 한단다. 결코 투쟁을 멈춰서는 안 돼. 영적 지도자가 우리를 지켜보건 말건 언제나 한결같아야 해. 주님께서 다 보고 계시기 때문이야. 속아넘어가실 분이 아니잖니.

62. 생명

생명이 무엇인지 말씀해 주세요.

이보다 더 어려운 질문은 없지. 생명이란 인간에게 있어 가장 위대한 신비라고 할 수 있어. 부족한 내 머리로 많은 노력을 기울여 봤지만 아직 그 답을 찾지 못했단다. 하지만 성경을 읽고 또 읽으면서 그리스도께서 "나는 생명이다"라고 말씀하신 것을 찾았지. 지금 내가 아는 것이라곤 "나는 생명이다"라는 주님의 말씀뿐이구나.

63. 성체성혈 성사

언제 우리가 주님의 몸과 피를 영해야 하는지 혹은 영하면 안 되는지, 우리는 스스로 그것을 판단할 수가 없어. 스스로의 추한 부분을 온전히 바라본다는 것이 쉽지 않거든. 그래서 우리에게는 영적 지도자와, 우리 안에 있어서는 안 되는 것들을 꺼내줄 수 있는 고백성사가 꼭 필요하단다.

64. 하느님의 뜻

네가 언제나 하느님의 뜻에 따라 행동하기를 간절히 원한다면, 하느님께서는 그것을 보여주실 거야. 그게 그분께서 원하시는 거란다. 하느님께서는 우리가 손을 뻗어 당신의 은총을 붙잡길 원하셔. 당신의 은총으로 우리를 인도하시고, 당신의 성령으로 우리를 비춰주시지. 그러면 이곳은 지상 낙원이 돼! 그리고 하느님의 뜻인지 아닌지 의심할 여지가 없어. 해야 할 일에 대해 의심하면 제대로 이루어지지 않기 때문이야. 하느님의 뜻이 아닐 경우엔 네게 분명히 알려주실 거야. 꼭 기억하렴. 모든 문을 닫으실 거야. 여기를 가든 저기를 가든, 도처에 장애물이 널려있을 테고 길도 변해있겠지. 그때 고집을 피우며 네 뜻대로 하려고 하지 말고 기도를 하며 생각을 바꿔야 해.

매우 중요한 말씀이네요.

기도를 잊어서는 절대 안 돼! 사랑하는 이들과 대화하는 것처럼, 우리는 하느님의 성령과 대화를 나눠야 한단다. 그런데 그분의 뜻을 받아들이는 것은 어떤 식으로든 인간에게 달려있지. 하느님은 당신을 따르라고 인간을 부르시지만 인간은 '네'가 아닌 '아니요'라고도 대답하잖니. 결혼성사를 통해 신랑과 신부를 축복하시려 할 때도 그들은 '네' 또는 '아니요'라고 대답하지. 어쨌든 우리는 하느님의 뜻에 따라 살도록 부단히 노력해야 해. 그것이 지상에서 살아가는 우리의 목표이니까.

65. 이 땅 위에 하느님과 나

수녀님께서 말씀하시는 "이 땅위에 하느님과 나"가 어떤 의미인지 말씀해 주세요.

이는 인간의 지식과 안내에 현혹되지 않도록 하려는 것이란다. 가장 필수적인 거지. 주님의 말씀처럼, 어둠의 세력은 항상 양의 탈을 쓴 늑대들을 너희들 곁에 보내거든. 그리고 악령은 네가 사랑하는 사람들에게 들어가서 너를 일탈시키려 할 거야. 그들은 네가 하느님의 길로 들어서기 위해 투쟁하는 것을 보고, 사랑하는 사람들을 보내서 너를 가로막지. 가장 소중한 사람들이 와서 하느님의 진리와는 전혀 상관없는 행동을 하는 거야. 그러니 너희는 항상 이런 생각을 가져야 해. '만약 보이지 않는 그리스도께서 여기 내 앞에 모습을 드러내신다면 나는 어떻게 행동했을까?' 아마 너희는 두려움에 말 한마디 제대로 하지 못하고 그저 '네'라고 대답하게 되겠지!

66. 간절한 기도

수녀님, 저는 최근 많은 사람들, 특히 통증이 있는 사람들과 접촉이 잦은 물리치료사 및 치과의사들과 많은 대화를 나누었습니다. 그런데 그들은 기도가 일에 도움이 된다고 생각하지 않더군요.

기도 없이는 일뿐만 아니라 사람과의 관계에서도 성공적일 수가 없어. 한 예로 G 부인을 생각해 보렴. 우리는 그녀가 하느님의 사람이라는 걸 즉각적으로 알아보지. 병원에 이콘을 두진 않았지만 몸가짐도 그렇고, 사랑과 인내를 보여주니까. 언젠가 내 친구를 그 병원에 보냈더니 친구가 돌아와서 이렇게 말했어. "사람이 어쩜 그렇게 차분하고 상냥할 수가 있지?" 내가 답했지. "당연한걸! 그녀는 하느님의 뜻을 따르는 사람이거든."

전에 말씀드렸던 사람 중에 한 여자 의사 말이에요. 저는 그분을 보고 깜짝 놀랐어요. 계속 좋은 일만 생겼거든요. 우수한 성적으로 졸업도 잘 하고 모든 일이 순조롭게 풀렸지요. 그래서 제가 말했죠. "이런저런 게 다 이루어졌네요. 하느님께 영광." 그랬더니 왜 말을 그렇게 하냐며 제게 반문했어요.

　사람들은 자신의 능력과 의지로 성공했다고 생각하지. 하지만 나중엔 다 알게 돼. 나는 그들에게 고난이 찾아오지 않길 기도한단다. 깨달음의 순간은 필연적이니까. 그 과정에서 그들은 먼저 이렇게 말하게 될 거야. "저는 죄인입니다." 그런 뒤 "하느님께 영광" 하고 외치게 되겠지.

67. 선교

　선교사들이 비그리스도교 지역에 갔을 때, 현지인들보다 자신이 아는 것이 더 많다고 믿는다면 반감을 사지 않을까요? 또 그들의 평화와 삶의 방식에 방해가 되는 것은 아닐까요?

　그래, 분명히 그들의 평화는 깨질 거야. 하지만 그게 중요한 게 아니란다. 중요한 것은 그들에게 무엇을 가르치느냐가 아니라 어떤 삶의 태도를 보여주느냐지. 왜냐하면 선교사 자신이 하느님의 말씀대로 행하고, 그리스도의 삶을 따라 살면 굳이 말로써 가르칠 필요가 없거든. 그러면 사람들은 모두 그의 주변으로 모여 이렇게 입을 모으게 될걸. "우리는 당신의 선함과 온유함과 관용과 베풂을 보았습니다. 우리도 당신의 하느님께 예배드리길 원합니다."

　그렇군요.

　하지만 선교사들은 먼저 현지인들의 삶의 모습을 있는 그대로 자신의 것으로 받아들여야 하지. 바닥에서 잠을 자거나, 먼지 많고 청결치 못한 환경 속에서 살아가는 것 말이야. 그들의 그런 삶을 하느님께서 허락하셨거나, 또는 사악한 인간들에 의해 어떤 이는 백만장자가 된 반면 다른 이들은 굶주림으로 죽어가게 되었기 때문이지. 하지만 그들은 이 모든 상황에 대해 책임이 없어. 선교사들은 그런 처지를 함께 아파하고, 그들을 깊이 사랑하며, 그 같은 환경 속에서도 함께 더불어 살아야 한단다. 그러면 "십자가는 참으로 상대방을 위한 자기희생의 상징이다"라는 인도의 위대한 사회사업가의 말이 현실이 될 거야. 왜냐하면 우리는 오랜 세월을 그곳에서 십자가를 지고 살았으니까. 말로만 한 게 아니지.

옳으신 말씀입니다. 하지만 좀 더 솔직해지자면 우리는 마음만 있지 "거기까지가 내 한계야"라고 말하지요. 저 자신이 그렇다는 이야기예요. 아무리 좋은 마음을 가졌다 해도 토굴 같은 데서 그들의 생활방식을 따라 더불어 살아간다는 건 사실 불가능해 보이거든요.

그래. 하지만 내 경우에 있어서 선교란 오직 그런 거야.

그렇다면 수녀님은 다른 방법으로는 메시지를 전달할 수 없다고 생각하시는군요. 삶의 방식이 다른데도 말이에요. 예를 들어, 작은 방들이 딸린 성당을 짓고 사람들이 찾아와 수녀님의 '가르침'을 듣게 하는 그런 방식은 안 될까요?

음, 그렇게늘 하지.

반면에 수녀님께서 말씀하시는 것은 완전히 다른데요. 무지 힘든 일이기도 하고요.

진리로 가는 길은 좁고 험하다고 주님께서 말씀하시지 않았니. 하지만 주님께서 또한 다음과 같이 분명히 말씀하셨지. "네 재산을 다 팔아 가난한 사람들에게 나누어주고 너는 나를 따르라." 주님께서 말씀하신 이 위대한 진리를 나는 1954년 개인적 체험 이후 처음 깨달았단다. 내 수중에 100드라크마만 있었어도 토굴 같은 데 살지 않았을 거야. 이렇게 생각했겠지. '조금 더 가보자. 그러면 쥐들이 득실대지 않는 조그만 방을 찾을 수 있을 거야.' 하지만 네가 완전히 무일푼 상태, 걸인일 때는 가능하지. 그래서 주님께서 네게 말씀하시는 거야.

모든 것을 팔아 나눠준 후 당신께 오라고. 나를 어디로 데려가야 할지 잘 알고 계신다고. 그렇게 주님께서는 당신의 손으로 나를 이끄셨지. 어느 날은 푹신한 침대가 있는 마하라자의 저택으로 나를 데리고 가셨어. 그곳의 한 병원에서 교육을 해야 했거든. 그런데 또 다음 날은 너희들이 봤던 그런 토굴 같은 곳으로 나를 데려가셔서 대가족들과 함께 바닥에서 생활하게 하셨지. 도움이 절실한 많은 아이들에게 응급처치를 가르쳐 주어야만 했어. 또 다음 날에는 어느 큰 아쉬람의 진료소로 인도하셨는데 그곳은 우리 수도원들처럼 소박했지. 이런 과정을 거치며 너는 하느님의 손길을 느끼고, 그분이 말씀하시려는 바를 이해하게 돼. '이런 것들은 다 똑같다.' 우리 영혼 밖에 있는 모든 것들이 본질적인 게 아니라는 것도 깨닫고.

성경은 이렇게 말하지. '사람이 온 세상을 얻는다 해도 영혼을 잃으면 무슨 유익이 있겠는가?' 따라서 네가 딱딱한 빵 한 조각을 물에 적셔 먹으며 그곳에서 그들과 더불어 살면서도 그리스도께서 네 옆에 있어 기쁨과 평화가 네 영혼에 깃들어 있을 때 너는 깨닫게 돼. 그것이 바로 네가 원하던 것임을. 기쁨으로 가득하지. 왜냐하면 네 목표를 이루어 가는 것이기에. 하지만 주님께서 누군가에게 이런 삶을 바라실 땐 그 사람이 하느님께 끊임없이 기도하며 '주여, 저의 삶에 당신의 뜻을 보여주소서'라고 간절히 청했다는 것을 너희는 알아야 한단다. 사도들께서 밤낮 그렇게 간구했을 때 어느 낯선 이가 나타나 '그것들을 버리고 나를 따르라, 내가 너희를 사람 낚는 어부로 만들겠다'고 하신 것처럼 말이야. 사도들은 잘 모르는 사람의 말에 '그게 무슨 소리요?'라거나, '알지도 못하는 사람을 우리가 어떻게 따르겠소?'라고 답하지 않고 그분 뒤를 따르셨지! 그런 거란다.

수녀님께서 말씀하신 모든 것들이 정말 훌륭하고 옳다고 생각합니다만

현실적으로 실천하기 너무 어렵습니다.

아니, 어렵지 않아. 네가 하는 것이 아니라 주님께서 손수 이 모든 일을 하시기 때문이야! 그걸 어떻게 말로 설명할까?

68. 인도

수녀님, 히말라야엔 어떻게 가시게 된 건지 말씀해 주세요.

인도로 떠날 때 첫 목적지가 당시 저명했던 그루 시바난다의 아쉬람에 속한 작은 진료소였어. 히말라야에 있었지. 여러 예방주사나 백신 등을 피하고 싶어서 나는 버스를 이용해서 인도로 갔거든. 베이루트에서 시리아, 요르단, 테헤란, 메셰드, 자헤단, 그리고 페르시아의 사막과 파키스탄을 거쳐 11개월 간의 대장정 끝에 그곳에 도착했어. 호람샤르에서의 석양은 지금도 잊을 수가 없구나. 거기서 내 평생 가장 큰 태양을 보았단다. 그때 인도의 모습은 타락 이전의 자연 그대로였지.

히말라야에 도착했을 땐 수중엔 논이 거의 남아있지 않았어. 하느님께서 무일푼으로 나를 보내셨기에 걸음 걸음마다 그분의 영광을 볼 수 있었지. 그런데 도착 후 얼마 지나지 않아 문제가 생겼어. 여권이 만료되어 갱신을 해야만 했는데 그리스 영사관은 뭄바이에 있었거든. 영사에게 이렇게 편지를 써 보냈지. "친애하는 영사님, 영사님은 그리스 민족의 모험심과 그리스인의 고유한 존엄을 잘 알고 계실 것입니다. 제가 이곳에서 무보수로 봉사를 하는 만큼 무상으로 새 여권을 발급해 주시면 대단히 감사하겠습니다." 그리고 며칠 후 도장이 찍힌 여권과 영어로 쓰인 멋진 편지가 도착했지. 그러다가 언젠가 하느님의 인도로 뭄바이에 갔던 날 영사관을 찾아가게 되었어. 그런데 영사가 그리스인이 아닌 인도인이었던 거야! 내가 얼마나 놀랐을지

상상이 가니? 그곳에선 그리스인 영사가 근무한 적이 단 한 번도 없었어. 그런 놀라운 일들이 인도에 머무는 내내 벌어졌단다.

1954년 당시 인도에서는 한센병 환자와 소아마비로 고통받는 어린이들을 위해 전 세계에 도움을 호소하고 있었거든. 그때 내면의 음성이 들려왔지. "너는 더 이상 대가를 받지 않을 거야. 이제 너에게 돈이란 건 없어." 삶이 아주 단순해지더구나. 아는 사람 하나 없어도 그리스도를 알면 그분께서 인도해 주시지. 모든 문이 열려있고 사람들은 너를 뭔가 중요한 인물로 여겨. 돈이 없는데도 돈을 받지 않기 때문이야. 하지만 생각해 보면 한 사람에게 음식과 쉼터를 제공하는 데 드는 비용이 얼마나 되겠니? 쌀과 요거트 정도였지. 그것으로 나는 5년의 세월을 보냈단다.

인도로 가실 때 목적이 있으셨나요?

아니, 나는 그저 앞서가시는 주님을 따랐을 뿐이야. 그런데 인도에 도착하여 처음 머물던 곳(시바난다의 아쉬람)에서 이런 메시지를 받았어. 복음 말씀이었지. "이방인들이 사는 곳으로도 가지 말고 사마리아 사람들의 도시에도 들어가지 마라. 다만 이스라엘 백성 중의 길 잃은 양들을 찾아가라." (마태오 10:5-6) 정말 유럽, 미국 등지에서 수많은 외국인이 그곳으로 찾아들었어. 그리스도를 잃고 진리를 '찾아 헤매며' 힌두교도가 되려고 거기까지 찾아온 사람들이었지. 그런데 알고 있니? 오늘날 인도에서는 사람들이 여전히 진리를 찾아 헤매고 있다는걸. 이름난 현자들이 나에게 묻곤 했어. "당신은 진리를 찾아다니는 구도자인가요?" 그러면 나는 "저는 정교회에서 온 사람입니다" 하고 대답하곤 했지. 당시 그곳 사람들은 로마 가톨릭과 개신교는 알고 있었지만 정교회에 대해서는 알지 못했어. "정교회는 그리스와 여러 다른 많은 나라들에 퍼져있답니다." "저희는 소크라테스와 피타고라스는 들어 잘 알고 있지요. 그들의 후손인 당신을 환영합니다." 그들은 종종 내게 발언 기회를 주었는데 그럴 때면 나는 언제나 이렇게 말했지. "저는 특히 '그리스도 이전의' 나라에서 여러분과 함께하게 되어 기쁩니다. 여전히 진리를 찾는 중이신 여러분들이 언젠가 전 세계의 다른 많은 사람들처럼 빛을 찾게 되기를 소망합니다."

한 번은 한 국회의원이 대화 도중에 나서서 이렇게 말했어. "우리에게는 한 명의 소크라테스가 필요합니다." 그런데 정말 내가 가는 곳마다 유럽인들이 있었어. 그들은 모두 그리스도를 떠나려 하고 있었지! '그래, 이게 내 목표구나. 그들을 사랑으로 감싸 다시 돌아오게 하는 거야.' 실제 하느님의 도움으로 많은 사람들이 그리스도께 돌아갔어. 그때 내게는 말로 할 수 없는 뜨거운 열정이 있었지.

인도는 하느님에 대한 나의 믿음, 사랑과 함께하는 위대한 모험이었거든. 정말 무지한 상태로 그곳에 갔어. 무일푼에 언어도 모른 채 아주 생소한 나라로. 어디서 어떻게 살아갈지 아무것도 몰랐어. 이 땅 위에 그저 하느님과 나밖에 없었지. 하지만 나는 곁에 계시지 않는 다른 것에 의존한 적이 없어. 그저 하느님의 부름을 기다렸단다. 그리스도께서 너를 부르실 때 네 의지는 중요치 않아. 너를 인도하시는 곳으로 그냥 가는 거지.

하느님께선 나를 아주 열악한 환경으로 데려가셨어. 지금 아타나시오스 안티디스 신부님도 내가 30년 전에 콜카타 외곽의 후글리 지역에서 겪었던 일을 같은 장소에서 똑같이 겪고 계시지. 상황이 그렇게 안 좋으면 어떤지 내가 잘 알아. 오늘날까지도 나는 다른 생각을 할 필요가 없을 정도로 확신해. 인도로 처음 떠났던 날처럼, 그저 하느님의 뜻을 기다릴 뿐이지. 누가 나에게 뭔가를 제안하면 나는 그저 "네" 하고 답하고서 실행에 옮겨. 이런 식으로 인도 전역을 여행한 거야. "와서 함께 일해주세요"라고 하면 가서 일하고 또다시 길을 떠났지.

수녀님께선 그들을 무척 사랑하셨지요.

나의 관심은 오직 사랑이었단다. 그곳 사람들을 사랑했지. 거기엔 여러 가지 이유가 있었어. 먼저, 사랑은 하느님의 숨결과 같기에 사랑하기를 멈춘다는 건 호흡을 멈춘다는 것과 다름없어. 내가 있던 곳에는 수많은 환자들, 굶주리고 고통받는 이들이 찾아왔지. 대규모 순례객들도 있었고. 그들은 일주일, 혹은 보름이나 한 달을 걸어 그곳에 올라왔는데, 간혹 어린아이들은 허기와 괴로움에 못 이겨 주검이 되곤 했어. 진료소에서 내가 처음 맡았던 일도 갠지스 강에 띄울 어린아이의 시신을 자루에 담아 돌을 매다는 것이었지. 그건 엄청난 충격이었고 너무도 슬픈 일이었어. 그래서 나도 모르게 눈물을 흘렸지. 그때 시바난다가 내 모습을 보더니 "보라! 저 멀리 떨어진 세상에서 온 사람도 불쌍한 어린아이를 위해 눈물을 흘리지 않는가!" 하고 말하더구나.

얼마 지나지 않아 병을 치료해 주는 사람이 있다는 소문이 퍼져나갔어. 그런데 그리스도께서 행하시는 기적은 참으로 놀라워! 나는 경탄했어! 의술을 아직 접하지 않은 그들은 의심할 줄도 모르는 거야. 내가 마사지를 조금 해주면서 아픈 데가 괜찮아질 거라고 말하면 그들은 그대로 믿었지. 그 믿음과 하느님의 도우심으로 하나같이 차도를 보였단다. 그러자 사람들 사이에 도움을 주는 그리스 여자가 있다는 소문이 퍼져나갔어. 그들은 "그 여자는 어느 교회 소속이래?" 하며 서로 묻기 시작했지. 정확히 그 시절 나는 우연히 인디라 간디를 알게 되었어. 목덜미 쪽에 문제가 있어서 나에게 마사지를 받았거든. 당시는 그녀의 아버지 네루가 활동하던 때였지. 마사지를 받는 동안 그녀는 자신의 삶에 대해 내게 많은 이야기를 해주었어. 하루는 어떤 부인이 찾아왔는데 내가 누군지 궁금했나 봐. 인디라 간디에게 "저 외국 분은 로마 가톨릭 교인이신가 봐요?" 하고 묻더구나. "아니에요. 당신이 전혀 모르는 종파랍니다. 그 교회는 완전히 다른 교회거든요" 하고 그녀가 대답했어. 그래, 다른 게 있다면 내가 아무 말도 하지 않았다는 점이겠지. 혹시 내가 잘못 생각한 것이라면 나를 용서해 주시길. 맞아, 나는 절대 아무 말도 하지 않았어. 그저 그 사람들을 사랑하면서 일하고, 또 일할 뿐이었지.

그러던 어느 날 일행과 함께 찾아온 꽤 유명한 현자가 "당신은 어느 신을 믿습니까?" 하고 내게 물었어. 그래서 내가 "한 분이신 하느님, 그리고 그분의 아드님이신 그리스도, 그분을 믿습니다!" 하고 대답했지. 그랬더니 "그런 것 같았습니다. 그런데 왜 당신은 그런 믿음을 우리에게 전파하지 않죠? 우리는 믿음을 전도하지 않는 유럽인은 처음 봅니다. 그들은 우리가 믿는 신들은 아무것도 아니라고 주장하던데, 당신은 오히려 우리 삶과 우리 철학을 이해하려 하니 어떻게 그럴 수 있는지 궁금하군요. 지금껏 우리가 본 선교사들은 언제나 비판만 하다가 떠나버렸는데 말입니다" 하고 대꾸했어. "저는 그렇게 말할 수가 없네요. 왠지 아십니까? 우리의 선조들이 바로 당신들 같았기 때문입니다!" "무슨 말씀이죠?" 그래서 나는 고대 그리스인에 대해 이야기하기 시작했고, 그리스도교가 그리스에 전해지던 때 그들이 고대 철학을 모두 포기하게 만들지 않았다는 점, 또 생명이신 그리스도를 우리에게 전해주었다는 점을 설명했지. 왜냐하면 그리스도께서는 단순한 종교가 아니라 생명이시니까. 그때부터 사람들은 나에게 성경을 달라고 부탁했어. 그래서 성경 이전에 먼저 참고할 만한 내용이 많은 《그리스도를 본받아》를 주었지.

나는 히말라야에서 꼬박 1년을 있었어. 그 이후로는 여러 곳에서 초청을 받았고, 5년 동안 인도의 거의 모든 지역을 두루 돌아다녔지. 물론 단돈 한 푼 없이 말이야! 어떻게든 요금이 지불됐고 나는 목적지까지 이동했어. 희한하고도 독특한 경험이었지. 어떤 날은 쥐와 전갈이 우글대는 열악한 한센병 환자촌 바닥에서 잠을 자는가 하면, 또 어떤 날은 정복을 차려입은 하인들로부터 대접을 받기도 했으니 말이야! 그런데 정작 나를 가장 놀라게 한 것은 1년을 머물든 6개월을 머물든, 가는 곳마다 내가 '교훈'을 얻었다는 점이지.

인도에서 생활하실 때 하느님의 도우심으로 어떤 위험을 벗어난 경험이 있으신지요?

일일이 열거하기에는 너무나 많은걸. 내 인생의 모든 순간이 그랬으니까! 언젠가 한 병원에서 한동안 물리치료를 가르친 후 떠나는 날이 되었어. 그 병원 사람들은 무신론자였고 쌀쌀맞았지. 곧 떠나야 하는데 아직 나를 불러주는 곳이 없었어. 병원 사람들은 내게 다음날 10시에 기차가 떠난다고 알려주더구나. 알겠다고 답한 후 1루피를 손에 들고 가방을 꾸려 종착역이기도 했던 역으로 나갔지. 그 순간 어디로 가야 할지 막막했어. 오직 하느님만이 내가 가야 할 길을 알고 계셨지.

나는 역 대기실에 조용히 앉아 바쁘게 드나드는 사람들을 바라보며 하느님께서 보내주실 사람을 기다리고 있었지. 그때 두 아이가 구걸하는 모습이 눈에 들어왔어. 서로 나눠 가지라며 가지고 있던 1루피를 주자 아이들은 돈을 받아들고 그곳을 떠났지. 그런데 걔들이 소문을 냈는지, 얼마 안 있어 또 다른 두 명이 나를 찾아와 구걸을 하는 거야. 하지만 수중엔 한 푼도 남아있지 않았어. 그래서 돈 대신 주머니에 약간 남아있던 캐러멜을 주었단다. 그런데 잠시 후 또 다른 아이들이 찾아왔어. 이번에는 정말로 줄 것이 하나도 없는 거야. 그런 나를 아이들은 믿지 않았어. 할 수 없이 주머니를 뒤집어 아이들에게 보여줬지. 그랬더니 걔들이 어떻게 했는지 아니? 나무 위로 올라가서 정말 맛있게 생긴 망고를 따다가 나에게 가져다준 거야! 그것을 받고 나는 웃음으로 감사의 표시를 했어. 헌데 대체 무슨 영문인지 기차를 기다리고 있던 사람들이 하나같이 자리에서 일어나 나에게 와서는 인도식 절을 하는 게 아니겠니? 나는 궁금해서 "이게 무슨 일이죠?" 하고 물었어. "우리 종교에서는 걸인에게 뭔가를 받은 사람은 하느님으로부터 선물을 받는 것으로 생각합니다. 그래서 당신의 축복을 받으러 오는 것이지요."

내가 난데없이 어떤 일을 겪었는지 이해가 가니? 그런 에피소드가 벌어진 후에도 나는 한참을 그곳에 앉아있었어. 얼마 지나지 않아 업무용 가방을 든 한 인도 여성이 역으로 들어오는 게 보였지. 그녀는 영어로 "제가 옆에 앉아도 될까요?" 하고 내게 물었어. 언제나 그리스도인으로서의 품위를 지키려 노력했기 때문에 내가 부자인지 아닌지 무일푼인지 아무도 눈치채지 못했지. 옆에 앉은 그녀는 "이디서 오셨어요? 지금 어디로 가세요?" 하고 재차 물어왔어. "물리치료를 가르쳤던 한센병원에서 일이 끝나서요." "그럼 지금은 아무 일도 없으신 건가요? 정말 잘됐네요. 여기 근처에 저희가 운영하는 조그만 병원 하나가 있는데, 지금 그 병원에서 교육해 줄 사람을 찾고 있었거든요." 그날 밤 묵을 곳이 없었던 나는 그렇게 새로운 목적지로 향하게 되었단다. 하느님께서는 이렇게 일하시지!

인도에서의 선교 사역에 대해 좀 더 말씀해 주세요.

사람들은 나에게 묻곤 했지. "당신은 선교사입니까?" 그러면 나는 "아니요"라고 답했어. "그렇다면 누가 당신을 여기로 보냈나요?" "그리스도께서요." "그분께서 당신께 뭐라고 말씀하시던가요?" "인도로 가서 나를 따르라고 말씀하셨지요."

즉, 수녀님께서는 인도에서 그리스도교 선교에 앞장선 선구자들 중 한 분이라 할 수 있겠군요.

아니란다. 그리스도께서는 이미 그곳에 계셨으니까! 그분이 앞서가신 길을 나는 뒤따랐을 뿐이야. 그리스도교 국가들에서 얼마나 많은 사람들이 그곳을 찾아오는지! 내가 우연히 한 아쉬람의 진료소에서 일하고 있을 때였는데, 거기서 나는 그리스도와 그리스도교의 전승을 버리고 힌두교로 개종하려는 사람들을 많이 보았어. 그들은 그곳에 와있는 나를 보고는 "어떻게 여기에 오셨어요?" 하고 물었지. "그리스도께서 저를 이곳으로 데려오셨습니다." "왜요?" "저도 잘 모른답니다." 그리고 얼마 후 우리는 하느님의 도움으로 친구가 되었어. 그 당시만 해도 나는 무슨 일이 일어났는지 전혀 의식하지 못했지. 하지만 오랜 세월이 지난 후 사람들이 내게 보낸 편지를 받고 나서야 당시에 주님께서 역사하고 계셨다는 걸 깨달았어.

69. 악인은 존재하지 않는다.

수녀님, 사랑이 없는 사람들에 대해 말씀해 주세요. 그들은 악인일까요?

먼저, '악인'의 존재를 나는 받아들일 수가 없구나. 무지한 사람들은 존재하지. 그래서 그리스도께서는 십자가 위에서 말씀하셨지. "아버지, 저 사람들을 용서하여 주십시오! 그들은 자기가 하는 일을 모르고 있습니다." 언젠가 유대인을 미워하는 사람과 대화를 나눈 적이 있어. 내가 이유를 묻자 그가 이렇게 답하더구나. "적 그리스도이기 때문입니다." 그래서 나는 이렇게 말했어. "당신은 스스로 그리스도인이라고 하면서 어떻게 그런 미움을 가질 수가 있는지요? 자신이 무엇을 하는지 모르는 이들을 용서하라고 주님께서 말씀하셨는데, 어떻게 그런 마음으로 그분의 대변자가 될 수 있나요? 당신의 손으로 정의를 취할 수 있겠습니까? 우리는 잘못된 행위를 미워할 수는 있지만 사람을 미워해서는 안 돼요."

영혼 속에 누군가에 대한 미움을 담으면 그 즉시 하느님과의 조화가 깨진단다. 그러면 하느님께서 더 이상 그 사람 안에 머무실 수가 없어.

그렇다면 수녀님은 사람은 선하다고 보시는 건가요?

아주 아주 선하다고 생각하지! 그냥 선인이 아니라 천사들이야! 선한 마음은 절대 사라지는 법이 없어. 아주 나쁜 짓을 많이 한 사람도 어느 순간 "제가 무슨 짓을 한 거죠? 제가 한 짓을 믿지 못하겠습니다" 하며 눈물짓는 것을 너희도 많이 봤을 거다. 이렇게 우리 마음속에는 하느님의 불씨가 남아있단다. 이것은 사라지지 않아.

그렇군요. 다시 말해 수녀님은 하느님의 그 불씨가 사람들 속에 있는 선한 요소라고 믿고 계시네요. 또한 우리 모두가 그걸 지녔다고 생각하시고요.

그럼, 그것 말고 또 뭐가 있을까! 만약 그 불씨를 우리 마음속에서 빼버리면 우리는 살아있는 주검이 되는 거야. 하느님께서 우리에게 불어넣어 주신 숨은 바로 사랑이란다. 그런데 그것이 없어졌다고? 그렇다면 걸어 다니는 주검과 같지. 깊이 생각해 보렴!

70. 자기 비움

수녀님께서 켈리를 찾아오는 수많은 방문객을 다 맞아주신다고 제가 아는 한 부인이 전하더군요. 물론 저도 경험으로 잘 알고 있답니다. 그런데 그곳을 찾는 이들이 정말 다양하다는 점이 신기해요. 신자뿐만 아니라 비신자도, 비그리스도인도 찾아오지요. 남녀노소 가리지 않고 수녀님을 찾아옵니다. 방문객들을 맞이하시고 그들의 이야기를 들어주시는 수녀님의 모습을 지켜볼 때면, 어떻게 저렇게 완전하게 자신을 비울 수 있을까 생각한답니다. 수녀님 말씀처럼, 스스로를 완전히 잊고 타인이 되어서 이야기를 듣는 거죠. 어떻게 그런 자기 비움이 가능할까요? 혹시 그 시간에 계속 기도를 하고 계시는 건가요? 상대방이 '하느님의 사람'이든 아니든 상관없이, 그의 모든 문제, 모든 슬픔, 모든 아픔을 어루만져 주시나요? 어떻게 그토록 충만한 사랑을 일상적으로 수많은 사람들에게 베푸실 수 있는지 정말 궁금합니다.

사랑이 행위로 표출되는 것은 어떤 의식이나 계획에 의해서가 아니지. 그것은 손에 잡히는 것이 아니야. 움켜쥘 수 없는 거란다. 그것은 하느님의 영이야. 사랑하며 살라고 너를 창조하신 그분의 영. '사랑하는 것' 그것이 바로 네 삶의 목표지. 어린이? 그를 사랑하거라. 유대인? 그를 사랑해야 해. 튀르키예인? 그를 사랑해야지. 사람은 그가 누구이건, 어디서 태어났건 그에 대한 책임이 없어. 나더러 심판관이 되라고? 그럴 순 없지.

네가 너 자신을 생각하지 않고, 그 사람에 대한 하느님의 무한한 사랑을 생각한다면 너는 아마 할 수 있는 만큼의 사랑을 천천히 그에게 보여줄 수 있을 거야. 하지만 하느님께서는 너와는 차원이 다르게 무한한 사랑을 그에게 보여주신단다. 이것이 그분과 우리의 차이지! 나는 한 번도 내가 그 사람을 사랑한다고 생각해 본 적이 없어. 내가 누구길래! 처음부터 끝까지 그분이 하시는 거야!

71. 머리만 가지고 여행한다면

보름 전인가, 학식이 깊은 신사 한 분이 아내와 함께 나를 찾아왔었지. 그는 내게 "이탈리아로 오세요. 그곳에서 멋진 모임을 하고 있습니다. 오셔서 한 말씀 해주시면 정말 기쁘겠습니다" 하고 제안하더구나. "감사합니다. 제가 머리만 가지고 여행을 할 수 있다면 이미 거기 가있었을 겁니다. 하지만 안타깝게도 다리도 필요하네요!" 사람들은 내가 아흔한 살이나 먹었다는 게 와닿지 않나 봐!

아흔하나가 아니고 열아홉 같으세요.

72. 콤보스히니

콤보스히니를 이용해 기도를 드릴 때 우리는 누구를 위해 기도를 드릴까 생각하지. 사랑에 이끌려 그렇게 하는 거야. "하느님, 당신께서는 제가 그 사람을 얼마나 사랑하는지 잘 아시지요? 그런데 저의 이 사랑은 제 것이 아니라 당신의 것입니다. 당신께서 바로 사랑의 원천이시니까요. 저는 원천에서 사랑을 받아다가 그 사람에게 전해줄 뿐입니다. 당신의 사랑을 그 사람에게 주는 것이지요. 하느님, 당신의 빛과 자비, 능력, 믿음, 그리고 당신의 넘치는 사랑을 그 사람에게 내려주십시오. 저는 그지 변변찮은 사랑밖에 내놓을 것이 없습니다." 이 말을 마친 후 콤보스히니 매듭 하나를 돌리며 "그러니 누구, 누구, 누구를 생각하시고 자비를 베푸소서" 하고서 그 사람들을 하나하나 떠올리며 주님의 발 아래 무릎 꿇고 엎드려 기도하는 심정으로 빌어야 한단다. 나는 하느님께서 이러한 기도를 들으시고 수많은 기적을 베푸신 것을 오랜 세월 내내 경험했단다. 우리가 아무리 보잘것없다 할지라도 하느님께서는 우리를 동역자로서 원하시고, 당신의 피조물인 우리와 함께 일하시기 때문이지.

73. 세속의 삶

수녀님께서는 세상을 벗어나서 살고 계시지만 그 안에서 사는 저희들은 일상의 문제에 부딪치며 근심 속에 살아갑니다.

불안은 상상에서 비롯하는 거란다. 나 역시 세상 속에서 살아가고 있어. 여느 사람들처럼 월세와 전화 요금을 내며 살아가지. 하지만 나는 근심 걱정 속에 살지는 않는단다. 주님께서 꼭 필요한 순간에 꼭 필요한 것을 가져다주신다는 것을 알고 있기 때문이야. 정확히 필요한 것을 필요한 만큼 말이지.

74. 불필요한 대화

사람들이 말을 걸어올 때 제가 어떻게 대처해야 할까요?

생각이 다른 곳에 있지 않는 한 대화를 피하기는 어렵지. 거기에는 많은 수련이 필요해. 특별히 가까운 친지나 친구들과 함께라면 더욱 그렇고. 따라서 항상 절제가 필요하단다.

어떤 절제를 말씀하시는지요?

다시 말해, 그 순간에 떠오르는 생각들을 말하지 않는 게 절제지. '그만 좀 해' '세상에나' 같은 표현들처럼.

무슨 말씀인지 알겠습니다.

너는 줄곧 '그렇구나' 하며 받아주어야 한단다. 이야기를 계속해서 이어간다 하더라도 말이야. 하지만 속으로는 '하느님께서 허락하신 일인데 어찌 내가 나서서 반대하랴?'라고 생각하며 마음속으로 끊임없이 기도를 드려야 해. 그 사람이 너에게 하는 이야기들은 그에게는 너무도 중대한 일이니 다 들어주어야 한단다. '죄송하지만, 지금 일이 있어서요'라고 말할 수도 있겠지만 그러지 말거라!

알겠습니다. 하지만 한 예로 열 번이고 계속해서 같은 말을 한다면 열한 번째에는 그 자리를 떠도 괜찮지 않을까요?

만약 하느님께서 허락하지 않으신다면 그렇게까지 이어지지는 않겠지. 하지만 허락하신다면 그때는 "누가 억지로 오 리를 가자고 하거든 십 리를 같이 가주"는 것처럼 해야지. "일곱 번뿐 아니라 일곱 번씩 일흔 번이라도 용서하여라." (마태오 5:41, 18:22)

제가 조심해야 할 또 다른 위험 요소는 무엇인지요?

말이란 언제나 이어지게 되어있어. 그러면 대화가 되고 그때부터는 위험해지지. 누군가 너에게 어떤 질문을 하면, 너는 그가 네 대답을 듣고 자기의 상상력을 더해 말을 엮고 덧붙이지 않도록 가능한 짧게 대답하는 게 좋아. 참으로 위험한 일이지! 그들은 대화를 마치고 돌아가 "그녀가 우리에게 이렇게 저렇게 말하더라" 하면서 진의를 왜곡할 수도 있거든.

눈을 크게 뜨고 귀를 활짝 열되 입은 꾹 닫고 있어야 해. 그래야만 하느님께서 분별의 은총을 주셔서 너희가 어디에 위치해 있는지 파악할 수 있어.

또 주의해야 할 것은 없는지요?

웃음을 주의하렴. 진화를 빌어서 다른 밑은 진혀 없이 그저 웃기만 하는 부인을 너도 잘 알 거다. 많은 일을 겪은 후에 그렇게 된 거지. 신경이 과민해져서 그래. 많은 사람들이 그런 증상을 보이니 주의하는 게 좋아.

75. 피로

수많은 사람들을 만나는 나를 보고 사람들은 피곤하지 않냐고 묻곤 하지. 왜 내가 피로를 느끼지 않는지 그 이유를 말해줄게. 그건 바로 내가 다양한 삶을 체험하기 때문이야. 하루에도 나는 열두 명의 다른 사람이 된단다! 누군가가 찾아오면 나 자신은 사라지고 그 사람이 되는 거지. 굉장하지 않니? 그는 말하고 나는 들어. 그리고 그의 삶에 대해 함께 이야기를 나누지. 내 존재는 사라지고 나는 그저 듣고, 듣고, 또 듣지. 또 다른 사람이 찾아오면 나는 또 찾아온 그 사람이 돼. 이것이 얼마나 대단한 일인지 아니? 내가 열두 명의 다른 사람이 되는 게? 놀라운 기적이지! 이걸 어떻게 말로 설명할 수 있을까? 그런데 사실이 그래. 우리가 하느님에 대해 이야기를 나눠. 너 같으면 피로를 느끼겠니? 결코 그럴 수 없을걸!

76. 렙 질레 사제

"그리스도의 교회에 하나의 표본이 되는 그토록 평온하고 카리스마 넘치는 수녀님의 사역 활동을 저는 감히 선교라고 부르고 싶습니다. 당신께 그 임무를 맡기신 하느님께 감사드립니다. 날이면 날마다 여전히 예측하기 힘든 소명이 주어지리라 믿습니다. 언제나 내면의 인도를 따르시길 기원합니다." (렙 질레 사제, 1970년 5월)

수녀님, 참으로 아름다운 편지네요. 신부님께서는 언제 주님 품에 안기셨나요?

1980년에 안식하셨지. 고백사제로서 그분은 나의 모든 삶을 알고 계셨어. 특히 런던에서 보낸 8년의 세월에 대해서 잘 아셨단다.

언제 신부님을 알게 되셨는지요?

1940년부터란다. 지금 기억하기로는 내 고백사제셨던 암필로히오스 마크리스 신부님이 1970년 4월 16일 안식하시고, 4월 30일 내가 그 소식을 접했지. 그리고 5월 12일 이 편지가 나에게 온 거야! 너도 날짜를 보면 알겠지만 우리는 그동안 전혀 서신왕래가 없었단다. 그때부터 렙 질레 신부님은 나의 고백사제가 되어주셨지. 하느님께서 하신 일이야.

77. 한센병

한센병 환자들을 대할 때 정말 한 순간도 주저하신 적이 없나요?

사람들은 한센병에 걸리면 10, 20년 후에도 발병할 수 있다고 믿고 있었어. 그래서 바바 암테의 한센병 환자촌에서 함께 일했던 고령의 인도인 의사들은 환자를 만질 엄두를 내지 못하고 주머니에 손을 넣은 채 지시를 내리곤 했지. 나는 그런 그들을 보며 말했지. "겁먹지 마세요! 당신들이 말하는 것처럼 다시 태어난다면 '다음 생'에서나 발병할 테니까요." 한센병은 그런 식으로 전염되지 않는단다. 식기를 공유하는 등 매우 밀접한 접촉이 있어야 돼.

환자들 환부를 싸매주고 치료하는 일을 했던 나는 밤에 쥐들이 무감각한 환자의 발가락을 갉아 먹는 바람에 그 상처를 돌봐야 하는 상황이 종종 있었어. 그럴 때면 발을 치료하는 내 위치가 환자들보다 더 낮은 곳에 자리하곤 했지. 그런데 그런 자세로 치료 중일 때 갑자기 내 머리 위로 왈칵 재채기를 터트리는 환자들이 있었어. 그런 경우가 바로 불운인 서시! 병이 옮을 수 있으니까!

하지만 한 번도 내가 병에 걸릴 거라는 생각을 해본 적은 없어. 왜인지는 모르겠지만, 박테리아를 두려워하는 것과 혐오하는 것은 다르다고 생각했지. 종종 혐오를 느끼곤 했어도 겁낸 적은 한 번도 없었거든. 내가 감염이 된다면 하느님께서 그것을 허락하신 이유가 있을 거라는 믿음 때문이었을 거야. 그런 경우 나는 비누로 흠뻑 씻어내는 것이 전부였어. 그리고 매일 밤 천으로 된 신발을 물로 빨았지. 그러면 의사는 웃으며 이렇게 말하곤 했어. "보호조치가 철저한걸요!" 아무튼 그렇게 심각하지는 않아. 오늘날 감염될까 두려워하는 질병들이 여럿 있지만 그렇게 쉽게 되지 않듯이 말이야.

에이즈는요? 전염되지 않나요? 어떻게 해야 하나요?

정결하게만 한다면 아무런 문제가 없단다.

저는 수녀님께서 말씀하신 미생물 관련 내용에 있어서 같은 생각을 가지고 있습니다. 아무리 조심하고 거리를 둔다 해도 얼마든지 옮을 수 있으니까요. 하지만 다른 사람을 자신의 일부라고 느낀다면 아무 일도 없을 거예요.

그렇지. 그런데 여기에는 아주 중요한 것이 있어. '한센병 환자들을 돕겠다'고 말하는 것은 스스로를 속이는 일이라는 거지. 한번 생각해 보렴. 스무 살의 소녀가 찾아와 괴사한 손을 내게 내밀었어. 가위로 잘라달라고 말이야. 과연 누가 누구를 돕는 걸까? 상처를 잘라내며 가슴 졸이는 너일까? 아니면 "하느님께서 이걸 원하시니, 어서 자르세요" 하고 말해주는 그 소녀일까? 누가 도움을 받는 걸까? 내가 도움을 받는 거지.

78. 문제 해결

내가 그동안 경험한 바에 따르면, 하느님의 시간이 오기 전까지는 그 누구도 다른 사람의 문제를 해결하는 데 도움을 줄 수가 없단다. 그 시간이 와야 문제가 해결되지. 하지만 우리가 원하는 방식이 아닌 그분이 뜻하신 바에 따른 해결책을 찾게 될 거야. 때로 그것은 우리에게 아픔을 주기도 하지만, 세월이 지난 후 돌이켜보면 그분의 지혜를 깨닫게 돼.

79. 미디아스 가의 집(천사들의 집)

'모험'적인 삶을 살았던 나는 완전히 길에 나앉을 상황에 직면한 적도 많았지. 언젠가 한 환자를 데리고 스위스에 다녀온 뒤, 몸이 아픈 한 여인의 집에 묵을 기회가 있었어. 하지만 환대는 일시적일 수밖에 없잖니. 언제라도 그곳을 떠나야 하는 상황이었지.

그러던 어느 날 아침, 성 루가 성당에 가서 성찬예배를 드렸어. 그리고 언제나처럼 예배 후에 내가 있던 그 자리에 조용히 앉아있었지. 불이 꺼지고 의자들을 정리하길래 나도 자리를 뜨려는데 수호천사가 갑자기 "네가 있던 그곳에 그대로 앉아있거라!" 하고 말하는 거야. 나는 다시 자리에 앉았어. 성당지기가 계속 정리하는 모습을 보다가 이제 그만 일어서려는데 또 소리가 들렸어. "네가 있던 그곳에 그대로 앉아있거라!" 그리고 그 순간 아가탕겔로스 신부님이 지성소에서 나오셨지. 예전에 우리 부모님의 추도식을 맡아주신 적이 있어서 신부님을 알고 있었거든.

그분은 성당에 있던 나를 보시더니 "좋은 아침입니다, 수녀님. 잘 지내시나요? 지금 어디에서 묵고 계세요?" 하고 물으셨어. "답할 수 있다면 참으로 행복하겠지만 그곳이 어디일지 저도 모르겠습니다." 신부님은 더 이상 묻지 않으시고 "잠시만 기다리세요" 하시더니 지성소 안으로 늘이가 모자를 쓰고 나오셨어. 그리고는 "갑시다" 하고 앞장서셨지. 그럼요, 갑시다, 갑시다.

우리는 콜리아추 광장을 지나 좁은 골목으로 들어섰어. 그리고 지금 내가 머물고 있는 집으로 직행했지. 신부님이 주머니에서 꺼낸 열쇠고리에는 티노스의 성모님 사진이 붙어있었어. 문을 열고 안으로 들어갔더니 초인종 위에 "신학자 형제회 은총"이라는 문구가 적혀 있더구나. 내가 속으로 뭐라고 했는지 아니? '하느님, 나의 하느님! 당신의 은총으로 제가 이곳에 오게 되었군요!' "자, 이제부터 이 집은 수녀님의 것입니다. 오랜 세월 대학생들의 기숙사로 사용했는데 지금은 이렇게 빈 공간으로 있으니 수녀님께서 사용하십시오!"

아가탕겔로스 신부님은 가난했던 학생들을 공부시켜 주셨던 분이란다. '아가탕겔로스 신부님의 아가토스 앙겔로스, 선한 천사의 손길*이구나' 생각했지. 이것은 내게 굉장한 의미가 있어! 나는 천사들을 믿기 때문이야. 천사들이 아가토스 앙겔로스를 보냈다고 믿었어!

집은 완전히 텅 빈 상태였는데, 방 네 개와 부엌, 욕실, 그리고 창고가 달린 집이었지. 신부님은 또다시 나에게 "이 집은 이제 수녀님의 것입니다. 저는 수녀님 같은 분을 기다렸답니다. 그리고 이렇게 당신께서 오셨네요" 하고 말씀하셨어. 성탄절과 새해가 얼마 남지 않았기에 나는 신부님께 부탁드렸지. "신부님, 저에게 주신 이 집에 오셔서 축복해 주시겠어요?" 신부님은 기꺼이 오셔서 바실로피타**를 잘라주셨단다…. 참으로 감격스런 축복이 아닐 수 없었어! 그때로부터 벌써 10년이 흘렀구나!

그곳에서 제가 수녀님을 처음 뵈었지요! 천사들의 집이요! 우리는 그 집을 이렇게 명명했답니다. 그곳에 가면 성당 안에 들어서는 것처럼 영적 고양감이 느껴졌어요.

정말 행복했지! 꽃들이 넘쳐나고 사람들도 밤낮 없이 드나들고.

전화도 밤낮 없이 울렸죠. 이 모든 것이 천사들의 집, 신부님 덕분이었네요. 신부님이 아니셨다면 많은 사람들이 수녀님을 알지 못했겠죠! 상상도 하기 싫어요.

하나는 또 다른 하나로 이어지지.

---

* 그리스어로 '아가토스(αγαθός)'는 '선한, 순수한'을 뜻하고, '앙겔로스(άγγελος)'는 '천사'를 뜻한다. '아가탕겔로스(Αγαθάγγελος)'라는 이름은 이 두 가지 단어의 결합으로 이루어졌다. (편집자 주)

** 매년 1월 1일 성 대 바실리오스 축일을 기념하여 자르는 케이크. (편집자 주)

80. 성 대 주간

내 조카 안드레아스가 열일곱 살이었을 때야. 하루는 그 아이가 나를 보고 이렇게 말했지. "일 년에 성 대 주간이 네다섯 번이면 좋지 않아요? 그러면 모두가 성 대 주간 예식을 다 소화할 수 있을 텐데요." 정말 그 아이는 우리에게 많은 것을 생각하게 한단다. 끊임없이 말이야. 이 세상 너머의 무언가가 있어.

81. 성 대 화요일

성 대 화요일에 부르는 "자애로우신 주여, 죄 많은 여인은…"이라는 성가를 들으면서 자신의 죄를 생각하지 않는 사람이 있을까? 사실 우리 중에 죄 많은 여인이 아닌 자가 누가 있겠어? 또 죄가 많기에 하느님의 사랑과 용서의 기적을 느낄 수 있는 것 아닐까? 주님을 경배하는 우리 모두는 그분의 도움과 개입이 없다면 영원히 진흙탕 속에서 헤매고 있으리란 사실을 잘 알고 있지. 나의 하느님! 당신께 감사드립니다! 숙어서노 살아서도, 눈을 떠서도 감아서도, 말로도 침묵으로도, 밤낮 할 것 없이 당신께 감사드립니다.

82. 생각의 전환

수녀님께서는 종종 그리스 경구인 "생각의 전환은 현명한 이의 특징이다"라는 말씀을 하시는데 그게 무엇을 의미하는 건가요? 우리가 결정한 것을 언제든지 바꿀 수 있다는 말씀인가요?

아니, 그렇게 생각하지 않아. 그런 사람은 결국 막다른 골목에 다다라 이쪽으로 갔다 저쪽으로 갔다 하며 생을 마치는 그날까지 아무런 결단도 내리지 못하겠지. 하느님께서는 우리가 결정하기를 원하시거든. 네가 원한다면 나를 따르라고, 그분은 말씀하셨지. 하지만 내가 마음을 바꾸는 경우도 있잖아. 예를 들어 누가 나에게 어떤 의견을 물었을 때 고민 없이 내 생각을 말했다가 나중에서야 나의 경솔함을 깨닫게 되는 때처럼. 하느님께서 내게 지혜를 주신 거야. 그럴 때는 "내가 잘못 생각했어" 하고 말하지. 그건 겸손한 것이고 올바른 거야. 안 그러면 자신의 견해를 바꾸지 않으려고 고집을 부리게 되거든. "당신은 조금 전에 달리 말하지 않았나요? 왜 이제 와서 다른 말을 하는 거죠?" 하고 사람들이 따질 수 있어. 지금은 아까와는 다른 생각이 드는 거지. 내 생각이 틀렸다는 것을 알게 된 거야. 그땐 겸손하게 내 잘못을 인정하고 생각이 바뀌었다고 말하면 돼. 바로 이것이 "생각의 전환은 현명한 이의 특징이다"라는 말이 가리키는 바란다.

즉, 오늘은 이랬다가, 내일은 저랬다가 해선 안 된다는 거군요.

그렇단다. 절대, 절대로 그래선 안 되지! 일례로 네가 누군가에게 가서 말하는 거야. "내일 성찬예배에 너와 함께 참석할래." 하느님을 사랑하는 너는 예사롭게 그런 말을 한 거지. 그런데 집에 돌아오자 다른 생각이 드는 거야. '귀찮지 않니? 아침 일찍 예배를 드리고 돌아오면 피곤하잖아. 또 오후에 사람들이 많이 찾아올 텐데, 그러면 초죽음이 되지 않겠어? 그래, 차라리 성찬예배에 가지 말자. 그게 좋겠다. 전화를 걸어 내일 못 갈 것 같다고 말해야지.' 그런데 얼마 후 또 생각이 바뀌는 거야. '부끄럽지도 않니? 피곤한 상태로 사람들을 만나는 게 두려워서 주님의 식탁을 거부한다고?'

애들아, 보았니? 생각이 세 번 바뀌었지만 그것은 크게 문제가 되지 않아. 중요한 것은 최종적인 생각이지. 우리는 언제나 그리스도의 빛으로 귀결되도록 해야 한단다! 결국 이렇게 생각하게 될 테니까. '만약 그리스도께서 지금 이순간 여기 눈앞에 계시면 나에게 뭐라고 말씀하실까? 오후에 사람들을 맞이하려면 기운이 있어야 하니 그냥 집에서 자고 편히 쉬거라. 이렇게 말씀하실까? 그런데 죄인들도 이렇게는 하지 않던가! 범인(凡人)들도 이렇게는 하지 않던가! 과연 너는…? 부끄러운 줄 알아야지!'

83. 윤회
수녀님께서는 윤회를 어떻게 생각하세요?

나는 윤회를 믿지 않아. 하느님께서는 해야 하는 모든 일을 하라고 우리에게 지금 이 삶을 주셨지. 성경 그 어디에도 윤회가 언급된 곳은 없어. 이 생과 그 이후에 대해 우리가 아는 모든 것도 성경에 기초하지. 성경은 우리의 인도자란다. 모든 학문이 그 지침을 따르듯이, 우리는 성경을 지침서로 삼고 그것을 따라야 해. 그밖의 것들은 오직 영혼만이 알지. 영혼은 그것을 혼자서 간직하며 함께 논의하지 않는단다.

84. 앙갚음하지 마라

우리를 괴롭히는 것과 대립하지 말거라. 복음 말씀에 "앙갚음하지 마라"고 하셨어. (마태오 5:39) 화가 날 때 예수 기도를 드리면 마음이 달라지는 게 느껴질 거야. 분개하기 시작하는 순간 악령은 그 기회를 이용하거든. 악령의 양식은 혼란과 비이성이야. 근심 걱정이 있는 곳에 그들은 자리하지. 때론 나쁜 생각이 우리를 찾아오겠지만, 그런 것들은 왔다가 사라지는 거야. 물론 책임을 져야 할 때도 있어. 우리 마음속에 그 생각을 오래도록 담아두거나 행동으로 옮겼을 때처럼.

죄에는 단계가 있어. 그것은 먼저 생각으로 찾아와. 성인들뿐만 아니라 모든 이들에게 예외가 없단다. 그런데 어떤 이들은 그것을 마음 깊이 담아두고, 또 어떤 이들은 잘 피해가지. 그걸 행동으로 옮겨서 저 밑바닥으로 추락하는 죄를 짓는 사람도 있고. 그는 뒤늦게 잘못을 깨우친 후 회개와 금식으로 자신을 단련시켜 다시금 하느님의 길로 돌아오지.

일반적으로 악에 악으로 맞서는 것은 결코 바람직하지 않아. 전쟁을 예로 들어볼까? 갑자기 세계대전이 일어났어. 물론 그 책임은 히틀러에게 있었지. 영국은 그 반대편에 섰어. 전쟁이 발발한 후 3년이 지난 어느 날 갑자기 내가 화성에서 내려와 이 전쟁을 목격했다고 해보자. 내 눈에는 무엇이 보였을까? 두 진영 사이에 어떤 차이가 있다고 느낄까? 오늘밤엔 베를린에 폭탄이 쏟아지고, 또 다음 날 밤엔 런던에 폭탄이 쏟아져. 오늘은 독일군이 죽어나가고, 내일은 영국군이 죽어나가. 과연 그 모습을 지켜보면서 누가 옳고 누가 그른지 알 수 있을까? 이데올로기와 죄를 구분 지을 수 있을까?

그런데 네가 악에 맞서지 않으면 상황은 달라지지. 간디의 경우를 살펴보자. 기도와 금식을 하며 감옥에 갇혔을 때도 그는 사람들에게 '영국은 우리의 비폭력 저항으로도 물러날 것이니 무기를 들지 말라'고 외쳤어. 그리고 기적은 일어났지! 온 세상이 놀란 인도의 기적 말이야. 거의 피 한 방울 흘리지 않고 5억 명이 자유를 얻었어! 내가 인도에 있을 때 키프로스에서도 봉기가 일어났거든. 인도 사람들은 신문을 통해 키프로스의 상황을 잘 알고 있었어. 어느 날 그들이 나에게 이렇게 묻더구나. "참으로 이상합니다! 왜 그들의 지도자는 국민들과 함께 무릎을 꿇고 금식과 기도를 하지 않는지요? 그렇다면 영국인들이 두려움에 사로잡혀 그 섬을 떠날 텐데요." 그들은 비폭력 저항만으로도 키프로스가 자유를 얻을 것이라는 확신이 있었던 거야.

그런 믿음이....

내가 베다니아 수도원에 있었을 때였어. 나는 몸이 불편하신 노수녀님을 간호하는 일을 맡았지. 그런데 그분은 성격이 조금 독특하셨어. '이 세상에서 일어나는 모든 일은 하느님께서 원하시거나 허락하신 거야'라고 스스로에게 말하며 나는 그 일을 기쁨으로 받아들이려 했지. 때론 힘들고 고통스럽더라도 지극히 선하신 하느님께서는 내 영혼의 완성을 위해 그 일을 허락하시는 거니까. 석탄이 '단련'되지 않고서 다이아몬드가 될 수 없듯이 말이야. 남들 눈에는 노수녀님이 나를 무척 괴롭히는 것처럼 보였을 거야. 하지만 정작 나는 그렇게 느끼지 않았어. 나는 늘 기도 중이었고, 그분 역시 그리스도를 마음속에 모시고 계시단 생각에 기뻤거든. 다른 사람은 모르지만 나는 그분 안에 계신 그리스도를 느꼈지. 그런 나를 보고 다른 수녀님들은 "노수녀님을 그렇게 대하시면 어떡해요? 그분의 영혼을 망치려고 그러시는 거예요? 그저 알겠습니다, 알겠습니다 하면 점점 더 나빠진단 말이에요. 수녀님이 이곳을 떠나게 되면 우리가 어떻게 그 뒷감당을 하겠어요?" 하며 불만을 털어놓았지. 고백성사 시간이 찾아왔을 때 나는 신부님께 이 일에 대해 상의했어. "신부님, 지금 상황이 이렇습니다. 누가 옳은 걸까요? 노수녀님의 말에 '네'라고만 답하는 저인지, 아니면 상황이 악화되지 않게 처신해야 한다는 다른 수녀님들인지?" 이에 신부님이 대답하셨지. "후자는 부차적인 것입니다. 인간은 모두 자기 영혼의 구원을 바라보지요. 하지만 모든 걸 감내할 정도의 경지에 오르기는 쉽지 않기 때문에 우리는 무엇을 하든 상대방의 영혼을 구원하기 위해 한다고 말하곤 하죠. 그러니 수녀님은 하시던 대로 그 뜻을 실천하십시오. 그러면 하느님께서 그분을 일깨우실 겁니다." 신부님의 말씀대로 1년 하고 3개월이 지난 어느 날, 노수녀님이 나에게 이렇게 말씀하시더구나. "미안하다. 그리고 고마워. 혹시 내가 너를 많이 힘들게 하지는 않았는지 모르겠다. 피곤할 텐데 어서 가서 그만

쉬렴."

때론 배움이란 것이 참으로 어려운 것 같아요.

너희가 영적인 삶으로 나아가면 나아갈수록 그만큼 불완전한 사람들이 너희를 찾아온다는 사실을 잊지 말거라. 너희를 완성시키기 위한 일이란다. 그들은 하느님께서 보낸 사람들이니 너희는 그분의 이름으로 찾아오는 사람들을 환영해야 해. 누군가는 너희를 일깨우기 위해 찾아올 것이고, 또 누군가는 너희를 사랑하기 위해 찾아올 거야. 누군가는 너희를 위로하기 위해 올 것이며, 또 다른 누군가는 너희를 괴롭히려고 올 거야. 주님의 섭리 안에서 이 모든 것이 이루어지고 있음을 네가 깨닫는 순간 삶은 무척 흥미롭게 다가오겠지! 그리고 매 순간 기적, 만남, 나눔을 기대하며, 그런 일들이 언제 일어날까 학수고대하며 살아가게 될 거야.

85. 수도원으로의 부르심

수녀님, 평신도로서도 얼마든지 선교를 하실 수 있었을 텐데 왜 굳이 수녀가 되셨는지 궁금합니다.

먼저, 내가 수녀의 길을 택한 것이 아니라는 것을 밝히고 싶구나. 나는 내가 하던 일에 만족하고 있었고, 그 일을 하느님께서 원하신다고 믿고 있었어. 전혀 수녀가 될 이유도 없었고, 수녀복을 입을 생각도 하지 않았지. 그래서 이렇게 기도한 적도 있었어. '하느님께서는 내가 무엇을 하길 원하실까? 내가 여기에 있기를 원하실까? 아니면 다른 곳으로 가길 원하실까? 불구자들을 섬기길 원하실까? 아니면 노인들을 섬기길 원하실까? 혹시 시각장애인을 돌보길 원하시는 건 아닐까?' 그리고 나는 이런 답을 얻었지. '하느님께서는 내가 무엇을 하든 어디에 있든 그런 건 개의치 않으셔. 단지 얼마나 진실되고 풍성

한 사랑을 주는지만을 보시지.'

결론적으로 수녀가 되고 말고는 전혀 내가 고려하던 바가 아니었어. 수도원을 방문해 본 적도 없었지. 그런데 히말라야 고지 우타르카시에 머물 때 '이제 가서 수녀가 될 수 있다'는 천사들의 메시지를 받았어. 단 한 번도 생각해 보지 않았는데 말이야! 조용히 기다리며 지켜보기로 했지. 어릴 적부터 나는 검은색을 별로 좋아하지 않았거든. 그래서 외출할 때면 엄마에게 검은색 말고 진청색 옷을 입혀달라고 졸라댔었지. 더군다나 무일푼으로 세상을 떠도는 순례객 처지였던 나는 어딘가로 갈 수 있는 여건이 전혀 아니었거든. 아는 수도원도 하나 없었고. 아무튼 나는 묵묵히 기다렸어. 그런데 메시지가 또 온 거야! 하느님의 뜻을 누가 우습게 여길 수 있으랴. '자리에서 일어나 란도르로 가거라. 그곳에 가면 너를 인도해 줄 사람이 있을 것이다.'

얼마 지나지 않아, 힌두교 수행자가 된 한 친구가 몸이 아파서 며칠 동안 나와 함께 지내겠다고 찾아왔어. 나 다음으로 이 지역을 찾아온 두 번째 유럽 여성이었지. 나는 이질에 걸린 그녀를 돌봐주있는데 그 친구가 이렇게 말하는 게 아니겠니? "지금 내 몸 상태로는 아쉬람으로 돌아가지 못할 것 같아. 어딘가에 가서 몸을 좀 회복하는 것이 좋겠어. 란도르에 함께 갈래?" 메시지를 까맣게 잊고 있던 나는 그녀에게 "그래, 함께 가자. 그곳에 내가 물리치료를 해드리는 영국인 할머니가 계셔. 치료를 해드리면 아마 숙식을 제공받을 수 있을 거야" 하고 답했지. 우리는 그분께 전보를 쳤고 오라는 회신을 받았어.

란도르에 도착한 다음 날, 친구가 치과에 가는 길에 동행했지. 의사가 "어디서 오셨어요?" 하고 묻기에 "그리스에서 왔습니다" 하고 대답했어. "아, 그렇군요. 그리스에서 오래 살았던 넬라 그레이엄 쿡이라는 미국인 부인이 있는데 한번 만나보시죠. 그리스어도 유창하신 데 아마 무척 반가워할 겁니다." 내가 란도르에 온 목적과는 동떨어져 있었지만 어쨌든 우리는 인도식 의상을 입은 넬라 부인을 만나게 되었어. 그리스어 실력이 나보다 더 월등할 정도였지. 그분은 우리에게 노래를 불러주기 시작했어. "몇 그루의 소나무, 대리석, 나의 그리스…"

눈물이 차오를 만큼 감동스러웠지. 어릴 적 고고학자였던 아버지를 따라 그리스로 왔다가 학교까지 마쳤다고 했어. 간디를 알고 있었고, 그의 전기와 여러 저서를 펴낸 작가 미라 벤과도 친구였어. "이제 어디로 가세요? 다시 베키르로 돌아가세요?" 그분의 질문에 나는 아니라고 답했어. 그리고 조금 주저하면서 "그런데 이상하게도 하느님께서는 제가 수녀가 되는 것을 원하시는 것 같아요"라고 덧붙였지. 그런데 내가 말을 다 마치기도 전에 넬라 부인이 덥석 내 손을 잡더니 이렇게 말하는 거야. "제가 당신을 베다니아로 보내드릴 테니 예루살렘 교외에 위치한 그곳 수도원에 가보세요. 세상에서 가장 아름다운 수도원입니다. 테오도시오스 신부님께서 거기 계시니 한번 만나보세요. 저도 신부님의 호의로 그 수도원에 묵은 적이 있어요. 제가 편지를 띄워 사정을 말씀드려 볼게요!"

히말라야 고지에서 베다니아로. 믿어지니? 나는 넬라 부인에게 "그렇다면 편지를 띄워보세요. 하지만 저는 돈이 없어 아무것도 할 수 없는 상황이란 점을 알아주셨으면 해요. 아무튼 지금 저는 하이데라바드로 가려고요." 나는 거기서 시바난다의 조언을 받아 한센병 환자촌을 세우기로 한 인도 여성을 만나기로 되어있었거든. (시바난다를 통해 알게 된 쿠문디니 여사를 말한다.) 어쨌든 넬라 부인은 테오도시오스 신부님께 편지를 띄웠어. 그녀는 매우 활동적이고 열정적인 사람이었으며 몽상가이자 문학가, 〈카슈미르의 시〉를 지은 시인이기도 했지. 여러 종교를 공부했고 한때 요르단에서 온 소녀들과 무용 그룹을 결성해 페르시아에서도 공연을 한 적이 있었단다. (당시 베다니아는 요르단에 속했다.) 그녀의 이런 활동을 잘 알고 계셨던 테오도시오스 신부님은 '이런, 넬라 부인이 정신 나간 사람을 우리에게 보내려고 하는구만. 답장을 안 하는 게 좋겠어!' 하고 생각하셨을지 몰라. 6개월이 지났는데도 답이 없자 그녀는 신부님께 다시 편지를 보냈어. 그리고 마침내 회신이 왔지. "자비로 오라고 전해주십시오. 한번 만나보겠습니다." 편지를 읽은 나도 이렇게 말했어. "좋습니다. 하느님께서 원하신다면 가겠습니다. 하지만 경비가 없으니 조용히 지켜보며 기다리겠습니다." 그렇게 해서 나는 사랑하는 인도에서 좀 더 머물게 된 거야.

한편, 나를 알고 있던 호주의 누군가(앞서 소개한 호주 청년 앨런일 것으로 추정)가 "우리는 인도에서 하시는 당신의 일에 많은 관심을 가지고 있습니다. 이곳에서도 그 일을 해주셨으면 좋겠습니다" 하고 편지를 보내왔어. 나는 그에게 "저는 지금 예루살렘에서 수녀가 되려고 준비하고 있답니다" 하고 대답했지. 그는 내 편지를 받고는 비행기푯값의 절반이 넘는 금액을 수표로 보내주었단다! 이제 떠날 때가 되었음을 직감했어. 나머지 돈은 어떻게 마련되었는지 아니? 사랑의 감동 드라마였지! 인도 친구들이 봉투에 돈을 담아 내게 가져와서는 "우리 사원에 이 돈을 기부하는 대신, 선생님이 하느님을 위해 떠나시는 길에 여비로 쓰세요." 하며 준 거야. 그렇게 해서 두 명분의 비행기푯값이 모였어. 표 한 장 값은 지금 아테네에 있는 캐머런에게 주었고, 나머지 한 장 값은 나를 위해 썼지.

그런데 나에게는 인도를 떠나기 전에 이루고픈 한 가지 소망이 있었거든. 그것은 당시 세계에서 가장 저명했던 한센병 전문의 폴 브랜드 박사를 만나는 거였지. 하느님의 도우심으로 내가 알아낸 뭔가를 그에게 알려주고 싶었기 때문이야. 그 사람만이 그걸 활용할 수 있을 거라고 생각했으니까. 아무튼 나는 하이데라바드로 가서 그곳의 지인들에게 작별 인사를 하기로 했어. 그렇게 모두 모인 자리에서 얼마 후면 예루살렘으로 떠난다고 인사를 했지. 그때 한쪽 구석에 앉아 있던 한 인도 남자가 나에게 다가와 말을 걸었어. "잠시 말씀 좀 나눌 수 있을까요? 밖에서요." 우리는 밖으로 나가 대화를 이어갔어. "당신께서는 사람들의 모든 부탁을 들어주시는 것으로 알고 있습니다. 제게 아주 중요한 일이 있는데 제 부탁도 들어주실 수 있을까요?" "물론이지요!" "저는 한센병 환자입니다. 동시에 많은 환자를 보는 의사이기도 하고요. 지금 제 부인과 두 아이는 이 사실을 모르고 있습니다. 저를 치료해 주는 의사는 가족에게 알려 고통이나 부담을 주기보다는 차라리 감추는 편이 좋겠다고 하더군요. 그런데 지금 제 손이 마비 증상을 보이기 시작했거든요. 그래서 마드라스에 있는 의사 폴 브랜드에게 꼭 수술을 받아야 하는 상황입니다. 저와 함께 그곳까지 동행하실 수 있을까요?"

애들아, 보았니? 오늘날까지도 하느님의 기적들은 이렇게 일어나고 있단다! 하지만 수녀가 되는 것은 내가 선택한 것이 아니었어. 아니, 그 어떤 것도 나 홀로 선택한 것은 없었지. 나의 행로는 언제나 이랬단다. 지금도 마찬가지야.

86. 수도 생활

수녀님께서 너무 일찍 수녀가 되지 않으신 게 얼마나 다행인지 모르겠어요. 만약 어린 나이에 수녀가 되셨다면 세상 경험도 없을 뿐더러 편향적인 사고에 매몰돼 당신께 조언을 구하러 찾아오는 이들의 애환이나 문제를 이해하지 못하셨을 테니까요.

　만약 내가 어릴 적에 수녀가 되었다면 그건 열네 살의 어린 나이에 내가 그만큼 성숙했다는 의미였겠지. 하느님께서 나를 그분의 기쁨 안에 살 수 있게 단번에 받아주실 정도로 말이야.

　그럴 수도 있겠군요. 그런데 수녀님은 이미 이 세상의 수많은 사람들을 돕고 계시잖아요! 현장에서요!

　네가 어디에 있느냐는 큰 의미가 없단다. 만약 행동으로 옮길 수 없거나 직접적으로 도움을 줄 수 없다 해도, 그 사람을 생각하며 그리스도의 발 앞에 엎드려 축복해 주실 것을 기도하면 돼. 그럼 네가 할 수 있는 일은 다 한 거지. 천천히 연습하면 돼. 세상에서 멀리 떨어져 나온 수도사들도 그렇게 하잖니. 수도사들은 세상을 사랑하지 않아서가 아니라, 세상을 너무도 사랑하기 때문에 그곳을 떠나 세상을 위한 기도에만 전념하는 거란다.

　수도사들은 기도하고 금식하지. 즉, 하느님을 향한 사랑의 사다리에서 가장 높은 두 층계 위에 서있는 거야. 그 기도는 사막뿐 아니라 전 세계의 절반에 달하는 수백만 평의 땅을 개간하는 사랑의 폭탄이 된단다. 《사막의 교부들》을 읽다 보면 그분들의 말씀에서 지혜를 발견하게 될 거야. 그 소박함! 겸손함! 마치 아무것도 하지 않은 것처럼. 그럼에도 불구하고 그분들의 말씀은 영원히 남았지. 잘 모르는 사람들은 이렇게 말해. "수도사와 수녀가 하는 게 뭔데? 기도? 그만하라고 하지! 지금 우리에게 필요한 것은 행동! 실천! 이라고!" 그건 그들이 잘못 아는 거야. 기도의 에너지만큼 큰 에너지는 없거든. 성경은 기도의 강력한 힘을 이야기해. 기도는 힘이기 때문이야. 에너지. 성경을 한번 보렴. 너의 믿음과 기도로 산도 옮길 수 있다고 하잖아. 라자로스 신부님께서 아주 멋진 말씀을 하신 적이 있어. "우리가 믿음으로 옮긴 산은 우리의 교만이다. 아주 거대한 산! 그리고 우리는 그 산을 바다에 던져버린다!"

훌륭한 말씀이네요. 그런데 어떻게 하면 그게 될까요?

오직 하느님의 은총으로만 가능하단다. 하느님께 "주여, 저의 교만을 거둬 주십시오" 하고 마음을 다해서 기도해야지. 그럼 곧 하느님께서 도와주셔! 사랑함에도 불구하고 우리는 상대방을 변화시킬 수 없고, 조언하거나 영향을 줄 수도 없다는 것을 깨달았지. 오직 기도를 통해서만 도움을 줄 수 있다는 결론에 다다랐어. 세상을 벗어난 지 50년이 된 마리아 수녀님도 같은 말씀을 하신 적이 있지. "군중 사이를 거닐 때보다 지금 세상과 더 가깝다고 느낍니다."

하지만 일, 결혼, 연애, 자녀들 등 우리의 일상이 이런 것들을 생각하게끔 여유를 주지 않네요. 마음은 있는데 시간이 부족해요.

시간은 필요하지 않아. 너희에게 말했듯이 기도는 영혼의 상태이기 때문이지. 《순례자의 길》에서 보듯, 접시를 닦을 때도 "주여, 불쌍히 여기소서. 주여, 불쌍히 여기소서" 하고 기도하면 되는 거야. 우리가 종일 무엇을 하든, 마치 배경 음악을 듣는 것처럼 하느님의 존재를 끊임없이 생각하면서 기도할 수 있어. 즉 하느님에 대한 개념을 마음과 머릿속에 간직할 수 있지. 불가능한 건 없단다.

오늘날의 수도원은 어떤 모습을 갖춰야 할까요?

문을 활짝 열어야 해. 사람들이 찾아와 아픔을 털어놓을 수 있도록 활짝 열려있어야 해. 그것은 그리스도인이 줄 수 있는 큰 도움이란다. 내가 새 예루살렘 수도원에 있을 때였어. 하루는 한 무리의 아이들이 시끌벅적 떠들며 올라왔지. 창문을 통해 그들의 모습을 지켜봤는데 수도원과는 전혀 어울리지 않는 복장을 하고 있었어. 잠시 후 그들이 수도원 문을 두드렸지만 나는 나가보지 않았어. 시간이 제법 흐른 후 수도원을 떠나는 모습이 보이더구나. 그런데 그 모습이 이전과는 너무도 다른 거야. 각자가 조용히 침묵하는 가운데 좁은 길을 걸어 내려갔어. 밖으로 나온 나는 그 애들을 마중했던 수녀님에게 물었지. "조금 전 찾아왔던 아이들은 누구인가요?" "어깨를 드러낸 옷을 입은 아이, 셔츠를 입지 않은 아이, 반바지를 입은 아이들이 찾아왔답니다. 그들 중 한 아이가 큰 소리로 제게 이렇게 물었어요. '수녀님, 저희 복장이 이런데 받아주실 건가요?' 그래서 '이 수도원은 내 것이 아니란다. 성모님 것이지' 하고 제가 대답했지요."

지당한 말씀이네요.

"성당 안으로 들어간 아이들은 천천히 초를 켜고 이콘에 예를 표하기 시작했답니다. 그러더니 저에게 '수녀님, 수도원이 정말 예뻐요' 하고 말하는 거예요. 아이들이 떠날 때가 되었을 때 '얘들아, 잘 가렴. 하느님의 축복이 너희와 함께하기를 기도할게' 하고 말해주었어요. 그러고는 아이들이 돌아갔지요." 만약 아이들을 맞이한 수녀님이 수도원 입으로 수르르 끌더든 그 애들을 보고서 "여긴 안 되니까 밖으로 나가줄래?" 하고 말씀하셨다면 어땠을까? 나는 아이들이 떠나가는 모습에서 그 차이를 분명하게 보았단다.

87. 금식

수녀님, 금식에 대해 말씀해 주세요.

금식은 우리가 악에 맞설 수 있는 가장 큰 무기 중의 하나란다. 언젠가 라자로스 신부님께서 내게 말씀해 주신 게 있지. 1962년 미국에 갔었어. 꽤 오래 그곳에 머물며 여러 주를 돌아다녔단다. 그때 라자로스 신부님의 편지가 큰 힘이 되어주었어. 그분은 나의 영적 인도자셨거든. 내가 어디에 있든지 가끔 나에게 귀한 편지를 보내주셨어.

그분께 큰 빚을 졌지. 그때 신부님께서 이렇게 말씀하셨어. "수녀님이 가고 싶은 곳이 있다면 어디든지 가서 하고 싶은 것을 하세요. 다만 금식만은 꼭 지키세요."

왜 그런 말씀을 하셨을까요?

왜냐하면 금식을 하는 사람에게는 악의 화살이 미치지 못하기 때문이란다. 절대로.

수요일과 금요일 금식 말씀인가요?

모든 금식일과 금식 기간 말이야.

그럴 때 수녀님께서는 무엇을 드셨어요?

그때가 8월 15일이었지. 성모 안식 축일 전 2주간의 금식이 끝나고 아주 성대한 식탁이 차려졌어. 하지만 난 토마토 주스 한 잔과 끓인 과일만 조금 먹었지. 그걸로 충분했어. 금식 기간엔 매일 그렇게 먹었단다. 그때 나는 하느님이 행하시는 많은 기적을 보곤 했지. 그 당시 사람들은 신앙 고백을 요청하거나 주님과의 경험에 대해 물었는데, 나중에 내가 한 말을 녹음본을 통해 듣고는 마치 그 말이 내 것이 아닌 듯한 느낌에 무척 놀라웠더랬어. 내게 이런 조언을 해주신 라자로스 신부님께 진심으로 감사한 마음이란다.

우리가 금식을 할 때 악의 화살이 우리에게 미치지 못하는 이유는 영혼이 자유로워지기 때문인가요? 영적 양식을 공급받을 수 있도록요?

먼저, 금식은 육체를 잊도록 만든단다. '뭘 먹지? 뭘 마시지?' 육체에 정신을 쏟지 않으니 영에 집중하게 되지. 영은 하느님으로부터 축복을 받아. 영은 하느님의 은총을 받아들여서 취하지. 그렇게 되면 우리는 그리스도를 따르는 삶을 살아갈 수 있게 돼. 우리 모두가 바라던 대로 말이야. 금식은 이런 점에 있어서 우리에게 도움을 준단다. 성 대 바실리오스는 영적 성장의 기초는 모든 일에 있어 절제를 실천하는 것이라고 말씀하셨지. 우리 속담에도 "살진 배는 명석한 두뇌를 낳지 못한다"라는 말이 있듯이.

그건 수도자들에게 해당하는 것인데, 세상 속에 살아가는 사람들에게도 적용될까요?

수도자들에게만 해당하는 것이 아니야. 내가 세상 속에 있을 때, 물리치료사로 활동하던 때인 예전부터 그래 왔단다.

만약 결혼해서 가족이 있는 사람은요? 금식은 나름 가능하다고 해도 절제에 있어서는요? 그 기준은 어떤 걸까요?

음식, 유희, 그리고 부부관계에서 절제를 실천할 수 있지. 부부가 전적으로 세속적인 삶을 살기보다 하느님을 따르는 삶을 공유할 것이라는 데 동의한다면 말이야. 나는 자녀들을 성장시키고 자신들도 올바른 삶을 살아가는 많은 사람들을 알고 있단다. 하느님을 사랑하는 젊은이들이 가장 먼저 물어야 하는 것은 이것이지. '미래의 내 배우자가 참 그리스도인인지?'

만약 아니면요?

만약 아니라면 가정을 꾸릴 이유가 없구나. 그럼에도 불구하고 그리스도인답게 살아가는 배우자의 오랜 기도 끝에 30-40년이 흐른 후 남편이 처음 교회에 나가 성체성혈을 받아 모신 경우들이 있어. 얼마나 긴 시간인지 생각해 보렴.

엄청난 인내였겠네요!

영적인 변화와 성숙으로 나아가려 할 때 하느님께서는 언제나 기도를 들어주신단다.

88. 수도원에서 영적으로 깨어있기에 대하여

수도원에서의 진정한 삶은 그런 거야. 세상에서의 삶을 전혀 생각하지 않는 것은 수도원 생활의 가장 큰 장점이지. 아무와도 말을 하지 않는 그 침묵의 시간 속에서 너는 다른 차원의 삶을 발견해. 그런데 만약 누군가가 다가와서 "휴, 수녀님은 지금 밖에서 무슨 일들이 벌어지는지 전혀 모르실 거예요. 전쟁입니다. 전쟁! 이건 어떻고, 또 저건…." 이렇게 말한다면 넌 어쩔 줄 몰라 하겠지. 머릿속을 스쳐 지나는 모든 이미지는 그리 오래 지속되지는 않지만, 너의 세계에 덧없고 추악한 그림자를 드리우니까. 외부 세계가 우리 내면의 삶에 미치는 영향은 매우 미묘한 것이란다.

우리가 그 정도로 취약한가요?

취약하지. 아주 취약해.

그래서 끊임없이 기도하라고 하는 걸까요?

그래. 또한 유혹에 빠지지 않도록 깨어있으라는 말씀도 언제나 가슴에 새겨야 하지. 항상 준비되어 있어야 해. 우리는 모든 일에 있어 하느님과 천사들의 현존에 영구히 함께할 때 온전히 깨어있어. 그것이 하나의 습관으로 자리 잡게 되면, 그때는 더 이상 흔들리지 않아. 참으로 이상하지. 마치 머릿속이 둘로 갈라진 것 같아. 한쪽은 이곳에, 다른 쪽은 저곳에 있어. 이해하겠니? 영원한 곳은 '저곳'이지만 '이곳'이 더 지배적이면 피곤함을 느끼지. 그러면 너는 하느님께로 되돌아가. 이 상태는 너희가 하느님과 연합할 때 그분으로부터 오는 거야. "내 영혼이 주님과 맞붙어 있습니다." 모든 성인과 수행자들이 성체성혈을 자주 모셔야 한다고 주장하는 이유란다.

89. 갑작스러운 깨달음

뭔가 중요한 것을 깨달았다고 생각했는데 몇 분도 채 지나지 않아 그것들을 모조리 잊어버려요. 왜 그런 걸까요?

의도적으로 그렇게 되는 거란다. 우리가 알아야 하는 그 이상을 알아서는 안 되기 때문이야. 하느님께서 이것을 허락하시는 이유는 우리가 그분 앞에서 묵묵히 기다리고 순종하기를 바라시기 때문이지.

90. 구별 짓기 그리고 믿음

우리는 결코 다른 사람들과 우리 자신을 갈라놓아서는 안 된단다. 그게 어떤 사람이건 간에 말이야. 주님께서 이렇게 말씀하셨거든. "내가 하는 일을 보고 놀라지 말아라. 믿음이 있다면 너희는 내가 하는 것보다 더 큰 일을 하게 될 것이다." 주님께서 친히 우리 모두를 같은 수준에 올려놓으셨다면, 어떻게 우리가 서로를 다른 존재라고 여길 수 있겠니? 어떻게 그것이 가능하겠어? 말도 안 되는 거지.

그런데 안타깝게도 언제나 지식인이라는 사람들 사이에서는 그런 일이 벌어져. 스스로 남다르다고 믿기 때문이지. 그들은 인류애를 망각해 버린 거야. 네가 상처를 입어서 피를 흘린다면 온 인류는 한 가족처럼 서로 얽혀 있기에 내 마음도 덩달아 떨리는 거거든. 또 이런 점도 있지. 다른 누군가가 해낸 일은 너희도 할 수 있는 거야. 네게 믿음이 있다면 말이지. 우리는 거기서부터 출발해.

성인들께서 하신 모든 일도 믿음에서 비롯한 거란다. 믿음으로 모든 걸 하셨지. 하지만 흔히 주장하듯 '자기 자신에 대한 믿음'은 아니야. '내 안에서'가 아니고 '내 안에 거하신 그분 안에서'가 되어야 해.

91. 타인의 이야기를 듣는 태도

사회사업가들처럼 그룹을 만들어서 사람들이 스스로를 이해하는 데 도움을 주고자 합니다. 그런데 그룹의 이상적인 규모는 열두 명 정도라고 믿고 있는데요. 혹시 그리스도께서도 같은 이유로 열두 명의 제자를 모으셔서 사역을 시작하신 걸까요?

글쎄다. 주님께서 야고보와 요한, 베드로 등 두세 명을 따로 불러 하신 말씀을 열두 명이 다 있는 자리에서 하시지는 않았다는 사실을 잊어선 안 돼. 중요한 계시 말씀은 그들에게 개인적으로 하셨어. 하지만 가르침은 모두에게 나눠주셨지.

나는 무리 안에서는 사람이 꽃을 피울 수가 없다고 생각한단다. 모두가 균일할 수가 없거든. 그룹은 나름의 이상을 가지지. 한 단체의 이상이 길가의 걸인들을 모두 모아다가 작은 집에 몰아넣고 그들에게 부엌을 만들어 주는 것이라고 한번 가정해 보자. 그런데 내가 개인적으로 그것에 반대하는 입장이라면 이렇게 말하겠지. "가난하다는 이유로 어딘가에 가두는 것보다는 그들이 가고 싶은 곳에 가서 구걸하고 원하는 음식을 사 먹을 수 있도록, 그리고 당신처럼 가족을 만나 즐거운 시간을 보내도록 해주는 것이 좋겠습니다." 여기서 문제가 발생하지. 단체를 방문하는 사람들은 단체 내 사람들이 모두 같은 신념을 가지고 있다고 생각하는 거야.

내게도 그런 경험이 있었단다. 한 단체의 초대로 어떤 나라에 갔었는데 연설자가 신에 대한 언급도, 이상에 대한 언급도 없이 아주 인간미 없는 연설을 했어. 거의 끝날 무렵이 되었을 때 하느님을 믿는 누군가가 내게 다가와서 이렇게 말했지. "여기에 뭘 하러 오신 거죠? 저 사람은 적 그리스도 같지 않나요?" "물론 잘 알고 있습니다. 그래서 제가 이곳에 있는 겁니다." "무슨 뜻이죠?" "정확하게 이것입니다. 당신처럼 동의하지 않는 사람이 제게 와서 용기 내어 '여기는 뭘 하는 곳입니까?'라고 물으면 내가 '당신 말씀이 맞습니다. 여기는 당신이나 나를 위한 곳이 아닙니다'라고 대답해 드리려고요."

말씀하신 것처럼, 그룹을 운영하는 사람은 책임지고 있는 그룹의 구성원들만큼 자신을 여러 부분으로 쪼갤 수 없고, 모두에게 맞출 수도 없기 때문에 어려운 상황에 처하게 되죠.

내가 그렇게 말한 이유는 너무 많은 사람을 상대하기가 어렵기 때문이야. 두 사람 정도가 얼굴을 마주보고 있으면 좋은 일을 할 수 있다고 생각해. 이런 식으로 한 사람은 자신을 자유롭게 표현하고, 자신의 말을 듣는 상대방에게서 스스로의 모습을 보고 마음을 열게 되지. 이때 들어주는 사람은 더 이상 자기 자신이 아니라 상대방이 되는 거야.

하느님의 도우심으로, 나는 나와 대화하러 찾아오는 이들의 수만큼 완전히 다른 사람이 될 수 있어. 다섯 명, 열 명의 완전히 다른 사람이 되는 거지. 가끔 이런 생각을 할 때가 있단다. 사랑이 사람을 변화시키는 것이 가능한가? 그것도 새로운 방문자가 올 때마다 매번 다른 누군가로? 그래, 정말로. 왜냐하면 결국 내가 줄 수 있는 것은 사랑밖에 없거든.

그것에 대해 설명 좀 해주시겠어요? 나쁜 사람이 "된다"고 말씀하시는데 그게 무슨 의미인지 알고 싶어요.

예를 들어볼게. 누군가가 나에게 와서 자신의 문제를 얘기한다고 해보자. "우리 집에서는 이런 일들이 벌어져요. 저는 어머니와 이런저런 문제가 있어요. 어머니께서는 전혀 이해를 못 하세요. 전 정말 불행한 아이라고 생각합니다. 학교에 갔다가 집으로 돌아온 그 순간부터 다음 날 다시 학교에 갈 때까지 미칠 것만 같아요. 어머니는 끊임없이 잔소리를 하시죠. 반에서 1등이 되어야 해, 다른 사람보다 앞서야 해, 강한 사람이 되도록 노력해야 해. 이것도 신경 써야지, 저것도 노력하고.' 그런데 이런 말씀은 안 하세요. '너의 급우들을 사랑하고 친구에게 나쁜 행동을 해선 안 된다. 모든 아이들에겐 그들을 사랑하는 부모님이 계신다는 것을 잊지 말아야 한다. 같은 가족처럼 서로 사랑하며 지내야 해.' 이런 말씀은 전혀 안 하세요!" 아이는 절망에 빠져 말하지. "더 이상 견딜 수가 없어요! 못 견디겠어요. 저는 이렇게 하고 싶은데 어머니는 제게 다른 것을 요구하세요. 전 어떻게 될까요?"

그때 나는 너희가 아는 내가 아니라고 자신 있게 말할 수 있어. 나는 즉시 그 학생이 되어 그와 함께 똑같은 고통을 겪지. 그리고 그의 입장에서 말을 해. "어떻게 해야 되지? 무엇을 해야 하지?" 그 후에야 비로소 하느님이 나를 인도하심을 느끼고 그 아이에게 조언을 해줄 수 있어. 그리고 그에 따라 행동해 보고 다시 돌아와서 또 한번 이야기를 나누지. 그렇게 5, 6개월이 지나면 나름의 조화가 생겨. 별 어려움 없이 사랑 안에서 태어나 사랑 안에서 성장하고 살아온 내 입장에서 생각하고 접근했다면 결코 이루어질 수 없는 일이지. 그 아이에게 다가갈 수 없었을 테니까.

내가 그 아이의 모습으로 완전히 변화되지 않았다면 아무것도 하지 못했을 거야. 이제 내 말이 무슨 뜻인지 알겠지? 그 아이의 입장에 서지 않고 이걸 해봐라, 저건 하지 마라 등등을 말할 수는 없는 거야. 그와 함께 느껴야 하고, 그와 함께 아파해야 하지. 하느님께서 그 문제에서 벗어날 방법을 알려주실 때까지.

어찌 보면 그 사람 속으로 들어가는 거군요.

맞아! 그 사람의 삶을 사는 것이지. 그 문제를 겪는 거야. 다행히도 그 아이가 내 앞에 있는 동안에만 나는 그 삶을 산단다. 아이가 떠나면? 천사들과 함께 잠시 자리에 앉아 기도로써 그 아이를 하느님 앞에 맡기고 나서 그 문제는 그만 덮지. 그리고 얼마 후에 또 다른 이가 찾아오면 나는 또 그 사람이 돼. 어떤 때는 몇 날 며칠 이런 일이 계속되기도 한단다.

하루에 몇 명까지 만날 수 있으세요?

지금까지의 경우를 봐서는 보통 열넷에서 열다섯 명 정도 되겠네.

열다섯 명이 다녀가고 나면 정말 피곤하실 것 같아요.

아니, 전혀 그렇지 않단다! 정말 어떤 피로도 느껴지지 않아. 하루를 처음부터 다시 시작해도 될 정도로!

어떻게 그렇게 금방 털어버리실 수 있어요?

털고 새로워질 수 없다면 얼마나 힘들겠니? 이것은 내가 세상적인 일에 대해서는 그 어떤 것도 기억을 하지 않기 때문일 거야. 어떻게 설명해야 하려나? 사람들과의 관계 속에서 이것을 배워나갔지. 나도 어린 시절의 기억 같은 것을 가지고 있었고 그게 참 아름답다고 생각했었어.

어릴 적부터 그러셨어요?

아니. 1937년 주님께서 주머니에 단 1파운드만을 가진 나를 영국으로 데려가셨을 때 시작되었고, 그 이후로 계속되고 있단다.

모든 것을 주님의 손에 맡긴다는 것은, 자신 안에는 아무것도 남겨두지 않는다는 말씀인가요?

정말 아무것도 남기지 않아. 나는 존재하지 않잖니. 전에는 그걸 몰랐지. 사람들 말을 들어주고 나서 '네 방문을 닫고 들어가면' 거기엔 아무것도 존재하지 않아. 주님의 발 앞에 다 내려놓았으니까.

어떻게 그렇게 하실 수 있었을까요? 어떻게 성취하신 거죠?

내가 성취한 게 아니란다. 그것은 하느님의 선물 같은 거야. 나는 그렇게 이해하고 있어. 왜인 줄 아니? 어떤 문제도, 심지어 그게 내 문제라고 해도 그걸 오래 붙잡지 않았거든. 사람이 떠나가면 난 다시 생각하지 않았어. 꽃을 즐기고 하늘을 올려다보았지. 그래, 그리고 다시 지상에 하느님과 내가 있지. 무슨 말인지 알겠니?

하느님께서 우리를 창조하셨을 때 말씀하셨단다. '온 마음과 온 정신과 온 힘을 다해 너의 하느님, 주를 사랑하라. 그리고 너의 이웃을 네 몸처럼 사랑하라.' 내 이웃이 오면 나는 그의 이웃이 된단다. 그리고 우리는 대화를 나누지. 그가 떠난 뒤 나는 나의 주님께 말씀드려. "보세요. 주님, 이 사람이 행복해하며 떠났습니다. 그래서 저도 행복합니다." 그게 끝이야. 다시 자리에 앉아서 '불쌍한 아이에게 이게 무슨 일인가? 어머니가 지금 아이에게 무슨 짓을 하는 거지? 어떻게 하면 좋을까?' 그런 생각을 하며 시간을 허비하지 않아.

나중에 다시 찾아오면요? 6개월 뒤에 다시 찾아오면 처음부터 다시 시작하시나요? 아니면 멈췄던 데서부터 시작하시나요?

그 사람이 말을 시작하는 데서 시작하지. 나는 지금 이 순간을 살 뿐이야. 과거는 지나가 버렸고 미래는 우리가 전혀 알지 못하기에 생각하는 것 자체가 어리석다고 믿기 때문이란다. 오직 하느님의 영원한 현존만이 있는 거야. 내가 살고 있는 바로 이 순간이지. 지금 나에게 지상에는 하느님과 너희들 말고는 아무도 없단다! 그렇지 않니? (웃음) 언젠가 지인들이 웃으면서 이렇게 말했어. "지금 우리가 떠나면 바로 잊어버리겠군!" 지금 내가 여기를 떠나 집으로 가서 다른 누군가를 만난다고 해보자. 똑같은 일이 계속 반복될 거야. 이 땅 위에 오직 그 사람과 나!

92. 신앙 고백

하느님의 육화를 믿지 않는 친구들과 어떻게 대화를 나누어야 할지 모르겠어요. 그들은 그리스도께서는 단지….

(…) 그분은 신인(神人)이셨단다. 하지만 이성적으로 접근하려는 사

람들은 이것을 이해하지 못할 거야. 육화의 신비나, 하느님께서 어떻게 인간이 되실 수 있는지 해득할 수가 없지. 그럴 거야. 왜냐하면 과거에도 없었고 앞으로도 없을 일이기 때문이지. 단 한 번 이루어졌으니까! 그래서 이것에 대해 말하는 것은 부질없는 일이란다. 네가 그들의 말을 들으려 하지 않는 것처럼, 그들도 너의 이런 고백을 들으려 하지 않을 거야. 진리를 구하는 사람이 찾아오면 그때만 말해야 해. 그 외의 모든 사람은 그릇된 길에 들어서 있어. 그들의 생각은 오직 한 가지에만 집중되어 있거든. 네가 그들에게 무슨 말을 한들 그들은 혼잣말만 계속할 거야. 대화는 없어. 너의 귀한 시간을 허비하게 만들 뿐이란다.

만약 그들이 말을 걸면 어떻게 해야 할까요?

속으로 '우리 주 예수 그리스도 하느님의 아들이시여, 우리를 불쌍히 여기소서'라고 기도하렴. 그들에게는 이 기도가 필요해.

하지만 그렇게 하면 그들이 생각하기에….

집복히면 네가 동의한니고 새임까 떼!

그러면 어떻게 되는 건가요?

아무 일도 일어나지 않아. 그들의 눈이 열리기를 기원하면서 그냥 지나가게 놔둬야지.

그러면 그들은 왜 말을 안 하느냐고, 왜 네 신앙을 고백하지 않느냐고 할 텐데요.

신앙 고백은 그런 것이 아니란다. 신앙 고백은 씨 뿌리는 사람이 씨를 뿌리러 나갔는데 어떤 씨는 바위에, 어떤 씨는 가시덤불에, 또 어떤 씨는 기름진 땅에 떨어졌다고 성서에서 말하는 것처럼, 토양이 있어야만 가능하지. 만약 네가 계속해서 가시덤불이나 바위에 씨를 뿌린다면 열매를 맺지 못하겠지. 우리 주변에는 이렇게 큰 불신이 자리하고 있어! 하지만 다행히도 책들이 있잖니. 그들은 너나 나처럼 무능력한 사람의 말보다는 책을 읽고서 설득되기가 더 쉽단다. 알겠니? 그들은 이렇게 말하지. "네가 뭔데 나를 가르치려고 하는 거야?" 그 안에는 에고가 있는 거지.

주변에 음악이며 사람, 식물, 동물 등 아름다운 것들은 다 사랑하면서도 그리스도는 원하지 않는 사람들이 있습니다. 그런 사람들은 어떤가요?

주님께서 직접 눈을 뜨게 해주실 날이 올 거야. 그러니 지금 우리는 그들을 있는 그대로 사랑하면 되는 거란다. 더 할 수 있는 일이 없어. 말로 해서는 안 돼. 우리의 삶으로써 그들에게 말을 건다면 그것은 괜찮겠지. 상대방이 너의 삶에서 아무것도 보지 못하는데 네가 말로써 설득하려고 한다면 난 반대야. 주님께서는 이렇게 말씀하셨거든. "네게 요청하는 사람이 있으면 주거라." 만약 그들이 너의 삶에서 뭔가를 발견한다면 먼저 물어올 거야.

그때는 알고 싶어 하겠군요.

네가 인도처럼 다른 종교를 믿는 곳을 찾아가서 어떤 대가 없이 종처럼 일을 해준다면 그들은 이렇게 물을 거야. "당신을 보내신 분은 누굽니까?" 난 지금까지도 인도인들이 써준 편지를 가지고 있단다. "당신의 하느님께서 당신을 우리에게 보내주셨습니다."

그렇군요. 그런데 신앙의 고백자라고 할 때, 오늘날 그것은 무엇을 의미하는 것일까요? 그리고 그것을 어떻게 입증할 수 있을까요?

신앙 고백의 방식은 각자의 성격, 기질, 하느님의 뜻에 순종하는지 여부, 그리고 신앙을 고백하는 상황에 따라 달라진단다. 예를 들어 볼게. 내가 발에 골절상을 당해 병원에 입원해 있을 때였어. 그날은 요르고스 성인의 축일이었는데 성당에 갈 수 없었던 나는 라디오를 틀어 예배를 듣고 있었지. 그런데 설교가 시작되었을 때 전화가 걸려

왔어. 바울로 신부님이셨지. "수녀님, 오늘이 축일이라서 여기 사람들이 제법 모여있습니다. 오셔서 말씀 좀 해주셨으면 합니다." 그래서 내가 이렇게 대답했어. "바울로 신부님, 제가 걸을 수가 없어요." "제가 차로 모시러 갈게요. 가서 도와드리겠습니다." "신부님, 지금 제 발 상태로는 거기까지 가기가 많이 어려울 거 같습니다. 잠시만요. 라디오 좀 끌게요."

내가 라디오를 끄러 가는데 마침 이런 설교가 흘러나오고 있었어. "오늘날 우리 그리스도인들은 얼마나 미온적입니까? 우리는 그리스도를 사랑한다고 하면서 '내가 그리스도인입니다!'라고 사람들 앞에 나서서 말할 용기조차 없습니다. 요르고스 성인께서는 대 순교자이시자 또한 위대한 고백자이시기도 합니다. 그래서 그분은 세상을 요동치게 했고 오늘날까지도 우리들의 마음을 뒤흔드시지요. 그런데 우리는 지금 무엇을 하고 있습니까?" 더 이상 무슨 말이 필요했겠니? 부탁을 받으면 언제나 "네"라고 대답해 온 내가 단지 움직이는 것에 겁을 먹고 그 순간 "네"의 신앙 고백을 잊고 있었던 걸 그 설교가 상기시켜준 것 아니겠니?

그렇게 바울로 신부님이 오셔서 나를 당신의 차에 힘들게 태우셨지. 그곳에 도착하자 수많은 사람들의 시선이 나에게 집중되었어. 오늘 같은 날 우리에게 연설을 하겠다는 저 수녀는 누구인가 하는 눈빛이었지. 그런데 얘들아, 하느님께서는 당신의 기적을 보여주셨단다! 당신께서 내가 아닌, 내가 여행 중에 만난 놀라운 영혼들에 대해서 말할 기회를 주셨기 때문이지. 나는 인도, 아프리카, 그리스 등지에서 겪었던 많은 경험담을 들려주었어. 그러자 사람들이 감동하더구나. 하느님의 기적에 대해 이야기하자 옆에 계시던 연세가 지긋하신 신부님께서는 그렁그렁한 눈으로 이렇게 말씀하셨지 "수녀님, 나중에 따로 이야기를 나눠보고 싶습니다."

그분은 내게 당신의 경험담을 들려주셨어. 보기 드문 기적이었지. 그분은 네 번이나 난파된 배에서 살아난 유일한 사람이었던 거야. 사람들이 죽음 직전의 그분을 살려내었대. 그렇게 기적 속에서 하느님의 뜻을 보신 거지. 내가 인도에서의 여러 경험담을 얘기하며 하느님의 손길로 우리가 죽음을 면한 이야기를 들려드리자 그분은 유일한 생존자로서 하느님의 뜻을 발견하고 깊은 감동을 받으셨어. 난 단지 그 한 분을 위해서라도 그곳에 가야만 했던 거지. 나의 믿음을 고백해야만 했던 거야. 그리고 거기 와계시던 자선단체의 여성분들도 돌아가며 자신의 개인적인 경험을 들려주었단다. 그렇게 서로 친분을 쌓는 계기가 되었지. 그리스도의 이름은 그렇게 영광을 받으신 거야! "우리는 지금 무엇을 하고 있습니까?" 하는 라디오 속 사제의 말씀에 내가 번쩍 깨어났기에 가능한 일이었지.

수녀님은 이야깃거리가 참 다양하시죠. 인도에서 체험하셨던 주님과의 작은 사건도 많은 것을 시사해 주네요.

또 다른 이야기를 하나 해주마. 세월이 흐를수록, 그리고 우리가 하느님의 뜻, 천사들, 고요함, 그 외 다른 모든 것과 친교를 돈독히 하면 할수록 신앙을 당당히 고백하러 나설 때에 우리 자신의 모습도 어느 정도 투영하게 된다는 점이야.

매우 중요한 지점이죠.

특히 개인적인 경험을 말하는 경우에 그렇지. 내가 인도에서 겪었던 일을 말해줄게. 일 년에 두 번씩 전 세계를 돌아다니며 신앙 고백을 하던 매우 저명한 미국 선교사가 찾아왔었어. 그는 자신의 삶 속에서 체험했던 하느님의 기적과 여러 가지 사건들을 이야기했지. 열정적으로 외치더구나. "나는 그곳에 가서 수많은 군중을 앞에 두고 주님에 대해 말했습니다. 그리고 수천 명의 사람들이 내게 왔습니다. 나는 말했습니다. 그리고 믿음을 증거했습니다. 여러분도 똑같이 하십시오!" 그런데 설교할 때 '나' '나' '나'라고 자꾸 하면 어떻게 들리는지 너도 알지? 속으로 생각했단다. '하느님, 어떻게 하면 우리가 저 '나' '나' 하는 소리를 안 하게 될까요? 그리스도이신 당신을 의미하는 대문자 'HE'를 말로 하려면 어떻게 해야 할까요? 대문자 'HE'를 말로 표현하면서 믿음을 고백할 수는 없을까요?' 그때부터 나는 다른 사람들의 기적 같은 경험담을 모으기 시작했어. 그리고 사람들 앞에서 이야기할 때는 내가 아닌 다른 누가 이랬다더라, 저랬다더라 하고 말했지. 내 말 이해했니?

그리고 한 가지 더. 오늘날 진정으로 사랑을 하며 사는 사람이라면 굳이 말로써 신앙을 증거할 필요가 없어. 왜냐하면 많은 사람들이 하느님의 부르심을 받았음에도 불구하고 그것을 자각하지 못하고 있기 때문이야. 또한 에고이즘도 무척 강해. 그래서 '내가 무엇을 했고, 하느님께서는 그런 내게 무엇을 해주셨다'고 말하는 것을 보면 속으로 이렇게들 생각하지. '왜 내가 아니고 당신이지?' 마음을 다해 믿기만 하면 하느님은 고백하는 자나 들어주는 자나 모두 똑같이 대하신다는 것을 그들은 모르고 있어. 알면 저런 소리는 하지 않을 테지. 하지만 인간은 이렇게 반응하는 거야. 그 때문에 큰 어려움에 직면하고, 그리스도인들 사이에서도 분열이 생기는 거란다.

하지만 수녀님, 우리 각자가 가진 경험이 다 다른데 어떻게 모두가 동의를 하고 거기에 마침표를 찍을 수 있을까요?

한 가지 말해볼까? 모든 것이 불안정한 오늘날, 어둠의 세력은 큰 힘을 가진 데 반해 인간은 약한 상태에 놓여있지. 우리가 그리스도를 따르지 않는 교육을 받기 때문이야. 여기저기서 수많은 인도주의적 메시지를 전하지만 하느님의 이름은 전혀 언급되지 않잖니. 때문에 이런 시대에는 사람들이 서로 생각을 맞춰 단체를 구성하기가 매우 어렵지. 하지만 이런 단체들에도 사랑만 있다면 모든 문제가 해결된단다.

그런데 네가 보다시피 사랑이란… 주어지는 거야. 영혼이 주어지는 것처럼. 하느님께서 당신의 영을 우리에게 불어넣어 주셨을 때 사랑 또한 주셨지. 그 둘은 상호 연결되어 있거든. 하느님의 영을 지니고서 '사랑이 없는 마음'으로 행동할 수는 없지. 그건 불가능해! 그런 태도는 네가 어떤 사람인지 만천하에 드러낼 거야. 그리스도께서 말씀하셨지. "너희가 서로 사랑하면 세상 사람들이 그것을 보고 너희가 내 제자라는 것을 알게 될 것이다." (요한 13:35) 지혜나 어떤 다른 능력이 아닌 사랑하는 것을 보고 말이야. 사랑을 지니고 있니? 겸손함을 지녔어? 온유함은? 그렇다면 너는 모든 것을 가진 거란다! 이건 사실 다 같은 거거든. 사랑한다고 하면서 남들보다 우월해지길 바랄 수는 없지. 사랑하면 다른 이들을 하느님의 형상처럼 바라보기 때문이야. 모든 것이 하느님 안에 있는 거야.

네가 하느님에 대해서 그렇게 느끼고 밤낮으로 하느님 외에는 다른 어떤 것도 생각하지 않는다면, 너는 이제 그 어떤 차별도 할 수가 없게 돼. 그걸로 끝이지! '당신은 이슬람교도와 무슨 대화를 합니까? 어떻게 인도 사람과 함께 앉아있습니까? 어떻게 다른 신앙을 가진 이와 함께 걸을 수 있습니까?' 사람들이 이처럼 물어도 너는 이해를 할 수가 없겠지. 왜 그런 말을 하는지. 그때 박해가 시작되는 거야. 사랑이 탄압받고 희생되지. 네가 아무리 애를 써도 사랑은 십자가에 못 박힌단다.

하지만 십자가의 기쁨은 부활에 있어. 그렇기에 십자가에 매달려도 너는 기뻐하지. 고백자들의 기쁨을 보렴. 불구덩이 속으로 끌려 들어가면서도, 십자가에 달리면서도 하느님께 찬양과 영광을 드리지 않았니? 그리스도 다음으로 우리의 위대한 모범이 되시는 순교자 성 스테파노스의 경우를 봐라. 돌팔매질을 당하시던 그 순간에도 그분은 하느님께 찬양을 드렸단다. "하느님의 영광이 보입니다! 당신의 영광을 봅니다!" 그리고 "저들을 용서해 주십시오"라고 외쳤어. 진심으로 그렇게 말할 수 있으려면 먼저 온 힘을 다해 사랑할 수 있어야 하지. 하느님의 영이 네 안에 살아있어야 해.

그러므로 얘야, 때론 이런 분들이 있다는 것만으로도 충분하단다. 알겠니? 굳이 말이 필요 없어. 어디서든 사랑이 나타나면 누구나 그것을 느끼지. 사람들은 요즘 내게 아토스 성산에 계시는 파이시오스 수도사님에 대해 말을 해준단다. 그분은 하느님께서 선택하신 훌륭한 종이시지. 당신을 찾아오는 많은 젊은이들에게 큰 기쁨과 용기를 주고 계셔. 꾸밈이 없으시고, 말을 하거나 글을 쓰는 데 시간을 쓰는 대신 그저 조용히 지내신단다. 그런데 그분 안에 무엇이 있는지 아니? 지상에서 가장 큰 에너지, 소위 기도의 상태라고 불리는 그것이 들어 있어. 우리 영혼의 기도 상태란, 말은 없지만 온 세상을 뒤흔들 수 있는 어떤 경지를 말해. 옛 성인들은 그런 경지에 이르셨단다. 우리는 성인전을 읽으며 불구덩이에 내던져진 성인들께 불길이 미치지 못했다는 것을 알지. 또 투석대에서 던져지셨음에도 아무런 해를 입지 않으셨어.

오늘 우리가 기리는 불구덩이 속에 던져진 세 유대인 청년 이야기를 보면, 청년들은 녹아내리는 불가마에 세 번이나 던져졌지만 다치지 않았고, 오히려 불을 붙인 사람들만 불에 타 죽었단다. 주변 사람들은 이들의 목숨이 끊어졌다고 생각했지만 잠시 후 그들은 다시 일어나 그리스도께 영광을 바쳤어. 사람들은 기적을 보았지!

　우리가 살아가는 이 시대엔 사람들이 이런 기적을 원하고 또 보고 싶어 하지. 하느님께 감사하게도 이런 기적적인 사건에 대해 증언하실 수 있는 분들이 아직은 남아계셔. 우리는 언제라도, 어디에서라도 하느님께서 기적을 행하실 수 있다는 것을 알아. 누구나 읽을 수 있는 복음서와 여러 다른 책들도 있고. 하지만 만약 네가 그것을 진정으로 원한다면 하느님께서는 또한 적절한 사람을 보내주실 거야.

　기적을 보지 못하게 하는 것은 우리 스스로의 불신 같아요. 마음에서 "아니"라고 하니까요.

　맞아. 전화를 걸면 가끔 "조금만 기다리시면 연결해 드리겠습니다" 하는 음성이 들리지. 그러면 우리는 연결이 될 때까지 기다리고 또 기다려. 이렇게 하루에 5분 정도만이라도 조용히 앉아서 주님께서 우리에게 말씀하시려는 게 무엇인지, 당신의 뜻을 숙고해 보는 것은 어떨까? 영원과 연결되기를 소망하며 기다려보면 어떨까? 에브도키아 성녀가 어떻게 순교하셨으며, 어떻게 성녀가 되셨는지 기억하렴. 그리스도께서는 그분의 침묵의 신앙 고백을 받아주셨어. 내가 신앙 고백은 각자의 성격에 따라 다 다르다고 말하는 이유란다.

　하지만 상대가 심한 반발을 일으키거나 심지어는 그리스도에 대한 적개심까지 갖는 최악의 상황으로 발전할 것 같으면 차라리 아무 말도 하지 않는 편이 낫지 않을까요?

　그래서 나는 말을 하는 것보다 상대를 사랑하는 것이 우선이라고 생각해. 만약 네가 그를 사랑한다면, 사랑이신 하느님께서는 네가 어떻게 처신해야 할지 일러주실 거야. 너 자신이, 너의 이성이 원하는 방법 말고 말이지. 가장 먼저 너는 상대가 어떤 위치에 있든, 높든 낮든 상관없이 그를 사랑해야 해. 이교도라 할지라도 말이야. 그러면 그 이후엔 하느님께서 널 이끌어 어떻게 말을 하는 게 좋을지 알려주시겠지. 만약 지금 당장 다른 종교를 믿는 사람에게 가서 "여기 당신이 가지고 있는 이 상들을 다 버리시오! 이것들은 하느님을 대신할 수 없소"라고 말하기 시작하면 그는 듣지 않는 것은 물론, 네가 자신이 믿는 신에 대한 불경을 저지른다고 생각할 거야. 하지만 "왜 이것들을 가지고 계시나요? 혹시 타지 생활을 하며 가족이 그리울 때 사진을 보면서 입을 맞추고 품에 안고 하는 그런 의미인가요? 그런데 사랑하는 당신의 아들이 당신 곁으로 온다면 그때도 사진을 보고 계실 건가요? 그렇진 않을 겁니다! 우리는 하느님께서 이 세상에 오셨고 우리에게 말씀하신 것을 알기 때문에 더 이상 이런 상들을 필요로 하지 않습니다. 우리 마음속으로 하느님을 경배하니까요"라고 하면 그들은 네게 이렇게 물을 거야. "그 하느님은 어떤 분이십니까? 우리가 믿는 하느님과 같은 분이신가요?" 그때 말을 해야 한단다. "하느님께서는 한 분이십니다. 서로 다른 분이 아니시지요. 저희가 믿는 신은 마음과 영혼과 정신의 하느님이시니 영원하신 분입니다."

이렇게 너는 대화를 통해 천천히 우리의 믿음을 전할 수 있단다. 물론 그들이 원한다면 소책자도 줄 수 있겠지. 하지만 원하지도 않는데 주면 보지도 않고 버린다는 것을 유념하렴. 달라고 하면 주라는 주님의 말씀에 따라, 인도에 있을 당시 사람들이 요청하면 난 《그리스도를 본받아》를 건네곤 했지. 그 책에 참고할 만한 내용이 많아서인지 그들은 나중에 성경도 빌려달라고 하더구나. 알겠니? 인도에 머문 5년 동안 내가 먼저 책을 권한 적은 한 번도 없었어.

93. 환영과 은총

하느님의 은총은 우리에게 기쁨, 평온, 평정심의 상태를 주신단다.

그때 우리에게는 어떤 환영이나 체험이 필요하지 않아. 특히 우리가 그런 것에 대한 이야기를 하는 사람들 중에 하나라면 더욱 그렇지. 이 땅 너머의 환영이나 메시지가 참되다면 우리의 마음, 생각, 혀는 그것이 무엇인지, 무슨 일이 일어난 것인지 말로써 설명할 능력이 부족하거든. 단지 우리의 삶만 달라질 뿐, 다른 이들은 그 변화를 알아차리지 못하지.

94. 참된 삶의 방식

수녀님께서는 온 세상을 두루 다니셨습니다. 로마 가톨릭 수도원, 불교 사찰, 힌두교 사원 등 수많은 곳을 방문하셨고, 여러 선교 단체와 기관 및 그들이 활동하는 데 필요한 많은 시설도 보셨겠지요. 그들의 사역에 도움을 주는 후원 단체들도요.

그런데 수녀님은 가난한 정교회 수녀로서 물질적으로 많은 어려움이 따르지 않으셨나요? 혹시 정교회 수녀가 아닌 다른 종교 소속이었으면 좋았겠다고 생각해 보신 적은 없으신지요?

절대! 전혀 그렇지 않단다. 단 한 번도 그런 생각을 해본 적이 없어. 오히려 나의 자랑이었지. 언젠가 인디라 간디와 있을 때 어느 여성이 다가오더니 나더러 로마 가톨릭 소속인지 물었어. 그러자 간디는 "아니에요. 당신이 전혀 모르는 종파랍니다. 완전히 다른 교회거든요" 하고 답했지. 그리고 1959년, 내가 예루살렘에 있는 아주 가난한 정교회 수도원에 있을 때였어. 로마 가톨릭 소속 수녀님들이 프랑스에서 찾아오셔서는 우리에게 이렇게 말씀하셨지. "이곳에는 많은 것이 부족한 반면, 저희는 안락함을 너무 누리고 삽니다. 여기에 그리스도의 참된 삶의 방식이 있군요." 얘들아, 무슨 말인지 알겠니?

95. 녹음에 대하여

내가 녹음을 하지 말아달라고 하지 않는 이유가 있단다. 내 생애 첫 대중 강연은 전쟁 중이던 영국에서였어. 이후에는 인도에서 몇몇 소규모 그룹을 상대로 강연을 했고, 나중엔 미국에서도 강연을 했지. 그때 한 선교사가 나를 순회 설교 행사에 데리고 다녔는데, 당시 청중이 500, 600명이나 되었어. 처음 사람들 앞에 서야 했을 때 나는 속으로 생각했지. '어떡하지? 어떻게 시작할까? 뭐라고 하면 좋을까?' 그리고 이어서 '괜찮아. 하느님께 맡기자'라는 마음으로 이렇게 이야기를 시작했어. "제가 지금 말씀드리는 내용이 여러분 마음에 와닿는다면 그것은 제 말이 아니라 하느님의 영감에 의한 것임을 알아주십시오. 하지만 만약 그렇지 못하다면 그것은 제 말이니 양해를 부탁드립니다."

강연이 끝나자 제일 끝줄에 앉아 계시던 연세 지긋한 한 여성분이 다가오시더구나. 그분은 아주 두꺼운 안경에 보청기를 끼고 계셨지. 기쁜 표정의 그 어르신은 내 두 손을 붙잡고 이렇게 말씀하셨어. "보시다시피 시력이 좋지 못해 잘 보이지가 않아요. 그리고 저 뒤에 앉아있어서 말을 거의 알아듣지 못했습니다. 그래도 당신의 연설은 참으로 훌륭했어요!" 그 말씀을 듣고 나는 외쳤어. "하느님! 감사합니다. 이제야 깨달았습니다. 당신께서는 누군가에게 뭔가를 하게 하실 때, 우리 사이에 베일을 두시어 그들이 저를 있는 그대로가 아닌, 당신께서 원하시는 대로 보게 하신다는 것을요!"

이래서 우리가 뭔가를 할 수 있는 거야. 때로 우리는 우연히 말을 하게 될 때도 있고, 준비되지 않은 상태에서 말할 수도 있지. 하지만 하느님의 시간이 되면 사람들이 주의 깊게 듣도록 그분께서 우리 말을 변화시키신단다. 당신께서 치는 베일로써 청중들이 우리의 말을 달리 듣는 거지. 그렇게 그들은 영감을 받고 앞으로 나아가. 반면에 우리는 우리 자신으로 남아있고. 일이 어떻게 이루어지는지 알겠니? 그 이후로 나는 이런 현상을 자주 지켜봐 왔어. 그게 내게 큰 용기를 주었지.

그런데 당시 그 단체에는 녹음기가 없었어. 우리가 다른 도시로 옮겨갔을 때 그곳의 청중들은 녹음기를 여럿 가지고 있었지. 이전 연설자들의 말도 다 녹음을 했더구나. 그때 조직 운영 관계자가 나에게 와서 말했어. "청중들이 강연을 녹음할 거예요." 나는 미안하지만 녹음기 앞에서는 강연을 할 수 없겠다고 했어. 그는 알겠다고 하고서 자리를 떴지. 그런데 내 연설이 끝난 후에 캐나다에서 온 한 사람이 다가와서 이렇게 말하는 게 아니겠니? "정말 멋진 강연이었습니다. 당신을 알게 되어 정말 기쁩니다. 그런데 한 가지 불만이 있습니다. 이곳에 오지 못한 수많은 구성원이 있다는 사실을 고려해 주시지 않는다는 사실에 놀랐습니다. 여기 모인 대다수는 멀리서 찾아온 이들입니다. 그리고 참석하지 못한 다른 많은 가족들도 강연을 듣고 싶어 했지요. 그런데 당신께서는 우리에게서 이 큰 기쁨을 빼앗으셨어요." 이 일이 이후로 나는 두 번 다시 녹음은 안 된다고 하지 않았단다.

96. 아이들을 대하는 태도

수녀님, 신인류라고 할 수 있는 아이들에 대해서 여쭙고 싶습니다.

아이도 우리와 똑같은 인간이란다. 다를 것이 없어. 나는 아이를 아이라고 느껴본 적이 없고, 어른과 다른 태도로 대해야 한다고도 생각하지 않아. 두 살짜리 아이도 자기를 친구처럼 대해주면 매우 기뻐하거든. 내 친구에게 두 살 된 아이가 있는데, 걔는 나를 가브릴리아 수녀님이라고 부르지 않아. 전화 통화를 할 때도 그냥 가브릴리아라고 부르지. 왜 그런 줄 아니? 나를 가까운 사이로 생각하기 때문이야. 그런데 우리가 잊지 말아야 할 것이 있어. 아이는 부모의 소유가 아니란다. 하느님의 소유지! 누군가 이렇게 말했어. 아이는 부모의 보살핌 아래 있을 뿐, 부모에게 속한 것은 아니라고.

그리고 나의 부족한 견해로는 부모들이 원하는 대로 아이의 삶의 방향을 강요해선 안 돼. "나는 네가 이러저러한 사람이 되길 원해!" 당신이 누구길래? 단지 부모라는 이유로? 전 세계 각지의 아이들, 빈부와 사회 계층을 떠나 다양한 아이들과 함께했던 내 경험을 통해 한 가지 깨달은 것이 있어. 부모가 나서서 구체적인 경계를 짓지 않는 한 아이들은 모두 똑같다는 것. 무슨 뜻인지 알겠니?

언젠가 굉장히 부유한 부인의 아들과 함께 외출한 적이 있었어. 길을 걷는데 헐벗은 아이 하나가 다가와 구걸을 하기에 내가 뭔가 주려고 했지. 그때 아이가 그러는 거야. "아무것도 주지 마세요. 엄마가 쟤는 나쁜 아이라서 구걸을 하는 거라고 말씀하셨단 말이에요." 얘들아, 말 좀 해보렴! 같은 인간에 대해 어미가 자기 자식에게 이런 말을 함부로 했을 때, 그 아이의 영혼이 비뚤어지지 않을 수 있을까? 그 어떤 것도 이해하지 못하지.

내가 인도의 한센병 센터에 있었을 때의 일이야. 다른 친구들을 한 번도 만나보지 못했던 예닐곱 살 아이 둘을 가진 부부가 있었지. 부부 모두 한센병 환자였거든. 아이들이 학교에 간 첫날 집으로 데리고 올 수가 없었어! 집에 안 가겠다고 울고불고 난리를 친 거지. "안 갈 거예요! 여기 있을 거예요! 우리와 같은 아이들이 여기 있단 말이에요! 집에 돌아가고 싶지 않아요!" 아이는 자기가 다른 세상, 어린이들의 세상에 속한다고 느끼기 때문이야. 그 아이가 누구인지, 무엇을 하는지는 전혀 상관이 없어.

다시 말해 부모들은 단순히 자녀들의 보호자로서 하느님께서 그들에게 맡긴 보호자의 역할에 충실해야 한다는 거군요.

그래, 바로 그거야. 부모들은 아이들의 인격을 존중해야 해. 아기가 태어났어. 그 아이가 커서 건축업자가 되고 싶어 할 수 있지. 부모가 거기에 대해서 안 된다고 한다면? 변호사가 되라고 강요할 건가?

부모가 문제군요. 아이의 문제가 아니라요.

당연히 아니지! 하지만 부모가 강요한 대로 진로를 바꾸면 아이는 어떻게 될까? 고통을 겪겠지. 이런 부분에 있어서 오늘날 우린 무척 '발전한 모습'을 볼 수 있어. 애들이 청소년기가 되면 반항하고 떠나 버리잖니.

하지만 그러다 보면 너무 제멋대로 살게 될 텐데요.

그뿐만이 아니라 길을 잃어버리게 돼. 하나의 잘못은 또 다른 잘못으로 이어지기 때문에. 자유를 찾으려던 과정에서 마약사범이나 폭력배 같은 더 저질의 노예가 되는 거지.

아이들이 집이나 어딘가에서 배우지 않는다면 어떻게 하느님을 알겠어요?

굳이 말로써 아이들을 가르칠 필요는 없단다. 부모가 서로 조화로운 삶을 살고 하느님을 사랑하면 말이야. "얘들아, 너희는 교회에 다녀오거라. 나는 오늘 집에서 좀 쉬어야겠다"라고 하면서 자녀들만 교회에 보내면 안 되겠지. 열두세 살 정도까진 그렇게 말해도 교회에 나가겠지만 그 이후부터는 반발할 거야. "엄마 아빠는 왜 안 가세요? 그럼 저희도 이제 안 갈래요."

또 부모가 쉽게 화를 내고 다투고 소리를 지르면서 자녀들에게는 그렇게 행동하지 말라고 한다면 나 역시도 참으로 황당하지 않을까 싶구나! 대학에 교육학 수업을 들으러 간 적이 있었어. 하루는 교수가 상냥함, 차분함 같은 것에 대해 강의를 하고 있었는데 갑자기 바람이 불어서 창문 셔터가 반복적으로 부딪치는 소리가 났지. 그런데 어느 순간 그 교수가 갑자기 펄쩍 뛰더니 창문 옆에 앉아있던 학생들에게 화를 내며 소리를 지르기 시작한 거야. "이놈들아, 셔터가 들썩이면 좀 고정을 해야 할 게 아니냐! 시끄러워서 수업을 할 수가 없잖아!" 교수 본인이 차분하게 화를 내지 않는 것에 대해 강의하던 와중에 말이야. 내가 그 교수 수업을 다시 들으러 갔을까? 당연히 아니지!

다시 말해 가장 중요한 것은….

모범을 보이는 거야. 그게 다야. 모범, 침묵, 그리고 사랑. 모두 경험을 통해 배운 거야. 아이들이나 어른들이나 모두 마찬가지지만, 특히 어른들에게.

97. 파나기아 성모님에 대하여 (개신교인들과의 대화)

미국의 개신교인 모임에서 강연을 해달라는 부탁을 받은 적이 있었어. 주제는 내 마음대로 정할 수 있었지. 그때 나는 성모님에 대해 이야기했어.

"일부 그리스도교 교단은 성서의 한 부분을 잘못 이해하고 있어요. 깊이 있게 그것을 살펴보지 못했기 때문이에요. 하지만 우리 정교회에서는 성모님을 우리의 어머니로 받아들입니다. 우리, 특히 수도사들은 성모님을 섬기는 사람들이기에 그분의 삶에 대해 지대한 관심을 가지고 많은 연구를 합니다. 만약 여러분이 주의를 기울여 성서를 읽었다면 성모님께서 '내 영혼이 주님을 찬양하며'라고 말씀하신 것을 보았을 겁니다. 또 하느님께서 그분을 선택하신 후 대천사 가브리엘을 보내 소식을 전하셨을 때 성모님께서 그 즉시 '저는 주님의 종입니다'라고 말씀하신 것도 알고 계실 테지요. 성모님은 거부하지 않으셨습니다. 하느님의 뜻에 순종하시는 그분의 모습은 우리에게 표본이 됩니다. 이것이 첫 번째입니다.

두 번째는 성모님은 처녀 신분으로 아들을 낳았다는 이유로 당시 끔찍한 비방을 받았습니다. 그래서 오늘날 여성이 모함을 받으면 성모님께서 어머니처럼 곁에 서서 모든 고난을 함께 겪으십니다.

세 번째로, 그리스인들은 여러 번 박해를 피해 피난민의 삶을 살았습니다. 그 속에서 성모님께서 아기 예수님을 품에 안고 이집트로 피난 가셨던 고통을 기억합니다.

네 번째, 수많은 어머니들이 전쟁 등으로 앞날이 창창한 아들을 잃지요. 성모님께서도 더 큰 비극 속에서 이와 같은 고통을 겪으셨습니다. 죄 없는 아드님께서 십자가에 못 박혀 돌아가시는 것을 보셨으니까요.

다섯 번째, 다른 자녀가 없었던 성모님이 혼자되셨을 때 주님의 제자가 나서서 오갈 데 없는 그분을 모시고 살았습니다. 그것은 우리가 늙었을 때 우리에게도 일어날 수 있는 일입니다. 모든 인간의 삶이 그렇듯 성모님의 인생도 정해진 길을 따라갔습니다.

형제 여러분, 한 가지만 더 말씀드리겠습니다. 여러분은 '로버트 형제님, 저를 위해 기도해 주십시오. 릴라 자매님, 저를 위해 기도해 주세요'라고 말하지요. 그렇다면 정교인인 우리가 '그리스도의 어머니시여, 저희를 위해 기도해 주세요'라고 말하는 것이 왜 문제라고 생각하시는 겁니까?"

그때 한 청중이 갑자기 끼어들어 말했지. "하지만 그분은 돌아가셨잖아요!" 그의 말에 난 이렇게 대답했어. "이, 미안합니다! 우리 정교회는 부활을 믿는답니다!" 얘들아, 이 모든 이야기가 다 녹음되고 있었단다.

98. 본보기

상대방에게 좋은 본보기가 되는 것이 핵심이거든. 다른 이들에게 필요한 것은 본보기와 침묵, 그리고 사랑이야. 그게 다란다. 아이, 어른 할 것 없이 모두 내 경험에서 얻은 교훈이지. 특히 어른들이 더 그렇고. 만약 네가 누군가의 믿음이나 행동에 대해서 판단을 내리고, 의견을 말하고, 조언한다면 그것은 상대의 에고를 정통으로 가격하는 것과 같은 일이야. 그러면 그의 에고는 속으로도 네 말이 옳다는 것을 절대 인정하지 않아.

에고는 다른 이의 말을 듣고 싶어 하지 않지. 그러므로 가장 좋은 것은 침묵을 지키는 것이란다. 상대방이 너에게 의견을 물어오지 않으면 아무 말도 않는 거지. 주님께서는 "달라는 사람에게 주라"고 말씀하셨단다. 모든 문제에 있어서 말이야. 네 의견을 요청하면 그때 말해주면 되는 거야. 내 경험으로 얻은 결론이야. 나는 이 두 가지를 지키며 매우 행복하고 또 평온하단다. 어떻게 너희에게 잘 설명하기기 어렵구나. 지상의 천국이라고나 할까. 난 다른 그 어떤 것도 원하지 않아.

이런 것들을 어디서 배우셨어요?

나도 잘 모르겠네. 하지만 상대방이 너에게 먼저 말을 걸어올 때까지 침묵하면서 기다릴 때, 그가 마음의 문을 연다는 것은 알고 있었지. 그러면 넌 그가 어떤 사람인지 알게 되고. 이것이 우애의 기초란다. 한번 생각해 보렴. 누군가가 너에게 와서 "제가 두통이 너무 심해 견딜 수가 없네요!"라고 말하는데 그때 네가 더 고통스러운 두통을 겪고 있다고 해서 그에게 "제가 지금 어떤 두통을 겪고 있는지나 아세요?"라고 말한다면 그것으로 끝이야! 너와 그 사람과의 교류는 끝났다고 봐야지! 나는 이런 일을 아주 자주 보고 듣는단다. 한 아이의 엄마가 말하지. "제 아이가 이러이러한 문제가 있어요." 그러면 다른 엄마가 대답해. "잠깐만요. 제 아이 좀 보세요!" 대화가 안 돼. 왜 그런 줄 아니? 사람들이 다 자기중심적으로 변해서 다른 이의 입장을 바라볼 여유가 마음속에 없는 거야. 그렇지 않니?

네, 정말 그래요.

99. "발 말고 머리로 깨우치게 해달라고"

우리 마음 한쪽에는 늘 인간의 소망이 있고, 다른 한쪽에는 '아니, 그러면 안 돼'라고 말하는 천사들의 조언이 있지. 예를 들어 정해둔 시간보다 좀 더 자려고 하면 '그렇게 늦잠을 자선 안 돼. 그럼 종일 아무것도 할 수 없고, 기뻐할 수 없으며, 그 무엇에도 감사를 드릴 수가 없어'라고 천사가 조언을 하지. 또 '이 디저트 그냥 먹을까? 금식을 꼭 해야 하나? 금식을 하고 안 하고가 뭐 그리 중요한가?' 하고 생각하면 천사는 이렇게 속삭여. '아니야. 넌 먹지 않을 거야. 이렇게 매일 작은 일로 스스로를 단련해야 마침내 너의 완성을 위해 다가올 큰 시험에 대비할 수 있어.'

나는 젊어서 비위가 무척 약했어. 하루는 비스킷을 사려고 제과점에 들렀는데 머리에 기름을 잔뜩 바른 젊은 청년이 일하고 있었지. 그에게 비스킷을 조금만 담아달라고 했어. 그런데 비스킷을 상자에 담던 중에 갑자기 그의 앞머리가 눈가로 내려온 거야. 그러자 그는 머리카락을 손으로 쓱 쓸어올린 다음 그 손으로 비스킷을 계속 담더구나. 그걸 보고 나는 이렇게 말했지. "머리 손질부터 마저 하시는 게 좋을 거 같네요. 안녕히 계세요." 그리곤 바로 그곳을 빠져나왔어.

그런데 애들아, 사소한 일처럼 보이지만 참 못된 행동이었던 거 같아. 나중에 내가 그 대가를 톡톡히 치렀거든. 언젠가 인도의 한 지방에 살던 친구 가족의 초대를 받아서 갔어. 우리 모두는 바닥에 앉아 음식을 기다리고 있었지. 그런데 신발도 양말도 신지 않은 채 양반다리를 하고서 생각 없이 발가락을 만지작거리던 주인이 그 손으로 빵을 집어 들더니 나에게 건네주는 거야! 그 순간 난 그 제과점 종업원을 떠올렸단다! 얘들아, 알겠니? 우리는 이 모든 걸 다 겪게 된단다! 그때부터 발 말고 머리로 깨우치게 해달라고 간구했어. 그리고 주님께서는 곧 그렇게 해주셨지!

내가 베다니아의 수도원에서 예비 수녀로 수련을 하던 때였는데, 하루는 관광객들이 수도원을 방문했어. 그들의 언어를 구사할 수 있었던 나는 그 사람들을 옥상으로 데려가서 페라 마을(그리스도께서 제자들에게 나귀를 데려오라고 하신 곳) 사진을 찍을 수 있게 해줬지. 높은 곳이라 주변 경관이 잘 보였거든. 그런데 그때 군인 한 명이 씩씩대며 달려와서 화를 내는 거야. 수도원 옆에는 군부대가 있었어. "이곳은 촬영이 금지된 장소라는 것을 아시면서 왜 관광객들을 옥상으로 데려오신 겁니까?" 그러더니 그는 관광객의 카메라를 빼앗았어. 화가 치밀더구나. "어떻게 성지 순례를 와서 사진 좀 찍겠다는 관광객을 이렇게 함부로 대할 수가 있는 거지요?" 그런데 말을 하는 그 순간 갑자기 심한 두통이 찾아왔어. 즉시 정신을 차리고 차분하게 다시 군인에게 말했지. "아, 미안합니다. 당신은 군인으로서 할 일을 하고 계실 뿐인데 제가 말이 조금 심했네요. 그렇게 말해선 안 되는데요." 그러자 순식간에 두통이 사라졌어!

그 군인은 관광객들에게 자신을 따라오라고 하더니 군 감시하에 있는 유대의 전 지역을 구경시켜 줬지. 비행기가 있는 데까지 데리고 갔어. 카메라도 돌려주었단다!

100. 하느님의 허용

수녀님께서는 신의 섭리에 대하여 자주 말씀하시는 듯해요.

맞아. 나는 하느님의 의지나 그분의 허락 없이는 어떤 일도 일어날 수 없다고 믿는단다. 하느님께서는 전능하시기 때문이지. 그래서 나는 우리 주변에서 벌어지는 끔찍한 일들에도 불구하고 결코 불안해하지 않아. 다 하느님의 뜻 안에 있다고 여기거든.

그렇군요. 교만과 믿음 부족으로 인해 인간이 불안을 느낀다고 생각하시나요?

그래, 그분에 대한 절대적인 신뢰의 결핍이지. 인간적인 실망, 비애도 마찬가지란다. 내가 실망한다는 것은 하느님께 '제가 원하는 대로 해주셨어야 했는데 왜 그러지 않으셨어요?'라고 말하는 것과 같지. 내가 누구라고 감히 그런 말을 내뱉을 수 있을까? 혹은 이렇게 말하는 거지. '왜 사람들은 나에게 그런 말을 하는 거야? 왜 나에게 저런 행동을 하는 거지?' 그런데 그분 없이, 그분의 허용 없이 이 모든 일이 일어날 수 있었을까? 아니야, 그렇지 않아! 그때 우리는 평온해진단다. 내면의 평온을 영구적으로 가질 수 있지. 이 영구적인 평온이 없으면 하느님은 우리를 돕기 위해 성령을 보내실 수 없어. 성령은 인간적인 평온 속에서만 오시니까. "너희에게 협조자를 보내겠다. 그러면 그분께서는 너희를 인도해 미래에 대한 것을 알려주실 것이다"라고 그리스도께서 말씀하셨던 것처럼, 그때 성령께서 우리를 이끌어 주셔. 그리고 때로는 너에게 "그곳에 가지 말라"고 말씀하시지. 왜 그럴까? 하느님의 영광을 위한 일이 아니기 때문이야.

101. 카투나키아의 키릴로스 탐박시스 사제

얘들아, 여기 내가 무엇을 가지고 있는지 아니? 하루에 몇 번 콤보스히니를 이용해 기도를 해야 하는지 등이 기록된 아토스 성산의 규범서야. 이 책은 열네 살에 아토스 성산에 들어가 여든일곱에 하느님 품에 안긴 카투나키아 사람 키릴로스 탐박시스 신부님의 저서란다.

나는 그분이 카투나키아에서 생의 마지막 시간을 보내실 때 편지를 주고받은 적이 있어. 그분은 그 어떤 사람과도 연락을 하지 않으셨단다. 그런데 '우연히' 그분의 책이 내 수중에 들어온 거지. 내 오라버니가 아토스 성산의 카리에스 마을의 식료품점에서 그 책을 발견하고는 히말라야에 있는 나에게 보내줬거든.

나는 키릴로스 신부님께 편지를 써 보냈고 그분도 나에게 답장을 보내셨지. "나는 그 어떤 사람에게도 편지를 쓴 적이 없습니다. 하지만 이것은 하느님의 뜻이었기에 앉아서 당신께 이 편지를 씁니다."

102. 다섯 가지 언어

수녀님, 인도와 아프리카에서 사용하셨다는 다섯 가지 언어가 어떤 것입니까?

그에 대한 일화가 있지! 인도에서 만난 한 외국인 선교사가 내게 이렇게 말했어. "당신은 훌륭한 분인 듯하지만, 훌륭한 그리스도인은 아닌 것 같군요." 그런 말을 한 이유를 묻자 이렇게 답하더구나. "오랜 시간 이곳에 계셨으면서도 여전히 영어를 사용하시지 않습니까? 혹시 아시는 지역 언어라도 있습니까?" "한곳에 정착해 언어를 배우기 전에 또 다른 곳에서 저를 초대해 여기저기 돌아다니다 보니 언어를 배울 시간이 없었습니다. 제가 아는 건 겨우 안부 인사 정도지요." "그러니까 당신은 훌륭한 그리스도인이 아닌 것입니다! 당연히 선교도 할 수가 없는 것이죠!"

얘들아, 그가 왜 이런 말을 했는지 아니? 로마 가톨릭이나 개신교는 그 지역 언어를 습득해서 선교를 하기 때문이야. 그때 난 주님께 이렇게 기도했단다. '주님! 제가 어떻게 답변을 하면 좋을지 알려주세요!' 온 마음을 다해 간절히 청했어! 그리고 나서 말했지. "아, 제가 잊은 것이 있습니다. 저는 다섯 가지 언어를 한답니다!" "네? 그게 어떤 언어입니까?" "첫 번째 언어는 미소입니다. 두 번째는 눈물이고요. 세 번째는 공감, 네 번째는 기도, 그리고 다섯 번째는 사랑입니다. 저는 이 다섯 가지 언어로 온 세상을 누빈답니다." 그러자 그가 깜짝 놀라며 "잠깐만요! 다시 한번 말씀해 주시겠어요?" 하더니 종이를 꺼내 받아 적었어. 그런 거란다.

네가 이 다섯 가지 언어를 사용한다면 온 세상은 다 너의 것이 돼. 그리고 너는 종교나 인종, 그 무엇과도 상관없이 모든 사람을 똑같이 사랑해야 하지. 하느님의 사람은 어디를 가든 있단다. 오늘 네가 보는 사람이 내일 성인이 되지 않을 거라고 누가 장담할 수 있겠니?

103. 돌로 만들어진 아브라함의 딸과 베일

너희들도 알다시피 하느님께서 누군가를 돕고자 하신다면 돌로 아브라함의 자녀를 만드시듯 하실 수 있지. 성경에 그렇게 나와있어. 그러므로 나 또한 '돌로 만든 아브라함의 딸'이란다! 도움이 절실한 누군가가 우연히 이곳으로 발걸음하게 되었다고 가정해 보자. 그러면 하느님께서는 우리 사이를 '베일'로 가리시고, 나를 있는 그대로가 아닌 당신께서 원하시는 대로, 즉 쓸모없는 나 자신과는 전혀 다른 사람으로 보이게 하시지. 그렇게 그는 나의 말을 듣고 영감을 받아 마침내 나보다 더 나은 모습으로 떠나가. 반면에 나는 원래 있던 그 상태 그대로 머물고. 무슨 말인지 이해하겠니? 하느님께서는 이렇게 하신단다. 그러므로 자신이 누군가를 도와줬다고 자랑해선 안 돼. 왜냐하면 '내가 베푸는 그 도움은 하늘과 땅을 지으신 주님으로부터 온 것이기 때문'이야.

104. 기도와 주변 환경

기도할 때 우리는 주변 환경의 영향을 받나요?

어느 정도는 그렇지. 하지만 그 단계를 넘어서면 그 이후부터는 환경이 아무런 영향을 주지 못한단다. 히말라야의 멋진 풍광을 선택한 스와미에게 언젠가 내가 이런 질문을 한 적이 있지. "스와미, 무엇 때문에 이렇게 멋진 장소를 택하는 거죠? 당신이 기도하는 그 시간에는 눈을 감고 내면에 있는 하느님 말고는 아무것도 볼 수 없을 텐데요? 무엇을 하는 건가요? 눈이 먼 사람도 기도는 하지 않습니까?" 그는 아무런 대답도 하지 않고 잠시 침묵하다가 나에게 말했지. "당신 말씀이 옳습니다!" 예의상 그렇게 말했을 수도 있지만 말이야.

105. 자격 없는 우리에게 아낌없이 베푸시는 주님

받을 자격도 없는 우리에게 주님께서는 아낌없이 풍성한 선물을 베푸시지.

정말 그래요. 축복을 잔뜩 내리시죠. 이 주제와 관련해 저희에게 말씀해 주실 게 없으신가요?

있지. 인도에서 있었던 일인데 매우 흥미로운 일화야. 잘 들어보렴. 히말라야 산간 오지에 간 적이 있었어. 그곳에는 그 지역을 방문하는 순례객들을 위한 산장 같은 것이 있었지. 순례객들은 거기서 하루나 이틀 정도 묵고는 다시 여정을 이어갔는데, 고위직 공무원의 아내였던 내 친구가 산장을 관리하는 아주머니에게 나를 소개했어. 그분은 젊은 미망인이었고 열 살 된 아들이 하나 있었지. 그 시기에는 산장에 찾아오는 사람들이 거의 없으니 두세 달 정도 머물러도 괜찮다고 하더구나. 난 정말 기뻤어. 물론 방은 형편없었지만 말이야. 깨진 창문에, 파충류와 전갈이 돌아다녔어. 그럼에도 나는 너무 좋아서 이렇게 말했지. "여기서도 하느님께서는 자격도 없는 내게 정말 많은 것을 주시는구나."

그곳에서 나는 갠지스 강으로 향하는 내리막길을 규칙적으로 산책하며 오랫동안 기도했어. 대영광송 등 이전에는 그곳에서 불린 적 없던 성가도 자주 불렀지. 성서를 읽고, 공부하고, 때때로 현지인들에게 물리치료를 해주며 지내는 그 생활이 너무 좋았단다. 주님께 이렇게 말씀드렸어. "하느님, 저는 정말 행복합니다. 당신께서는 언제나 제게 합당치 않게 많은 것을 주시네요."

그렇게 시간이 흘러갔어. 산장 관리인 아주머니와 나는 어느덧 각별한 사이가 되었고, 그분의 아들에게 영어도 가르쳐 주었지. 두세 달이 지났을 무렵, 어느 날 아침이었어. 산장 주인이 내게 오더니 "다른 곳으로 옮겨주셔야겠습니다. 이곳은 사람들이 잠시 거쳐가는 곳이지, 오랜 기간 머무는 곳이 아닙니다. 저 아래 갠지스 강 근처에 선생님이 묵을 아주 멋진 곳을 준비해 놓았습니다." 나는 기뻐하며 자리에서 일어나 그를 따라갔어. 그런데 내가 뭘 봤는지 아니? 강 옆, 아주 풍광이 좋은 곳에 위치한 구멍 난 바위였던 거야. 고개를 숙여 안으로 들어갔지. 문은 없었고 바닥에는 마치 침대처럼 넓은 돌이 깔려 있었어. 그리고 흙이 있는 바닥 구석에는 책과 연필, 노트가 있었지. 누군가가 거기에 살고 있는 것처럼 말이야. "여기에 누가 살고 있나요?" "돈이 없는 대학생이 살고 있는데 내보낼 겁니다. 이곳에서 너무 오래 머물렀고, 또 선생님께서 지금 계신 방을 비우셔야 하니까요." "제가 문을 만들어도 될까요?" "네." "혹시 위험하지는 않을까요?" "그렇진 않습니다. 다만 밤에는 조심하십시오. 어두워지면 물을 먹기 위해 뱀들이 내려오니까요. 그때는 밖에 나가시면 안 됩니다." 그때 내가 아주 순진하게 그에게 물었어. "혹시 이 동굴에 이름이 있나요?" 인도에는 모든 장소마다 이름이 있거든. "아니요. 없습니다." "아, 그러면 이름을 하나 지어야겠네요. 타파시아 쿠티르." '수행처' 라는 의미였지. 그는 내 말을 듣고는 미소를 지어 보였어.

　다시 산장으로 돌아온 내 마음은 참담했단다. 하지만 돈을 소유하지 않겠다고 다짐했기에 내가 할 수 있는 일은 아무것도 없었어. 너희도 알다시피 나는 하느님께서 마련해 주시는 곳에 잠시 머물 뿐이니까. 마지못해 내 작은 여행 가방을 꾸리면서 생각했지. '지금까지 하느님께서는 자격도 안 되는 내게 늘 과분하게 베풀어 주셨어. 하느님 감사드립니다. 당신께 영광을 바칩니다. 그런데 오늘은 나에게 걸맞은 것을 주셨음에도 절망에 빠져서 그것을 수용하지 못하는 게 말이 되나? 하느님, 저를 용서하십시오. 저를 용서해 주세요.' 눈물이 흐르기 시작했지. 나는 스스로에게 말했어. "니는 위신자야! 당연하지! 그 대학생은 어떻게 그곳에서 지낼 수 있었지? 그가 너보다 하느님에 대한 믿음이 더 굳건해서 하느님께서 뱀과 전갈로부터 그를 지켜주신 건가? 그런 거야? 너의 믿음은 어디 갔지? 나약한 믿음의 소유자, 무엇 때문에 두려워하는 거야? 주님께서는 네가 전갈 위를 걸어 다녀도 그것들이 너를 해하지 못하며, 네가 독을 마셔도 아무 일도 일어나지 않을 거라고 말씀하시지 않았니? 한센병 환자촌에 있을 때 개구리와 뱀들이 썩어가는 더러운 물을 먹고도 아무렇지도 않았잖아? 그런데 지금은 왜 두려움에 떠는 거지? 부끄럽지도 않아? 고작 이게 너의 믿음이야?"

　나는 나 자신이 너무도 부끄러웠어. 나의 나약한 믿음에 큰 실망을 했지. 그래서 즉시 기도를 시작했단다. "나의 하느님, 저를 용서해 주세요. 당신께서 동굴에서 저와 함께 계실 거라는 것을 알고 있습니다. 뱀들이 제게 다가오지 않고 물만 마시고 가도록 당신께서 보살펴 주실 것을 압니다. 하느님, 당신께 감사드립니다. 제게 합당한 것을 주셔서 감사합니다. 제가 서있는 곳이 어디인지 알게 해주셔서 감사합니다. 이런 기회를 주셔서 감사합니다. 제가 길 위에 나앉지 않도록 해주셔서 감사합니다. 제게 다시 기쁨과 당신의 은총을 주셔서 감사합니다. 저 혼자 당신의 그 은총을 내쫓으려 했네요!"

감사 기도를 드리자 내 영혼은 기쁨으로 가득 차올랐어. 그리고 찬양을 하며 계속 짐을 꾸렸지. 기분이 한결 나아진 나는 나름 계획도 세웠단다. '문을 달고, 밤에 잘 볼 수 있도록 좀 더 큰 랜턴을 준비해야겠다. 기도하는 시간에 갠지스 강이 흐르는 소리를 들을 수 있다니 정말 멋지겠는걸.' 나는 하느님이 주신 그 선물을 온전히 받아들였고 일곱 번째 낙원에 당도해 있었지! 그런데 그때였어. 문 두드리는 소리가 들리더니 산장 주인이 들어왔어. "아, 옮길 준비를 하고 계시는군요? 여기에 계속 머물러도 된다고 말씀드리러 왔습니다." 나는 순간 정신이 아득했지. "가난한 그 대학생이 오갈 데가 없다네요." 나에겐 끔찍한 그곳이 그 학생에게는 이상이라니. "그리고 관리인 아주머니의 아들이 영어 수업을 못 하게 될까 봐 울고불고해서요. 아주머니께서 선생님이 여기에 머물게 해달라고 제게 간곡히 부탁을 했습니다. 저도 마음을 아프게 하고 싶지 않고요. 그러니 여기에 계속 머물도록 하십시오."

그가 나가고 문이 닫히는 순간 난 너무 기뻐 쓰러질 뻔했단다. "하느님, 당신께서는 여전히 저에게 이런 과분한 선물을 주시는군요. 당신은 정말 좋으신 분, 참으로 전능하신 분, 너무나 자비로우신 분입니다! 당신께서 원하시는 것을 제게 주십시오. 그것이 좋건 나쁘건, 쉽건 어렵건 상관없습니다. 그저 당신께서 주시는 것으로 충분합니다. 왜냐하면 당신께서 언제나 저를 보호하고 계시기 때문입니다."

애야, 하느님은 우리 각자의 영혼에 대한 이해가 아주 깊으시단다. 우리가 당신의 것이기 때문이야! 하느님께서는 우리를 감당 못할 고통 속에 내버려두지 않으셔! 절대로.

수녀님께서는 하느님에 대한 깊은 믿음으로, 그분의 손에 모든 것을 맡기고 동굴로 가실 생각을 하셨는데 그것도 대단하세요! 어떻게 다시 평온을 찾으시고, 또 기도하시고, 계획까지 세우실 수 있었을까요?

글쎄, 내가 달리 할 수 있는 게 뭐가 있었겠니? 네가 한번 이야기해 보렴. 나는 그분에게서 오는 모든 것이 완전하다는 것을 알고 있었단다. 우리의 목표를 그분의 뜻에 둘 때, 그분께 우리 자신을 절대적으로 내맡길 때 언제나 이런 일이 벌어지지. 물 위를 걸으셨던 베드로 사도를 한번 떠올려보겠니? 주님을 향한 시선을 거두시자 물속으로 가라앉기 시작하셨어.

106. 믿음과 자유

"믿었다. 그리고 말하였다." 시편 저자는 이렇게 말했어. 먼저 믿은 후에 나중에 말하는 거지. 믿음이 있는 자에게 하느님이 허락하시는 경험이 주어지는 거야. 아무리 사소한 일이라도 믿음 없이는 이루어지지 않아. 정말 아무것도.

적지 않은 사람들이 미쳐가는 오늘날, 우리는 택시를 탈 때 운전기사가 정신이 나가서 차를 절벽으로 몰고 갈 거라고 생각하지는 않아. 믿음이 있는 거지. 너희도 이런 생각을 해본 적이 있니? 우리는 목적지에 도착할 거라고 믿지. 반면에 우리는 이 세상에 와서 모든 것이다 하느님의 계획의 일부이기 때문에 이것이 우연히, 뜬금없이 일어난 일이 아니라는 것을 알면서도 감히 이렇게 말하지 못하지. "주님, 저를 데려가셔서 당신이 원하시는 대로, 당신의 뜻에 따라, 당신께서 원하시는 것이 무엇이든 하소서."

원래 이게 자유 아닌가요?

자유지. 엄청난 자유!

그런데 사람들은 수녀님께 이렇게 말할 거 같아요. "그렇게 된다면, 자유인이라 할 수가 없지요. 모든 것을 계획하고 마련하시는 하느님의 인도를 받는데 그게 자유입니까? 속박이지."

하지만 그때 영적으로는 자유의 존재가 된단다! 그의 마음은 자유를 느끼지. 그의 정신도 자유롭고. 물론 육체는 자유롭지 않을 수 있어. 만약 네가 육체를 영혼, 정신, 마음에 복종시키지 못한다면 어떻게 될까? 물질적인 사람들은 육체적인 자유를 원해. 오늘밤, 연극 공연이나 영화관 등 어딘가에 자유롭게 가고 싶어 하지. 또는 눈을 혹사하는 텔레비전 앞에 앉아 새벽 세 시까지 자유를 즐기고 싶어 하기도 하고. 그들은 이 모든 것을 자유라고 여긴단다.

그런데 어떤 것이 자유일까? 그것은 주님의 말씀을 이해하는 거란다. "내가 주는 평화는 세상이 주는 평화와는 다르다." (요한 14:27) 세상은 오늘은 너를 하늘 높이 띄워줬다가 다음 날에는 심연으로 떨어뜨릴 수 있어. 오늘은 멋진 파티에서 재밌게 즐길지 모르지만, 그곳을 벗어나는 순간 뒤에서 쏟아지는 악담을 듣고서 상처를 받지.

107. 믿음, 믿음, 믿음, 그리고 "네"

내가 영구적으로 지니고 있다고 여기는 유일한 것, 내가 어디에 있든 밤낮으로 가지고 있는 그것은 세 가지야. 첫째 믿음, 둘째 믿음,

셋째도 믿음이지. 그게 다란다! 교만도 환상도 아니야! 이것 말고는 해줄 말이 없구나. 믿음은 내 삶에 생기를 불어넣고 나를 이끌어주지. 나에겐 믿음이 있기에 누군가가 "저와 함께 레바논에 가실래요?" 하고 물으면 "네" 하고 대답하게 돼. "어떻게 그렇게 쉽게 수락하실 수 있죠?"라고 묻는다면, 나는 "하느님을 믿기 때문이죠" 하고 말할 거야. 만약 내게 유익하지 않은 일이라면 하느님께서는 수속이 지연되어 불가능하게 되었다는 등의 이유를 마련해서 초대를 못 하도록 만드신다고 믿기 때문이야. 지금껏 50여 년의 세월 동안 내 삶에서 이런 일이 수없이 일어났지. 한두 번이 아니야. 지금 내 나이가 몇인지 아니? 아흔하나란다! 너희들도 모두 이렇게 장수하길 기원하마!

나는 성서를 읽고 또 읽고, 여러 번 읽으면서 특이한 점 하나를 발견했단다. 예수 그리스도께서는 제자들에게 이렇게 말씀하셨어. "너희의 그물을 놔두고 나를 따르라." 만약 그들이 예수님께 당신은 누구신데 우리더러 일손을 놓으라고 하시냐고, 왜 우리의 생계를 포기하라는 거냐고, 우리를 어디로 데려가서 뭘 해주려는 거냐고 물었다면 그들은 어떻게 되었을까? 아마도 어둠 속에 남아있었겠지. 모르는 사람이 와서 가진 걸 다 버리고 따르라는 말에 "네"라고 대답했어. 왜? 그들은 하느님을 믿었고 "따르라"고 말씀하실 분, 그분을 기다리고 있었기 때문이지. 이렇게 시작된 거야. 만약 "싫습니다"라고 대답했다면 어떤 일이 일어났을까?

자, 또 이런 것도 있지. 만약 네게 믿음이 있다면 베드로 사도처럼 물 위를 걸을 수 있어. 하지만 두려움에 사로잡히면… 풍덩! 끝나는 거지. 내 삶이 늘 이랬단다. 사람들은 나를 인도의 아주 생소한 오지 마을로 부르곤 했는데, 언젠가 밤중에 환자를 좀 봐달라는 연락이 왔어. 우마차를 끄는 아이와 함께 길을 떠났지. 우거진 숲을 헤치며 산을 올라가고 있을 때였어. 우리 위쪽에 뭔가 반짝이는 두 개의 물체가 보이는 거야. 그건 바로 호랑이의 눈이었어! 거기서 무슨 말을 할 수 있을까? "주여, 저를 불쌍히 여기소서. 그리고 당신의 뜻이 하늘에서와 같이 땅에서도 이루어지게 하소서." 눈을 감으면 내 안에 쓰인 이 단어들이 보였어. 무엇 때문에 염려하느냐? 왜 걱정을 하느냐? 너희들 머리카락조차도 다 세고 있는데! 그렇다면 왜 불안한가? 믿음이 부족하기 때문이란다! 그런데 우리에게 믿음이 있다면….

108. 수도자의 삶

주님께서 제자들에게 말씀하셨지. "그러나 이제 너희가 나를 혼자 버려두고 제각기 자기 갈 곳으로 흩어져 갈 때가 올 것이다. 아니 그때는 이미 왔다. 하지만 아버지께서 나와 함께 계시니 나는 혼자 있는 것이 아니다." (요한 16:32) 마찬가지로 우리도 결코 혼자가 아니란다. 우리의 시선과 마음이 그분을 향할 때 우리는 먼저 그분께, 그다음에는 사람들에게 어떤 태도를 취하는 것이 올바른지 알게 돼. 다시 말해, 너희가 뭔가 깨우침을 얻고 싶은 것이 있을 때는 사람들의 도움을 구하기에 앞서 먼저 성서를 찾아봐야 하는 거야. 적절한 사람이 없을 경우에는 더욱 그렇지. 나는 이렇게 시작한단다. 성서 속에는 영원한 생명, 다시 말해 하느님이 계셔. 하느님께서는 우리에게 당신의 양심, 즉 당신 자신을 주셨어. 따라서 우리는 언제나 이 양심 속에서 답을 찾지.

이미 잘 알겠지만 우리에게 큰 도움을 주는 또 다른 것으로는 끊임없는 기도가 있어. 기도는 말이나 생각으로 이루어지는 것이 아니야. 행위가 아니지. 그것은 영혼의 상태야. 그래서 네가 어디에 있든지, 무엇을 하든지, 어디에 속해있든지 너의 영혼은 기도의 상태에 있을 수 있어. 영혼은 하느님으로부터 온 거니까. 따라서 기도와 예수 기도로 너희의 영혼이 거룩한 이름과 하나가 되도록 돕는다면 그때는 너희들이 무엇을 하든 상관없이 그 결합을 유지할 수 있지.

그 점이 정말 어려운 것 같아요. 하느님을 생각하지 않는 순간에는 그분과 결합할 힘을 가지지 못하기 때문에 분심이 더욱 강하게 몰려오거든요.

그런 일은 대개 너희가 하느님을 따라 살지 않는 사람들을 만날 때, 선하지 않은 영의 영향을 받는 순간에 일어나지. 하느님의 사람들과 있을 때는 무슨 생각을 하는지, 무슨 말을 할지, 그리고 어떻게 행동해야 할지 굳이 신경을 쓸 필요가 없어. 너희들처럼 하느님을 사랑하는 사람들과는 하나의 조화가 이루어지거든.

그런데 우리는 성서의 많은 곳에서 침묵하시는 예수 그리스도의 모습을 본단다. 본디오 빌라도 앞에 계셨던 예수님을 떠올려보렴. 몇 마디 말이라도 하실 수 없었을까? 하지만 침묵하셨지. 왜? 그 이유는 예수님께서 빌라도에게 말씀하신 대로, 하느님께서 허락하신 일이었기 때문이야. 빌라도가 주님께 말했지. "내가 권력을 가지고 있다는 것을 모르느냐?" 그러자 주님께서는 "무슨 권력? 너에게는 오직 하늘에서 허락해 주신 권력만이 있을 뿐이다"라고 하셨어. 이제 누군가가 와서 나와는 상관이 없고 내 의도와도 다른 온갖 종류의 일로 나를 비난한다고 가정해 보자.

맞아요. 저에게도 그런 일들이 있었고, 지금도 일어나요.

그런 일은 우리 모두에게 일어난단다. 우리가 내면에서 하느님의 현존을 느낄 때는 침묵을 지킬 수 있어. 만약 입을 뗀다면 그것은 나약함 때문이지, 강해서가 아니란다. 세상의 기준으로 생각하는 사람들은 대응을 함으로써 상대를 제압할 수 있다고 믿어. "나에게 그런 소리를 하길래 내가 이렇게 저렇게 응수해서 그의 입을 막아버렸어."

그런데 너희가 침묵을 지켜도 세상의 기준으로 생각하는 사람들은 분노하며 심한 말을 뱉을 수도 있지. 네 침묵이 자신에게 모욕을 준다고 생각하거든. 스스로를 되돌아보고 자신의 실체를 마주하게 되니 화가 나는 거야. 분노를 감당하지 못할 때면 끔찍한 일이 일어나기도 하지! 그런데 이것 말고도 또 다른 방법이 있어. 끝까지 침묵하는 대신, 가슴 속으로 하던 말을 입으로 하는 거지. 우리 주 예수 그리스도시여 우리를 불쌍히 여기소서. "우리를 불쌍히 여기소서" 하고 말하는 순간 너희는 놀라운 힘을 느낄 거야.

언젠가 대화를 나누던 도중에 내가 이렇게 소리 내어 기도를 하자 상대방이 곧바로 미소를 띠며 말했지. "아, 그래요, 당신을 불쌍히 여기시길!" "저를요? 맞습니다. 정말 그렇게 되기를 바랍니다!" 주님께서는 아주 명확하게 네게 이렇게 말씀하셨단다. "그 집이 평화를 누릴 만하면 너희가 비는 평화가 그 집에 내릴 것이고 그렇지 못하면 그 평화는 너희에게 되돌아올 것이다."(마태오 10:13) 이 기원도 그런 맥락이었어. "우리를 불쌍히 여기소서"로부터 "당신을 불쌍히 여기시길"로 바뀐 거지. 그때 너는 "아멘" 하고 대답하면 되는 거야.

이 세상에서 사랑보다 더 강력한 힘은 없어. 침묵하는 어려운 순간에 사랑은 기도의 동의어이자 그 표현이야. 하지만 침묵은 관심의 부재도, 사랑의 결핍도 아니라는 점을 명심해야 해. 침묵은 상대에 대한 관심과 존중에 따른 것이어야 하지. 그가 누구든지 간에 말이야.

우리가 알고 있듯이 주님께서는 그 누구도 비판하지 않으셨단다. 주님께서는 "너희 중에 누구든지 죄 없는 사람이 먼저 저 여자를 돌로 쳐라"(요한 8:7) 하고 말씀하신 후에 죄를 지은 여자를 향해 다음과 같이 말씀하셨어. "나도 네 죄를 묻지 않겠다." 하지만 율법학자들과 바리새인 위선자들에겐 화를 입을 거라고 질책하신 것처럼, 집단적인 악에 대해서는 비판을 가하셨단다. 말씀하셔야만 했어. 그렇게 하지 않으면 진리가 왜곡될 수 있기 때문에. 주님께서는 길, 생명, 진리이시기에 말씀하시지 않을 수 없었던 거야. 그런데 우리도 이 같은 상황에 처할 때가 많지 않니? 물론 주님께서 우리에게 개인적으로 말씀하시진 않지만, 당신만의 방법으로 우리 모두의 위선을 비판하시지.

우리가 거짓과 악을 미워할 수는 있어. 하지만 거짓을 말하는 사람이나 악을 행한 사람을 미워해선 안 돼. 그들은 우리의 형제들이기 때문이야. 오늘은 그가 악령의 공격을 받았지만, 내일은 우리가 그 공격을 받을지 누가 알겠니? 물론 그런 일이 벌어지면 안 되겠지만 말이야. "나를 떠나서는 너희가 아무것도 할 수 없다"(요한 15:5)는 주님의 말씀처럼, 우리 모두는 죄인이고 나약하거든. 만약 주님께서 우리를 계속해서 붙들어 주시지 않는다면 우리는 길을 잃게 돼! 넘어지고, 넘어지고, 또 넘어지겠지. 베드로 사도는 주님께로 향하던 시선을 돌려 바다를 바라본 그 순간 물속으로 가라앉기 시작했어. 그러니 그분과 얼굴을 맞대고 기아 해. 물론 너희는 어렵다고 말할 거야. 보이지 않는 분이시기에. 하지만 영혼의 눈으로 보면 볼 수 있어. 그게 그렇단다. 아무튼, 악은 혼잣말로 일관할 수 없기 때문에 항상 대화할 상대를 찾아다니지.

다시 말해, 하느님의 뜻대로 일이 진행되려면 좋은 의미에서 침묵을 지켜야 한다는 거군요.

그래, 또한 비교를 해서도 안 돼. 우리가 어떤 기관에 있다고 가정해 보자. 그곳의 책임자가 차별을 해. 사람마다 다르게 대하는 거지. 우리는 그걸 원망하지 않아야 해. 이 세상에서 벌어지는 모든 일은 하느님이 원하시거나 허락하셨기 때문에 일어나며, 우리 모두는 다양한 방식으로 시험에 들 수 있어. 일례로 나는 여기에 다른 이들을 시험하기 위해 있지. 너희도 이곳에 나를 시험하기 위해 있는 거고. 또 다른 이가 너와 나를 시험하기 위해 찾아와. 우리가 상황에 따라 어떻게 행동하는지 보려고. 그런데 주님께서는 이런 비교를 좋아하지 않으신단다. 우리는 늘 우리 자신을 들여다봐야 해. 다른 사람의 말은 중요한 게 아니야. "전 아무 잘못이 없는데 왜 제게 그런 말을 하죠?" "이 사람이 저보다 더 큰 잘못을 했는데요?" "왜 그 사람은 말로 저를 공격한 거죠?"

주님께서 비교를 좋아하지 않으신다는 것을 우리는 성서를 통해 알고 있지. 마르타는 주님의 사랑을 받는 사람이었어. 하지만 그녀가 "주님, 제 동생이 저에게만 일을 떠맡기는데 이것을 보시고도 가만두십니까? 마리아더러 저를 좀 거들어주라고 일러주십시오"(루가 10:40)라고 말하는 순간 주님께서 바로잡으셨지. 우리는 탕자의 경우를 통해서도 그것을 볼 수 있어. 형이 아버지에게 불평을 하자 그는 아들을 타일렀지. (루가 15:11-32) 포도밭 일꾼도 살펴볼까? 하루 종일 일한 사람, 반나절만 일한 사람, 한 시간만 일한 사람이 모두 같은 품삯을 받아 갔어. 그러자 먼저 와서 일하던 사람이 불평을 늘어놓았지. "막판에 와서 한 시간밖에 일하지 않은 저 사람들을 온종일 뙤약볕 밑에서 수고한 우리들과 똑같이 대우하십니까?"(마태오 20:1-16)

이처럼 우리는 누군가가 우리를 대하는 방식의 이유를 알지 못해. 나름의 이유가 있겠지. 우리 영혼이 필요로 하는 것에 맞추어 주님의 인도를 받아 행동하는 거야. 때때로 우리는 더 이상 스스로 교만하지 않다고 생각할 수 있어. 그러나 수도원장님이 '그것에 상처를 내자' 전혀 생각지도 못했던 에고가 내 내면에 생생히 되살아나더구나. 도대체 뭐가 문제인가 싶지. 하지만 이때 네 행동을 조심해야 해. 하느님은 우리가 비교하는 것을 원치 않으셔. 그분은 우리가 진리와 관련하여 각자 자신의 길을 염두에 두길 원하신단다. 하느님께서는 우리에게 영을 불어넣으셨을 때 당신의 영과 함께 사랑을 심어 주셨지. 그래서 숨을 멈추면 생명이 멈추는 것처럼, 사랑하기를 멈추면 우리는 주검과 다름이 없게 돼. 주님께서 말씀하신 그 경지, 즉 우리를 박해하는 이들을 축복할 수 있는 경지에 다다르기 위해서는 사랑이 충만해야 해. 성서에서 말하는 것처럼 하느님께서 사랑이시라는 것은 곧 우리가 사랑하기를 멈추면 하느님의 눈에서 벗어나는 것이고, 그분의 은총도 우리에게서 멀어진다는 것을 의미하지. 은총이 떠나가게 되면 우리는 죽은 자가 되는 거야. 무엇을 하든 우리는 주검인 거지.

너무 많이 부족하네요.

너희는 이곳 사막에 머무름으로써 자신의 여러 부족함을 깨닫는 데 도움이 되었다고 내게 말했지. 그래, 실제로 그렇단다. 사람은 하느님을 찾으려고 세상을 떠나는 게 아니야. 자기 자신을 발견하기 위해 떠나는 거지. 그리고 자신을 발견하면 그때 하느님 앞에서 회개하는 사람처럼, 겸손하고 보잘것없는 사람으로 설 수가 있어. 교만을 통해, 사회적 교류를 통해, 칭찬과 칭찬에 고무된 허영심을 통해 수집했던 모든 악을 조금씩 인식하고 몰아내기 시작하면서 자신의 진정한 실체를 깨닫게 되지.

옛사람들도 자기 자신을 아는 것이 기본이었단다. 죽는 그 순간까지 우리 자신을 면밀히 성찰해야만 우리는 하느님과 얼마나 연합을 이루었는지 알 수 있어. 세상에 둘러싸여 살아가면서 대다수 사람들로부터 "정말 잘 해내셨네요. 대단하시네요" 같은 좋은 소리만 듣다가 오랜 세월이 지난 후에야 신의 계시를 통해 "네가 한 일은 아주 잘못되었다"는 말을 듣고 정신을 차리는 경우가 가끔 있지. 지혜로운 한 현인이 "모든 그리스도인은 그리스도인이 되어가는 과정 중에 있다"라고 했듯이, 우리는 세상을 떠날 때까지 그렇게 살아야 해. 그 누구도 완전에 이르렀다고 말할 수 없단다. 완전하신 분은 오직 주님 한 분이셔.

아무튼 세상으로부터 물러나는 것, 세상으로부터 떠나는 것은 이 부분에 있어 많은 도움을 주는 게 사실이야. 아주 오래전, 하던 일을 그만두고 세상을 떠나 교회도, 가족도, 언어도 없는 히말라야로 간 적이 있었어. 다시 말해 이 세상 위에 하느님과 나만 있었지. 그때 나는 나 자신에게 더욱 엄격했어. 왜냐하면 하느님의 끊임없는 현존 속에 있었기 때문이야. 그때 우리는 감춰진 모습을 발견할 수가 있단다. 은둔(고독)은 꼭 필요해. 그런 후에 세상으로 돌아갈 수가 있어. 그때는 예전에 듣던 "잘한다"는 칭찬을 들어도 전혀 영향을 받지 않지. 비난에도 귀를 기울이지 않게 돼. 자기 양심의 소리에 귀를 기울일 뿐이야. 그때 너는 성서와 양심을 기준 삼아 그것에 맞춰서 앞으로 나아가는 거고. 그리고 완전하신 분을 심판자로 맞지.

우리는 인간적인 도움을 받을 수는 있지만, 본질적으로 도움은 하늘과 땅을 지으신 하느님으로부터 오는 거야. 그러므로 지금 너희는 유일한 기회를 가지고 있는 거야. 아침, 낮, 저녁, 그리고 식후 등 예배 생활에 오랜 시간을 보내잖니. 이것은 너희에게서 하느님의 현존과 또 그분에 대한 생각이 멀어지지 않게 해주지. 시편, 지혜서, 잠언 등을 읽으면서 그 내용에 진정 주목한다면 너희는 세상에서 아주 훌륭한 스승을 곁에 두고 있는 거야. 따라서 우리의 은둔(고독)은 언제나 우리의 내적인 자신을 일깨우는 일이 되어야 해.

그런데 오랜 기간 광야에서 수행을 한 후에 세상에 내려가면 한 발자국도 앞으로 나아가지 못했다는 생각이 드는 경우가 있단다. 그것은 네가 직면할 첫 대화와 그 반응 속에서 네 안에 한참 잠들어 있던 '에고'가 다시 깨어나는 경험을 하기 때문이야. 언젠가 내가 인도에 있을 때였어. 그때 나는 힌두교 아쉬람에 속한 한 작은 진료소에서 1년간 일했는데 그곳에는 제자들을 영솔하는 큰 구루가 있었지. 어느 날 인도의 해방을 기념하는 행사가 열렸어. 간디는 7년 전에 세상을 떠났고, 행사에는 이 구루를 포함하여 각 지역의 기관장 등이 초대를 받았지. 구루는 평판이 아주 좋던 그의 제자를 자기 대신 보냈어. 구루보다 그가 더 훌륭하다고 말이 나올 정도였지. 정교회 수도사가 일반적으로 밖에 나오지 않는 것처럼 그도 아쉬람에서 나오는 일이 없었지만 이번엔 구루를 대신해 행사에 참석했어.

그날 행사장은 공적인 인사들과 수많은 군중으로 가득했는데, 어느 순간 작은 소란이 벌어졌어. 누가 상석에 앉느냐는 다툼이었지. 장내가 소란스러워 행사 진행이 안 되자 구루의 제자가 목소리를 높여 그들에게 말했어. "서로 잘났다고 싸우는 당신들 모습이 부끄럽지 않습니까? 당신들은 갑자기 이룬 지위를 누릴 자격조차 없는 사람들입니다!" 그는 불과 분노의 화신이 되었어. 그토록 겸손하고 지혜롭고 절제하던 사람이었는데 말이야. 그러면서 그가 "난 그만 일어나겠습니다. 이런 분위기에서 더 이상 있을 수가 없습니다"라고 말하며 행사장을 떠나려고 하자 사람들이 달려와서는 계속 자리에 있어줄 것을 간청했지. 그렇게 소란은 잠잠해졌고 행사가 진행됐어.

수도원으로 돌아온 그는 다른 수도사들과 원장이 있는 앞에서 이 일을 털어놨어. "아, 오늘 무슨 일이 일어난 건지! 제가 이런 분노에 사로잡힐 것이라고는 상상하지 못했습니다!" 그러자 수도원장이 이렇게 대답했단다. "화는 인간적인 거지, 화는 인간적인 거야." 원장은 그 말 외에는 아무 말도 하지 않았어. 제자는 실의에 빠진 채 나에게 찾아와서 이렇게 말했지. "아, 제가 무슨 일을 겪은 거죠? 당신은 제게 뭔가 말해줄 수 있을 거 같아요! 아무튼 저는 이 생이 다할 때까지 세상에 내려가지 않을 겁니다! 구루는 그 말씀을 통해 제게 무엇을 전달하고 싶으셨던 걸까요?" 나는 그에게 말했지. "화는 물론 인간적인 것이지요. 하지만 투쟁을 하는 수도사들에게 해당하는 것은 아니랍니다. 그런데 형제님, 당신은 큰 실수를 하고 있어요. 만약 당신이 다시 세상에 내려가지 않는다면 당신은 자신이 성인이 되었다고 쉽게 생각하게 될 겁니다. 하지만 어느 순간 다시 내려가면 그때 당신은 자신이 어디에 서있는지 보게 될 거예요. 아직 분노를 느끼나요? 아직 악의를 가지고 있나요? 아직 경멸하는 마음이 있나요? 당신은 거기서 그것들을 보게 되겠죠. 만약 다시 분노에 사로잡힌다면 수행에 전념해야겠지요. 그렇게 온유함이 몸에 밸 때까지 다시, 또다시요. 주변 사람들이 서로 격렬하게 싸우는 것을 지켜보면서도 하느님과 하나가 되어 싸움이 멈추기를 기도할 수 있을 때까지 말입니다."

며칠 후 그가 다시 나를 찾아와 말했어. "혹시 제게 도움이 될 만한 책을 소개해 주시겠어요?" 난 그에게 영어로 번역된 《필로칼리아》에 대해 말해주었어. 왜 갑자기 그 책이 떠오른 건지는 나도 잘 모르겠구나. 그렇게 6년이라는 시간이 흐른 후에 지혜를 구하고자 그를 찾아갔던 유럽 사람들로부터 그가 《필로칼리아》의 가르침을 언급했다는 이야기를 전해 들었단다! 알겠니? 그는 지금 아쉬람의 원장이 되어 온 세상을 돌아다니며 설교를 해. 그런데 그가 아직도 화를 잘 내는지 아닌지는 잘 모르겠네. 이제는 안 그러겠지.

나는 수도자가 세상에 내려가 보지 않으면 자신이 어느 수준에 머물러 있는지 알 수 없다는 생각을 버릴 수가 없어. 많은 성인들이 그렇게 세상에 내려가셨지. 그런데 이때 특이한 점이 있어. 놀랍게도 이전에는 친해지기 어렵다고 생각했던 사람들을 쉽게 대할 수 있고, 나쁘게 생각했던 사람들이 좋게 보인다는 거야. 너희의 영혼 안에 하느님께서 역사하시기를 진정으로 간청한다면, 너희는 전과는 다른 시선으로 사람들을 바라보게 돼. 이것은 참으로 놀라운 하느님의 기적이란다! 하느님께서 당신과 함께하는 우리 모두에게 큰 변화를 일으키시는 거지. 그럴 때 우리는 세상에 내려가도 우리가 세상에 있는지 광야에 있는지 따지지 않아. 그리고 모든 사람을 하느님의 자녀로 바라보지. 다시 말해 선하게 보이는 거야. 그때 너는 산에 홀로 있든, 세상에 홀로 있든, 하느님과 홀로 있든 편안해짐을 느낀단다. 그리고 더 이상 어떤 영향도 받지 않지. 그렇지만 처음에는 피정의 장소, 자신을 알게 될 장소를 찾을 필요가 있어.

109. 정치와 정부

정치와 정부에 대해 저희에게 말씀해 주시겠어요?

이 주제에 대해 생각해 본 사람이라면 모두 하느님이라는 개념이 배제되면 그 어떤 것도 완벽할 수 없다는 것을 알 거야. 우리는 죄인이기 때문에 완전한 것을 이룰 수가 없단다. 모든 정부는 폭력을 행사하지. 그 폭력 앞에 수백만의 사람들이 목숨을 잃었고. 하느님의 법 밖에 있어. 이해하겠니?

하느님께서는 두 가지 일을 동시에 하신단다. 하나의 악이 다른 악을 공격하도록 허락하시고(왜냐하면 선한 것은 공격하지 않기 때문에), 그리고 그분은 하느님이시기에 항상 선한 결과를 낳으시지. 불행하게도 대부분의 경우 인간은 사랑이 아닌 두려움에 의해 정신을 차려. 그래서 우리는 정부를 비판할 수가 없어. 정부는 인간이 운영하는 것이고 죄로 가득차 있지. 전 세계를 둘러보렴. 감옥에 빈자리가 없잖니. 무정부주의도 똑같단다. 즉 악이 악을 치는 거야.

주님께서는 "너는 나를 따르라"라고 말씀하셨어. 그리고 죽은 자들의 장례는 죽은 자들에게 맡기라고 하셨지. 무슨 말인지 알겠니? 이런 주제가 우리의 관심을 끌어선 안 된단다. 그리고 우리가 하느님의 길을 걷고 있다면 이런 주제를 가지고 대화를 해서도 안 돼.

그러면 사람들은 이렇게 말하지 않을까요? "당신은 당신 주변에서 일어나는 이 모든 일에, 이 모든 폭력에 대해 눈을 감고 보지 않는 것입니까?"

그렇겠지. 하지만 폭력으로는 그 어떤 것도 해결되지 않아. 오직 기도만이 문제를 해결할 수 있지. 기도는 기적을 일으킨단다. 실제로 그래. 하지만 오랜 세월 사람들은 그것을 시도하지 않았어. 폭력으로 시작해서 폭력으로 끝났지.

한 번도 기도해 본 적이 없는 사람에게 기도를 하라고 하면 수녀님께 "왜요?"라고 되묻지 않을까요?

그들은 하느님을 믿지 않아. 그러니 누구에게 기도를 하겠니? 믿지 않는 그분에게?

뭔가는 믿겠지요. 그리스도는 아니겠지만요. 그들에 의하면 "더 센 권력" 같은 거요.

그렇지만 하느님은 아니야. 그걸 그들에게 설명해 줄 수 있는 사람은 없단다. 하느님에 대한 개념은 각자가 깨달아야 하는 것이기 때문이지. 모든 사람은 이성만으로 설명할 수 없는 자의식이 있어. 너는 그런 사람들에게 이렇게 말해야 해. "하느님께 깨달음을 구해보세요. 그러면 그분을 알게 될 거예요." 그레고리오스 팔라마스 성인은 오랜 세월 하느님께 간구했단다. "나의 어둠을 밝히소서… 나의 어둠을 밝히소서…." 그리고 마침내 이루어졌지!

하지만 그들은 계속해서 이런 질문을 해요. "당신은 어떻게 그분을 느끼세요? 어디서 그분을 보시나요?" 저는 그들에게 이렇게 대답한답니다. "저는 사람의 웃음 속에서 그분을 본답니다. 파란 하늘 속에서 그분을 보지요. 그리고 사랑 안에서." 그러면 그들은 저에게 낭만적이라고 말하죠.

그것은 낭만과는 전혀 관계가 없어. 마른 나뭇가지에서 다음 날 잎이 나고 꽃이 피는 것을 보는 것, 그것이 기적이야. 작은 생명체 하나하나가 얼마나 아름다운지, 곤충이 얼마나 세세한 부분까지 완벽한지 알아보는 것이지. 일출을 보면 영혼이 기쁨으로 가득 차서 하느님과 하나가 된 것 같아. 이 모든 것을 보지 못한다면 분명 소경이야. 내적으로 눈이 먼 것은 최악이지.

110. 주님께서 언제나 곁에 계신 것처럼

상상력을 조금만 발휘하여 우리 그리스도께서 언제나 영원히 우리 곁에 계신다고 해보자. 얼마나 압도적인 경외감을 느끼게 될까?

주님께서 언제나 우리 곁에 계신 것처럼요....

그러면 우리는 입을 뗄 때마다 생각을 하겠지. 그분께서는 뭐라고 말씀하실까? 어떻게 바라보고 계실까? 우리를 어떻게 여기실까? 우리에게 어떤 말씀을 하실까? 이게 유일한 방법이야. 몇몇이 내게 묻더구나. "우리의 말과 생각을 어떻게 통제할 수 있을까요?" 하고. 나는 이렇게 답했어. "만약 너희가 곁에 그분을 모시고 있다면 어떻게 하겠니? 경솔하게 행동할 수 있을까? 그렇게 못 하겠지. 눈에 보이지 않는다고 해서 경솔하게 행동해도 될까?"

111. 사랑 없는 기도

사랑하지 않으면 섣불리 기도도 해선 안 된단다. 하느님 귀에까지 그 기도가 오르지 못하기 때문이야. 그런 기도는 주님께서 정말 싫어

하시지. 누군가가 내게 와서 말했어. "전 그 사람을 견딜 수가 없어요! 물론 그에게 나쁜 일이 생기길 바라는 건 아니에요. 그렇지만 하느님께서 그를 인도해 주시길 간구한답니다." 그래서 내가 말했지. "어떻게 그렇게 함부로 말할 수 있죠?" 만약 내가 주님께 "주여, 당신께 간구하오니 제가 사랑하지 않는 그 사람을 인도해 주세요"라고 말한다면 아마 주님께서는 이렇게 말씀하실 거야. "너는 그를 사랑하지도 않는다면서 무슨 상관이냐? 너는 먼저 그를 사랑한 후에 나에게 와서 구하여라. 그러면 내가 즉시 그렇게 해주마." 왜 그런 줄 아니? 주님께서는 원수를 사랑하라고 말씀하셨거든.

112. 인격

수녀님, 인격이 뭔가요?

그것은 영혼의 실체란다. 범신론 철학과 차이가 나는 지점이지. 범신론은 궁극적으로 영혼이 사후에 신에게 흡수된다고 주장하지. 하지만 우리는 영혼의 실체, 즉 인격이란 것은 성인들에게서 보듯이 영원하다고 믿어.

그런데 영혼에도 나이가 있나요?

아니. 영혼은 영원 속에서 산단다. 너도 알다시피 우리 수도사들은 몇 살이냐는 질문을 받으면 수도 생활을 한 햇수를 말하지. 또는 거듭나서 하느님을 '알게 된' 그날 이후의 햇수를 말하거나.

113. 처음 부르심을 받았을 때

하느님의 부르심을 받는다는 것은 하느님의 때가 왔다는 뜻이야. 내가 아직 세상 속에 머물 때였어. 언젠가 "네 재산을 다 팔아 가난한 사람들에게 나누어주고 너는 나를 따르라"는 복음 말씀에 대한 설교를 듣게 되었지. 얼마나 시간이 흘렀을까, 다른 성당에서 똑같은 구절을 또 들었어. 왜 내가 가는 곳마다 똑같은 복음 말씀을 듣게 되는 건지 의아했지.

이후 여행 중에 나는 정교회 성당이 없는 어떤 곳에 가게 되었어. 그래서 다른 종파의 교회에 들어갔는데 거기서도 또 똑같은 설교를 들은 거야. 그건 어떤 계시와도 같았지. 아직 내가 이 길을 걸을 거라고 생각하지 못하던 때였는데 말야. 또 미국에서 내 앞으로 달력이 하나 도착했는데 그 표지에 청년에게 똑같은 말씀을 전하시는 예수님의 모습이 그려져 있지 않았겠니? 예수님 곁에는 다양한 사람들이 있었어. 처음엔 유심히 보지 않았지. 그저 가난한 사람들이라고만 생각했어. 그런데 나중에 보니 한센병 환자, 불구자, 소경 등이 그려져 있었던 거야. 그때가 1월이었어. 그리고 3월에 인도로 가는 소식이 내게 전해졌지. 그때 나는 물리치료를 배워서 7년째 일하고 있었거든. 그렇게 1954년, 쉰여섯의 나이에 인도로 떠났단다. 그래서 이렇게 말해. "저는 11시에 온 사람입니다." 하지만 주님께서는 마지막 순간에 온 사람들에게도 일하라고 말씀하셨지!

114. 터무니없는 말에 대한 침묵

어떤 사람들은 본질은 제대로 인식하지도 못하면서 '터무니없는 말'을 늘어놓는 것을 즐기지. 시간을 한참씩 쏟아. 그런 경우에 너는 아무런 말도 하지 말거라. 절대로 말을 해선 안 돼. 차라리 그들이 너를 설득했다고 만족해하면서 떠나가게 하는 편이 더 낫단다. 그렇지 않으면 그들은 귀동냥한 진리를 제 입맛에 맞게 왜곡하여 제시할 테니까. 차라리 진리에 대해 아무것도 모르는 편이 나을지도….

115. 십자가

우리는 복음 말씀을 믿는단다. 그 첫 번째는 하느님께서는 그 누구에게도 감당할 수 없는 십자가를 지우시지 않는다는 거지. 두 번째로는 그 십자가를 질 때 우리와 함께해 주시는 분이 그리스도라는 사실이지. 나는 사람들의 이런 말을 듣곤 해. "어휴, 저 사람은 저리 무거운 십자가를 어떻게 진담?" 하지만 그 사람이 십자가를 지는 게 아니란다. 그분께서 그 사람의 영혼 안에서 십자가를 지고 계시는 거야. 우리는 단지 그 안에 있는 작은 십자가들을 질 뿐이지.

116. 십자가 위에 머무는 사랑

십자가는 다른 이들을 향한 자발적 희생의 상징이야. 실제로 그래. 하지만 사랑하면서, 또 다른 이를 도우면서 자기 자신을 내어주는 사람은 그것을 희생이라고 느끼지 않아. 사랑을 베풀 때, 그 사랑을 주는 것은 사람이 아니거든. 하느님의 사랑 그 자체가 베푸는 이의 마음을 통해서 전해지는 거지. 그래서 그는 자신이 어떤 '희생'을 한다고 느끼지 못해. 의식하지 못하기 때문에. 그에게는 아주 자연스러운 상태인 거야.

이것으로 그 사람의 삶이 달라지지는 않아. 하지만 그는 항상 기쁨을 느껴. 베푸는 자인 동시에, 거룩한 하느님의 사랑과 능력을 받는 자가 되는 거니까. 그리스도께서는 우리에게 이것을 당신의 삶으로, 가르침으로, 십자가로, 부활로 보여주셨어. 그래서 진정한 사랑은 언제나 십자가 위에 있지. 하지만 동시에 부활의 빛 속에서 기쁨을 누린단다.

언제나 십자가 위에 머물러 있나요?

그래, 항상. 그렇지만 사랑이 없는 사람은 십자가 위에 머물 수가 없어. 사랑은 그 안에 희생의 씨앗을 품고 있거든. 우리가 자발적으로 주고자 하는 마음 없이 사랑한다는 것이 가능할까? 그리고 희생은 마지막까지 견디면 십자가가 되는 거야.

때론 네 사랑을 받는 사람들이 그걸 깨닫지 못할 때도 있단다. 그때는 너만이 하느님과 함께 있게 되지. 하지만 하느님께서는 언제나 당신의 사람들이 있고, 너에게 그들을 보내주셔. 네가 하느님께서 원하시는 방식으로 살고자 하는 순간, 즉시 하느님의 사람들이 찾아오기 시작해. 그것을 어떻게 설명해야 할까! 그건 정말 놀랍단다!

예전에는 친구를 가려 사귀어야 했었어. 누가 나와 생활 방식과 사고가 비슷할지 등을 고려해서. 요즘에는 전혀 그럴 필요가 없단다. 누구라도 나에게 와서 인사를 하면 나는 그가 하느님께서 보내신 사람이라는 것을 알지. 마치 육신을 취한 천사인 것처럼. 이렇게 하느님께서 누구를 네게 보내 주실지 선택하신단다.

117. 오직 빛만을 생각하고 바라보기

수녀님, 저는 누군가를 돕고 싶은데 아무것도 하지 못하는 경우가 많습니다. 그러면 마음이 안 좋고 깊은 우울감에 빠지곤 해요.

그래, 그런데 왜 마음이 안 좋은 것인지 그 내면을 잘 살펴야 해. 이걸 분명히 알아두렴. 누군가를 돕고 싶어 하는 그 마음이 바로 하느님께서 네게 원하시는 바라는걸. 하느님께는 행위 자체보다 의도가 더 중요하다고 난 생각해. 환대를 제공하고 싶지만 손님을 모실 방이 하나도 없는 사람들이 있지. 왜일까? 하느님께서 원하신다면 그들에게 방 열 개짜리 집을 가질 수 있도록 해주시지 않았겠니? 하느님께서는 그들의 속마음을 알고 계시거든. 또 으리으리한 저택을 가지고 있는 사람들도 그래. "여행객이 있는데 댁에서 2주 정도만 묵게 해주실 수 있을까요?" 하고 네가 물으면 아마 이런 대답이 돌아올 거야. "아, 정말 미안합니다만 지금은 좀 어려울 것 같습니다." 그때 하느님께서는 그들을 다시 시험해 보시려고 다른 사람들을 보내 같은 요청을 하게 하시지. 그러니 마음 아파하지 말거라.

네, 저도 제가 이렇게 우울해해 봤자 스스로에게 아무 도움도 되지 않는다는 걸 알겠어요.

너 자신을 그렇게 대해선 안 돼. 그리스도께서도 이웃을 네 몸과 같이 사랑하라고 하셨지, 스스로에게 해를 입히라고 하지는 않으셨어. 무언가를 완수하지 못했다고 해서 괴로워하지 마라. 만약 지금 누가 나에게 1만 드라크마가 필요하다고 말해도 나는 그걸 두 번 생각하지 않을 거야. 왜냐하면 내 수중에는 10드라크마조차도 없거든! 그걸로 내가 마음 아파해야 할까? 그에게 필요한 돈을 제공할 수 있는 사람이 나타나기를 마음을 다해 기도할 뿐이야. 그 이상 내가 뭘 더 할 수 있겠니? 내 말뜻을 알겠지?

다른 모든 것도 이와 같단다. 사람들이 누군가를 험담하는 것을 들어도 나는 이상하게 생각하지 않아. 선처럼 악도 존재함을 알기 때문이지. 그때 나는 이렇게 말해. "하느님께서 그들을 일깨워주시길." 그리고는 그것에 대해 다시 생각하지 않는단다. 너희는 오직 빛만을 생각하고 바라봐야 해. 다른 것은 모두 관계없는 것들이고 어떤 식으로든 영향을 받아서도 안 된단다.

그럼에도 애야, 나는 네가 과거의 후회스러운 사건을 되새김으로써 스스로에게 해를 끼치고 있다고 생각해. 의사가 말했듯이 현재의 병은 정신적이며 동시에 신체적인 것이야. 그런 불쾌한 사건을 곱씹는다는 건 그 시간을 다시 사는 것과 같아. 나는 경험으로 그걸 알고 있지. 젊었을 때 우울증에 걸린 사람과 한동안 가까이 지냈단다.

그는 늘 수심에 잠겨있었지. 그 상태에서 벗어나게 해보려고 무척 애를 썼지만 불가능했어. 하느님께서 그에게 그런 시련을 허락하신 것처럼 보일 만큼. 그리고 아주 서서히 나도 그 사람을 닮아갔지.

수녀님도 우울감을 느끼셨다고요?

그래! 친구들과 만나서도 나는 할 말이 없었어. 질문에 대해서만 속삭이듯 "응" 또는 "아니" 하고 대답했지. 그러자 친구들은 무슨 일이 있는지, 왜 이렇게 변한 건지 물었어. 나는 내가 달라진 것을 깨닫지 못하고 있었거든. 그저 모든 것이 부질없고 귀찮다는 느낌이었어. 나 역시 우울증에 빠진 거지. 그러다 어느 날 분위기를 전환할 기회가 있었어. 대학 친구들과 함께하게 되었는데, 그 친구들은 외향적인 성격이었던 나를 보고 "왜 이렇게 부끄러움을 타는 소녀가 되었지! 왜 이렇게 말이 없는 거야? 이상해!" 하고 말했어. 나는 꽤 오래 그런 상태로 지냈지. 우울한 사람은 우울한 기운을 내뿜는다고 하잖니. 쾌활한 사람이 즐거운 기운을 내뿜는 것처럼. 행복한 이는 아무 말도 하지 않고 그저 공간을 들락날락하는 것만으로도 그 장소에 어떤 흔적 같은 걸 남긴다는 걸 너희도 눈치챘을 거야.

네, 하지만 수녀님도 나중에는 제가 견디지 못할 거란 걸 아시잖아요.

(…) 지금 너처럼 그렇게 분명히 말할 수 있는 사람은 거의 찾기 힘들어. 하느님께서 우리 모두의 아버지이시고, 당신의 자녀들을 보살피신다는 것을 나 역시 확실히 깨닫지 못했었지. 네 말을 들으니 그때의 내 모습이 떠오르는구나. 계속 그런 상태였다면 나 역시 우울증에 빠졌을 거야…. 나는 깊은 침울함 속에서 하루하루를 보냈어. 이 모든 것을 보며 사느니 차라리 죽는 편이 더 낫다고 느꼈지! 우울증은 결국 이렇게 흘러가. 그렇기 때문에 최대한 빨리 벗어나야 해. 내가 네게 말하는 것은 이 모든 슬픔을 거둬 그리스도의 발 아래 두자

는 거야. 그분께서 십자가에 못 박히시면서 우리의 죄와 우리의 슬픔과 우리의 문제들도 함께 못 박으셨고, 또 우리 영혼의 어둠을 깨끗하게 씻어주셨기 때문이지. 모든 것을 말야!

주님의 피가 모든 것으로부터 우리를 정화시켜 준다는 것을 네가 알게 될 때, 모든 것은 다 정리돼! 더 이상 그 어떤 것도 남아있지 않아. 차분히 앉아서 묵상을 해보렴. 그럼 알게 될 거야…. 우리는 한계를 가지고 있어. 모두를 도울 수는 없어. 이곳저곳에 동시에 있을 수도 없고. 물론 영으로는 어디에나 있을 수 있지만. 그러니까 애야, 이런 예민한 감성을 기도로 전환시켜야만 한단다. 그때 놀라운 일이 일어날 거야. 기도는 한 사람 한 사람을 모두 보듬어서 십자가에 못 박히신 그리스도의 발 아래로 그들을 인도할 거야. 온 세상을 위하는 만큼이나 우리를 위해서도 그렇게 희생하신 그리스도께 말이야. 침대는 그러라고 네게 주어진 거야. 묵상하고 깨달아서 그 이후에 완전히 기쁨을 찾아 거기서 일어나도록 하기 위해서.

118. 만남

원칙적으로 모든 사람 사이의 만남엔 큰 의미가 있어. 우연한 만남에서 어떤 결과가 나올지 모르기 때문에 우리는 그것을 소홀히 해서는 안 되는 거야. 바울로 사도께서는 이렇게 말씀하셨지. "나그네 대접을 소홀히 하지 마십시오. 나그네를 대접하다가 자기도 모르는 사이에 천사를 대접한 사람도 있었습니다." (히브리 13:2) 모든 만남은 다 매우 중요해!

119. 실천

삶이라는 여정 속에서 하느님의 가장 큰 선물은 바로 동반자란다.

너희도 알다시피 나는 "그래, 네가 옳구나"라는 말을 해줄 사람을 만나기 위해 산과 바다를 수없이 가로질렀지. 훌륭한 영적 안내자와의 만남이 가장 중요해. 네가 그분들께 가서 "그래, 너는 제대로 그 길을 걷고 있구나"라는 말을 들으면 기쁘지 않니? 없어서는 안 될 존재지. 좋은 영적 지도자는 대화나 고백성사 말미에 네게 이렇게 말해. "하느님께 기도를 드려서 너 스스로 그분께 답변을 받으렴." 하느님께 있어 모든 이는 각자가 특별한 존재이니까. 우리 영혼은 그리스도의 불씨를 담고 있어. "참빛이신 그리스도시여, 세상 모든 사람들을 밝혀주시고 거룩하게 하시는 이여"라고 아름다운 기도문에서 고백하는 것처럼 말이야. 모든 사람! 잊지 말거라. 나는 이런 질문을 수없이 들었어. "왜 인도인들을, 이슬람교도들을, 유대인들을 당신의 가족처럼 여기시나요?" 나는 그들에게서 그리스도를 보기 때문이지. 아직은 그분을 의식적으로 인식하지 못하고 있지만, 나는 그들 중 다수가 마치 하느님의 성령이 이끄시는 것처럼 행동하는 것을 보았단다.

이것은 매우 방대한 이슈네요. 오랜 세월 그리스도의 복음 말씀을 들어왔지만 그들만의 경전을 가지고 있기 때문에 그분을 받아들이지 못하는 사람들이 있다는 게요.

그리스도를 받아들이지 못하는 사람들이 문제인 게 아니야. 그들에게 그리스도에 대해 가르치지만 그분의 말씀대로 살지 않는 사람들이 문제인 거야. 그리스도께서 "나는 생명이다"라고 말씀하셨는데도, 그들은 그리스도의 말씀만 전할 뿐, 살아있는 본보기로서 '육화한 말씀'을 보여주지 않는단다. 여하튼 앞서 말한 이 비그리스도인들은 그리스도의 말씀을 듣고, 읽고, 심지어 실천에 옮기기도 해. 하지만 그리스도인이 되길 원치는 않는 거야. 간디가 훌륭한 선교사 스탠리 존스에게 한 말처럼, "그리스도인들이 그리스도교의 최악의 예시"

니까. 어떻게 생각하니?

그렇다면 지극히 소수만이 그리스도의 말씀을 진정으로 실천한다는 건가요?

그래, 실천하는 일이 보통 어려운 게 아니거든.

그 정도로요? 왜죠?

만약 복음 말씀을 글자 그대로 실천하려 한다면 세상에 온전히 서 있는 것은 하나도 없을 거야! 모든 것을 무너뜨리는 엄청난 지진이 일어나는 거지! 그러면 어떻게 될까? 선구자처럼 광야로 나간 이들이 그런 실천을 해보려고 하지 않았니? 수천 명씩 말이야. 복음이 전해지고 몇 년 후, 사막은 수많은 은둔자들로 가득 찼어. 세상 속에서 살면 죄를 지을까 봐 두려웠기 때문이지. 하지만 우리는 이제 익숙해져서 그리스도교의 원칙에 어긋나는 모든 일을 하고 있구나.

네, 그런데 그리스도교처럼 생동하고 사랑을 가르치는 종교가 어째서 실천을 못 하는 걸까요? 그게 가능한가요?

가능하지 않아. 태생적으로 죄인인 우리에게 모든 것을 다른 사람과 나누라고 요구하기 때문이지. 외투를 벗어서 이웃에게 주세요! 은행에서 돈을 인출해서 나눠주세요! 그렇게 할 수 있겠니? 많은 인도인들이 이처럼 실천이 어려운 종교를 왜 받아들여야 하는지 몇 번이고 물었지.

그러면 그리스도교는 극소수의 사람들만을 위한 종교인가요?

그래, 아주 소수의 사람들. 그래서 그리스도께서 우리에게 "너희는 세상의 소금이다"라고 하신 거야. 그리고 마지막 기도에서 이렇게 말씀하셨지. "내가 이 사람들과 함께 있을 때에는 나에게 주신 아버지의 이름으로 내가 이 사람들을 지켰습니다." "이 사람들은 아버지의 사람들입니다." (요한 17:9-12) 그렇다면 물질적인 것은 제쳐두고 성서에서 말하는 영적인 것을 한번 볼까? 주님께서는 "너 자신을 희생하지 않는다면 너는 나의 사람이 아니"라고 하셨어. 그렇다면? 먼저 다른 이를 앞세우는 사람은 누구일까? 늘, 모든 면에 있어서. 누군가가 자기 이웃에게 물질적인 도움이 아닌, 영적인 도움을 아주 쉽게 제공할 수 있는 위치에 있어. 그럼에도 "제가 무척 피곤하네요. 오늘은 당신의 부탁을 들어드리기에 곤란합니다" 하고 말하지. 상대는 그 시간에 다 죽어가는데 말이야! 그리고 여기서 피곤하다는 게 대체 무슨 말이야? 주님께서 말씀하신 일을 하다가 지쳤다는 거야? 그런데 예수님께서는 "내 아버지께서 언제나 일하고 계시니 나도 일하는 것이다" 하고 말씀하시지 않았니? (요한 5:17) 그리스도교인에게 피곤은 허락되지 않아! 피곤하다고? 그것은 네가 마음을 다해서 하느님에 대해 말하지 않았다는 것을 의미해. 하느님께서는 안식이시기 때문이란다.

120. 인간관계

수녀님, 인간관계에 대해서 여쭙고 싶어요. 평소 언행이 바른 사람이 부당하거나 무례한 대우를 받는 경우가 있잖아요. 침착했던 사람도 더 이상 참지 못하고 상황이 나빠지기도 하는데요.

그러면 둘 다 같은 수준으로 떨어지고 말지. 그런 일은 세상 속에서 흔히 일어나. 두 에고가 충돌하기 때문이야. 하지만 둘 중의 한 명이 하느님의 사람이라면 그런 일은 생기지 않아. 그 이유를 말해주마. 주님께서는 우리에게 당신 없이는 아무것도 할 수 없다고 말씀하셨어. 빌라도가 주님을 풀어줄 수도 사형에 처할 수도 있는 힘이 자신에게 있다고 말했을 때, 주님께서는 그가 하느님께서 주신 권세만 가지고 있을 뿐이라고 말씀하셨지. 다시 말해, 너는 누군가가 우리에게 나쁜 말을 할 때 그것이 하느님의 허용 안에 이루어지는 일이 아니라고 생각하니? 그것은 우리를 완전에 이르게 하기 위한 하느님의 허용 안에서 일어나는 일이란다. 그리고 많은 경우 네 상대방을 위한 것이기도 해. 우리가 침묵을 지킬 때 그는 우리의 침묵을 통해 서서히 깨닫기 때문이야. 하지만 우리가 똑같은 수준으로 행동한다면 모든 노력은 수포로 돌아가고 말지. 이것은 어려운 일이야. 사람은 본래 억울함을 잘 참지 못하거든. "왜 그가 나에게 그런 말을 하는지 모르겠어요. 내가 뭘 어쨌다고" 등등. 우애가 깊거나 사랑하던 사람도 한순간 다른 힘의 도구가 되어 우리를 시험에 들게 한단다. 세상 속에서, 심지어 가정 내에서도 서로가 서로를 시험에 들게 한다는 사실을 알고 있어야 해.

네, 수녀님. 그래도 너무 심한 말과 행동은 저에게 상처가 돼요. 제가 너무 소심한가요?

너의 문제를 잘 이해한단다. 나도 그랬거든. 하지만 아주 서서히 깨달았지. 누군가는 그가 가진 것 이상을 줄 수 없다는 것을. 그렇지 않겠니? 그에겐 달리 표현할 방법이 없는 거야. 그런 가정에서, 그런 분위기 속에서 성장했을 테니까. 예를 들면 "죄송합니다만, 제가 지나가야 하는데 잠깐만 비켜주시겠어요?"라고 말하는 대신 "좀 지나가게 비켜요" 하고 말하는 거지. 너는 그의 태도가 당황스럽겠지만 그런 환경에서 자란 사람에겐 일상적인 거란다.

이것도 사람들을 이해하는 한 방식인 거군요. 많은 걸 바라지 않고요.

하지만 이런 사람들을 사랑하기를 멈추지 않아야 해. 그들은 너의 모습을 통해 아주 천천히 깨닫게 되거든. 과하게 목소리를 높이진 않았는지, 해선 안 될 행동을 한 건 아닌지. 너의 침묵을 통해서 말이야. 잘못을 저지른 사람에게 아무런 말을 하지 않으면 시간이 흐른 후 그가 스스로 잘못을 깨닫고 찾아오는 경우가 얼마나 많은 줄 아니? 우리는 이런 방식으로 도움을 줘야 해. 말로 타이르거나 우리에게 용서를 구하게 하는 방식 말고. 우리도 일상의 매 순간 하느님께 수없이 용서를 구하지 않니? 침묵할 수 있는 힘을 가짐으로써 우리는 그에게 조금이라도 발전할 수 있는 기회를 줄 수 있어. 간청하면 하느님께서는 네게 그런 힘을 주실 거야.

굉장히 중요한 거 같아요. 수녀님께서 항상 하시던 말씀이 기억이 나네요. "네가 겪어야 할 일이라면 결국은 겪게 될 거란다. 그러니 회피하지 말아라. 그렇지 않으면 더 안 좋은 상황을 마주할 수 있어."

그래, 감사하는 마음으로 기꺼이 그것을 겪어야 해. 그리고 말해야지. "하느님, 이 시련을 주신 것에 대해 감사드립니다. 왜냐하면 이 시련이 저를 더 온유하게, 더 겸손하게, 더 평화롭게 그리고 더 큰 사랑을 품게 해줬기 때문입니다." 무슨 말인지 알겠지?

121. 사람들이 원하는 것

수녀님, 수녀님께서는 많은 나라들을 돌아다니셨는데 사람들이 수로 어떤 걸 원하던가요?

사람들이 원했던 것은 미소, 따뜻한 손길, 눈물이었어. 별다른 게 아니었단다. 네가 어떤 사람을 찾아가서 그를 형제처럼 대하면 그는 네가 무엇을 하든 괜찮다고 생각할 거야. 그가 요리나 빨래를 부탁할 수도 있겠지. 예전에 한 한센병 환자촌에서 일할 때였어. 그때 나는 매일 한 무더기의 셔츠를 빨아야 했지. 건강한 이들의 옷은 한센병에 감염되지 않은 사람이 빨아야만 했기 때문이야. 나는 이 일을 6개월 동안 했는데 몇몇 어리석은 사람들은 이렇게 말했지. "교육받은 유럽 사람이 왜 이런 일을 하시는지 모르겠네요. 이런 일들은 이곳 현지인들이 할 일이죠." 그렇다더구나….

122. 교만

라자로스 신부님이 아주 멋진 말씀을 하셨단다. "우리가 믿음으로 옮긴 산은 우리의 교만이다. 아주 거대한 산! 그리고 우리는 그 산을 바다에 던져버린다!"

정말 멋진 말씀이네요. 그런데 어떻게 교만을 바다로 던져버릴 수가 있을까요?

그건 물을 필요가 없어. 오직 하느님의 은총으로만 가능하기 때문이지. 네가 '주여, 저에게서 교만을 거둬가소서'라고 마음을 다해 기도하면 하느님께서 바로 실행하시지!

오늘 한 사제가 라디오에 나와서 이런 설교를 했단다. "성 요한 크리소스토모스는 말씀하셨습니다. 우리를 낙원으로 데려다줄 것은 우리 자신의 교만을 무너뜨리는 것뿐이라고요." 한 가지 예를 들어볼게. 누군가가 나를 찾아와서 그의 문제에 대해 대화를 나누게 되었어. 그리고 해결책을 찾았지. 그러자 속으로 이렇게 말해. '다행히 내가 그를 도와줄 수가 있었어.' 말도 안 돼! 그를 도와줬다고? 만약 내가 없었다면, 하느님께서 다른 누군가를 보내주시지 않았겠니? "하느님은 이 돌들로도 아브라함의 자녀를 만드실 수 있다"(마태오 3:9)고 말씀하셨거든. 그런데 유감스럽게도 사람들은 성과를 자신의 것으로 여기지. "내가 도와줬어! 내가 도와줬다고!" 하지만 네가 대체 뭐라고?

그리고 하나 더 이야기하자면, 누군가가 너희에게 좋은 일을 해주면 너희는 이렇게 말하렴. "정말 축복받으셨군요! 주님께서 당신에게 이런 일을 할 수 있는 기회를 주신 것에 감사하셔야 해요. 그렇지 않으면 다른 사람을 대신 보내셨을 거예요." 나로서는 도움을 받아야만 했던 거야. 하느님의 때가 되었던 거니까. 누구를 보내시건 간에 그 사람은 축복을 받을 거야. 나를 위해서가 아니라, 그 자신을 위해서 복을 받겠지! 아무튼 교만과 싸워 이기기란 무척 어려운 일이란다. 우리의 에고가 교만과 함께 반죽이 되어있어 그것을 알아차리기가 힘들거든. 우리는 눈이 멀었어. "소경이 소경을 안내하는" 꼴이야.

또 다른 한 가지는, 우리는 아주 어릴 때부터 이런 말을 들어왔다는 거지. "너는 학교에서 1등이 되어야 한다. 저 아이처럼 되면 안 돼." 하지만 1등이 무슨 의미가 있을까? 첫째가 꼴찌가 되고, 꼴찌가 첫째가 되는데. 그러나 우리가 그걸 깨닫기까지는…. 교만이 인간의 가장 큰 결점이란다. 그것은 어둠의 원천에서 비롯하지. 진정 어둠에 속해. 에고이즘도 그렇단다. 이 둘은 언제나 함께 다녀. 그렇지만 하느님의 은총이 있는 곳에서는 둘 다 존재하지 못해. 그렇기 때문에 우리가 누군가를 '훌륭한 사람'이라고 칭할 때 그의 첫째가는 특성은 바로 겸손이야. 겸손은 사랑의 동의어이거든.

123. 근심과 인내

수녀님, 우리가 너무 짧게 살아가는 건 아닌가 하는 생각이 들어요. 하느님께서 우리의 기도에 빨리 응답해 주시지 않으면 참지 못하는 경우를 많이 봤거든요.

우리는 인내할 필요가 있어. 하느님께서는 영원 속에 계시고 영원 속에서 일하시니까. 사람은 평균 70, 80세 정도의 제한된 인생을 살기 때문에 모든 것을 서둘러서 보려고 해. 삶이 쏜살같잖니. 우리는 이곳에서 영원의 짧은 한순간만 존재한단다. 그런 후에는 어떻게 될까? 이 생과 이별하지. 영원 속에서 일하시는 하느님께서는 우리가 오늘 간구하는 것을 30년 뒤에 주실 수도 있어. 서서히 우리는 그런 간청을 거두게 되지. 하느님께서 언제, 어디서, 무엇을, 어떻게, 우리에게 주셔야 하는지 다 알고 계시다는 걸 깨닫게 되거든. 그러면 매우 평온해져. 다른 사람들 눈에는 우리가 너무 무심하고 둔감해 보일지 모르지만 사실은 그렇지 않아. 우리는 하느님의 리듬과 뜻에 따라 걷는 거야. 그 결과 근심할 필요가 없는 거지.

옛날 생각이 나는구나. 그땐 나도 근심이 많았단다. 어떻게 되는 걸까? 내가 어떻게 해야 되지? 언제 거기를 가야 하지? 그리고 내가 한 일의 성과를 보고픈 에고이즘도 있었어. 사람들이 내가 한 일에 대해 비판을 할지, 칭찬을 할지 알고 싶어 했지. 그래서 걱정과 초조함 속에 기다리며 무엇을 해야 할지 몰랐어. 그런데 지금은? 전혀 그렇지 않아. 내 삶 속에서 그분의 뜻이 이루어지길 바라며 조용히 기다리지. 매일 아침 나의 모든 것을 주님께 위임한다고 예전에 너에게 말한 적이 있었는데 기억할지 모르겠구나.

124. 바리새인

우리 삶이 이렇단다. 우리가 온 마음을 다해 사랑하면 모두가 그리고 모든 것이 선을 위해 협력하지. 하지만 사소한 반감만 있어도 아무것도 이룰 수가 없어. 이게 법이야. 때때로 우리는 이런 말을 듣곤 해. "저는 모든 사람을 도와주고 그 누구도 부당하게 대하지 않았습니다. 그런데 왜 하느님께서는 저에게 혹독한 시련을 주시는 겁니까?"

우선 이렇게 말하는 사람은, 나는 일주일에 두 번 금식하고 이것도 저것도 했으니 저 사람과는 다르다고 말하는 바리새인과 같은 사람이야. 다른 이는 이 모든 일을 겪을 수 있다고 생각하면서 어떻게 자신은 아니어야 한다고 여기는지? 못난 사람들이나 "저는 그 누구도 부당하게 대하지 않았습니다"라고 말하는 거란다.

125. 우정

수녀님, 어떻게 하면 진정한 친구를 알아볼 수 있을까요?

누군가를 친구라고 말하기 위해서는 많은 검증을 거쳐야 하겠지. 먼저 그가 희생의 자세를 갖추고 있는지를 보거라. 너를 위한 희생 말고, 일반적으로 모든 사람에 대해서 말이다. 만약 그런 희생의 자세 없이 자기중심적으로 모든 것을 움직이려고 하는 사람이면 그는 친구로서의 자격이 없다고 할 수 있어. 그런 사람은 아마 네가 "어제 내가 얼마나 두통이 심했는지 아니? 정말 하루 종일 두통에 시달렸어"라고 말할 때 "그래, 근데 나는 말이야…" 하며 자기 말을 늘어놓을 거야. 그는 오직 자신과 관계 있는 것에만 관심이 있지. 그래서 너나 혹은 다른 이들이 하는 말을 들을 수가 없는 거란다.

126. 두려움

우리 안에 두려움이 자리 잡게 해선 안 돼. 네가 하느님을 사랑하면 두려움은 사라시지. 두려움에 휩싸인 사람들이 찾아오면 나는 이렇게 묻는단다. "요컨대 당신은 무엇이 두려운 거죠?" 애야, 두려워하지 말거라. 두려워할 필요가 없단다. 혹시 죽음이 두렵니? 네가 죽었다고 생각해 보렴. 무엇이 두렵겠니! 다시 말하면, 죽음에 대한 두려움이 멈추면 더 이상 다른 것은 없어. 그러다 또 혹시 눈이 아프진 않을까 두려움이 엄습하기도 하지. 그러면 눈에 갑자기 통증도 느껴져! 그런 일이 내게도 있었단다. 눈이 많이 아팠지. 만약 하느님의 뜻이라면, 그리고 만약 네가 눈의 통증이 사라질 거라고 믿는다면, 그 통증은 사라지겠지…. 하지만 기다려야 해. 믿음 속에서 말이다. 오직 믿음과 인내로 견뎌야 해. 때로 하느님의 시간은 더디 오기 때문이야.

그게 문제인 거 같아요! 조급하다는 거요!

우리의 인생이 짧아서 그래. 또한 현세에서 모든 것을 다 얻고 싶어 하니까. 저 너머 영원으로 가는 것이 여기서 미국으로 가는 것과 크게 다르지 않다고 여겨진다면 그렇게 서두르지 않을 텐데. 여기서 못다 한 것을 그곳에서 할 수 있을 거라는 것을 알 테니까.

127. 죽음에 대한 두려움

혹시 죽음이 두려우신가요?

전혀 두렵지 않아!

죽음을 기다리세요?

매년 부활절 경축 기간 내(부활부터 승천까지)에 내 죽음이 오면 좋겠다고 생각한단다. 그 기간에 장례예식이 거행되면 "그리스도께서 부활하셨네" 성가를 부르는데, 나는 그게 너무 좋거든. 내가 이 세상을 떠날 시간이 찾아온다 해도 그것은 아주 단순한 일일 듯해. 죽음은 존재하지 않기 때문이야. 그건 그저 하나의 문이 닫히고 다른 문이 열리는 것과 같을 거야! 아름다운 그림이 생각나는구나. 장미꽃이 가득한 정원이 벽을 사이에 두고 둘로 나뉘어 있었지. 그런데 장미 줄기 하나가 벽의 갈라진 틈 사이로 자라나 옆의 정원에 아름다운 꽃을 피웠어. 우리 인생도 마찬가지란다. 현세를 떠나 다른 곳으로 가서 꽃을 피우는 거지.

수녀님, 저는 제 딸이 가진 두려움에 대해 말씀드리고 싶어요. 딸은 전쟁과 세상 종말에 관련된 책들을 읽으면서 과연 자신이 커서 엄마가 될 수 있는 날이 올까 하는 의구심을 가지고 있어요.

당연하지. 엄마만이 아니라 증조할머니까지 될 거야. 하지만 그 아이가 해야 할 일은 주님의 계명에 따라 삶을 사는 거야. 다른 것은 없어. 우리는 하느님이 주신 계명을 잘 알지. 벼락이 내리쳐 타버리는 것이 하느님의 뜻이라면, 우리가 두려워하거나 말거나 그 일을 피할 수 없단다! 그렇다면? 죽지 않을 사람은 죽지 않아. 죽을 사람은 아무리 발버둥을 쳐도 죽게 되는 거고!

내가 런던에 있었을 때 전쟁이 벌어졌어. 두 아이가 있는 한 부모가 집 정원에 방공호를 만들었어. 아이들에게 그곳은 즐거움의 공간이었지. 매일 방공호에 가자고 졸라댔어. 그럴 때마다 부모는 안 갈 거라고 했지. 아이들이 "그러면 왜 만들었어요?"라고 묻자 부모가 이렇게 대답했어. "하느님께서 우리를 인도해 주실 거야." 그러던 어느 날, 애들 아빠가 여행을 떠나자 아이들은 엄마에게 졸라댔지. 다시 없을 좋은 기회였거든. 그렇게 그들은 방공호로 갔단다. 그날 밤도 여느 때처럼 폭격이 계속되었어. 아침에 잠자리에서 일어난 엄마와 아이들이 집으로 돌아가려고 이불과 베개를 걷어 밖으로 나왔을 때 눈앞에 펼쳐진 광경이 어땠게? 폭탄에 맞아 집이 폐허가 되어있었지! 방공호에 간 유일한 밤이었던 그날 폭탄이 떨어신 거야. 여행에서 돌아온 아빠는 흔적도 없이 사라진 집을 보고 머리를 움켜잡고 울기 시작했어. 그때 이웃이 그에게 말했지. "걱정하지 마세요. 가족 분들은 탈출해서 근처 다른 집에 있어요." 살 사람이라면 하느님께서는 이런 식으로 인도하신단다.

128. 물리치료

물리치료사로 일하시면서 어떻게 마음과 대화하는 방법을 찾게 되셨는지 말씀해 주세요.

내가 공부하러 런던에 갔을 때 매우 저명한 러시아 신학자였던 니콜라스 제르노프가 내게 왜 그런 것을 공부하느냐고, 사람들의 마음에 다가가려면 신학을 공부해야 한다고 말한 적이 있어. 나는 이렇게 대답했었지. "아, 내 모토는 발을 통해 가슴으로 가는 것이지!" 그리고 20여 년의 세월이 흐른 어느 날, 런던에서 그를 다시 보게 되었어. "니콜라스, 예전에 내가 하던 일은 이제 끝났다네. 지금 나는 바로 가슴으로 직진한다네!" "그래요. 그것을 기다리고 있었답니다!" 실제로 그렇단다. 네가 직접 겪어보면 알게 될 거야. 의사든 간호사든, 신체와 관련한 직업을 가진 이들은 환자가 마음의 문을 열고 자신의 아픔을 털어놓는 것을 금방 알아차리지. 왜냐하면 육체적인 아픔의 이면에는 영혼의 아픔이 있기 때문이야. 마음과 정신이 건강하면 신체에는 아무 일도 일어나지 않아. 먼저 마음의 상처가 찾아오지. 지금은 의사들도 이것을 잘 알아. 병은 마음에서부터 시작되는 거야. 부정적인 생각과 근심에서. 내 병원을 찾아왔던 사람들은 그렇게 금방 마음의 문을 열고 나에게 말을 했어. 나는 그들의 말을 들어주었고. 하지만 또 다른 하나가 있어. 물리치료를 하는 사람은 치료 중에 말을 해선 안 된다는 거야. 너도 잘 알겠지만, 말하기는 큰 에너지를 소모한단다. 한 시간 떠드는 게 두세 시간 걷기보다 훨씬 힘들지.

네, 그런데 병든 사람으로 하여금 마음을 열게 하는 것은 무엇인가요?

환자가 의사를 만나면 그는 허심탄회하게 모든 것을 털어놓아야 할 필요를 느끼게 돼. 의사나 간호사, 물리치료사 같은 직업은 결국 다 같아. 인간의 몸을 다루는 직업은 인간의 영혼도 다루지. 팔이나 다리를 치료하러 가서도 너희는 환자의 영혼이 더 큰 고통에 시달리고 있는 것을, 그들의 마음이 실망으로 가득차 있는 것을 보게 되거든. 그제야 진정으로 그들을 도울 수가 있단다. 하느님께서 너희를 그곳에 보내신 이유를 깨닫게 되지.

수녀님, 전에 일하시던 물리치료실에 뒤러가 그린 〈기도하는 손〉 모사품을 걸어두었다고 하셨던 게 기억 나요.

맞아, 대기실에는 다프니 수도원의 모자이크 모사품도 있었어. 제자들의 발을 씻어주시는 그리스도의 모습이 담겨있었지. 나는 발을 치료하니까 그걸 걸어둔 거야. 작은 그리스도 이콘도 하나 있었단다.

"손으로 기도해 주는 여인"을 찾던 한 청년의 이야기도 제게 해주신 적이 있죠.

그래, 참으로 안타까운 사람이었어. 크레타에서 온 그 청년은 전화국에서 일했단다. 하루는 전화요금을 내기 위해 그곳을 방문했다가 그와 잠시 대화를 나누게 되었지. "어디에 수녀님의 물리치료실이 있나요? 제가 다리에 심한 통증이 있어요. 그런데 아직도 치료 방법을 못 찾았습니다." 청년의 물음에 내가 답했지. "걱정하지 마세요." 나는 공무원들에 대해 애틋한 마음을 가지고 있었거든. 그렇게 해서 그가 나를 찾아왔고 자신의 이야기를 하나둘 털어놓기 시작했어. 이야기를 들어 보니 그는 매우 불행한 사람이었지. 다소 불건전한 삶을 살았고, 여러 번의 짧은 이성 관계를 맺으며 왜곡된 길을 걸었던 거야. 그러다 무슨 영문인지 발길이 끊겼어. 어떻게 된 일인지 무척 궁금했지. 그러던 어느 날 그의 형제가 나를 찾아와서 청년이 많이 아파 정신 병원에 입원했다는 말을 전해주더구나. "손으로 기도해 주시는 그분이 와서 자신을 위해 기도해 주기 전까지는 아무것도 먹지 않겠다"고 고집을 부려 가족들도 어찌할 바를 모르고 있다고 했어. 그래서 내가 찾아갔더니 그가 다시 식사를 했지.

그게 벌써 27, 28년 전 일이란다. 안타깝게도 의사들은 하느님과 관련된 그 어떤 것도 추천하지 않았어. 정신과 치료를 마친 그에게 의사들은 예전처럼 살면 된다고 했고, 그는 그렇게 브레이크 없는 삶을 살았지. 후에 나는 인도로 떠났어. 그리고 1969년에 크레타에 가게 되었을 때 하니아 지역에 살던 그 청년에 대해 물었지. 사람들이 말했어. "불행하게도 제정신이 아닙니다. 밀짚 모자를 쓰고 여름, 겨울 할 것 없이 배회하고 있지요. 아이들은 그런 그를 놀리고요." 그게 그의 마지막 모습이었단다.

하지만 물리치료 행위가 수녀님께 무척 큰 도움이 되었다고 믿으시죠?

정말 그래. 어떻게 하면 이웃을 도울 수 있을지 사람들이 조언을 구할 때면 나는 언제나 몸과 관련된 뭔가로 시작해 보라고 말하곤 했단다. 네가 아픈 사람의 몸을 부드럽게 어루만져 주면 그는 마음을 열고 이렇게 말할 거야. "통증이 줄고 평온해지는군요." 그렇게 시작하는 거지.

수녀님의 손이 '말을 한다'는 것을 알고 계세요?

음… 모든 사람의 손이 말을 하지 않니?

그렇지 않아요. 수녀님의 손은 정말 말을 많이 해요.

(웃으며) 누가 또 내게 그렇게 말했는지 아니? 우스울 텐데. 인디라 간디의 목 부위가 뭉쳐서 내가 마사지를 꾸준히 해주고 있었는데, 하루는 그녀의 아버지인 네루가 내가 일하던 물리치료실을 찾아왔어. 그분은 내가 마사지를 하고 있던 와중에 들어오셔서는 이렇게 말씀하셨지. "제 딸이 그러는데, 당신이 요정의 손가락을 가지고 있다네요. 그 말이 정말인지 저도 여기 뭉쳐있는 곳에 마사지를 한번 받아보고 싶군요." 마사지를 해주자 그가 나를 돌아보더니 이렇게 말했어. "제 딸 말이 맞긴 맞는군요!" 다음 날 이와 관련한 기사가 신문에 나왔지. 그러자 주변 친구들이 모두 잘했다며 축하해 주는 거야. "내가 매일 너희에게 수없이 마사지와 물리치료를 해줬는데 그때는 모르더니 네루가 말하니까 이제서야?" 얘들아, 세상이 어떻게 돌아가는지 알겠지?

어쨌든 저희는 그런 말을 기대한 건 아니에요. 이미 잘 알고 있었거든요!

129. 빛과 어둠

어둠의 세력은 우리가 내면적으로 하느님과 완전히 연합되어 있지 않을 때를 빼고는 아무런 힘이 없단다.

그런데 우리가 하느님과 완전히 연합할 수 있을까요?

가능해. 그리스도께서 우리를 죄에서 구원하기 위해 오셨다는 것을, 우리를 위해 당신께서 피를 흘리셨다는 것을 받아들이는 거지. 그리고 타락으로 인해 잃어버렸던 그분의 영을 우리가 새로 태어나는 순간 다시금 불어넣어 주셨음을 받아들이는 거야. 그것은 우리가 거듭났음을 보여주는 것이고, 복음사가 요한이 말하는 것처럼 거듭난 사람은 죄를 짓지 않게 되는 거지. "누구든지 하느님께로부터 난 사람은 자기 안에 하느님의 본성을 지녔으므로 죄를 짓지 않습니다. 그는 하느님께로부터 난 사람이기 때문에 도대체 죄를 지을 수가 없습니다."(1요한 3,9) 하지만 복음사가는 앞에서 이렇게도 말했거든. "만일 우리가 죄 없는 사람이라고 말한다면 우리는 자신을 속이는 것이고 진리를 저버리는 것이 됩니다." 달리 말하면 죄는 있지만, 죄에 굴복하는 것은 새로 태어난 사람의 본성이 아니라는 거야. 너를 괴롭히기 위해 죄가 찾아올 것이고, 유혹이 주변을 맴돌며, 어둠의 세력이 찾아온다는 그 사실을 우리가 받아들여야만 해. 왜냐하면 실제로 그렇기 때문이지. 성인들께도 찾아왔었고, 우리에게도 매일 오고 있어. 하나의 생각처럼 오거나, 또는 그것을 대변하는 특정인들과 함께 찾아와. 어떤 때는 이렇게, 또 어떤 때는 저렇게도 찾아오지. 베드로 사도의 말씀처럼, 사탄은 인간을 사로잡기 위해 빛의 천사로 변모한단다. 하지만 우리는 그리스도의 본보기를 따라 이 모든 것을 이겨낼 수 있어. 그리스도의 피와 희생을 항상 우리 영혼 속에 담아두고 있다면 말이다. 그때는 굴복하기가 쉽지 않겠지.

그리스도께서 지상에 계셨을 때 많은 사람들이 그분을 보았던 것과 달리, 지금 우리는 직접 주님을 볼 수 없기에 때문에 그분이 곁에 계신단 사실을 자주 잊어. 하지만 주님께서는 당신의 성령과 함께 언제나 우리 곁에 계신단다. 만약 우리가 그분을 부르려 하면 그분께서는 오셔서 우리 마음속에 거하실 수 있어. 그때는 사탄의 세력이 우리 안으로 침범할 수가 없지. 행동하려고 시도는 하겠지만 우리가 용납하지 않을 것이고, 또 그것에 굴복도 하지 않지. 그리스도께서는 "어서 돌아가라. 그리고 이제부터 다시는 죄짓지 마라"라고 말씀하셨기 때문이야. (요한 8:11) 그리스도께서는 한 번도 이렇게 말씀하신 적이 없어. '인내하거라. 그러면 나을 것이다.' '이 병은 너로 하여금 선을 이루게 해줄 것이다. 너에게 도움이 될 것이다.' 아니! 주님께서는 말씀하셨지. "너는 죄를 용서받았다." 그것으로 끝난 거야!

수녀님 말씀은 그리스도를 마음속에 모신 사람은 누구를 자기 안에 받아들일지 자유롭게 결정할 수 있다는 뜻인가요?

당연하지! 그런데 사람들은 하느님께서 우리를 창조하실 때 주신 자유를 깨닫지 못하고 있어. 때때로 이런 말을 듣지. "왜 하느님께서는 이런저런 악한 것들을 개의치 않으시는 거죠?" 그것은 하느님께서 우리를 자유인으로 만드셨기 때문이야. 만약 우리를 노예처럼 만드셨다고 생각해 보렴, 그러면….

잘못한 게 없는데 고통을 겪는 사람들은요?

이 화두와 이 질문은 영원할 거야. 아무 잘못이 없는 피해자, 순수한 어린아이. 제자들이 그리스도께 물었지. 소경으로 태어난 것은 그 자신의 죄 때문인지 아니면 부모의 문제인지. 그리스도께서는 둘 다가 아니며, 하느님의 이름이 드높여지기 위해서 그런 것이라고 말씀하셨어. 그리고 얼마 후 그 기적을 통해 당신의 말씀을 확인시켜 주셨지. 장애 아동의 부모는 아이보다 더 큰 고통과 상처를 입는단다. 언젠가 내가 미국에 있을 때 지체 장애 아동 부모들에게 위로가 될 만한 강연을 해달라고 부탁을 받았지. 강연을 마치자 부모들이 내게 다가왔어. 어떤 부모는 자신들이 미온적인 믿음을 가지고 있었다고 고백했고, 또 어떤 부모는 아이가 태어나기 전 이혼을 준비하고 있었다고 말했어. 그런데 지적 장애아로 태어난 아이로 인해 엄청난 고통과 슬픔을 겪으며 다시 한마음이 되었고, 이제는 그리스도인이 되었다고 밝혔지. 장애를 가진 아이 덕분에 말이야!

불치병 환자를 돌보는 기관을 한번 가보렴. 그곳에는 수십 년을 침대에 누워 지내는 사람들이 있단다. 그런데 우리가 그들에게 어떻게 지내느냐고 물어보면 뭐라고 대답하는지 아니? "하느님께 영광, 저는 잘 지냅니다."

반면에 우리는 모든 것을 다 누리고 있는데도….

그래! 이것은 배은망덕이지. 엄청난 배은망덕. 그래서 자신이 호의를 베풀었는데 감사를 못 받았다고 불평을 늘어놓는 사람을 보면 나는 슬퍼. 그럴 때마다 이런 말을 해주고 싶어. "형제님은 하느님으로부터 받은 모든 것에 대해 답례를 했습니까? 당신은 당신의 형제를 도와주지도 않았고, 그 어떤 것도 하지 않았습니다. 그런데 누군가에게 약간의 도움을 주었다고 해서 아주 많은 감사를 기대하는군요." 전혀 옳지 않지. 새로 태어난 사람, 그리스도께서 내 안에 들어오신 순간을 알아차린 사람, 그 사람은 온 세상이 변화하는 것을 본단다. 그는 더 이상 과거의 자신을 살아있다고 여기지 않아. 죽은 것으로 보지. 이미 그때부터, 그는 모든 중요한 순간마다 묵묵히 기다리면서 이렇게 자문해. '만약 주님께서 내 눈앞에 계신다면 난 어떻게 했을까? 만약 여기 이 자리에 계신다면 무엇을 했을까?' 이런 질문은 죄를 짓지 않게 도와준단다.

수녀님께서는 주님의 현존을 늘 느끼신다는 말씀인가요?

그래, 정말이야! 혼자 있을 때면 너는 네 안에 그분을 느낄 수 있어. 그때 기도는 행위가 아니라 하나의 상태가 되는 거지. 그리고 하느님께서 당신의 자녀들에게 원하시는 평온과 평안을 이미 누리게 될 거야. 하느님께서는 네게 어둠이 아닌 "빛의 자녀가 되어라"라고 말씀하시거든.

130. 거룩함의 후광

거룩함의 후광을 얻은 사람이 있을까요?

현세에서? 결단코 없어! 하지만 한 걸음 한 걸음씩 해나가면 돼. 롯의 아내처럼 돌아서거나, 손에 쟁기를 쥐고 뒤를 돌아보던 사람처럼 행동하지만 않는다면 말이지. (루가 9:62) 아주 작은 보폭일지라도 매일 앞으로 나아가야 해. 그리고 무엇보다도 가슴속에 많은 것을 담아두지 말거라. 자주 고백성사를 해서 털어버리렴. 그렇지 않으면 그것들이 네 안에 쌓이면서 악에 실체를 부여하게 되거든. 악의가 없어야 할 곳에 악의가 '존재'하게 만들 수 있어. 너희 자신의 것이건 남의 것이건 간에 악의는 '존재'해서는 안 돼. 너희에게 잘못을 저지른 사람을 떠올리지 말고, 그를 그리스도의 발 아래 맡기고 그것으로 끝을 내려무나. 그러면 돼.

131. 그리스도 안에서의 기쁨

기쁨은 그리스도인의 삶에 없어서는 안 될 요소가 아닌가요? 그리스도

를 믿으면 항상 기쁨에 넘치지 않나요?

그렇단다. 주님께서 이렇게 말씀하셨기 때문이지. "나는 너희에게 평화를 주고 간다. 내 평화를 너희에게 주는 것이다. 내가 주는 평화는 세상이 주는 평화와는 다르다."(요한 14:27) 또한 이렇게 말씀하셨단다. "내가 이 말을 한 것은 내 기쁨을 같이 나누어 너희 마음에 기쁨이 넘치게 하려는 것이다."(요한 15:11) 이 기쁨은 하느님의 은총과 같은 것이라, 우리 내면으로부터 흘러넘치지. 우리는 우리를 기쁘게 해줄 누군가를 기다리지 않아. 그리스도께서 먼저 우리에게 기쁨을 주셨기 때문에.

네, 저도 그것을 알아차렸답니다. 수녀님은 아프고 도움이 필요한 사람들을 매일 만나시면서도 늘 기쁨에 넘치시잖아요.

그래, 내 마음을 다해서 그들을 사랑하니까. 나는 그의 삶을 나의 삶과 연결하면서, 필멸의 죄인인 내가 그들을 이렇게 사랑할 수 있다면 그들을 창조하신 하느님은 당신의 자녀들을 얼마나 더 사랑하실까 생각해. 달리 말해, 그들 존재의 첫 번째 이유가 바로 하느님이시라는 거지. 하느님께서는 그들이 왜 아픈지, 그 이유를 알고 계셔. 병이 영혼에 어떤 영향을 미칠지도 알고 계시지. 나는 판단할 수도, 헤아릴 수조차 없단다. 그렇다면 내가 할 수 있는 게 무얼까? 나는 아픈 이들을 내 마음속에 담아. 사랑 가득히 간절히 기도하고, 그리스도의 발 아래 그를 맡기는 거야. 이렇게 말하는 거지. "나의 하느님, 당신의 자녀인 그에게 당신의 은총을 베푸소서. 그를 용서하소서. 당신의 자비를 보여주소서. 그에게 당신의 빛을 내리소서. 그에게 영육의 건강을 허락하소서. 그리고 당신의 뜻을 그의 삶 속에서 드러내소서." 사람은 병마에 시달리며 교훈과 깨달음을 얻기도 하거든. 병상에 오래 누워있는 시간에 자신을 성찰할 수도 있고, 많은 질문에 대한 답을 찾기도 하니까. 나도 어릴 적 오래 누워 지냈지만 긴 시간 앓아본 사람들은 죄인인 자기 자신에게 이것이 어떤 선물인지를 잘 알지. 죄는 깨끗해져야 하기 때문이야…. 침대에 누워 우리는 모임 같은 외부 활동을 하지 않고 조용히 자기 자신만의 시간을 가질 수가 있어. 스스로를 되돌아보는 데 도움이 되지. 아무튼 나는 그를 위해 기도하고, 그를 하느님의 손에 맡긴단다. 더 할 수 있는 일이 있을까? 아니! 그런 후에는 당연히 기쁨은 그대로 남아있지.

그를 위해 울 수는 없어. 나의 죄에 대해서 하느님께 용서를 구하며 울 수는 있겠지. 하지만 이건 또 다른 문제야. 하느님의 자녀인 다른 사람을 위해 내가 운다는 것은… 글쎄. 물론 나는 내 온 마음을 다해 함께 아파할 수 있어. 그렇기에 내가 그를 위해 기도할 수 있는 거겠지. 기도는 하느님과의 결합처럼 이루어져. 하느님께서는 당신의 기적을 보여주시기 위해 우리가 이 세상에서 사랑하며 살길 원하셔. 실제로 인간의 영혼이 당신과 하나로 결합되기를 원하신단다. 나는 그것을 많이 지켜봤어. 그래서 성직자들과 하느님의 사람들이 누군가를 위해 기도를 하면 그가 아무리 먼 곳에 있다 할지라도 변화가 일어나는 것을 목격하지. 그는 이렇게 말할 거야. "제가 어떤 느낌을 받았는지 아세요? 그때부터 제게 어떤 기운이…" 등등. 이런 게 가능한 이유는 기도보다 더 위대한 에너지가 없기 때문이야. 기도는 하느님의 에너지이지. 그런데 그 무엇보다 우리에게 필요한 또 한 가지가 있어. 그것은 침묵 속에서 하느님의 음성을 듣는 거란다.

그렇다면 기쁨이 항구적일 수 있다는 말씀인가요?

그렇지. 우리가 기도처럼 중요한 일을 할 때조차도 누군가가 와서 문을 두드리면 문을 열어줘야 해. 성인들께서 말씀하시듯이 아무 일도 없다는 듯 그에게 문을 열어주며 "형제여, 어서 들어오시오"라고 해야 하지. 우리가 우리 자신이 아닌 형제에 대해서 이 정도로 생각할 수 있는 수준에 이르면 그때 기쁨은 항구적일 수 있단다. 우리가 상대방이 자신의 모습을 비추는 거울이 되어준다면, 그리고 이 거울이 기쁨으로 가득차 있다면 그 역시도 반드시 그 모습을 보게 될 거야. 이것은 아주 기본적인 거야.

나는 오랜 기간 정말 가난하고, 억압되고, 그리스도가 없다고 여겨지는 나라에 살았단다. 그곳은 바로 인도야. 그런데 그리스도를 모신다고 하는 나라들, 스위스나 프랑스를 한번 보렴. 기차에서 내리는 순간 보이는 사람들의 얼굴이 하나같이 부루퉁하고 수심으로 가득차 있지! 혹시 여기 무슨 일이 있나? 기쁨이라는 감각이 사라져 버렸구나 싶거든. 매우 심각할 정도야! 그런데 인도를 봐. 그들은 그리스도를 기다리고 있어. 기뻐하는 가운데 기다리고 있지. 반면에 우리는 그리스도를 '모시고 있으면서도' 그분을 반영하지 못하고 있단다. 우리는 죄인이야. 아주 대역죄인이지. 다시금 강조하지만 하느님의 힘과 사랑에 너희 자신을 절대적으로 내맡길 때만이 모든 것이, 정말 모든 것이 하느님의 뜻 안에서 또는 허용 안에서 이루어진다는 것을 알게 될 거야. 따라서 하느님께서 원하시는 거라면 나는 온 마음을 다해 그것을 수용하려고 해. 하느님께서 허용하신다면 똑같은 마음으로 기쁘게 받아들일 거고. 분명 거기에는 이유가 있을 테니까. 이건 일종의 훈련이야. 그러므로 함부로 '왜'라는 물음을 던져선 안 된단다. 절대! '왜'라고 묻는 사람은 '나(에고)'라는 단어를 쓰는 것과 다름이 없거든. '나'가 있는 곳에는 발전은 물론 희망도 없단다.

수녀님, 저희에게 기쁨에 대해 말씀해 주셨는데요. 그런데 교부들께서는 우리의 죄에 대해 슬퍼하고 눈물을 흘리라고 말씀하셨어요. 어떻게 이 두 가지가 공존할 수 있나요?

그에 대해 말해주마. 우리가 스스로의 잘못을 인식하면 눈물을 흘리며 처절한 심경으로 회개를 하지. 하지만 그다음에는 용서의 기쁨이 와야만 해. 하느님께서는 자애로우시고 자비로우신 분임을 우리가 알기 때문이야. 고백성사를 마치고 나서도 우는 사람이 있을까? 자신의 죄와 모든 잘못에 대해서 고백하며 울어야지, 성사를 마친 후에 밖에 나와서 울어서야 되겠니?

만약 그렇다면 진정한 고백이 이루어지지 않았다고 볼 수 있겠군요.

바로 그거야!

그렇다면 내면의 '에고'가 완전히 사라지지 않았다는 거고, '에고'가 살아 있으니 눈물과 슬픔, 침울함 등이 찾아올 수밖에요.

맞아. 그리고 고백성사 이후에는 없어야 할 가책이 여전히 남아있는 거지.

우리는 그런 경험을 번갈아 겪으며 살아간다는 말씀이죠? 평생 눈물과 자책만으로 살 수 없고, 하느님의 위로도 차례로 받게 되는 거죠.

그래. 하지만 하느님의 사랑을 굳게 확신하고, 상대방을 판단하거나 그에게 해를 끼칠 행동을 하지 않도록 조심할 때가 찾아올 거야. 더 이상 양심에 거리낌이 없겠지. 그러면 너희는 하느님으로부터 기쁨을 받아 다른 이들에게 그 기쁨을 전하면서 누릴 거야. 내 생각은 그래. 그리고 감사합니다, 감사합니다, 감사합니다 하고 외치겠지. 기쁨의 춤을 추면서!

132. 하느님의 은총과 사랑의 관계

우리는 우리의 행동과 삶의 방식 때문에 하느님의 은총으로부터 멀어지는 경우가 많아. 기도와 순종, 겸손으로 힘겨운 노력 끝에 언젠가는 그것을 되찾을 수도 있어. 그런데 이 모든 것에 대한 열쇠는 사실 우리가 얼마나 어디까지 사랑을 할 수 있느냐란다. 언젠가 내가 천사에게 물었어. "하느님께서는 제가 어디에 있기를 원하시나요? 어떤 일을 하길 원하시는지요?" 대답은 분명했지! "네가 어디를 가건, 무엇을 하건, 어떻게 살건, 다른 사람을 돕건 말건 그런 것들은 중요하지 않아. 오직 하나만이 중요하지. 그것은 네가 양적으로 질적으로 사랑을 얼마나 베푸느냐야. 누구에게나 차별 없이."

양적으로, 질적으로요?

사랑의 질은 보상을 기대하지 않고 사랑을 베푸는 것으로 결정돼. 사랑의 양은 개인적인 희생을 감수할 정도로 그 사랑이 끝이 없어야 함을 말하지. 희생이 없는 사랑은 하느님의 뜻에 따른 사랑이 아니기 때문이야. 그렇다면 어떤 종류의 희생을 말하는 걸까? 희생이라고 느끼지 않는 희생! 그런 정도까지의 희생이란다! "내가 이렇게까지 희생했는데, 봐봐, 난 아무것도 얻은 것이 없어"라고 말하는 계산적인 행동은 바리새주의야!

133. 영혼

수녀님, 하느님을 믿지 않는 사람들에게 "그분이 계신다는 것을 느끼지 못하세요? 그렇다면 영혼은 있다고 느끼시나요?" 하고 물으면 그들은 "영혼요? 영혼이 뭔가요?"라고 오히려 반문해요. 그러면 저는 "제가 정의를 내릴 수는 없겠지만 그것은 육신과는 분리된 그 무엇이랍니다. 한 줄기 바람, 신성의 숨결 같은 거죠"라고 대답하지요. 여기에 어떤 말을 더할 수 있을지 모르겠어요.

그런 사람들에게는 이런 복음 말씀을 인용해서 설명해 주면 좋단다. "사람이 온 세상을 얻는다 해도 제 영혼을 잃는다면 무슨 이익이 있겠느냐?"(마르코 8:36 참조) 이것은 사람에게서 가장 중요한 것이 바로 영혼이라는 것을 보여주지. 한 인도인 그리스도교도는 하느님을 본 적이 있느냐는 사람들의 질문에 이렇게 답했어. "그분을 뵌 적이 있습니다." "어떻게 보셨어요? 저희에게 말씀 좀 해주세요." 그러자 그가 일련의 질문을 던졌지. "당신은 당신의 눈을 본 적이 있습니까?" "네, 거울로 봤지요." "거울 말고 혼자서 그것을 본 적이 있습니까?" "아니요. 어떻게 거울 없이 제 눈을 볼 수 있겠습니까?" "하느님의 경우도 똑같습니다. 당신이 그분 안에서 살고 있는데 어떻게 그분을 볼 수 있겠습니까?" 정말 멋진 대답 아니니? 너희도 이렇게 말하렴. 이성만으로는 한계가 있어. 하지만 기도, 숙고, 명상으로써 그것에 도달할 수가 있단다. 비록 말로는 설명할 수 없지만 말이야. 말은 한정적이고 그 의미도 제한되어 있어서 네가 도달한 깨달음을 다 표현할 수 없기 때문이지.

134. 하느님의 시간

가끔은 내가 한 말을 상대방이 받아들이지 않을 수도 있지. 하지만 우리가 다른 말을 인용하면 그때는 상대가 바로 받아들여!

수녀님, 그래서 저희도 누군가를 설득하려 할 때에는 이렇게 말한답니다. "가브릴리아 수녀님께서 그렇게 말씀하셨어요." 그걸로 끝이지요! 그러면 아무런 문제가 발생하지 않더군요!

그런데 너에게 묻고 싶구나. 그렇게 해서 결과를 얻었니?

그럼요! 엄청난 결과를 얻었죠!

아, 그건 하느님의 시간이 도래했다는 의미란다. 내가 말한 것과는 전혀 관계가 없어.

수녀님께서 저희에게 말씀하셨던 게 기억나요. "그냥 두어라. 먼저 청하지 않으면 말하지 말고 그냥 있거라."

그래, 합당치 않은 곳에 성스러운 것을 줘서는 안 되지. 성서도 네게 청하는 자에게 주라고 이것을 확인시켜 준단다. 진리를 찾고 조언을 얻기 위해 헤매는 수많은 사람들이 있어. 그런 사람들을 도와줘야 해. 다른 사람들은 그냥 그대로 두렴. 그들의 시간이 오거나 또는….

그의 시간이 오지 않는 사람들도 있나요?

하느님의 부르심은 모두에게 주어져. 우리는 그것을 알지. 부르심을 받지 않은 사람은 아무도 없어. 하지만 일부는 귀가 먹었거나 또는 귀가 먹은 듯 행세하지. 그러면 어떻게 되겠니?

그들은 그것에 대해 책임을 져야 하나요?

물론이지! 두말할 것도 없어.

경구

가브릴리아 수녀님과 함께 있을 때면 언제 어떤 가르침을 주실지 몰라 우리는 늘 눈을 크게 뜨고 귀도 쫑긋 세우고 있었다. 평범한 일상 이야기 중에도 문득 우리의 멍한 눈앞에 지혜의 보석이 반짝인다거나, 느슨해진 마음에 번뜩이는 빛이 스쳐 지나곤 했다. 우리는 언제나 주머니 속에 메모지를 가지고 있다가 수녀님께서 잠시 통화를 하시거나 방으로 들어가시면 방금 들은 귀한 가르침을 잊어버리지 않으려고 다급히 옮겨 적었다. 좀 더 대범한 이들은 몰래 녹음기를 가지고 다니기도 했다.

우리 모두는 이 귀중한 말씀들을 그러모았고, 때로는 "이 놀라운 말씀 좀 들어봐!" "제일 마지막 말씀 좀 들어봐!" 하며 서로의 것을 교환하기도 했다.

비밀스럽게 쓰인 노트와 기타 녹음 자료를 통해 우리는 수년에 걸쳐 가브릴리아 수녀님의 경구 370개를 모았다. 말씀 하나하나를 음미하면서 읽으면 마음의 갈증을 해소하는 데 도움을 받을 수 있을 것이다.

1. 그리스도의 겸손이 우리의 삶의 방식이 된다면 그 어떤 곳도 부활의 장소가 될 수 있다.
2. 영적으로 깨어있는 상태라면 잠을 자도 좋다.
3. 몇몇 사람만을 위해 밤을 지새우는 사람이 있고, 모두를 위해 밤을 지새우는 사람이 있다.
4. 정교회 영성은 학습을 통해 얻는 지식이 아니다. 삶으로써 체득하는 것이다.
5. 손이 닿는 것이든 아니든 너무 많은 것을 바라지 말라. 적은 것이라도 그대가 가진 것을 소중히 여기라.
6. 하느님을 사랑하는 법을 배우는 것, 이것이 유일한 교육이다.
7. 돈보다 더 싼 것은 없다.
8. 죽은 뒤보다 지금 여기서 지옥을 겪는 편이 더 낫다.
9. 무슨 말을 하느냐보다는 어떻게 사느냐가 중요하고, 무엇을 하느냐보다는 어떤 존재인가가 더 중요하다.
10. 나는 수녀복을 입었다. 먼지 묻지 않는 이상 나는 말을 하지 않는다. 내 수녀복이 대신 말하기 때문이다.
11. 만일 그대에게 세상에 대한 사랑이 있다면 온 세상이 아름다울 것이다.
12. 그리스도인은 사랑을 정화(淨化)하고 노동을 성화하는 사람이라고 누군가가 말했다.
13. 인간은 자유를 원한다고 부르짖지만, 결국 진정한 자유를 찾는 대신 스스로의 정념의 노예가 되고 만다.
14. 머릿속에 뭐가 들었든 마음속에는 성령을 담는 것이 우리의 목표이다.
15. "아버지의 뜻이 하늘에서와 같이 땅에서도 이루어지게 하소서"

라고 함으로써 우리는 천국의 반사상이 된다.

16. 사랑하는 사람은 자신이 사랑한다는 사실을 인지하지 못한다. 그것은 호흡을 인지하지 못하는 것과 같다.

17. 천상의 문이 열려있을 때, 그 문은 지상에서도 열려있다.

18. 세상적인 것에 마음을 주지 않고 하느님과 하나로 연합한다면 우리가 건네는 사소한 인사조차도 축복이 된다.

19. "아니요"라 하고 거부함으로써 우리는 목적을 상실하고 만다.

20. 하느님께서 당신의 형상대로 지으시고, 당신의 뜻대로 인도하시는 타인에 대해 우리의 뜻을 지나치게 고집해서는 안 된다.

21. 인생을 살아가는 데 있어서 처음에는 사랑하는 사람의 존재를 필요로 한다. 자신이 사랑하는 이가 누구인지, 이 사람인지 저 사람인지 아직 알지 못하기 때문이다. 하지만 우리가 성장해 감에 따라 유일하신 하느님께서 사랑과 기쁨으로 우리를 충만히 채워 주시기에 더 이상 다른 이의 필요를 느끼지 못한다.

22. 많은 경우 하느님께서는 행위가 아닌 마음을 원하신다. 하느님께는 그대가 그분의 계명을 기쁜 마음으로 지키는지, 그 마음을 보이는 것만으로 충분하다.

23. 예수 그리스도께서는 홀로 계시면서도 또한 다른 사람과 어우러지는 삶의 모습을 보여주셨다.

24. 하느님께서 우리를 지으셨을 때 우리에게 생명을 주었고, 당신의 영을 불어넣어 주셨다. 이 영이 사랑이다. 사랑이 우리를 저버리게 되면 그때 우리는 주검이 된다. 더 이상 살아도 산 게 아니다.

25. 그리스도인은 모든 사람과 모든 것 안에 존재하는 신비를 존중해야 한다.

26. 내가 존재하지 않는 경지에 이르기 위해서는 사랑하고, 사랑하

고, 또 사랑해야 한다. 상대가 누구든 간에, 상대방과 자신을 완전히 동일시할 수 있을 때까지. 하루가 끝나갈 무렵, 이렇게 자문해 보라. 내가 원하는 것이 있는가? 내가 바라는 것이 있는가? 아니. 내게 부족한 게 있는가? 아니. 그럼 된 것이다!

27. 영적으로 성숙한 사람은 내가 존재하지 않는 경지에 이른 사람이다. 그리고 자신에게 벌어지는 모든 일이 다 하느님의 뜻이며, 하느님의 허용 안에서 일어나는 것임을 납득한 자이다.

28. 누군가 진정한 영적 발전을 이루고자 한다면, 번잡하게 주의를 흩뜨리는 세속의 독서(소설, 잡지 등)를 멈추고 성서 봉독과 연구에 집중해야 한다. 그래야만 예수 기도를 통해 하느님과 연합하여 그분의 뜻을 들을 수 있다.

29. 하느님의 뜻 외에는 결코 그 어떤 것도 원하지 말아야 한다. 그리고 그대에게 찾아오는 시련을 사랑으로 껴안아야 한다.

30. 누군가 그대에게 못되게 굴더라도 그것으로 그 사람을 판단하지 말라. 그의 마음속에 있는 그리스도를 보라.

31. "나에게 왜 이런 일이?"라는 물음을 품지 말라. 누군가가 한센병이나 암, 실명 등으로 고통받는 것을 보아도 왜 그런 일이 생겼느냐고 절대 묻지 말라. 대신 그 이면에 감춰진 것을 보게 해달라고 하느님께 간청하라. 그러면 천사들처럼, 이곳에서 일어나는 모든 일은 하느님의 계획 안에 있다는 사실을 있는 그대로 보게 될 것이다.

32. 어느 현자가 말했다. "오직 자신만을 위해 살고자 한다면 차라리 태어나지 않는 편이 더 낫다."

33. 우리가 제대로 된 수도자가 되길 원한다면 매 순간 수도원에서의 삶보다는 하느님을 우선순위에 두어야 한다. 그렇지 않으면 우

리는 실패할 것이다.

34. 지나가던 행인이 슬퍼하는 여섯 명의 남자를 만났다. 그는 "어디서 오시는데 그렇게 침통해하십니까?" 하고 물었다. 그러자 "우리는 방금 사랑을 묻었습니다"라고 그들이 답했다. 이른바 '낭만적인' 사람들이지만, 하느님께서 사랑이시고, 영원하시고, 불멸하시며, 신성하시다는 것을 느껴본 적이 없는 이들이었다.

35. 사람의 가장 취약한 지점은 넘치는 대화와 토론 중에 탄로 나곤 한다.

36. 온유하다는 것은 죄책감을 느끼지 않기를 바라는 것과 같다.

37. 다른 사람을 판단하려는 생각이 떠오르면 하느님께 간구하여라. 비난하는 마음을 단번에 없애주시고 당신처럼 그 사람을 사랑할 수 있게 해달라고. 그러면 하느님께서 그대의 결점을 볼 수 있게 도와주실 것이다. 만약 그리스도께서 눈에 보이시는 분이라면 당신이 누구를 비난할 수 있겠는가?

38. 만약 당신이 누군가를 좋아하지 않는다면 그에게서 그리스도를 본다고 생각하여라. 그러면 감히 비판의 말 한마디도 입 밖으로 내지 못할 것이다.

39. 우리는 하느님께서 선물로 보내주신 이들을 사랑하고 마음속에 받아들여야 한다. 주님 당신과 정교회 전승에 의해 이처럼 정해진 것이다.

40. 다른 사람의 종이 되어서는 안 된다. 우리는 오직 하느님의 종일 뿐이다. "하느님께서는 값을 치르고 여러분의 몸을 사셨습니다"라고 사도는 말씀하셨다. (1고린토 6:20) 그러므로 인간관계에서 종노릇을 해서는 안 된다.

41. 우리가 하는 말은 영원 속에 남는다.

42. 그대가 사랑으로 완전해질 때에만 무정념에 이를 수 있다.

43. 진정한 사랑 없이 행동하는 자만이 역경에 직면한다.

44. 판단력은 인간에게 자연스럽게 주어진 능력이다. 비판과 비난은 악의에서 비롯하는 것이다. 분별력은 하느님의 선물이며 우리는 이를 위해 기도해야 한다. 우리를 보호하고 발전시키는 데 필수적인 요소이기 때문이다.

45. 교회의 삶은 도덕적인 규범이나 종교적인 의무를 넘어선다. 그것은 영성에 의한 도덕의 초월이다.

46. 우유부단한 사람은 삶에 참여하지 않는다.

47. 도움이 꼭 필요하면 하느님께서는 우리 곁에 사람을 보내주신다. 우리 모두는 동반자이다.

48. 하느님의 언어는 침묵이다.

49. 과거에 사는 사람은 죽은 자와 같다. 환상 속에서 미래를 사는 사람은 어리석은 사람이다. 미래는 오직 하느님께 속한 것이기 때문이다. 그리스도의 기쁨은 오직 현재, 하느님의 영원한 현재에서만 발견된다.

50. 우리의 목표는 하느님을 경배하고 이웃을 사랑하는 것이다.

51. 하느님의 계명대로 살아야만 행복과 평화를 찾을 수 있다.

52. 자선 활동의 가장 핵심적인 행위는 사람들에 대해 좋은 말을 하는 것이다.

53. 나는 걱정을 해보려 해도 할 수가 없다. 걱정을 한다는 것은 마치 하느님께 이렇게 말씀드리는 것과 같다. "저는 동의하지 않습니다. 당신께서 제대로 일을 못 하고 계세요." 더구나 이것은 순전히 배은망덕한 행동이다.

54. 아름다움 앞에서 말은 불필요하다. 그것은 조화를 방해한다.

55. 그리스도의 이름을 부름으로써 우리는 에고를 때려 부순다.
56. 우리 영혼의 등잔은 언제나 불을 밝히고 있어야만 한다. 영원히 타오르는 등불을.
57. 다른 사람들에게 기쁨을 줄 때, 먼저 그 기쁨을 느끼는 사람은 바로 그대이다.
58. 소리내어 하는 기도보다는 소리내지 않고 속으로 집중하여 드리는 기도가 더 좋다. 하지만 피치 못할 때는 기도를 하지 않는 것보다는 소리를 내어서라도 기도를 하는 게 낫다.
59. 그대의 목적이 그대와 하느님 사이에 개입하는 대신, 하느님께서 그대와 그대의 목적 사이에 개입하시게 하라.
60. 죽음을 앞두고 하는 고뇌는 자유롭게 주님을 향해 달려가려는 영혼의 노력이다.
61. 서신 교류는 고독과 사교를 결합할 수 있는 유일한 방법이다.
62. 기적은 하느님의 뜻에 따른 사건의 평범한 진행 과정이다. 우리가 기적이라고 부르는 것은 하느님께는 자연스러운 일일 뿐이다.
63. 새벽녘이나 저물녘이나 재스민꽃은 늘 하얗다. 당신을 위한 제 존재처럼. (그리스어 단어 '재스민'의 발음은 '나는 당신을 위해 존재해요'라는 문장의 발음과 유사하다.)
64. 역경이 닥치더라도 누구의 탓인지 따지려 하지 말라. 책임은 우리 스스로에게 있다. 우리가 마땅히 해야 할 만큼의 사랑을 하지 않았거나, 계명에 불순종했거나, 상황을 잘못 다루었거나, 너무 앞서 나갔거나, 또는 엉뚱한 사람에게 의지했기 때문이다. 기도 속에서 그 이유를 발견할 수 있을 것이다.
65. 뭔가를 잃어버렸을 때 우리는 이렇게 말해야 한다. "주여, 이웃

에 대한 저의 악한 생각들도 이처럼 거두어 가주소서."

66. 세상사에 대한 걱정은 믿음이 없는 사람들에게나 어울리는 것이다.

67. 오직 아픔만이 자유를 가능케 한다.

68. '나'가 '너'보다 앞설 때 인간관계는 어려워진다.

69. 하느님께서는 그대를 사랑하시는 만큼 그대의 적들도 똑같이 사랑하신다.

70. 기도를 하고 싶은가? 은밀하게 주님을 뵐 준비를 갖추라.

71. 어떤 사람들은 하느님의 허락하에 어둠의 세력의 도구가 되기도 한다. 이는 우리 자신을 시험하고 성장하게 하기 위한 것이다.

72. 화를 내어서는 안 된다. 동요는 모든 도움의 손길을 몰아내기 때문이다.

73. 등잔 속의 물과 기름이 서로 섞이지 않는 것처럼, 세상 속에 살아가면서도 동화되지 않을 수 있는 자는 하느님 안에서 살 수 있다. 그는 세상 속에 있지만 세상에 속하지 않는다.

74. 우리 모두는 그릇이다. 어떤 때는 빛의 그릇이 되고, 또 어둠의 그릇이 되기도 한다.

75. 급박한 위기의 순간에는 입을 다물어야 한다. 아무 말도 하지 말라. 입을 여는 순간 한없이 후회하게 될 것이다. 대신 천사들에게 요청하여 그것을 주님의 발 아래 가져다 놓고, 평화의 천사로 하여금 그대의 영혼을 진정시켜 달라고 그분께 기도하라.

76. 사람들은 가끔 그대에게 조언이나 지침 같은 것을 청하고 그 뒤로 숨는다. 그런 다음 일이 잘 풀리지 않으면 "당신 탓이에요"라며 비난한다. 그럼에도 그대의 말은 무시당할 가능성이 높으며, 이 경우 모든 수고는 허사가 된다.

77. '나'가 무너져 '너'가 되고, '너'도 무너져 둘이 함께 '그분'이 되면 그때 우리 모두는 '그분의 것'이 된다.

78. 마음속에 두려움이 느껴질 때는 눈을 감고 예수 기도를 드려라.

79. 우리가 가만히 멈춰있을 때에만 천사들이 뭔가를 할 수 있는 기회가 만들어진다.

80. 그대는 그대가 해야 할 일을 하라. 하느님께서는 당신께서 해야 할 일을 하실 것이다.

81. 가슴이 설레고 무언가에 대한 깊은 갈망을 느끼더라도 하느님께서 정하신 일정한 시간이 지나야 그것이 이루어질 것이다.

82. 우리는 우리의 결점을 스스로 없앨 수 없다. 그분께서 우리 안의 그것들을 하나씩 없애주신다.

83. 우리는 매일 그분께 간청해야 한다. 당신의 뜻으로 우리를 다스리시고, 우리를 당신의 것으로 삼으시고, 당신께서 원하시는 우리가 되게 해달라고 말이다.

84. 우리는 그분의 뜻에 '복종'해서는 안 된다. 복종은 군인들이 하는 것이다. 그분의 자녀로서 우리는 우리의 모든 존재와 더불어 우리의 의지를 그분께 드려야 한다. 그리고 이렇게 말해야 한다. "왜곡되고 불완전한 저의 모든 것을 당신께 바치오니 바로잡아 주소서."

85. 하느님의 은총은 우리가 손을 드높일 때 내려온다. 이는 하느님의 은총을 끌어당기는 믿음이다. 하느님께서는 은총을 '쏟아붓고' 계시는데, 그 은혜를 받들기 위한 손은 어디에 있는가? 대신 우리는 모자를 쓰거나 우산을 들어 그것을 가리고 있다.

86. 그리스나 정교를 비난하는 외국인이 있다면 그가 내뱉는 말과 그 사람을 동일시하지 말라. 또한 거룩한 성해의 발견처럼 이곳에

서 일어나는 많은 기적에 대해서도 일절 언급하지 말라.

87. 자리에 없는 사람에 대해서 이야기하지 말라.

88. 우리는 허영 속에 살면서 이것이 인생이라고 믿고 있다. 얼마나 불쌍한 존재들인가.

89. 아, 주여! 스스로를 대단하다고 여기는 작은 수탉처럼 때때로 교만하게 행동하는 저희를 용서하소서.

90. 어리석은 인간이여! 우리는 필멸하는 것을 마치 불멸하는 것처럼, 불멸하는 것을 마치 존재하지 않는 것처럼 인식한다.

91. 보잘것없는 양파! 그런 양파조차도 자신의 모든 것을 내어준다.

92. 내일이라는 '신비', '성찬'은 얼마나 아름다운가!

93. 사람은 한 번에 교훈을 얻는다. 만일 한 번에 배우지 못한다면 그의 무의식 속에 그것을 방해하는 뭔가가 있음을 뜻한다.

94. 뭔가를 원하는 사람은 믿음으로 그것을 받을 것이라고 주님께서 말씀하셨다. 그의 요청이 하느님의 계명에 부합하는 한, 즉 사랑으로 청하는 것이라면 말이다.

95. 주님께서 그대에게 온전히 주신 생명의 빵, 식탁 위로 떨어지는 그 빵의 부스러기를 다른 사람들로부터 빼앗지 말라. 부자의 식탁에서 떨어지는 빵 조각을 양식으로 삼았던 라자로처럼, 많은 이들이 사랑에 굶주리고 목말라한다.

96. 우리는 주님의 빛을 투사하지 않을 권리가 없다. 주님께 받은 것을 세상에 전하는 소금과 등불이 되어야지, 그것을 됫박 아래에 두어서는 안 된다. (마태오 5:15 참조, 루가 11:33 참조)

97. 양날의 검처럼 모든 것에는 두 가지 면이 있다. 오늘은 생산적인 어떤 것이 내일은 파괴적인 것이 될 수 있다.

98. 배에 탄 선원들이 서로 다투더라도 배는 항로를 따라 목적지에

도착한다. 교회도 이와 같다. 그리스도께서 직접 키를 잡으시기 때문이다.

99. 사랑만으로 기적이 일어날 수 있다. 기도나 콤보스히니에도 그런 능력은 없다.

100. 강한 열망과 큰 사랑을 지녔다 해도 다른 이를 도울 수 없다는 것을 나는 경험으로 알게 되었다. 도움은 오직 하느님의 시간이 도래했을 때, 오직 한 분에게서만 온다.

101. 우리가 끊임없이 하느님을 생각할 때, 하느님께서도 끊임없이 우리를 생각하신다.

102. 그대가 그대 자신을 위치시킨 곳에 다른 사람들도 그대를 놓아둘 것이다. 그러므로 우리는 인간의 존엄과 이른바 그리스도인의 품격을 유지해야만 한다.

103. 우리는 스스로를 위해 존재하지 않을 때 비로소 쓸모 있게 된다. 그렇지 않으면 정반대가 될 것이다.

104. 다른 사람을 대신하여 우리가 결정을 내려서는 안 된다. 항상 최선의 해결책을 찾아내는 천사들에게 맡겨야 한다

105. 그대가 그분의 것이라는 사실을 결코 잊어서는 안 된다.

106. 키레네 사람 시몬처럼, 우리는 언제나 다른 사람들을 돕기 위해 달려갈 준비를 갖추고 있어야 한다.

107. 바삐 일하는 자에게 도움을 구한다면 그는 그대에게 도움을 줄 것이다. 하지만 게으르고 나태한 자는 그렇지 않을 것이다.

108. 사랑하지 않는다면 내게 화가 있으리라.

109. 세 가지가 필요하다. 첫째는 믿음, 둘째도 믿음, 셋째도 믿음.

110. 다이어트를 위한 금식은 어찌 그리들 쉽게 하는지! 그런데 교회에서 정한 수요일, 금요일 금식은 어찌 그리들 어려워하는지!

111. 우리는 어디에도 '영원히' 존재하지 않는다. 우리가 어디에 있건 그곳에 '영원히' 살려고 태어난 건 아니다. 때가 되면 떠나야 한다.

112. 우리에게 일어나는 모든 일에 대한 책임은 우리 자신에게 있지, 하느님이나 다른 사람에게 있지 않다. 그러니 하느님이나 다른 사람을 비난하지 말아야 한다.

113. 매일 아침 우리 앞에 새로운 페이지가 열리면, 우리는 그 빈 종이 위에 서명을 해서 주님 앞에 내놔야 한다. 당신께서 원하시는 대로 기록하실 수 있도록.

114. 기도할 때는 문을 닫아걸자.

115. 그리스도에 따르면 완전한 사랑은 상대방의 인격에 대한 존중 그리고 친밀함에서 기인하는 상처로부터의 보호를 포함한다.

116. 몰랐던 지식을 갑자기 알게 되거나 말로 표현할 수 없는 깨달음을 얻는 것은 신성한 은총이 그에게 임한 데서 비롯한다.

117. 어떤 것이 좋지 아니할 때는 그것에 대해 다시 생각하지도, 다른 이에게 전하지도 말아야 한다.

118. 온 영혼을 바쳐 누군가를 사랑한다는 것은 그를 위해 기도한다는 것을 의미한다. 이 경험을 가진 사람은 누구나 낙원 속에 있다.

119. 깊이 절망해 보지 않고선 그분의 빛을 볼 수 없다.

120. 온 생애가 하나의 파도와 같다. 우리는 베드로 사도처럼 물 위를 걷거나, 아니면 요나 예언자처럼 물속으로 빠지고 말 것이다.

121. 주님께서는 포즈만 취하는 것을 원치 않으신다. 주님은 겸손에 대해 말씀하셨다. 겸손한 마음을 갖는다는 것은 상대방과 하나가 되어 그가 모험가이든 부랑자이든, 과학자이든 성인이든 모

든 이를 똑같이 대하는 것이다.

122. 우리가 뭔가를 싫어하면 살면서 언젠가는 반드시 그것을 마주하게 될 것이다. 따라서 반감을 품지 않는 것이 좋다.

123. 이미 벌어진 일에 대해서는 후회하지 말라.

124. 사랑이란 "네, 하지만" "아니요" "싫어요"라고 말하지 않는 것이다.

125. 모든 은수처는 하느님 은총의 채석장이다.

126. 만일 그대가 '에고'를 부수고 비우지 않는다면 하느님을 위한 공간을 어떻게 만들겠는가?

127. 그대가 누군지와 그대가 겉으로 어떻게 보이는지는 별개의 것이다. 외적인 것을 추구하는 사람들은 후자를 위해 전자를 잃는다.

128. 하느님께서 주신 은사는 우리가 사랑으로 물을 뿌려줄 때만 꽃을 피운다.

129. 나는 기다리는 것이 없다. 그 어떤 것도 원하지 않으며, 그 무엇에도 의구심을 품지 않는다. 걱정도 하지 않고, 아무 데도 마음을 쓰지 않는다. 어디에도 얽매이지 않는다…. 나는 존재하지 않는다.

130. 가만히 인내하라. 그러면 알게 되리라. '고요함.' 이보다 더 훌륭한 학교는 없다.

131. 유일하고 참된 기쁨은 평온한 마음속에 있다.

132. 큰 강의 수원지에 가까이 갈 수 없는 것은 물소리가 너무 커서 말하지도 듣지도 못하기 때문이다. 이와 마찬가지로 그대는 생명의 근원이신 하느님께 가까이 다가갈 수 없다. 단지 멀리서만 그분으로부터 온기, 에너지, 힘, 그리고 모든 것을 받아 다른 이들에게 차례로 전달할 수 있을 뿐이다.

133. 나뭇가지가 부러지면 그곳에 앉아있던 작은 새는 놀라지 않고 날개를 펴서 날아간다. 이와 마찬가지로, 우리 발밑의 지지대가 무너지면 하느님을 향한 믿음과 소망은 우리에게 날아갈 수 있는 능력과 기쁨을 준다.

134. 우리 기도처의 문이 굳게 닫혀있을수록 하늘의 문은 그만큼 열리게 된다.

135. 누군가가 그대에게서 기쁨을 앗아가려고 할 때면 하느님께서 그대를 사랑하신다는 것을 기억하라.

136. 사람들과 관계를 맺을 때, 마치 그리스도께서 함께 계시는 것처럼 행동하라. 그러면 누구를 만나건, 어떤 상황에 놓이건 후회할 일을 하지 않을 것이다.

137. 어떤 문제와 사안에 대해 너무 깊이 골몰한다는 것은 우리가 그만큼 교만하고 믿음이 부족하다는 것을 드러낸다.

138. 진정 온유한 사람은 결코 짜증을 내지 않는다. 짜증이란 비판과 비난, 반항에서 비롯되는 것이기 때문이다.

139. 도서관과 강의실들은 언제나 가득차 있다. 하지만 그곳에서 나신 성인이 한 분이라도 계시던가?

140. 영혼의 가꿈은 마음속에서 일어나는 일이다. 이런 사람이야말로 진정으로 영적이다. 많은 이들이 생각하는 것처럼 학식 있는 사람이 영적인 것이 아니다.

141. 이른바 '그리스도인의 존엄'이라는 것이 있다. 그리스도인은 스스로가 영광의 왕자의 형제이자, 하느님 아버지의 자녀임을 알기 때문이다. 그러므로 그리스도인이 있는 곳에서는 누구라도 다른 사람에 대해서 부적절하게 말하거나 비판해서는 안 된다. 상대가 자리에 있건 없건 간에 말이다.

142. 하느님 아버지께서는 우리를 정화하고 완전에 이르게 하기 위해 친히 우리의 손을 잡고 시련으로 이끄신다. 때문에 예수 그리스도께서는 매일 하느님 아버지께 이렇게 기도하라고 우리에게 가르쳐 주셨다. "우리를 유혹에 빠지지 않게 하시고…."

143. 예수 그리스도께서 말씀하셨다. "너희는 나가 이 세상 모든 사람들을 가르쳐라." 그런데 우리는 수도복으로 온몸을 가린 채 무엇을 하고 있는가?

144. 주님을 사랑하면 그대는 인내심을 가지고 그분의 신성한 뜻을 받아들인다. 하지만 사랑 없이 인내만 한다면 한낱 잘 훈련된 군인과 다를 바 없다.

145. 비난, 조소, 경멸, 위선, "네, 하지만" 같은 태도는 삶에서 열망하고 목표한 바를 이루지 못하고 또한 하느님께로 나아가지 못한 나약한 사람의 무기이다.

146. 주님께서는 세상적인 염려를 멀리하라는 가르침의 본보기로서 인간이 아닌 하늘의 새를 우리에게 주셨다.

147. 사랑한다는 것은 아무것도 바라지 않고 오직 하느님께서 그대에게 주신 모든 것을 베풀고 또 베푸는 것이다.

148. 어떤 소망을 이루고자 누군가에게 기도를 부탁할 때는 우리도 그 기도를 함께 드려야 한다. 왜냐하면 그렇게 할 때 우리의 기도가 더 힘있게 되기 때문이다.

149. 악의 화살에 맞서는 강단, '에고'가 무너지는 상황 속에서의 인내, 하느님의 거룩한 뜻에 대한 순종이 우리에겐 필요하다. 오직 이것들과 함께해야만 우리는 앞으로 나아갈 수 있다.

150. 누군가를 평가하거나 비난하는 대화에는 절대 참여하지 말라.

151. 주님의 뜻이 우리 눈에 공정하지 않은 것처럼, 동의할 수 없는

것처럼 비칠 때가 많다. 하지만 그 이면에 하나의 산, 주님의 사랑이라는 산이 있다는 것을 이해하면 모든 것이 그럴 수밖에 없었다는 것을, 하느님 안에서의 계획과 조화였음을 깨닫게 된다.

152. 천상에 대한 믿음이 크면 클수록 세상적인 고민은 그만큼 작아진다.

153. 마음에 상처를 입는 것은 부당한 대우를 받았다고 억울하게 생각하기 때문이다. 하지만 우리가 부당히 여기는 그것은 우리 영혼의 성숙을 위한 하느님의 가장 큰 가르침이다.

154. 절대 누군가가 말해주는 것에 기대려고 하지 말라. 그대 스스로 찾아야 한다.

155. 언제 침묵을 지켜야 하는지, 언제 자리를 털고 일어서야 하는지 우리는 알아야 한다.

156. 지나간 일에 대해서 이야기하면 할수록 그것은 우리 삶에 더 오래 남는다. 하지만 보통은 때가 되면 저절로 사라졌을 일이다.

157. 그리스도께서 니의 미리이신데 이떻게 내 머리를 인간의 니리보다 낮은 곳에 둘 수가 있겠는가?

158. '의무'라는 말은 복음서에서 찾아볼 수 없다.

159. 늘 평화롭고 싶다면 하느님과 관련이 없는 일에 대해 이야기하지 말라.

160. 말 많은 어리석은 이가 되기보다는 말 없는 바보가 되는 게 낫다.

161. 누군가가 '예민하다'는 것은 그가 자존심이 세고 에고에 상처를 입어 고통받는다는 의미를 담고 있다. 마치 꾸중을 듣거나 야단을 맞으면 우는 아이처럼 말이다. 이는 하느님의 사람에게는 허용되지 않는 것이다. 성인들께서는 겸손하고 온유하며 교만하지

않았고, 어떤 일이 있어도 수용하셨다. 그런 사람에게는 '예민함'이 없고, 그의 영혼에는 오직 사랑과 초연함만이 있기 때문에 결코 화를 내지 않는다.

162. 내가 그리스도와 연합하면 누가 그분에게서 나를 떼어놓을 수 있겠는가? 그럴 수 있는 이가 있겠는가? 없다. 오직 악마만이 그럴 수 있을 것이다. 그렇다면 그 역시 이곳에서 멀리 떨어져 있는 편이 좋을 것이다!

163. 질병은 항상 그 의미를 이해할 준비가 되어있는 이에게 영적인 경험을 가져다준다.

164. 우리 모두는 스스로가 옳다고 생각하기에 자신의 행동이 다 정당하다고 믿는다. 하지만 진실이 하나뿐이듯 옳은 것은 오직 하나뿐이다. 하지만 우리는 그것을 분별할 수 있는 위치에 있지 않다.

165. 실수 없이는, 넘어지지 않고는 발전하지 못한다. 그 과정에서 팔다리가 부러지지 않은 것에 대해 하느님께 감사드리자.

166. 무언가를 하고자 할 때 미리 공개적으로 발표하지 말라. 말로 표현되고 나면 더 이상 현실에서 구현되어야 할 필요가 없어진다. 그러니 마지막 순간까지 모든 사람에게 비밀을 유지하라.

167. 우리는 매일 하느님의 기적을 목격하는 관객이 되어야 한다.

168. 하느님에 대해 자연스럽게 말을 하면 그것은 하느님으로부터 오는 것이다. 하지만 '설교'가 될 때는 에고가 그대의 말보다 앞서는 것이다. 전자는 씨앗이 뿌리를 내리고, 후자는 내리지 못한다.

169. 인격에 대한 존중이 없는 곳에는 하느님에 대한 존중도 없다. 그리고 반대의 경우도 마찬가지다.

170. 변화할 준비가 되어있고, 자신을 사랑하고 신뢰하는 영적 인도자를 향해 "네"라고 대답할 수 있는 사람에게는 하느님의 축복이

내려올 것이다. 그렇기 때문에 순종이 있는 곳에 하느님의 축복이 함께하고 기적이 일어나는 것이다.

171. 순종하면 하느님께서 정하신 때에 위로부터 길잡이가 내릴 것이다.

172. 가장 강력한 기도는 사제가 성찬예배 속에서 연도를 통해 하느님께 간구하는 기원이다.

173. 한쪽 발은 이곳에, 다른 쪽 발은 저곳에 둔 채로 서있을 수는 없다. 하느님께서는 우리를 전체로서 온전히 원하신다. 그러니 우리가 하느님의 것이며 그분을 사랑한다고 말하면서, 어찌하여 고스란히 그분의 것이 되지 않을 수 있겠는가?

174. 주님께서는 당신의 사람들만 시험에 들게 하신다. 우리를 일깨우고 회개하게 하시기 위함이다.

175. 잃지 않는 사람은 발견하지 못한다.

176. 사랑은 모든 악을 파괴하는 하나의 폭탄이다.

177. 비록 지 밑바닥으로 추락했을 때라도 절대 늦있다고 믿하지 말라.

178. 우리의 존재에 대해서 하느님께 감사드리고, 다른 이들의 존재에 대해서도 하느님께 감사드려야 한다. 이것이 하느님께서 우리에게 바라시는 진정한 감사이다.

179. 우리는 재산을 소유하려는 의식을 경계해야 한다.

180. 상대방이 그대에게 상처를 주었다는 사실을 절대 알리지 말라.

181. 어떤 태도를 취해야 할지 고민이 될 때는 머리로만 생각하지 말고 양심에 따라야 한다. 그리고 항상 상대방의 입장에서 생각해야 한다.

182. 어떠한 상황에서도 우리는 내면의 진리를 결코 배신해서는 안

된다. 이런 이유로 내가 오늘은 여기에 있지만, 내일은 다른 곳에 있게 될지도 모른다.

183. 직장일을 포함하여 어디서건 힘든 일이 있어도 인내하고 절대 먼저 자리를 박차고 떠나지 말라. 누군가가 쫓아내지 않는 한 그곳을 쉽게 떠나지 말라.

184. 내가 할 수만 있다면, 도움이 필요한 자에게 단순히 금전적 자선을 베풀기보다는 그 사람이 절실히 필요로 하는 것을 들어주기 위해 수고를 들일 것이다.

185. 엊그제 어떤 아주머니 한 분이 "사후에 세관에서는 어떤 일이 일어날까요?"라고 묻기에 이렇게 대답했다. "나는 그들에게 이렇게 말할 것입니다. '그리스도의 빛은 모두를 비춥니다! 하지만 그리스도의 자비는 생각하지 않고 자신의 잘잘못만 따지는 당신들은 어둠 속에 있어 보이지가 않습니다!'"

186. 수년 동안 내 기도의 가장 큰 부분은 하느님께 감사드리는 것이다. 그밖에 무엇을 더 바랄 수 있겠는가? 나는 이미 모든 것을 다 가졌다.

187. 영적 아버지가 엄격하시다면 그것은 그분의 잘못이 아니라 오히려 우리 양심의 문제이다. 아무리 끔찍한 죄를 저질렀다 해도 우리는 고백을 해야 한다. 하지만 에고가 그것을 방해하기에 영적 아버지께서 더 엄격해지시는 것이다.

188. 다른 사람을 공경하는 것은 마음속으로 그 사람 안에 계신 그리스도를 공경하는 것이다. 따라서 우리가 누군가에게 영예나 지위를 제공할 때, 실제로 우리는 그와 다른 모든 이들 안에 거하시는 주님을 드높이는 것이다.

189. 식사 이후에 먹고 마시는 모든 것에도 십자성호를 하고 "영육의

치유를 위해" 하고 말하라.

190. 슬퍼할 개인적인 사유가 없을지라도 우리는 세상 속에서 슬픔을 보고 가슴 아파한다. 하지만 사람들에게 믿음이 없다면 우리가 할 수 있는 일은 아무것도 없다.

191. 하느님께서는 사람의 머리에 시각을 심어놓으셨다. 왜인 줄 아는가? 스스로를 보지 못하게 하기 위함이다. 그렇다. 타인만을 보고 타인만을 사랑하게 하기 위함이다. 또한 타인의 눈을 통해서만 스스로를 볼 수 있게 하기 위함이다.

192. 모든 것에 있어 그대의 수호천사와 끊임없이 대화를 나누어라. 특히 어려움을 겪을 때, 누군가와 제대로 소통할 수 없을 때 대화하라. 수호천사는 언제나 도움을 준다.

193. 중요한 것은 두 가지이다. 바로 서로 사랑하는 것, 그리고 두려워 말고 오직 믿는 것이다.

194. 바울로 사도는 말씀하셨다. "이단자는 한두 번 경고해 보고 그래도 말을 듣지 않거든 그와 관계를 끊으시오."(니도 3:10) 끝이다! 그대는 할 말을 해주었고 최선을 다해 도왔다. 그다음 그대가 할 일은 그를 위해 기도하는 것이다. 그리고 나서는 조용히 앉아 그대 자신을 살피라.

195. 결국 우리가 하는 일은 우리 자신을 있는 그대로 두고 다른 모든 사람에게 수월한 삶을 살도록 가르치는 것이다!

196. 석탄은 '단련'되지 않고서는 다이아몬드가 될 수 없다.

197. 삶을 자세히 들여다보면, 긍정적인 것뿐만 아니라 부정적인 경험을 통해서도 우리가 깨달음을 얻는다는 걸 알 수 있다. 심지어 누군가와의 아주 짧은 만남에서도 우리는 뭔가를 느끼고 배운다.

198. '신경질'은 이기심에 불과하다.

199. 보살핌과 사랑은 다르다.
200. "그는 나를 사랑해"라고 말하기보다 "내가 그를 사랑해"라고 말하는 편이 낫다. 그러면 모든 것이 달라진다. 바울로 사도도 이에 대해 언급하셨다.
201. 내 안에 있는 사랑이 너무도 크고 넘쳐서 가끔은 가슴이 터질 것 같다는 생각이 들 때가 있다.
202. 자기 주장만 고집하고 남의 말은 듣지 않는 건 주로 콤플렉스가 가득한 사람들이 하는 행동이다.
203. 사랑은 언제나 십자가 위에 있다. 그리스도께서 그곳에 계시기 때문이다.
204. 누군가의 불행을 보고 마음이 힘들 때면 다음과 같은 생각이 나를 위로한다. "나도 그를 무척 사랑하지만 하느님의 크신 사랑에 비할 바는 아니다. 당신께서 보살펴주시리라."
205. 참된 금식이란 악의적인 험담과 자신의 이익에 대한 관심을 삼가고, '형제의 눈의 티끌을 보는 것'을 멈추고, '남의 종을 판단하는 것'을 자제하는 것이다.
206. 누구든지 하느님과 함께 홀로 있노라면 놀라울 만큼 시간이 빨리 흐른다. 그런데 세상 속에 살아가면서도 그대는 여전히 하느님과 하나로 연합할 수 있다. 어떻게 그럴 수 있을까? 무엇을 하든지 그분을 생각하고, 좋은 일이 생길 때면 그분께 영광을 돌리고, 그분이 보내시는 시련에 대해서도 감사를 드림으로써 가능하다.
207. 백인대장의 믿음은 정말 깊고 감동적이다.
208. 이것이 지상에서의 우리 삶의 목적이다. 이곳에서 하느님 나라를 살고자 노력하는 것이다. 여기서 낙원을 맛보지 못한 채 어찌 그

냥 떠날 수가 있겠는가? 비록 낙원에서 쫓겨났을지라도 여기 있는 동안 다시 회복하지 못한다면 어떻게 그곳에서 낙원을 성취할 수 있겠는가?

209. 진정한 믿음을 가진 사람이라면 우리가 매일같이 직면하는 불법적인 일을 결코 저지를 수 없다. 그들은 하느님을 믿지 않고 그분을 마음으로 알지 못하기에 그런 식으로 행동한다. 그러나 그분을 믿는 순간 그들은 매일 기적을 목격하게 된다.

210. 그대에게 상처를 주면서 동시에 용서를 구하는 이들을 조심하라. 그들은 두 배의 만족을 얻는다. 하나는 그대에게 상처를 주는 것이고, 또 다른 하나는 그대에게서 용서를 받는 것이다.

211. 사람들이 '우연(coincidence)'이라고 말하는 것을 나는 '마주침(encounter)'이라고 한다.

212. 하느님의 뜻에 따라 만나야만 하는 사람들에게는 세상이 훨씬 더 작다.

213. 이 땅에 아버지와 어머니가 계시다는 것만으로도 우리는 기분이 나아진다. 하물며 전능하신 분께서 우리를 보호하신다는 것을 알면 얼마나 더하겠는가!

214. 미래를 탐색하고 '예언'하는 이들은 모두 재앙을 '예견'할 뿐이다. 그들은 좋은 것은 볼 수 없는 것인가? 전혀! 당연히 그들은 부정적인 사고방식으로 재앙을 불러온다.

215. 밤에 기도를 드릴 때면 나는 천사에게 이렇게 말한다. "오늘밤 저의 영혼을 그리스도의 발치로 데리고 가주소서. 그곳에서 저의 영혼이 밤새 완전해지도록 하소서. 그래서 아침이면 더욱 성숙해진 영혼을 만날 수 있게 하소서."

216. 부자로부터는 그 무엇도 받지 말라. 생계를 위해 치열하게 살아

가는 사람들과 가난한 사람들로부터는 깊은 감사의 마음을 가지고 받아라.

217. 진리는 하나이다. 바로 그리스도이시다.

218. 많은 성화에서 그리스도의 탄생은 동정녀 마리아께서 '초자연적인 방식으로' 출산하셨음을 잊게 만드는 방식으로 묘사된다. 미스트라의 페리블렙토스 교회에 있는 성탄절 프레스코화와 기지스의 회화는 정말 아름답다.

219. 그대들은 오직 빛만 생각하고 빛만 바라보아야 한다. 다른 모든 것은 부차적인 것으로서 그대들 위에 흔적도 남게 해서는 안 된다.

220. 우리는 자주 이런 말을 듣는다. "내가 누구를 만난 후로는 인생이 바뀌었어." 그런데 종국에는 그가 바뀌지 않았음을 보게 된다. 어떤 삶의 변화도 없다. 왜?

221. 처음 수도 생활을 시작할 때 우리는 채석장에서 나온 돌처럼 모가 나고 울퉁불퉁하다. 하지만 하느님의 은총 속에 서서히 강이나 바다의 조약돌처럼 둥글고 매끄럽게 변한다.

222. 거룩한 사도들과 교부들께서는 우리의 자유와 자기 결정권에 대한 균형추로서 우리가 하는 일에 대해 늘 확실한 양심을 지니도록 영적 지침을 주셨다. 하느님께 영광. 우리가 산 위에 있거나, 바위 위에 있거나, 혹은 알 수 없는 길 위에 있을 때에도 길잡이를 구하면 항상 몇 마디로 답을 주시기에 우리는 올바른 길로 나아가고 있음을 알 수 있다.

223. 나는 그저 그대가 걸음마를 뗄 때 함께했을 뿐이다. 만일 그대가 그리스도와 교회에 굳건히 뿌리를 내리지 않고서 사람으로부터 도움을 얻을 수 있다고 생각한다면 그대는 길을 잃게 될 것이

다. 그리스도께로 가지 않고 다른 사람에게로 가는 자에게는 화가 있으리니.

224. 그대가 한 발짝 앞으로 나아가기로 결심했다면 혼자서 그것을 해내야 한다. 그렇지 않으면 평생 길을 잃게 될 것이다.

225. 사람은 이 세상과 저 세상 두 곳에 동시에 존재할 수 없다. 이를 시도하려는 자는 병에 걸리거나 불의의 죽음을 맞게 될 것이다. 두 세상에서 살 수는 없는 법이다.

226. 정신을 다른 곳에 집중할 때만 쓸데없는 잡담을 피할 수 있다. 하지만 이를 위해서는 많은 훈련이 필요하며, 특히 주변에 나와 친밀한 사람이 있을 때는 더욱 그러하다.

227. 어딘가로 가라는 하느님의 계획이 있으면 그대는 그곳으로 가게 될 것이다. 그렇기에 나는 삶에 대해서 평온한 마음을 잃지 않는다. 우리의 의지와는 상관없이 하느님께서는 우리를 이동케 하심을 알기 때문이다.

228. 어떤 사람들은 골고타 언덕을 거치지 않고 곧장 부활로 가려고 한다.

229. 그리스도인들은 세상 속에 살면서 복음을 온전히 실천할 수 없었기에 속세를 등졌다. 그렇게 해서 수도 생활이 생겨나게 된 것이다.

230. 타협하지 않는 하느님의 사람들만이 서로를 인정한다.

231. 그대를 위한 축복 기도. 우리 주 예수 그리스도의 은총, 전능하신 아버지의 사랑, 성령의 영감이 그대와 함께하기를! 대천사들과 천사들과 함께 천상의 어머니처럼 그대를 인도해 주실 성모님을 생의 모든 단계마다 본보기로 삼기를. 그대에게 생명을 주시고 길러주신 어머니를 사랑하고, 그분께 기쁨과 애정을 먼저 바친

다음, 그대에게 다가오는 모든 이들과 함께 나누기를.

232. 참된 기도는 언제나 하늘에 이른다. 기도가 진실에 근거하고 "내 뜻이 아니라 나를 보내신 아버지의 뜻"을 구하는 것이라면, 천사들이 필요한 곳에 기도를 전달하고 응답이 임한다.

233. 자기 보호란 에고이즘을 의미한다. 그리스도인에게 안전은 '하느님의 보호'여야만 한다.

234. 타인을 도움으로써 간접적으로든 직접적으로든 우리는 우리 스스로를 돕는다.

235. 주님께서는 원수를 용서하라고 말씀하셨다. 하물며 우리의 형제를 용서하지 않는다는 것은 생각할 수 없는 일이다. 그래서 주님께서는 이에 대해 언급하지 않으셨다. 사람이 사람을 용서하지 않을 권리란 무엇인가? 만약 그런 게 있다면 그는 비인간적인 존재가 되고 만다.

236. 사랑은 가르칠 수 있는 것이 아니다. 그것은 우리가 극복하고자 하는 에고이즘에 대한 자각 속에서 요청을 드릴 때 위로부터 주어지는 것이다.

237. 그대가 원하는 대로 모든 것이 이루어지길 바라는가? 원하는 것을 멈추라! 그리고 모든 것과 모든 사람을 하느님의 뜻처럼, 그분의 허락처럼 받아들여라.

238. 누군가를 생각하는 것은 사랑의 한 표현이다.

239. 하느님의 사랑의 축복을 받은 나그네이자 여행자로서 나는 사람들에게는 '알려지지 않았으나' 주님께서는 '알고 계신' 것을 향해 계속해서 나아간다.

240. (예비 수도자에게) 단순해지라. 모두와 대화하라. 누구와도 함께 먹고 마시라. 그대의 영성은 그대의 꾸밈없는 태도로 드러날 것

이다.

241. 그 어떤 성인도 자신이 성인이라는 것을 알지 못했다.

242. 만약 거절과 미루기를 포기하지 못한다면 그대는 모든 것을 베풀어주시는 주님께서 원하시는 지점에 결코 도달하지 못할 것이다. 그대가 "네", "지금 당장"이라고 말하며 순종할 때 그분께서는 그대에게 필요한 육신의 힘을 주실 것이다. 예언자들, 천사들, 성인들은 이렇게 말씀하셨다. "제가 여기에 있나이다. 당신의 말씀대로 이루어지게 하소서."

243. 그리스 격언에 따르면 그대는 '아는 대로'가 아니라 '있는 그대로' 받아들여야 한다.

244. 모두가 하느님께서 '보내신' 사람이다.

245. 좋은 것이든 나쁜 것이든 우리가 누군가에게 끼치는 영향은 하느님께서 계획하신 행로에서 그를 이탈시킨다. 그는 스스로 자신의 목적지를 깨달아야만 한다. 이 점에 있어 우리는 매우 주의해야 한다

246. 성령의 은사들은 당연히 우리의 개인적 성취가 아니다.

247. 보지 못한다고 해서 없다고 말할 수 없듯이, 우리가 듣지 못한다고 해서 항상 조용한 것은 아니다.

248. 고대 그리스 철학자의 말처럼 "자신에게 주어진 시련을 견뎌라."

249. 진리와 빛은 동의어이다.

250. 산상수훈과 성 야고보의 서신을 매일 읽어라.

251. 그대가 진리를 따른다면 그대는 빛 속에 있고 그리스도와 함께 있는 것이다. 그리스도께서는 "진리가 너희를 자유롭게 할 것이다"라고 말씀하셨다. 누구로부터? 그대 자신으로부터. 그대의 정념으로부터! 그러면 하느님께서 친히 당신의 능력으로 도우실 것

이기에 그 어떤 세력도 그대를 노예로 만들 수 없다.

252. 우리의 영혼은 하느님의 숨결이다. 우리의 몸은 그분의 창조물이다. 총체적으로 우리는 하느님의 형상이다.

253. 나는 그분의 '종'이다. 나는 그분을 위해 살고 존재한다.

254. 주님께서는 기도하시기 전에 하늘을 우러러보셨다.

255. 다양한 이단과 유사 종교 그리고 프리메이슨 등으로 그대의 머리를 어지럽히지 말라. 이 모든 것은 '무용한 것들의 바구니'에 속한다.

256. 주님께서는 당신을 사랑하는 이들이 시련을 겪는 것을 허락하신다. 그 이유로는 첫째, 당신에 대한 믿음을 강화하기 위해서이고 둘째, 주변 사람들에게 본이 되게 하기 위해서이다.

257. 성당에 들어서면 잊지 말고 항상 아픈 이들과 여행하는 이들을 위해 초를 켜라.

258. "감사합니다"라고만 하면서 콤보스히니를 돌려라.

259. 우리는 품행과 생활 방식만으로도 영적인 경험을 한 사람을 알아볼 수 있다. 그의 삶을 이끄는 것은 바로 이러한 경험이기 때문이다.

260. 그 누구도 두려워하지 마라.

261. 사랑은 타인의 자유를 존중하는 것이다.

262. 문을 닫아걸고 칩거할 때만 그대는 자유인이라는 것을 느낄 것이다.

263. 두 가지. 주의 집중과 기도.

264. 너그러움과 온유함은 영적으로 강한 사람의 무기이자 특성이다. 그는 모든 것을 이해하고 모든 것을 용서한다.

265. 우리는 절대 유다처럼 행동해서는 안 된다. 또한 "거룩한 것을

개에게 주지 말고 진주를 돼지에게 던지지 마라." (마태오 7:6) 나는 지성소 안에서 벌어지는 초자연적인 신비의 성사에 대해 말하는 것이다. 우리가 성체성혈을 영할 때 부르는 성가 가사에서도 이를 확인할 수 있다. "주의 원수들에게 이 신비스런 성찬에 대하여 말하지 않으리이다."

266. 천사들은 항상 찾아온다.

267. 우리 모두는 기쁨을 줄 수 있다. 누군가는 찾아오는 것으로, 또 누군가는 떠나는 것으로.

268. 어두운 터널을 지날 때는 빛이 우리를 맞이해 줄 거라는 생각을 하지 못한다. 그래서 절망에 빠지고 모든 것을 어둡고 부정적으로 바라본다. 우리의 삶도 마찬가지다. 그리스도의 빛이 저편 끝에서 우리를 기다리고 있다. 그리고 베드로 사도에게처럼 우리에게도 말씀하신다. "왜 의심을 품었느냐? 그렇게도 믿음이 약하냐?"

269. 아픔을 겪을 때면 그것이 주님께서 당신의 가시 면류관을 우리도 쓸 수 있게 해주신 커다란 영예임을 잊지 말아야 한다.

270. 모든 어리석음은 '만약'으로부터 시작된다.

271. 신자들의 냉장고는 거의 비어있어야 한다.

272. 누구든지 주님과 함께 우리의 정신을 돌보며 일을 하면 그의 육신은 피로해지지 않는다. 피곤함은 정신도 그 수고에 동참할 때 찾아오는 것이기 때문이다. 그러므로 끊임없이 예수 기도를 드리며 정신을 거기에 몰두하면 그 어떤 일도 우리를 쉽게 지치게 할 수 없다.

273. 하느님께서 베풀어 주신 선물들에 대해 우리는 밤낮으로 감사드려야 한다.

274. 말은 적게 하고 사랑은 많이 베풀어야 한다. 상대의 지위고하를 막론하고 모든 이들을 그렇게 대해야 한다.

275. 우리가 모든 이들에게 보내는 기쁨, 평화, 사랑, 축복이 받아들여지지 않을 때, 그것은 다시 우리와 주님께로 돌아온다. 다시 말해, 우리가 우리의 호흡과 심장 박동을 고의로 멈출 수 없듯이 하느님으로부터 솟아나는 사랑은 밤낮으로, 어디서나, 언제나 강물처럼 흘러가도록 내버려두어야 한다. 그것이 어디로 흘러가는지는 그분의 관심사이므로 우리가 신경쓸 일이 아니다.

276. 지금껏 하느님의 도움으로 음식과 물을 전혀 먹지 않고 대사순절 시작 첫 삼일 동안 금식을 지킬 수 있었던 것은 내가 침묵도 함께 지켰기 때문이다.

277. 내가 (침묵이 아닌) 소리 내어 기도하는 것이 어려운 것처럼, 사람들과 있을 때도 나는 혼자서 말하기보다는 상대방과 주고받는 대화가 좋다.

278. 부활절 찬송가 "그리스도께서 부활하셨네"를 통해 우리는 그분의 사랑의 은총으로 덧없음을 벗어나 영원으로 건너간다.

279. '영적 자부심'이라는 말이 있다. 하지만 교만이 있는 곳에는 영이 존재하지 못한다. 따라서 남은 것은 결국 아무것도 아닌 교만뿐이다.

280. (예비 수도사에게) 두 가지를 신경쓰라. 정죄 없고 차별 없는 사랑. 그리고 마치 그대가 모든 이의 종인 듯한 겸손.

281. 누군가가 그대를 이해해 줄 거라는 기대를 하지 말라. 오직 하느님만이 이해하신다.

282. 모든 사람을 용서하고 오직 그리스도의 빛만을 바라보라. 어느 날 성모님과 모든 성인들의 기원 속에서 뵙게 될 그분을.

283. 말로 하지 않아도 우리가 상대에게 주는 영감은 그의 마음과 삶 속에 스며든다.

284. 결코 다른 이를 섬기는 일을 중단해서는 안 된다. 그 안에 '나'가 들어설 자리는 없어야 한다. 섬김은 순간이 아닌 평생의 행위이며, 그리스도가 현존하신다는 표시이다.

285. 사람은 사랑할 때만 산다. 그렇지 않으면 우리는 영혼 없는 피조물, 단순한 유기체에 불과하다.

286. 사람들을 연결해 주는 사랑은 하느님의 가장 큰 선물이다.

287. 하느님의 방식을 따라 산다는 것은 "나를 따르라"는 말씀에 기초한다. 그런 방식으로 나아가다 보면 그대는 항상 기쁨과 은총, 사랑의 확인, 모든 것에 대한 무한한 감사를 밤낮으로 느낄 수 있다.

288. 성가 "빛나라 빛나라"에서 노래하듯 예루살렘은 우리 모두에게 빛을 선사한다. 누구든지 적절한 때에 그곳을 찾는 사람은 자기 삶의 행로에 대한 안내를 받게 될 것이다.

289. 육체적으로나 정신적으로 늘 자기 자신에게 관심을 쏟는 사람은 타인에게 신경쓸 겨를이 없다. 그는 자기중심적이다.

290. "모든 이에게 평화." 이렇게 정신은 평안을 누리고, 가슴은 사랑을 하고, 영혼은 평온을 찾고, 세상은 하나의 낙원이 된다. 하느님의 나라는 우리 안에 있고, 우리는 그분의 나라 안에 있다.

291. 자신이 '그림자'가 되었다고 느끼기 시작하는 사람은 복되다. 이는 '존재하지 않음(non-existence)'의 시작이다.

292. 변화, 변혁, 내면의 정신적 발전은 지속되어야만 한다. 고인 물처럼 머물러 있는 자에게는 화가 있으리라.

293. 하늘은 천사들의 수도원이고, 지상은 그 분원이다.

294. 부활의 기쁨 속에서 우리가 영원히 살게 하소서.
295. 삶이란 참으로 아름다운 노래다! 1937년부터 오늘까지, 그 오랜 세월 동안 하느님의 보이지 않는 얼굴이 내 곁에서, 그리고 내 안에서 떠나질 않았으니 이 얼마나 큰 축복인가!
296. 더 많이 사랑하고, 더 적게 말해야 한다. 어둠의 세력은 언제나 기회를 엿본다. 그러니 되도록 말을 아끼자. 그래야 후회하지 않을 것이다.
297. 그리스도께서는 이 삶 속에서 우리들 또한 "죽은 자들 가운데서" 일으켜 세우셨다.
298. 하느님께서 당신의 아들 예수 그리스도를 보내심으로써 이 세상에 얼마나 큰 선물을 베푸셨는가!
299. 라자로의 부활은 이 세상 속에 있는 우리 영혼의 부활을 상징한다.
300. 자신이 당하기 싫은 일을 남에게 행하는 사람은 어둠의 세력에 의해 조종받는 자이다. 그를 경계하라.
301. 어떤 이들은 과도하게 활동하고 일하기를 고집하며 하느님께서 주신 육신의 건강을 스스로 해친다.
302. 주님께서 부르실 때 용기를 내지 못한다면 우리는 길을 잃게 된다.
303. 하느님께서 그대에게 당신의 은총, 능력, 사랑을 허락하셔서 도움이 필요한 이들과 하느님을 찾는 이들 곁에 그대가 함께할 수 있기를 기도한다.
304. 기도한다는 것은 하느님의 뜻에 귀를 기울이는 것이다.
305. 사람, 역경, 장애물 그 어떤 것에도 마음 쓰지 말라. 그리스도께서는 우리에게 거듭 말씀하셨다. "이 계명은 내가 아버지로부터

받은 것이다." 그리고 그분은 그 어떤 어려움과 고난 속에서도, 무수한 반발과 적의 속에서도 아버지의 뜻을 실천하고 있다는 확신을 가지고 헤치며 나아가셨다.

306. 하느님의 눈에 비친 아이들은 검거나 희지 않으며, 어떠한 색깔로도 구별되지 않는다. 그들은 하느님께서 당신의 심장에서 꺼낸 영혼들로, 마치 핏방울과도 같다. 이 핏방울과 저 핏방울 중 어느 것이 더 가치 있다고 감히 누가 말할 수 있겠는가?

307. 우리가 누군가를 돕고자 한다면, 우리 자아의 절반은 그 사람과 동화되어야만 한다. 그래야만 나머지 절반이 이런저런 반대 가운데에서도 올바른 해법을 찾아낼 것이다.

308. 하느님께서는 우리의 제한된 생이 아닌 영원 속에서 일하신다. 모든 것은 그분께서 원하실 때, 원하시는 대로 이루어질 것이다.

309. 나는 그대가 늘 하느님의 땅에서, 하느님의 사역에 쓰임을 받을 수 있는 자리에 있기를 소망한다.

310. 하느님의 계명에 따른 이웃 사랑, 기쁨, 평인은 끊임없는 기도로써 성취할 수 있다.

311. "기분이 울적하다"는 요즘 사람들의 표현은 믿음이 있는 자에게는 용납될 수 없는 것이다. 하느님의 사랑이 그의 내면에 거하기 때문이다.

312. 사람들이 하는 말을 듣지 말고, 그들이 무엇을 하는지를 보라.

313. 하루를 마무리할 때 오늘 만난 모든 이들을 머릿속에서 지워달라고 수호천사에게 간구하라. 또한 그들의 머릿속에 있는 그대도 지워달라고 청하라. 그렇지 않으면 그대는 제대로 된 기도를 할 수가 없을 것이다. "나의 수호천사이시여, 모든 이들을 축복하시고 저에게서 그들에 대한 생각을 몰아내 주소서."

314. 우리가 누군가와 대화할 때, 우리의 곁에는 수호천사가 함께하고, 그리스도는 보이지 않는 침묵의 청자로서 함께하신다. 이 점을 절대 잊지 말아야 한다.

315. 언젠가 영적 스승님께서 하신 말씀을 나는 지금도 기억한다. "너의 마음은 하느님께, 너의 손은 쟁기에."

316. 사람들이 어디서 왔느냐고 물으면 도시 이름이 아닌 "우리는 하늘나라의 시민입니다"라고 답해야 한다. 비록 우리가 아직 저 높은 곳에 이르지 못했다 할지라도 최선을 다하면 그날이 올 것이다.

317. 영적 스승들의 영혼이 평온해야만 그의 제자들도 평온해질 수 있다.

318. 우리가 그리스도께 드릴 수 있는 가장 큰 성탄 선물은 바로 우리 자신이다.

319. 땅 위를 나는 새들, 어디를 가든 새들은 우리에게 똑같은 것을 상기시킨다. 뻐꾸기는 그대에게 기도하라고 '일어나, 일어나' 하고 지저귀고, 멧비둘기는 '우리는 순례자, 순례자' 하고 울며 우리가 그분의 땅 위에 잠시 머물다 가는 순례자임을 일깨우고, 까마귀는 '기도, 기도' 하고 외쳐서 늘 기도해야 함을 일러준다.

320. 누군가가 말했다. "세상에 순응하려고 하면 기형이 되고 만다. 주님을 만나야지만 그대는 비로소 변화된다."

321. 소소하고 단순한 것들이 진정한 가치를 지닌다.

322. "하늘이 주신 사도들의 어머니, 진정 하느님을 낳으신 테오토코스, 당신을 찬양하나이다."

323. 천사들이 우리의 사랑을 시험하기 위해 난치병과 정신질환자들 속에 숨어있다고 한번 상상해 보라.

324. 모든 사람을 동등하게 사랑하지 않으면서 그리스도인이 될 수는 없다. 같은 신념을 지녔거나 말거나, 같은 종교를 믿거나 말거나, 또 동족이거나 아니거나 전혀 상관이 없다. 우리는 우리의 출생지에 대해 아무런 책임이 없다.

325. (안식하시기 두 달 전) 다행히도 나는 복음을 외웠고, 이제는 그것을 마음속으로 떠올리며 하루 종일 암송할 수 있다. 하느님께 영광.

326. 다른 세상에는 '나'나 '내 것'이 존재하지 않는다. 모든 것은 전능하시고 자비로우시며 기적의 역군이시고 생명의 인도자이신 '당신의 것'이다.

327. 그리스도는 표본이시다.

328. (안식하시기 며칠 전) 사도들은 모두 함께였으나 사랑하는 스승이 떠나시자 제각각 흩어졌다. 그대들도 그렇게 될 것이다. 그래야만 한다. 그리하여 그리스도로부터 받은 마음의 불꽃으로 이 세상을 밝히라. 그분의 제자들처럼, 그리스도께서 산 자와 죽은 자 모두의 부활이심을 세상에 견뎌히리.

329. 세월이 흐르듯 우리도 흘러가지만, 오직 순수한 영혼만이 하느님께서 보내실 천사들의 손에 맡겨질 것이다.

330. 시리아의 이사악 성인의 가르침을 읽어라.

331. 사람들이 그대에게 무슨 말을 하든, 어떤 행동을 하든 괘념치 말라.

332. 결혼은 사랑, 애정, 우애이다. 이런 요소 없이 단순히 육체만 있는 성관계는 이 방종한 시대에 '이 세상의 것'에 속하며, 영혼과는 아무런 관련이 없다.

333. 질투심을 이용해 상대의 마음을 끌려고 해서는 안 된다. 질투는 사탄에게서 오는 것이다.

334. 결혼성사는 세례와 같은 성사이다. 그대가 상대방의 마음으로 다시 태어나고, 또 상대가 그대의 마음으로 다시 태어나지 않는다면 그것은 마치 하느님께서 부재하시는 것과 같다. 물론 하느님은 현존하시지만 그대들을 보고 슬퍼하신다. 그대가 자신도 알지 못하는 가운데 그분을 외면했기에 도움을 주실 수 없다.

335. 그대의 양심을 따르라. 양심은 하느님이시다.

336. 만유(萬有)를 다스리시며 인도하시고, 만인과 만물을 사랑하시고, 나의 삶에 천사들만을 보내주신 그분께 감사드린다.

337. 모든 것을 잊어라. 기도 속에서 그분과 하나가 되어라. 그러면 그대는 메시지를 받게 될 것이고, 그대의 길을 알게 될 것이다.

338. 그분과 함께라면 우리는 모든 것을 이겨낼 수 있다.

339. 누군가를 돕는다고 해서 자부심을 느껴서는 안 된다. 우리는 아무도 돕지 않는다. 도움을 주시는 분은 우리가 아닌 그분이시기 때문이다. 우리가 하느님과 연합할 때 그분은 인도자로서 우리를 안내하신다.

340. 하느님께서는 우리가 분열되는 것을 원치 않으신다. 우리는 그분과 세상 중에서 하나를 사랑해야 한다. 다리 하나는 세상 속에, 또 다른 하나는 교회에 걸쳐둘 수는 없다.

341. 주님의 말씀을 듣고 물동이를 두고 간 사마리아 여인처럼, 우리도 주님의 부르심을 듣고 물동이를 버려야 한다. 그래야만 하느님께서 우리를 도우실 수 있다.

342. 건강이 경고를 보내는 것은 우리가 뭔가를 중단해야 한다는 메시지이다.

343. 유명세를 조심하라. 하느님께서는 그것을 원치 않으신다.

344. 건강과 관련한 격언이 있다. "한 명의 의사는 조언을 해준다. 두

명은 혼란을 야기한다. 세 명은 무덤으로 인도한다." 영적인 삶도 마찬가지다. 한 명의 영적 인도자는 하느님의 조언을 해준다. 둘은 혼란을 야기한다. 셋은 영혼을 망가트린다.

345. 우리의 지향점은, 이곳에서부터 시작하여 저 높은 곳에서 천사단과 함께 성모님의 영접을 받고 그리스도의 빛 속에서 영원히 살아갈 수 있도록 하는 것이다.

346. 자연법칙은 진공상태를 용납하지 않는다. 따라서 우리가 스스로를 완전히 비우면 성령께서 우리 안으로 폭풍처럼 휘몰아쳐 들어오실 것이다.

347. 하느님께서 보지 않으셨으면 하는 사람들과는 어울리지 말라.

348. 친구가 되어주지 않으면서 그저 우리의 고요를 빼앗아 가는 사람들도 있다.

349. 하느님께서 그를 사랑하시는 것처럼, 또 하느님께서 그를 당신에게 선물하신 것처럼, 당신도 그를 판단하지 말고 사랑하라. 그때 하느님께서는 당신을 도우시고, 당신의 허물을 용서해 주실 것이다.

350. (애도 중인 사람에게) 고인에 대한 안타까움에서 비롯하는 '물질'에 대한 기억과 기대를 버려야 한다. 유일한 신뢰는 그리스도께만 두어야 한다.

351. 진정으로 깊이 사랑하려는 사람은 육체의 개입을 허용하지 않는다. 사랑은 이보다 더 높은 경지에 이를 때 결코 잊히지 않는다.

352. 그대의 길을 따라 걸으며 다른 것은 걱정하지 말라. 귀를 닫지 말고, 초조해하지 말라. 인내심을 얻기 위해서는 오랜 세월이 흘러야 하고 시험을 거쳐야 한다.

353. "주여, 당신께 간구하오니 제가 저의 뜻대로 행하지 않게 하시

고, 당신의 뜻이 저에게서 이루어지게 하소서. 당신의 뜻이 아무리 어려워 보일지라도, 주님의 뜻이기에 쉽게 이룰 것입니다."

354. 하느님께서는 자유로우시다. 사랑은 오직 자유 안에서만 머문다.

355. 부자든 빈자든 돈에 지나치게 집착하는 사람은 결국 지옥으로 향한다. 돈을 끌어안고서 다른 이에게 돌아갈 몫까지 가로채기 때문이다.

356. 사랑하는 사람은 아름다운 것만을 행한다.

357. 내가 당신을 알 필요는 없다. 사랑하기만 하면 된다.

358. 나는 '지성인'이 아니다. 나는 단순히 내가 살아있음과, 또 그분과 모든 이를 사랑하는 데서 기쁨을 느낄 뿐이다.

359. 사진과 묘지는, 그 안에 담긴 사람들을 사랑했던 세대가 사라지고 나면 참으로 슬프고 애처로운 것이 되고 만다.

360. 인간의 도리를 하겠답시고 어떻게 하느님의 뜻을 저버리고 거역할 수가 있는가? 건강에도 적신호가 켜지는 것이 보이지 않는가? 의무, 책무 같은 말들은 복음에 없다. 그러한 것은 오직 하느님께만 바쳐야 한다. 그렇게 하지 않으면 이 땅의 수많은 '살아있는 주검'처럼 되고 말 것이다.

361. "그리스도 외에는 그 누구에게도, 어떤 장소에도 매여서는 안 된다. 성령께서 인도하시는 곳이라면 어디든지 가서 경계도 차별도 없이 모두에게 그분의 사랑을 전하라. 당신의 목적지는 사랑이다." 나의 영적 스승이신 렙 질레 신부님께서 하신 말씀이다.

362. 지나친 금식은 사람을 무기력하게 하고, 무기력은 나태를 유발한다.

363. 비록 거북이 걸음일지라도 언제나 앞을 향해 나아가야 한다.

364. 타인의 행동이 나에게 영향을 주지 않고, 또한 그들을 용서할 때

우리는 자유로움을 느낀다.

365. 인간의 마음속 아슬아슬한 외줄 위에서 사랑은 균형을 유지한다.
366. 내 마음에 상처를 낼 수 있는 사람은 없다.
367. 상대방의 반응이나 노력의 결과에 관심을 둬서는 안 된다. 우리는 단지 노력할 뿐이다. 나머지는 하느님께서 알아서 하실 것이다.
368. 버스를, 친구를, 편지를, 식사를, 기차를 기다리는 데 우리는 인생을 허비한다. 그리고 마침내 육신에서 벗어나기를 기다린다.
369. 모든 것의 이면에는 그분의 뜻이 있음을 나는 안다. 그 뜻이 이루어지기를! 보잘것없는 우리가 바라거나 상상할 수 있는 그 어떤 것보다도 항상 더 좋은 것이기 때문이다.
370. 와서 우리 함께 침묵하자.

서신들

가브릴리아 수녀님은 긴 생애 동안 수많은 편지글을 남기셨다. 전 세계 곳곳에 친구와 지인들이 많아서이기도 했지만, 우선 당신의 내면세계가 한없이 풍요로웠기 때문이다. 그래서 당대의 뉴스와 현실적인 문제에 대한 권면이 지면 위에 넘쳐흘렀다. 그 편지들은 간결하면서도 은밀한 대화처럼 사물의 본질을 일깨우고, 모든 것에 담긴 품격을 드러내며 독자들에게 깊은 감동을 주었다. 때로는 다독이시고 때로는 질책하셨지만, 한 가지 분명한 점은 늘 새로운 용기를 북돋아 주셨다는 것이다. 실패나 좌절을 겪은 지 얼마 안 된 이들에게는 따뜻한 위로가 되기도 했다. 왜냐하면 그것들은 보기 드문 사랑의 잉크, 치유의 잉크로 쓰였기 때문이다.

가브릴리아 수녀님은 거쳐가시는 곳마다 당신의 마음을 내어주셨고 상대의 마음을 취하셨다. 그렇게 수녀님의 노트는 수많은 사람들의 이름과 주소로 가득했다. 그리스, 영국, 프랑스, 네덜란드, 스웨덴, 스위스, 오스트리아, 독일, 레바논, 키프로스, 이스라엘, 이라크, 이란, 인도, 이집트, 케냐, 우간다, 탄자니아, 미국, 캐나다 등…. 이 많은 기록 중에 유독 눈에 띄는 두 사람의 이름이 있다. 한 사람은 인도의 위대한 사회사업가 바바 암테이고, 다른 한 사람은 유대인 작가 예후다 하네그비로, 수녀님은 1954년 3월 24일 "다시 태어난" 뒤 두 사람을 만났고 그들을 친구이자 형제로 여겼다. 그 후 수녀님은 40년여 년의 세월 동안 서신을 통해 마음과 마음을 주고받으며 두 사람과 영적 친교를 나눴다.*

수녀님의 편지는 서로에 대한 큰 사랑과 깊은 존경심을 보여준다. 또한 우리는 출신과 종교 등 각자 다른 배경을 가진 세 사람의 놀라운 영적 결속력을 보고 감탄을 금치 못한다. 서로를 갈라놓았던 물리적인 거리에도 불구하고 그리스도께서 이 세 사람을 내적으로 하나로 묶어주셨음을 느낄 수 있다.

타종교인에게 그리스도와 예언자들에 대해 말하거나, 구약과 신약의 가르침을 소개하는 것을 보기란 정말 드문 일이다! 더 중요한 것은 그들이 이 '침범'을 기쁨과 은혜로 받아들였다는 점이다. 이것은 주님께서 그들의 마음속에 '비옥한 땅'을 미리 준비해 두셨다는 것, 그리고 그들에게 말씀을 전하는 분이 복음을 전하는 유일한 방법, 즉 겸손한 사랑의 언어를 알고 계셨음을 의미한다.

우리는 이 편지들을 통해 가브릴리아 수녀님의 내외적인 삶을 다소나마 알 수 있다. 수녀님이 인생의 황혼기를 맞을 무렵 그분을 처음 뵌 사람들 눈에는 수녀님이 말씀이 많으신 것처럼 비춰졌을 수도 있다. 하지만 실제론 우리 중 그 누구에게도 이야기를 길게 하신 적이 없다. 그것은 우리가 준비되어 있지 못해서이기도 했지만, 다른 한편으로는 수녀님께서 오래전부터 당신의 내밀한 감정과 생각을 외부로 드러내는 일을 멈추시고, 오직 하느님의 영광에 대해서만 말씀하셨기 때문이다. 이 편지들을 읽으면서 우리는 경이와 함께 기쁨과 슬픔이 뒤섞인 미묘한 감정을 동시에 느낀다. 우리가 조금이라도 이해했다고 여겼던 것은 그 위대한 영혼의 극히 일부분이었음을 깨달

---

* 1954년 9월, 가브릴리아 수녀님은 이스라엘의 키부츠에서 예후다 하네그비를 만났다. 당시 다른 많은 이들과 마찬가지로 그도 거기서 자원봉사를 하고 있었다. 그리고 1년쯤 뒤인 1956년 새해 첫날에는 아난드완의 한센병 환자 요양소에서 바바 암테를 알게 되었다.

았기 때문이다. 당신의 넘치는 사랑이 우리의 이런 망상에 어느 정도 책임이 있다고 할 것이다.

이 모든 것에 대해 우리는 수녀님의 훌륭한 두 친구를 비롯한 다른 모든 분들께 예외 없이 감사를 표한다. 그분들을 통해 당신의 가슴 속에 겹겹이 감춰져 있던 내밀한 부분과, 또 수많은 여행 경로를 알 수 있었기 때문이다.

1. 바바 암테에게 보낸 편지

1957년 5월 16일, 델리

(인도 전역을 도는 긴 여행을 마친 후) 수많은 한센병 센터, 요양소, 환자촌 등을 돌아본 후에 저는 하느님의 큰 가족 안에서 그 어느 때보다도 그대를 더 가깝게 느껴요. 저와 협력해 준다면 실현될 수 있는 아주 멋진 이상을 가지고 있답니다. 지금부터 그대는 아난드완과 인도뿐 아니라 전 세계의 한센병 환자 재활을 위한 계획 속에 들어가는 거예요! 하느님의 도우심에 힘입어 4년 만에 아난드완에서 그 많은 것을 이뤘으니 곧 인도 전역에서 같은 일이 벌어지게 될 겁니다. 가능한 한 빨리 필리핀으로 가서 그곳에서 6-12달 정도를 머문 후에 다시 이곳으로 돌아와 인도 곳곳을 돌며 조언과 안내를 해주고, 앞으로 설립될 재건 센터를 관리하세요. 필리핀에 가고 싶다는 그대의 바람과 나의 이러한 계획에 대해 들은 모든 이가 함께 나서길 원하고 있어요. 그대는 라마찬드라처럼 특별 통행권으로 일등석으로 여행을 할 수 있을 것이고, 나는 그대의 수행원이 되어 삼등칸을 무료로 이용할 수 있겠지요! 우리와 인도에 행운이 있기를! 그간 농담처럼 말해왔던 "인도의 위대한 인물을 따르는 백인"이라는 고전을 그대 역시 피해

갈 수 없네요. 그러니 최대한 빨리 저에게 이력서와 필요한 서류들을 보내주세요.

미소를 지으세요! 주님은 오직 그분 한 분이십니다. 우리는 모두 그분의 자녀들이고, 온 세상이 우리의 것입니다. 우리 각자는 우리의 운명과 목표를 성취할 자유가 있습니다. 아난드완의 여러분 모두에게 어떻게 감사의 인사를 드려야 좋을지 모르겠어요. 그분께 축복과 사랑을 베풀어 달라고 간구하는 것 말고 무엇을 더 할 수 있을까요?

1958년 4월 20일, 우타르카시

제 삶은 저를 이곳으로 데려오신 그분의 손에 달려있습니다. 제겐 '계획' '미래' '과거'가 없어요. 그분의 이름이 영원토록 영광받으시기를. 주님께서 세상 밖으로 저를 부르셨을 때, 그리고 그대를 부르셨을 때는 어떤 계획을 가지고 계신 겁니다. 우리는 그저 그분의 뜻을 따르기만 하면 돼요.

센 박사가 이곳을 찾아와서 달라진 '지금이' 제 모습을 보고 갔어요. 저는 이미 저를 찾아오는 환자들을 돌보는 일을 빼고는 친구들을 비롯한 그 누구도 만나지 않고 은둔하고 있어요. 사랑하는 나의 형제들, 그대들은 저를 이해할 겁니다. 지금껏 말해왔듯이 앞으로 제가 가야 할 길은 수도원의 삶이라고 믿고 있어요. 하지만 아직 준비가 부족하기에 이곳에 머무르고 있는 거겠지요. 그대와 암테 부인도 타협하지 않고 그분의 진리 안에서, 그분의 사랑 안에서 지금껏 걸어온 길로 계속 나아가리라 믿습니다.

1958년 8월 6일, 우타르카시

제 머릿속은 예후다가 보낸 14쪽 분량의 편지로 가득했어요. 제가 세상을 떠나오고 가족과도 멀어지자 그들은 많이 힘들어했습니다. 가족의 사랑을 제가 저버렸다고 느꼈으니까요. 이 모든 것으로 인해 저는 깊은 슬픔에 잠겼었지요. 하지만 다른 한편으로, 하느님의 뜻에 저를 온전히 맡기는 순간부터 제 온 마음과 온 영혼과 온 정신을 다해 그분을 사랑하고, 이웃을 제 몸처럼 아껴야 한다는 감정이 들었거든요. 하느님께서는 그렇게 저를 인도로, 그리고 그대들에게로 보내셨습니다.

1959년 7월 12일, 알모라

세상은 사랑에 굶주려 있습니다. 사랑을 찾는 사람들도 막상 사랑이 다가오면 그것이 사랑인 줄 알지 못해요. 한 번도 그 사랑을 느껴보지 못했기 때문에요. 안타까운 세상이여! 그래서 세상은 흘러가고, 오직 사랑만이 그것이 속한 영원을 만납니다.

1959년 8월 22일(9월 4일), 베다니아

몇 시간 전에 편지를 받았습니다. 그대와 그대의 아내, 아이들의 글을 읽으니 제 거처와 마음이 빛으로 가득 채워지는 듯했어요.

저 역시 그대만큼이나 이상주의자이고, 또 인류에 대한 믿음이 있는 사람인 듯해요. 하지만 사회사업과 의료 활동을 위한 그대의 시간은 끝나간다고 생각합니다. 그것은 모험적인 그대 인생의 한 단계였어요. 이제는 사람들의 마음, 영혼, 삶에 대해 무언가를 해야 한다고 믿습니다. 몇몇 예외를 제외하고는 주변과 환자들의 삶에서 이기심을 충분히 보았겠지요. 그대는 소수의 사람들만이 누릴 수 있는 하느님의 선물을 받았습니다. 바로 사랑하는 능력이지요. 머리와 지식으로 가슴과 영혼을 죽이는 오늘날, 하느님과 그리스도의 살아있는 가르침을 문자 그대로 따라 살면서 온 세상에 두루 복음을 전하는 그대를 저는 꿈꿔봅니다. 이런 그대를 그대의 동포들은 이해하지 못하지요! 2000년이라는 세월 속에 망각되거나 변질된 진리의 소식을 그대는 서방 그리스도교에 전할 수 있어요. 그리고 인종차별, 위선, 진실을 감추는 것에 대해 지적할 수 있습니다.

그렇습니다. 나의 형제! 그대는 죽음이 존재하지 않는다는 듯이 그것을 대하지요. 실제로 그렇습니다. 영혼에게 죽음은 없어요! 오늘날 누가 진리를 증거할 용기를 가지고 있습니까? 아무도 없습니다! 두려움과 에고이즘이 온 세상을 뒤덮었어요. 그리스도께서 우리들에게 보여주신 것처럼, 이제는 하느님의 축복된 기백이 넘치는 온전한 이들이 나서서 그분을 위해 뭔가를 해야 할 때입니다. 인간이 세상을 완전히 망가트리기 전에 그분의 사역을 세상 위에 펼쳐야 합니다! 이곳으로 오십시오.

저를 용서하세요. 새로운 길에서도 하느님의 뜻을 받아들이는 것만큼이나 변함없이 사랑으로 일관할 그대야, 그대의 아내 사다나 안테를 사랑합니다. 이곳에 오셔서 광야로 가세요. 그곳에서 조용히 그분께서 그대에게 전하시려는 말씀을 들어보세요.

그대가 적어 보낸 앨버트에 대한 소식은 마음이 아픕니다. 하지만 '섬기는 사람'이 되지 못하고 '우두머리'가 되려는 자는 누구라도 고통을 겪을 수밖에 없을 테지요.

1959년 12월 31일(1960년 1월 13일), 베다니아

이 사실을 아는 사람은 아마도 세상에 거의 없을 테지만, 그대는 너무도 잘 알겠지요. 우리 모두는 그저 '우연'이고, 우리가 무엇을 하든 예정된 일이라는 것을요. 우리가 아니라면 다른 누군가에 의해 이루어졌을 일입니다. 때문에 그 일이 좋은 결과를 가져왔다면 하느님께 감사드리고, 그 반대의 경우라면 용서해 달라고 간청하지요. 저는 인디라 간디에게 꼭 한번 아난드완을 방문해서 암테 가족들을 만나보길 바란다고 편지를 써 보냈습니다. 그런데 아직까지 제가 받은 답장은 그녀의 아버지와 두 아들, 그리고 강아지와 함께 찍은 사진이 담긴 성탄절 카드뿐이네요.

그대의 "왜"라는 질문에 대한 답을 저는 알고 있습니다. 칭찬은 사람을 냉담하게 만들죠. 모든 것을 버리고 나를 따르라는 말씀에 따라 그대는 첫걸음을 내딛었습니다. 하지만 이제 그대는 다시금 무언가를 포기해야만 합니다. 내면적인 것들을요. 뚜렷한 계획도 없고, 여기저기 옮겨다니지 않는 저는 요즘 이곳에서 하느님과 이웃을 향한 조용한 기도의 힘을 실감하고 있어요. 우리가 이런 사랑을 지니고 있음에도 할 수 없는 일들이 있지요. 그것은 오직 하느님께서 쓰시고자 하는 사람들과 연합할 때만 이루어질 수 있습니다. 그분의 영광을 위해 사역을 수행하는 이들을 하나로 연결하는 일이 저의 사명이에요.

제 손은 이제 너무 약해졌어요. 하지만 사랑과 기도는 그렇지 않습니다. 곧 하느님의 손길이 그대들 모두에게 닿을 것입니다. 주님의 축복이 함께하기를. 성탄절 인사로 저에게 온 다음의 내용을 한번 보세요. "모든 이가 자신이 세상 속에 유일한 존재이며 그 누구도 나와 같지 않았다는 것을, 또 자신과 같은 사람이 있었다면 존재할 필요조차 없었을 것이라는 사실을 알아야 합니다."

그대들이 베풀어준 모든 것에 대해 고맙다는 인사를 전합니다. 보내준 쿠폰으로 버스를 타고 시내로 가서 건무화과와 아이들을 위한 캐러멜을 살 수 있게 되었습니다. 답장 기다릴게요.

1960년 1월 4일(1월 17일), 베다니아

용기. 지극히 소수만이 용기를 가지지요. 왜냐하면 그들은 그것을 운명처럼 받아들이기 때문이에요. 우리와는 반대죠. (이때 '우리'는 그 누구보다 나의 형제, 그대를 말합니다.) 우리는 하느님으로부터 선물처럼 주어진 것을, 그것이 무엇이건 타인과 사랑하는 마음으로 나누는 것이라고 생각해요. 또한 자기 자신만을 위해 산다면 차라리 태어나지 않는 편이 낫다고 믿습니다! 그것이 '구원'이나 하느님의 '목표 실현'을 위해서일지라도 말이지요.

먼저 우리 자신이 '새롭게 태어나고' 나서 죽은 자들의 장례는 죽은 자들에게 맡겨두고 영혼과 마음의 상처를 치유하기 위해 노력해야 해요. 네, 저는 "동방에서 온 한 사람"이 필요하다고 생각합니다. 이사야서 46장 11절을 읽어보세요.

성지는 예언의 장소입니다. 그중 하나라도 실현되지 않은 것이 없으며, 이는 세상이 끝날 때까지 이어질 겁니다. 성서를 공부해 보세요. 그러고 나서 이곳 광야에 있는 수도원으로 와서 머무르세요. 한 달 안에 그대는 그대가 찾던 모든 답변을 '듣게' 될 겁니다. 맞아요. '희생을 감수하면서까지' 진리를 말할 수 있는 사람들은 드물죠. 대부분 순교와 죽음을 두려워해요. 하지만 어차피 한 번은 죽게 될 터인데 진리의 영광을 위해 죽지 못할 이유가 무엇이겠습니까? 사람이 사람을 고문하는 것을 보십시오. 끔찍한 잘못이라고 증언하지 않고서 어떻게 그것을 직면할 수가 있겠습니까?

마태오 복음 5장 6절과 잠언 14장 25절을 읽어보세요. 지금까지 살아온 생애를 되돌아보면 그대가 누구인지, 앞으로 무엇을 해야 할지 알게 될 겁니다. 그럼 더 이상의 두통은 없겠지요!

1960년 오순절 주일, 베다니아

그대의 딸 레누카가 몸이 조금 좋지 않다고 학교에 가지 않았다는 편지 내용을 읽고서 웃었습니다. 제 어린 시절이 떠올랐거든요. 집에서 사랑받으며 자라온 저 역시 매년 겨울마다 학교에 가지 않으려고 꾀병을 부려댔어요. 무의식적으로요.

그리고 사탄을 모른다는 그대의 말에 또 웃었습니다. 하지만 모르는 사이에 이미 사탄을 만났을 거예요. 아니면 적어도 사탄이 한 짓은 본 적이 있을 겁니다. 하느님께서 하시는 모든 일에 적대적이거든요. 예를 들어 그는 교만, 분노, 탐욕, 또는 우리 영혼을 파괴할 수 있는 다른 특성들로 개입해요. 그래서 우리는 우리가 누구인지, 우리의 영혼의 어느 부분이 사탄의 것이고 어느 부분이 하느님의 것인지를 살펴야 합니다.

1961년 7월 2일, 베다니아

제가 그리스에 있을 때 위대한 한센병 퇴치 운동가인 폴레로가 아테네에서 강연을 했어요. 그는 전 세계 모든 나라 중에서 그리스가 한센병에 가장 인간적으로 접근하며, 한센병과 다른 전염병 사이에 전혀 차이를 두지 않았다고 말했습니다. 그래서 환자들은 병원의 한 분관에 머물거나 허락하에 외부로 쉽게 나갈 수 있었죠. 기억하시나요? 실제로 저는 키프로스에서 온 순례자들 중 몇몇이 센터에서 성지로 나와 우리가 입맞추는 이콘에 똑같이 입을 맞추고, 함께 성체성혈성사를 받는 것을 보고 놀랐습니다. 폴레로는 그리스에서 한센병 치료율이 높은 이유가 그리스인들이 보여주는 도덕적인 지지와 공감에 있다고 믿고 있어요. 제 생각엔 우리 그리스인들은 상상력이 풍부하기 때문에 치료가 담보된 약이 있다는 이야기를 듣는 순간 병이 깨끗이 낫는 것 같아요! 이런 현상을 제 겐티아나 바이올렛 용액을 사용한 치료에서도 목격했거든요. 알고 계시겠죠.

제 마음이 하느님께 가까이 가면 갈수록, 그만큼 그대들 모두가 저에게 더욱 가깝게 와있음을 느낍니다.

1963년 2월 20일, 스위스

곧 다시 인도로 가서 그대들을 만날 수 있겠어요. 처음에도 몰랐던 것처럼, 이번에도 왜 가는지는 모릅니다. 1954년 이후로 저는 모든 사람에게, 그리고 모든 일에 "네"라고 대답한다는 원칙을 세웠어요. 이 원칙이 저로 하여금 많은 일을 할 수 있게 했고, 또한 모든 역경을 견디게 했지요. 하지만 아시다시피 중요한 것은 외적인 것이 아니라 내면의 자아입니다. 떠돌아다니면서도 제 영혼은 하느님의 평화 속에 굳건하게 머물러 있습니다.

1964년 2월 6일, 사탈

그대들과의 만남은 멋진 꿈과 같았어요. 아난드완은 알라딘 램프에서 튀어나온 듯했고요. 수녀복을 입고 있었음에도 환자들이 저를 금방 알아봤을 때는 정말 감동했어요. 제 오랜 친구들도 첫눈에 저를 알아보지 못했는데 말이지요. 사랑과 진심은 우리의 외모나 눈빛보다 훨씬 더 큰 의미를 지녀요. 하느님께서 그대들 모두를 축복해 주시길!

시간이 갈수록 진정한 자유를 얻으려면 우리는 '문을 닫고' 자신의 내면에 집중해야 한다는 사실을 깨달아요. 마찬가지로 그 연장선에서 우리가 사랑하는 이들, 가까운 지인들, 혹은 낯선 사람들과도 평화로운 관계를 맺기를 희망합니다.

1970년 5월 15일, 베다니아

그대들에 대한 사랑을 가슴에 간직한 자매가 세상 어딘가에 있다는 사실을 완전히 잊은 것은 아니겠지요? 소식을 듣지 못한 지 꽤 오랜 시간이 흘렀습니다! 여기 수도원에서 받은 수녀명의 기원이 되시는 가브리엘 대천사가 날개로 저를 여러분에게 데려다주기를 얼마나 간절히 원하고 있는지요! 아, 끔찍스런 돈! 죽기 전에는 돈 없이 여행을 할 수가 없군요. 저는 1월 3일에 여기에 도착했어요. 4주를 보낸 뒤 다시 그리스에 다녀왔고요. 거기서 2달을 머문 다음 4월 12일 이곳으로 돌아왔답니다. 정교회를 믿고 예비 수녀가 된 한 스코틀랜드 친구와 함께요.

1970년 8월 16일, 베다니아

(바바 암테가 사고를 당한 이후) 세상에는 두 가지 부류의 사람이 있습니다. 베풀고, 베풀고, 또 베푸는, 심지어 다른 이들을 위해 자신의 목숨까지 내어주는 사람들이 있지요. 반면에 또 다른 부류는 베풀지 않는 것은 물론이고, 베푸는 자들마저 힘들게 하는 것을 기쁨으로 삼는 자들이에요. 불쌍한 사람들 같으니. 정말로 베풀 게 아무것도 없을까요? 나의 형제 바바와 그대 사다나는 베푸는 자들에 속합니다. 그래서 지금 많은 어려움을 겪는 거지요. 하느님 나라에 속한 사람들은 이 세상에서 시련을 겪어야만 합니다. 하지만 그들이야말로 진정으로 하느님의 뜻에 부합하고, 인간의 삶에서 신성의 힘으로 성취되어야 할 일을 해내는 유일한 사람들이에요.

바바를 지극히 사랑하는 바바의 여동생은 이제 압니다. 직접 찾아가서 돕는 것보다도 기도가 더 중요하다는 것을. 제 말을 믿으세요. 물리적 거리는 멀지만 우리는 전에 없이 더 가까이 있습니다. 그대의 편지를 받고서 절실히 기도를 드렸고, 여기에 동봉된 응답을 받았습니다. (가브릴리아 수녀님은 판텔레이몬 성인의 이콘을 편지에 동봉했다). 저보다 판텔레이몬 성인의 치유의 손길이 더 위대하지요. 성인께서는 초기 그리스도교 시대를 사셨고 하느님과 그리스도를 믿으셨습니다. 로마 시대의 부유한 그리스 가정에서 태어나 성장한 의사셨지요. 하지만 재산과 평범한 삶을 포기하고 '좁은 길'을 택하셨어요. 암테 형제처럼요. 그리고 당신의 치유 능력은 그리스도를 통한 하느님의 것임을 고백한 죄로 사형에 처해질 때까지 수천 명을 치료하셨습니다. 순교 후 오늘날까지도 그분의 기도로 많은 사람들이 치유를 받고 있고요.

성인께서 약 상자를 들고 계신 이 작은 이콘은 제가 기도하는 방에 있던 것입니다. 저는 모든 것이 치유되는 그곳, 부활 성당에 있는 주님의 무덤에 이 이콘을 얹어 축복을 받았어요. 머리 통증이 있는 부위에 이콘을 가져다 대보세요. 얼마 지나지 않아 우리 모두가 하느님께 영광을 드리게 될 거예요. 그분의 개입은 인간들의 것과는 비교도 할 수 없이 놀라운 것이기 때문입니다. 곁에서 함께하는 것도 중요하지만 기도의 힘이 더 강력해요. 침묵은 말보다 강하고요.

하느님께서는 그대에게 당신의 사랑으로 능력을, 당신의 자비로 관용을, 그리고 당신의 관면으로 지혜를 주셨습니다. 그래서 그분의 천사들이 소수의 사람들에게 영감을 주어 도움을 베풀도록 하는 이 고통이 넘실대는 세상 속에서 그대를 그분의 가장 훌륭한 종, 친구, 그리고 협력자 중의 한 명으로 삼으셨습니다.

사랑하는 그대의 가슴은 육체적인 고통 속에서도 사람들의 아픔을 함께 나누고 있습니다. 이로써 그대는 하느님의 능력을 드러낼 것이며, 또 다른 사람들이 따를 만한 하나의 본보기가 될 것입니다. 이 편지를 받을 때쯤이면 그대는 이미 건강을 회복하고, 나의 사랑하는 자매인 사다나와 아이들, 그리고 다른 모든 가족들의 사랑에 둘러싸여 기쁨으로 넘치리라 나는 확신합니다. 그대가 이 끔찍한 위험을 잘 넘길 수 있게 된 것에 대해 하느님께 영광을 바칩니다. 하느님께서는 사랑이십니다. 그리고 나는 그 사랑 안에서 여러분 모두를 사랑하고 있습니다.

1976년 6월 5일, 시나이, 성 카테리나 수도원

광활한 사막이 펼쳐지고 붉은 바위들이 우뚝 솟은 이곳은 신성에 이르기 위한, 그리고 지상에 그분의 거룩한 뜻을 세우기 위한 인간의 투쟁을 보여줍니다. 저는 여기서 사랑하는 형제 바바와 나의 자매 사다나, 그리고 아이들을 생각합니다. 모든 어려움 속에서도 굳건히 지켜낸 그대의 업적과 믿음을 기억합니다. 이 산 위에서 대를 이어 열심히 일하면서 하느님을 경배하며 사는 그리스 정교회 수도사들처럼요. 거룩한 산 정상에서 살인하지 말라고 말씀하신 그분 말입니다. 아! 불순종으로 인해 세상이 얼마나 개탄스러워졌는지요.

1979년, 아테네 마루시

당연히 그대는 장애인이 아닙니다! 진정 장애를 가진 사람들은 이 세상 속의 수많은 '살아있는 주검들'이지요. 그들은 자기 자신에게는 물론 타인에게도 유익함이라곤 없답니다. 그들은 당신과 같은 하느님의 '친구들'이 아닙니다. 왜냐하면 하느님의 친구들은 그분께서 인류를 위해 하시고자 하는 일을 '이루어내기' 때문이에요. 그대 암테 가족들이야말로 하느님의 친구이자 추종자라고 불릴 자격이 있지요.

1981년 3월 6일, 아테네

나는 그대가 겪는 삶의 시련들을 보고 놀라지 않습니다. 사랑과 희생은 동의어이죠. 하느님은 그대에게 당신의 사랑, 능력, 자비, 용기, 용서의 마음, 깊은 지혜를 주시고, 그대를 이 땅에서 당신의 가장 훌륭한 종이자 친구, 협력자로 삼으셨습니다. 고통이 만연한 이 세상에서 천사들은 소수의 사람들에게 영감을 주어 도움을 주도록 하지요. 사랑은 언제나 십자가 위에 있어요. 그래서 그대의 사랑의 마음은 단지 생각이나 도움에 그치지 않고, 그대 자신의 몸을 통해 인간의 고통을 함께 나누며 초인적인 힘을 보여줌으로써 다른 이들이 따를 만한 본보기가 됩니다.

1982년 6월 4일, 아테네

언제나 그랬던 것처럼 평화와 기쁨이 여러분에게 있기를.

제 친구 예후다가 이곳에서 열흘간 묵고 있습니다. 우리는 그대들과 아난드안의 '기적'에 대해 끊임없이 이야기하고 있어요. 그는 사랑의 마음을 지니고 있으며, 또 다른 사랑의 마음을 이해합니다. 우리는 이렇게 사랑이신 하느님과 만나지요.

단 일주일만이라도 그대들을 보러 갈 수 있다면 정말 좋겠습니다. 영혼의 눈뿐만이 아니라 제 눈으로 실제로 보고 싶네요. 하지만 기력도 쇠해지고 언제나처럼 여비도 없습니다. 혹시 천사들이 저를 데려간다면 그때 아마도 영적으로 그대들을 방문하게 되겠지요. 제 모든 사랑을 그대들에게 전합니다. 1955년에서 1959년 사이 하느님의 사랑 안에서 우리가 함께했던 그 경험들을 저는 결코 잊을 수 없을 것입니다.

1983년, 아테네

하느님의 빛과 사랑 아래에서 인간은 불사에 이른다.

세상이 이런 지경에 놓였음에도 하느님을 사랑하고, 또 그분을 사랑하는 사람들의 삶과 활동을 이해하는 사람들이 있지요. 비카스가 보내준 편지에 동봉된 사진에서 제가 본 것이 바로 이것입니다. 우리를 깨우쳐 주시고 인도해 주시는 그분께 영광.

필체로 보아 그대가 아주 건강하다는 생각이 듭니다. 사랑하는 자매 사다나와 그대를 아끼는 모든 이들의 기도를 들어주신 하느님께 감사를 드립니다. 그대들과 함께 지냈던 시절을 떠올릴 때마다 제게 깊은 울림을 주는 것은 자기희생으로 가득 채워진 사다나의 사랑이었습니다. 그대와 그대의 일, 그리고 모든 것을 사랑했지요. 그녀의 존재에 대해 하느님을 찬미합니다. 그리고 사랑하는 아이들 소크라테스와 플라톤, 이 어려운 시대의 무질서한 정글 속에서 성장한 진정한 영웅들에 대해서도 하느님께 영광을 바칩니다!

인도에서 제 식구와도 같은 암테 가족을 알게 된 데 대해 깊은 행복을 느낍니다. 덕분에 제 삶이 더욱 풍성해졌어요.

1984년 1월 14일, 아테네

(바바 암테의 수상 소식 이후) 사랑하는 나의 형제! 사랑하는 나의 자매!

암테 가족을 알게 해주신 하느님께 어떤 말로 감사를 표현할 수 있을까요? 그대의 수상 소식은 제게 커다란 기쁨을 주었습니다. 2월에 뉴델리에서 거행될 시상식에 저도 마음으로 함께할 것입니다. 암테 형제에게 당신의 사랑, 당신의 힘, 당신의 용기를 주시어 무지, 무관심, 편견에 당당히 맞설 수 있도록 하시고, 또 한 명의 승리의 천사가 될 수 있게 해주신 하느님께 감사드립니다! 그렇습니다. 바바 암테는 사랑이 넘치고, 저는 사랑이야말로 가장 강력한 폭탄이라고 믿지요. 사랑은 지상의 모든 악한 것들을 파괴할 수 있는 유일한 폭탄입니다. 인도 순례에 대해 이야기할 때면 그대의 사랑스러운 표정이 눈앞에 어른거립니다.

친애하는 바바, 그대에게 축하 인사를 건네야 할까요? 아니요! 저는 오히려 그대에게 상을 주기로 한 사람들과 함께 기쁨을 나눌 것입니다. 그들이 그대를 이해하고 가치를 인정한다는 것을 의미하기 때문이에요.

1984년 부활절, 예루살렘

부활절 축일을 위해 찾은 이곳 예루살렘에서 그대들 모두에게 마음을 보냅니다. 다시 여길 찾아와서 그대들과 함께 세상의 평화를 위해 기도를 드릴 수 있다니 정말 행복합니다. 그대들 모두는 제 곁에 있는 것과 같아요.

1985년 2월 20일, 아테네

사랑하는 비카스(암테의 아들), 편지에 나를 "수천 번" 초대했다고 적었더구나. 그런데 나는 이제 많이 노쇠해. 이젠 전처럼 그렇게 달려갈 수가 없어. 예루살렘에서 며칠 정도 보내는 건 괜찮지만 긴 여행은 힘들거든. 그럼에도 내 영혼으로, 마음으로, 그리고 생각으로 여행을 하지. 너희들 곁에 자주 찾아가. 너와, 또 눈빛이 반짝이는 네 아버지와 대화도 즐긴단다. 네 미소도 보이고, 달라진 아난드완과 큰 나무도 보이는 것 같아. 마음은 언제나 청춘이란다. 영혼은 영원히 살아있으며 정신도 늘 생동해.

1985년 부활절 전, 아테네

며칠 후면 우리는 그리스도의 부활 축일을 맞이하게 됩니다. 사랑하는 바바, 언젠가 그대가 나에게 했던 말이 생각나네요. "십자가는 다른 이들을 위한 자기희생의 상징이다." 그대는 여러 번 죽음을 직면했으며 부활의 의미를 제대로 알고 있지요.

우리가 만난 지 30주년이 되었습니다. 그것을 기념하면서 제 사랑과 온 마음이 담긴 기도를 그대에게 보냅니다. 하느님께서 영원 속에서 우리를 다시 만날 수 있게 해주시길.

1989년 1월 26일, 아테네

사람들은 각자의 문제와 기대를 짊어진 채 사랑에 목말라하며 그렇게 세상을 오갑니다. 불쌍한 사람들! 하느님께서 주신 사랑을 다른 사람들과 함께 나누지 않으면 우리는 언제나 외롭고 다른 이들의 사랑을 구걸하는 비참한 처지가 된다는 것을 그들은 깨닫지 못하고 있어요. 참 이상하게도 이러한 본질은 말이나 설교로는 깨우쳐지지 않는다는 것이지요. 우리 각자의 삶으로써 "이야기"할 때에만 비로소 뭔가가 들릴 수 있습니다.

1989년 6월 24일, 에기나, 성모 보호 수녀원

사랑하는 비카스, 우리 그리스도교 믿음 속에는 오로지 하느님을 섬긴, 다시 말해 도움이 필요한 이들에게 자신의 삶을 바친 성인들이 계신단다. 그런 점에 있어 너 또한 이런 부류에 속한다고 나는 생각하고 또 그렇게 여겨왔지. 네 안에서 참된 겸손을 보았거든. 네가 하는 일이 희생이라는 것을 의식하지 못한 채 무척 자연스럽게 너 자신을 내어주는 것을 보았기 때문이야. 사랑하는 비카스, 언제나 하느님의 축복 속에서 하느님의 참된 자녀이자 종으로 남기를 바라마. 나는 아직도 네가 어릴 적 했던 말을 잊을 수가 없단다. 태어나자마자 만난 모든 한센병 환자들에 대한 사랑으로, 너도 한센병 환자 중 한 명이 되고 싶다 했었지. 그들과 함께 자유롭게 어울리고 사랑을 나누고 싶어서. 하느님께서 허락하지 않으셨지만 말이야.

1992년 12월, 레로스

내가 이 편지를 보내는 이유는 여기서 1년간 은둔의 삶을 보낸 후 모든 서신교류를 중단하기로 마음을 먹었기 때문입니다. 그대들뿐만이 아니라 제가 사랑하는 모든 가족들과도요. 이제 저는 영적으로 여러분과 교류하며 천사들의 왕국으로 떠날 준비를 하려 합니다. 우리가 함께 지냈던 모든 순간들에 대해 감사를 표합니다. 저는 이미 아흔넷의 고령이 되었습니다! 주님께서 여러분을 축복하시길 기도합니다. 그대들의 영원한 자매, 릴라

2. 예후다 하네그비에게 보낸 편지

1956년 7월 2일, 알모라

그대는 왜 인도냐고 묻습니다. 저는 앞으로 나아갈 뿐입니다. 그래서 질문하지 않아요. 저는 지금 죽었지만 그 어느 때보다도 더 활기찹니다. 음악, 예술, 문학에 대한 제 사랑이 어디로 가버렸냐고 물었지요? 이 모든 것은 저에게서 사라졌습니다! 왜냐고요? 저는 묻지 않아요. 알고 있는 것은 단 하나, 제가 올바른 길 위에 서있다는 것, 하느님의 지속적인 현존 속에 있다는 것, 그리고 그분의 광활한 창조 안에서 제가 해야만 하는 작은 일을 하는 것 외에는 그 어떤 것에도

관심이 없다는 것입니다.

베르크만 교수가(1부 순례자 참조) 저에 대해서 "하느님의 진정한 친구" 같다고 당신께 말씀하셨다지요? 마음이 아름다워야만 할 수 있는 그런 말씀을 해주신 그분께 하느님의 축복이 함께하기를 바랍니다. 그대는 친구들을 하나로 결속시켜 주는 것이 무엇인지 아나요? 바로 사랑입니다. 그런데 하느님은 무엇이죠? 바로 사랑이시죠!

조만간 저와 같은 길을 걸어야 할 소수의 사람들을 제외하고는 저는 과거와 그 어떤 연결고리도 없습니다. 그대는 제 생각과 제 영혼이 어디에 자리 잡고 있는지 물었어요. 저도 모릅니다. 저는 그저 걷고, 일하고, 침묵하고, 사랑하고, 좋은 것이든 나쁜 것이든 모든 부름에 "네"라고 답할 뿐이에요. 그분에게서 모든 것이 오기 때문이지요. 저는 더 이상 토론하지 않습니다. 아직도 웃고 때로는 즐거워합니다. 사랑하는 '추종자'들이 저를 위해 아쉬람 하나를 지을 테니 그곳에서 모두 같이 지내자고 고집을 부릴 때, 또 시바난다가 그에게 헌신하는 이들에게 "그리스에서 온 릴라 박사님은 자석처럼 사람을 잡아끈다"고 말하며 함께 살자고 할 때는 특히 그렇지요!

무엇이 저의 미래인지 전 알지 못합니다. 하지만 아쉬람에서 안정되게 일하는 것은 원치 않아요. 암테 선생님이 정확히 그렇게 하고 계십니다. 차이가 있다면 그분은 좀 더 과감하시지요. 저는 호기심이 전혀 없어요. 어디로 향하든 떠나온 곳보다 더 낫다고 여겨요.

저의 경우, 음악이나 강연을 들어야 할 이유가 있을까 생각합니다. 하루 스물네 시간이 하느님의 신성한 동행 속에 순식간에 지나가거든요. 다른 어떤 것보다도 수천 배는 더 위안이 되는 동행이지요.

1956년 7월 23일, 델리

인도에는 소위 '구도자'라고 불리길 원하는 사람들이 찾아옵니다. 질문을 던지는 사람들에게 저는 이렇게 대답하지요. "저는 구도자가 아닙니다." 그러면 구도자도 아닌데 왜 인도에 온 것인지 의아해해요. 저는 구도자가 아닙니다. 그저 모든 것과 모든 사람을 사랑할 뿐입니다. 다른 것에는 관심이 없어요. 이 대답이 그들에게는 충분하지 않다 해도 저에겐 그러합니다. 왜냐하면 언젠가는 하느님께 대답을 해야 할 테니까요. 흥미롭든 아니든 책을 읽지 말 것을, 또한 사람들도 만나려고 하지 말 것을 그대에게 부탁합니다. 거기에서 그대가 배울 것은 하나도 없어요. 하느님께서는 우리 안에 계시고 침묵 속에서 말씀하십니다. 소경처럼 그저 그분의 조언을 따르기 바랍니다. 그러면 안전할 거예요.

하느님은 자유로운 분이시고, 사랑은 자유 안에 거합니다. 저의 경우엔 아쉬람이나 수도원처럼 안전이 보장된 곳을 떠나 영원히 떠돌아다녀야만 한다고 느껴요. 그래서 저는 만나고 싶은 사람들을 한데 모으는 연결고리 역할을 하고 있습니다. 스탠리 존스 박사는 모든 것을 받아들이는 저의 "네"라는 대답을 하나의 주제로 만들었어요. 정말 재미있지요. 그는 저에게 자신이 설교하는 내용의 표본이 되어 함께 투어를 해달라고 요청했어요!

한편, 시바난다도 베단타 철학에 대한 순회 설법에 함께하자고 제안을 해왔어요. 델리의 리포터들도 한센병 환자들과 관련하여 저와 인터뷰를 하고 사진을 찍고 싶다고 찾아왔고요. 저는 그 제안을 정중히 거절했습니다. 그 모든 것이 지옥으로 향하는 발걸음처럼 느껴졌거든요. 그들에게 말했습니다. 저는 죽었으며, 오직 하느님 안에서만 살아있다고요!

어쨌든 그대의 말에 동의합니다. 수도원과 아쉬람의 고요함은 많은 도움이 되지만 그것이 최종적인 단계는 아닙니다. 그것은 우리 안에 있지요.

1958년 1월 20일, 뭄바이 푸나

편지를 '써야만' 한다, 소설을 '완성해야만' 한다, 여기저길 '가봐야만' 한다. 그런 식으로 생각하지 않았으면 해요. 삶을 대하는 이런 태도와 하느님의 신성한 계획에 대한 지속적인 개입은 우리 서구식 교육의 폐단이지요. 우리가 해야만 하는 것은 다름 아닌 그분을 잠자코 따르는 것입니다. 어떤 사람들은 세상을 혼란에 빠트리려고 태어납니다. 또 어떤 사람들은 존재하고, 사랑하고, 죽기 위해 태어나지요. 그대와 제가 이런 부류에 속한다고 믿고 있습니다. 그분의 목적을 위해, 그분이 원하시는 대로, 그분이 좋으신 대로 주십니다. 그리고 우리가 그분께 속한다는 것은 의심의 여지가 없는 일이지요. 그렇지 않나요?

제가 새롭게 자리를 옮긴 곳은 지적장애 아동과 신체장애 아동을 동시에 돌보는 기관입니다. 이곳에서 일을 하며, 방문객들이 앉는 한 벤치에서 몇 달째 잠을 자고 있어요. 폭도 좁고 딱딱한 나무 벤치지만 저는 거기에서 그분을 가장 잘 드러내는 축복된 경험을 했습니다. 창문도 없는 답답한 작은 방임에도 저는 너무 행복하답니다.

이 안타까운 아이들은 삶의 물음표에 속하지요. 전 아무런 말을 하지 않고 그 애들과 함께 놀고, 웃고, 그리고 연약한 다리와 영양 공급이 안 된 팔을 마사지해 줄 수 있습니다. 여기에도 하느님의 기적이 있어요. 오래전 러크나우의 정신 병원에서 일할 때부터 얼굴 마사지가 주요한 치료법이라는 것을 저는 발견했지요. 인간적인 어루만짐,

따뜻한 표현. 이 사람들은 이런 것을 한 번도 경험해 보지 못했거든요. 서로에게 건넬 사랑이 없는 이 세상은 얼마나 참혹한지요. 비극적이지만 사실입니다.

마지막으로, 슈바이처 박사님은 오시지 못했어요. 하지만 큰 광고 효과가 있었습니다. 수천 명의 사람들이 그분을 만나고자 델리에서 열린 채식 컨퍼런스를 찾았지요. 거짓 약속으로 이룬 성공이었네요. 바바 암테가 뭄바이의 한 병원에 있어서 거길 가느라 저는 참석하지 못했습니다.

1958년 5월 20일, 우타르카시

그대는 그분의 것이지요. 그대도 알고, 저도 압니다. 하지만 우리는 삶에서 우리가 바라는 모든 것을 요청하며 죄를 지었습니다. 사랑과 자비를 통해 우리처럼 우매한 사람들이 당신을 알게 하시고, 또 우리 스스로를 당신께 바칠 수 있게 하시기까지 말이지요. 아무리 사랑이 많은 자일지라도 사람은 우리를 구할 수가 없다는 것을 알아야만 그렇게 하지요. 오직 그분만이 능히 하실 수 있어요!

1958년 6월 28일, 우타르카시

다른 사람들의 희망을 짓밟으면 어떡하지 하는 생각으로 그대의 머리를 복잡하게 만들지 마세요. 모든 것을 잊어버리세요. 그대는 죽었습니다. 이것을 이해하지 못한다면 그대는 하느님과 그대의 진정한 자아 사이를 가로막게 될 것이며, 그분은 당신 안에서 역사하지 않으실 것입니다. 제 뜻을 잘 헤아려 들으세요. 우리는 혼자입니다. 우리의 친구, 그리고 우리의 가족은 오직 그분뿐이랍니다! 그대는 그대에게 사랑을 돌려주는 사람, 그렇지 않은 사람, 심지어 그대에게 미움으로 보답하는 사람들까지도 차별하지 말고 모든 이들에게 사랑을 주세요! 그럼 그대는 그분의 것이 될 것입니다! 한번 말씀해 보십시오. 1954년 3월 24일, 앞서서 죽지 않았다면 어떻게 제가 다시 태어날 수 있었겠습니까? 또한 이 점도 잊어서는 안 됩니다. 누구도 다른 사람에게 무엇을 가르치거나 보여줄 수는 없지만, 오직 사랑만이 그분을 찾는 사람들을 도울 수 있어요. 사랑과 기도는 수년이 지난 후에도 기적을 일으키지요.

1958년 7월 29일, 우타르카시

저는 외국인으로서 이곳에 왔습니다. 외국인은 언제나 외국인입니다. 날이 갈수록 제가 이방인이 될 '운명'을 타고났다는 확신이 들어요. 어떤 나라가 아닌, 온 세상에 대해서 언제나 이방인이라는 말입니다. 콘스탄티노플은 우리가 물려받은 땅임에도 불구하고 그곳에서 태어난 우리 그리스인들은 튀르키예인들에게 이방인이지요. 또 그리스로 이주했을 때 우리는 '달갑지 않은 손님'과 같았습니다. 다시 이방인이었던 거지요. 학업을 지속하기 위해 스위스, 프랑스, 영국에 갔을 때도 저는 여전히 이방인이었습니다. 미국도 마찬가지였고요. 그리스로 돌아오기 몇 달 전, 영국에서 시민권을 주려고 했지만 저는 원치 않았어요.

요즘 인도는 점점 더 국수주의적으로 변해가고 있습니다. 역사의 정상적인 발전 과정이죠. 지배를 받다가 해방을 맞고, 생명이 끊어진 문화와 더 이상 적용되기 어려운 철학만이 그들 손에 남아있다는 인식. 저는 수 세기가 지나 새로운 인도 문화가 탄생할 때까지 이런 상태가 지속될 것이라고 생각해요.

얼마 전, 체류비자 연장에 어려움을 겪었습니다. 그때 저는 제가 이곳에 계속 머물 거라고 믿고 있었어요. 나중에 인도 당국은 저에게 인도 시민권과 한센병 환자 요양소를 위한 토지 일부를 제공했습니다. 저는 거절했고, 1959년 5월 말까지 유효한 2년 간의 체류 허가만 받았어요. 그런데 저 역시도 깜짝 놀랄 만한 일이 1년 전에 있었습니다. 제가 인도를 떠날 거라는 확신이 든 것이죠! 인도에서 지낼 날이 다해가고 있다는 생각이 들었습니다. 저는 제가 겪어야만 했던 일들을 다 겪었어요. 한 번 더 모든 것을 두고 떠나게 되는 것이죠. 여길 떠나면서 제가 남길 것은 사실 하나도 없습니다. 제 육신은 이미 작아질 대로 작아져 힘겹게 영혼을 '운반'하는 역할밖에 하지 못해요. 우리가 그분께서 원하시는 모습으로 존재하는 한, 어디에 있는지가 뭐 그리 중요한가요?

1957년 3월부터 제게 일감이 들어오지 않았습니다. 하느님께서 더 이상 제가 다른 것에 관여하지 않기를 원하시는구나 생각했지요. 거의 6개월이 다 되도록 저는 제 방에서만 머물렀고, 그분의 현존만으로 부족함이 없었습니다. 다른 사람도 없습니다. 하느님께서 제 인생의 여로에 보내주시는 이들을 사랑하는 것처럼, 지금 저는 모든 이들을 사랑합니다. 왜인지는 모르지만, 마음속에 이들을 간직하고 함께하는 것만으로 충분하다는 느낌을 받습니다. 말로 어떻게 설명할 수 있을까요? 하느님의 언어가 침묵이라면, 사랑의 언어도 침묵입니다.

어쨌든, 우리는 모두가 서로 다른 개별자들이지요. 유일한 행복은 '이 땅 위에 오직 하느님과 나'에 있습니다. 홀로 존재하기에 모든 사람을 사랑하고 아무리 우스꽝스러운 것들이라도 그것을 사람들과 나누며 기쁨을 줄 수 있지요. 그것이 아주 짧은 순간이라 하더라도요.

1958년 10월 4일, 세쿤데라바드

우리의 약점은 사랑받고자 하는 갈망입니다.

그때 모든 것들이 재빠르게 움직이고 우리를 강하게 뒤로 후퇴시켜요. 가족들은 의논을 해서 우리를 영원히 묶어두려 할 것입니다. 우리는 하느님의 큰 사랑을 받지만, 그럼에도 여전히 사람들로부터 사랑을 받고자 하지요. 이것은 하느님의 첫 번째 계명과 그분의 부르심에 불순종하는 것입니다. 우리는 쥐덫, 즉 평범한 세계로 돌아가게 돼요. 그분께 순종하는 것이 그다지도 힘든 일일까요? 안전을 위한답시고 사람이 만든 사회와 가족의 법은 준수하면서, 감히 그분께 불순종하는 이유는 무엇입니까? 주님께서 우리에게 동참하라고, 당신의 사역에 힘을 보태라고 부르실 때, 앞서 수천 명의 사람들이 그랬고 또 앞으로도 그럴 것처럼, 우리 역시 절반쯤 갔다가 되돌아오지요. "주님 저를 데려가시고, 깨트리시고, 주님의 뜻대로 하소서"라고 하는 대신에요. 우리는 이것이 잘못되었다는 것을 알고 있어요. 건강에 적신호가 켜지지요. 그리고 그건 사람들이 지시하는 일을 하지 않고, 절망적이고 무의미한 삶을 사는 핑계가 됩니다. 또한 우리의 나약함을 핑계 삼아서 주님을 위한 삶과 고난을 외면하고요. 그때 우리는 살아있는 주검이 되고 맙니다. 하느님에 대해, 다른 사람들에 대해 죽어있는 수백수천만의 사람들처럼 말입니다…. 이들은 어둠의 세력의 놀림감으로 전락하고 맙니다…. 마태오 복음 17장 20절, 루가 복음 17장 5절, 마르코 복음 9장 19절을 읽어보십시오. 믿음이 어디에 있습니까? 이사야서 41장 1-4절과 46장 9절에서 끝까지를 읽어보세요. 하느님께서는 언제나 우리를 먼 이국땅으로 데려가십니다….

나는 이곳에서 귀머거리처럼 지내고 있습니다. 어디를 가든 똑같습니다. 고립은 꼭 필요합니다. 무덤은 우리 모두를 기다리고 있죠.

어떤 무덤일까요? 통상적인 무덤일까요? 아니면 부활일까요?

1959년 12월 30일(1960년 1월 12일), 베다니아

사랑에 대해 적어 보내셨지요. 네, 저 역시 그대가 "위대한 사상가"라고 부르는 그 친구분과 비슷한 생각 또는 경험을 갖고 있어요. 하느님과 인간의 관계를 그릴 때 제가 사용하는 모양은 바로 삼각형입니다. 하느님은 저를 사랑하시지요. 제게 사랑을 비처럼 쏟아주십니다. 그런데 만약 제가 그 사랑을 저 자신만을 위해 붙들고 있다면 저는 죽고 말 거예요. 그 사랑의 힘을 견뎌낼 수 없기 때문이지요. 하지만 이 사랑이 그분의 것임을 인식하는 가운데 열정을 다해서 타인을 사랑한다면, 그때 그에게는 놀라운 일이 일어납니다. 하느님의 이끄심이나 부르심을 받아요. 그대는 즉시 그에게서 어떤 변화가 생기는지 보게 될 것입니다. 새로운 행로를 설계하고, 이 사랑이 나의 것이 아니라 하느님의 것이라는 것을 깨달으며 그분의 축복을 받죠. 그런데 만약 그가 이를 미처 깨닫지 못하고 나에게 감사를 표한다면 모든 걸 망치는 거죠. 하지만 깨달으면 그때는 그도 자신이 받은 사랑을 아무런 기대 없이 다른 이들에게 연이어 베풀 것입니다. 또 다른 사람과 하느님 안에서 하나가 되는 것을 기뻐하지요. 그리고 한 가지 더 재밌는 일이 일어나요. 우리가 그분 안에서 연합해야 할 사람들을 첫눈에 알아보는 거죠. 참으로 놀랍지 않나요?

1966년 7월 11일, 새 예루살렘 수도원

사랑은 성인들의 친교처럼, 하느님 안에서의 영혼들의 친교입니다. 그것은 보이지 않는 수도원입니다. 그분께 속한 사람들은 육체가 어디에 있든 관계없이 그곳에서 영적으로 만나게 돼요.

제가 지금 있는 이 수도원은 소나무와 올리브 나무가 우거진 곳에 자리 잡고 있어요. 40년 동안 세 명의 수녀님과 홀로 되신 그분들의 모친이 살고 계시죠. 예전에는 더 많은 수녀님이 계셨으나 전쟁의 참화가 이곳에까지 미쳤어요. 독일인들이 사제를 학살하고 수녀님들을 감옥에 가뒀습니다. 그 외에도 흑해를 건너온 난민으로, 튀르키예군에 의해 가족들이 몰살당한 팔순의 수녀님도 계세요. 그분은 독일 치하에서 옥살이도 하셨다더군요.

제 경우, 천사들이 '축구공' 차는 일을 잠시 멈춘 것 같네요.

1967년 1월 12일, 새 예루살렘 수도원

그대가 써 보낸 편지의 가장 멋진 부분으로 넘어가겠습니다. 바로 하느님의 뜻에 대한 부분이요. 맞아요. 그대가 전적으로 옳아요. 그대는 제가 동의할 수 있는 유일한 사람이랍니다. 어쩌면 테야르 드 샤르댕 정도가 이 점을 인식했던 것으로 보여요. 대다수의 사람들은 하느님께서 주신 모든 것을 '수동적인' 방식으로 '수용'하고 '저항하지 않는' 데서 멈춥니다. 실제로 그들은 의욕이 없기에 '메신저'로 쓰일 수 없지요. 그들 안에 그 어떤 추동력도 찾아볼 수 없으니까요. 이 추동력에 사랑이 따르고 하느님의 뜻이 결합되면 그때 기적이 일어납니다! 영원 속에서와 마찬가지로, 이 지상에서 놀라운 일이 벌어져요.

우리가 에고를 죽이면서 수동적인 사랑에 머물러 있는 것은 위험한 일입니다! 우리는 그러려고 태어난 게 아니에요! 진정으로 사랑할 때 우리는 때때로 꿈에도 생각지 못했던 추동력을 느끼고, 수년이 지나서야 그 의미가 무엇이었는지 알게 됩니다. 다른 사람에게 생명을 줄 수 있는 힘은 사랑이 아니라는 것을 저는 살면서 여러 번 경험했습니다. 모든 것은 하느님의 은총입니다. 은총!

1968년 8월 10일, 나이로비

지난 2월에 이곳에 왔습니다. 여기서 제가 맡은 일은 한 노신부님의 서신을 처리하는 것이에요. 신부님은 그리스에서 파견한 최초의 선교 사제로, 8년 전에 오셨어요. 이곳 사람들이 정교회를 세우고 현지인 사제를 임명하고서 자신들을 지도해 줄 사람을 파송해 달라고 그리스에 요청했다고 해요. 그 후로는 2년 전에 한 평신도가 도움을 주러 왔고요. 이곳에 정교회가 꽃 피는 계기가 된 독특한 역사입니다.

하느님께서는 당신의 크신 사랑과 자비로 저를 인도해 줄 천사를 보내주셨습니다. 그렇게 은총에 힘입은 저는 어디를 가든지 방해받지 않고 혼자서 지내고 있어요. 하지만 안타깝게도 제 존재가 다른 이들에게 방해가 되는 경우가 종종 있네요. 제 말이 아니라요. 저는 누가 질문을 던지지 않는 한 먼저 말을 하지는 않거든요.

영혼도 행복하지만 제 몸 역시 날아갈 듯 가볍고 활력이 넘칩니다. 걸어 다닐 때면 마치 육신이 없는 것처럼 느껴져요. 모든 것이 그분의 은총 덕입니다. 우리가 한 일은 아무것도 없어요. 그래서 저는 결코 계획을 세우지 않아요. 잘 아시죠? 그저 있는 그대로 놔둡니다. 이곳 사람들은 제가 올해 말까지 여기에 머물 수 있도록 해주었어요. 그 후엔 그리스에 돌아간 다음의 저를 위한 '계획'이 있다고 하네요.

1972년 3월 3일, 본

여기서 무얼 하느냐고 물으셨지요? 지난 몇 년간 하느님께서 저로부터 모든 '행위'를 거두어 가셨다고 말씀드리지 않았던가요? 먼저 초대를 받으면 찾아갈 뿐입니다.

존재감은 말보다 중요하죠. 하지만 조용히 기도하는 침묵의 사랑은 존재감보다도 더 중요합니다. 때문에 얼마나 멀리 떨어져 있는지,

존재가 눈에 보이는지 등은 중요치 않아요.

맞아요. 우리는 타인의 아픔을 함께 나눕니다. 하지만 그 아픔은 대부분 자기중심적인 상황 때문에 겪는 거예요. 하지만 우리는 그저 그를 사랑해야만 합니다. 그 외에는 하느님께서 나서실 거예요.

그분께서는 우리에게 지나칠 정도로 많은 것을 주십니다. 우애는 그중 가장 큰 선물이죠. 그래서 우리에게 "이제 나는 너희를 종이라고 부르지 않고 벗이라고 부르겠다"고 말씀하신 것입니다. (요한 15:15)

1979년 2월 16일, 시나이 파란, 모세 수도원

이곳에 도착한 12월 5일 이후로 저는 모든 서신교류를 중단한 상태였어요. 다시 말하지만, 제가 왜 여기 와있는지는 저에게도 수수께끼랍니다. 1년 전쯤 초대를 받았지요. 그런데 제 경험이나 외국어 실력, 지긋한 나이 때문이 아니라는 것은 잘 알고 있었습니다. 저를 위한 다른 무언가가 여기 있는 듯한데, 그대가 그것을 포착한 것 같네요.

1984년 12월 23일, 아테네

성탄절과 다른 큰 축일 기간에 하는 은둔 생활을 계속하고 있어요. 오직 천사들과 함께, 이 세상을 떠난 자들처럼 잠시나마 살아간다는 것은 멋진 일이 아닐 수 없습니다. 오! 지금 제 가슴은 모든 것에 있어 전부인 그분에 대한 감사로 터질 것만 같아요! 저는 점점 더 인간이 만든 시간 개념을 받아들이지 않게 되었고, 주님의 은총으로 이를 실천할 수 있게 되었지요.

1987년 9월 5일, 아테네

그대의 질문에 대답을 드리겠어요. 이미 알고 계시겠지만요. 제 모든 어리석음에도 불구하고 하느님께서는 당신의 사랑으로 수없이 많은 선물을 제게 주셨습니다. 저는 그것을 결코 간구한 적이 없으며, 그건 오늘날까지도 마찬가지예요. 제가 고독을 원할 때면 그분은 그것을 쉽게 가능케 하십니다. 하지만 아시다시피 저는 여전히 오후엔 일부 방문객을 맞아요. 그들을 사랑하고 이해하지만, 뭔가를 공유하거나 바라거나 구할 필요성을 느끼지는 않습니다. 저는 젊은이들의 친구이죠. 혁명적이고요. "엄격함은 하느님 사랑의 일부"라는 C.의 말을 좋아하지 않아요.

저는 제 주변에서 일어나는 일들을 지켜보는 평범한 관객입니다. 잘 아시듯이 저는 활동적인 것에는 별 관심이 없거든요. 계획, 강연, 공연 등을 쫓아가려고 하면 금방 피곤을 느껴요. 오직 제 천사들만이 제가 누구인지 압니다. 그리고 그들과 어울리지 않는 시간은 얼마 되지 않는다는 게 참 다행이에요.

3. 인도인 의사 싱하 박사에게 보낸 편지

1986년 1월 14일, 아테네

오랜 침묵 끝에 제게 편지를 보내주어 고맙습니다. 우리의 영혼은 불사의 존재처럼 육체보다 훨씬 더 강하다는 것을 그대에게 한 번 더 말하고 싶어요. 따라서 내적인 어려움이나 분열을 겪을 때 영혼을 담고 있는 몸 역시 혼란을 겪는 것은 지극히 당연하며, 우리는 모든 면에서 올바르게 행동해야 하지요.

그러나 "앙갚음하지 말라"는 복음의 말씀이 우리의 삶 속에서 성공적으로 실현될 때는 평온, 고요, 그리고 사랑이 은총으로 내려와 우리가 하느님의 사랑, 하느님의 뜻과 하나가 될 수 있도록 해줍니다. 그러면 더 이상 슬픔이나 고통, 근심이나 불안이 존재하지 않지요. 저 역시 이를 실천하기 시작한 후로 삶이 더 이상 비참하지 않고, 마치 아름다운 꿈과 같아졌어요.

때때로 사랑하는 이들이나 도움을 구하러 온 사람들을 돕지 못할 때 저는 슬픔을 느낍니다. 믿음을 통해 우리에게 모든 축복을 주시는 하느님의 존재에 대한 확신이 있음에도 불구하고 말입니다. 자기중심적인 사람들은 '에고'로 인해 눈이 먼 상태이기에 실상 아무것도 이해하지 못하지요. 이 점에 있어 세상을 등지고 홀로 살았던 성인들을 더 잘 이해하게 되었답니다.

지난 엿새 동안 저는 제 방에서 완전히 은둔 중이며 앞으로도 나흘 간 더 이렇게 지낼 예정입니다. (형제가 떠난 후 저는 4년째 혼자 아파트에 머물고 있어요.) 매해 연초마다 이렇게 하지요. 방문자들이 많이 다녀간 이후에요. 보통들 많은 문제를 안고 와요. 이 완전한 고립은 제게 방문객들을 지속적으로 맞이할 수 있는 영적인 경험과 힘을 줍니다. 지난 2년 동안 저는 오후 4시부터 7시까지 방문객을 받고, 저녁 7시에서 9시까지는 전화를 받아왔어요. 그 밖의 나머지 시간은 모두 고요히 묵상하고 기도하는 데 할애합니다. 언젠가는 가야만 할 '돌아오지 않는 여행길'에 앞서 이런 준비를 할 수 있다는 것은 진정한 축복이 아닐 수가 없지요. 우리의 만남은 다시 한번 성사될 수 있을까요?

1988년 2월 22일, 아테네

하느님의 영은 당신께서 원하시는 곳으로 분다. (요한 3:8 참조)

주님 안에서 그대와 또 그대가 사랑하는 모든 이들에게 평화와 기쁨이 함께하기를.

지난주에 한 성당에서 제게 만과 후 강연을 요청했습니다. 저는 강연은 하지 않고 질문에는 감히 답을 해보겠다고 했지요. 그렇게 해서 매우 흥미로운 시간을 가졌습니다. 대학생들, 젊은 의사들, 기술자들, 다양한 연령대의 남녀들이 질문을 던졌어요. "삶이란 무엇입니까?" "하느님께서 인간에게 준 가장 큰 선물입니다." "하느님께서 기뻐하시는 삶을 살기 위해 우리는 무엇을 해야 할까요? 무엇을 할 수 있을까요?" "개인적으로 저는 복음이 비책이라고 생각합니다. 그리스도께서는 '나는 길이요 진리요 생명이다'라고 말씀하셨습니다. 이 길 위에서 있는 힘껏 노력한다면 우리는 사랑하고, 사랑하고, 또 사랑할 수 있을 것입니다. '나의' 사람만이 아니라, 온 인류를 말입니다. 그의 직업도, 국적도, 종교도, 사는 방식도 전혀 상관이 없어요."

이 말을 들은 친구들은 그리스도인과 비그리스도인에 대해 묻기 시작했어요. 저로서는 둘을 구별하는 것이 불가능하다고 대답하자 그들은 충격을 받았지요! 많은 대화가 오고 간 후, 인도에서 겪었던 몇 가지 경험을 전해줘야겠다는 생각이 불현듯 떠올랐습니다. 파트나에서 오셨던 그대의 숙부님이 생각났거든요. 낭시 우리는 숙부님과 함께 시바난다를 비롯한 몇몇 사람들에 대해서 이야기를 나누었죠. 그리고 나중에 숙부님이 그대에게 이렇게 편지를 써 보내셨다고 했잖아요. "네 친구 릴라 자매는 그리스도께 영광을 돌리는 사람이더구나." 그대가 이 이야기를 제게 전해주었을 때 무척 놀랐습니다. 왜냐하면 그 당시 저는 그리스도에 대해 언급한 적이 없거든요. 하느님은 사랑이시고, 그러므로 지상의 우리 모두는 하나입니다.

그날 이후 매일 새로운 방문객들이 찾아오고 있어요. 저는 프로그램을 바꿨답니다. 월요일과 목요일엔 종일 방문객을 맞아서 한 시간 정도씩 이야기를 나누지요. 수요일은 문을 닫습니다. 그리고 금요일, 토요일, 주일에는 옛 친구들과 수녀가 되려고 준비하는 이를 만나요.

1989년 1월 26일, 에기나

　주님 안에서 그대와, 또 그대가 사랑하는 모든 이들에게 평화와 기쁨이 함께하기를.

　외로움을 느끼는 젊은 남녀들이 점점 더 많아지는 듯해요. 학생이건 졸업을 했건 간에 그저 말 상대를 찾으려고 온답니다. 말하고, 말하고, 또 말하고, 바람과 생각, 꿈을 공유하고 싶어 하지요. 요즘 사람들은 다른 이들의 이야기를 들을 시간은 없어 보여요. 또 스스로를 제외한 타인에 대한 사랑에 무척 인색해요. 그들은 다른 사람에 대한 신뢰가 없고, 하느님에 대한 믿음도 위태롭기만 합니다. 하지만 저는 이 젊은 영혼들을 정말 많이 사랑해요. 그럼에도 우리가 할 수 있는 것은 아무것도 없습니다. 하느님께서도 이것을 잘 알고 계시죠. 그분만이 이 상황을 바꾸실 수 있습니다. 우리가 사랑한다는 전제하에서요. 그래서 저는 이것이 제가 가야 할 길임을 압니다. 그것뿐이에요. 저 스스로를 위한 계획이나 꿈은 없습니다. 제 삶은 단지 그분에 대한 끊임없는 감사일 뿐이에요. 하느님의 사람인 여러분 모두를 제 삶에 보내주신 데 대한, 또 당신께서 이루셨고 지금도 이루고 계시는 그 모든 것에 대한 감사이지요. 저는 지금 더없이 행복합니다.

4. 불자가 되려는 여성의 어머니에게 보낸 편지

　귀한 영혼을 지닌 따님이 계셔서 얼마나 좋으실지요. 훌륭한 유전자와 양육법이 나름의 역할을 했을 것입니다. 어쨌든 크게 걱정하지 마세요. 그대가 말하는 것처럼 따님이 그리스도교의 기본 소양을 갖추고 있다면 그걸 잃는 일은 없을 겁니다. 따님의 편지를 애정을 가지고 공들여 읽어보세요. 그러면 그 아이가 적은 내용들이 복음의 가르침 안에 있음을 보게 될 것입니다. 불행히도 대다수의 그리스도인들이 실천하지 못하는 것들이지요.

따님의 말도 옳습니다. 그 위선을 어떻게 참을 수 있겠습니까? 진리를 추구하는 이들은 우리 주변을 둘러싸고 있는 불의, 거짓, 기만을 볼 때마다 걱정이 앞서고 공허함을 느낍니다. 하지만 그때 복음은 "나는 진리요"라고 그대에게 말하지요. 진리는 불명료한 단어가 아닙니다. 진리는 그분, 그리스도이십니다. 우리는 이 진리를 세상에서 실천하려고 해요. 그대는 절대 내일을 걱정하지 마세요. 돈과 재산을 은행에 넣어두지도 마십시오. 어느 날 이런 소리를 듣게 될지도 모르기 때문입니다. "네가 가진 재산을 다 팔아 가난한 사람들에게 나누어주고 너는 나를 따르라."

제게 그런 일이 있었습니다. 어느 날 저를 부르는 음성이 들렸지요. 어디로 불려갔는지 예상하실 수 있겠어요? 그곳은 인도였습니다! 저는 그분에 대한 사랑, 신뢰, 믿음을 가지고 인도로 갔습니다. 그리고 그리스도인으로서 어떤 일을 해야 할지 거기서 배웠지요.

따님의 편지는 제 심금을 울렸습니다. 타협하러 하시 않고 하느님과 다른 사람들, 그리고 스스로에게 태도를 명확히 하려는 참된 영혼을 그 글 속에서 보았거든요. 무척 공감했어요. 하지만 안타깝게도 어머니인 그대는 비록 딸에 대해 큰 애정을 품고 있다고는 해도 그 아이를 이해하고 친구가 되어주지는 못했습니다. 그대는 그대의 자녀가 독립적 인격체인 하느님의 자녀라는 점을 간과하고 있어요. 많은 부모들은 자신들의 뜻에 자녀들이 맹목적으로 따르게 함으로써 독립적 인격체로서의 정체성을 잃게 만듭니다.

또한 제 눈에는 진정한 그리스도교 교육과 복음에 대한 공부 없이 신앙에 대한 얄팍한 접근만 있었던 것으로 보입니다. 하지만 '구도자'의 영혼은 자신의 영혼에 적합한 양식이 있다고 여겨지는 곳이면 어디든지 찾아가지요. 사람은 빵만으로는 살 수 없으니까요.

따님은 그들의 '스승'이 자신들에게 가르침을 주기 위해 부와 출셋길을 포기했다고 적었어요. 따님이 이런 것을 읽거나 본 적이 있습니까? 성인들의 전기를 읽은 적이 있나요? 당연히 그렇지 않을 것입니다. 누구든지 언제나 살아있는 본보기를 요한다는 것을 그대는 알아야 합니다! 어떻게 행동하길 바란다는 그런 내용 말고, 진정한 사랑을 담아 딸에게 편지를 써 보내십시오.

따님이 말하는 "자기 집중"은 안정, 고요, 삶의 기쁨을 가져다주는 열쇠입니다. 옛 헤지카스트들이 실천했던 것으로, 요즘은 사라질 위기에 처해있지요.

인도 철학에 대한 지식을 습득하려고 하기보다는 성 그레고리오스 팔라마스, 신 신학자 성 시메온, 클리막스의 성 요한을 읽어야 합니다.

하지만 따님의 말이 맞습니다. 기도를 하면서 동시에 장사를 통해 얼마의 수익이 날지 생각할 수는 없지요. 통속적인 세상사에 대한 대화 도중에 신을 거론하는 것만큼이나 불경한 일입니다. 때론 비그리스도인들이 우리보다 더 진실한 것을 보면 슬픔을 금할 수가 없어요!

"너희는 걱정하지 마라." 하느님에 대한 믿음으로 그대는 기적이 일어나는 것을 보게 될 것입니다. 기적은 우리에겐 초자연적인 것이지만, 주님께는 인간의 삶에 자연스레 임하시고 개입하시는 것이랍니다. (1972년 3월, 아테네)

5. 주님의 길을 따르면서 동시에 발전해 나가기(디미트리 K의 질문에 대한 답변)

그대의 질문에 답변을 적어 보냅니다. 그리고 우리가 스스로를 잊어버리지 않는다면, 하느님의 뜻에 따라 목적지에 도달하는 방법을 찾는 일은 무의미하다는 것을 부언합니다. 우리는 하느님을 사랑한다고 말하지요. 하지만 이 사랑을 어떻게 보여줄 수 있을까요? 우리의 형제들을 사랑함으로써 보일 수 있지요. 그가 누구든지, 어디에 있든지, 민족이나 종교, 삶의 방식이 달라도 전혀 상관이 없습니다. 그렇지 않으면 우리는 '하느님의 자녀'라고 불릴 자격이 없어요. 주님께서 직접 이렇게 말씀하셨기 때문입니다. "아버지께서는 악한 사람에게나 선한 사람에게나 똑같이 햇빛을 주시고 옳은 사람에게나 옳지 못한 사람에게나 똑같이 비를 내려주신다." (마태오 5:45)

제가 뭐라고 저를 한센병 환자, 소경, 범법자, 살인자 등과 구별할 수 있겠습니까? 우리 모두는 죄인이며, 언젠가는 우리도 그들처럼 될 수 있다는 것을 알고 있지 않나요? 우리는 기도, 묵상, 명상 등에 대해 이야기합니다. 하지만 첫걸음을 내딛을 때 이러한 방식들은 우리를 자기중심적인 삶으로 이끌 뿐이며, 이는 종종 우리를 비인간적이거나 정신 나간 사람으로 만듭니다. 우리의 첫걸음은 우리의 형제들입니다. 그 형제가 어떤 상태에 처했건 우리는 사심 없이 그에게 노움을 제공해야 합니다. 몸이 아프거나, 정신적으로 폐쇄되었거나, 집이 없는 이방인이거나 상관없이 말입니다. 그 이유는 우리가 삶 속에서 하느님의 뜻을 발견하기 위함입니다. 또한 그 형제에게 우리는 없어서는 안 될 존재가 아닙니다. 비록 그렇게 보일지라도 말이지요.

그대의 질문으로 되돌아가 봅시다. 어떻게 하면 주님의 길을 따르면서 동시에 발전해 나갈 수 있냐고 물었지요? 우리는 형제를 도우면서 동시에 고독과 기도의 시간을 가지게 됩니다. 그렇게 세월은 서서히 흐르고 어느덧 우리는 삶의 가치에 대한 자신의 관점이 달라져 있음을 알아차리지요. 그때 우리는 이 사람과 저 사람이 얼마나 다른지 이해해요. 그 둘 모두를 똑같이 사랑하지만요. 그리고 여기서 진리를 발견합니다. 모두가 저마다 이 땅 위에 하느님과 단둘이 존재한다는 것을요.

살면서 인생에 어떤 일이 닥치든 각자가 독특한 방식으로 그것을 마주합니다. 우리 역시 다른 이들이 경험할 수 있는 그 어떤 삶이라도 기꺼이 받아들일 준비가 되어있어요. 하지만 그것이 무엇이든, 하느님과 사랑하는 예수 그리스도와 함께 독자적으로 살아가야 한다는 것을 잘 압니다. 그리하여 우리는 그분의 천사들과 대화를 나누지요. 천사들은 우리의 가장 내밀한 감정, 신성한 기대, 우리만의 생각 등 모든 것을 들을 수 있고, 고유하고 깊은 우정은 오직 그들과만 누릴 수 있는 것이기 때문입니다.

그리스도께서는 우리의 빛이십니다. 죄의 어둠 속에서 한 순간도 머물지 않기 위해 우리는 매일 노력합니다. 죄는 진리로부터 우리를 떼어놓거든요. 그리스도께서는 나약함 속에서 강해지게, 교만 앞에서 겸손해지게, 악함 속에서 선할 수 있게 우리를 붙들어주는 힘이십니다. 또한 우리를 잊어버린 사람들, 우리를 사랑하지 않고 진리를 왜곡하는 사람들에게조차 '감사'를 표할 수 있게 해주는 힘이시지요. 우리는 모든 것, 모든 사람에 대한 사랑을 거두지 않으니까요. 우리는 하느님의 성령과 은총으로 인도를 받으며 홀로 걸어갑니다. 그분의 길을 따라 걷는 도중에 넘어지지 않기를, 우리 삶에서 가장 귀중하나 또한 잃어버리기 쉬운 그분의 은총으로부터 멀어지지 않기를 우리는 끊임없이 기도합니다.

6. 고요에 대한 편지

오늘은 침묵과 고독으로의 피정 마지막 날입니다. 아! 사람들을 그만 만날 수 있기를 제가 얼마나 바라는지요! 저는 그리스도의 사랑

안에서 그들을 더 많이 사랑합니다. 요즘처럼 말이에요. 고요함 속에서 제 마음에 떠오르는 모든 이들을 하느님께서 당신의 힘으로 보호해 주실 것이라고 확신합니다. 그분의 인도, 빛, 침묵으로 저는 충분해요. 전 정말 행복하답니다. 여러분 모두 하느님의 축복을 받기를 기원합니다.

라자로의 부활을 기념하는 토요일부터 성 토마를 기리는 주일까지 (부활주일 전후 일주일) 천사들의 집은 문을 닫습니다. 셔터는 내려져 있고, 전화나 초인종에도 답하지 않습니다. 그 어떤 연락도 받을 수 없어요. 저는 모두를 무척 사랑합니다. 하지만 이 기간 동안에는 제가 직접 사람들을 맞이하지 않고 기도를 통해 연합함으로써 그들에게 다가갑니다. 하느님의 고요 안에서 저는 매우 평온해요. 수도자들이 느끼는 기도의 힘과 기쁨을 저 역시 느끼지요. 그렇습니다! 하느님께서는 우리를 세상에 데려오셔서 우리로 하여금 당신의 천사들이 노래했던 것처럼 "거룩하시다, 거룩하시다, 거룩하시다"라고 당신을 찬송하고 당신께 영광을 바치도록 하셨습니다. 니의 D! 그리스도께서 그대에게 알려주신 것을 제대로 배우시기 바랍니다. 우리는 오직 그분과 연합해야 하며, 우리는 어디에도 없어서는 안 될 존재라는 것을 알아야 합니다.

토마스 아 켐피스의 《그리스도를 본받아》에는 이런 구절이 있습니다. "그대가 가장 힘겨운 일을 하고 또 모든 것을 다 바쳐 헌신한다 해도, 이 모든 것을 그대보다 더 잘할 수 있는 누군가가 있을 것이며 종국에는 그대가 쓸모없고 비참한 종에 불과하게 될 수 있음을 알아야 한다." 이것은 제 삶의 경험입니다. 우리가 어떤 '희생'을 하든, 그것은 우리의 정욕, 즉 탐욕, 야망, 에고이즘, 권력의 광기, 허영에서 우리 자신을 정화시키기 위해 하는 것이 아닙니까? '무용한 것들의 바구니'가 한가득이지요! 이 모든 것을 깨닫게 될 때, 그때 우리는 사랑이라는 동전의 뒷면을 완성할 수가 있습니다. 그것은 겸손이지요.

그것을 보고, 느끼고, 또 하느님의 능력으로 그들의 삶 속에서 이를 실천한 사람들은 참으로 복된 이들입니다. 그들은 이곳 지상에서부터 천국을 살다가, 떠날 때에도 그 천국을 가지고 갑니다. 주님께서 "하느님 나라는 바로 너희 가운데 있다"라고 말씀하셨기 때문입니다. (루가 17:21) 그때 우리는 그 어떤 것에도, 그 누구에게도 집착하지 않습니다! 우리는 빛을 봅니다. "나는 세상의 빛이다"라고 그분께서 말씀하셨지요. (요한 8:12) 아무리 어려워 보일지라도 오직 그분 안에서 모든 길을 가십시오. "나는 길이요 진리요 생명이다." (요한 14:6) 이렇게 우리는 우리를 지켜주고 그분께로 인도해 주는 천사들의 '날개로' 하늘로 날아오릅니다. 만약 제가 화가였다면 저는 온통 빛과 천사들로 가득한 광활한 길을 보여주는 장엄한 그림을 그렸을 거예요.

그러나 하느님께서 우리에게 선물하신 가장 아름다운 것은 쓰여지거나, 그려지거나, 노래로 불리지 않았어요. 그것들은 수 세기 동안 오직 그것을 경험한 이들의 영혼, 마음, 정신에만 존재했고 또 앞으로도 그럴 겁니다. 유한한 존재인 인간에게는 그것을 표현할 수단이 없기에 이 지상에서는 표현될 수 없지요. 그것은 오직 보이지 않는 세계에서만 표현됩니다.

처음에는 사랑하는 모든 사람과 하느님의 끝없는 은총을 함께 나누고 싶을 것입니다. 그러다 서서히 배워나갈 거예요. 오직 그분의 천사들과만 그 은총을 나누는 것을 말이죠. 더 이상 '존재'하지 않는 그날까지요. 그대가 살아왔던 과거를 돌이켜봐요. 사람들, 사건들, 장소들이 떠오를 것입니다. 하지만 그대 자신은 그 어디에도 없지요. 이것이 진리입니다. 길입니다. 생명입니다. 그리스도의 삶입니다! 그리고 우리는 그분께 입양된 자녀입니다. 얼마나 기쁜 일입니까!

사랑하는 D. 저는 오랜 세월을 살았습니다. 그리고 지금 저는 조용히 기도하는 가운데 평온하게, 언제나 그분의 사랑이 충만한 상태에서, 돌아오지 않을 영원한 여행을 떠나기 위해 주님의 부르심을 기다리는 중이지요. 모든 것에 대해 그분께 영광을 바칩니다. 그리고 그분께 감사를 드립니다. (1986년 부활절, 아테네)

7. 선교사에게 보낸 편지

그대를 대신해 제가 창문 밖 조그만 가로수에 인사를 전했어요. 비가 내려 깨끗이 목욕을 한 나무는 새로 돋아난 연둣빛 나뭇가지를 한들거리며 공중에서 수신한 메시지로 저를 반겨주었지요. "당신을 지으시고, 양육하시고, 깨우쳐 주시고, 지금까지 인도해 주신 그분께, 또한 이 세상에 잠시 머물다 가는 동안 당신을 끊임없이 사랑해 주실 그분께 모든 근심과 걱정을 맡기세요. 제가 저의 가지들을 다루듯, 당신 자신을 내려놓고 바람에 이리저리 흔들리게 가만누세요. 다만 이것은 꼭 기억하세요. 저처럼 당신도 하나의 뿌리, 그리스도라는 뿌리에 붙어있다는 사실 말이에요. 그분은 빛, 진리, 사랑이시랍니다."

작은 나무의 가느다란 가지가 제게 이렇게 전했답니다. 그리고 훨씬 더 많은 이야기를 나눴지요. 나의 D, 하느님께서 그대를 세상 저 먼 곳까지 보내주시기를, 또한 이곳 그리스로 그분의 사랑과 함께 그분의 부활을 가져오기를 기원합니다. 그리고 모든 사람과 모든 것을 사랑함으로써 그분과의 영원한 연합에 이르기를 바랍니다. 그것이 이 땅 위의 삶에서 우리가 가진 최종 목표이지요. 주님께서 당신의 피로 구제하셨고, 지금도 구제하고 계시는 우리 영혼의 구원이기 때문입니다.

G 대주교께서 그대에게 이렇게 말씀하셨지요. "하느님께서 어디로 데려가실지 자네가 어떻게 알겠는가?" 그 말씀을 항상 머릿속에 새겨 내일을 염려하지 않길 바랍니다. 확실하다고 여겨지는 것을 추구하지 마세요. 아토스 성산의 깝소칼리비아 지역에 살던 수도사들은 평소에도 가진 것 없이 아주 검약하게 살았지만, 하느님께 더욱 집중하고자 일정 기간이 지난 후에는 거처를 태워버리고 다른 곳으로 옮겨가곤 했습니다. 다른 물질적인 것에 희망을 두지 않고, 오직 하느님의 보살핌 아래에서만 살기 위함이었지요.

렙 질레 신부님께서도 제게 이런 말씀을 적어 보내신 적이 있어요. "수녀님, 예수 그리스도 외에는 그 어떤 것에도, 그 누구에게도 얽매이면 안 됩니다. 하느님의 성령이 수녀님을 보내는 곳으로, 인도하는 곳으로 가십시오. 그래서 국경을 뛰어넘어 그분의 사랑을 전하십시오." (1986년 5월 13일, 아테네)

8. 동방의 지혜를 찾는 구도자에게 보낸 편지

그대가 겪는 문제를 압니다. 또한 어떻게 느끼고 생각하는지도 알고 있지요. 사랑하는 M, 그대에게 한 가지 이야기를 해주고 싶습니다. 그대는 소위 자기 성찰이라고 하는 것에 너무 많은 시간을 보내지 않기를 바랍니다. 그것은 그대로 하여금 하느님뿐만이 아니라 또한 사람도 잊게 만듭니다. 하느님에 대한 진정한 사랑은 그분의 모든 피조물 속에서 그분을 보는 것이라고 저는 생각합니다. 무엇보다도 우리의 이웃에게서 그분을 보는 것이지요. 우리가 우리의 이웃을 보고 그에게 주의를 기울일 때, 우리는 아주 조금씩 스스로를 잊어가게 될 것입니다.

그대가 그리스도인으로 성장했기에 이렇게 묻겠습니다. "순수한 마음"에 대한 이야기를 듣기 위해 사이 바바에게 가야만 했습니까? 만일 그대가 복음을 읽었다면 "마음이 가난한 자는 행복하다"는 주님의 말씀을 알 것입니다. 구약에도 이런 말씀이 있지요. '내가 너를 광야로 데려가 그곳에서 너의 마음에 말을 할 것이다.' 우리가 하느님과 대화를 할 때는 마음을 통해서 하는 게 아니라, 마음이 말을 하는 것입니다. 그대는 또한 이미 세례를 받은 상태이니 견진만을 다시 청해야 하는지를 물었습니다. 하지만 이 세례성사는 그대가 이 철학에 심취되기 한참 전에 있었던 일입니다. 이것이 그대의 내면에 아무런 영향을 미치지 않았다고 생각합니까? 영향을 미쳤지요. 그것도 아주 많이요. 지금 우리가 기도하고 예배하는 방식을 떠올릴 때마다 그대의 정신은 요가 수행자의 자세, 척추 곧게 세우기 등 하느님의 영과 전혀 관계없는 많은 다른 관행에 쏠려있지 않나요?

누군가 이런 말을 했습니다. "영혼이 그리스도의 발 앞에 무릎을 꿇을 때 그의 육체가 누워있든, 서있든, 엎드려 있든 무슨 상관이 있습니까?" 그렇지요. 아무런 관계가 없어요! 그대 자신과 몸에 대한 생각을 멈춰야지만 그대는 진정으로 하느님의 능력과 하나로 연합할 수 있을 것입니다.

그대는 여러 번 반복해서 묻지요. "어떻게 제게 이런 말을 하죠? 왜 저런 말을 하죠? 하느님의 영감에서 비롯한 말인가요? 깨달음에서 비롯한 건가요? 당신의 머리에서 나온 말인가요?" 매 순간 이런 식으로 생각한다면 저는 아무 말도 할 수 없을 것입니다. 우리 각자가 서로에게 조언할 만한 자격이 없음을 알고 있기 때문이지요. 하지만 저는 마치 제가 상대방이 된 것처럼 주변 사람들을 느끼고 공감합니다. 거기에서부터 저는 출발합니다. 그리고 제일 마지막에 가서 "제가 그대라면 저는 이렇게 했을 겁니다"라고 조언하지요. 하지만 그대는 누군가가 그대를 붙잡아 제자로 삼고 이걸 해라, 저걸 해라, 이제 앉아라, 이제 서라, 네가 일한 노동의 대가를 받아라, 받지 말아라, 빨간 옷을 입어라, 하얀 옷을 입어라 등등 일일이 지시해 주기를 바라고 있어요. 그런데 그것은 노예입니다. 하느님께서는 우리를 자유인으로 지으셨습니다!

많은 사람들이 제게 말합니다. "무엇이 하느님의 뜻인지를 잘 모르겠어요. 차라리 우리를 자유인으로 만들지 않으셨다면 얼마나 좋았을까요?" 하지만 그건 위선입니다! 하느님의 뜻은 인간에게 분명하게 잘 드러나 있습니다. 그럼에도 우리는 언제나 이렇게 말하죠. "잘 모르겠습니다. 그분의 뜻을 잘 모르겠어요." 왜 그런지 아십니까? 그 뜻을 아는 것이 우리의 관심사가 아니거든요!

그대는 내가 얼마나 오랜 세월 공부를 하고 있는지 압니까? 지금도 저는 복음을 공부합니다. 한 가정주부가 디저트를 만들려고 해요. 조리법에 따라서 모든 재료를 넣었습니다. 그리고 최종적으로 맛을 보았는데 결과는 실패였습니다. 우리의 삶도 이와 같습니다. 삶의 지침인 복음을 읽지만 실패하기 일쑤입니다! 다시 시도를 해봅니다. 그리고 다시, 그리고 또다시. 디저트를 만들 때 계란이 너무 많이 들어가서, 설탕을 너무 적게 넣어서 실패할 수 있는 것처럼 우리 삶도 마찬가지입니다. 어떨 땐 우리의 탐욕이, 또 어떨 땐 우리의 위선이 문제가 돼요. 이웃에 대해 말할 때 우리의 형제가 아닌 것처럼 말해서 문제가 되기도 하지요. 이 모든 것들이 쌓이고 쌓여 목을 옥죄고, 결국엔 우리를 바닷속으로 가라앉아 질식하게 하고 말 것입니다.

우리의 사랑하는 G가 그대에게 이렇게 말했다고 했지요. "가브릴리아 수녀님께 다시 돌아가서 그분이 어떤 말씀을 하시든 순종하십시오. 그러면 당신은 길을 찾게 될 것입니다. 그분은 심중을 읽을 줄 아는 분이시거든요." 그러자 그대가 내게 물었어요. "정말 수녀님께서는 심중을 읽을 수 있으신가요?" 내가 미래를 읽을 수 있었다면 어땠을까요? 상상해 보세요. 그대가 무슨 말을 하는지 저는 전혀 이해가 가지 않습니다. 너무 지적인 것들이기 때문이에요! 불가능입니다! 저는 단지 제가 그대를 사랑한다는 사실만을 알고 있어요. 제 온 마음을 다해서 말입니다. 저는 온 우주를 마음을 다해 사랑합니다. 제가 생각하는 한 그 누구도 낯선 사람이 아니에요. 흑인, 백인, 황인 모두 '내 사람'이 아닌 이는 아무도 없습니다.

나의 M, 가장 첫 번째 죄는 마음으로 지은 죄였다는 것을, 빛의 천사들 중 일부가 어둠의 천사들이 되었다는 걸 잊지 말길 바랍니다. 빛이 아닌 어떤 다른 힘이 그대에게 찾아와 무언가를 아름답게, 힘있게, 선하게 제시하고 그것을 실천하도록 유도하는 것이 얼마나 끔찍한 일인지 아십니까? 우리는 이를 조심해야 합니다. 지금껏 수년간 저는 이 구절을 마음속으로 되새겨 왔습니다. "그러니 만일 네 마음의 빛이 빛이 아니라 어둠이라면 그 어둠이 얼마나 심하겠느냐?" (마태오 6:23) 우리가 빛이라 믿고 있던 것이 어둠일 수 있습니다. 우리는 그것을 형제들에게 실천하며 그를 돕고 그를 사랑한다고 생각합니다. 하지만 이 모든 것은 어둠의 일입니다. 그럼에도 우리는 그것을 빛으로 알고 행합니다.

이와 관련해 그대에게 사례를 하나 말씀드리려 합니다. 우울증을 심하게 앓던 여동생을 무척이나 아끼고 사랑했던 사람이 있었습니다. 여동생 곁에 자신이 꼭 필요하다고 생각한 그는 하던 일도 그만두었지요. "내가 여동생을 옆에서 지켜주지 않는다면 어떻게 되겠어?" 믿음이 너무 부족하지 않나요? 하느님의 도우심을 우리가 대신할 수 있다고 생각하는 걸까요? 여기서, 빛이라 믿던 것이 어둠일 수 있다는 말씀을 생각해 볼 필요가 있습니다.

그대는 선행을 베풀고 나서 "봐, 내가 좋은 일을 했어"라고 말한다고 했지요. 한 가지 사건에 대해 말해주려 합니다. 언젠가 한 부인과 교부 서적을 함께 읽던 중이었지요. 우리는 오래전부터 다미아노스 대주교님과 친분이 있었는데, 하루는 내가 그녀에게 이렇게 제안했습니다. "우리 가서 고백성사를 하고 축복 기도를 받으면 어떨까요?" 그렇게 우리는 고백성사를 하러 갔습니다. 대주교님은 그녀에게 여러 가지 영적 조언을 해주시며 스스로 미처 깨닫지 못하고 있던 에고이즘을 일러주셨습니다. 그리고는 그것에 대해 회개하지 않으면 그리스도의 기쁨을 누릴 수 없을 것이라고 말씀하셨지요. 그때 정신이 번쩍 든 그녀는 집으로 돌아가서 흐느껴 울기 시작했습니다. 일주일 내내 눈물이 멈추지 않았지요. 며칠 후 우리는 다시 대주교님을 찾아갔습니다. 대주교님께 제가 말했어요. "대주교님, 여기 제 지인이 밤낮으로 흐느껴 울고 있는데 어떻게 해야 되나요? 무슨 일이 일어난 걸까요?" 그러자 대주교님께서 따스한 미소를 지으며 말씀하셨습니다. "그런가요? 저도 아직 그렇게 흐느끼며 회개를 해본 적이 없답니다!" 그런데 자리를 떠나 집으로 가던 도중에 그녀가 나를 보더니 뭐라고 말했는지 아시나요? "보셨어요? 대주교님께서 제게 뭐라고 말씀하셨는지 들으셨지요? 그런 회개는 해보질 않았다고 말씀하셨어요!" 나의 M, 그대 스스로 결론을 내보길 바랍니다.

오늘 말하고자 했던 바는 이게 다입니다. 하느님의 은총이 그대 곁에 있기를, 그리고 그리스도의 빛이 그대의 앞길을 비추길 기원합니다. 하느님의 손에 그대 자신을 자유롭게 맡기세요. 그러면 그분께서 때때로 사람들을 그대에게 보내 당신의 뜻을 전해주실 거예요. 그리고 나중에는 깊은 침묵과 기도 속에서 그분의 뜻을 그대가 직접 듣게

될 것입니다. 그러면 그리스도의 빛과 기쁨 속에서 영원히 살게 되겠
지요. (1986년 9월, 아테네)

9. 한 수녀님에게 보낸 편지

실천으로 나아갑시다. 정념의 죽음으로. 정념이 살아있다면 부활
의 시간이 다가와도 진정한 부활이 있을 수가 없습니다. 하느님께서
는 우리가 가야 할 곳으로 우리를 인도하신다는 사실을 기억하세요.
우리가 그곳에 머무를 필요가 있기 때문이지요. 구속당했다고 느끼면
절대 안 됩니다. 수녀님 눈에 훌륭해 보이는 사람이 있다 해도, 사람
이 아닌 그분에게서 힘을 얻기 바랍니다. 성지주일과 성 대 금요일을
잊어서는 안 됩니다. 그리고 인간을 조심하라는 주님의 말씀도 기억
해야 하지요. 이것들을 인지하는 가운데 우리와 가깝든 그렇지 않든
모든 이를 사랑한다면 우리는 그분의 사람이 될 것입니다. 그분께서
우리에게 주신 계명을 실천하는 것이니까요. 그때 우리는 언제 어디
서니 그분의 아름다운 세상에서 살아가게 됩니다. 그분과 지속적으로
하나가 되도록 신경을 쏟아야 합니다. 콤보스히니, 메타니아,* 그리고
예수 기도. 그분께 말하듯이 큰 소리로 기도하며 다른 생각이 끼어들
여지가 없도록 하세요. 나는 오늘날까지 이것을 밤낮으로 해오고 있
습니다. 하느님께서 당신의 힘을 제게 주시네요.

수녀님은 참으로 축복받은 분입니다. 예언자의 말처럼, 하느님께
서는 그대의 마음에 말씀을 하시려고 그대를 광야로 부르셨기 때문
입니다. 오늘날 수녀님은 선한 천사단들만이 아니라 수행자들의 빛
나는 영혼도 지니고 있지요. 그분들은 오로지 자신의 에고를 깨기 위

---

* 무릎을 꿇고 엎드렸다가 일어나는 절 기도로, 십자성호를 그으면서 한다. (편집자 주)

해, 어린아이처럼 되기 위해, 그리스도와 하나로 연합하기 위해 아픔과 고난과 고통을 겪었어요. 다음과 같은 말씀을 하신 그분과요. "하늘과 땅의 주인이신 아버지, 안다는 사람들과 똑똑하다는 사람들에게는 이 모든 것을 감추시고 오히려 철부지 어린아이들에게 나타내 보이시니 감사합니다. 그렇습니다. 아버지! 이것이 아버지께서 원하신 뜻이었습니다." (마태오 11:25-26)

순수한 어린아이는 옆에 있는 사람이 부자인지 빈자인지, 젊은이인지 노인인지, 좋은 사람인지 나쁜 사람인지, 자기 사람인지 남인지 구별하지 않습니다. 모든 사람에게 해맑은 웃음을 지으며 장난을 칠 뿐이지요.

감히 말하건대, 세상에서의 모든 성공은 수녀님이 있는 그곳에서는 아무것도 아닙니다. 그러니 수녀님은 마치 미지의 행성에 떨어진 것처럼 그곳에서의 새로운 삶을 바라보기 바랍니다. 두려움! 경외심! 눈앞에서 어떤 일들이 펼쳐지고 있는지 알고 있나요? 빛나는 천사단이 수녀님을 둘러싸고 있습니다. 그대를 사랑하고, 그대의 생각과 마음, 그리고 영혼의 모든 언어를 이해하며, 밤낮으로 함께 "거룩하시도다, 거룩하시도다, 거룩하시도다" 끊임없이 찬양할 수 있도록 그대를 가르쳐 줍니다. 이 점을 잘 기억하기 바랍니다. 사람들과 함께할 때는 달라는 사람에게 주라는 주님의 가르침을 실천하는 일 외에는 다른 것을 할 여유가 전혀 없을 것이기 때문입니다. 그 후에는 최대한 빨리 초자연적인 빛의 동료들에게로 다시 돌아가야 합니다!

우리 인간들은 온 마음을 다해 그리스도를 사랑한다고 말합니다. 하지만 우리의 이웃들로부디 말이나 행동 등으로 공격을 받으면 반발하며 서러워하지요. 왜 그럴까요? 그 이유는 우리가 그리스도인의 삶을 살지 않기 때문입니다. 우리는 안락한 삶을 원하고, 우리가 베푼 사랑에 대해 인정받고 싶어 합니다. 혹은 간섭하지 않고 조용히 놔두길 바라지요.

사람들과 함께 살아야만 우리가 인간인지 아닌지 이해할 수 있습니다. 주님께서는 당신의 기쁨을 우리에게 주신다고 말씀하신 다음, 그것이 이 세상의 기쁨은 아니라고 부언하셨지요. 그런데 우리 인간들은 사람이 주는 그 기쁨을 기다리고 있습니다! 어리석은 인간들!

저는 제가 어디에 있건 제 삶 속에서 일어나는 모든 것을 하느님의 뜻처럼 받아들여 왔습니다. 마치 그 자리에 영원히 머물 것처럼 살았지요. 하느님께서는 바로 그런 것을 우리에게 원하십니다. 미래에 대한 생각은 절대 해선 안 돼요. 그것은 그분의 영역이거든요! 온 세상은 영원을 위한 대기실입니다.

우리는 삶의 순간마다 해야만 하는 것을 하고 있을까요? 그리스도를 본으로 삼으면서 하느님의 계명에 따라 사랑을 실천하고 있나요? 우리는 "내가 세상 끝날까지 항상 너희와 함께 있겠다"라고 말씀하신 주님이 그 약속을 잊어서는 안 됩니다. (마태오 28,20) 다시 말해서, '예수 그리스도께서 언제 어디서나 우리 곁에 계시고 또 눈으로 그분을 볼 수 있다면 과연 우리는 어떻게 처신할까?'라는 생각을 항상 머릿속에 담아두어야 한다는 말입니다.

우리는 이런 방식의 삶을 살아야 합니다. 사람들을 삶의 여정 속에서 만나는 하나의 사건처럼 바라봐야 합니다. "달라는 사람에게 주고 꾸려는 사람의 청을 물리치지 마라." (마태오 5,42)

편지를 보니 수녀님은 내적으로 올바른 길로 나아가고 계신 것 같아요. 전혀 분심이 없어 보입니다. "하느님을 믿고 또 나를 믿어라"라는 그 말씀처럼 살기 바랍니다. (요한 14,1) 다른 것은 없습니다. 다른 사람들의 계획에 맞춰 수녀님의 계획을 세우는 일은 절대 없도록 하세요. 우리는 하느님의 자녀들입니다. 우리처럼 사멸할 존재인 부모의 자녀가 아닙니다. 사람들에게 믿음을 갖지 마십시오. 구원은 그들 안에서 얻을 수 있는 것이 아닙니다. 이것이 '무용한 것들의 바구니' 속에 담긴 유일한 현실이지요.

믿으십시오! 믿으십시오! 믿으십시오!

우리 모두처럼 수녀님은 '하느님의 사랑스러운 응석받이'입니다.

우리를 하나로 결속시켜 주시는 그리스도의 사랑을 담아서. (1986년 12월 17일, 아테네)

행복한 부활절을 맞이하길! 수녀님이 보낸 두 통의 편지를 받았습니다. 그리스도께서 원하시는 삶을 살고 있는 수녀님을 보며 기쁨을 감출 길이 없습니다. 그리스도께서는 우리 삶의 목표이십니다. 그것은 하느님께서 당신의 성령으로 우리에게 날인하셨던 그 삶을 우리가 사는 것이지요. 우리가 무엇을 하든지 이를 벗어난다면 우리는 배교자들입니다. 무용한 것들의 바구니 속에서 살고, 판단하고, 비난하고, 단죄하고, 속고 속이며 사는 사람들은 차라리 이것을 모르는 편이 나을 것입니다. 그런데 수녀님은 "나를 따르라"는 그분을 밤낮으로 바라봐야 합니다. 어디에 있든지 '이 땅 위에 하느님과 나'를 잊지 말아야 합니다. 또 그분의 천사들처럼 그분을 경배해야 합니다. 그분께서 모든 이들과 모든 것을 사랑하시는 것처럼, 그대도 그런 사랑을 하기를 바랍니다. 그러면 매 순간이 기쁨, 평온, 사랑, 축복이 될 것입니다. 왜냐하면 그대는 진정으로 자유인이 될 것이고 오직 그분에게만 종이 될 것이기 때문입니다. 성모님께서 "이 몸은 주님의 종입니다"라고 말씀하셨던 그분께만요. (루가 1:38)

분명 이미 잘 아는 내용들일 테지만 수녀님이 살고 있는 그 기쁨이 유일한 진리라는 것을 다시 한번 확인시켜 주고자 이 글을 씁니다.

10. 근심에 대한 편지

하느님께서 그대 안에서 당신의 경이로운 일을 하고 계심을 저는 알고 있습니다. 그대가 평온해지길 바랍니다. '내일'을 생각하지 마십시오. 내일 일은 내일에 맡기는 것입니다. 그대를 '속박'에서 해방시키신 그분은 그대가 믿기만 한다면 모세처럼 그대를 약속의 땅으로 인도해 주실 것입니다. 그대가 어디서 어떻게 빠져나올 수 있었는지 잊어서는 안 됩니다. "내 어린 양떼들아 두려워하지 마라." 만약 그대에게 믿음이 있다면 선한 목자를 따르기 바랍니다. 그러면 모든 것이 기쁨, 평화, 평안, 고요, 그리고 모든 것과 모두에 대한 사랑이 될 것입니다. (1987년 8월 22일, 아테네)

11. 사랑과 악의에 대한 편지

그대의 두 번째 편지가 도착했습니다. 하느님의 사랑을 다른 이들과 나누지 못하는 것에 대한 그대의 염려가 저를 생각에 잠기게 합니다. 복음사가 요한은 이 주제를 매우 분명하게 설명하고 있답니다. 사람들에 대한 사랑이 없는 상태라면 당연하게도 우리는 기도를 할 수 없습니다. 사랑으로 충만하지 않으면 우리의 영혼은 '병들고', 그렇게 우리는 '살아있는 주검'이 되지요. "서로 사랑하여라. 이것이 너희에게 주는 나의 계명이다."

악의의 수준은 매우 다양하고 그 존재 이유 또한 갖가지로 많아요. 미움, 반감, 질투, 시기, 비난, 적의, 모함, 무관심. 그러므로 교만과 에고이즘과 관련하여 우리는 스스로를 잘 살펴야 하고, 어둠의 세력에 우리가 흔들리고 있지는 않은지 확인해야 합니다.

* 미움: 미워하는 사람은 상대방의 실패를 보고 고소해하지요. 그가 친구도 없고, 실직하고, 계획이 틀어지고, 실의에 빠져있길 원합니다.

* 반감: 누군가에 대해 반감을 갖게 되면 그는 상대가 하는 모든 것을 이유도 없이 싫어합니다. 반감은 철저하게 개인적인 것입니다. 다른 이는 그 상대를 좋아할 수도 있거든요. 이것은 개인의 성격이나 사회적인 규범과 관련된 감정이 아닙니다. "나는 그 사람이 싫어"라고 말들을 하지만 딱히 그 이유를 설명하진 않아요.

* 질투: 질투에 사로잡힌 사람은 어떤 이가 누군가에게 사랑을 표현하면 그 사랑을 받아들이지 못합니다. 사랑을 하는 사람이 누리는 기쁨과 자유, 그리고 그의 행동도 질투하지요. 일과 사회적 관계에서 얻은 성공을 질투하고, 친구의 친구를 질투하기도 합니다. 심지어는 누군가를 헐뜯을 때 동참하지 않는다고 질투하기도 해요. 일반적으로 그는 스스로를 괴롭히며 벌하고 있다고 할 수 있습니다.

* 시기: 이것은 질투와 같은 부류에 속합니다. 하지만 좀 더 나쁜 악의를 품고 있습니다. 시기하는 사람은 진실을 왜곡하여 상대를 비방하고 가능한 모든 방법으로 그를 파멸시키려 합니다. 옛 속담에 이런 말이 있지요. "시기심은 악한 것이다. 그런데 한 가지 장점이 있다면 시기심은 그 마음을 품은 자를 잡아먹는다는 것이다."

* 비난: 누군가에게서 잘못된 점을 찾아 그것을 끊임없이 부풀리고 퍼트리려는 시도입니다. 사람들이 그 사람에 대한 사랑의 마음을 거두고 돌아서는 것을 보면서 그는 기뻐합니다. 이것은 치명적인 죄에 속한다고 주님께서 말씀하셨습니다. 그리고 우리가 다른 이를 판단하는 것처럼 우리 또한 심판을 받게 될 것이라고 하셨지요. 이는 매우

위험한 함정임에도 불구하고, 불행하게도 많은 사람들이 어둠의 세력에 교묘히 속아넘어갑니다. 일례를 들어본다면 이렇습니다. "그 사람은 정말 친절하고 예의도 바른 사람인데 좀 어리석은 거 같아. 사람들이 그를 자기들 맘대로 다루는데도 전혀 자기 의지나 생각이 없어 보여."

 * 적의: 미움과 비슷한 의미를 가지고 있습니다. 영혼은 어둡고 에고이즘으로 가득차 있으며 자기중심적입니다. 이것은 다른 이를 파멸시키려는 지속적인 시도입니다. 주님께서는 우리에게 이러한 사람들에게 사랑과 호의를 베풀라고 말씀하셨습니다.

 * 모함: 중상모략. 말과 행위, 사건에 대한 진실을 왜곡시켜 타인에게 책임을 전가하는 것입니다. 그런 거짓말을 퍼뜨리는 사람은 자만심에 사로잡혀 다른 이를 깎아내림으로써 칭송을 받으려는 자입니다.

 * 무관심: 착한 사마리아인 이야기를 보십시오.

또 다른 생각이 떠오릅니다. 혹시 그대의 판단이 잘못된 것은 아닐까요? 제대로 올바르게 사랑하고도 스스로에게 문제가 있다고 오해하고 있지는 않나요? 내가 보기에 그대는 자신을 성찰하면서 실제로는 존재하지도 않는 결점이 있다고 가정하는 듯합니다. 그러니 부탁합니다. 그대는 하느님께 이러한 생각으로부터 자유롭게 해달라고 간구하십시오. 그대는 그대의 마음이 시키는 대로 하느님을 사랑하고 있답니다. 또한 하느님께서는 당신을 있는 그대로 사랑하시지요. 내가 잘 압니다. 그대의 일상을 그분의 손에 맡기길 바랍니다. 그리고 아무것도 청하지 마십시오. 다른 노력은 할 필요 없이 거듭 "감사합니다"라고만 하세요. 그분께서는 그대에게 필요하다고 여겨지는 모든 것을 하실 것입니다. (1988년, 아테네)

12. 세례식을 준비하는 어머니에게 보낸 편지

인간은 하느님이 창조하신 세상에 태어나지만, 한편으로는 그의 영혼이 하느님과 하나가 될 수 있도록 하기 위해 태어나는 것이기도 합니다. 이것은 세례를 통해서만 이루어질 수 있지요. 그리스도께서는 말씀하셨습니다. "정말 잘 들어두어라. 물과 성령으로 새로 나지 않으면 아무도 하느님 나라에 들어갈 수 없다."(요한 3:5) 그리스도께서는 지상에 계실 때 세례를 받으시러 요한을 찾아가셨습니다. 그리고 우리는 성령이 그분 위에 내려오신 것을 보았습니다.

수 세기가 지나며, 우리 인간들은 우상을 숭배하는 존재로 전락하고 말았지요. 이렇게 약해진 우리는 더 이상 보이지 않는 하느님의 신비인 세례성사 안으로 '들어가서' 그것을 느낄 수가 없게 되었습니다.

거룩한 예식이 진행되는 동안 말소리, 웃음소리, 불필요한 움직임 등 어수선한 분위기로 인해 우리는 한마디도 제대로 들을 수가 없어요. 그 순간 이 땅에서 새로이 세례를 받는 아이에게 무슨 일이 일어나고 있는지 알아차리지 못합니다.

내가 만약 그대의 입장이었다면 나는 아이와 대여섯 명의 돈독한 친구들을 데리고 성찬예배를 드렸던 그 작은 성당으로 갔을 겁니다. 나 역시 함께 참석한 그곳의 전례에서 전에 없는 영혼의 경건함을 느꼈었지요.*

부를 과시하고 사치를 부리는 것은 하느님의 눈에 가소로울 뿐입니다. 우리가 깨달아야 할 것은 세례성사의 순간, 인간의 영혼이 다

---

* 케팔라리 성 게오르기오스 성당, 성찬예배 중 성체성혈을 모시러 나가던 이 젊은 어머니는 지성소의 아름다운 문 앞에 가브릴리아 수녀님이 허공에 떠계신 모습을 보았다.

볼 산의 영광에 가까워진다는 것, 그리고 이것은 한 사람의 일생에서 단 한 번만 일어난다는 것입니다! 주님께서는 니코데모에게 말씀하셨지요. "누구든지 새로 나지 아니하면 아무도 하느님의 나라를 볼 수 없다." 그리고 "물과 성령으로 새로" 태어나야 한다고요.

딸이 열두 살이 되면 하느님의 은총 속에 함께 예루살렘으로 순례를 떠나 요르단 강물의 은총을 받기 바랍니다. 아이 세례식에 사용하려던 비용은 북쪽 지방으로 보내 그곳의 아기들과 아직 세례를 받지 못한 어린이들의 세례성사에 쓰일 수 있도록 하거나, 아프리카의 선교 지역으로 보내 같은 목적으로 사용될 수 있게 해주길 부탁합니다. 계획한 비용의 반만으로도 충분할 것입니다. 그리고 하객들에게 주는 답례품은 소박해야 합니다.

아이 세례에 참석해 달라는 초대장을 보낼 때는 아름다운 글귀도 넣어서 보내기 바랍니다. "식사 등 성대한 세례성사를 치르지 않게 된 점에 대해 먼저 죄송하다는 말씀을 드립니다. 하지만 지금 세상에는 수백만 명의 고통받는 아이들이 있습니다. 저희는 그 아이들을 위해 약소하나마 세례식 비용을 보태려 합니다. 양해해 주심에 감사드리며, 우리는 언제나 기도 속에서 여러분과 하나입니다."

우리 모두는 자유인으로 지어졌기에 만약 그대가 내 의견에 동의하지 않는다면 이 편지를 그냥 찢어버려도 괜찮습니다. 어떤 결정을 내리든 언제나 하느님의 축복이 그대와 함께하길 기원합니다. 그리스도의 사랑을 담아. (1989년, 에기나)

13. 환자의 가족에게 보낸 편지

하느님의 은총과 기쁨이 여러분과 함께하길.

몇 가지 조언을 감히 써 보내게 된 점에 대해 먼저 용서를 구합니다. 그대들이 지금 형제 곁에서 겪는 일을 저 역시 경험했지요. 그대들이 형제를 사랑하는 만큼, 저도 제 형제를 사랑했답니다. 한 가지 차이점이 있다면, 저는 저 자신의 건강을 과하게 해칠 만한 육체적인 노력을 스스로에게 강요하지 않았다는 거죠. 그것은 환자에게도 도움이 되지 않아요.

자신의 한계를 넘지 않도록 하십시오!

1) 잠을 자야 할 때는 필요한 만큼 수면을 취하십시오.

2) 모든 것이 생각과 반대로 흘러가더라도 상심하지 마십시오. 이것은 환자에게 달린 것으로서, 조언을 하거나 그를 설득하려 하는 것은 의미가 없습니다. 그는 모든 것을 자신의 의지대로 할 것입니다.

3) 환자를 무리하게 옮기려다가 허리를 다치는 일이 없도록 주의하십시오.

4) 환자에게 일어날 일들은 결국 일어날 것이라는 점을 염두에 두어야 합니다! 그럼에도 불구하고 과로하면 자신의 건강에 해를 끼칠 수 있습니다.

따님이 두 분을 얼마나 사랑하는지 제가 잘 압니다. 그러니 여러분은 그 사랑을 생각해서라도 모쪼록 마음 상해하지 말고 냉정하게 형제의 병세를 지켜보시기 바랍니다. (1989년 7월 14일)

14. 질병의 시련에 대한 편지

하느님의 은총이 언제나 너와 함께하길! 네 언니를 통해 네 건강에 문제가 있다는 소식을 들었단다. 힘든 시간을 보내고 있다니 마음이 아프구나. 하지만 그동안의 경험을 통해서 나는 주님께서 그를 사랑하는 이들에게 시련을 '허락하신다'는 것을 알게 되었단다. 첫 번째 이유는 그분에 대한 믿음이 더 굳건해지도록 하기 위함이고, 두 번째는 주변 사람들이 교훈을 얻도록 하기 위해서란다.

"힘내렴"이라고 네게 말할까? 그건 "조금만 참고 인내하렴"과 함께 주변에서 흔히 듣는 말이겠지. 하지만 직접 그 상황에 부닥쳐 보지 않고서는 우리는 결코 다른 이들이 어떤 어려움을 겪는지 이해하지 못해.

나의 자매, 언제나 그래왔듯이 너는 지금도 하느님의 자녀야. 나는 네가 환자들과 고통받는 이들을 찾아다녔다는 것을 알지. 그리스도께서 너를 위해, 나를 위해, 그리고 우리 모두를 위해 십자가에 이르셨고 그곳에서 타락한 우리를 구원하시고 부활의 기쁨을 주셨다는 것을 네가 잊지 않았으면 해.

너를 방문하는 모든 사람에게 네가 하나의 본보기가 되기를 진심으로 기원한다. 그래서 네가 위로받는 대신에, 오히려 네가 주는 힘으로써 그들이 믿음과 희망을 가득 안고 떠나가길 바라. (1991년, 레로스)

15. 사랑과 결혼에 대한 편지(어린 소녀, S.V.에게)

네가 이 편지를 읽을 때쯤이면 나는 아마도 이 세상에 없겠지. 너는 어엿한 숙녀가 되어있을 테고. 사랑이라는 매우 중요한 주제에 대해서 관심을 가질 나이일 거야. 언젠가 젊은 청년과 너를 연결해 줄 사랑 말이지.

어느 순간 너는 심장이 두근거리는 걸 느끼게 될 거야. 어떤 청년을 보면 심장박동이 좀 더 빨라지겠지. 네가 사는 이 시대는 상황이 많이 달라졌어. 오늘날 젊은이들은 쫓기듯 삶을 서두르고, 짧은 시간 안에 가능한 많은 경험을 쌓으려고 노력해. 하지만 모든 것에는 때가 있단다. 축복된 시간이라는 게 있어.

나의 S야. 많은 청년들이 사랑이라는 이름으로 너에게 다가올 거야. 그건 자연스러운 현상이지. 사랑은 우리 삶에 있어서 첫 번째로 아름다운 것이거든. 어느 봄날 아침에 자신에게 무슨 일이 일어날지 알지 못한 채 태양을 향해 처음 고개를 내미는 꽃처럼 말이야. 그래서 혼란스럽기도 해.

우리는 사랑한다는 말에 쉽게 현혹된단다. 너도 잘 알 거야. 하지만 그것이 항상 진정한 사랑인 것은 아니야. 오늘은 우리를 원하지만, 내일은 그렇지 않을 수도 있거든. 새롭게 마음에 드는 것을 발견하면 금방 돌아서서 그 욕망을 채우러 떠나지.

언젠가 결혼성사를 하게 될 때, 겉으로는 아주 화려하게 장식된 옷을 입고 온몸을 예쁘게 단장했지만 그 안에 여러 죄악과 정욕들로 순결하지 못한 몸을 담고 있다면 하느님께서는 그 결혼을 축복해 주지 않으신단다.

누군가 너를 진정으로 사랑한다면 그는 너의 영혼까지도 사랑하고 너 또한 그의 영혼을 사랑하게 돼. 그때 너희에게 필요한 것은 아무것도 없어. 우애와 친교를 나누는 관계 속에서 성스러움을 느끼고, 매일 서로의 영혼 속에서 보화를 발견하기 때문이지.

그러한 결혼, 결합은 하느님의 축복을 받을 것이며 이혼이나 낙태, 또는 하느님의 계명에 위배되는 그 어떤 것과도 멀어진단다. 그리고 너처럼 축복받은 아이들을 세상으로 데려오지. 너희 부모들도 결혼의 신성함을 지켰기 때문이야.

나의 S. 하느님과 하느님의 몸과 피(성체성혈)에서 멀어진 결혼은 덕에서도 멀어진다는 것을 알아야 돼. 간음, 불신, 많은 위험, 그리고 안좋은 환경이 거기에서 나온단다. 네 마음의 선택을 받은 사람과 서로에 대한 사랑을 확신할 때까지 서두르지 말고 신중하길 바란다. 육체적인 것만을 쫓는 사람이 생각보다 많거든. 아마도 그들 자신은 네게 베풀 수 있는 것이 없어서이기도 하겠지.

사랑하는 나의 S야, 항상 기뻐하고 하느님께서 원하시는 곳에서, 하느님께서 원하시는 대로 그분의 길을 따르렴. 너를 생명으로 이 세상에 데려오신 부모님과, 또 다른 모든 사람과 모든 것에 대한 사랑을 늘 간직하길 바라며, 항상 하느님의 축복된 자녀이길 기원하마.
(1992년 10월 2일, 레로스)

16. 두려움에 대한 편지

> 주님을 두려워하여 섬기는 것이 지식의 근본이다. (잠언 1:7)
> 내 어린 양떼들아, 조금도 무서워하지 마라. (루가 12:32)
> 사랑에는 두려움이 없습니다. 완전한 사랑은
> 두려움을 몰아냅니다. (1요한 4:18)
> 하느님은 사랑이십니다. (1요한 4:16)

하느님의 본질에 대해서 우리는 알지 못합니다. 오직 하느님 앞에서, 침묵하는 가운데 그분을 바라보는 대천사들과 천사들만이 그것을 알며 경이로움 속에서 그분을 노래합니다. "거룩하고, 거룩하고, 거룩하신 만군의 주, 하늘과 땅이 영광으로 가득하니…."

인간에게는 여러 종류의 두려움이 있습니다.

1. 내가 어떤 행동을 하면 나를 혼내고 벌하겠지. (선생님을 떠올리는 학생)

2. 나는 그분을 정말 사랑하기 때문에 그분의 마음을 아프게 하고 싶지 않아. (엄마를 생각하는 아이)

3. 만약 내가 그렇게 행동하면 그에게서 얻을 수 있는 호의와 이익을 잃게 될 거야. (아주 하찮고 원초적인 두려움)

따라서 두려움은 정체성에 반하는 거대한 악의 기반이 됩니다. 그대를 위선자, 거짓말쟁이, 교활한 사람으로 만듭니다. 많은 경우에 '세상 사람들이 뭐라고 할까'라는 이 하찮은 두려움 때문에 우리는 진실되지 못하게 행동하고, 사람들의 눈에 들기 위해 하느님의 사랑을 배신하기도 합니다.

이 두려움은 그리스 신화 속 히드라 같은 존재입니다. 그런데 '세상 사람들'이란 대체 누구인가요? 그들이 여러분의 이상을 대변합니까? 그들처럼 되고 싶으신가요? 스스로에게 진솔하게 묻는다면 아마도 대답은 '아니오'일 것입니다. 그렇다면 어째서 그들을 위해 하느님의 사랑, 하느님의 진리를 배반하는 겁니까?

주님께서는 말씀하셨습니다. "그러면 너희는 진리를 알게 될 것이며 진리가 너희를 자유롭게 할 것이다." (요한 8:32)

첫 번째 정념은 두려움입니다. 세상에 대한 이런 두려움은 우리를 불안정한 사람처럼 행동하게 만듭니다. 그런데 택시를 탈 때 우리는 기사가 광기에 사로잡혀서 차를 나무에 가져다 박을 거라고 생각하지 않습니다. 비행기를 타면서도 조종사가 망상을 일으켜 모두가 목숨을 잃을 거라고 생각하지 않지요. 광야에서 자동차 사고를 당한 한 대주교님이 계셨어요. 깨진 유리 파편들이 잔뜩 눈에 박혔지만 그분은 두려워하지 않고 자신의 삶 속에 하느님의 뜻이 이루어지길 기도하셨습니다. 그리고 의사들은 기적적으로 치료가 되는 것을 보고 놀라움을 금치 못했답니다. 여러분은 비행기 사고로 50명이 생명을 잃었을 때 오직 한 소녀만이 창문을 통해 떨어져 나와 목숨을 건졌다는 기사를 본 적이 있을 겁니다!

이 생에서 우리는 썩어 없어질 감각기관을 통해 모든 것을 인식하지요. 그리스도께서는 이렇게 말씀하셨습니다. "찾아라, 얻을 것이다. 문을 두드려라, 열릴 것이다." (마태오 7:7) 만일 이를 실천하지 않는다면 우리는 타고난 두려움을 벗어나지 못할 것입니다. 어떤 두려움? 알지 못하는 것에 대한 두려움, 보이지 않는 것에 대한 두려움, 사후에 대한 두려움입니다. 인간은 일찍부터 그 자신이 타락한 천사와 같다는 것을 알기 때문이지요.

제가 네 살쯤 되었을 때의 일입니다. 늘 제게 하느님에 대해 말해주던 독실한 친언니에게 물었지요. "하느님은 어디에나 계셔?" "그럼, 어디에나 계시지." "어떻게 모든 곳에 다 계실 수 있지? 내가 아주 작은 방에 들어가도 거기에도 계실까?" "그럼." "만약 내가 동화에 나오는 것처럼 작아져서 성냥갑에 들어가도 거기에 계시는 거야?" "물론이지." 그때 저는 언니의 품에 안기며 울음을 터트렸지요. "그러면 내가 숨을 곳이 없잖아!"

타락한 인간이 늘 가지고 있는 타고난 두려움이 바로 이것입니다. 하지만 구세주께서는 우리를 찾아와 이렇게 말씀하시지요. "걱정하지 말고 믿기만 하여라." (마르코 5:36)

그러므로 저는 우리에게 필요한 세 가지를 말하고자 합니다. 첫째는 믿음, 둘째도 믿음, 셋째도 믿음입니다. 우리는 기도해야 합니다. 결코 다음과 같은 말을 하지 않을 수 있도록 말이지요. "저는 믿습니다. 그러나 제 믿음이 부족하다면 도와주십시오." (마르코 9:24)

주님께서 우리에게 뭐라고 말씀하셨습니까? "여인아! 참으로 네 믿음이 장하다. 네 소원대로 이루어질 것이다." (마태오 15:28) 네가 나을 거라고 믿느냐? 네, 믿습니다. 그러자 그 순간 병이 치유되었습니다. 네가 볼 수 있다고 믿느냐? 네, 믿습니다. 그러자 소경이 눈을 떠서 빛을 보았지요. 주님께서는 토마 사도에게도 말씀하셨습니다. "나를 보지 않고도 믿는 사람은 행복하다." (요한 20:29) 보잘것없지만 저는 여기에 이렇게 첨언합니다. "왜냐하면 그들은 이미 이 세상에서 볼 것이기 때문입니다."

다른 것도 말해볼까요? 흔들리는 버스 안에서 어머니의 품에 꼭 안긴 아이를 보십시오. 아이는 어머니의 어깨에 고개를 편히 기댄 채 잠을 자고 있습니다. 그 어떤 것도 신경을 쓰지 않습니다. 어머니에 대한 사랑의 확신이 있기 때문이지요. 사람이 이런 확신을 줄 수 있는데, 사랑이신 하느님의 경우 무슨 말이 더 필요할까요?

제가 무일푼으로 아는 사람도 하나 없는 미지의 나라를 향해 출발했을 때 쫓겨나면 어쩌나, 갈 곳은 있으려나, 병에 걸리면 어떡하나, 거지가 되어 구걸을 하게 되는 것은 아닌가 등 여러 가지 불확실성이 있었지만, 이에 대해 누가 제게 확신을 심어주었겠습니까?

그리스도인은 절대로 구걸할 일이 없습니다! 하느님께서 그를 그렇게 놔두시지 않기 때문입니다! 그분께서는 어떤 방법을 통해서라도 그에게 일용할 양식을 제공하십니다. 영하 10도에서 영상 40도를 오르내리는 인도의 기후 속에서 5년을 살았지만 저는 몸살은커녕 음식을 잘못 먹고 이질 한 번 걸린 적도 없습니다. 사람이 이 모든 기적들을 보고도 어찌 믿지 않을 수 있겠습니까? 또 먼저 믿지 않고서 어떻게 이것을 볼 수가 있을까요?

사랑하는 나의 형제자매 여러분, 여러분은 미디아스 가의 천사들의 집에 대한 이야기와, 제가 어떻게 그곳에 묵게 되었는지 들으셨지요. 하느님께서 제가 필요로 하고 기대하는 것을 주실 거라는 확신이 있었기 때문입니다.

우리가 "아버지의 뜻이 하늘에서와 같이 땅에서도 이루어지게 하소서"라고 기도하면서 진정으로 그것이 이루어질 거라고 믿는다면, 그것은 이루어집니다. 우리 자신만이 아니라 다른 사람들을 위해서도 마찬가지입니다. 이것이 우리의 기도가 되어야 합니다. 내가 다른 사람들에게 이루어지길 원하는 것 말고요. 저는 이것이 옳다고 생각합니다. 오직 하느님만이 무엇이 어떻게 필요한지 아십니다. 그러므로 우리는 '하느님의 뜻이 그에게도 이루어지길' 하고 기도해야 합니다. 이런 것이 우리의 기도여야 합니다.

또 무엇을 얘기해야 할까요? 우리가 하느님의 계명과 매일 읽어야 할 복음 말씀대로만 산다면, 그때 우리는 우리 마음속에서 직접 하느님의 지혜를 발견할 수 있을 것입니다. 철학적 이론에서가 아니라요. 머리와 지성을 쓰는 게 아닙니다. 그럼 우리는 매우 평온할 거예요. 저자의 에고가 담긴 그 어떤 서적이나 가르침이 필요하지 않을 것입니다. 주님께서는 우리 각자 받아들일 수 있는 역량에 따라, 그리고 주님께서 각자의 삶을 위해 가지고 계신 목적에 따라 우리에게 서로 다른 영감을 주십니다.

또 다른 두려움은 바로 죽음에 대한 두려움입니다. 우리는 걱정하기 시작하죠. 내가 병들면 어디로, 어느 병원으로 가야 할까? 거기서는 어떤 일이 벌어질까? 제대로 된 치료를 받을 수 있을까? 나에게 너무 많은 치료비를 요구하진 않을까? 돈이 다 떨어지면 그땐 어떻게 되는 걸까? 다른 사람들처럼 외국으로 나가 치료를 받을 방법은 없을까?

불쌍한 인간들! 그들은 하느님의 손이 의사의 손을 붙들고 있다는 것을 모릅니다. 그리고 겪어야 할 일은 겪을 수밖에 없다는 것을 모릅니다. 제가 만나본 중 가장 성공적인 치료법을 찾아낸 의사는 다름 아닌 돈만 챙기는 의사였습니다. 그래서 저는 수호천사에게 물었습니다. '하느님께서는 어떻게 이 모든 것을 그 사람에게 허락하실 수 있는 것인지요?' 그 질문에 대한 답변은 이랬습니다. '하느님께서는 환자가 잘 치유될 수 있도록 도우신다. 그리고 의사에게는 미래의 어느

날 그의 행위에 대해 이유를 물으신다.'

우리는 은행에 돈을 넣고, 넣고, 또 넣습니다. 그러다 깜짝 놀랄 일이 벌어져서 달러가 올라가고 프랑은 내려갑니다. 만약 우리가 이 돈을 다 잃는다면 어떻게 되는 걸까요? 혹시나 전쟁이 벌어지면 우리는 어디로 갈 것이며, 어떻게 해야 하는 걸까요? 우리의 몸만 온전하길 바라지 않을까요? 고통을 겪지 않기를 바라면서 말입니다.

우리는 "고통도 부끄럼도 없이 평안히 신자답게 생을 마치고"라고 간구합니다. 때문에 주님께 이런 기도를 드리지요. 누구에게? 생의 마지막 순간을 불명예와 고통 속에 맞이하셨던 그분께 청합니다. 하느님께서 우리를 용서해 주시길!

그러므로 처음과 끝은 이래야 합니다. "주여, 당신을 믿습니다. 당신을 사랑하며 밤낮으로 당신의 첫 번째 계명을 실천하려고 노력합니다." 그 밖의 나머지는 모두 그분께 속합니다. 우리의 영역이 아닙니다. 언제, 어디서, 어떻게 역시 우리에게 속한 것이 아닙니다.

사랑하는 주님께 저는 이렇게 말해왔습니다. 그리고 그분께서는 제 곁에 당신의 사절을 보내주셨습니다. 따라서 저는 지금껏 살아온 방식대로 언제나 그리스도의 발 아래서 평온하게 살아갈 것입니다. 아멘. (1992년 2월 15일, 레로스)

레로스 성곽에 있는 파나기아 성당에 가브릴리아 성인의 유해가 모셔져 있다.

안식

밤은 나를 가장 사랑하는 자매와 갈라놓고,
결코 끊을 수 없는 사랑의 빛을 끊어놓았습니다.
(신 신학자 성 시메온)

신 신학자 성 시메온의 아름다운 이 구절은 이별의 모든 고통과 슬픔을 말한다. 하지만 그와 더불어 부활의 빛과 눈부신 천사들이 향유를 든 여인들에게 주는 위로도 담고 있다.

사랑의 빛, 그 빛은 죽음으로도 꺼지지 않는다. 하물며 이 죽음이 '죽음'이 아니라 (그저 다른 곳으로 이동해가는) '생명'이라면 더욱 그러하지 않겠는가.

가브릴리아 수녀님은 1897년 10월 2일 콘스탄티노플(현 튀르키예의 이스탄불)에서 태어나 1992년 3월 28일 레로스에 있는 거룩한 천사들의 방에서 안식하셨다. 그렇게 당신이 가장 사랑하고 그리워했던 고향인 하늘나라에서 다시 태어나셨다.

수녀님 생전에도 사람들은 이미 그분이 이 세상이 아닌 하늘에 속하신 분이라는 느낌을 받곤 했다. 많은 경우 이것이 실제 있을 수 있는 일인지 의구심을 품었다. 사람들이 당신을 편안하게, 동등한 존재로서 느끼도록 수녀님은 애쓰셨지만 그분의 독특함은 눈치채지 않을 수가 없이 특별했기 때문이다. 눈빛 속에, 표현 속에 천상의 한 귀퉁이가 보이는 듯했다. 축일이 아닌데도 선물을 받는 기쁨과도 같은 것이었다.

1992년이 찾아왔다. 생의 마지막 바실로피타를 자른 수녀님은 지상에서의 삶이 얼마 남지 않았음을 숨기지 않으셨다. 생각에 잠긴 듯한 그분의 눈빛 속에서 사람들은 다시금 천상의 한 조각을 보는 듯했다. 우리는 경외감과 함께 이별을 예고하는 듯한 어떤 '향수'를 가슴 깊이 느꼈다. 수녀님께서 떠나시면 그것을 어떻게 견딜지. 하지만 또 마음을 다해서, 영혼을 다해서, 다른 어떤 것과도 다른 희망찬 기쁨으로 그분을 배웅해야 하지 않겠는가?

떠나시기 전 마지막 한 달, 가브릴리아 수녀님은 레로스의 넥타리오스 대주교님과 니코데모스 신부님 외에는 더 이상 아무도 만나지 않으셨고 오로지 침묵 속에서 지내셨다. 그러다 안식하시기 며칠 전, 힘을 내어 마지막 인사를 남기셨다. 우리는 몇몇 영적 자녀들에게 하시는 유언을 녹음했다. 작별 인사 후에 마지막 조언과 축복을 해주셨다. 그런 다음 성체성혈을 받아 모셨다. 그렇게 수녀님께서는 모든 준비를 마치시고 천국으로 향하는 대기실에 들어서셨다.

"이승에 사는 하느님의 선한 종들은 그들을 보호하는 천사들을 항구적으로 곁에 두고 있습니다. 그들이 육체와 이별을 할 때에는 수많은 천사들이 다시 와서 그들의 영혼을 주님께로 데려갑니다. 오! 모든 영광과 영예와 경배가 이제와 항상 또 영원히 있기를. 아멘."(대 마카리오스 성인, 설교 22:10)

3월 28일 아침 6시 15분, 동이 트기 불과 몇 분 전이었다. 남다른 고요한 분위기가 수녀님 방을 가득 채웠다. 수녀님은 갑자기 두 팔을 하늘을 향해 들어올리시더니 손을 떨면서 우리에게 어떤 말씀을 하시려고 했다. 우리는 당신께서 숨을 거두시는 순간임을 곧 알아차렸다. 뭔가를 보시거나 느끼셨음이 분명했다. 더욱이 놀라웠던 것은 우리 모두가 그 순간에 알 수 없는 멜로디로 천상의 축제와 같은 노래를 부르는 젊은이의 목소리를 선명하게 들은 것이다. 그 소리는 몇 초간 지속되더니 이어서 침묵과 부재, 공허가 방을 가득 채웠다.

창문을 열자 떠오르는 아침 햇살이 방 안으로 쏟아졌다. 밤을 지새우고 피로에 지쳐있던 우리에게 찾아온 첫 번째 위안이었다.

그 순간부터 장례 준비와 전화 연락 등 모든 일이 일사천리로 이루어졌다. 니코데모스 신부님이 오셔서 첫 번째 추도식을 드렸다. 이어서 의사와 안티모스 신부님도 도착하셨다. 그들은 가브릴리아 수녀님을 성곽의 파나기아 성당으로 모셨다. 7개월 전 대수녀로서 서원하셨던 곳이다.

수많은 여행 끝에, 주님께서는 가브릴리아 수녀님을 그분이 출발했던 곳으로 다시 데려다주셨다. 콘스탄티노플의 포도 가지에서 출발한 수녀님은 지금 레로스 섬 성곽 높은 곳에서 당신이 사랑하셨던 지상의 고향, 우리가 사랑하는 도시, 우리의 정신적인 등대인 콘스탄티노플을 응시하고 계신다.

하루는 넥타리오스 대주교님이 방문하셔서 수녀님께 어디에 묘를 쓰면 좋을지 물으신 적이 있었다. 그때 수녀님은 이렇게 대답하셨다. "뭐, 어디든지요. 하지만 한 가지 바라는 것은 제가 눈을 감으면 어떤 날인지에 상관없이 장례식에서 '그리스도께서 부활하셨네' 성가를 불러주시는 거예요." 아직 사순절 기간이었음에도 불구하고 대주교님을 포함한 아홉 분의 사제가 함께 성가를 불렀다. 수녀님의 소망이 이루어졌고, 우리는 이에 대해 하느님께 영광을 돌렸다.

레로스 지역의 모든 성당에서 조종을 울렸고, 거대한 인파가 몰려들었다. 수녀님의 영적 자녀들 가운데 몇 명도 다행히 늦지 않게 장례식에 참석했다. 시나이에서 디미트리오스 신부님도 오셨고, 칼림노스에서 아그니 수녀님과 그 일행도 찾아왔다. 아그니 수녀님은 신심을 다해 추도 성가를 불렀다. 또 가브릴리아 수녀님과 안면이 있던 레로스 지역 사람들과, 또 개인적 친분이 없던 이들도 수녀님을 배웅하기 위해 그곳을 찾았다. 그중에는 어린아이들도 있었는데, 니키타스의 딸 앙겔리코는 생후 겨우 40일 된 아기였다.

대수녀를 위한 장례 예식 성가가 수 세기 만에 처음으로 레로스 섬에 울려 퍼졌다.

무덤까지 동행하던 수녀들의 가슴은 미어질 것만 같았다. 그때 대주교님이 마지막으로 수녀님의 얼굴을 보고 싶어 하셨다. 모두 가만히 숨을 죽였다. 당신의 얼굴을 본 우리는 십자성호를 그었다. 우리가 본 것을 설명할 단어를 찾지 못했다.

모두가 한목소리로 하느님을 찬양하며 꽃잎들이 흩뿌려진 무덤 속으로 수녀님을 내려보냈다. 무덤 내부에는 이미 당신의 등잔이 불을 밝히고 있었다. 대주교님은 수녀복 위에 그날 아침에 꺾은 아네모네를 올려놓으셨다.

여기서 넥타리오스 대주교님의 추도사를 소개하려 한다. 감동적인 이 추도사는 그곳에 모였던 모든 영혼들에게 큰 위안을 안겨주었다.

1897년에 시작된 하느님의 섭리, 하느님의 계획이 1992년 오늘 완성되었습니다. 1897년, 이 축복받은 아름다운 한 영혼이 도시들의 여왕인 콘스탄티노플에서 태어났습니다. 소녀 시절부터 예수 그리스도를 사랑했던 가브릴리아 수녀님은 영혼의 신랑이신 다정하신 예수님을 한 세기 동안 온전히 섬기며 살았습니다.

제가 알기로 가브릴리아 수녀님의 삶에서 아주 중요한 전환점이 된 사건은 파트모스로의 여행과, 그곳의 위대한 암필로히오스 마크리스 수도사제와의 만남이었습니다. 수녀님은 모두의 존경을 받던 인자하신 암필로히오스 신부님을 만나 축복을 받고, 다시 멀고 먼 아시아로 나아갔습니다.

가브릴리아 수녀님은 당신의 삶을 이끌어 준 세 가지 큰 별을 지니고 있었습니다. 첫 번째는 믿음입니다. 수녀님은 믿음을 매우 중요하게 여겼습니다. 사람을 변화시키는 것은 믿음이기 때문입니다. 다른 일이나 행위 등도 그럴 수 있지만, 그것은 외적인 것으로서 인간의 내면을 '뒤흔들'지는 못합니다. 오직 믿음만이 영적 교부들께서 말씀하신 "좋은 변화"를 가져올 수 있습니다.

수녀님의 두 번째 위대한 별은 사랑입니다. 모두를 향한 무한한 사랑. 어떤 사람이든, 어떤 위치에 있든, 어떤 장소에 있든. 매춘부든 세리든, 부자든 빈자든, 지식인이든 문맹인이든 구별하지 않고 모두에게 사랑을 보여주었습니다. 그리고 그 사랑은 위대했습니다!

마지막 세 번째 별은 선교의 별입니다. 수녀님은 부유한 가정에서 태어났음에도, 모든 것을 내려놓고 무일푼으로 살며 그리스도를 향한 사랑으로 선교에 헌신했습니다. 버스를 타고 중동을 가로질러 인도로 갔고, 그곳의 빈자들 속에서 머물며 놀라운 활동을 펼쳤습니다. 그분의 삶은 당신의 커다란 이상, 선교로

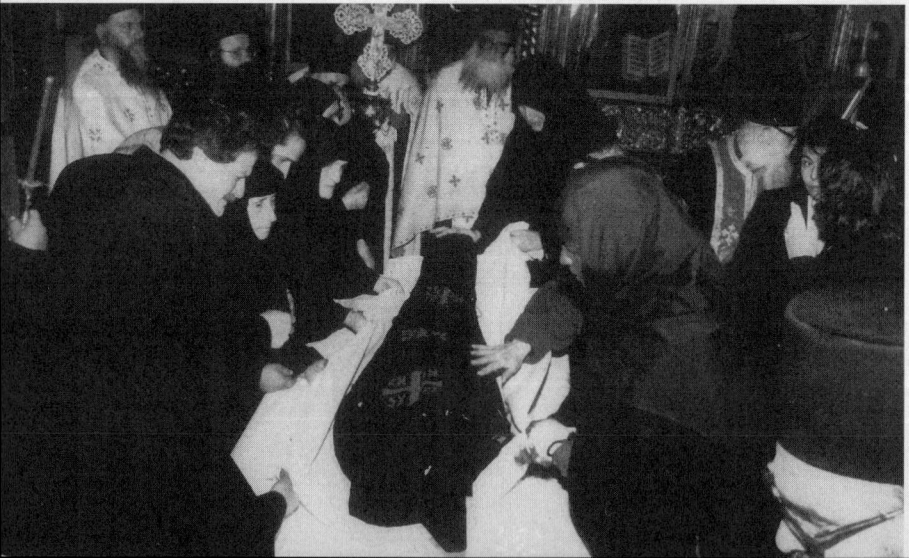

써 '불타올랐습니다'.

가브릴리아 수녀님은 인도, 아프리카, 미국, 영국, 그리스 등 전 세계 여러 곳에서 당신의 사역을 수행했습니다. 수많은 사람들이 수녀님을 알았고, 수녀님을 만나기 위해 영적 자녀들은 물론, 사제, 수도사, 평신도 등 많은 이들이 세계 각지에서 찾아왔습니다. 하느님의 밭에서 수녀님은 열심히 일했습니다. 잡초를 뽑고 땅을 갈며 한 세기를 그렇게 살았습니다. 그러나 인간적인 상을 받지는 못했지요. 하지만 오늘 모든 상을 받게 되었으니 그것으로 충분합니다. 당신이 그토록 사랑했던 거룩한 천사들이 삶의 희망이었던 신인(神人)이신 예수님 앞으로 수녀님을 데려갔습니다. 그리고 예수님께서는 수녀님께 메달을 수여하셨습니다. 천사들과 대천사들의 무리가 앞서 행진하며 수녀님을 하늘에서 영예롭게 해주었습니다. 눈이 있는 사람들은 볼 수 있을 것입니다….

수녀님에 대해 제가 어떤 말을 한다 해도 부족할 것입니다. 영혼의 이상을 위해 한 세기 내내 헌신하신 분이니까요. 오늘날 우리 그리스도인들은 20년, 아니 10년조차 그렇게 일할 용기나 믿음, 담대함을 가지고 있지 않습니다. 우리는 쉽게 지치고 불평하지요. 그런데 수녀님은 한 세기 동안 그 길을 걸으셨습니다. 한번 곰곰이 생각해 보십시오.

여기 우리 모든 레로스 주민들은 어떤 말을 해야 할까요? 이 엄청난 축복에 대해 하느님께 어떻게 감사드려야 할까요? 오늘 우리는 부활의 순간을 경험했습니다. 하느님께서는 우리에게, 우리 섬에 아주 귀하고 귀한, 매우 값진 선물을 보내주셨습니다. 그래서 오늘 우리 섬의 모든 종은 조종을 울렸습니다. 부활의 종을 울려야 했음에도 말이지요. 수녀님은 당신의 장례 예식이 부활의 예식이 되길 원했기 때문입니다. 우리는 오늘 실질적으로 부활의 기쁨을 누렸습니다!

존경하는 우리의 가브릴리아 수녀님! 당신이 사랑하시던 거룩한 천사들과 함께 계시는 오늘, 제가 성곽에 있는 파나기아 성당에 당신을 모시게 될 때, 그리하여 성모님께 당신을 소개할 때, 저희를 대신해 우리 섬에, 우리 교회에, 우리 성당에 보내주시는 성모님의 선물들에 대해 깊은 감사 인사를 전해주시길 청합니다. 오늘날 우리 레스보스의 주민들이 열심히 투쟁하고 있음에도 성직자와 신도들 모두에게 성모님의 더 많은 비추심과 보호가 필요하다고 전해주십시오. 또한 우리 대주교청의 수도원들에 대해서도요. 그들은 성모님의 옷을 아름답게 꾸며주는 장신구들이니까요.

대주교님이 마련하신 위로의 식사가 마무리되고 얼마간 시간이 흐르자 우리 내면에 진정한 위로가 슬며시 찾아왔다.

그날 밤, 우리는 가브릴리아 수녀님의 영적 자녀들, 그리고 수녀님의 조카와 함께 켈리에 모여있었다. 애도하는 것이 아니라 뭔가를 축하하는 것처럼 모두가 기쁨을 느끼기 시작했다. 묘한 환희와 같은 형언할 수 없는 느낌이었다.

우리는 수녀님의 행적과 말씀에 대해 쉴 새 없이 이야기를 나눴다. 그것은 큰 기쁨이었다. 그러던 어느 순간 예기치 않은 선물이 찾아왔다. 우리 중 세 명이 동시에 수녀님의 목소리를 들은 것이다! 우리가 있던 방 어딘가 아주 가까운 곳에서 말씀하시는 것만 같았다!

그 순간 숨이 멈추었다. 심장이 터질 듯했다. 우리는 기쁨에 어쩔 줄을 몰랐다. 한 번도 그런 감정을 느껴본 적이 없었기 때문이다. 그것은 분명 부활의 날과 오순절에 사람들이 느꼈을 기쁨과 같은 것이었다. 그 순간 우리를 본 사람이 있다면 분명 정신이 나갔다고 생각했을 것이다.

삶은 더 이상 우리가 알던 것이 아니었다. 우리는 건너가는 다리를, 반대편 강기슭을 엿볼 수 있었다. 모든 것은 주님께서 말씀하신 대로 기쁨과 생명으로 가득했다!

무엇을 애도한단 말인가? 누가 죽었단 말인가? 오직 죽음만이 죽었을 뿐이다! 어떻게 그걸 잊을 수 있단 말인가?

이전에는 알지 못했던 이 감정, 기쁨을 주는 애도, 슬픔이 섞인 이 기쁨이 40일 동안 우리 마음속에 머물렀다. 지상에서의 마지막 시간에 수녀님께서 우리를 부르시려고 사용하셨던 작은 도자기 종소리가 귓가를 맴돌았다.

수녀님의 부고를 받은 사람들이 전 세계에서 애도의 전화를 걸어왔다. 우리는 그들에게 이렇게 말했다. "애도한다고요? 애도가 아니라 축하의 인사가 더 잘 어울립니다!"

수녀님이 우리에게 남겨주신 이 이별 선물, 인간이 건넬 수 있는 가장 큰 선물인 이것은 언어로는 다 담을 수가 없는 것이었다. 그것은 열쇠 구멍으로 살짝 엿보는 낙원, 하느님의 문 너머로 들리는 소리를 몰래 듣는 것과 같다. 죽음을 이기는 생명의 선물! 파스카! 주님께서 우리에게 베푸신 선물이었다!

이런 천상의 울림 속에서 40일이 지나갔다. 40일 추도식을 드릴 때는 이미 부활 경축기간을 보내고 있었다. '장미의 트리오디온'이라고 불리는 기간이다.

우리가 느꼈던 큰 기쁨은 이제 사그라들었지만 수녀님의 부재로 인한 슬픔은 아직 커지지 않았다. 수녀님과 그분의 인도는 없지만 우리는 천천히, 그리고 주저하면서 첫걸음을 내딛고 있다.

사후 40일을 맞아 성곽의 파나기아 성당에 있는 하얗고 소박한 수녀님의 무덤 앞에서 추도식이 열렸다. 아래는 넥타리오스 대주교님의 추도사 일부를 발췌한 것이다.

사랑하는 나의 자녀들, 잘 아시는 것처럼 대사순절의 트리오디온은 '눈물의 트리오디온'입니다. 반면에 부활절로부터 오순절까지는 '장미의 트리오디온'이라고 불립니다. 교회는 부활 이후의 이 기간을 장미꽃으로 가득한 정원, 은총의 정원, 신비스런 은총의 정원, 장미꽃이 상징하는 천상의 은총으로 가득한 정원으로 여깁니다. 영적인 장미꽃을 기념하는 이 기간에 우리는 이 시대의 가장 아름다운 장미 한 송이, 안식하신 가브릴리아 수녀님의 추도식을 하게 되었습니다.

사람들은 아름다운 장미꽃을 얻으려고 식물 교배를 하기도 하지요. 그런데 하느님께서 하신 이 교배는 영원히 기억될 가브릴리아 수녀님을 탄생시켰습니다. 수녀님은 희귀한 장미 같은 분이었지요. 독특한 색상에, 뿜어내는 향기도 남달랐습니다.

사랑하는 나의 형제자매 여러분, 이 장미는 엄동설한 같은 94년의 세월 속에서 꽃을 피웠습니다. 무신론과 물질주의가 팽배한 시대였어요. 세찬 바람이 불었지만 이 장미는 꺾이지 않았습니다. 폭풍우와 눈보라도 꽃이 피어나는 것을 막지 못했습니다. 가브릴리아 수녀님도 그런 분이었지요. 우리가 무덤에 수녀님을 내리던 순간, 우리는 그분이 시신을 보았습니다. 눈을 뜬 상태였으며, 눈동자의 색조도 변함없이 그대로였습니다. 마치 살아있는 것처럼 온기를 품고 있었고, 조금도 달라진 것이 없었어요. 이는 수녀님이 그리스도의 부활의 진정한 자녀로서, 생전에 부활의 신비를 선포했던 한 영혼으로서의 권리를 지님을 의미합니다. 단지 선포한 것에 그치지 않고, 이 부활의 사건을 몸소 살았고, 그 사건에 대한 태도를 삶 속에서 견지했습니다.

사랑하는 여러분, 세상 사람들에게 파스카는 꼬치에 끼운 양고기, 라일락으로 장식된 식탁과 같은 것입니다. 세상 속에서는요! 하지만 우리에게 파스카는 어린양, 하느님의 사랑하는 아들, 우리의 영적인 빈곤과 갈증, 우리 속에 있는 영혼과 마음의 빈곤을 채워주시려고 이 땅에 오셔서 희생되신, 죽임을 당한 어린양입니다. 성 요한 크리소스토모스는 말씀하셨습니다. "우리의 파스카는 그리스도이시다." 우리 안에 계신 그리스도! 부활절이란 다른 것이 아니지요. 붉은 달걀도, 그 외의 다른 어떤 것도 아닙니다. 그리스도! 그리스도뿐입니다!

가브릴리아 수녀님은 이렇게 파스카를 몸소 살았습니다. 그래서 하느님께서는 때를 맞추시어 그분의 장례가 십자가 경배 기간에 이루어지게 하셨고, 그것은 '기쁨으로 가득한 슬픔'이었습니다. 비통함이 넘쳤지만, 동시에 이루 말할 수 없는 기쁨이 넘치는 장례식이었지요. 그 기쁨은 수녀님이 사랑하던 천사들과 함께 천상의 제단 앞에 서있다는 확신에서 비롯하는 것이었습니다.

그리고 보십시오. 우리는 이 성 대 주간에 가브릴리아 수녀님의 빛나는 영혼을 기념합니다. 교회의 아름다운 빛의 자녀로 자신을 일궈낸 영혼을 말이지요. 누군가가 촛불을 든 그분을 그림으로 그린다면, 그분은 손에 초를 든 것이 아닌, 존재 전체가 빛으로 가득한 모습일 것입니다. 그분 자체가 빛이었으니까요. 영혼을 따뜻하게 데우는 빛. 완전히 빛으로 가득 찬 존재, 신 신학자 시메온 성인이 말씀하신 그런 빛이었습니다.

오늘 우리는 하늘에 계신 아버지께 빵과 포도주를 봉헌했습니다. 그 봉헌은 영원히 기억될 가브릴리아 수녀님과, 승리의 교회(천상의 교회), 그리고 여전히 투쟁 중인 교회(지상의 교회)를 위한 것입니다. 또한 여러분, 수녀님이 사랑하던 여러분 모두를 위한 것이기도 합니다.

어제 칼림노스 사람들 모두가 제가 이곳에 오는 것을 반대했습니다. 보시는 바와 같이 제 건강 상태가 좋지 않아서이지요. 저는 그들에게 이렇게 말했습니다. "여러분은 그렇게 오랜 세월 저와 함께 했음에도 아직도 저를 모르시는군요." 여러분은 우리 섬을 거쳐 간 축복받은 존재, 가브릴리아 수녀님을 위해 하느님께서 제게 임무를 주셨다는 걸 이해하지 못합니다. 저는 빚을 갚기 위해 그곳에 가야만 합니다!

그리고 하느님께서 도우셔서 우리는 여러 성직자들과 함께 예배를 집전할 수 있었습니다. 우리가 이 땅에 있었던 것인지, 아니면 하늘에 있었던 것인지조차 알 수 없었습니다. 오직 하느님만이 아실 테지요.

저는 말하고 싶습니다. 빚진 사람은 저만이 아니라, 가브릴리아 수녀님을 알았던 여러분, 향유를 가진 여인의 마음(애도하는 마음)을 가진 여러분도 마찬가지라는 것입니다. 여러분도 아시겠지만 향유와 함께 눈물을 바치는 것은 정말 위대한 일입니다. 하지만 안타깝게도 우리는 단지 향유만을, 행동만을 바칠 뿐이지요. 하지만 하느님께서는 눈물도 함께 원하십니다. 변화와 내적인 변모를 원하십니다. 눈물과 함께 말이지요. 먼저 변화, 변모가 이루어져야 눈물이 뒤따르기 때문입니다. 향유가 눈물과 함께할 때 구원이 찾아옵니다.

여러분은 알아야 합니다. 가브릴리아 수녀님을 알았던 여러분에게, 하느님께서 크고 중요한 책임을 맡기셨다는 것을요. 정말로 큰 책임이 주어졌습니다. 여러분은 이렇게 말할지도 모릅니다. "하지만 오늘 우리에게 맡겨진 이 책임이 너무 무겁습니다."

무관심할 때 어렵다고 느껴집니다. 파스카를 단지 성 대 토요일까지의 소란, 혹은 "그리스도께서 부활하셨습니다"라는 첫 외침을 듣고 곧바로 자리를 뜨는 것으로 여기는 사람들에게는 그 책임이 어렵게 다가오겠지요. 그것은 파스카라 할 수 없습니다. 그것은 진정한 '건너감'이 아닙니다. 다른 강안(江岸)으로의 건넘이나, 영원한 생명의 다른 삶을 경험하는 것도 아닙니다.

그들은 부활하신 주님의 그 달콤한 목소리를 듣지 못했고, 다른 모습으로 계신 그분의 얼굴을 보지 못했습니다. 엠마오로 가던 제자들처럼, 그분과 함께 같은 길, 같은 동네를 걸어보지 못했습니다. 사람들은 "부활절 예식은 지나갔다!"고 말합니다. 그렇지 않습니다. 지나가지 않았습니다! 그들은 다른 파스카, 시간을 초월하는 파스카가 있다는 것을 깨닫지 못한 사람들입니다! 영혼이 주님과 만나는 파스카, 이것이 진정한 파스카입니다! 전례적인 나머지는 그저 수단, 외적인 형태일 뿐 본질이 아닙니다.

여러분은 제게 이렇게 말할지도 모릅니다. "많이 어렵네요!" 네, 어렵습니다.

하지만 우리가 잊지 말아야 할 것이 있습니다. 무덤으로 향하던 여인들의 가장 큰 걱정거리가 무엇이었는지 아십니까? 한 가지, 누가 무덤을 가로막은 그 큰 돌을 치워줄까 하는 것이었습니다. 그 돌은 정말 거대했지요! 누가 그 돌을 치워줄 수 있을까? 이것이 그녀들의 머릿속을 지배하던 문제였어요. 하지만 무덤에 도착해 보니 하느님의 섭리에 의해 돌은 이미 치워져 있었고, 무덤은 온통 천사들과 빛으로 가득했습니다.

우리가 길을 떠날 때도 마찬가지입니다. 심각한 문제와 큰 어려움이 따르고 어마어마한 산이 가로막더라도, 복음서가 말하듯 하느님의 전능이 그 모든 것을 무너뜨립니다. 그때 우리는 최종 목적지인 우리의 무덤이 온통 천사들과 빛으로 가득한 것을 보게 될 것입니다.

한번 생각해 보십시오. 향유 가진 여인들이 무덤을 본 순간 느꼈을 그 환희를 말입니다. 이 용감한 여인, 남자를 뛰어넘는 담대함을 지닌 여인들을요.

오늘 우리를 한자리에 모이게 해주고, 천상의 축제를 함께 누리게 해준 가브릴리아 수녀님의 축복으로 이런 만남이 더욱 잦아지기를 기도합니다. 그리고 거룩한 천사들의 수도원이 서둘러 완성되어 우리가 더 많은 영적인 기회를 가질 수 있기를 바랍니다. 우리에게 필요한 것이지요. 우리는 마치 밤중에 숲속에서 길을 잃고 두려움에 떠는 어린아이와 같습니다. 오늘날 우리 시대가 그러합니다. 그래서 이 만남은 우리에게 기쁨이며 축복입니다.

부활의 이 기쁨을 우리에게서 앗아갈 수 있는 사람은 아무도 없습니다. 현재, 미래, 세력, 권세, 능력도 그것을 빼앗아 가지 못합니다. 천사들이 하늘에서 누리는 것처럼, 여러분도 지상에서 이 부활의 기쁨을 누리길 진심으로 기원합니다. 아멘!

맺음말

옆 페이지에 실린 사진은 시나이 산 정상에 서 계신 가브릴리아 수녀님의 모습을 담고 있다. 수 세기 전 이곳에서 멀지 않은 곳에서 엘리야 예언자에게 음식을 가져다주던 까마귀처럼, 새 한 마리가 아치 너머로 날아오른다. 수녀님의 말씀처럼, 그것은 하느님의 은총와 축복 속에서 경험한 강렬하고도 개인적인 순간이었다.

가브릴리아 수녀님은 또 하나의 정상, 94년 동안의 수도 생활과 사역을 통해 성화시킨 인생의 절정에서 무르익은 노년을 마치셨다. 풍부한 영적 경험과 헌신의 삶을 사신 다음 그렇게 이 세상을 떠나신 것이다. 그럼에도 수녀님은 언제나 미소 띤 얼굴로 우리에게 말씀하셨다. "나는 11시에 온 일꾼에 불과하단다!"

가브릴리아 수녀님은 지금도 우리를 저버리지 않으셨다. 곁에 계시진 않지만 하루하루 지나는 시간 속에서 우리는 그분의 보살핌을 더욱 확연히 느낀다. 전과 다름없이 수녀님은 우리에게 계속해서 사랑을 보내주신다. "사랑은 두려움을 몰아낸다." 수녀님께서 떠나셨음에도 우리가 용기를 잃지 않는 이유가 아마 거기에 있는지도 모르겠다. 확실한 것은 그분께서 우리를 위해 중보하고 계시다는 점이다. 그렇지 않고서는 이 모든 것이 달리 설명될 수 없다.

가브릴리아 수녀님은 모든 사람과 모든 것을 사랑하셨다. 그토록 많은 걸 아우르실 수 있었던 것은 수녀님께서 당신의 마음을 주님께 드렸기 때문이다. 그 마음은 주님에 의해 위대해졌다. "네 마음을 나에게 다오." 우리가 감사드릴 일이 있어 고마움을 표현하면 수녀님은 이렇게 대답하셨다. "다 그분께서 하신 거란다. 내가 아니었어도 다른 누군가를 보내셨을 거야."

가브릴리아 수녀님은 그저 기억 속 추억의 존재가 아니시다. 수녀님은 우리 마음속에 지워지지 않는 영적인 향기를, 험난했던 삶의 여정 속에서도 뒤따르는 이들을 위해 소중한 발자취를 남기셨다.

수녀님은 우리 모두에게 주님의 이름을 널리 울리는 축복의 메아리와도 같았다. "그분을 따르거라." "조금도 두려워 말거라."

우리에게 주신 가르침이 무엇이건 수녀님께서는 그것을 늘 먼저 실천하셨다. 평생 어디를 가시든 당신의 존재 전체가 주님의 길, 주님의 사랑, 주님을 가리키는 빛나는 표징이 되었다.

그분의 삶, 주님의 부르심, 수녀님의 소명. 선택은 우리의 몫이다. 그분과 함께라면 무엇이라도 가능하다. '누구든지 원한다면.'

지인들의 회고

키사모스와 셀리노스의 이리네오스 대주교

 가브릴리아 수녀님이 우리 교구청을 방문하셨을 때 저는 그분을 처음 뵈었습니다. 1972년 초 제가 독일 교구의 대주교로 선출되자, 수녀님은 저와 함께 그곳에 가서 몇 달 동안 저의 새로운 선교 활동에 도움을 주셨지요. 그리고 훗날 아테네에서 저는 수녀님과 다시 마주쳤습니다. 아테네에 수녀님의 기도처가 있었는데, 일반인들은 물론 서품을 받은 성직자들 그리고 수도사들의 방문이 세계 각지에서 이어졌어요. 그곳은 정교회 전승의 틀 안에서 하느님의 말씀이 선포되던 그리스도교 초대 시대의 '가정 교회' 같은 곳이었습니다.

 가브릴리아 수녀님은 여러 언어를 구사하는 학식이 풍부한 분이시기도 했습니다. 열린 사고를 지녔으며, 우리 모두와 마찬가지로 에큐메니컬 대화에 기대를 가지고 계셨습니다. 그 당시 1960, 1970년대만 해도 지금과 같은 실망감을 안겨주지는 않았거든요.

 그리스도인의 삶과 태도에 대한 주제에 있어서도 수녀님은 넓은 포용력을 지니고 계셨습니다. 그래서 많은 이들, 특히 젊은이들이 교회를 알고 하느님의 은총 속에서 평온을 찾을 수 있도록 도움을 주셨지요.

 나아가 가브릴리아 수녀님께는 분명 어떤 영적 통찰력이 있었습니다. 그분은 종종 자신이나 다른 이들의 일을 언급하며, 그것을 미리 예견하거나 예상했다고 하셨어요. 천사들이 당신께 이 모든 것을 보여준다고 재치 있게 말씀하시곤 했습니다.

수녀님은 수도원에서 고립된 생활을 하지 않으셨습니다. 그분의 수도원은 온 세상이었지요. 수녀님의 영적, 사회적 공헌은 그분을 오늘날 정교 신앙의 매우 귀중한 자산으로 만들어 주었습니다.

가브릴리아 수녀님을 알았던 사람들, 그리고 그분의 천사들로부터 도움을 받은 사람들 중 얼마나 많은 이들이 아직 생존해 있는지 저는 잘 모릅니다만, 그분들은 수녀님을 추억하고 또한 십시일반 성의를 모아 수도원이나 어떤 다른 사회 기관을 설립하는 데 기여할 수도 있을 것입니다. 이를 통해 가브릴리아 수녀님에 대한 기억이 오래도록 이어질 것이며, 성삼위 하느님께서도 영광을 받게 되실 것입니다.
(1993년 1월 7일)

이드라, 스페체스, 에기나의 이에로테오스 대주교

주님 안에 안식하신 가브릴리아 수녀님의 이름과 존재를 떠올릴 때면 항상 깊은 감동을 느낍니다. 지극히 선하신 하느님께서 우리 곁을 떠나 수녀님의 빈자리와 많은 이들의 마음속 공허감을 채워주시기를 간절히 기도드립니다. 오랜 세월 그토록 교훈적인 삶을 살다 가신 가브릴리아 수녀님의 가르침과 영적인 경험을 담은 책이 서둘러 출간되길 바랍니다. (1993년 10월 4일, 이드라)

일리아스 마스트로야노풀로스 대신부

가브릴리아 수녀님은 우리 정교회 신앙에서 특별한 위치를 차지하시는 존재입니다. 그분은 하느님과 이웃에 대한 사랑, 고통받는 형제들을 위한 봉사에 당신의 삶을 바치셨습니다. 하느님의 뜻을 삶의 방식으로 받아들였기에 그런 헌신이 가능했지요. 수녀님을 찾아간 사람들은 그분의 지식을 통해, 또한 주님의 영원한 현존 속에서 수녀님이 얻은 경험을 전하는 방식을 통해 많은 것을 배울 수 있었습니다.

어떤 젊은이들은 인공적인 낙원을 찾아다닙니다. 한 명의 참된 사람을 발견하지 못하기 때문이지요. 이름난 '설교자'들은 있을 수 있지만, 몸소 삶으로써 살아가는 사람은 찾아보기 어려우니까요. 가브릴리아 수녀님은 당신이 누리고 있는 '하느님과 천사들의 영원한 현존'에 우리도 참여할 수 있게 이끌어 주셨습니다. 수녀님은 한 번도 혼자인 적이 없으셨어요. 정글에 있든, 세상 속에 있든 수녀님은 늘 "나는 결코 혼자가 아니야"라고 말씀하시곤 했지요. 어디를 가든 언제나 당신의 수호천사가 함께했기 때문입니다.

가브릴리아 수녀님은 어디에서건 당신이 계시던 장소, 즉 당신의 '기도처'를 떠나신 적이 없으며, 가시는 곳마다 부활의 메시지를 전하셨습니다. 하느님으로부터 멀리 떨어져 있던 젊은이들, 다른 '너무 먼' 영적인 지도자들에게 가까이 다가갈 수 없었던 이들은 가브릴리아 수녀님에게서 자신들이 찾던 것을 발견했습니다. 많은 사람들에게 수녀님은 눈에 띄지 않는 존재셨으나, 그 빈자리는 너무도 큽니다.

(1996년 3월, 시나이 성 카테리나 수도원의 분원 성당에서의 추도사)

가브리일 차포스 대신부

거룩한 순교자이자 수호자이신 필로테이 성녀께서 오늘밤 이곳 우리에게 더없이 귀한 선물, 가브릴리아 수녀님을 보내주셨습니다. 오늘날 우리의 마음을 따뜻하게 데우고, 위로와 쉼을 주며, 수많은 역경과 유혹, 죄와 같은 일상적인 투쟁 속에서 우리에게 용기를 북돋워 주는 가브릴리아 수녀님 같은 분이 계시는 것은 큰 축복입니다.

이 세상에 가브릴리아 수녀님과 같은 영혼들이 있어 우리 삶은 아름다워지고, 또 희망을 품을 수 있지요. 그분의 작은 기도처에 들어가는 사람들은 누구나 거기서 청명한 하늘을 봅니다. 별을 봅니다. 별을 보려고 매연과 불빛을 피해 도시를 떠나 멀리 갈 필요가 없습니다. 그분의 작고 소박한 켈리 안에 온통 하늘이, 거룩한 천사들이 있기 때문입니다.

수녀님은 언제나 "네"라고 대답하셨습니다. 그것을 삶의 원칙으로 삼으셨지요. 주교님이든 다른 사람이든, 교회가 당신께 요청한 어떠한 초대에도 늘 "네"라고 응답하셨습니다. (1989년, 아테네 레프코시아 거리의 성 안드레아 성당)

요하네스버그의 이오아니스 자하리우 대주교(2000년 10월 안식)

가브릴리아 수녀님과 같은 축복된 존재들은 하느님께서 보내신 분들입니다. 하느님께서는 이를 통해 당신께서 우리를 얼마나 사랑하시고 또 보살피시는지 알려주시지요. 하느님께서는 결코 우리를 방치하지 않으십니다. 우리를 구원하시고, 성숙하게 하시며, 우리에게 길을 일러주는 안내자, 동반자를 보내주십니다. 그리고 우리가 더 이상 어린애가 아니라고 생각하실 때는 그분들을 거두어 가시지요. 하지만 우리는 가브릴리아 수녀님의 현존 속에서 계속해서 살아갑니다.

가브릴리아 수녀님은 자신만의 투쟁을 하셨고, 자신만의 골고타를 몸소 사셨습니다. 그리고 지금은 자신의 부활 속에서 살아계십니다. 마찬가지로 각자의 부활의 여정을 걸으며 분투하고 있는 우리에게는 가브릴리아 수녀님의 축복과 현존, 안내가 필요합니다. 당신의 완전하고 영원하며 유일한 부활로 우리를 성화하시고 구원하시는 그분께서 가브릴리아 수녀님을 통하여 우리를 도우시기 때문입니다. (1992년 3월 31일, 카이로)

테오도로스 에프티미아디스 신부(캐나다 온타리오 키치너의 성 사도 베드로와 바울로 성당)

저는 가브릴리아 수녀님의 깊은 영성에 매료되었습니다. 수녀님은 주님을 사랑하셨고, 성령의 은사들을 믿으셨지요. 그 깊은 영성은 그분의 흔들림 없는 평화, 하느님의 자녀들에 대한 각별한 사랑, 그리고 하느님의 천사들로부터 받는 메시지를 통해 드러났습니다. 그분은 단지 외형적으로만 수녀이신 것이 아니라 영적으로 수녀이셨습니다. 겉모습으로 사람들을 판단하지 않으셨고, 언제나 사람들의 마음을 살피셨지요. 그분을 단 1분이라도 알았던 사람들은 모두 진정한 부자라고 저는 믿습니다. 수녀님은 세상의 저울로는 달 수 없는 보물 그 자체이셨기 때문입니다.

칼라미오스 수도원의 수녀원장 멜라니 수녀

가브릴리아 수녀님의 열망과 희망이 현실이 된 지금, 그분의 성스러운 영혼은 거룩한 천사들의 무리에 둘러싸여 성삼위 하느님을 경배하며, 풍요롭고 깊은 영적인 삶에서 비롯한 기쁨과 은총 속에 잠겨있습니다. 이 엄청난 시련의 시대에, 하느님의 무한한 자비 속에서 우리는 온화하고 겸손한 또 한 분의 중보자를 가지게 되었다는 확신을 얻었습니다. (1992년 4월 15일)

크세니 수녀

저는 가브릴리아 수녀님과의 추억이 많습니다. 수녀님은 저와 함께 베다니아에서 1년간 머무셨어요. 제가 정교회 신자가 되고 그분처럼 수녀가 되기를 원했기 때문입니다. 제게는 그분의 존재가 필요했지요.

하루는 수녀님께 여쭈었습니다. "수녀님, 사람이 성장을 멈출 수가 있나요?" 그러자 수녀님은 이렇게 대답하셨어요. "나무는 때로 그럴 수 있지만, 사람은 절대로 성장을 멈추지 않아." 그리고 덧붙이셨죠. "나는 흐르는 개울물처럼 느껴져. 어떨 땐 바위에 부딪쳐 방향을 바꾸기도 하지만, 물은 계속 흘러 마침내 최종 목적지인 영원의 대양, 하느님의 사랑에 다다르지."

하루는 가브릴리아 수녀님이 에프로시니 수녀님께 물리치료를 해주시던 중에 제게 부엌에 가서 도구 하나를 찾아보라고 말씀하셨습니다. 그러면서 아마도 누가 그것을 가져간 것 같다고 하셨죠. 저는 부엌으로 가서 말씀하신 물건을 찾아 수녀님께 가져다드렸습니다. 그러자 수녀님이 고개를 돌려 저를 보시더니 "양심을 짓누르는 무게를 덜기 위해 지금 절(메타니아)을 100번은 해야 할 것 같구나"라고 하셨어요.

저는 병 때문에 다른 수녀님들과는 달리 과일을 먹을 수 있도록 허락을 받았었지요. 가끔 제가 먹으려고 사두었던 것을 가브릴리아 수녀님께 가져갔지만, 수녀님은 매번 받지 않으셨습니다. 왜 그러시냐고 여쭈면 이렇게 대답하셨어요. "축일에 네가 이것들을 다른 자매 수녀님들과 나누면 그때는 나도 먹을게."

병으로 인해 한 달에 한 번만 주님의 몸과 피를 받아 모실 수 있었던 저는 마음이 심란했던 적이 있었습니다. 그때 수녀님께서 제게 말씀하셨어요. "너에게 벌어지는 일들에 대해 마음 쓰지 말렴. 우리와 함께 주님의 몸과 피를 받아 모시지 못할 때도 너는 성령 안에서 그것을 받는 거란다. 나 역시 매일 신부님이 우리의 주님을 손에 모시고 아름다운 문에서 나올 때 그렇게 하거든."

가브릴리아 수녀님께서는 금식은 당신께 예배에 참석하는 것만큼이나 중요하다고 말씀하셨습니다. 그리고 어떤 날에는 다른 주제에 대해 대화를 나누시다가 돌연 이렇게 외치셨지요. "복되도다, 주의 이름으로 오는 이들이여! 정원사, 걸인, 누구든 주의 이름으로 오는 모든 이들은 복되도다!" 또 한 번은 제게 이렇게 말씀하셨습니다. "우리가 우리 자신만을 생각한다면 우리는 살아있는 시체나 다름없어. 오직 다른 사람을 생각할 때만이 우리는 살아있어."

수녀님은 또한 수도 공동체에서는 몰래 먹는 음식이 없어야 한다고 말씀하시며 축복받은 음식은 모두 공동 식탁으로 가져와서 드셨습니다. *(1993년, 베다니아)

엘레니 비르부(1987년 안식)

우리는 테살로니키에서 처음 만났습니다. 우리가 나누었던 사랑과 우정은 아직도 굳건하며, 하느님의 도우심으로 영원히 변치 않을 것입니다. 우리는 자주 만남과 헤어짐을 반복했으나, 서로에 대한 사랑의 마음은 변한 적이 없었지요. 아브릴리아를 알게 된 사람은 누구라도 그녀를 사랑하지 않을 수가 없었습니다. 그녀의 존재가 사랑 그 자체였고, 태양처럼 빛났으며, 사람들에게 따뜻한 온기를 주었거든요. 그녀와 벗이 된 이는 삶의 아픔과 역경을 잊곤 했습니다. 아브릴리아는 태양, 빛, 기쁨이었습니다. 그리고 상대방에게 그 모든 것을 투사했어요. 그녀의 이야기를 듣는 것은 기쁨이었습니다. 뛰어난 재치와 유머를 겸비해 말했고, 기억력이 뛰어났으며, 폭넓은 교양을 갖추고 있었기 때문입니다. 정말 보기 드문 사람이었지요. 이야기할 것이 너무 많은데 제일 먼저 무엇을 언급해야 할까요? 그녀는 정말이지

* 가브릴리아 수녀님은 생선, 계란, 올리브를 드시지 않았다.

쉽게 찾아볼 수 없는 희귀종이었지요. 위대한 영혼의 소유자였습니다. 아브릴리아는 자신에게 다가온 사람들의 잠자고 있는 영혼을 깨우는 방법을 알고 있었어요.

M. 디키타

저는 가브릴리아 수녀님께 배운 것을 잊은 적이 없습니다. 그것은 그분의 유산이고, 그분이 우리에게 보여준 빛이었습니다. 수녀님의 눈으로 직접 목격하신 빛이요. 그것은 우리로 하여금 언제나 충만함과 풍요로움을, 또한 용기와 담대함을 느끼게 해주는 수녀님의 유산입니다. 제가 어디서든, 어떤 상황에서든 살아갈 수 있다는 것을 수녀님께서 가르쳐 주셨습니다. 작은 여행 가방 하나만 들고서, 하느님의 뜻에 따라 그분이 어디로든 저를 인도하시도록 맡기라는 것을요.

그중에서도 가장 중요한 가르침은 선행만으로는 충분하지 않다는 것이었습니다. 삶에서 가장 의미 있는 것은 우리가 다른 이들에게 베푸는 사랑의 양과 질이라는 것을 배웠지요. 그분의 진심이 담긴 이 깨달음의 말씀들은 제게 하나의 저울이 되었습니다. 저는 제 소심한 영혼과 마음을 이 저울에 올려 무게를 재지요. 한 친구가 말했습니다. "우리는 위대한 기도를 잃었어." 그럼에도 저는 가브릴리아 수녀님께서 우리와 같은 가난하고 눈먼 이들을 위해 하시던 일들을, 이제는 하느님과 함께 계시는 그곳에서 수녀님의 천사들을 보내서 행하실 수 있으리라 믿습니다.

M. 바실리우

가브릴리아 수녀님의 생애는 주님의 사랑에 대한 끝없는 증언이었습니다. 그분의 신앙 고백은 수많은 타종교인들에게 영향을 미쳤고,

훗날 많은 이들이 정교회로 개종하기도 했습니다.

수년 전 저는 일리아스 마스트로야노풀로스 신부님의 소개로 가브릴리아 수녀님을 알게 되었습니다. 그 당시에는 저 역시 정교의 정수를 알고 싶은 갈망이 매우 컸습니다. 수녀님과의 만남은 '형식적인 예배'와 '해야만 한다'는 의무에서 저를 해방시키고, '하느님의 자녀'로서의 자유로 이끄는 '비밀 학교'와 같았습니다. 제 마음의 커다란 한 부분은 가브릴리아 수녀님께 속합니다. 저는 그분을 결코 잊지 못할 것입니다. 그토록 사랑하시던 주님의 현존 앞에 계시는 지금, 우리 죄인들이 주님의 용서를 얻을 수 있도록 수녀님께서 간구해 주시길 빕니다. (1992년 4월 18일, 아테네)

D. 게오르기우

교회와 어떤 관계도 없었고, 또 성직자에 대해 부정적인 경험을 가지고 있었던 저는 그리스도께서 제 삶에 오신 지 약 한 달만에 다시 예전으로 되돌아갔습니다. 하지만 다행히도 하느님께서는 저를 불쌍히 여기시어 제가 '소금기둥'이 되지 않도록 해주셨지요. 1년이 지나고, 저는 그 빛나던 시간을 완전히 잊어버렸습니다.

그 당시 저는 S. 스파누다키스 씨의 집에서 지내고 있었습니다. 그는 제게 그리스도에 대해 이야기를 해주곤 했어요. 그날도 그리스도에 대해 말하다가 어느 순간 성서를 펼치더니 한 구절을 읽었습니다. 저는 별로 집중하지 않고 흘려들었어요. 물론 교회로부터 멀어진 것에 대해 양심의 가책을 느끼긴 했지만, 어리석게도 무심하게 지나쳐 버렸습니다. 지금까지도 제가 왜, 어떻게 그런 말을 했는지 이해가 가질 않지만 그가 읽기를 멈추자 제가 그를 바라보며 이렇게 말했어요. "무엇을 말씀하시려는 건지 잘 모르겠지만 아무튼 저는 언젠가 인도로 갈 거예요." "거기서 뭘 하려고?" "스승을 찾으려고요." "아, 그건 네가 잘못 생각하는 거란다. 여기에도 스승은 있어." "그런 말씀 마세요! 그 사람들에 대해서는 전혀 듣고 싶지가 않네요." (물론 후에 나는 고백성사를 통해 사제들에 대해 무례한 단어를 쓴 죄를 고백했고, 그리스도께서 용서해 주셨다.) 그는 계속해서 말을 이어갔다. "내가 아는 분이 인도에서 한센병 환자들을 돌보는 일을 하시다가 돌아오셨는데, 지금은 수도 생활을 하고 계신단다. 그분을 소개해 주마." "싫어요. 그런데 지금 무슨 일을 하시나요?" "수녀님이셔." "하느님 맙소사!" 제가 소리쳤습니다. "수녀복을 입은 사람을 소개한다고요? 절대 안 돼요!" 그는 전화번호를 건네며 말했습니다. "여기 번호가 있으니 받아 두렴." 그리고 몇 분 후, 저는 마치 조종을 받는 로봇처럼 어색하게 자리에서 일어나 부엌으로 가서 전화를 걸었습니다. 체면을 지키려고요. 당시 저는 수녀님에게 어떻게 말을 해야 하는지도 잘 몰랐습니다. "안녕하세요. 제 이름은 D이고, 스파누다키스 씨의 댁에서 전화드립니다 당신을 만나보고 싶어요." 어물어물하다가 긴장하여 숨도 안 쉬고 말을 뱉었습니다. 그러자 그분의 목소리가 들려왔어요. "물론이죠. 목요일에 만나요."

그날 이후로, 저는 스파누다키스 씨에게 늘 감사하는 마음입니다.

일을 마치고 저는 곧바로 수녀님께 향했습니다. 속으로 생각했지요. '지금 내가 뭘 바라는 게 있다고 수녀에게 가고 있는 거지?' 그러다 문이 열렸고, 동시에 하늘의 문도 열린 것 같은 느낌을 받았어요. "어서 와요. 잘 왔어요! 짐은 여기 소파에 두세요." 저는 헬멧과 가방을 내려놓고 안으로 들어갔습니다. 수녀님과 제가 떨어져 앉은 거리는 채 5미터도 되지 않았지요. 자리에 앉자마자 저는 그분의 손, 축복받고 무척 사랑스러운 그 손을 붙잡고서 이유를 알 수 없이 눈물을 흘리기 시작했습니다. "애야, 울지 말거라. 왜 우는 거니?" "제가 얼마나 당신을 기다려 왔는지 아세요? 당신을 애타게 기다리고 있었어요! 20년 동안을요! 줄곧 20년을 말이에요!"

마침내 저는 스승을 찾았습니다. 한눈에 알아봤지요! 인도로 달려갈 이유가 제게 무엇이 있었겠습니까? 전혀 없었어요. 하지만 저는 제 의지와는 상관없이 뭔가에 이끌려 그런 말을 했고, 결국 그분의 성스러운 그물에 걸려들었습니다. 그것은 '미끼'이자, 제 삶의 문을 열어 그리스도께서 다시 들어오시도록 한 열쇠였어요. 1년 전에 닫아걸었던 문을 열고 그리스도께서 다시 안으로 들어오시는 계기였지요. 주여! 당신은 위대하시며, 당신의 인내와 사랑, 그리고 관용은 참으로 놀랍습니다. 저와 같은 몹쓸 아이가 인간이 될 수 있게, 당신께서는 기다려주셨습니다!

가브릴리아 수녀님은 제가 애타게 듣고 싶어 했던 모든 것들을 말씀해 주셨지요. 우리가 그분의 목을 축여드렸던 것과 동일한 해면으로 모든 것을 지워주시는, 모든 죽음의 승리자에 대해 말씀하셨습니다. 수녀님은 계속해서 이야기를 이어가셨고, 그것은 마치 제 마음속 가장 비밀스러운 페이지를 읽는 것과 같았습니다. 저는 몇 분 사이에 죽었다가 태어나기를 반복했지요. 그 후 수녀님은 저를 사란디스 신부님께 보내 고백성사를 하게 하셨고, 그다음엔 성지로 데려가셨습니다. 그곳에서 제게 시나이 산에 있는 성 카테리나 수도원으로 가라고 말씀하시면서 '입은 굳게 닫고, 귀는 활짝 열라'는 지침을 주셨어요.

그곳에서 수도 생활로 향하는 길이 제게 열리고 있음을 인지하고는 이를 수녀님께 말씀드리자 그분은 놀라신 듯 물으셨습니다. "애야, 제대로 생각해 본 적이 있니?" 저는 이렇게 대답했지요. "무엇을 생각해요? 이런 것은 '생각'해서 결정하는 것이 아니잖아요."

수녀님은 그 누구에게도 어떤 길을 강요하지 않으셨습니다. 주님께서 그 길을 보여주시도록 하셨을 뿐이지요. 수녀님은 그저 기도하셨고, 사랑하셨습니다.

수녀님께서 안식하신 후 저는 성 요한 크리소스토모스의 아주 아름다운 글귀를 읽었습니다.

"사랑하고 사랑받는 것보다 더 효과적인 가르침은 없다." 이것이 바로 우리 주님의 교육 방식이며, 가브릴리아 수녀님께서 그분의 모든 자녀들을 위해 사용하신 방식이기도 합니다. 그리스도께 영광! (1992년, 아테네)

X. 파르나사

처음으로 수녀님과 통화를 했을 때, 그분의 목소리를 듣는 것만으로도 저는 눈물이 났습니다. 직접 뵈었을 때는 낙원에 와있는 듯했지요. 참으로 평온하고 순수한 사랑을 느꼈습니다! 저는 제가 '문제'라고 생각하던 일들로 조언을 듣고자 여러 번 수녀님을 방문했습니다. 하지만 그분을 보는 순간, 그 문제들은 작고 별 의미 없는 것이 되곤 했어요!

가브릴리아 수녀님은 감사하는 자세로 삶을 살아야 한다고 저를 일깨워 주셨으며, 아이들 같은 눈으로, 또 즐거운 마음으로 인생을 바라보라고 일러주셨습니다. 그런 무한한 사랑을 저는 그때까지 단 한 번도 본 적이 없었어요.

수녀님께서 우리를 두고 안식하신 이후에도 저는 여전히 그분이 제 곁에 함께하심을 느낍니다. 대화하고 싶은 간절함도 정말 크지만요! 다른 곳에서 그런 사랑을 찾기란 매우 어려울 겁니다. 누구도 그분을 대신할 수 없으니까요.

E. 라그헵

저는 아가탕겔로스 신부님의 소개로 성 루가 성당에서 가브릴리아 수녀님을 처음 뵈었습니다. 신부님은 제게 이렇게 말씀하셨지요. "이 보기 드문 영혼을 만나보면 좋겠습니다. 두 분은 훌륭한 영적 친구가 될 거라고 확신해요." 실제로 수녀님을 만난 그 순간부터 우리는 영적으로 그리고 정신적으로 결속되었습니다. 저는 미디아스 가에 있던 그분의 거처를 자주 찾았고, 우연히 둘만의 시간이 주어지면 시간 가는 줄 모르고 이야기꽃을 피웠습니다.

제 자매 에방겔리아가 중병에 걸렸을 때, 저는 수녀님께 그녀의 임종이 가까운지 여쭈었습니다. 수녀님은 아직은 아니라고 답하셨지요. 그런데 일주일이 채 지나기 전, 수녀님이 이처럼 전해주셨습니다. "에방겔리아가 향유 가진 여인 주일에 떠날 것이니 준비를 하세요." 실제로 제 자매는 그날 오후 4시에 눈을 감았습니다. 저는 크게 동요했어요. 제 인생의 큰 버팀목을 찾았다는 사실이 믿기지 않았습니다. 그런데 얼마 지나지 않아 가브릴리아 수녀님의 오라버니가 쓰러지셨어요. 저는 매일 문병을 하러 갔습니다. 모든 상점들이 문을 닫은 어느 날 아침(1980년 12월 28일), 저는 평소처럼 오라버니를 돌보던 수녀님을 뵈려고 병원으로 향했습니다. "오빠가 곧 세상을 떠날 텐데 수의가 없으니 어떻게 하면 좋을지…. 그냥 입던 옷을 입혀야 할 것 같아요." 그 말을 들은 저는 제가 아는 한 잡화점이 문을 열었길 기도하며 곧장 자리를 떴습니다. 그리고 그 근처에 도착했을 때 마침 문을 열고 있는 주인이 보였습니다. 깜빡 잊고 무언가를 가게에 두고 갔다가 다시 돌아온 길이었지요. 다급히 무명베 3미터를 잘라달라고 부탁하여 받아들고서 제때 수의를 입힐 수 있게 최대한 빨리 병원으로 향했습니다. 저는 겨우 시간에 맞춰 병원에 도착했고, 수녀님의 오라버니

께선 몇 분 후에 안식하셨습니다."〈아테네, 1993년〉

J. D. 아디트야난다 로빈슨(몰몬교에서 개종한 인도인 로마 가톨릭 수도사)

저는 가브릴리아 수녀님에 대해, 그리고 수녀님께서 제 삶에 미친 영향에 대해 말할 기회를 무척 기다려 왔습니다. 제가 수녀님을 처음 만난 곳은 1968년 예루살렘 부활 성당 밖 정원이었습니다. 행인들이 저를 바라보는 탐탁치 않은 시선에도 불구하고 수녀님은 저에게 먼저 말을 붙이셨지요. 당시 저는 오렌지색 인도식 그리스도교 수도복을 입고 있었습니다. 1984년, 제가 다마스쿠스의 도로에서 심각한 자동차 사고를 당한 후 예루살렘에서 그리스로 왔을 때 수녀님은 제가 성 루가 수도원과 파트모스의 신학자 성 요한 수도원에서 묵을 수 있도록 해주시고 큰 사랑을 보여주셨습니다. 아마도 그때가 제 인생에서 가장 행복한 시절이 아니었을까 생각합니다. 저는 기도와 건강 회복에 집중했습니다. 그리고 1985년, 런던에서 큰 수술을 받고 난 후에도 제가 파트모스를 비롯하여 그리스의 여러 지역에서 지낼 수 있도록 수녀님께서 신경을 써주셨지요. 수없이 많은 죄에도 불구하고, 제 평생 그렇게 큰 사랑을 받아본 적은 처음이었어요. 가브릴리아 수녀님은 성스러운 영혼이셨습니다. 우리가 살고 있는 오늘날 이 세상에서 그런 영혼을 찾아보기란 결코 쉬운 일이 아닐 것입니다. 저의 이 추모글이 우리 모두를 위해 애쓰셨던 수녀님에 대한 최소한의 보답이라도 되었으면 하는 바람입니다. 저는 이 모든 것이 성령께서 그분 안에 역사하신 것이라고 믿습니다.

머레이 로저스(미국인 선교사)

저는 1960년대 인도의 우타르프라데시 조티니케탄에서 '릴라'로 알려졌던 가브릴리아 수녀님을 알게 되었습니다. 당시 물리치료사였던 수녀님은 바바 암테의 한센병 환자촌에서 수많은 환자들의 고통을 덜어주고 계셨지요. 저는 그곳에서 정교회에 입교한 후 수녀가 된 한 젊은 영국인 여성도 알게 되었습니다. 릴라 자매는 이후 선교사 스탠리 존스가 있는 히말라야 사탈에서 일하셨어요. 과거 수녀님께서 존스에게 깊은 인상을 주었기에 그가 수녀님을 초대했던 것 같습니다. 얼마 후 러시아 정교회 소속 라자로스 무어 신부님께서 두 명의 청년과 함께 합류하셨어요. 히말라야 산기슭에서 매일 정교회 성찬예배를 들을 수 있다는 것이 얼마나 흥미롭고 아름다운 일인지…. 사랑하는 가브릴리아 수녀님, 당신은 이제 저 너머로 떠나셨습니다. 지평선 너머로요. 하지만 지평선은 우리 시야의 한계일 뿐이라는 것을 잘 알고 있습니다. 언젠가 우리는 당신과, 그리고 당신의 다른 모든 친구들과 함께 재회할 것입니다. 수녀님은 우리에게, 그리고 수많은 사람들에게 주어졌던 하느님의 선물이셨습니다. 우리는 주님께 끝없이 감사드립니다. (캐나다, 1992년 6월 17일)

릴리 사리야니(가브릴리아 수녀님의 오랜 지인)

가브릴리아 수녀님은 수도원에 오래 머물지 않으셨습니다. 수녀님께 있어 진정한 수도원은 하늘나라였지요. 그분의 내면에는 향과 촛불이 영원히 타오르고 있었습니다. 수녀님은 피로를 느끼지 않았고, 늘 기력이 넘치셨어요. 길거리에서, 버스에서 제가 우연히 수녀님을 마주칠 때마다 그것은 단순한 만남이 아닌, 매번 새로운 '모험'과도 같았습니다. 수녀님께는 친구들이 많았고, 그들 각자는 그분의 마음속에서 천국의 문을 열어줄 '열쇠'를 찾으려고 애썼어요.

어느 날 저녁, 저는 수녀님께서 당신의 형제자매와 함께 머물고 계시던 마루시를 찾아간 적이 있습니다. 수녀님께서 형제들을 존중하듯이, 그분들도 수녀님을 존중하셨지요. 수녀님은 어머니에 대해, 콘스탄티노플에 대해 말씀해 주셨어요. "만일 내가 콘스탄티노플을 사랑한다면, 그것은 내 안에서 어머니가 여전히 그 도시를 사랑하고 계심을 느끼기 때문일 거야." 언젠가 콘스탄티노플을 방문한 저는 가브릴리아 수녀님의 어린 시절을 함께한 상록수와 새들을 찾아다니기도 했습니다. 수녀님은 당신의 어머니로부터 지극한 사랑을 받고 자라셨고, 수녀님이 우리 모두를 그토록 사랑하실 수 있었던 것도 그 덕분이지요. 만일 유대인이 '하느님의 선택을 받은 백성'이라면, 가브릴리아 수녀님은 하느님과 천사들의 선택을 받은 자녀이십니다.

한 아이가 그의 삶에서 '꽃을 피우기' 위해서는 어머니가 그 '원천'이 되어야 한다고, 수녀님은 수시로 강조하셨어요. 수녀님은 어머니라는 존재 안에서 영혼과 육체의 연결 고리를 발견하셨습니다. 그 연결 고리는 이후 우리가 수녀님께 가까이 다가가 행복을 느낄 수 있게 해주었지요. 그것이 비록 하늘에 열린 맑은 틈을 엿보는 것에 불과할지라도 말입니다. 가브릴리아 수녀님을 뵈러 갈 때마다 저는 모든 문제를 잊곤 했습니다. 그분에게서 받은 유산이 세상의 모든 좋은 것보다 더 큰 가치가 있었으니까요.

마루시에서의 만남은 매번 축제와도 같았습니다. 러시아식으로 훌륭한 차를 준비해 내놓으셨어요. 저는 우리가 모두 북부 이피루스 출신이라는 사실을 알았을 때의 놀라움과 기쁨을 기억합니다. 수녀님께는 추억이었지만, 제게는 또 다른 차원의 가능성을 느끼게 해주는 경험이었거든요. 수녀님을 뵐 때마다 마치 날개가 생긴 듯한, 다른 힘을 가진 듯한 기분이 들었습니다.

가브릴리아 수녀님은 군중을 이끄는 말씀을 전하기 위해 태어난

분이셨습니다. 겸손하고 신중한 지도자이자, 안내자셨지요. 그분은 결코 자신을 '개종시키는 사람'으로 여기지 않으셨습니다. 늘 자신을 천사들의 발 아래 놓인 하나의 공, 천사들의 축구공일 뿐이라고 말씀하시며, 당신의 유일한 목표는 하느님을 사랑하는 것이라고 하셨어요. 그래서 천사들이 당신을 어디로 보내든 언제나 준비가 되어계셨습니다.

가브릴리아 수녀님은 혁명과 혁명가들을 사랑하셨으나, 그것은 무기가 없고 피를 흘리지 않는 혁명이었습니다. 수천 명의 인도 사람들이 기차선로에 누워 자유를 외치는 모습을 보고 기뻐하셨지요. 비폭력 투쟁을 사랑하시고, 간디를 존경하셨습니다. "단 한 방울의 영국인 피도 아닌 오직 인도인의 피"라는 그분의 말씀을 가슴에 품고 계셨어요. 마찬가지로 수녀님은 마틴 루터 킹 목사님도 존경하셨습니다. 목사라서가 아니라, 그분 역시 폭력에 반대하셨기 때문입니다. 수녀님은 목사님과 개인적인 친분이 있었고, 당신의 존재와 사랑으로 그분을 돕기도 하셨어요. 목사님의 어머니와도 협력하신 적이 있습니다. 수녀님은 당신의 영혼뿐만 아니라, 당신을 통해 하느님의 길을 발견하길 원했던 이들의 영혼까지도 삼켜버리는 하나의 불꽃, '열정'이셨습니다.

가브릴리아 수녀님의 또 다른 특징은 바로 동물들에 대한 '동정심'이었습니다. "동물에게 고통을 주고 죽음으로 내몰아 얻은 고기를 우리가 어떻게 먹을 수 있겠습니까?" 이것은 인도에서 시작된 감정이 아니고, 어릴 적부터 그렇게 느껴왔노라고 하셨지요. 술에 대해서도 똑같이 거부감을 가지고 계셨고, 사람이 꺾은 꽃, 생생하게 오래 유지되도록 만든 꽃도 탐탁치 않아 하셨어요. 대신 진짜 꽃들, 겨우 하루만 피고 지는 그런 꽃들을 사랑하셨습니다. 저는 수녀님이 나무뿌리에 빵 부스러기를 던져주시던 모습을 자주 보았습니다. 꽃과 나무에게 대화를 걸기도 하셨지요. 수녀님 당신이 성가, 한 곡의 노래와도 같으셨습니다.

시간이 흘러 저는 제 딸 크리스타와 함께 수녀님을 찾아갔습니다. 크리스타는 어릴 때 벌레나 파충류를 보면 겁에 질리곤 했는데, 수녀님은 그런 크리스타에게 이렇게 말씀하시며 두려움을 극복할 수 있게 도와주셨습니다. "크리스타, 그들 곁으로 가서 이렇게 말해보렴. '개미야, 난 널 사랑해. 작은 거미야, 내가 널 사랑한단다. 하지만 우리는 같은 가족은 아니야.' 그러면 걔들이 스스로 떠나는 것을 보게 될 거야." 아이들과 함께하실 때 수녀님은 마치 동화 속의 착한 요정과 같으셨어요. 천사들로 이야기를 채우시고, 꿈과 시로 그 이야기에 생명을 불어넣으셨지요. 수녀님은 아이들에게 당신이 아주 대단한 게으름뱅이였다고 말씀하시는 것을 즐기셨습니다. "천사들이 항상 말을 걸어서 나는 다른 일을 할 시간이 없거든!" 수녀님은 아이들의 마음속에 사랑과 빛의 날개를 달아주어, 아이들이 날고 꿈을 꿀 수 있도록 하셨어요. 이 얼마나 거룩한 선물인가요? 그분은 그렇게 아이들에게 다가가셨습니다. 당신 자신도 하느님으로부터 사랑받는 한 명의 자녀, 하느님이 사랑하시는 빛과 사랑을 그리는 화가와 같은 존재이셨으니까요.

크리스타는 네 살 무렵 쉽게 잠을 이루지 못하던 때가 있었습니다. 딸은 자신이 너무도 좋아하던 작은 물고기로 인해 천국에도 바다가 있는지 궁금해하며 제게 묻곤 했어요. "물고기들은 죽으면 어디로 가나요?" 다음번에 딸과 함께 가브릴리아 수녀님을 뵈러 갔을 때 크리스타가 아주 진지한 얼굴로 물었습니다. "가브릴리아 할머니, 저는 물고기를 정말 사랑해요. 그런데 알고 싶은 것이 있어요. 천국에 바다가 있나요?" 그러자 수녀님은 잠시 침묵 후에 말씀하셨습니다. "크리스타, 오늘밤 내가 기도하면서 천사들에게 알려달라고 부탁해볼게." "그럼 천사들 날개 속에 편지가 있는 거예요?" "그래, 아주 멋진 편지가 들어있지." 딸의 질문은 수녀님의 마음에 깊은 울림을 주었습니다. 며칠 후, 다윗의 매우 아름다운 시편 중 한 구절인 "하늘 위의 하늘들, 하늘 위에 있는 물들아, 너희도 그분을 찬양하여라"라는 구절로 수녀님은 크리스타에게 답을 해주셨습니다. (시편 148:4 참조)

가브릴리아 수녀님은 이성으로써 다른 사람들과의 관계를 정립하지 않으셨습니다. 영혼과 감정이 관계를 이끌었지요. 당신 자신은 모든 문화를 아우르셨습니다. 국경이나 한계가 없었어요. 그런 모든 것을 넘어설 만큼 매우 신비로운 분이셨습니다.

아테네의 물리치료실을 닫고 인도로 떠나신 가브릴리아 수녀님은 그곳의 바바 암테 가족과 아주 가깝게 지내셨습니다. 그리고 종종 이렇게 말씀하셨죠. "서양에서는 방이 열 개나 되는 집에서조차 사람 한 명을 들일 자리가 없지만, 그곳엔 열 명까지도 받을 수 있는 방 하나가 언제나 준비되어 있지!" 수녀님이 인도를 떠나시던 날, 인디라 간디의 아버지인 네루는 수녀님이 수락하실 만한 유일한 선물을 직접 목에 걸어주었습니다. 그것은 꽃으로 엮은 화환이었지요.

저는 수녀님의 눈을 기억합니다. 그 눈은 하나의 수수께끼를 던지고는 곧 하늘을 향해 달아났습니다. 늘 새로운 모험을 찾아 하늘로 향하셨지만, 수녀님은 언제나 여기, 우리와 함께 계셨습니다. 그분의 존재는 주변을 온전히 채우며 깊은 인상을 남겼습니다.

가브릴리아 수녀님은 다른 사람들을 변화시키려 하거나 특정한 방식의 태도를 강요하는 것을 좋아하지 않으셨어요. 어느 날, 저는 제가 무척 아끼던 한 친구를 데리고 수녀님을 찾아갔습니다. 그는 동성

애자였고, 그를 변화시키는 데 도움이 될 거라 생각했던 거지요. 저희가 아무런 말도 하지 않았는데도 수녀님은 그의 눈을 유심히 들여다보며 이렇게 말씀하셨습니다. "요르고스, 여기서는 마음에 큰 상처를 입게 될 걸세. 비행기를 타고 즉시 이곳을 떠나는 게 좋을 거야!" 그리고 나서 고개를 돌려 저를 쳐다보시는데, 순간 눈빛에서 불편함이 스쳤어요. 저는 제 생각이 얼마나 헛된 것이었는지를 깨달았습니다. 하느님께서 요르고스를 위해 계획하신 때가 아니었던 거지요. 제가 무슨 권한으로 그런 개입을 하려고 했던 걸까요?

크리스타 사리야니(릴리 사리야니의 딸)

저는 어릴 적부터 언제나 우리 곁에 가브릴리아 할머니의 존재가 가까이 있음을 느껴왔습니다. 어떤 말을 할 때나 학교에 갈 때도, 마치 할머니가 곁에 앉아계시는 것 같았어요. 지금도 제가 어떤 결정을 내려야 할 때면, 할머니가 저를 내려다보고 계시는 듯한 느낌이 듭니다. 높은 곳에서, 마치 햇빛 위에 걸터앉은 제비처럼, 조용하고 평온하게 지켜보시는 것 같아요.

제가 아주 어렸을 때 할머니께 이런 질문을 했던 기억이 납니다. "가브릴리아 할머니, 물고기들은 죽으면 어디로 가나요? 천국에도 바다가 있어요?" 그리고 할머니는 기도 중에 천사들이 전해준 답을 제게 들려주셨답니다.

어려운 순간마다 저는 가브릴리아 수녀님이 빛나는 그림자처럼 제 곁에 서서 이렇게 말씀하시는 것을 보아요. "괜찮아, 곧 지나갈 거야." 그 당시 저는 끝없는 외로움 속에 살면서, 하느님의 위대함과 영광 앞에서 제가 얼마나 보잘것없는 존재인지를 깨달았습니다. 세상을 지배하는 삶의 무상함이 얼마나 끔찍한 것인지요. 계속해서 물건 구경을 하며 시간을 보내고, 또래 친구들과 지루한 대화를 반복하는 그 모든 것들 말입니다.

저는 의문스러웠습니다. 어떻게 가브릴리아 수녀님은 내 삶에 이토록 깊은 흔적을 남기셨을까? 어떻게 그분의 얼굴이 이토록 선명하게 떠오를까? 어떻게 이렇게나 그분을 사랑하게 되었을까? 어떤 결정을 내려야만 하는 순간마다, 왜 그분이 내 앞에 나타나 말없이 나를 지켜보시는 것처럼 느껴졌을까?

"하늘 여행을 많이 다녀온" 그 안락의자(나중에 우리에게 선물하신)에 앉아계시던 가브릴리아 수녀님을 마주할 때면 저는 좀처럼 말을 하지 않았습니다. 그 순간의 신성한 조화를 방해하지 않기 위해서요. 그분의 입술에서 흘러나오는 달콤한 꿀 같은 말을 벌처럼 빨아먹었을 뿐입니다. 방을, 공기를, 온 세상을 가득 채운 황금빛을 제 무딘 발걸음으로 훼손하지 않으려고, 저는 그 순간을 온전히 받아들이고, 은총과 아름다움이라는 끝없는 대양 속에 몸을 맡겼습니다.

가브릴리아 수녀님은 두 팔을 벌려 온 세상을 끌어안으십니다. 그리고 태양빛이 우리의 가슴 속에 깃들게 하셨습니다.

실비아 스카파(테살로니키 출신의 아주 오랜 친구, 유대인)

1944년에서 1945년, 전쟁 중에 런던에 살 때였습니다. 저는 햇빛이 너무 그리워서 가끔 불평을 하곤 했어요. 그때 아브릴리아가 저에게 그림 한 점을 선물했습니다. 태양 아래 두 팔을 뻗어 빛을 흠뻑 받고 있는 한 소녀의 모습이 그려져 있었고, 그 아래에는 이런 글귀가 있었습니다. "태양을 바라보고, 그림자가 당신 뒤로 드리우게 하세요."

오랜 세월이 흘렀습니다. 하지만 지금도 햇빛 아래를 걸을 때면 저는 팔을 뻗고 태양을 바라보면서 그림자가 뒤로 떨어지게 하지요. 그리고 아브릴리아를 떠올립니다. 그녀는 제 삶의 햇살이었어요. 그 이전엔 결코 보지 못했던, 그리고 상상하지 못했던 놀랍도록 역동적인 피조물이었습니다. 항상 명랑했고, 웃는 얼굴이었으며, 어떤 문제라도 도움을 줄 준비가 되어있었어요. 이 생에서는 두 번 다시 그녀를 보지 못할 거라는 생각이 제 마음을 공허하게 합니다. 하지만 그것이 끝은 아니에요. 그녀와의 추억이 언제나 제 기억 속에 남아있을 테니까요.

예후다 하네그비(아주 오랜 친구, 유대인, 작가)
그녀는 떠나갔지만 그 빛나는 얼굴은 계속해서 찾아오고 또 찾아옵니다. 그녀의 웃음소리가 메아리쳐 제 지친 마음을 흔들어 깨우고, 제 무기력을 조롱합니다. 그녀는 결코 게으름과 미루기를 용납하지 않았지요. 그녀에게는 오직 '지금'만이 있었습니다.

IC XC
NI KA   13-12-89

Χριστός γεννᾶται! Δοξάσατε! Κύριε δόξα σοι
Χριστός γεννᾶται! Δοξάσατε! Κύριε δόξα σοι
Χριστός γεννᾶται! Δοξάσατε! Κύριε δόξα σοι
Χριστός γεννᾶται! Δοξάσατε! Κύριε δόξα σοι
Χριστός γεννᾶται! Δοξάσατε! Κύριε δόξα σοι
Χριστός γεννᾶται! Δοξάσατε! Κύριε δόξα σοι
Χριστός γεννᾶται! Δοξάσατε! Κύριε δόξα σοι
Χριστός γεννᾶται! Δοξάσατε! Κύριε δόξα σοι
Χριστός γεννᾶται! Δοξάσατε! Κύριε δόξα σοι
Χριστός γεννᾶται! Δοξάσατε! Κύριε δόξα σοι
Χριστός γεννᾶται! Δοξάσατε! Κύριε δόξα σοι
Χριστός γεννᾶται! Δοξάσατε! Κύριε δόξα σοι
Χριστός γεννᾶται! Δοξάσατε! Κύριε δόξα σοι
Χριστός γεννᾶται! Δοξάσατε! Κύριε δόξα σοι
Χριστός γεννᾶται! Δοξάσατε! Κύριε δόξα σοι
Χριστός γεννᾶται! Δοξάσατε! Κύριε δόξα σοι
Χριστός γεννᾶται! Δοξάσατε! Κύριε δόξα σοι
Χριστός γεννᾶται! Δοξάσατε! Κύριε δόξα σοι
Χριστός γεννᾶται! Δοξάσατε! Κύριε δόξα σοι
Χριστός γεννᾶται! Δοξάσατε! Κύριε δόξα σοι
Χριστός γεννᾶται! Δοξάσατε! Κύριε δόξα σοι
Χριστός γεννᾶται! Δοξάσατε! Κύριε δόξα σοι
Χριστός γεννᾶται! Δοξάσατε! Κύριε δόξα σοι

십자가 위에 머무는 사랑
가브릴리아 성인

초판 1쇄 발행일	2025년 2월 24일
초판 1쇄 인쇄일	2025년 2월 24일

지은이	가브릴리아 게오르기우
옮긴이	요한 박용범
엮은이	엘레니 조혜원, 윤현아
펴낸이	암브로시오스 조성암 대주교
펴낸곳	정교회출판사
출판등록	제313-2010-5호
주　소	서울시 마포구 마포대로18길 43
전　화	02-364-7020
팩　스	02-6354-0092
홈페이지	www.philokalia.co.kr
이메일	orthodoxeditions@gmail.com

ISBN　978-89-92941-70-9　03230
값　　25,000원

ⓒ 정교회출판사

이 책의 저작권은 정교회출판사에 있습니다.
저작권법에 의해 한국 내에서 보호를 받는 저작물이므로 무단 전재 및 복제를 금합니다.

The publication of this book was made possible through the generous donation of the Orthodox Christian Mission Center (St. Augustine, FL., U.S.A.).